日本がわかるデータブック

にほんこくせいずえ

日本国勢図会

2022/23

第80版

公益財団法人 矢野恒太記念会 編集・発行

資料を提供していただいた諸団体（50音順）

IHS Markit、朝雲新聞社、アルメディア、運営管理機関連絡協議会、衛星放送協会、Omdia、ガートナージャパン、キャッシュレス推進協議会、原子力安全推進協会、国際自動車工業連合会、国民年金基金連合会、古紙再生促進センター、コンピュータエンターテインメント協会、サイバーエージェント、産業タイムズ社、シェアリングエコノミー協会、塩事業センター、情報通信総合研究所、ストックホルム国際平和研究所（SIPRI）、生命保険協会、世界鉄鋼協会、石炭フロンティア機構、石油化学工業協会、石油化学新聞社、石油連盟、セメント協会、全国軽自動車協会連合会、全国出版協会・出版科学研究所、全国食酢協会中央会、全国たばこ耕作組合中央会、大日本蚕糸会、WSTS日本協議会、デジタルコンテンツ協会、電気事業連合会、電子情報技術産業協会、電通、天然ガス鉱業会、電力広域的運営推進機関、東京商工リサーチ、ニールセン デジタル、日販 営業推進室 出版流通学院、日本アルミニウム協会、日本映画製作者連盟、日本LPガス協会、日本化学繊維協会、日本学生支援機構、日本ガス協会、日本クレジット協会、日本経済新聞社、日本原子力産業協会、日本鉱業振興会、日本ゴム工業会、日本自動車工業会、日本自動車販売協会連合会、日本自動車輸入組合、日本少額短期保険協会、日本新聞協会、日本生産性本部、日本製紙連合会、日本製薬工業協会、日本ソーダ工業会、日本損害保険協会、日本たばこ協会、日本鉄鋼連盟、日本電機工業会、日本取引所グループ、日本フードサービス協会、日本フランチャイズチェーン協会、日本弁護士連合会、日本放送協会、日本民営鉄道協会、日本レコード協会、日本ロボット工業会、BP、不動産経済研究所、ペットフード協会、モバイル・コンテンツ・フォーラム、硫酸協会、レコフデータ（株式会社、社団法人等の名称は省略しました）

日本国勢図会の版歴

第１版　1927年（昭２）
第２版　1929年（〃４）
第３版　1931年（〃６）
第４版　1933年（〃８）
第５版　1935年（〃10）
第６版　1938年（〃13）
第７版　1941年（〃16）
第８版　1943年（〃18）
第９版　1948年（〃23）
第10版　1950年（〃25）
第11版　1952年（〃27）
第12版　1954年（〃29）
第13版　1955年（〃30）
第14版　1956年（〃31）
第15版　1957年（〃32）
第16版　1958年（〃33）
第17版　1959年（〃34）
第18版　1960年（〃35）
第19版　1961年（〃36）
第20版　1962年（〃37）
第21版　1963年（〃38）
第22版　1964年（〃39）
第23版　1965年（〃40）
第24版　1966年（〃41）
第25版　1967年（〃42）
第26版　1968年（〃43）
第27版　1969年（〃44）
第28版　1970年（〃45）
第29版　1971年（〃46）
第30版　1972年（〃47）
第31版　1973年（〃48）
第32版　1974年（〃49）
第33版　1975年（〃50）
第34版　1976年（〃51）
第35版　1977年（〃52）
第36版　1978年（〃53）
第37版　1979年（〃54）
第38版　1980年（〃55）
第39版　1981年（〃56）
第40版　1982年（〃57）
第41版　1983年（〃58）
第42版　1984年（〃59）
第43版　1985年（〃60）
第44版　1986年（〃61）
第45版　1987年（〃62）
第46版　1988年（〃63）
第47版　1989年（平１）
第48版　1990年（〃２）
第49版　1991年（〃３）
第50版　1992年（〃４）
第51版　1993年（〃５）
第52版　1994年（〃６）
第53版　1995年（〃７）
第54版　1996年（〃８）
第55版　1997年（〃９）
第56版　1998年（〃10）
第57版　1999年（〃11）
第58版　2000年（〃12）
第59版　2001年（〃13）
第60版　2002年（〃14）
第61版　2003年（〃15）
第62版　2004年（〃16）
第63版　2005年（〃17）
第64版　2006年（〃18）
第65版　2007年（〃19）
第66版　2008年（〃20）
第67版　2009年（〃21）
第68版　2010年（〃22）
第69版　2011年（〃23）
第70版　2012年（〃24）
第71版　2013年（〃25）
第72版　2014年（〃26）
第73版　2015年（〃27）
第74版　2016年（〃28）
第75版　2017年（〃29）
第76版　2018年（〃30）
第77版　2019年（令１）
第78版*2020年（〃２）
第79版*2021年（〃３）
第80版*2022年（〃４）
*印のみ在庫あり

まえがき

新型コロナウイルス感染症の感染拡大から２年が経過しました。感染拡大を防ぐ生活が日常化したことに加えて、ワクチン接種が進み、感染対策と経済活動の両立が各国で進んでいます。一方、経済が回復する中で原材料高が一段と進んでいるほか、コロナ禍等によってサプライチェーンの混乱が続いており、安定した経済活動を維持するために経済安全保障を各国が模索するようになりました。2022年２月には、ロシアによるウクライナ侵攻が開始され、世界の様相が変わりつつあります。

本書は、1927年に矢野恒太*が初版を発刊して以来80版、95年にわたり刊行を続けてきました。矢野恒太は、農商務省時代に内閣統計局から兼属の依頼を受けて、官製初の生命表を作成するなど、統計に深い造詣がありました。その後、統計をベースに保険会社の経営を行い、統計こそが社会を知るための基礎となると考えておりました。1936年には、日本国勢図会の英語版「NIPPON」を発行し、日本の正確な実情をアメリカに紹介することを通じて、日米相互理解を目指しています。

今回の第80版では、コロナ禍の日本や世界の実情を、さまざまな統計から多角的にご覧いただけるよう努めています。本書が、読者の皆様が社会を考察されるための一助となれば幸いです。

刊行にあたり、ご協力いただいた方々に深く感謝の意を表します。

2022年４月

公益財団法人　矢野恒太記念会
編集長　岡田康弘

*矢野恒太（やのつねた）　慶応1.12.2〜昭和26.9.23（1866.1.18〜1951.9.23）
第一生命保険の創立者。保険のみならず統計、公衆衛生、社会教育など各方面に功績があった。

総 目 次

解説欄の目次

アンケートのお願い　本書へのご意見、ご感想は、とじ込みの郵便はがきのほか、下記のウェブサイトでも受け付けております。皆様のご意見をお待ちしています。

URL：https://yanotsuneta-kinenkai.jp/q/j_zue202223.html

凡　　例

▼年次はすべて西暦を使いました。特に「年度」とあるもの以外は暦年（1月から12月まで）です。「年度」は特記しない限り会計年度を指し、日本の場合はその年の4月から翌年3月までです。

▼単位は原則としてメートル法によっています。重量単位 t は特記しない限り、メトリック・トン（1000kg）です。

▼ドルは特記しない限り、アメリカ合衆国のドル（米ドル）です。

▼数値の単位未満は四捨五入している場合があり、合計の数値と内訳の計とが一致しない場合があります。

▼構成比（%）の内訳は、その他の項目がある場合を除き100%になるよう調整していません。

▼統計データは編集時点での最新データを使用していますが、その後訂正されることがあります。

▼日本の貿易統計で、2021年の数値は確々報です。確定値とは数値が異なる場合があり、単年での掲載のものは2020年の数値を用いました。

▼ただ中国とある場合は、台湾省および香港特別行政区、マカオ特別行政区を含みません。

▼資料の官庁名は、現行組織に従って表記しています。

統計表の記号等について

— は皆無、または定義上該当数値がないもの

0または0.0 は表章単位に満たないもの

… は数値が得られないもの、不詳なもの

本書の巻末にある（付録Ⅰ）主要長期統計、（付録Ⅱ）府県別主要統計、（付録Ⅲ）府県別生産統計のデータをエクセルファイル形式で提供しています。以下のURLからダウンロードできます。

URL：https://yanotsuneta-kinenkai.jp/data/j_zue202223.html

各国通貨の為替相場（1米ドルあたり）（上段：年末現在、下段：年平均）

通貨名 ISOコード	2017	2018	2019	2020	2021
日本円………… JPY	112.90 112.17	110.83 110.42	109.12 109.01	103.63 106.77	114.21 109.75
中国・人民元…… CNY	6.51 6.76	6.85 6.62	6.99 6.91	6.53 6.90	6.37 6.45
韓国ウォン……… KRW	1 071.40 1 131.00	1 118.10 1 100.16	1 157.80 1 165.36	1 088.00 1 180.27	1 185.50 1 143.96
香港ドル………… HKD	7.81 7.79	7.83 7.84	7.79 7.84	7.75 7.76	7.80 7.77
新台湾ドル……… TWD	29.85 30.44	30.73 30.16	30.11 30.93	28.51 29.58	27.69 28.02
インド・ルピー‥ INR	63.93 65.12	69.79 68.39	71.27 70.42	73.05 74.10	74.30 74.92
インドネシア・ルピア・ IDR	13 548.00 13 380.83	14 481.00 14 236.94	13 901.01 14 147.67	14 105.01 14 582.20	14 269.01 14 308.14
タイ・バーツ…… THB	32.68 33.94	32.45 32.31	30.15 31.05	30.04 31.29	33.42 31.98
マレーシア・リンギット・ MYR	4.06 4.30	4.14 4.04	4.09 4.14	4.01 4.20	4.18 4.14
南アフリカ・ラント・ ZAR	12.32 13.32	14.38 13.23	14.03 14.45	14.69 16.46	15.91 14.78
ユーロ1) ……… EUR	0.83 0.89	0.87 0.85	0.89 0.89	0.81 0.88	0.88 0.85
イギリス・ポンド・ GBP	0.74 0.78	0.79 0.75	0.76 0.78	0.75 0.78	0.74 0.73
スイス・フラン‥ CHF	0.98 0.98	0.99 0.98	0.97 0.99	0.88 0.94	0.91 0.91
ロシア・ルーブル・ RUB	57.60 58.34	69.47 62.67	61.91 64.74	73.88 72.10	74.29 73.65
カナダ・ドル…… CAD	1.25 1.30	1.36 1.30	1.31 1.33	1.29 1.34	1.29 1.25
メキシコ・ペソ‥ MXN	19.79 18.93	19.68 19.24	18.85 19.26	19.95 21.49	20.58 20.27
ブラジル・レアル・ BRL	3.31 3.19	3.87 3.65	4.03 3.94	5.20 5.16	5.58 5.39
オーストラリア・ドル・ AUD	1.28 1.30	1.42 1.34	1.43 1.44	1.30 1.45	1.38 1.33
ニュージーランド・ドル・ NZD	1.41 1.41	1.49 1.45	1.48 1.52	1.38 1.54	1.46 1.41

IMFデータ（2022年4月1日閲覧）より作成。1）参加国はドイツ、フランス、イタリア、オランダ、ベルギー、ルクセンブルク、アイルランド、スペイン、ポルトガル、オーストリア、フィンランド、ギリシャ、スロベニア、キプロス、マルタ、スロバキア、エストニア、ラトビア、リトアニア（2022年3月現在）。

2021年の10大ニュース（日付順）

日本

①２月17日、新型コロナウイルス感染症のワクチン接種が始まった。最初に医療従事者が接種の対象となり、次に高齢者や基礎疾患を有する人が優先接種。
②４月11日、男子ゴルフの松山英樹氏が米マスターズ・トーナメントで初優勝を飾った。日本男子のメジャー大会制覇は史上初。
③７月３日、静岡県熱海市で大規模な土石流が発生。崩落起点付近で基準を大幅に超える盛り土が行われており、この土砂の流出が被害を甚大化した。
④新型コロナは、夏に感染力の強い「デルタ株」が流行した（第５波）。また冬には「オミクロン株」が確認されて感染が広がった（第６波）。
⑤７月23日、コロナ禍により１年延期された東京オリンピック2020が開幕。原則無観客で行われた。８月24日には東京パラリンピックも開幕。
⑥７月、「奄美大島、徳之島、沖縄島北部及び西表島」（鹿児島、沖縄）が世界自然遺産に、青森市の三内丸山遺跡など17か所で構成する「北海道・北東北の縄文遺跡群」（北海道、青森、岩手、秋田）が世界文化遺産に登録された。
⑦９月１日、「デジタル庁」発足。行政サービスや民間の電子化を進めるため、マイナンバーカードを普及し、省庁や自治体の情報システム統合を目指す。
⑧９月29日、岸田文雄氏が第27代自民党総裁に選ばれた。10月４日の国会で首相に指名され、岸田内閣を発足。総選挙後、11月10日に第２次内閣を発足。
⑨10月26日、秋篠宮家の長女眞子さまが、小室圭さんと結婚し皇室を離れた。
⑩11月13日、藤井聡太三冠（王位、叡王、棋聖）が、竜王戦で勝利して四冠を達成。19歳３か月での四冠達成は、史上最年少。2022年２月には五冠達成。

世界

①１月20日、アメリカ合衆国で民主党のジョー・バイデン前副大統領が、第46代大統領に就任。副大統領はカマラ・ハリス前上院議員で、女性初。
②２月１日、ミャンマーで国軍がクーデターを強行し、スー・チー氏ら当時の政権幹部を拘束し、国家の全権を掌握。市民の反政府デモを徹底的に弾圧。
③３月23日、日本の船会社所有の大型コンテナ船が地中海と紅海を結ぶスエズ運河で座礁。１週間近く船舶の運航を遮断した。
④６月24日、香港で、中国共産党に批判的な蘋果日報（リンゴ日報）が、香港国家安全維持法に違反したとして資金を凍結され、発行停止に。
⑤８月４日時点で、世界の新型コロナウイルス感染者数が累計２億人を突破。11月には死者が500万人を上回る（米ジョンズ・ホプキンス大学による）。
⑥８月、アフガニスタンからアメリカ合衆国が米軍を完全に撤収した。イスラム主義組織タリバンが各地を制圧して、権力を再び掌握。
⑦10月８日、経済協力開発機構（OECD）で、課税逃れを防ぐ新たな国際課税ルールが合意。各国は、2022年に法改正を進め、2023年から導入予定。
⑧10月31日、イギリスのグラスゴーで国連気候変動枠組み条約第26回締約国会議（COP26）が開幕。「グラスゴー気候合意」を採択し、11月13日閉幕。
⑨11月18日、米大リーグ・エンゼルスの大谷翔平選手が最優秀選手（MVP）を受賞。投打の「二刀流」で活躍し、選手が選ぶ年間最優秀選手なども受賞。
⑩12月８日、ドイツで16年に及ぶ長期政権を築いたメルケル氏が政界を引退。
＊2022年２月24日に、ロシアがウクライナに軍事侵攻。

主要経済データ（I）

	完全# 失業率 (%)	有効求人 倍率1)# (倍)	鉱工業# 生産指数 (2015年 ＝100)	粗鋼生産 (千 t)	機械受注# (億円)	新設住宅 着工戸数 (戸)
2020. 1	*2.4*	1.49	99.1	8 244	23 409	60 341
2	*2.4*	1.45	98.7	7 919	21 851	63 105
3	*2.5*	1.39	96.2	7 950	23 033	70 729
4	*2.6*	1.31	86.3	6 573	21 260	69 568
5	*2.8*	1.18	77.2	5 921	18 504	63 839
6	*2.8*	1.12	81.0	5 616	17 951	71 101
7	*2.9*	1.08	86.6	6 044	18 391	70 244
8	*3.0*	1.05	88.3	6 447	21 346	69 101
9	*3.0*	1.04	91.6	6 484	21 731	70 186
10	*3.1*	1.05	93.5	7 198	22 231	70 685
11	*2.9*	1.05	94.2	7 262	22 320	70 798
12	*3.0*	1.06	94.0	7 528	24 545	65 643
2021. 1	*3.0*	1.08	95.8	7 925	23 983	58 448
2	*2.9*	1.09	95.7	7 471	30 213	60 764
3	*2.7*	1.10	97.3	8 316	21 606	71 787
4	*2.8*	1.09	98.4	7 819	25 589	74 521
5	*2.9*	1.10	92.3	8 420	26 116	70 178
6	*2.9*	1.13	98.9	8 109	25 712	76 312
7	*2.8*	1.14	98.1	8 006	28 047	77 182
8	*2.8*	1.15	96.2	7 925	26 382	74 303
9	*2.8*	1.15	89.9	8 144	24 168	73 178
10	*2.7*	1.16	91.8	8 224	29 209	78 004
11	*2.8*	1.17	96.4	8 042	27 966	73 414
12	*2.7*	1.17	96.6	7 935	28 458	68 393
2022. 1	*2.8*	1.20	94.3	7 757	27 512	59 690
2	*2.7*	1.21	96.2		24 590	64 614
3						
2010	*5.1*	0.52	101.8	109 599	232 184	813 126
2011	*4.6*	0.65	98.9	107 601	247 874	834 117
2012	*4.3*	0.80	99.6	107 232	237 337	882 797
2013	*4.0*	0.93	99.2	110 595	256 041	980 025
2014	*3.6*	1.09	101.2	110 666	278 919	892 261
2015	*3.4*	1.20	100.0	105 134	286 066	909 299
2016	*3.1*	1.36	100.0	104 775	271 907	967 237
2017	*2.8*	1.50	103.1	104 661	281 159	964 641
2018	*2.4*	1.61	104.2	104 319	293 365	942 370
2019	*2.4*	1.60	101.1	99 284	274 503	905 123
2020	*2.8*	1.18	90.6	83 186	258 611	815 340
2021	*2.8*	1.13	95.7	96 336	314 074	856 484

#月次データは季節調整値。1）公共職業安定所（ハローワーク）における求人、求職の状況で、新規学卒者を除きパートタイムを含む。

主要経済データ（Ⅱ）

	新車[2)]販売台数（台）	商業販売額指数#（2015年＝100）	百貨店販売額（億円）	スーパー販売額（億円）	貿易[3)]（億円）	
					輸出	輸入
2020. 1	360 103	96.7	5 212	10 853	54 323	67 478
2	430 185	96.8	4 061	10 329	63 197	52 100
3	581 438	95.4	3 788	12 458	63 571	63 552
4	270 393	86.2	1 397	12 018	52 049	61 504
5	218 285	80.0	1 744	12 799	41 856	50 554
6	347 372	85.8	4 257	12 532	48 603	51 635
7	396 346	87.1	4 343	12 576	53 680	54 008
8	326 439	88.9	3 602	13 280	52 331	50 170
9	469 706	91.9	3 708	11 972	60 538	54 015
10	406 851	92.0	4 163	12 140	65 648	57 240
11	411 601	92.3	4 628	12 153	61 130	57 871
12	379 896	92.8	6 034	15 002	67 065	59 983
2021. 1	384 442	93.1	3 636	12 646	57 795	61 471
2	432 298	93.6	3 581	11 385	60 383	58 624
3	613 003	96.0	4 519	12 181	73 776	67 619
4	349 894	94.9	3 536	11 990	71 803	69 535
5	319 318	93.2	2 768	12 642	62 606	64 735
6	365 631	95.5	4 118	12 303	72 238	68 544
7	377 448	96.2	4 458	12 679	73 547	69 202
8	319 697	95.9	3 102	12 976	66 048	72 582
9	318 371	97.3	3 540	12 024	68 405	74 773
10	279 341	97.9	4 265	12 253	71 832	72 582
11	352 455	98.2	4 975	12 103	73 670	83 239
12	336 442	97.9	6 532	14 860	78 812	84 701
2022. 1	329 699	99.5	4 163	12 604	63 318	85 312
2	354 668	99.1	3 516	11 520	71 899	78 595
3	512 862					
2010	4 956 136	100.3	68 418	127 373	673 996	607 650
2011	4 210 219	101.4	66 606	129 327	655 465	681 112
2012	5 369 720	100.4	66 389	129 527	637 476	706 886
2013	5 375 513	101.3	67 195	130 579	697 742	812 425
2014	5 562 888	101.9	68 274	133 699	730 930	859 091
2015	5 046 510	100.0	68 258	132 233	756 139	784 055
2016	4 970 258	96.1	65 976	130 002	700 358	660 420
2017	5 234 165	99.1	65 529	130 497	782 865	753 792
2018	5 272 067	102.5	64 434	131 609	814 788	827 033
2019	5 195 216	100.0	62 979	130 983	769 317	785 995
2020	4 598 615	90.5	46 938	148 112	683 991	680 108
2021	4 448 340	96.0	49 030	150 041	830 914	847 607

#月次データは季節調整値。2）日本自動車工業会ウェブサイトより作成。自動車登録台数と、軽自動車販売台数の合計。3）2021年は確々報、2022年は確報（２月の輸入は速報）。

主要経済データ（Ⅲ）

	経常収支[4]（億円）	貿易・サービス収支（億円）	マネタリーベース[5]（億円）	日経平均株価[5][6]（終値）（円）	消費者[7]物価指数（2020年=100）	対前年同期比（％）
2020. 1	4 685	-12 698	5 172 075	23 205.18	100.5	*0.8*
2	29 601	10 490	5 158 833	21 142.96	100.4	*0.6*
3	18 226	-241	5 098 069	18 917.01	100.5	*0.4*
4	-179	-17 647	5 291 539	20 193.69	100.1	*-0.2*
5	9 018	-7 875	5 434 307	21 877.89	100.1	*-0.2*
6	-595	-3 043	5 652 339	22 288.14	100.0	*0.0*
7	13 521	-2 788	5 763 027	21 710.00	100.0	*0.0*
8	19 251	838	5 828 590	23 139.76	99.8	*-0.4*
9	15 314	7 343	6 060 310	23 185.12	99.7	*-0.3*
10	19 358	5 741	6 082 671	22 977.13	99.7	*-0.7*
11	17 324	4 507	6 059 127	26 433.62	99.6	*-0.9*
12	11 214	6 599	6 176 083	27 444.17	99.6	*-1.0*
2021. 1	4 982	-5 799	6 165 255	27 663.39	99.8	*-0.7*
2	28 660	4 794	6 147 126	28 966.01	99.9	*-0.5*
3	24 805	9 695	6 436 096	29 178.80	100.1	*-0.3*
4	11 297	-6 893	6 554 570	28 812.63	99.3	*-0.9*
5	17 937	-2 773	6 509 651	28 860.08	99.5	*-0.6*
6	7 396	2 960	6 595 339	28 791.53	99.5	*-0.5*
7	17 153	-204	6 608 720	27 283.59	99.8	*-0.2*
8	15 005	-5 733	6 613 402	28 089.54	99.8	*0.0*
9	10 180	-4 524	6 634 869	29 452.66	99.8	*0.1*
10	10 994	-4 481	6 640 289	28 892.69	99.9	*0.1*
11	9 142	-6 261	6 604 444	27 821.76	100.1	*0.5*
12	-2 675	-6 395	6 700 674	28 791.71	100.0	*0.5*
2022. 1	*-11 964	*-23 422	6 631 825	27 001.98	100.1	*0.2*
2	*16 483	*-3 803	6 639 396	26 526.82	100.5	*0.6*
3			6 880 327	27 821.43		
2010	193 828	68 571	1 095 070	10 228.92	95.4	*-1.0*
2011	104 013	-31 101	1 250 788	8 455.35	95.2	*-0.3*
2012	47 640	-80 829	1 384 747	10 395.18	95.1	*-0.1*
2013	44 566	-122 521	2 018 472	16 291.31	95.5	*0.4*
2014	39 215	-134 988	2 758 740	17 450.77	98.0	*2.6*
2015	165 194	-28 169	3 561 336	19 033.71	98.5	*0.5*
2016	213 910	43 888	4 374 314	19 114.37	98.2	*-0.3*
2017	227 779	42 206	4 799 976	22 764.94	98.7	*0.5*
2018	195 047	1 052	5 042 166	20 014.77	99.5	*0.9*
2019	192 513	-9 318	5 182 425	23 656.62	100.2	*0.6*
2020	156 739	-8 773	6 176 083	27 444.17	100.0	*-0.2*
2021	154 877	-25 615	6 700 674	28 791.71	99.8	*-0.2*

4）2022年１月、２月は速報値。5）月末、年末値。6）日経平均プロフィルより作成。日経平均株価は、日本経済新聞社の著作物。7）生鮮食品を除く総合。*速報値。

（特集） 新型コロナウイルス感染症

新型コロナウイルス感染症（COVID-19）が2019年12月に中国で初確認されてから、２年が経過した。当初は、中国や欧米でロックダウン（都市封鎖）が行われ、世界経済が急速に悪化した。日本でも緊急事態宣言が発出され、2020年５月に鉱工業生産が急減するなど、多大な影響があった（2020～21年の各種月別統計は10～12ページを、各産業等への影響は各章を参照されたい）。

その後は、感染拡大防止と経済活動の両立を各国が模索するようになった。アメリカ等でmRNA（メッセンジャーRNA）を利用した新技術のワクチンが開発され、2020年12月にイギリスやアメリカで接種を開始したほか、21年２月には日本でも接種が開始された。接種率の拡大とともに、日常への回帰が進んで、世界経済は回復傾向にある。ただし、ワクチンは一定期間が過ぎると効果が減退し、接種を繰り返す必要がある。また、ウイルスの変異株が猛威をふるっている。日本では、2022年１月から変異株のオミクロン株による感染者が急増した。死者数や重症者数も増加したが、ワクチンには重症化率を減らす効果がみられ、感染者数に占める死者数の割合は減少している。

国内のコロナ感染者数と死者数

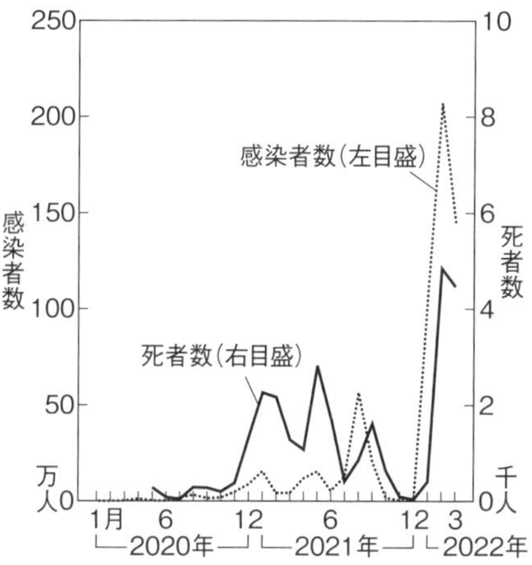

厚生労働省資料より作成。月別累計。

新型コロナ感染者数と死者数（2022年３月31日現在）（単位　千人、千回）

	死者数	千人あたり	感染者数	千人あたり	ワクチン接種回数	千人あたり
アメリカ合衆国	981	2.95	80 107	240.6	562 542	1 694
ブラジル・・・・・・	660	3.08	29 952	140.0	415 351	1 941
インド・・・・・・・・	521	0.37	43 026	30.9	1 841 947	1 322
ロシア・・・・・・・・	361	2.48	17 583	120.5	1) 163 623	1 121
メキシコ・・・・・・	323	2.48	5 660	43.4	2) 191 908	1 473
ペルー・・・・・・・・	212	6.36	3 547	106.3	67 881	2 035
イギリス・・・・・・	166	2.43	21 216	311.1	141 069	2 068
(参考)日本・・・・	28	0.22	6 556	52.0	255 720	2 029
中国・・・・	5	0.00	228	0.2	3 270 874	2 265
世界計×・・・・	**6 143**	0.78	**488 405**	62.0	**11 303 333**	1 435

Our World in Data（2022年４月13日閲覧）より作成。1）2022年３月30日。2）2022年３月29日。×その他とも。

（特集） 第49回衆議院議員総選挙

第49回衆議院議員総選挙は、2021年10月31日に投開票が行われた。岸田新首相の元で選挙に挑んだ自由民主党は、公示前の276議席から議席数を減らしたものの、定数465議席の過半数を超える259議席を確保した。公明党は32議席で公示前より３議席増加し、両党で衆院の各委員会で過半数を得ることが可能となる絶対安定多数261議席を上回り、自公による連立政権は維持された。立憲民主党は96議席と100議席を下回った一方、日本維新の会が41議席と公示前の11議席から大幅に増加し、公明党を抜き第３党となった。新型コロナウイルス対策、経済政策、外交・安全保障政策などが選挙の争点となり、投票率（小選挙区）は55.93％で、前回第48回総選挙（2017年10月）の53.68％を上回ったが、戦後３番目に低かった。立憲民主、共産、国民民主、社民、れいわ新選組の野党５党は、７割以上の選挙区で候補者を一本化して与党に対抗したが、議席数の大幅増加には至らなかった。総選挙で投開票が任期満了日（10月21日）以降に行われたのは、現行憲法下で初めてで、内閣発足から衆議院解散まで10日間、解散から投開票まで17日間はともに戦後最短となった。

衆議院議員総選挙における党派別当選数と得票数

	第48回総選挙（2017.10.22）（小選挙区投票率 *53.68％*）				第49回総選挙（2021.10.31）（小選挙区投票率 *55.93％*）			
	当選人（人）	小選挙区	比例代表	比例代表得票数（千票）	当選人（人）	小選挙区	比例代表	比例代表得票数（千票）
自由民主党	281	215	66	18 556	259	187	72	19 915
公明党	29	8	21	6 978	32	9	23	7 114
立憲民主党 1)	—	—	—	—	96	57	39	11 492
立憲民主党 2)	54	17	37	11 085	—	—	—	—
希望の党	50	18	32	9 678	—	—	—	—
国民民主党	—	—	—	—	11	6	5	2 593
日本維新の会	11	3	8	3 387	41	16	25	8 051
れいわ新選組	—	—	—	—	3	—	3	2 216
社会民主党	2	1	1	941	1	1	—	1 019
日本共産党	12	1	11	4 404	10	1	9	4 166
NHK党 3)	—	—	—	—	—	—	—	797
無所属	4) 26	26	—	—	5) 12	12	—	—
計 6)	**465**	**289**	**176**	**55 758**	**465**	**289**	**176**	**57 466**

総務省資料より作成。政党は、政党の用件を満たしているもの（所属国会議員が５名以上か、所属国会議員が１名以上でかつ前回の衆議院選挙、前回、前々回参議院選挙のいずれかで得票率２％以上）のみ掲載。1）2020年９月15日に結党した政党。2）2020年９月14日に解党した政党。3）第49回総選挙時点での正式な名称は「NHKと裁判してる党弁護士法72条違反で」。4）３名が自民党に、１名が立憲民主党に追加公認。このほか、民進党籍の無所属が18名当選（民進党は立憲民主党、希望の党、無所属に分裂）。5）２名が自民党に追加公認。6）比例代表得票数は、政党の用件を満たしていないものを含む。

第1章　世界の国々

2021年は、コロナ禍が終息に至らない中、各国で様々な支援策が実施された。また、ワクチン接種が進んだことにより、少しずつ社会生活が正常化していった。しかし、世界経済はコロナ禍でのサプライチェーンの混乱や原材料不足、資源価格の上昇などで、予測よりも回復が遅れている。さらに、各国で進む脱炭素化の動きや中国の需要拡大、世界各地の気候変動などの複合的な理由により、エネルギー、食料、日用品などの価格が上昇傾向にある。2022年2月に始まったロシアによるウクライナ侵攻は、国際秩序を揺るがすとともに、エネルギー供給や食料の流通などにも大きな影響を与えている。

国連難民高等弁務官（UNHCR）によると、2022年3月末時点でウクライナでは400万人以上が国内外へ避難している。ウクライナのゼレンスキー大統領は国内に留まり、現状を海外に伝えてウクライナ支援の結束を求めた。ロシアでは、3月に海外メディアを含めて言論統制を強化する法案を可決し、今回の軍事行動に関して虚偽情報（フェイクニュース）を広めた者を禁固刑に処すことを明らかにした。これを受けて、欧米の主要メディアはロシアでの取材活動を一時停止したほか、ロシア国内では3月28日、ノーベル平和賞を受賞したムラトフ編集長が率いるリベラル系新聞が活動を停止した。経済制裁が強まるロシアでは、自国通

世界の国・地域（2022年3月末現在）　2022年3月末現在、日本が国家として承認している国の数は195か国である。最近では、クック諸島（2011年3月25日）、南スーダン共和国（2011年7月9日）、ニウエ（2015年5月15日）を新しく承認した。北朝鮮については未承認で、北朝鮮と日本を含めた世界の国の数は197か国となる（日本政府は、北朝鮮を含まない196か国を世界の国の数としている）。国連加盟国は193か国で、北朝鮮は国連に加盟しており、日本承認国のうちバチカン、コソボ、クック諸島、ニウエは未加盟となっている。パレスチナは、2012年11月、国連のオブザーバー国家に格上げされ、2022年3月現在で139か国が承認している。台湾と国交を結んでいるのは、2022年3月現在、14か国である（2021年12月にニカラグアが外交関係を解除）。

貨のルーブルが不安定となり、物流やサプライチェーンが混乱している。さらに各国企業は、ロシアでの事業の一時停止や撤退を行っている。

ヨーロッパでは大陸全体に天然ガスのパイプラインが敷かれており、多くはロシアから供給されている。しかし、ドイツはロシアとの新しい海底パイプラインである「ノルドストリーム２」の稼働開始を凍結した。EU（ヨーロッパ連合）はロシアへの経済制裁を強める上に、エネルギーのロシア依存から早期に脱却する方針を掲げている。ドイツのメルケル首相の政界引退後、EUでは強いリーダーシップが求められており、2021年12月に始動したドイツのショルツ新政権や、2022年４月のフランスの大統領選挙に注目が集まっている。

アメリカ合衆国では、2021年１月にバイデン政権が誕生し、トランプ前政権からの政策転換を打ち出した。バイデン大統領は国際協調路線を重視して、世界保健機関（WHO）や地球温暖化対策の国際的枠組み「パリ協定」などに復帰している。中国との緊張関係は続いており、12月には新疆ウイグル自治区での人権侵害を理由に、中国AI企業に対する投

ロシアのウクライナ侵攻

2022年２月24日、ロシアがウクライナに侵攻を開始した。ロシアは同月21日に、一方的に独立を宣言していたウクライナ東部の親ロシア派支配地域ドネツク州とルハンスク州を国家として承認し、当地域に特別な自治権を認めた2014年の「ミンスク合意」を反故にした。そして、その直後、ドネツク州とルハンスク州のロシア系住民を庇護するという名目で、プーチン大統領が「特別軍事作戦」と呼ぶウクライナ侵攻が始まった。世界各国が即座にロシアへの経済制裁を強化する一方で、ウクライナはロシアの予想以上に頑強な抵抗を続けている。さらにウクライナは、ロシアとの交渉を続けて停戦への妥協点を探っている。

ロシアにとって、旧ソ連構成国の隣国ウクライナは「兄弟国」であり、西側諸国との緩衝地帯である。しかし、ウクライナでは2014年に親欧米派政権が樹立され、EU（ヨーロッパ連合）やNATO（北大西洋条約機構）への加入を目指す動きを本格化させた。これに対し、ロシアは強硬な介入や手段を取るようになり、2014年にはロシア系住民が多いクリミア半島を併合した。今回の軍事攻撃で、ウクライナでは多数の民間人が犠牲になるなどの惨状が報道されている。一方で、ロシア軍の苦戦も伝えられ、ロシアが事態打開のため核兵器使用の可能性を示唆する事態になっている。

資規制を発表したほか、新疆ウイグル自治区が関与する製品の輸入を原則禁止する法案に署名した。中国は東シナ海や南シナ海での海洋権益を主張して、勢力圏を拡大している。これに対しアメリカは強い警告を発し、中国の台湾への軍事侵攻を抑止することを明確にしている。ロシアによるウクライナ侵攻に関しては、ウクライナへの兵器の供与や人道支援を行う一方で、米軍の対ロ参戦を否定している。

中東では、米軍撤退後にタリバンが復権したアフガニスタンで、干ばつや食料不足、経済崩壊など、人道的支援が求められる深刻な危機が起きている。世界の最貧国の一つであるイエメンでは、ハディ暫定政権と反政府武装組織フーシ派の戦闘がイランとサウジアラビアの代理戦争に発展し、2015年から続く内戦が泥沼化している。イエメンでは、多くの小麦をウクライナから輸入しており、ロシアのウクライナ侵攻で輸入小麦が激減するほか、価格が急騰し、食料危機は深刻さを増している。

表 1-1　世界の地域別の人口と面積

	人口（百万人）(2021)			陸地面積（千km²）(2020)	人口密度（人/km²）	総面積（千km²）(2015)
	計	男	女			
アジア	4 680	2 393	2 287	31 033	151	31 915
東アジア	1 683	858	825	11 560	146	11 799
アフリカ	1 373	686	687	29 648	46	30 311
サハラ以南 1)	1 123	560	562	21 879	51	22 431
ヨーロッパ	748	361	387	22 135	34	23 049
北米	371	184	187	18 652	20	21 776
中南米	660	324	335	20 139	33	20 546
カリブ諸島	44	22	22	226	194	234
中米	182	89	93	2 452	74	2 480
南米	434	214	220	17 461	25	17 832
オセアニア	43	22	22	8 486	5	8 564
世界計	**7 875**	**3 970**	**3 905**	**130 094**	61	**136 162**

人口は、国連“World Population Prospects”（2019年版）による中位推計（2022年3月24日閲覧、資料は2019年に公表された推計予測）。人口密度は、2021年人口と2020年陸地面積で編者算出。面積は、国連“Demographic Yearbook”（2015、2020年版）による（2016年版以降、世界計の面積を河川や湖沼面積等の内水面を除く陸地面積として公表している）。総面積は2015年版のデータ。地域別の面積は各国・地域の面積の合計で、極地地方と定住者のない島の地域の面積は含まない。人口、面積ともトルコはアジアに、ハワイは北アメリカ、ロシアはヨーロッパに含む。表1-2の地域区分を参照。1）北アフリカ（アルジェリア、エジプト、リビア、モロッコ、スーダン、チュニジア、西サハラ）以外の地域。

表 1-2　大陸別の独立国・その他の地域の面積・人口・首都

	面積（千km²）（2020）	人口（千人）（2021）	人口密度（1km²につき 人）	首都
アジア				
日本国……………	378	126 051	1) 338	東京
アゼルバイジャン共和国	87	10 223	118	バクー
アフガニスタン・イスラム共和国·	653	39 835	61	カブール
アラブ首長国連邦… 2)	71	9 991	141	アブダビ
アルメニア共和国…	30	2 968	100	エレバン
イエメン共和国……	528	30 491	58	サヌア
イスラエル国………	22	8 790	398	エルサレム3)
イラク共和国………	435	41 179	95	バグダッド
イラン・イスラム共和国	1 631	85 029	52	テヘラン
インド………… 4)	3 287	1 393 409	424	ニューデリー
インドネシア共和国·	1 911	276 362	145	ジャカルタ5)
ウズベキスタン共和国	449	33 936	76	タシケント
オマーン国………	310	5 223	17	マスカット
カザフスタン共和国·	2 725	18 995	7	ヌルスルタン6)
カタール国………	12	2 931	252	ドーハ
カンボジア王国……	181	16 946	94	プノンペン
キプロス共和国… 7)	9.3	1 216	131	ニコシア
キルギス共和国……	200	6 628	33	ビシュケク
クウェート国………	18	4 329	243	クウェート
サウジアラビア王国·	2 207	35 341	16	リヤド
ジョージア………	70	3 980	57	トビリシ
シリア・アラブ共和国	185	18 276	99	ダマスカス
シンガポール共和国·	0.7	5 897	8 100	なし（都市国家）
スリランカ民主社会主義共和国…	66	21 497	328	スリ·ジャヤワルダナプラ・コッテ
タイ王国…………	513	69 951	136	バンコク
大韓民国（韓国）…·	100	51 305	511	ソウル
タジキスタン共和国·	141	9 750	69	ドゥシャンベ
中華人民共和国… 8)	9 600	1 444 216	150	ペキン（北京）
トルクメニスタン…	488	6 118	13	アシガバット
トルコ共和国………	784	85 043	109	アンカラ
ネパール連邦民主共和国	147	29 675	202	カトマンズ
バーレーン王国……	0.8	1 748	2 246	マナーマ
パキスタン・イスラム共和国	796	225 200	283	イスラマバード
バングラデシュ人民共和国	148	166 303	1 120	ダッカ
東ティモール民主共和国	15	1 344	90	ディリ
フィリピン共和国…	300	111 047	370	マニラ
ブータン王国………	38	780	20	ティンプー
ブルネイ・ダルサラーム国…	5.8	442	77	バンダル・スリ・ブガワン
ベトナム社会主義共和国	331	98 169	296	ハノイ

	面積（千km²）（2020）	人口（千人）（2021）	人口密度（1km²につき 人）	首都
マレーシア………	331	32 776	99	クアラルンプール
ミャンマー連邦共和国	677	54 806	81	ネーピードー
モルディブ共和国…	0.3	544	1 812	マレ
モンゴル国………	1 564	3 329	2	ウランバートル
ヨルダン・ハシェミット王国[9]	89	10 269	115	アンマン
ラオス人民民主共和国	237	7 379	31	ビエンチャン
レバノン共和国……	10	6 769	648	ベイルート
アフリカ				
アルジェリア民主人民共和国…	2 382	44 617	19	アルジェ
アンゴラ共和国……	1 247	33 934	27	ルアンダ
ウガンダ共和国……	242	47 124	195	カンパラ
エジプト・アラブ共和国	1 002	104 258	104	カイロ[10]
エスワティニ王国・[11]	17	1 172	68	ムババーネ
エチオピア連邦民主共和国	1 104	117 876	107	アディスアベバ
エリトリア国………	121	3 601	30	アスマラ
ガーナ共和国………	239	31 732	133	アクラ
カーボベルデ共和国・	4.0	562	139	プライア
ガボン共和国………	268	2 279	9	リーブルビル
カメルーン共和国…	476	27 224	57	ヤウンデ
ガンビア共和国……	11	2 487	220	バンジュール
ギニア共和国………	246	13 497	55	コナクリ
ギニアビサウ共和国・	36	2 015	56	ビサウ
ケニア共和国………	592	54 986	93	ナイロビ
コートジボワール共和国	322	27 054	84	ヤムスクロ[12]
コモロ連合………	2.2	888	398	モロニ
コンゴ共和国………	342	5 657	17	ブラザビル
コンゴ民主共和国…	2 345	92 378	39	キンシャサ
サントメ・プリンシペ民主共和国 ……	1.0	223	232	サントメ
ザンビア共和国……	753	18 921	25	ルサカ
シエラレオネ共和国・	72	8 141	113	フリータウン
ジブチ共和国………	23	1 002	43	ジブチ
ジンバブエ共和国…	391	15 092	39	ハラレ
スーダン共和国…[13]	1 880	44 909	24	ハルツーム
セーシェル共和国…	0.5	99	216	ビクトリア
赤道ギニア共和国…	28	1 450	52	マラボ
セネガル共和国……	197	17 196	87	ダカール
ソマリア連邦共和国・	638	16 360	26	モガディシュ
タンザニア連合共和国	947	61 498	65	ドドマ[14]
チャド共和国………	1 284	16 915	13	ンジャメナ
中央アフリカ共和国・	623	4 920	8	バンギ
チュニジア共和国…	164	11 936	73	チュニス
トーゴ共和国………	57	8 478	149	ロメ
ナイジェリア連邦共和国	924	211 401	229	アブジャ

	面積 (千km²) (2020)	人口 (千人) (2021)	人口密度 (1km²につき 人)	首都
ナミビア共和国……	825	2 587	3	ウィントフック
ニジェール共和国…	1 267	25 131	20	ニアメ
ブルキナファソ……	274	21 497	78	ワガドゥグ
ブルンジ共和国……	28	12 255	440	ブジュンブラ[15)
ベナン共和国………	115	12 451	108	ポルトノボ
ボツワナ共和国……	582	2 397	4	ハボロネ
マダガスカル共和国·	587	28 427	48	アンタナナリボ
マラウイ共和国……	118	19 648	167	リロングウェ
マリ共和国…………	1 240	20 856	17	バマコ
南アフリカ共和国…	1 221	60 042	49	プレトリア
南スーダン共和国·[13)	659	11 381	17	ジュバ
モーリシャス共和国·	2.0	1 273	643	ポートルイス
モーリタニア·イスラム共和国	1 031	4 775	5	ヌアクショット
モザンビーク共和国·	799	32 163	40	マプト
モロッコ王国………	447	37 345	84	ラバト
リビア……………	1 676	6 959	4	トリポリ
リベリア共和国……	111	5 180	47	モンロビア
ルワンダ共和国……	26	13 277	504	キガリ
レソト王国…………	30	2 159	71	マセル
ヨーロッパ				
アイスランド共和国·	103	343	3	レイキャビク
アイルランド………	70	4 983	71	ダブリン
アルバニア共和国…	29	2 873	100	ティラナ
アンドラ公国………	0.5	77	165	アンドラ·ラ·ベリャ
イタリア共和国……	302	60 367	200	ローマ
ウクライナ…………	604	43 467	72	キーウ[16)
エストニア共和国…	45	1 325	29	タリン
オーストリア共和国·	84	9 043	108	ウィーン
オランダ王国………	42	17 173	413	アムステルダム
北マケドニア共和国[17)	26	2 083	81	スコピエ
ギリシャ共和国……	132	10 371	79	アテネ
グレートブリテン及び北アイルランド連合王国(英国)…	242	68 207	281	ロンドン
クロアチア共和国…	57	4 082	72	ザグレブ
コソボ共和国(国連未加盟)[18)	11	1 775	163	プリシュティナ
サンマリノ共和国…	0.06	34	558	サンマリノ
スイス連邦…………	41	8 715	211	ベルン
スウェーデン王国…	439	10 160	23	ストックホルム
スペイン王国………	506	46 745	92	マドリード
スロバキア共和国…	49	5 461	111	ブラチスラバ
スロベニア共和国…	20	2 079	103	リュブリャナ
セルビア共和国…[19)	77	6 908	89	ベオグラード
チェコ共和国………	79	10 725	136	プラハ
デンマーク王国……	43	5 813	135	コペンハーゲン

	面積（千km²）（2020）	人口（千人）（2021）	人口密度（1km²につき 人）	首都
ドイツ連邦共和国･･･	358	83 900	235	ベルリン
ノルウェー王国･････	324	5 466	17	オスロ
バチカン（国連未加盟）	0.0004	0.8	1 845	なし（都市国家）
ハンガリー･････････	93	9 634	104	ブダペスト
フィンランド共和国･	337	5 548	16	ヘルシンキ
フランス共和国･････	552	65 426	119	パリ
ブルガリア共和国･･･	110	6 897	62	ソフィア
ベラルーシ共和国･･･	208	9 443	45	ミンスク
ベルギー王国･･･････	31	11 632	381	ブリュッセル
ポーランド共和国･･･	313	37 797	121	ワルシャワ
ボスニア･ヘルツェゴビナ	51	3 263	64	サラエボ
ポルトガル共和国･･･	92	10 168	110	リスボン
マルタ共和国･･･････	0.3	443	1 404	バレッタ
モナコ公国･････････	0.002	40	19 760	モナコ
モルドバ共和国･････	34	4 024	119	キシニョフ
モンテネグロ･･･････	14	628	45	ポドゴリツァ
ラトビア共和国･････	65	1 867	29	リガ
リトアニア共和国･･･	65	2 690	41	ビリニュス
リヒテンシュタイン公国	0.2	38	239	ファドーツ
ルーマニア･････････	238	19 128	80	ブカレスト
ルクセンブルク大公国	2.6	635	245	ルクセンブルク
ロシア連邦･････････	17 098	145 912	9	モスクワ
北中アメリカ				
アメリカ合衆国（米国）	9 834	332 915	34	ワシントンD.C.
アンティグア･バーブーダ	0.4	99	223	セントジョンズ
エルサルバドル共和国	21	6 519	310	サンサルバドル
カナダ････････････	9 985	38 068	4	オタワ
キューバ共和国･････	110	11 317	103	ハバナ
グアテマラ共和国･･･	109	18 250	168	グアテマラシティー
グレナダ･･････････	0.3	113	328	セントジョージズ
コスタリカ共和国･･･	51	5 139	101	サンホセ
ジャマイカ･････････	11	2 973	271	キングストン
セントクリストファー･ネービス･･････････	0.3	54	205	バセテール
セントビンセント及びグレナディーン諸島	0.4	111	286	キングスタウン
セントルシア･･･････	0.6	184	299	カストリーズ
ドミニカ共和国･････	49	10 954	225	サントドミンゴ
ドミニカ国･････････	0.8	72	96	ロゾー
トリニダード･トバゴ共和国	5.1	1 403	274	ポート･オブ･スペイン
ニカラグア共和国･･･	130	6 702	51	マナグア
ハイチ共和国･･･････	28	11 542	416	ポルトープランス
パナマ共和国･･･････	75	4 382	58	パナマシティー
バハマ国･･･････････	14	397	28	ナッソー

	面積(千km²)(2020)	人口(千人)(2021)	人口密度(1km²につき 人)	首都
バルバドス………	0.4	288	668	ブリッジタウン
ベリーズ………	23	405	18	ベルモパン
ホンジュラス共和国・	112	10 063	89	テグシガルパ
メキシコ合衆国……	1 964	130 262	66	メキシコシティ
南アメリカ				
アルゼンチン共和国・	2 796	45 606	16	ブエノスアイレス
ウルグアイ東方共和国	174	3 485	20	モンテビデオ
エクアドル共和国…	257	17 888	70	キト
ガイアナ共和国…[20]	215	790	4	ジョージタウン
コロンビア共和国…	1 142	51 266	45	ボゴタ
スリナム共和国……	164	592	4	パラマリボ
チリ共和国………	756	19 212	25	サンティアゴ
パラグアイ共和国…	407	7 220	18	アスンシオン
ブラジル連邦共和国・	8 516	213 993	25	ブラジリア
ベネズエラ・ボリバル共和国・	930	28 705	31	カラカス
ペルー共和国……	1 285	33 359	26	リマ
ボリビア多民族国…	1 099	11 833	11	ラパス[21]
オセアニア				
オーストラリア連邦・	7 692	25 788	3	キャンベラ
キリバス共和国……	0.7	121	167	タラワ

米軍撤収後のアフガニスタン情勢

2021年8月末、米軍がアフガニスタンから完全に撤収し、イスラム教スンニ派過激組織タリバンが全土の実権を再び掌握、9月に暫定政権を樹立した。2001年9月11日の米同時多発テロに対する報復として始まったアフガニスタン紛争は、約20年にわたる米軍駐留を経て、再び振り出しに戻った。欧米は、タリバン暫定政権の人権侵害やテロへの関与を問題視して、資金流入を妨げるために資産を凍結、さらに経済制裁を科している。国際支援も停止され、アフガニスタンの経済社会は壊滅状態である。

タリバン政権の復帰後、コロナ禍が重なって、アフガニスタン市民の生活はさらに悪化している。豊かな農業国であったアフガニスタンは、長期にわたる戦禍で農地が荒廃し、厳しい干ばつにより作物が育たない状況にある。さらに、ほかの産業も停滞して、失業者が増加している。2021年10月の世界食糧計画（WFP）報告によると、国民の半数にあたる2280万人が食料不安に陥り、そのうち870万人が飢餓の危険に直面している。国連は、各国に対してアフガニスタンへの支援拠出を求めており、2021年12月に国連安全保障理事会は、人道支援を目的とする資金提供や支援活動は制裁決議に違反しないとする決議案を、全会一致で採択した。

	面積 (千km²) (2020)	人口 (千人) (2021)	人口密度 (1km²につき 人)	首都・政庁所在地
クック諸島(国連未加盟)	0.2	18	74	アバルア
サモア独立国……	2.8	200	70	アピア
ソロモン諸島……	29	704	24	ホニアラ
ツバル…………	0.03	12	459	フナフティ
トンガ王国………	0.7	107	143	ヌクアロファ
ナウル共和国……	0.02	11	518	ヤレン
ニウエ…………	0.3	1.6	6	アロフィ
ニュージーランド…	268	4 861	18	ウェリントン
バヌアツ共和国……	12	314	26	ポートビラ
パプアニューギニア独立国	463	9 119	20	ポートモレスビー
パラオ共和国……	0.5	18	40	マルキョク
フィジー共和国……	18	903	49	スバ
マーシャル諸島共和国	0.2	60	329	マジュロ
ミクロネシア連邦…	0.7	116	166	パリキール
(その他の地域)				
北朝鮮…………22)	121	25 887	215	ピョンヤン(平壌)
台湾……………	23) 36	23 855	659	タイペイ(台北)
パレスチナ……24)	6.0	5 223	867	ラマッラ
香港…………25)	1.1	7 553	6 804	—
マカオ…………25)	0.03	658	19 951	—

国・首都名および地域・政庁所在地名は、原則として、外務省ホームページ資料による。面積は国連“Demographic Yearbook”(2020年版)、人口は国連“World Population Prospects”(2019年版)(2022年3月24日閲覧)より作成。ただし、2021年人口は2019年に公表された推計予測であり、新型コロナ感染症拡大等の影響を反映していない。難民や遊牧民などの扱い方は国によって異なり、詳細は不明。人口密度は2021年人口と2020年面積で編者算出。1) 北方領土(約5000km²)を除く面積で算出。2) 陸地面積。外務省公表の面積は83.6千km²。3) 首都エルサレムは国際的な承認を得ていない。2017年12月、アメリカ合衆国が首都として認定。4) パキスタンとの係争地ジャム・カシミール地方のインド支配地域を含む。首都はデリーとも表記される。5) 2022年1月に首都をカリマンタン島に移転する法案を可決。名称はヌサンタラ。6) 2019年3月、アスタナから名称変更。7) 面積、人口とも北部のトルコ系実効支配地域(北キプロス・トルコ共和国)を含む。8) 便宜上、台湾、香港とマカオを含まない数値。9) 外務省資料はヨルダンを国名とする。10) カイロ近郊へ首都移転予定。11) 旧スワジランド。2018年4月に国名変更。12) 実質的な首都機能所在地はアビジャン。13) 2011年7月、南スーダン共和国がスーダンから独立。スーダンの面積は外務省資料。14) ドドマは法律上の首都。実際の首都機能所在地はダルエスサラーム。15) 2019年1月、首都をギテガに移転する法案を採択。一部機関はブジュンブラに所在し、政治機能所在地はギテガ。16) 日本政府は、キエフの表記をウクライナ語の発音のキーウに変更。17) 2019年2月、マケドニア旧ユーゴスラビア共和国の国名が北マケドニア共和国に変更。18) 2008年2月、セルビア共和国から独立。日本政府は同年3月に国家承認。面積は外務省資料、人口は世界銀行資料(2020年)。19) コソボの独立を認めていない。面積、人口はコソボを含まず、面積は外務省資料、人口は世界銀行資料(2020年)。20) 憲法上の国名はガイアナ協同共和国。21) 憲法上の首都はスクレ。22) 日本政府は国家承認を行っていない。23) 台湾内政部資料による2020年面積。24) パレスチナ自治政府の行政地域(ヨルダン川西岸とガザ地区)。25) 中国の特別行政区。

図 1-1　国連の主な機関（2022年３月末現在）

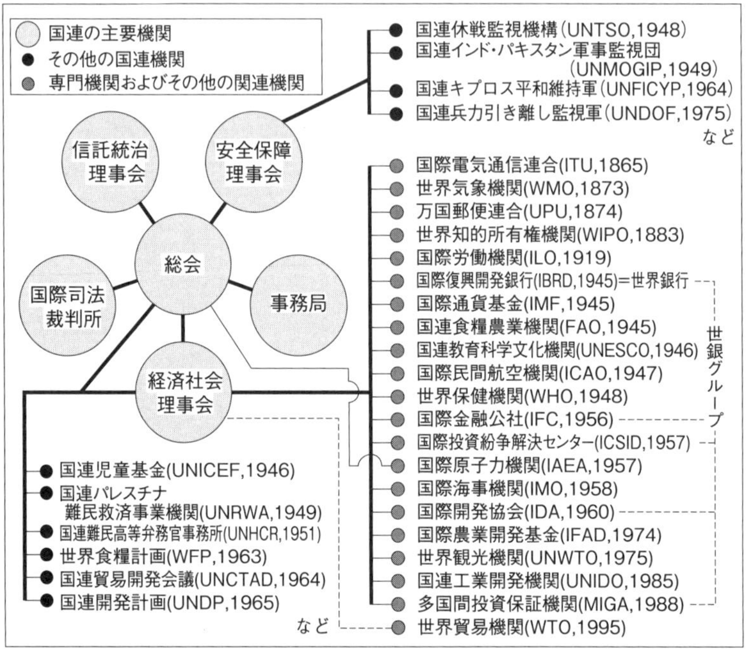

国連の加盟状況（2022年３月末現在）

2022年３月末現在の国連加盟国は193か国で、最近の加盟国は2011年７月に独立した南スーダン共和国。コソボは、ロシアとセルビアの独立承認がなく、国連加盟は未定。台湾は、1945年10月に「中華民国」として加盟したものの、1971年10月の中華人民共和国（中国）の加盟によって代表権が交替した。

国連の中心組織である総会はすべての国が１票を持つ。安全保障理事会は加盟国を拘束する決定を行う機関で、常任理事国５か国（アメリカ合衆国、イギリス、フランス、中国、ロシア）と、総会が２年の任期で選ぶ非常任理事国10か国（2022年末までの任期：インド、アイルランド、ケニア、メキシコ、ノルウェー、2023年末までの任期：アルバニア、ブラジル、ガボン、ガーナ、アラブ首長国連邦）で構成される。常任理事国は「拒否権」（決議を阻止できる権利）を有する。2022年から３年間の通常予算分担率は、アメリカ合衆国が最も多く22.000％、次いで中国が大きく増加して15.254％となった。

分担率（％）(2022～2024)	
アメリカ合衆国	*22.000*
中　国	*15.254*
日　本	*8.033*
ドイツ	*6.111*
イギリス	*4.375*
フランス	*4.318*
イタリア	*3.189*
カナダ	*2.628*
韓　国	*2.574*
スペイン	*2.134*
オーストラリア	*2.111*

主な国際経済組織（2022年３月末現在）

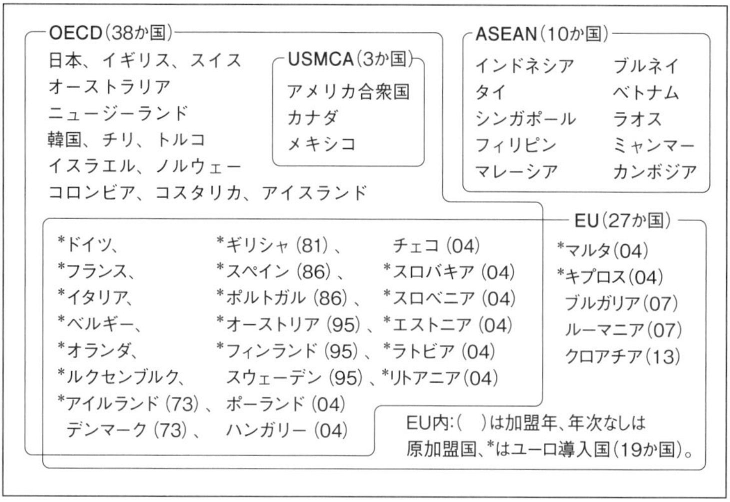

OECD　経済協力開発機構　本部はパリ。西ヨーロッパと北アメリカ諸国の経済協力体制の強化を図る目的で1961年９月30日発足。貿易の拡大と財政・金融の安定を維持しながらの経済成長、および発展途上国の援助が主な目的。下部機構にあたる開発援助委員会（DAC）は、発展途上国の開発の援助に関する問題について検討する機関。2010年５月にチリ、７月にスロベニア、９月にイスラエル、12月にエストニアが加盟し、2016年にラトビア、2018年にリトアニア、2020年４月にコロンビア、2021年５月にコスタリカが加盟、現加盟国は38。

EU　ヨーロッパ連合（欧州連合）　本部はブリュッセル。欧州共同体（EC）が前身。欧州の一層の統合を進めるために1993年11月に発効したマーストリヒト条約により発足。2009年12月、リスボン条約発効。経済通貨統合、共通外交・安全保障政策の実施を目指す。2020年１月31日をもって、イギリスが正式に離脱し、加盟国は27か国。現在の加盟国候補は、トルコ、北マケドニア、モンテネグロ、セルビア、アルバニアの５か国。潜在的な（potential）加盟候補国として、ボスニア・ヘルツェゴビナとコソボ。2022年２月末にはウクライナが、３月にはモルドバ、ジョージアが加盟を申請したと発表。共通通貨ユーロを導入するのは19か国。国境での出入国検査を廃止するシェンゲン領域のEU加盟国は22か国（EU加盟国外のほかに４か国が加盟し、計26か国）。

USMCA　米国・メキシコ・カナダ協定　2020年７月１日に発効。NAFTAを抜本改定した新協定。NAFTAにはなかった中小企業育成、腐敗防止、環境保護、労働者の権利保護などが組み込まれた。USMCAの特恵関税待遇（無税）を得るためには、規定された原産地規則を満たすことが必要。

ASEAN　東南アジア諸国連合　中央事務局はジャカルタ。域内の経済成長ならびに社会・文化的発展の促進、域内の政治・経済的安定の確保、域内諸問題の解決を目的として、1967年8月に設立（バンコク宣言）。2008年12月には、共同体の最高規範となる「ASEAN憲章」が発効。2015年12月、「ASEAN安全保障共同体」、「ASEAN経済共同体（AEC）」、「ASEAN社会・文化共同体」からなるASEAN共同体が発足。域内物品関税は、2018年1月にすべて撤廃された（一部例外を除く）。通貨統合の予定はなく、サービス貿易やヒトの移動での自由化は限定的。RCEP（地域的な包括的経済連携）協定にはASEAN加盟国すべてが参加し、2022年1月1日にシンガポール、ブルネイ、カンボジア、ラオス、タイ、ベトナムで発効。マレーシアでは3月に発効。

図 1-2　主な経済組織の世界に占める割合

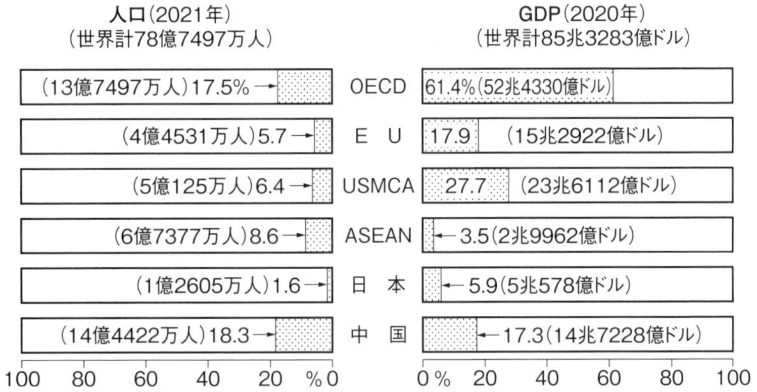

人口は国連“World Population Prospects”（2019年版）による2021年中位推計人口。GDP（国内総生産）は国連“National Accounts Main Aggregates Database”による2021年12月更新データ。各経済組織加盟国の合計が世界計に占める割合を試算したもの。経済組織の加盟国は2022年3月末現在で、25、26ページの解説を参照。EUはイギリス離脱後のデータ。中国には香港、マカオ、台湾を含まず。

表 1-3　日本の難民認定数（単位　人）

	2016	2017	2018	2019	2020	1982～累計
難民認定申請者数	10 901	19 629	10 493	10 375	3 936	85 479
難民認定数						
定住難民 ････ 1)	18	29	22	20	—	11 513
条約難民 ････ 2)	28	20	42	44	47	841
その他の庇護 ･･ 3)	97	45	40	37	44	2 709
計 ･･････････ 4)	**143**	**94**	**104**	**101**	**91**	**15 063**

法務省「我が国における難民庇護の状況等」（2020年）より作成。1）インドシナ難民と第三国定住難民（タイとマレーシアから受け入れたミャンマー難民）。2）入管法の規定に基づき、難民と認定された者。3）難民認定はされないが、人道的な配慮を理由に在留が認められた者。4）ほかに、2017～2020年度で計95人のシリア人留学生を受け入れている。

第2章　国土と気候

日本の国土面積は約37.8万平方キロメートルである。日本の権限や権利がおよぶ海域である領海、排他的経済水域と延長大陸棚の合計面積は約465万平方キロメートルに達する。また、7000近くの島からなる日本の海岸線は3.5万キロメートルあり、各国と比べて非常に長い。

日本の国土のうち北方領土はロシアが、また、島根県竹島は韓国がそれぞれ占拠を続けており、いずれも領土問題解決の見込みはたっていない。沖縄県尖閣諸島は、近海

図 2-1　日本の領域

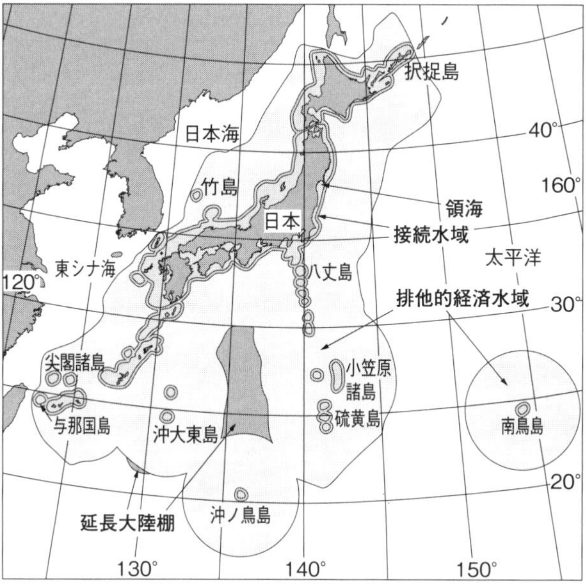

表 2-1　国土と領域

国土面積 (km^2)1)	構成島数2)	領海面積 (km^2)3)	接続水域面積 (km^2)4)	排他的経済水域面積 (km^2)5)	延長大陸棚面積(km^2)
377 974	6 852	約 430 000	約 320 000	約 4 050 000	約 180 000

総務省統計局「日本統計年鑑」(2022年)、国土地理院「全国都道府県市区町村別面積調」(2022年) および海上保安庁資料より作成。1) 2022年1月1日現在。2) 2万5000分の1海図を基準に岸線0.1km以上の島に関する1986年調査、北方領土は1969年。3) 基線から12海里＝約22kmの水域。湖沼、河川、基線内側の内水面積約15万km^2を含む。4) 基線から24海里＝約44kmの海域。国内法の履行のため一定の権限を行使できる海域。5) 基線から200海里＝約370kmの海域。漁業や鉱物資源に対する排他的な管轄権や、海洋汚染を規制する権限などが認められる。本データは領海を除き接続水域を含む。

で石油埋蔵の可能性が指摘された後の1971年に中国や台湾が領有権を主張するようになった。

日本列島は南北に長く、亜寒帯から亜熱帯までさまざまな気候区分がある。冬は等圧線が縦縞模様の冬型気圧配置となり、これに伴い北西の季節風がシベリアからの寒気を運んでくる。この冷たい季節風が日本列島の高い山々が連なる山脈に当たって、日本海側では曇りや雪の日が多くなる。一方、太平洋側は山から吹き下ろす乾いた風の影響で晴れの日が多

表 2-2　日本の主な島、河川、湖沼、山岳

島の面積（2022年１月１日現在）（km²）					
本州……	227 938	佐渡島……	855	福江島……	326
北海道……	77 984	奄美大島……	712	西表島……	290
九州……	36 782	対馬……	696	徳之島……	248
四国……	18 297	淡路島……	592	色丹島……	248
択捉島……	3 167	天草下島……	575	島後（隠岐）·	242
国後島……	1 489	屋久島……	504	天草上島……	226
沖縄島……	1 208	種子島……	444	石垣島……	222
河川の流域面積（降水が集まる範囲）（2020年４月30日現在）（km²）					
利根川……	16 840	木曽川……	9 100	最上川……	7 040
石狩川……	14 330	十勝川……	9 010	天塩川……	5 590
信濃川……	11 900	淀川……	8 240	阿武隈川……	5 400
北上川……	10 150	阿賀野川……	7 710	天竜川……	5 090
河川の幹川流路延長（主流の流路の総延長）（2020年４月30日現在）（km）					
信濃川……	367	天塩川……	256	最上川……	229
利根川……	322	北上川……	249	木曽川……	229
石狩川……	268	阿武隈川……	239	天竜川……	213
湖沼の面積（2022年１月１日現在）（km²）					
琵琶湖……	669.3	中海……	85.7	洞爺湖……	70.7
霞ヶ浦……	168.2	屈斜路湖……	79.5	浜名湖……	64.9
サロマ湖……	151.6	宍道湖……	79.3	小川原湖……	62.0
猪苗代湖……	103.2	支笏湖……	78.5	十和田湖……	61.1
山岳の標高（2022年２月１日改定）（m）					
富士山…… 1)	3 776	間ノ岳…… 1)	3 190	赤石岳…… 6)	3 121
北岳…… 2)	3 193	槍ヶ岳…… 4)	3 180	涸沢岳…… 3)	3 110
奥穂高岳‥ 3)	3 190	東岳(悪沢岳) 5)	3 141	北穂高岳‥ 3)	3 106

国土地理院「全国都道府県市区町村別面積調」(2022年)、同「日本の主な山岳標高」および国土交通省「一級河川の河川延長等調」により作成。原資料で数値の大きなものの順。1）山梨、静岡。2）山梨。3）長野、岐阜。4）長野。5）静岡。6）長野、静岡。

い。春は天気が数日の周期で変動し、気温の変化も大きくなる。5月頃から沖縄・奄美で梅雨の時期となり、夏の前半は北海道を除いて全国的に梅雨前線の影響で降水量が多くなる。夏の後半は太平洋高気圧に覆われて

図 2-2 国土の地形区分別構成

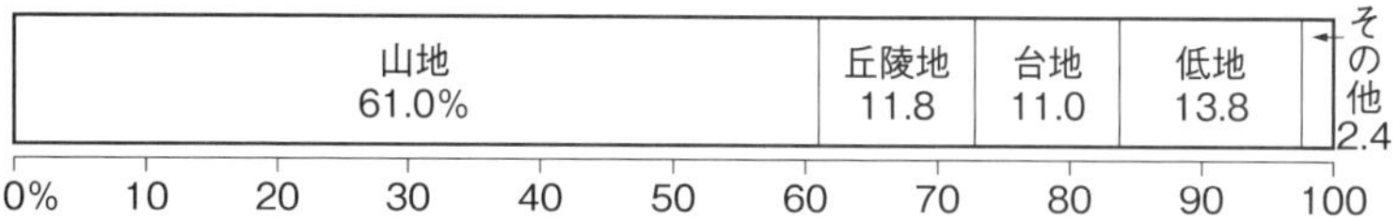

総務省統計局「日本統計年鑑」(2016年) より作成。原資料は旧国土庁「1982年度国土数値情報作成調査」。丘陵は山地のうち低地との高さが300m以下のもの。台地は主に洪積台地。低地は主に沖積世に形成された扇状地や三角州など。その他は北方領土や内水域。

表 2-3 国土利用の推移 (単位 万ha)

	1970	1980	1990	2000	2010	2019
農地	581	546	524	483	459	440
森林	2 523	2 526	2 524	2 511	2 507	2 503
原野等 1)	88	48	37	34	36	35
水面・河川・水路	111	115	132	135	133	135
道路	88	104	114	127	136	141
宅地	102	140	161	179	190	197
住宅地	81	108	99	107	115	120
工業用地	12	15	16	17	16	16
その他の宅地	9	17	46	55	59	60
計×	**3 773**	**3 777**	**3 777**	**3 779**	**3 779**	**3 780**

国土交通省「土地白書」および総務省統計局「日本長期統計総覧」より作成。1) 採草放牧地を含む。×その他とも。

表 2-4 日本の海岸線 (単位 km) (2019年度)

都道府県別海岸線延長		%	都道府県別海岸線延長		%
北海道 1)	4 445	*12.6*	三 重	1 083	*3.1*
長 崎	4 170	*11.8*	熊 本	1 065	*3.0*
鹿児島	2 643	*7.5*	島 根	1 028	*2.9*
沖 縄 2)	2 029	*5.7*	兵 庫	855	*2.4*
愛 媛	1 704	*4.8*			
山 口	1 504	*4.3*	計(その他とも)	**35 285**	*100.0*
広 島	1 123	*3.2*	うち砂浜のある海岸	4 975	*14.1*

国土交通省「海岸統計」(2020年度) より作成。1) 北方領土を含む。2) 尖閣諸島を含む。

全国的に気温が高い。9月には秋雨前線や台風の影響で降水量が増え、10月は移動性高気圧に覆われて晴天となる日が多くなる。近年は、夏に記録更新となる猛暑や、局地的豪雨による被害が相次ぐなど、極端な天候になりがちである。20世紀半ば以降、年平均気温が上昇して地球温暖化が進んでいる。この原因は人間活動による温室効果ガスの増加である可能性が極めて高いと考えられており、世界規模の対策が求められている。

表 2-5　日本の活火山

	活火山数	うち常時観測		活火山数	うち常時観測
北海道	20	9	中国	2	—
東北	18	12	九州・沖縄	19	9
関東・中部	20	13	北方領土	11	—
伊豆諸島·小笠原諸島	21	7	全国計	**111**	**50**

気象庁ウェブサイトより作成。2022年3月25日閲覧。活火山数の原資料は気象庁「日本活火山総覧　第4版」(2013年刊行)。地域区分は原資料に従った。活火山は、概ね過去1万年以内に噴火した火山及び現在活発な噴気活動のある火山で、近畿や四国にはこの定義に当てはまる火山が無い。以前は過去2000年以内に噴火したものや、さらに以前は噴火している火山のみを活火山と定義していたが、2003年以降は定義が上記のように見直された。2017年6月に男体山を追加。常時観測火山は、今後100年程度の中長期的な噴火の可能性及び社会的影響を踏まえて、火山噴火予知連絡会によって選定されたもの。気象庁が火山活動を24時間体制で監視している。2016年12月に八甲田山、十和田、弥陀ヶ原を追加。

海上保安庁について　海上保安庁は1948年、海上における人命・財産の保護、治安の維持等を目的に当時の運輸省の外局として設置された。現在は国土交通省の外局として、海上における犯罪の取り締まり、領海警備、海難救助、環境保全、災害対応、海洋調査、船舶の航行安全等、多岐にわたる業務を担っている。海上保安庁は全国を11の海上保安管区に分けて海上保安業務を行っている。2021年4月1日現在の装備等は、巡視船144隻、巡視艇238隻、特殊警備救難艇71隻、測量船15隻、灯台見回り船6隻、教育業務用船3隻の船艇合計477隻。飛行機34機、ヘリコプター53機の航空機合計87機。光波標識（灯台、灯浮標など）5084基、電波標識35基、その他34基の航路標識合計5153基となっている。2021年度の当初予算は2226億円、同年度末の定員は1万4427人である。近年、日本周辺では海上保安に関する緊張が高まっている。海上保安庁では、①尖閣領海警備体制の強化と大規模事業の同時発生に対応できる体制の整備、②広大なわが国周辺海域を監視できる海洋監視体制の強化、③テロ対処や離島・遠方海域における領海警備等の重要事案への体制強化、④わが国の海洋権益を堅守するための海洋調査体制の強化、⑤以上の体制を支える人材育成など基盤整備を五つの柱に、海上保安体制の強化を進めている。

図 2-3　日本と世界の気温の変化（1991～2020年平均からの偏差）

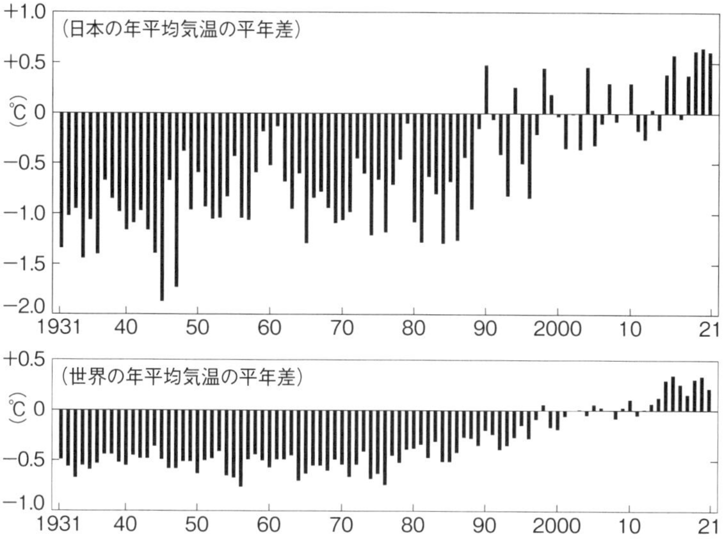

2021年の世界と日本の年平均気温

2021年の世界の年平均気温は1991年から2020年の30年平均基準との偏差で+0.22℃と、1891年の統計開始以来６番目に高い値であった。また、最近８年（2014～2021年）は、すべて歴代８位以内となっている（第１位は2016年の+0.35℃）。長期的には100年あたり0.73℃の割合で上昇しており、特に1990年代半ば以降、高温となる年が多くなっている。地域別にみると、ヨーロッパ南部及びアフリカ北部から中東、東アジアにかけて、北米中部などで高温となったほか、海域では北太平洋や大西洋を中心に広い範囲で高温となった。

同年の日本の年平均気温（都市化による影響が少なく、特定の地域に偏らないよう選定された15地点）は、1991年から2020年の30年平均基準との偏差が+0.65℃で、統計を開始した1898年以降、2020年と並んで、最も高い値となった。長期的には100年あたり1.29℃の割合で上昇しており、特に1990年代以降、高温となる年が多くなっている。

このように、近年、世界と日本で高温となる年が頻出しており、海洋の貯熱量も長期的に増加している。気象庁ではその要因として、二酸化炭素など温室効果ガスの増加に伴う地球温暖化の影響が考えられるとしている。また、数年から数十年程度で繰り返される自然変動の影響も受けていると考えられている（数値は１～11月の期間から算出した速報値）。

図 2-4　日本の気候区分

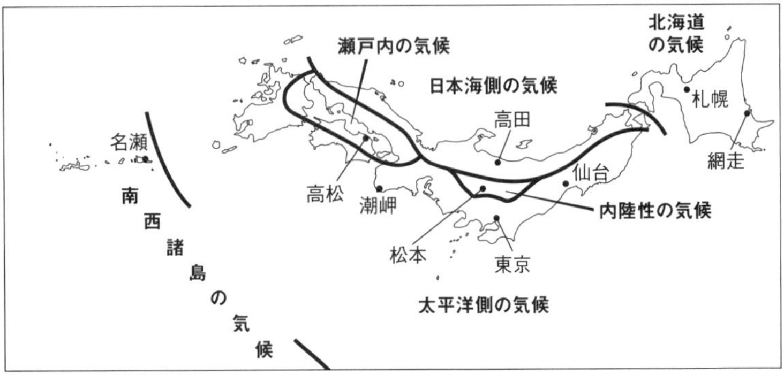

北海道の気候　この地域は冷帯（亜寒帯）で、冬の寒さは厳しく夏は涼しい。年間を通じて降水量は少なく、明瞭な梅雨の現象も見られない。

日本海側の気候　冬は、大陸から吹く北西の季節風が日本海をわたる時に大量の湿気を含むため雪が多くなる。夏は晴天が多く、気温も高い。

太平洋側の気候　夏は海から南東の季節風が吹き、雨が多く蒸し暑い。冬は北西の季節風が列島の山脈を越えて乾いた空気を送り込み、乾燥して晴れの日が多い。また台風の影響を受けやすい紀伊半島南部や四国南部では、6～9月に雨が非常に多い。

内陸性の気候　夏はかなり暑く、冬は寒さが厳しい。夏冬、昼夜の気温差が大きいのが特徴。年間の降水量は少ない。

瀬戸内の気候　中国山地と四国山地が季節風をさえぎり、通年で晴れが多く温暖。雨量が少なく夏に日照りや干ばつが起きやすく、ため池など乾燥地特有の工夫がある。

南西諸島の気候　この地域は亜熱帯（熱帯に近い温帯）。年間を通して気温が高く、霜や雪はほとんど見られない。降水量が多く、奄美群島はその中でも雨量が多い地域。

2021年の日本の気候

2021年の日本の気候は気温の高い状態が続いた。年平均気温は全国的に高く、特に北・西日本で高くなった。2020年12月から1月中旬にかけて、強い寒気が南下したため、日本海側ではしばしば大雪に見舞われた。1月7日から11日には72時間降雪量が新潟県高田で187センチに達したのをはじめ、日本海側の19地点で記録を更新した。大雪が続いたことで、多数の車両が立ち往生するなど、大規模な交通障害が発生した。冬の降雪量は、特に西日本の日本海側で多く、また、東日本の日本海側でも多かった。

降水量をみると、8月中旬は前線が本州付近に停滞したため、東・西日本では各地で長期間にわたって大雨となり、68地点で72時間降水量の最多記録を更新した。月間降水量は西日本の日本海側で平年比371%、同じく西日本の太平洋側で平年比297%と、いずれも8月の最多記録を更新した（統計開始はともに1946年）。

図 2-5　各地の気温と降水量の平年値（1991〜2020年の平均）

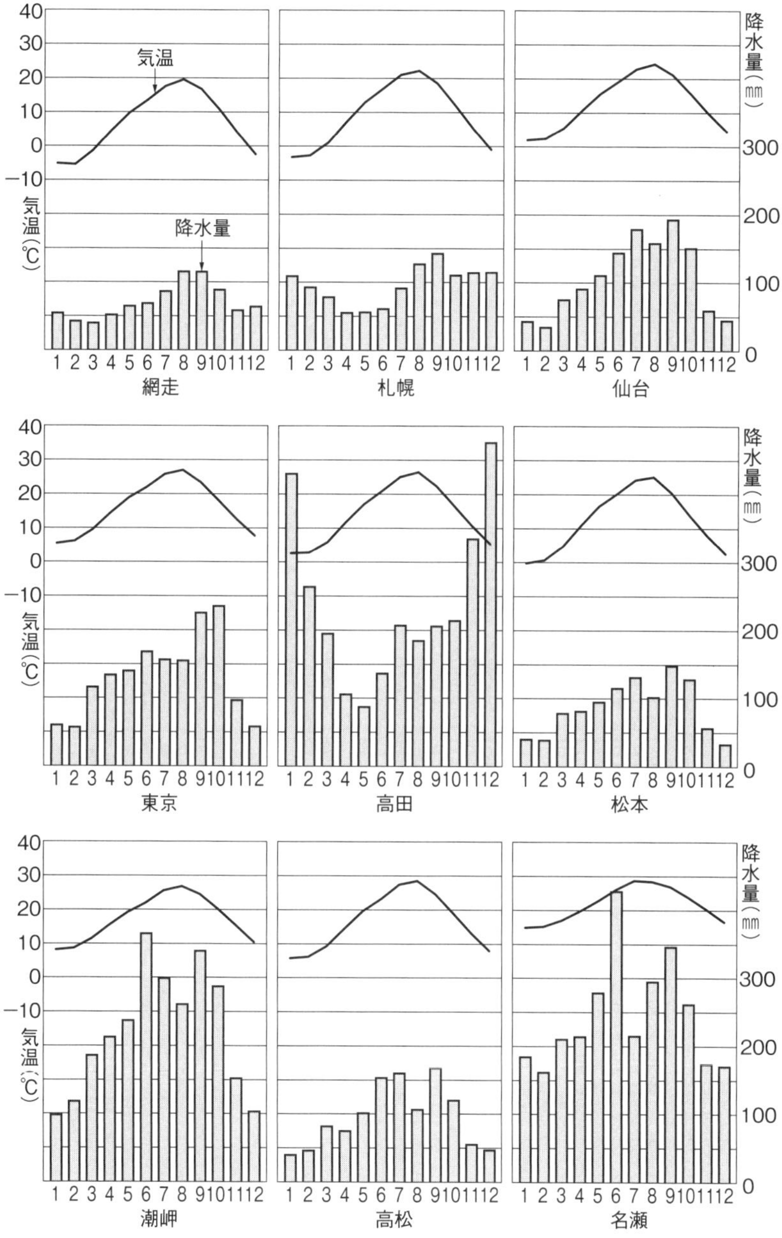

表2-6、2-7の資料より作成。

表 2-6　各地の気温の平年値（1991～2020年の平均）**と観測史上最高気温**（℃）（太字は最高値、斜体は最低値）

	1月	2月	3月	4月	5月	6月	7月	8月	9月	10月	11月	12月	年平均	最高気温[1]（記録年次）
札幌	*-3.2*	-2.7	1.1	7.3	13.0	17.0	21.1	**22.3**	18.6	12.1	5.2	-0.9	9.2	36.2(1994)
網走	-5.1	*-5.4*	-1.3	4.5	9.8	13.5	17.6	**19.6**	16.8	10.9	4.0	-2.4	6.9	37.6(1994)
根室	-3.4	*-3.8*	-0.8	3.5	7.7	10.9	14.9	**17.4**	16.2	11.6	5.6	-0.5	6.6	34.0(2019)
青森	*-0.9*	-0.4	2.8	8.5	13.7	17.6	21.8	**23.5**	19.9	13.5	7.2	1.4	10.7	36.7(1994)
盛岡	*-1.6*	-0.9	2.6	8.7	14.5	18.8	22.4	**23.5**	19.3	12.6	6.2	0.8	10.6	37.2(1924)
仙台	*2.0*	2.4	5.5	10.7	15.6	19.2	22.9	**24.4**	21.2	15.7	9.8	4.5	12.8	37.3(2018)
秋田	*0.4*	0.8	4.0	9.6	15.2	19.6	23.4	**25.0**	21.0	14.5	8.3	2.8	12.1	38.2(1978)
東京	*5.4*	6.1	9.4	14.3	18.8	21.9	25.7	**26.9**	23.3	18.0	12.5	7.7	15.8	39.5(2004)
高田	*2.5*	2.7	5.8	11.7	17.0	20.9	25.0	**26.4**	22.3	16.4	10.5	5.3	13.9	40.3(2019)
金沢	*4.0*	4.2	7.3	12.6	17.7	21.6	25.8	**27.3**	23.2	17.6	11.9	6.8	15.0	38.5(1902)
長野	*-0.4*	0.4	4.3	10.6	16.4	20.4	24.3	**25.4**	21.0	14.4	7.9	2.3	12.3	38.7(1994)
松本	*-0.3*	0.6	4.6	10.8	16.5	20.2	24.2	**25.1**	20.4	13.9	7.8	2.5	12.2	38.5(1942)
名古屋	*4.8*	5.5	9.2	14.6	19.4	23.0	26.9	**28.2**	24.5	18.6	12.6	7.2	16.2	40.3(2018)
尾鷲	*6.5*	7.2	10.3	14.7	18.7	21.9	25.8	**26.8**	23.8	18.8	13.7	8.8	16.4	38.6(2016)
大阪	*6.2*	6.6	9.9	15.2	20.1	23.6	27.7	**29.0**	25.2	19.5	13.8	8.7	17.1	39.1(1994)
潮岬	*8.3*	8.8	11.6	15.6	19.3	22.1	25.7	**26.9**	24.6	20.3	15.5	10.6	17.5	36.1(2020)
鳥取	*4.2*	4.7	7.9	13.2	18.1	22.0	26.2	**27.3**	22.9	17.2	11.9	6.8	15.2	39.2(2021)
岡山	*4.6*	5.2	8.7	14.1	19.1	22.7	27.0	**28.1**	23.9	18.0	11.6	6.6	15.8	39.3(1994)
高松	*5.9*	6.3	9.4	14.7	19.8	23.3	27.5	**28.6**	24.7	19.0	13.2	8.1	16.7	38.6(2013)
高知	*6.7*	7.8	11.2	15.8	20.0	23.1	27.0	**27.9**	25.0	19.9	14.2	8.8	17.3	38.4(1965)
福岡	*6.9*	7.8	10.8	15.4	19.9	23.3	27.4	**28.4**	24.7	19.6	14.2	9.1	17.3	38.3(2018)
熊本	*6.0*	7.4	10.9	15.8	20.5	23.7	27.5	**28.4**	25.2	19.6	13.5	8.0	17.2	38.8(1994)
宮崎	*7.8*	8.9	12.1	16.4	20.3	23.2	27.3	**27.6**	24.7	20.0	14.7	9.7	17.7	38.0(2013)
名瀬	*15.0*	15.3	17.1	19.8	22.8	26.2	**28.8**	28.5	27.0	23.9	20.4	16.7	21.8	37.3(1960)
那覇	*17.3*	17.5	19.1	21.5	24.2	27.2	**29.1**	29.0	27.9	25.5	22.5	19.0	23.3	35.6(2001)

気象庁ウェブサイトより作成。2022年4月4日閲覧。1）統計開始から2021年までの最高記録。

表 2-7　各地の降水量の平年値（1991～2020年の平均）と観測史上最多年降水量（mm）（太字は最高値、斜体は最低値）

	1月	2月	3月	4月	5月	6月	7月	8月	9月	10月	11月	12月	全年	最多年降水量（記録年次）1)
札幌	108.4	91.9	77.6	*54.6*	55.5	60.4	90.7	126.8	**142.2**	109.9	113.8	114.5	1 146.1	1671.5（1981）
網走	53.8	41.9	*39.3*	51.2	64.1	68.1	85.8	**115.3**	115.0	88.2	58.1	63.6	844.2	1231.4（1912）
根室	30.6	*23.5*	47.0	64.4	96.2	103.0	115.1	132.3	**160.0**	126.1	83.2	59.0	1 040.4	1617.5（2009）
青森	139.9	99.0	75.2	*68.7*	76.7	75.0	129.5	142.0	133.0	119.2	137.4	**155.2**	1 350.7	1972.8（1947）
盛岡	49.4	*48.0*	82.1	85.4	106.5	109.4	**197.5**	185.4	151.7	108.7	85.6	70.2	1 279.9	1702.0（1990）
仙台	42.3	*33.9*	74.4	90.2	110.2	143.7	178.4	157.8	**192.6**	150.6	58.7	44.1	1 276.7	1892.3（1950）
秋田	118.9	*98.5*	99.5	109.9	125.0	122.9	**197.0**	184.6	161.0	175.5	189.1	159.8	1 741.6	2439.4（1922）
東京	59.7	*56.5*	116.0	133.7	139.7	167.8	156.2	154.7	224.9	**234.8**	96.3	57.9	1 598.2	2229.6（1938）
高田	429.6	263.3	194.7	105.3	*87.0*	136.5	206.8	184.5	205.8	213.9	334.2	**475.5**	2 837.1	3748.4（1944）
金沢	256.0	162.6	157.2	143.9	*138.0*	170.3	233.4	179.3	231.9	177.1	250.8	**301.1**	2 401.5	3476.2（1917）
長野	54.6	49.1	60.1	56.9	69.3	106.1	**137.7**	111.8	125.5	100.3	*44.4*	49.4	965.1	1296.9（1903）
松本	39.8	38.5	78.0	81.1	94.5	114.9	131.3	101.6	**148.0**	128.3	56.3	*32.7*	1 045.1	1537.3（1923）
名古屋	*50.8*	64.7	116.2	127.5	150.3	186.5	211.4	139.5	**231.6**	164.7	79.1	56.6	1 578.9	2323.6（1896）
尾鷲	*106.0*	118.8	233.8	295.4	360.5	436.6	405.2	427.3	**745.7**	507.6	211.5	121.3	3 969.6	6174.5（1954）
大阪	*47.0*	60.5	103.1	101.9	136.5	**185.1**	174.4	113.0	152.8	136.0	72.5	55.5	1 338.3	2014.5（2021）
潮岬	*97.7*	118.1	185.5	212.3	236.7	**364.7**	298.4	260.3	339.2	286.6	152.0	102.9	2 654.3	3620.8（1966）
鳥取	201.2	154.0	144.3	*102.2*	123.0	146.0	188.6	128.6	**225.4**	153.6	145.9	218.4	1 931.3	2689.7（1945）
岡山	*36.2*	45.4	82.5	90.0	112.6	169.3	**177.4**	97.2	142.2	95.4	53.3	41.5	1 143.1	1660.1（1923）
高松	*39.4*	45.8	81.4	74.6	100.9	153.1	159.8	106.0	**167.4**	120.1	55.0	46.7	1 150.1	1618.5（1993）
高知	*59.1*	107.8	174.8	225.3	280.4	359.5	357.3	284.1	**398.1**	207.5	129.6	83.1	2 666.4	4383.0（1998）
福岡	74.4	69.8	103.7	118.2	133.7	249.6	**299.1**	210.0	175.1	94.5	91.4	*67.5*	1 686.9	2976.5（1980）
熊本	*57.2*	83.2	124.8	144.9	160.9	**448.5**	386.8	195.4	172.6	87.1	84.4	61.2	2 007.0	3369.0（1993）
宮崎	*72.7*	95.8	155.7	194.5	227.6	**516.3**	339.3	275.5	370.9	196.7	105.7	74.9	2 625.5	4174.5（1993）
名瀬	184.1	*161.6*	210.1	213.9	278.1	**427.4**	214.9	294.4	346.0	261.3	173.6	170.4	2 935.7	4429.5（1959）
那覇	*101.6*	114.5	142.8	161.0	245.3	**284.4**	188.1	240.0	275.2	179.2	119.1	110.0	2 161.0	3322.0（1998）

気象庁ウェブサイトより作成。2022年４月４日閲覧。1）統計開始から2021年までの最高記録。

表 2-8　観測史上の記録（各地域の観測史上１位のランキング）

最高気温	℃	年月日	最低気温	℃	年月日
静岡県浜松・・・・・	41.1	2020. 8.17	北海道旭川・・・・・	-41.0	1902. 1.25
埼玉県熊谷・・・・・	41.1	2018. 7.23	北海道帯広・・・・・	-38.2	1902. 1.26
岐阜県美濃・・・・・	41.0	2018. 8. 8	北海道江丹別・・・	-38.1	1978. 2.17
岐阜県金山・・・・・	41.0	2018. 8. 6	静岡県富士山・・・	-38.0	1981. 2.27
高知県江川崎・・・	41.0	2013. 8.12	北海道歌登・・・・・	-37.9	1978. 2.17
静岡県天竜・・・・・	40.9	2020. 8.16	北海道幌加内・・・	-37.6	1978. 2.17
岐阜県多治見・・・	40.9	2007. 8.16	北海道美深・・・・・	-37.0	1978. 2.17
新潟県中条・・・・・	40.8	2018. 8.23	北海道和寒・・・・・	-36.8	1985. 1.25
東京都青梅・・・・・	40.8	2018. 7.23	北海道下川・・・・・	-36.1	1978. 2.17
最大10分間降水量	**mm**	**年月日**	**最大１時間降水量**	**mm**	**年月日**
北海道木古内・・・	55.0	2021.11. 2	千葉県香取・・・・・	153.0	1999.10.27
埼玉県熊谷・・・・・	50.0	2020. 6. 6	長崎県長浦岳・・・	153.0	1982. 7.23
新潟県室谷・・・・・	50.0	2011. 7.26	沖縄県多良間・・ *	152.0	1988. 4.28
高知県清水・・・・・	49.0	1946. 9.13	熊本県甲佐・・・・・	150.0	2016. 6.21
宮城県石巻・・・・・	40.5	1983. 7.24	高知県清水・・・・・	150.0	1944.10.17
埼玉県秩父・・・・・	39.6	1952. 7. 4	高知県室戸岬・・・	149.0	2006.11.26
兵庫県柏原・・・・・	39.5	2014. 6.12	福岡県前原・・・・・	147.0	1991. 9.14
兵庫県洲本・・・・・	39.2	1949. 9. 2	愛知県岡崎・・・・・	146.5	2008. 8.29
神奈川県横浜・・・	39.0	1995. 6.20	沖縄県仲筋・・・・・	145.5	2010.11.19
日降水量	**mm**	**年月日**	**最大風速（10分間の平均）**	**m/秒**	**年月日**
神奈川県箱根	922.5	2019.10.12	静岡県富士山・・ *	72.5	1942. 4. 5
高知県魚梁瀬・・・	851.5	2011. 7.19	高知県室戸岬・・・	69.8	1965. 9.10
奈良県日出岳・・ *	844.0	1982. 8. 1	沖縄県宮古島・・・	60.8	1966. 9. 5
三重県尾鷲・・・・・	806.0	1968. 9.26	長崎県雲仙岳・・・	60.0	1942. 8.27
香川県内海・・・・・	790.0	1976. 9.11	滋賀県伊吹山・・ *	56.7	1961. 9.16
沖縄県与那国島・	765.0	2008. 9.13	徳島県剣山・・・・ *	55.0	2001. 1. 7
三重県宮川・・・・・	764.0	2011. 7.19	沖縄県与那国島・	54.6	2015. 9.28
愛媛県成就社・・・	757.0	2005. 9. 6	沖縄県石垣島・・・	53.0	1977. 7.31
高知県繁藤・・・・・	735.0	1998. 9.24	鹿児島県屋久島・	50.2	1964. 9.24
最大瞬間風速（３秒間の平均）	**m/秒**	**年月日**	**最深積雪**	**cm**	**年月日**
静岡県富士山・・ *	91.0	1966. 9.25	滋賀県伊吹山・・ *	1 182	1927. 2.14
沖縄県宮古島・・・	85.3	1966. 9. 5	青森県酸ケ湯・・・	566	2013. 2.26
高知県室戸岬・・ 1)	84.5	1961. 9.16	新潟県守門・・・・ 1)	463	1981. 2. 9
沖縄県与那国島・	81.1	2015. 9.28	山形県肘折・・・・・	445	2018. 2.13
鹿児島県名瀬・・・	78.9	1970. 8.13	新潟県津南・・・・・	419	2022. 2.24
沖縄県那覇・・・・・	73.6	1956. 9. 8	新潟県十日町・・ 1)	391	1981. 2.28
愛媛県宇和島・・・	72.3	1964. 9.25	新潟県高田・・・・・	377	1945. 2.26
沖縄県石垣島・・・	71.0	2015. 8.23	新潟県小出・・・・ 1)	363	1981. 2.28
沖縄県西表島・・・	69.9	2006. 9.16	新潟県関山・・・・・	362	1984. 3. 1

気象庁ウェブサイトより作成。2022年３月10日閲覧。データによって小数点以下の扱いが異なる。*は現在観測していない。1）この数値以上であることが確実。

表 2-9　世界の気温・降水量の月別平年値（1991年から2020年までの平均値）（上段の数字は気温℃、下段の数字は降水量mm）

	1月	2月	3月	4月	5月	6月	7月	8月	9月	10月	11月	12月	全年
北京	*-2.8*	0.6	7.5	15.1	21.3	25.3	**27.2**	26.0	21.2	13.8	5.2	-1.0	13.3
(中国)	*2.1*	5.6	8.5	21.9	36.5	72.7	**170.6**	114.1	53.3	29.3	13.7	2.5	530.8
バンコク	27.6	28.7	29.8	**30.8**	30.5	29.8	29.3	29.1	28.7	28.5	28.4	*27.4*	29.1
(タイ)	24.2	19.4	53.6	92.7	215.4	209.9	182.9	212.0	**343.6**	304.0	46.5	*13.5*	1 717.7
ニューデリー	*13.9*	17.6	22.9	29.1	32.7	**33.3**	31.5	30.4	29.6	26.2	20.5	15.6	25.3
(インド)	20.0	25.6	21.4	13.0	26.1	87.8	197.2	**226.1**	131.1	17.1	*5.4*	11.4	782.2
モスクワ	*-6.2*	-5.9	-0.7	6.9	13.6	17.3	**19.7**	17.6	11.9	5.8	-0.5	-4.4	6.3
(ロシア)	53.2	44.0	39.0	*36.6*	61.2	77.4	**83.8**	78.3	66.1	70.1	51.9	51.4	713.0
ベルリン	*1.2*	2.1	5.2	10.2	14.6	18.0	**20.1**	19.7	15.3	10.2	5.4	2.3	10.4
(ドイツ)	49.3	36.8	41.3	*30.2*	50.0	57.4	**71.4**	58.1	46.1	44.7	42.6	42.3	570.2
マドリード	*6.5*	8.0	11.3	13.6	17.5	22.7	**26.1**	25.7	21.0	15.4	9.9	7.0	15.4
(スペイン)	31.5	33.5	33.0	47.2	49.0	21.5	10.5	*10.1*	23.0	**61.4**	54.3	47.8	422.8
リヤド	*14.6*	17.6	21.6	27.3	33.1	35.9	36.9	**37.0**	33.7	28.4	21.4	16.5	27.0
(サウジアラビア)	15.1	8.1	24.2	**36.1**	6.5	*0.0*	0.1	0.4	*0.0*	0.9	15.1	20.8	127.3
ニューヨーク	*1.2*	2.2	5.9	11.8	17.4	22.7	**26.0**	25.2	21.4	15.1	9.3	4.3	13.5
(アメリカ合衆国)	82.7	*74.1*	102.1	97.4	91.3	102.8	107.3	**111.9**	97.8	97.0	79.8	104.6	1 148.8
サンフランシスコ	*10.7*	11.8	13.0	13.9	15.4	16.9	17.7	**18.2**	**18.2**	16.9	13.4	*10.7*	14.7
(アメリカ合衆国)	98.8	100.2	69.4	35.2	13.3	3.8	*0.0*	1.0	1.9	20.0	50.3	**105.9**	499.8
ブエノスアイレス	**24.9**	23.8	22.1	18.2	15.0	12.2	*11.2*	13.3	14.8	17.8	20.8	23.4	18.1
(アルゼンチン)	**153.1**	115.3	125.1	139.3	101.5	67.2	67.9	72.8	*65.9*	115.7	117.8	114.5	1 256.1
ホノルル	*23.0*	23.3	23.7	24.7	25.7	26.8	27.5	**27.9**	27.5	26.8	25.5	24.1	25.5
(アメリカ合衆国)	45.7	**49.4**	46.5	19.8	21.9	*7.6*	11.2	14.3	21.7	38.4	42.3	47.4	366.2
キャンベラ	**21.4**	20.3	17.7	13.5	9.5	7.0	*6.1*	7.3	10.4	13.5	16.6	19.3	13.6
(オーストラリア)	57.7	56.3	48.1	31.5	*27.6*	51.2	39.5	42.8	55.4	50.1	**67.1**	57.5	584.8

気象庁ウェブサイト（2022年3月25日閲覧）および国立天文台「理科年表」(2022年）より作成。太数字は最高値、斜体数字は最低値。一部に統計期間が短い都市がある。全年の気温は年平均気温、降水量は年間降水量。

第3章　人　　口

日本では、戦後2度のベビーブームがあった。第1次ベビーブームは1947年から49年にかけてで、毎年およそ270万人の子どもが生まれた。この期間に生まれた世代を団塊の世代と呼ぶ。その後、人口が急速に増える一方、団塊の世代が親世代になり、1971年から74年にかけて第2次ベビーブームが起きた。この期間には、毎年200万人以上の子どもが生まれている。しかし、高度経済成長期以降、地方から都市部に若年人口が移動して核家族化が進行したことや、結婚・出産に対する価値観が変化したことなどに伴い、出生数は次第に減って、少子化が進行した。

一人の女性が生涯に生む子どもの数の平均値を合計特殊出生率という。合計特殊出生率は、1974年以降、人口規模を保つのに必要とされる2.1を下回ったものの、平均寿命が延びたことで人口が増え続けたために、少子化に対する危機感が薄かった。しかし、1989年に合計特殊出生率が1.57となり、それまで「ひのえうま」という特殊要因により最低だ

表 3-1　人口動態

	出生数（千人）	出生率1)	死亡数（千人）	死亡率1)	自然増減率1)	合計特殊出生率
1970	1 934	18.8	713	6.9	*11.8*	2.13
1975	1 901	17.1	702	6.3	*10.8*	1.91
1980	1 577	13.6	723	6.2	*7.3*	1.75
1985	1 432	11.9	752	6.3	*5.6*	1.76
1990	1 222	10.0	820	6.7	*3.3*	1.54
1995	1 187	9.6	922	7.4	*2.1*	1.42
2000	1 191	9.5	962	7.7	*1.8*	1.36
2005	1 063	8.4	1 084	8.6	*-0.2*	1.26
2010	1 071	8.5	1 197	9.5	*-1.0*	1.39
2015	1 006	8.0	1 290	10.3	*-2.3*	1.45
2019	865	7.0	1 381	11.2	*-4.2*	1.36
2020	841	6.8	1 373	11.1	*-4.3*	1.33

厚生労働省「人口動態統計」より作成。日本における日本人。1970年は沖縄県を含まない。
1）人口千あたりの数。

自然増減率は出生児数から死亡者数を引いた数を期首人口で割った数。**合計特殊出生率**は15～49歳までの女性の年齢別出生率を合計したもので、一人の女性がその年齢別出生率で一生の間に生むとしたときの子どもの数に相当する。【☞長期統計509ページ】

った66年の1.58を下回ったことで（1.57ショック）、少子化は社会問題として浮彫りになった。1994年には、子育て支援のために「エンゼルプラン」がまとめられるなど、その後次々と少子化対策が打ち出された。

2000年前後には、団塊ジュニア世代が親世代となるため、第３次ベビーブームが起きると期待された。しかし、日本はバブル崩壊後の長い景

図 3-1　出生数と死亡数の推移

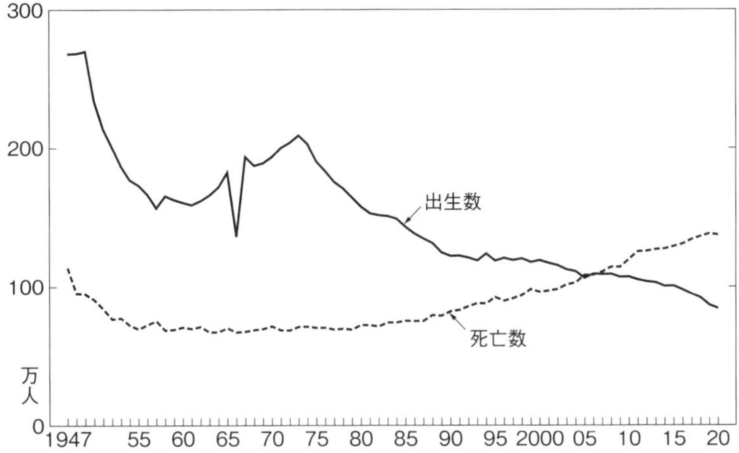

厚生労働省「人口動態統計」より作成。日本における日本人。1972年までは沖縄県を含まない。

表 3-2　最近の人口（推計人口）（各年10月１日現在）（単位　千人）

	総人口	日本人人口	人口増減数	人口増減率（%）	自然増減数[1)]	社会増減数[2)]
2016	127 042	125 071	-53	*-0.04*	-296	134
2017	126 919	124 745	-123	*-0.10*	-377	151
2018	126 749	124 349	-170	*-0.13*	-425	161
2019	126 555	123 886	-193	*-0.15*	-485	209
2020*	126 146	123 399	-409	*0.32*	-501	42
2021	125 502	122 780	-644	*-0.51*	-609	-35

総務省統計局「人口推計」および「国勢調査」より作成。増減数は前年10月～当年９月の計。2016～19年は2015・20年の国勢調査結果による補完補正人口。2020年は国勢調査人口で、日本人人口は不詳補完値。1）出生児数から死亡者数を引いたもの。2）入国者数から出国者数を引いたもの。＊人口は国勢調査による。

推計人口は国勢調査人口を基礎にし、各月の出生児・死亡者・入国者・出国者等を加減して算出されたもの。【☞長期統計509ページ】

気低迷期にあり、若者世代が「就職氷河期」と呼ばれた就職難に見舞われたことが影響して、婚姻率が上がらなかった。その結果、第３次ベビーブームは起こらず、少子化がさらに進んでいる。

少子化とともに高齢化も進行している。高齢者（65歳以上）の数は、1997年に初めて子ども（０～14歳）の数を上回った。2015年には団塊の世代が全員65歳以上になるなど高齢者がさらに増加し、21年には高齢者の数が3621万人となって、人口全体のおよそ３割を占めた。高齢化は今後も進むため、社会保障費の更なる増大などが見込まれている。

日本の人口は、2008年の１億2808万人をピークに減少に転じた。政府は外国人労働者の受け入れ拡大を目指して、2019年４月に入管法を改正したが、新型コロナウイルス感染拡大により外国からの入国を制限したために、その効果は出ていない。また、コロナ禍による雇用情勢の悪化などから、2020年は結婚や妊娠を控える人が増えたために、同年の出生数は84万人と、1899年に人口動態統計が始まって以来121年間で最も少なかった。なお、2021年の人口は推計で１億2550万人となり、ピークの2008年に比べ258万人の減少となった。

図 3-2　総人口と合計特殊出生率の推移

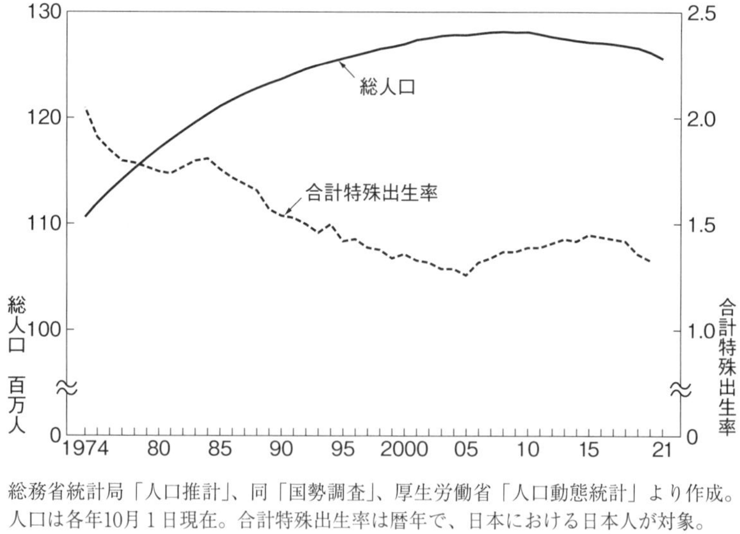

総務省統計局「人口推計」、同「国勢調査」、厚生労働省「人口動態統計」より作成。人口は各年10月１日現在。合計特殊出生率は暦年で、日本における日本人が対象。

表 3-3　国勢調査人口（各年10月1日現在）

	総人口（千人）	男	女	5年間の人口増減数*（千人）	5年間の人口増減率*（%）	人口密度（1km²あたり　人）
1920	55 963	28 044	27 919	—	—	146.6
1930	64 450	32 390	32 060	4 713	*7.9*	168.6
1940	1) 71 933	1) 35 387	1) 36 546	2 679	*3.9*	188.0
1945 1)	2) 72 147	3) 33 894	3) 38 104	4) 780	4) *1.1*	195.8
1950	83 200	40 812	42 388	11 052	*15.3*	225.9
1960	93 419	45 878	47 541	4 143	*4.6*	252.7
1970	103 720	50 918	52 802	5 445	*5.5*	280.3
1980	117 060	57 594	59 467	5 121	*4.6*	314.1
1990	123 611	60 697	62 914	2 562	*2.1*	331.6
2000	126 926	62 111	64 815	1 356	*1.1*	340.4
2010	128 057	62 328	65 730	289	*0.2*	343.4
2015	127 095	61 842	65 253	-963	*-0.8*	340.8
2020	126 146	61 350	64 797	-949	*-0.7*	338.2

国立社会保障・人口問題研究所「人口の動向」、総務省統計局「国勢調査」より作成。1945～70年は沖縄県を除く。1）国勢調査による人口73114千人（男36566千人、女36548千人）から内地外の軍人、軍属等の推計数1181千人（男1179千人、女３千人）を差し引いた補正人口。2）1945年11月１日現在の人口調査による人口71998千人に軍人と外国人の推計数149千人を加えた補正人口。3）補正前の人口のため、合計しても総数に合わない。4）沖縄県を除いた1940年の人口を用いて算出。＊５年前との比較。【☞長期統計509ページ】

表 3-4　海外在留日本人人口（各年10月１日現在）（単位　千人）

	1980	1990	2000	2010 1)	2020 1)2)	2021 1)2)
アメリカ合衆国・・・	121	236	298	388	426	430
中国・・・・・・・・・・・・・	6	8	46	132	112	108
オーストラリア・・・	5	15	38	71	98	93
タイ・・・・・・・・・・・・・	6	14	21	47	81	83
カナダ・・・・・・・・・・・	12	22	34	54	71	71
イギリス・・・・・・・・・	11	44	53	62	63	64
ブラジル・・・・・・・・・	142	105	75	58	50	49
ドイツ・・・・・・・・・・・	14	21	25	36	42	42
韓国・・・・・・・・・・・・・	3	6	16	29	41	41
フランス・・・・・・・・・	7	15	26	27	37	36
総数×・・・・・・・・・	**445**	**620**	**812**	**1 143**	**1 358**	**1 345**
長期滞在者・・3)	194	374	527	759	828	807
永住者・・・・・・4)	252	246	285	385	530	538

外務省領事局「海外在留邦人数調査統計」（2022年）、国立社会保障・人口問題研究所「人口の動向」より作成。1）イラクおよびアフガニスタンは含まず。2）シリアは含まず。3）永住者を除く滞在期間３か月以上の日本人。ただし1970年は「非永住」。4）当該在留国より永住権が認められている者で、日本国籍を所有している者。×その他とも。

表 3-5　年齢別人口の割合（各年10月1日現在）（%）

	0～14歳	15～64歳	65歳以上		0～14歳	15～64歳	65歳以上
1950	*35.4*	*59.6*	*4.9*	2000	*14.6*	*68.1*	*17.4*
1960	*30.2*	*64.1*	*5.7*	2010	*13.2*	*63.8*	*23.0*
1970	*24.0*	*68.9*	*7.1*	2015	*12.6*	*60.9*	*26.6*
1980	*23.5*	*67.4*	*9.1*	2020	*11.9*	*59.5*	*28.6*
1990	*18.2*	*69.7*	*12.1*	2021*	*11.8*	*59.4*	*28.9*

総務省統計局「国勢調査」、同「人口推計」より作成。2010年までは分母から不詳を除いて、2015年以降は不詳補完値より算出。四捨五入により内訳の合計が100%にならない場合がある。*推計値。

表 3-6　年齢・男女別人口（2020年10月1日現在）（確定数）

	人口（千人）			割合（%）		
	男	女	計	男	女	計
0～ 4歳	2 325	2 217	4 541	*3.8*	*3.4*	*3.6*
5～ 9歳	2 620	2 494	5 114	*4.3*	*3.8*	*4.1*
10～14歳	2 756	2 620	5 376	*4.5*	*4.0*	*4.3*
15～19歳	2 928	2 779	5 706	*4.8*	*4.3*	*4.5*
20～24歳	3 234	3 086	6 320	*5.3*	*4.8*	*5.0*
25～29歳	3 279	3 105	6 384	*5.3*	*4.8*	*5.1*
30～34歳	3 431	3 283	6 714	*5.6*	*5.1*	*5.3*
35～39歳	3 806	3 692	7 498	*6.2*	*5.7*	*5.9*
40～44歳	4 299	4 178	8 476	*7.0*	*6.4*	*6.7*
45～49歳	4 994	4 875	9 868	*8.1*	*7.5*	*7.8*
50～54歳	4 394	4 344	8 738	*7.2*	*6.7*	*6.9*
55～59歳	3 967	3 973	7 940	*6.5*	*6.1*	*6.3*
60～64歳	3 677	3 766	7 442	*6.0*	*5.8*	*5.9*
65～69歳	3 999	4 237	8 236	*6.5*	*6.5*	*6.5*
70～74歳	4 337	4 852	9 189	*7.1*	*7.5*	*7.3*
75～79歳	3 146	3 918	7 065	*5.1*	*6.0*	*5.6*
80～84歳	2 232	3 172	5 404	*3.6*	*4.9*	*4.3*
85～89歳	1 324	2 418	3 742	*2.2*	*3.7*	*3.0*
90～94歳	499	1 312	1 811	*0.8*	*2.0*	*1.4*
95～99歳	93	407	500	*0.2*	*0.6*	*0.4*
100歳以上	10	71	80	*0.02*	*0.11*	*0.06*
（再掲）						
0～14歳	7 700	7 332	15 032	*12.6*	*11.3*	*11.9*
15～64歳	38 009	37 079	75 088	*62.0*	*57.2*	*59.5*
65歳以上	15 641	20 386	36 027	*25.5*	*31.5*	*28.6*
うち75歳以上	7 305	11 297	18 602	*11.9*	*17.4*	*14.7*
総数	**61 350**	**64 797**	**126 146**	*100.0*	*100.0*	*100.0*

総務省統計局「国勢調査」より作成。年齢不詳を補完した値。総人口。四捨五入の関係で、内訳の合計が100%にならない場合がある。なお、日本人の年齢3階級別人口割合は0～14歳が12.0%、15～64歳が59.0%、65歳以上が29.0%（うち75歳以上が15.0%）である。

図 3-3　年齢構成の国際比較

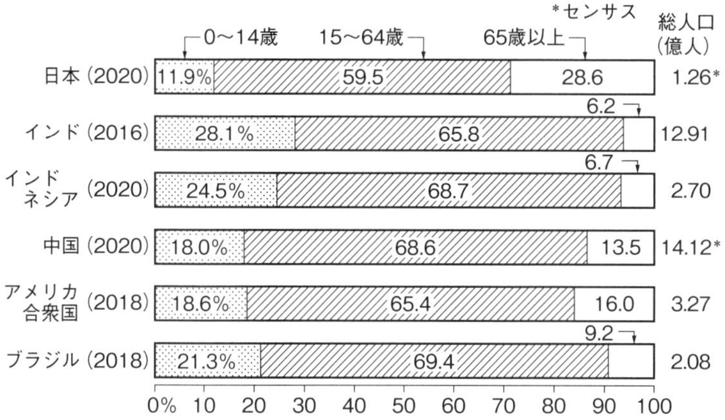

資料、脚注は下図に同じ。四捨五入の関係で内訳の合計が100%にならない場合がある。

図 3-4　各国の年齢階級別人口構成

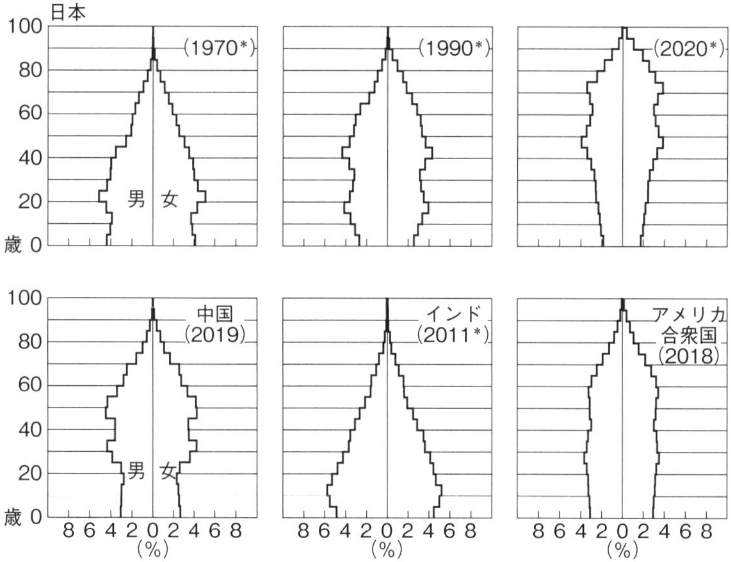

国連、総務省資料より編者作成。5歳階級別人口構成図。ただし、95～100歳は95歳以上人口。上段1970、90、2020年は日本の人口構成図。人口構成図は、一般的には富士山型、つりがね型、つぼ型へと発展移行する。若年齢層の割合は国が発展するほど低下し、逆に高年齢層は発展するほど比率を高めるのが特徴。近年の日本は、逆ひょうたん型となっている。*センサス。

〔**世帯**〕 日本の世帯は、高度経済成長期以降に地方から大都市へと若年人口の移動が続いたことで、核家族世帯や一人暮らし（単独）世帯が増えた。近年は少子高齢化が進み、高齢者の一人暮らしが急速に増えている。2020年の国勢調査によると、65歳以上の一人暮らし世帯は672万世帯となった。これは、65歳以上人口のおよそ19.0％を占め、前回2015年調査時の17.7％を上回った。2020年現在、高齢者の5人に1人は一人暮らしという状況になっている。

表 3-7　世帯数の推移（各年10月1日現在）

	世帯数[1]（千）			世帯増加率（%）	1世帯平均構成人員（人）	
		一般世帯	施設等の世帯			一般世帯
1980	36 015	35 824	137	*6.8*	3.25	3.22
1990	41 036	40 670	104	*7.6*	3.01	2.99
2000	47 063	46 782	102	*6.7*	2.70	2.67
2010	51 951	51 842	108	*4.8*	2.46	2.42
2015	53 449	53 332	117	*2.9*	2.38	2.33
2020	55 830	55 705	125	*4.5*	2.26	2.21

総務省統計局「国勢調査」より作成。増加率は5年前との比較。一般世帯とは住居と生計を共にしている人の集まり、または一戸を構えて住んでいる単身者などをいう。1）1980～2005年までは世帯の種類「不詳」を含む。

表 3-8　家族類型別の一般世帯数（単位　千）

	2000	2005	2010	2015	2020
核家族世帯	27 273	28 327	29 207	29 754	30 111
うち夫婦のみ	8 823	9 625	10 244	10 718	11 159
夫婦と子	14 904	14 631	14 440	14 288	13 949
ひとり親と子	3 546	4 070	4 523	4 748	5 003
単独世帯	12 911	14 457	16 785	18 418	21 151
その他の世帯	6 598	6 278	5 765	5 024	4 283
計	**46 782**	**49 063**	[1]**51 842**	[1]**53 332**	[1]**55 705**
一般世帯に占める単独世帯の割合（%）	*27.6*	*29.5*	*32.4*	*34.6*	*38.1*
65歳以上人口（千人）	22 005	25 672	29 246	33 465	35 336
うち単独世帯	3 032	3 865	4 791	5 928	6 717

総務省統計局「国勢調査」より作成。各年10月1日現在。2010年に家族類型の定義が変更となった。2000年と2005年の数値は、2010年以降の定義に合わせて組み替えて集計している。1）世帯の家族類型「不詳」を含む。

〔婚姻・離婚〕 婚姻件数は、団塊の世代が結婚適齢期を迎えた1972年の110万組をピークに減少し、2018年には59万組となった。2019年は改元による「令和婚」ブームで、婚姻件数は7年ぶりに増えたが、2020年はコロナ禍によって大幅に減少し、53万組と統計開始以来最低を更新した。一方、離婚件数は、1960年代までは10万組を下回っていたが、女性の社会進出に伴って離婚に対する価値観が変化し、71年に10万組を、96年には20万組を超えた。以降、2019年まで毎年20万組を超えていたが、20年はコロナ禍の影響もあり離婚数が減り、20万組を割り込んだ。

女性の高学歴化や生活スタイルの変化、若年層の所得の伸び悩みなどによって晩婚化や未婚化が進み、少子化の大きな要因となっている。さらにコロナ禍による婚姻数の減少が、少子化に拍車をかけている。

表 3-9 婚姻と離婚の推移

	婚姻件数（組）	夫妻とも初婚	婚姻率（人口千対）	離婚件数（組）	離婚率（人口千対）
1960	866 115	758 429	9.3	69 410	0.74
1970	1 029 405	914 870	10.0	95 937	0.93
1980	774 702	657 373	6.7	141 689	1.22
1990	722 138	589 886	5.9	157 608	1.28
2000	798 138	630 235	6.4	264 246	2.10
2010	700 222	520 960	5.5	251 379	1.99
2018	586 481	429 742	4.7	208 333	1.68
2019	599 007	438 912	4.8	208 496	1.69
2020	525 507	386 883	4.3	193 253	1.57

厚生労働省「人口動態統計」より作成。1970年までは沖縄県を含まない。

表 3-10 平均初婚年齢の推移

	男（歳）	女（歳）
1980	27.8	25.2
1990	28.4	25.9
2000	28.8	27.0
2010	30.5	28.8
2019	31.2	29.6
2020	31.0	29.4

資料は上表に同じ。各年に同居し届け出たもの。

表 3-11 50歳時の未婚割合（%）

	男	女
1980	*2.60*	*4.45*
1990	*5.57*	*4.33*
2000	*12.57*	*5.82*
2010	*20.14*	*10.61*
2015*	*24.77*	*14.89*
2020*	*28.25*	*17.81*

国立社会保障・人口問題研究所「人口の動向」より作成。45～49歳と50～54歳の未婚率の平均値。*不詳補完値による。

〔外国人人口〕　日本の在留外国人の数は、リーマンショック後の不況や東日本大震災の影響により、2009年から減少したが、2013年以降は景気回復を背景に増加に転じ、19年には過去最多の293万人となった。2020年はコロナ禍によって前年より5万人減少、21年はさらに13万人減って276万人となった。在留資格別にみると、2021年は永住者が83万人で最も多く、次いで特別永住者が30万人、技能実習が28万人であった。前年に比べ、永住者は2万人以上増えたが、特別永住者は0.8万人減り、技能実習は10万人以上減っている。2019年4月に外国人労働者の受け入れを拡大する改正入管法が施行され、建設や介護といった特定技能に対し、新たに在留資格が設けられた。しかし、コロナ禍で入国制限が続いており、新規の入国者が大幅に減って、在留外国人は減少している。

図 3-5　在留外国人数 (2021年末)

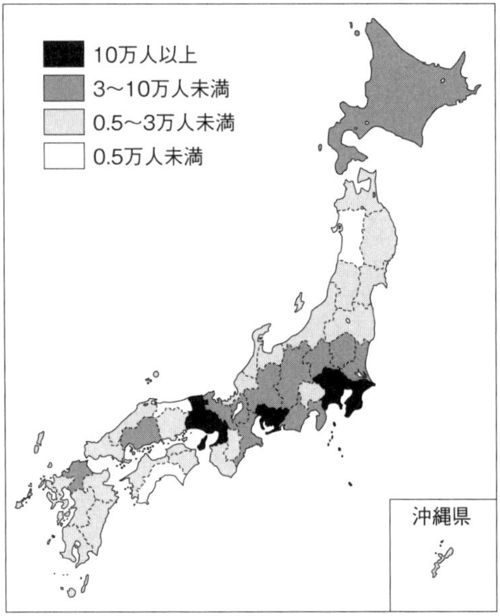

図 3-6　国籍別在留外国人数の割合 (2021年末現在)

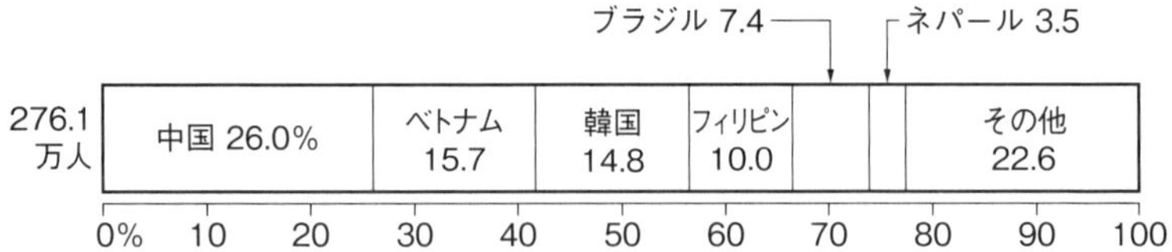

図3-5、3-6ともに出入国在留管理庁「2021年末現在における在留外国人数について」(2022年3月公表) より作成。観光目的で短期間滞在する外国人、外交官や日米地位協定等に該当する軍人、軍属とその家族などは対象とならない。2012年末のデータより中国には台湾を含まない。

〔将来推計〕 国勢調査によると、2020年10月1日現在の人口は1億2615万人で、前回の2015年調査に比べて95万人減少した。2008年をピークに日本の人口は減少しているが、コロナ禍以前の2017年に行われた将来推計によると、人口は今後さらに減って、2053年には1億人を下回り、2065年には8808万人になるとしている。このことから、人口の減少に伴う労働力不足や、経済規模の縮小が危惧されている。また、2020年から65年の間に生産年齢（15～64歳）人口の割合は60％から51％に低下、一方で高齢者（65歳以上）の割合は29％から38％になる見込みである。

2020年は、コロナ禍により出生数や婚姻数が減少した。コロナ禍は、今後の人口変動にも大きな影響を与えるとみられている。

図 3-7 将来人口の動き（中位推計）（下表より作成）

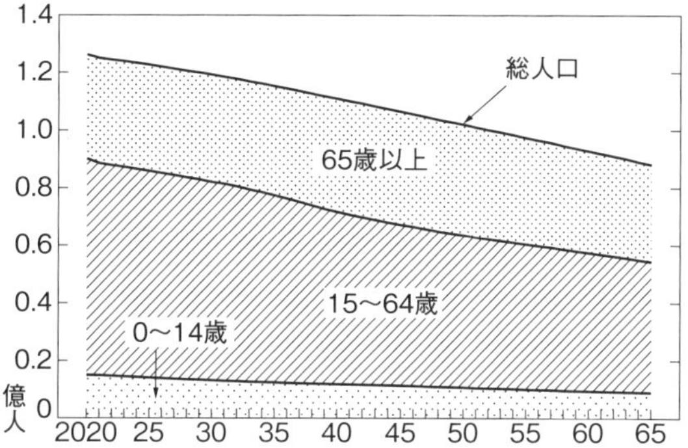

表 3-12 将来推計人口（中位推計）

	総人口（千人）	人口動態（人口千あたり 人）		年齢別人口（％）		
		出生率	死亡率	0～14歳	15～64歳	65歳以上
2020	126 146	6.8	11.1	*11.9*	*59.5*	*28.6*
2025	122 544	6.9	12.4	*11.5*	*58.5*	*30.0*
2030	119 125	6.9	13.5	*11.1*	*57.7*	*31.2*
2035	115 216	6.8	14.4	*10.8*	*56.4*	*32.8*
2040	110 919	6.7	15.1	*10.8*	*53.9*	*35.3*
2050	101 923	6.4	15.7	*10.6*	*51.8*	*37.7*
2060	92 840	6.3	16.8	*10.2*	*51.6*	*38.1*
2065	88 077	6.3	17.7	*10.2*	*51.4*	*38.4*

国立社会保障・人口問題研究所「日本の将来推計人口」（2017年推計）より作成。中位推計値。人口は各年10月1日現在。2020年の人口は国勢調査による確定数、年齢別人口割合は不詳補完値より算出、人口動態は日本における日本人の調査。2025年以降の人口動態は日本における外国人を含む。

図 3-8　世界人口の動き

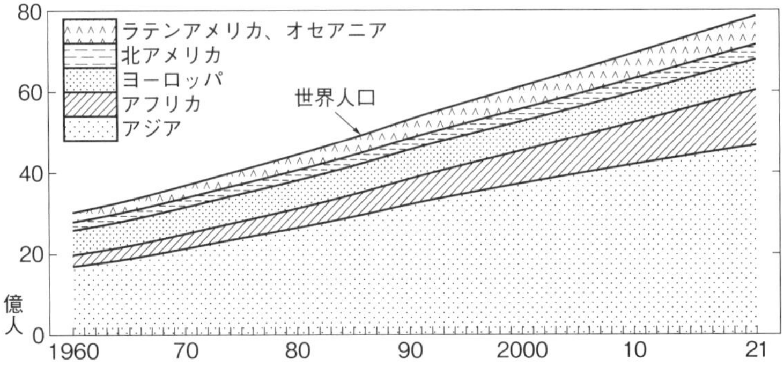

下表資料より作成。下表参照。

表 3-13　世界の人口推移（単位　百万人）

	1980	1990	2000	2010	2020	2021
アジア…………	2 650	3 226	3 741	4 210	4 641	4 680
アフリカ………	476	630	811	1 039	1 341	1 373
ヨーロッパ……	694	721	726	736	748	748
北アメリカ…… 1)	254	280	312	343	369	371
ラテンアメリカ 2)	361	443	522	591	654	660
オセアニア……	23	27	31	37	43	43
世界計………	**4 458**	**5 327**	**6 143**	**6 957**	**7 795**	**7 875**

国連“World Population Prospects: The 2019 Revision”（2022年2月閲覧）より作成。各年7月1日現在で、2020年までは推計人口、21年は将来推計の中位推計値。現在人口（表4-15の注記参照）。トルコはアジア、ハワイは北アメリカに含む。旧ソ連の各構成国はそれぞれの地域に応じてヨーロッパまたはアジアに含まれる。1）アメリカ合衆国、カナダ、バーミューダ諸島、グリーンランド、サンピエール・ミクロン島。2）カリブ海諸国、中央アメリカおよび南アメリカ。

表 3-14　各国の人口動態（人口千につき　人）

	調査年	出生率	死亡率	自然増減率
アメリカ合衆国………	2019	11.4	8.7	2.7
ドイツ………………	2020	9.3	11.9	-2.6
フランス……………	2019	11.0	9.2	1.8
中国…………………	2020	8.5	7.1	1.5
インド………………	2019	18.5	5.7	12.8

国連“Population and Vital Statistics Report”（2022年3月2日更新）より作成。中国には台湾、香港、マカオを含まない。インドにはジャム・カシミール地方のインド支配地域を含む。自然増減率は出生率から死亡率を減じたもの。

第4章　府県と都市

高度経済成長期以降、大都市では多くの労働力が必要となった。若者の集団就職など、若年層を中心に人々が地方から大都市へと移動していき、大都市やその周辺地域の人口は急速に増えた。特に東京、大阪、愛知を中心とした大都市圏は三大都市圏と呼ばれている。

三大都市圏のうち大阪圏や名古屋圏では、1970年代以降、人口流入の勢いは弱まっていったが、東京圏では転入者が転出者を上回る転入超過の状態が続いた。さらに、1980年代後半からはバブル景気を背景に、東京圏への一極集中が進んだ。

バブル崩壊後、東京圏の人口は1990年代半ばに一旦転出超過に転じるが、地価の下落と都心部でのマンションの大量供給によって、東京圏に再び人口が集中している。

一方、地方では30年ほど前から人口が減り続け、過疎化や高齢化が進行している。政府は、地方の魅力を高めて雇用を生み出す「地方創生」やリモートワーク

表 4-1　地方別の面積と人口

（面積、人口ともに2020年10月１日現在）

	面積 (km²)	人口 (千人)	人口密度 (1km²につき 人)
北海道	78 421 (83 424)	5 225	66.6
本州	231 235	102 979	445.3
東北	66 948	8 611	128.6
関東	32 433	43 653	1 345.9
中部 1)	66 807	21 148	316.6
近畿	33 126	22 312	673.5
中国	31 921	7 255	227.3
四国	18 803	3 696	196.6
九州	42 231	12 779	302.6
沖縄	2 283	1 467	642.9
全国計	**372 973** (377 976)	**126 146**	338.2

面積、人口ともに総務省統計局「国勢調査」より作成。面積の原資料は国土交通省国土地理院「全国都道府県市区町村別面積調」。総人口の確定数。本表では現在わが国の施政権の及んでいる範囲に限定した。歯舞（ハボマイ）群島・色丹（シコタン）島・国後（クナシリ）島・択捉（エトロフ）島（以上が「北方領土」で北海道所属。面積は5003km²）および竹島（島根県、0.2km²）については、北海道の下のカッコ内に北方領土を含む面積、全国計の下に北方領土と竹島を含む面積を掲載。1）新潟、富山、石川、福井、山梨、長野、岐阜、静岡、愛知の９県。

（在宅勤務など）を推進して、人口の偏在問題に取り組んでいる。

住民基本台帳に基づく人口移動を府県別でみると、これまで東京都への集中が著しく、2019年には年間8万人以上の転入超過があった。しかし、コロナ禍で転入超過は2020年が3万人、21年は5千人程度に減った（東京都特別区に限ると2021年は転出超過）。その一方で、2021年は埼玉県、千葉県、神奈川県で転入超過数が増えているほか、茨城県や山梨県、群馬県が前年の転出超過から転入超過に転じている。

表 4-2　都道府県別の面積・人口・人口密度

（面積、人口ともに2020年10月1日現在）（確定数）

	面積（km²）	人口（千人）	人口密度（1km²につき　人）		面積（km²）	人口（千人）	人口密度（1km²につき　人）
北海道	78 421 （83 424）	5 225	66.6	滋　賀	4 017	1 414	351.9
				京　都	4 612	2 578	559.0
青　森	9 646	1 238	128.3	大　阪	1 905	8 838	4 638.4
岩　手	15 275	1 211	79.2	兵　庫	8 401	5 465	650.5
宮　城	7 282	2 302	316.1	奈　良	3 691	1 324	358.8
秋　田	11 638	960	82.4	和歌山	4 725	923	195.3
山　形	9 323	1 068	114.6	鳥　取	3 507	553	157.8
福　島	13 784	1 833	133.0	島　根	6 708	671	100.1
茨　城	6 097	2 867	470.2	岡　山	7 114	1 888	265.4
栃　木	6 408	1 933	301.7	広　島	8 480	2 800	330.2
群　馬	6 362	1 939	304.8	山　口	6 113	1 342	219.6
埼　玉	3 798	7 345	1 934.0	徳　島	4 147	720	173.5
千　葉	5 158	6 284	1 218.5	香　川	1 877	950	506.3
東　京	2 194	14 048	6 402.6	愛　媛	5 676	1 335	235.2
神奈川	2 416	9 237	3 823.2	高　知	7 104	692	97.3
新　潟	12 584	2 201	174.9	福　岡	4 987	5 135	1 029.8
富　山	4 248	1 035	243.6	佐　賀	2 441	811	332.5
石　川	4 186	1 133	270.5	長　崎	4 131	1 312	317.7
福　井	4 191	767	183.0	熊　本	7 409	1 738	234.6
山　梨	4 465	810	181.4	大　分	6 341	1 124	177.2
長　野	13 562	2 048	151.0	宮　崎	7 735	1 070	138.3
岐　阜	10 621	1 979	186.3	鹿児島	9 187	1 588	172.9
静　岡	7 777	3 633	467.2	沖　縄	2 283	1 467	642.9
愛　知	5 173	7 542	1 458.0	全国	**372 973** （377 976）	**126 146**	338.2
三　重	5 774	1 770	306.6				

面積、人口ともに総務省統計局「国勢調査」より作成。面積の原資料は国土交通省国土地理院「全国都道府県市区町村別面積調」による。総人口。本表では現在わが国の施政権の及んでいる範囲に限定した。表中のカッコ内の数字は北海道の下が北方領土を含み、全国計の下が北方領土と竹島を含む面積。北方領土については表4-1の注記参照。

【☞府県別統計517ページ】

図 4-1　人口増減率（2015～20年の５年間）

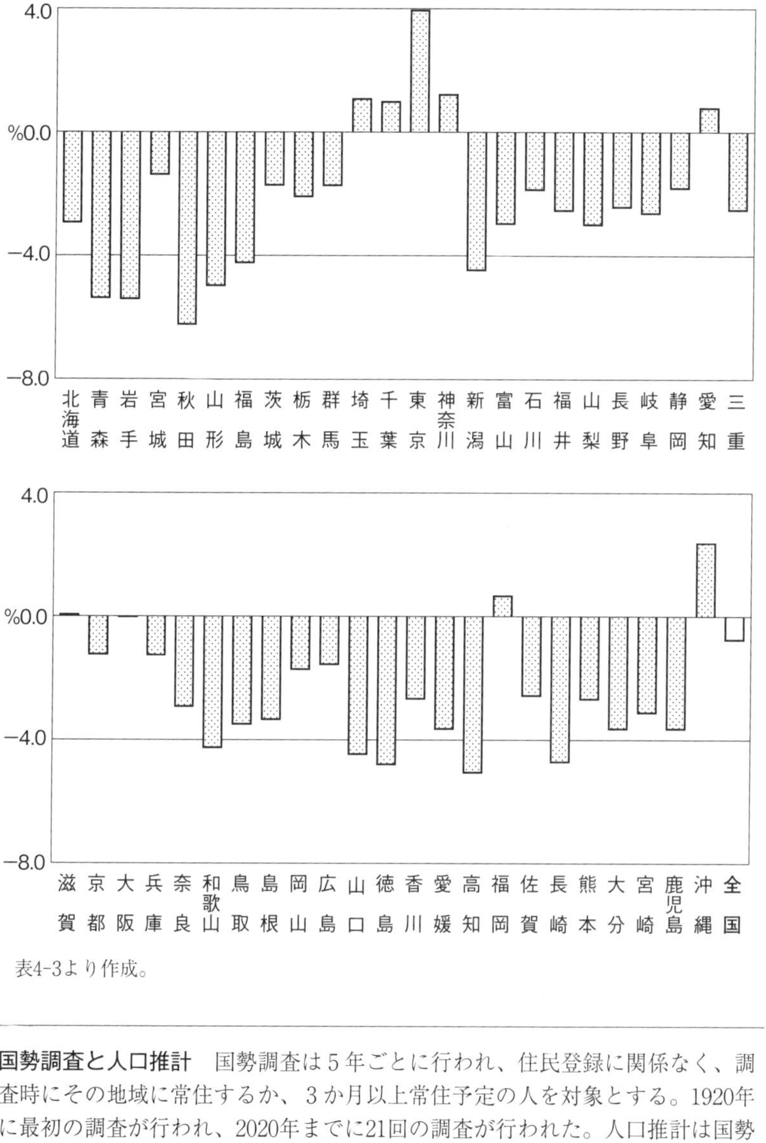

表4-3より作成。

国勢調査と人口推計　国勢調査は５年ごとに行われ、住民登録に関係なく、調査時にその地域に常住するか、３か月以上常住予定の人を対象とする。1920年に最初の調査が行われ、2020年までに21回の調査が行われた。人口推計は国勢調査人口を基に、その後の出生・死亡・転入・転出者数を加減して算出したもので、国勢調査のない年に行われる。なお、人口推計は国勢調査人口を基に算出したものだが、５年後の推計人口は最新の国勢調査人口とは必ずしも一致しない。そのため、推計人口は新しい国勢調査結果が出た後、補完補正される。

表 4-3　都道府県別の人口増減

	2010～15	2015～20	
	人口増減数(千人)	人口増減数(千人)	人口増減率(%)
北海道	-125	-157	*-2.92*
青　森	-65	-70	*-5.37*
岩　手	-51	-69	*-5.40*
宮　城	-14	-32	*-1.37*
秋　田	-63	-64	*-6.22*
山　形	-45	-56	*-4.97*
福　島	-115	-81	*-4.23*
茨　城	-53	-50	*-1.71*
栃　木	-33	-41	*-2.08*
群　馬	-35	-34	*-1.72*
埼　玉	72	78	*1.08*
千　葉	6	62	*0.99*
東　京	356	532	*3.94*
神奈川	78	111	*1.22*
新　潟	-70	-103	*-4.47*
富　山	-27	-32	*-2.96*
石　川	-16	-21	*-1.86*
福　井	-20	-20	*-2.53*
山　梨	-28	-25	*-2.99*
長　野	-54	-51	*-2.42*
岐　阜	-49	-53	*-2.62*
静　岡	-65	-67	*-1.81*
愛　知	72	59	*0.79*
三　重	-39	-46	*-2.51*
滋　賀	2	1	*0.05*
京　都	-26	-32	*-1.24*
大　阪	-26	-2	*-0.02*
兵　庫	-53	-70	*-1.26*
奈　良	-36	-40	*-2.92*
和歌山	-39	-41	*-4.25*
鳥　取	-15	-20	*-3.49*
島　根	-23	-23	*-3.34*
岡　山	-24	-33	*-1.72*
広　島	-17	-44	*-1.56*
山　口	-47	-63	*-4.46*
徳　島	-30	-36	*-4.79*
香　川	-20	-26	*-2.67*
愛　媛	-46	-50	*-3.64*
高　知	-36	-37	*-5.05*
福　岡	30	34	*0.66*
佐　賀	-17	-21	*-2.57*
長　崎	-50	-65	*-4.71*
熊　本	-31	-48	*-2.68*
大　分	-30	-42	*-3.64*
宮　崎	-31	-34	*-3.12*
鹿児島	-58	-60	*-3.64*
沖　縄	41	34	*2.37*
全国	**-963**	**-949**	*-0.75*

総務省統計局「国勢調査」より作成。確定数。各年10月1日現在の人口の比較。5年間の人口増減数および人口増減率。各期間の期末時の境域に組み替えて算出。

図 4-2　全国に占める過疎地域の割合（2021年4月1日現在）

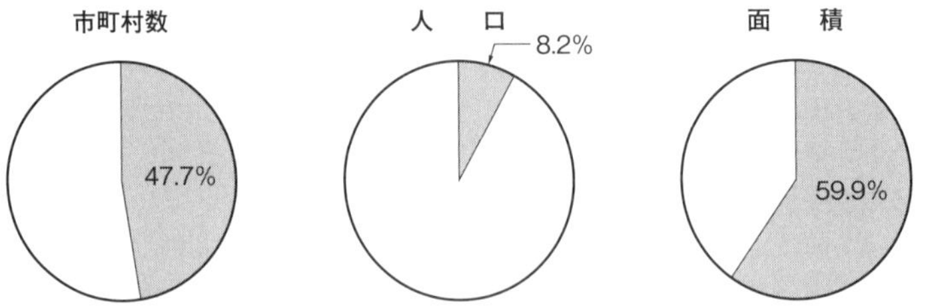

総務省「過疎対策の現況」より作成。東京都特別区は1団体とみなし市町村数に含む。

表 4-4　都道府県別の男女別人口と人口性比（2020年10月1日現在）

	男（千人）	女（千人）	人口性比*		男（千人）	女（千人）	人口性比*
北海道	2 465	2 760	89.3	滋賀	697	716	97.4
青森	583	655	89.1	京都	1 231	1 347	91.4
岩手	583	628	92.9	大阪	4 236	4 602	92.1
宮城	1 123	1 179	95.2	兵庫	2 600	2 865	90.7
秋田	452	507	89.2	奈良	624	701	89.1
山形	516	552	93.6	和歌山	435	488	89.2
福島	904	929	97.3	鳥取	264	289	91.5
茨城	1 431	1 436	99.6	島根	324	347	93.5
栃木	965	968	99.7	岡山	908	980	92.6
群馬	959	980	97.9	広島	1 357	1 443	94.1
埼玉	3 652	3 693	98.9	山口	637	705	90.3
千葉	3 118	3 166	98.5	徳島	343	376	91.2
東京	6 898	7 149	96.5	香川	459	491	93.5
神奈川	4 588	4 649	98.7	愛媛	633	702	90.2
新潟	1 069	1 133	94.4	高知	327	365	89.5
富山	503	532	94.4	福岡	2 431	2 704	89.9
石川	550	583	94.3	佐賀	384	427	90.0
福井	374	393	95.2	長崎	617	695	88.7
山梨	397	413	96.3	熊本	822	916	89.8
長野	1 000	1 048	95.5	大分	533	590	90.3
岐阜	960	1 018	94.3	宮崎	505	565	89.4
静岡	1 791	1 842	97.2	鹿児島	748	840	89.1
愛知	3 762	3 781	99.5	沖縄	723	745	97.1
三重	864	906	95.4	全国	**61 350**	**64 797**	94.7

総務省統計局「国勢調査」より作成。確定数。*女性100人に対する男性の数。

表 4-5　三大都市50キロ圏の人口（2021年1月1日現在）

	東京50キロ圏		大阪50キロ圏		名古屋50キロ圏	
	人口（千人）	構成比（%）	人口（千人）	構成比（%）	人口（千人）	構成比（%）
0〜10キロ……	4 184	*12.2*	4 362	*26.2*	2 344	*25.1*
10〜20キロ……	9 732	*28.4*	3 931	*23.6*	2 406	*25.8*
20〜30キロ……	8 174	*23.8*	2 761	*16.6*	1 831	*19.6*
30〜40キロ……	7 361	*21.4*	3 056	*18.4*	2 197	*23.5*
40〜50キロ……	4 869	*14.2*	2 525	*15.2*	559	*6.0*
計…………	**34 320**	*100.0*	**16 635**	*100.0*	**9 338**	*100.0*

国土地理協会「住民基本台帳人口・世帯数表」(2021年版）より作成。東京都庁（旧庁舎)、大阪市役所、名古屋市役所を中心とした半径50キロメートルの範囲にある地域を、中心から10キロメートルごとに分けたもの。

表 4-6　都道府県別の推計人口（単位　千人）（2021年10月1日現在）

	人口	男	女		人口	男	女
北海道	5 183	2 446	2 737	滋　賀	1 411	696	715
青　森	1 221	575	646	京　都	2 561	1 223	1 339
岩　手	1 196	577	620	大　阪	8 806	4 216	4 590
宮　城	2 290	1 117	1 174	兵　庫	5 432	2 582	2 850
秋　田	945	446	499	奈　良	1 315	619	696
山　形	1 055	511	544	和歌山	914	431	483
福　島	1 812	894	918	鳥　取	549	262	286
茨　城	2 852	1 423	1 428	島　根	665	322	343
栃　木	1 921	958	963	岡　山	1 876	902	974
群　馬	1 927	953	974	広　島	2 780	1 347	1 432
埼　玉	7 340	3 646	3 694	山　口	1 328	630	697
千　葉	6 275	3 111	3 164	徳　島	712	340	372
東　京	14 010	6 875	7 135	香　川	942	455	487
神奈川	9 236	4 584	4 652	愛　媛	1 321	627	694
新　潟	2 177	1 057	1 120	高　知	684	323	361
富　山	1 025	498	527	福　岡	5 124	2 425	2 698
石　川	1 125	546	579	佐　賀	806	382	424
福　井	760	371	389	長　崎	1 297	610	687
山　梨	805	395	410	熊　本	1 728	818	910
長　野	2 033	994	1 040	大　分	1 114	529	585
岐　阜	1 961	952	1 009	宮　崎	1 061	501	560
静　岡	3 608	1 778	1 829	鹿児島	1 576	743	833
愛　知	7 517	3 746	3 771	沖　縄	1 468	723	745
三　重	1 756	857	898	全国	**125 502**	**61 019**	**64 483**

総務省統計局「人口推計」(2022年4月15日公表）より作成。総人口。

表 4-7　大都市圏の昼間人口（2015年10月1日現在）

	昼間人口（千人）	常住（夜間）人口（千人）	昼夜間人口比率		昼間人口（千人）	常住（夜間）人口（千人）	昼夜間人口比率
茨　城	2 843	2 917	97.5	愛　知	7 586	7 483	101.4
栃　木	1 955	1 974	99.0	三　重	1 785	1 816	98.3
群　馬	1 970	1 973	99.8	滋　賀	1 364	1 413	96.5
埼　玉	6 456	7 267	88.9	京　都	2 656	2 610	101.8
千　葉	5 582	6 223	89.7	大　阪	9 224	8 839	104.4
東　京	15 920	13 515	117.8	兵　庫	5 294	5 535	95.7
神奈川	8 323	9 126	91.2	奈　良	1 228	1 364	90.0
岐　阜	1 953	2 032	96.1	和歌山	946	964	98.2
静　岡	3 692	3 700	99.8				

総務省統計局「国勢調査」より作成。三大都市圏およびその近郊。昼夜間人口比率は、常住人口100人あたりの昼間人口。

表 4-8　都道府県別の年齢別人口割合（2020年10月1日現在）（%）

	0～14歳	15～64歳	65歳以上		0～14歳	15～64歳	65歳以上
北海道	*10.7*	*57.2*	*32.1*	滋賀	*13.6*	*60.1*	*26.3*
青森	*10.5*	*55.7*	*33.7*	京都	*11.4*	*59.2*	*29.3*
岩手	*11.0*	*55.4*	*33.6*	大阪	*11.7*	*60.7*	*27.6*
宮城	*11.7*	*60.2*	*28.1*	兵庫	*12.2*	*58.5*	*29.3*
秋田	*9.7*	*52.8*	*37.5*	奈良	*11.7*	*56.6*	*31.7*
山形	*11.3*	*54.9*	*33.8*	和歌山	*11.4*	*55.2*	*33.4*
福島	*11.3*	*57.1*	*31.7*	鳥取	*12.4*	*55.3*	*32.3*
茨城	*11.7*	*58.7*	*29.7*	島根	*12.2*	*53.6*	*34.2*
栃木	*11.8*	*59.1*	*29.1*	岡山	*12.4*	*57.3*	*30.3*
群馬	*11.7*	*58.2*	*30.2*	広島	*12.6*	*58.0*	*29.4*
埼玉	*11.9*	*61.1*	*27.0*	山口	*11.5*	*53.9*	*34.6*
千葉	*11.7*	*60.7*	*27.6*	徳島	*10.9*	*54.9*	*34.2*
東京	*11.2*	*66.1*	*22.7*	香川	*12.1*	*56.2*	*31.8*
神奈川	*11.8*	*62.7*	*25.6*	愛媛	*11.6*	*55.2*	*33.2*
新潟	*11.3*	*56.0*	*32.8*	高知	*10.9*	*53.6*	*35.5*
富山	*11.2*	*56.2*	*32.6*	福岡	*13.0*	*59.1*	*27.9*
石川	*12.1*	*58.1*	*29.8*	佐賀	*13.5*	*55.9*	*30.6*
福井	*12.5*	*56.9*	*30.6*	長崎	*12.5*	*54.5*	*33.0*
山梨	*11.4*	*57.7*	*30.8*	熊本	*13.2*	*55.4*	*31.4*
長野	*12.0*	*56.1*	*32.0*	大分	*12.1*	*54.6*	*33.3*
岐阜	*12.3*	*57.3*	*30.4*	宮崎	*13.1*	*54.3*	*32.6*
静岡	*12.1*	*57.8*	*30.1*	鹿児島	*13.1*	*54.4*	*32.5*
愛知	*13.0*	*61.7*	*25.3*	沖縄	*16.6*	*60.8*	*22.6*
三重	*12.1*	*58.0*	*29.9*	全国	*11.9*	*59.5*	*28.6*

総務省統計局「国勢調査」より作成。確定値。不詳補完値による。四捨五入の関係で、内訳の合計が100%にならない場合がある。

表 4-9　都道府県別の合計特殊出生率（2020年）

北海道	1.21	東京	1.12	滋賀	1.50	香川	1.47
青森	1.33	神奈川	1.26	京都	1.26	愛媛	1.40
岩手	1.32	新潟	1.33	大阪	1.31	高知	1.43
宮城	1.20	富山	1.44	兵庫	1.39	福岡	1.41
秋田	1.24	石川	1.47	奈良	1.28	佐賀	1.59
山形	1.37	福井	1.56	和歌山	1.43	長崎	1.61
福島	1.39	山梨	1.48	鳥取	1.52	熊本	1.60
茨城	1.34	長野	1.46	島根	1.60	大分	1.55
栃木	1.32	岐阜	1.42	岡山	1.48	宮崎	1.65
群馬	1.39	静岡	1.39	広島	1.48	鹿児島	1.61
埼玉	1.27	愛知	1.44	山口	1.48	沖縄	1.83
千葉	1.27	三重	1.42	徳島	1.48	全国	1.33

厚生労働省「人口動態統計」より作成。合計特殊出生率とは、その年次の15歳から49歳までの女性の年齢別出生率を合計したもので、一人の女性が仮にその年次の年齢別出生率で一生の間に生むとしたときの子ども数に相当する。【☞長期統計509ページ】

図 4-3　三大都市圏の転入超過数の推移

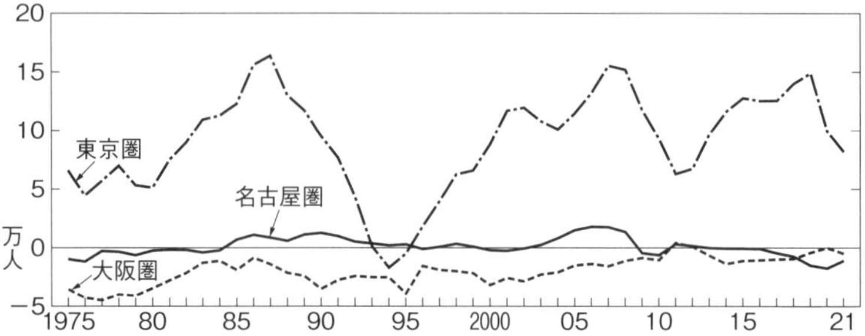

総務省「住民基本台帳人口移動報告年報」より作成。2013年までは日本人移動者で、14年以降は日本人と外国人を合わせた移動者。転入超過数は転入者数から転出者数を引いた数。マイナスは転出超過数。東京圏は埼玉県、千葉県、東京都、神奈川県、大阪圏は京都府、大阪府、兵庫県、奈良県、名古屋圏は岐阜県、愛知県、三重県。

表 4-10　都道府県別の世帯数と一般世帯１世帯の平均構成人員（2020年）

	世帯数（千）	一般世帯数（千）	一般世帯平均構成人員（人）		世帯数（千）	一般世帯数（千）	一般世帯平均構成人員（人）
北海道	2 477	2 469	2.04	滋賀	571	571	2.44
青森	512	510	2.34	京都	1 191	1 189	2.12
岩手	492	491	2.39	大阪	4 136	4 127	2.10
宮城	983	981	2.30	兵庫	2 402	2 399	2.23
秋田	385	384	2.41	奈良	545	544	2.38
山形	398	397	2.61	和歌山	394	393	2.28
福島	743	740	2.42	鳥取	220	219	2.44
茨城	1 184	1 182	2.37	島根	270	268	2.40
栃木	797	795	2.38	岡山	801	800	2.30
群馬	805	803	2.35	広島	1 244	1 241	2.20
埼玉	3 163	3 158	2.28	山口	599	597	2.17
千葉	2 774	2 768	2.23	徳島	308	307	2.26
東京	7 227	7 217	1.92	香川	407	406	2.27
神奈川	4 224	4 210	2.15	愛媛	601	600	2.16
新潟	865	863	2.48	高知	315	314	2.11
富山	404	403	2.50	福岡	2 323	2 318	2.15
石川	470	469	2.34	佐賀	313	311	2.51
福井	292	291	2.57	長崎	558	556	2.27
山梨	339	338	2.34	熊本	719	717	2.34
長野	832	830	2.41	大分	489	488	2.22
岐阜	781	779	2.49	宮崎	470	469	2.20
静岡	1 483	1 481	2.40	鹿児島	728	726	2.11
愛知	3 238	3 233	2.29	沖縄	615	613	2.33
三重	743	741	2.33	全国	**55 830**	**55 705**	2.21

資料は表4-4に同じ。2020年10月１日現在。一般世帯については表3-7参照。

〔市町村〕 市町村の数は、これまで合併により大きく減少してきた。戦後、「昭和の大合併」(1953～61年) では、市町村数は9868から3472へと減り、財政の悪化や地方分権の推進から行われた「平成の大合併」(1999～2010年) では、3232から1727に減った。

2020年10月1日現在、全国には1718の市町村がある。国勢調査によると、2015～20年の間に1419市町村で人口が減っており、人口が減少した自治体は全体の82.6%にのぼる。最も人口が減ったのは北九州市で、以下、新潟市、長崎市の順である。一方、人口が最も増えたのは福岡市で、以下、川崎市、大阪市の順となっている。

表 4-11 市部・町村部の人口・面積・人口密度 (各年10月1日現在)

	1995	2000	2005	2010	2015	2020
人口 (千人)						
市部	98 009	99 865	110 264	116 157	116 137	115 758
町村部	27 561	27 061	17 504	11 901	10 958	10 388
面積 (km^2)						
市部	105 092	105 999	181 792	216 209	216 974	217 100
町村部	271 458	270 782	195 026	161 655	160 913	160 792
人口密度1) (1 km^2につき人)						
市部	933	943	607	537	535	533
町村部	103	102	92	76	70	67

総務省統計局「国勢調査」より作成。面積には所属未定の湖沼などを含まない。市部には東京都特別区部を含む。2020年の市部・町村部面積および人口密度は、国土地理院資料を用いて編者算出。1) 北方領土および竹島の面積を除いて算出。

表 4-12 市町村の数 (2020年10月1日現在)

市			町村	
100万人以上	11		4万人以上	20
500 000～999 999人	16	(8)	30 000～39 999人	41
300 000～499 999人	45	(6)	20 000～29 999人	79
100 000～299 999人	189	(8)	10 000～19 999人	259
50 000～ 99 999人	240	(1)	5 000～ 9 999人	237
30 000～ 49 999人	179		1 000～ 4 999人	255
3万人未満	112		1 000人未満	35
計	**792**	**(23)**	計	**926**

総務省統計局「国勢調査」より作成。( ) 内の数字は東京都特別区に関するもので、792市の中には含まない。北方領土の6村は含まない。

表 4-13　市の人口（Ⅰ）（2020年10月 1 日現在）（単位　人）

市	人口
北海道（35）	
札幌　さっぽろ	1 973 395
旭川　あさひかわ	329 306
函館　はこだて	251 084
苫小牧とまこまい	170 113
帯広　おびひろ	166 536
釧路　くしろ	165 077
江別　えべつ	121 056
北見　きたみ	115 480
小樽　おたる	111 299
千歳　ちとせ	97 950
室蘭　むろらん	82 383
岩見沢いわみざわ	79 306
恵庭　えにわ	70 331
北広島　きたひろしま	58 171
石狩　いしかり	56 869
登別　のぼりべつ	46 391
北斗　ほくと	44 302
滝川　たきかわ	39 490
網走　あばしり	35 759
稚内　わっかない	33 563
伊達　だて	32 826
名寄　なよろ	27 282
根室　ねむろ	24 636
紋別　もんべつ	21 215
富良野　ふらの	21 131
美唄　びばい	20 413
留萌　るもい	20 114
深川　ふかがわ	20 039
士別　しべつ	17 858
砂川　すながわ	16 486
芦別　あしべつ	12 555
赤平　あかびら	9 698
三笠　みかさ	8 040
夕張　ゆうばり	7 334
歌志内うたしない	2 989
青森県（10）	
青森　あおもり	275 192
八戸　はちのへ	223 415
弘前　ひろさき	168 466
十和田　とわだ	60 378
むつ	54 103
五所川原　ごしょがわら	51 415
三沢　みさわ	39 152
黒石　くろいし	31 946
つがる	30 934
平川　ひらかわ	30 567
岩手県（14）	
盛岡　もりおか	289 731
奥州　おうしゅう	112 937
一関　いちのせき	111 932
花巻　はなまき	93 193
北上　きたかみ	93 045
滝沢　たきざわ	55 579
宮古　みやこ	50 369
大船渡おおふなと	34 728
久慈　くじ	33 043
釜石　かまいし	32 078
二戸　にのへ	25 513
遠野　とおの	25 366
八幡平はちまんたい	24 023
陸前高田　りくぜんたかた	18 262
宮城県（14）	
仙台　せんだい	1 096 704
石巻　いしのまき	140 151
大崎　おおさき	127 330
名取　なとり	78 718
登米　とめ	76 037
栗原　くりはら	64 637
多賀城たがじょう	62 827
気仙沼けせんぬま	61 147
塩竈　しおがま	52 203
富谷　とみや	51 651
岩沼　いわぬま	44 068
東松島ひがしまつしま	39 098
白石　しろいし	32 758
角田　かくだ	27 976
秋田県（13）	
秋田　あきた	307 672
横手　よこて	85 555
大仙　だいせん	77 657
由利本荘　ゆりほんじょう	74 707
大館　おおだて	69 237
能代　のしろ	49 968
湯沢　ゆざわ	42 091
潟上　かたがみ	31 720
北秋田きたあきた	30 198
鹿角　かづの	29 088
男鹿　おが	25 154
仙北　せんぼく	24 610
にかほ	23 435
山形県（13）	
山形　やまがた	247 590
鶴岡　つるおか	122 347
酒田　さかた	100 273
米沢　よねざわ	81 252
天童　てんどう	62 140
東根　ひがしね	47 682
寒河江　さがえ	40 189
新庄　しんじょう	34 432
南陽　なんよう	30 420
上山　かみのやま	29 110
長井　ながい	26 543
村山　むらやま	22 516
尾花沢おばなざわ	14 971
福島県（13）	
いわき	332 931
郡山　こおりやま	327 692
福島　ふくしま	282 693
会津若松　あいづわかまつ	117 376
須賀川　すかがわ	74 992
白河　しらかわ	59 491
南相馬みなみそうま	59 005
伊達　だて	58 240
二本松にほんまつ	53 557
喜多方　きたかた	44 760
田村　たむら	35 169
相馬　そうま	34 865
本宮　もとみや	30 236
茨城県（32）	
水戸　みと	270 685
つくば	241 656
日立　ひたち	174 508
ひたちなか	156 581

市の人口（Ⅱ）（2020年10月1日現在）（単位　人）

市	人口	市	人口	市	人口
土浦　つちうら	142 074	さくら	44 513	和光　わこう	83 989
古河　こが	139 344	矢板　やいた	31 165	飯能　はんのう	80 361
取手　とりで	104 524	那須烏山		行田　ぎょうだ	78 617
筑西　ちくせい	100 753	なすからすやま	24 875	本庄　ほんじょう	78 569
神栖　かみす	95 454	**群馬県（12）**		志木　しき	75 346
牛久　うしく	84 651	高崎　たかさき	372 973	桶川　おけがわ	74 748
龍ケ崎りゅうがさき	76 420	前橋　まえばし	332 149	蕨　わらび	74 283
笠間　かさま	73 173	太田　おおた	223 014	吉川　よしかわ	71 979
石岡　いしおか	73 061	伊勢崎　いせさき	211 850	鶴ヶ島つるがしま	70 117
守谷　もりや	68 421	桐生　きりゅう	106 445	北本　きたもと	65 201
鹿嶋　かしま	66 950	館林　たてばやし	75 309	蓮田　はすだ	61 499
常総　じょうそう	60 834	渋川　しぶかわ	74 581	秩父　ちちぶ	59 674
那珂　なか	53 502	藤岡　ふじおか	63 261	日高　ひだか	54 571
坂東　ばんどう	52 265	安中　あんなか	54 907	羽生　はにゅう	52 862
結城　ゆうき	50 645	みどり	49 648	白岡　しらおか	52 214
つくばみらい	49 872	富岡　とみおか	47 446	幸手　さって	50 066
小美玉　おみたま	48 870	沼田　ぬまた	45 337	**千葉県（37）**	
常陸太田		**埼玉県（40）**		千葉　ちば	974 951
ひたちおおた	48 602	さいたま	1 324 025	船橋　ふなばし	642 907
鉾田　ほこた	45 953	川口　かわぐち	594 274	松戸　まつど	498 232
下妻　しもつま	42 521	川越　かわごえ	354 571	市川　いちかわ	496 676
北茨城きたいばらき	41 801	所沢　ところざわ	342 464	柏　かしわ	426 468
かすみがうら	40 087	越谷　こしがや	341 621	市原　いちはら	269 524
常陸大宮		草加　そうか	248 304	流山　ながれやま	199 849
ひたちおおみや	39 267	春日部　かすかべ	229 792	八千代　やちよ	199 498
桜川　さくらがわ	39 122	上尾　あげお	226 940	習志野　ならしの	176 197
稲敷　いなしき	39 039	熊谷　くまがや	194 415	浦安　うらやす	171 362
行方　なめがた	32 185	新座　にいざ	166 017	佐倉　さくら	168 743
高萩　たかはぎ	27 699	久喜　くき	150 582	野田　のだ	152 638
潮来　いたこ	27 604	狭山　さやま	148 699	木更津　きさらづ	136 166
栃木県（14）		入間　いるま	145 651	成田　なりた	132 906
宇都宮うつのみや	518 757	三郷　みさと	142 145	我孫子　あびこ	130 510
小山　おやま	166 666	深谷　ふかや	141 268	鎌ケ谷　かまがや	109 932
栃木　とちぎ	155 549	朝霞　あさか	141 083	印西　いんざい	102 609
足利　あしかが	144 746	戸田　とだ	140 899	四街道よつかいどう	93 576
佐野　さの	116 228	鴻巣　こうのす	116 828	茂原　もばら	86 782
那須塩原		ふじみ野ふじみの	113 597	君津　きみつ	82 206
なすしおばら	115 210	富士見　ふじみ	111 859	香取　かとり	72 356
鹿沼　かぬま	94 033	加須　かぞ	111 623	八街　やちまた	67 455
真岡　もおか	78 190	坂戸　さかど	100 275	袖ケ浦そでがうら	63 883
日光　にっこう	77 661	八潮　やしお	93 363	旭　あさひ	63 745
大田原おおたわら	72 087	東松山		白井　しろい	62 441
下野　しもつけ	59 507	ひがしまつやま	91 791	銚子　ちょうし	58 431

市の人口（Ⅲ）（2020年10月1日現在）（単位　人）

市	人口	市	人口	市	人口
東金　とうがね	58 219	小平　こだいら	198 739	南足柄	
富里　とみさと	49 735	三鷹　みたか	195 391	みなみあしがら	40 841
山武　さんむ	48 444	日野　ひの	190 435	**新潟県（20）**	
大網白里		立川　たちかわ	183 581	新潟　にいがた	789 275
おおあみしらさと	48 129	東村山		長岡　ながおか	266 936
館山　たてやま	45 153	ひがしむらやま	151 815	上越　じょうえつ	188 047
富津　ふっつ	42 465	武蔵野　むさしの	150 149	新発田　しばた	94 927
南房総		多摩　たま	146 951	三条　さんじょう	94 642
みなみぼうそう	35 831	青梅　おうめ	133 535	柏崎　かしわざき	81 526
いすみ	35 544	国分寺こくぶんじ	129 242	燕　つばめ	77 201
匝瑳　そうさ	35 040	小金井　こがねい	126 074	村上　むらかみ	57 418
鴨川　かもがわ	32 116	東久留米		南魚沼	
勝浦　かつうら	16 927	ひがしくるめ	115 271	みなみうおぬま	54 851
東京都（26*）		昭島　あきしま	113 949	佐渡　さど	51 492
特別区部（23区）	9 733 276	稲城　いなぎ	93 151	十日町とおかまち	49 820
世田谷せたがや	943 664	狛江　こまえ	84 772	五泉　ごせん	47 625
練馬　ねりま	752 608	東大和ひがしやまと	83 901	糸魚川いといがわ	40 765
大田　おおた	748 081	あきる野あきるの	79 292	阿賀野　あがの	40 696
江戸川えどがわ	697 932	国立　くにたち	77 130	見附　みつけ	39 237
足立　あだち	695 043	清瀬　きよせ	76 208	魚沼　うおぬま	34 483
杉並　すぎなみ	591 108	武蔵村山		小千谷　おぢや	34 096
板橋　いたばし	584 483	むさしむらやま	70 829	妙高　みょうこう	30 383
江東　こうとう	524 310	福生　ふっさ	56 414	胎内　たいない	28 509
葛飾　かつしか	453 093	羽村　はむら	54 326	加茂　かも	25 441
品川　しながわ	422 488	**神奈川県（19）**		**富山県（10）**	
北　きた	355 213	横浜　よこはま	3 777 491	富山　とやま	413 938
新宿しんじゅく	349 385	川崎　かわさき	1 538 262	高岡　たかおか	166 393
中野　なかの	344 880	相模原さがみはら	725 493	射水　いみず	90 742
豊島　としま	301 599	藤沢　ふじさわ	436 905	砺波　となみ	48 154
目黒　めぐろ	288 088	横須賀　よこすか	388 078	南砺　なんと	47 937
墨田　すみだ	272 085	平塚　ひらつか	258 422	氷見　ひみ	43 950
港　みなと	260 486	茅ヶ崎　ちがさき	242 389	魚津　うおづ	40 535
渋谷　しぶや	243 883	大和　やまと	239 169	黒部　くろべ	39 638
文京ぶんきょう	240 069	厚木　あつぎ	223 705	滑川　なめりかわ	32 349
荒川　あらかわ	217 475	小田原　おだわら	188 856	小矢部　おやべ	28 983
台東　たいとう	211 444	鎌倉　かまくら	172 710	**石川県（11）**	
中央ちゅうおう	169 179	秦野　はだの	162 439	金沢　かなざわ	463 254
千代田　ちよだ	66 680	海老名　えびな	136 516	白山　はくさん	110 408
八王子はちおうじ	579 355	座間　ざま	132 325	小松　こまつ	106 216
町田　まちだ	431 079	伊勢原　いせはら	101 780	加賀　かが	63 220
府中　ふちゅう	262 790	綾瀬　あやせ	83 913	野々市　ののいち	57 238
調布　ちょうふ	242 614	逗子　ずし	57 060	七尾　ななお	50 300
西東京にしとうきょう	207 388	三浦　みうら	42 069	能美　のみ	48 523

市の人口（Ⅳ）（2020年10月1日現在）（単位　人）

市	人口	市	人口	市	人口
かほく	34 889	中野　なかの	42 338	湖西　こさい	57 885
輪島　わじま	24 608	小諸　こもろ	40 991	裾野　すその	50 911
羽咋　はくい	20 407	駒ヶ根　こまがね	32 202	菊川　きくがわ	47 789
珠洲　すず	12 929	東御　とうみ	30 122	伊豆の国	
福井県（9）		大町　おおまち	26 029	いずのくに	46 804
福井　ふくい	262 328	飯山　いいやま	19 539	牧之原まきのはら	43 502
坂井　さかい	88 481	**岐阜県（21）**		熱海　あたみ	34 208
越前　えちぜん	80 611	岐阜　ぎふ	402 557	御前崎おまえざき	31 103
鯖江　さばえ	68 302	大垣　おおがき	158 286	伊豆　いず	28 190
敦賀　つるが	64 264	各務原かかみがはら	144 521	下田　しもだ	20 183
大野　おおの	31 286	多治見　たじみ	106 732	**愛知県（38）**	
小浜　おばま	28 991	可児　かに	99 968	名古屋　なごや	2 332 176
あわら	27 524	関　せき	85 283	豊田　とよた	422 330
勝山　かつやま	22 150	高山　たかやま	84 419	岡崎　おかざき	384 654
山梨県（13）		中津川なかつがわ	76 570	一宮　いちのみや	380 073
甲府　こうふ	189 591	羽島　はしま	65 649	豊橋　とよはし	371 920
甲斐　かい	75 313	美濃加茂みのかも	56 689	春日井　かすがい	308 681
南アルプス		瑞穂　みずほ	56 388	安城　あんじょう	187 990
みなみあるぷす	69 459	土岐　とき	55 348	豊川　とよかわ	184 661
笛吹　ふえふき	66 947	恵那　えな	47 774	西尾　にしお	169 046
富士吉田ふじよしだ	46 530	郡上　ぐじょう	38 997	刈谷　かりや	153 834
北杜　ほくと	44 053	瑞浪　みずなみ	37 150	小牧　こまき	148 831
山梨　やまなし	33 435	本巣　もとす	32 928	稲沢　いなざわ	134 751
中央　ちゅうおう	31 216	海津　かいづ	32 735	瀬戸　せと	127 792
都留　つる	31 016	下呂　げろ	30 428	半田　はんだ	117 884
甲州　こうしゅう	29 237	山県　やまがた	25 280	東海　とうかい	113 787
韮崎　にらさき	29 067	飛騨　ひだ	22 538	江南　こうなん	98 255
上野原うえのはら	22 669	美濃　みの	19 247	大府　おおぶ	93 123
大月　おおつき	22 512	**静岡県（23）**		日進　にっしん	91 520
長野県（19）		浜松　はままつ	790 718	北名古屋	
長野　ながの	372 760	静岡　しずおか	693 389	きたなごや	86 385
松本　まつもと	241 145	富士　ふじ	245 392	あま	86 126
上田　うえだ	154 055	沼津　ぬまづ	189 386	知多　ちた	84 364
佐久　さく	98 199	磐田　いわた	166 672	尾張旭おわりあさひ	83 144
飯田　いいだ	98 164	藤枝　ふじえだ	141 342	蒲郡　がまごおり	79 538
安曇野　あづみの	94 222	焼津　やいづ	136 845	犬山　いぬやま	73 090
塩尻　しおじり	67 241	富士宮ふじのみや	128 105	碧南　へきなん	72 458
伊那　いな	66 125	掛川　かけがわ	114 954	知立　ちりゅう	72 193
千曲　ちくま	58 852	三島　みしま	107 783	豊明　とよあけ	69 295
茅野　ちの	56 400	島田　しまだ	95 719	清須　きよす	67 352
須坂　すざか	49 559	袋井　ふくろい	87 864	みよし	61 952
諏訪　すわ	48 729	御殿場　ごてんば	86 614	津島　つしま	60 942
岡谷　おかや	47 790	伊東　いとう	65 491	愛西　あいさい	60 829

市の人口（Ⅴ）（2020年10月1日現在）（単位　人）

市	人口
長久手　ながくて	60 162
田原　たはら	59 360
常滑　とこなめ	58 710
岩倉　いわくら	47 983
高浜　たかはま	46 106
新城　しんしろ	44 355
弥富　やとみ	43 025
三重県（14）	
四日市よっかいち	305 424
津　つ	274 537
鈴鹿　すずか	195 670
松阪　まつさか	159 145
桑名　くわな	138 613
伊勢　いせ	122 765
伊賀　いが	88 766
名張　なばり	76 387
亀山　かめやま	49 835
志摩　しま	46 057
いなべ	44 973
鳥羽　とば	17 525
尾鷲　おわせ	16 252
熊野　くまの	15 965
滋賀県（13）	
大津　おおつ	345 070
草津　くさつ	143 913
彦根　ひこね	113 647
長浜　ながはま	113 636
東近江ひがしおうみ	112 819
甲賀　こうか	88 358
守山　もりやま	83 236
近江八幡　おうみはちまん	81 122
栗東　りっとう	68 820
湖南　こなん	54 460
野洲　やす	50 513
高島　たかしま	46 377
米原　まいばら	37 225
京都府（15）	
京都　きょうと	1 463 723
宇治　うじ	179 630
亀岡　かめおか	86 174
長岡京　ながおかきょう	80 608
舞鶴　まいづる	80 336
木津川　きづがわ	77 907
福知山ふくちやま	77 306
城陽　じょうよう	74 607
京田辺　きょうたなべ	73 753
八幡　やわた	70 433
向日　むこう	56 859
京丹後　きょうたんご	50 860
綾部　あやべ	31 846
南丹　なんたん	31 629
宮津　みやづ	16 758
大阪府（33）	
大阪　おおさか	2 752 412
堺　さかい	826 161
東大阪　ひがしおおさか	493 940
豊中　とよなか	401 558
枚方　ひらかた	397 289
吹田　すいた	385 567
高槻　たかつき	352 698
茨木　いばらき	287 730
八尾　やお	264 642
寝屋川　ねやがわ	229 733
岸和田　きしわだ	190 658
和泉　いずみ	184 495
守口　もりぐち	143 096
箕面　みのお	136 868
門真　かどま	119 764
大東　だいとう	119 367
松原　まつばら	117 641
羽曳野　はびきの	108 736
富田林とんだばやし	108 699
池田　いけだ	104 993
河内長野　かわちながの	101 692
泉佐野いずみさの	100 131
摂津　せっつ	87 456
貝塚　かいづか	84 443
交野　かたの	75 033
泉大津いずみおおつ	74 412
柏原　かしわら	68 775
藤井寺ふじいでら	63 688
泉南　せんなん	60 102
大阪狭山　おおさかさやま	58 435
高石　たかいし	55 635
四條畷　しじょうなわて	55 177
阪南　はんなん	51 254
兵庫県（29）	
神戸　こうべ	1 525 152
姫路　ひめじ	530 495
西宮　にしのみや	485 587
尼崎　あまがさき	459 593
明石　あかし	303 601
加古川　かこがわ	260 878
宝塚　たからづか	226 432
伊丹　いたみ	198 138
川西　かわにし	152 321
三田　さんだ	109 238
芦屋　あしや	93 922
高砂　たかさご	87 722
豊岡　とよおか	77 489
三木　みき	75 294
たつの	74 316
丹波　たんば	61 471
小野　おの	47 562
赤穂　あこう	45 892
南あわじ　みなみあわじ	44 137
加西　かさい	42 700
淡路　あわじ	41 967
洲本　すもと	41 236
加東　かとう	40 645
丹波篠山　たんばささやま	39 611
西脇　にしわき	38 673
宍粟　しそう	34 819
朝来　あさご	28 989
相生　あいおい	28 355
養父　やぶ	22 129
奈良県（12）	
奈良　なら	354 630
橿原　かしはら	120 922

市の人口（Ⅵ）（2020年10月1日現在）（単位　人）

市	人口
生駒　いこま	116 675
大和郡山　やまとこおりやま	83 285
香芝　かしば	78 113
天理　てんり	63 889
大和高田　やまとたかだ	61 744
桜井　さくらい	54 857
葛城　かつらぎ	36 832
宇陀　うだ	28 121
五條　ごじょう	27 927
御所　ごせ	24 096
和歌山県（9）	
和歌山　わかやま	356 729
田辺　たなべ	69 870
橋本　はしもと	60 818
紀の川　きのかわ	58 816
岩出　いわで	53 967
海南　かいなん	48 369
新宮　しんぐう	27 171
有田　ありだ	26 538
御坊　ごぼう	23 481
鳥取県（4）	
鳥取　とっとり	188 465
米子　よなご	147 317
倉吉　くらよし	46 485
境港さかいみなと	32 740
島根県（8）	
松江　まつえ	203 616
出雲　いずも	172 775
浜田　はまだ	54 592
益田　ますだ	45 003
安来　やすぎ	37 062
雲南　うんなん	36 007
大田　おおだ	32 846
江津　ごうつ	22 959
岡山県（15）	
岡山　おかやま	724 691
倉敷　くらしき	474 592
津山　つやま	99 937
総社　そうじゃ	69 030
玉野　たまの	56 531
笠岡　かさおか	46 088
真庭　まにわ	42 725
赤磐　あかいわ	42 661
井原　いばら	38 384
瀬戸内　せとうち	36 048
浅口　あさくち	32 772
備前　びぜん	32 320
高梁　たかはし	29 072
新見　にいみ	28 079
美作　みまさか	25 939
広島県（14）	
広島　ひろしま	1 200 754
福山　ふくやま	460 930
呉　くれ	214 592
東広島　ひがしひろしま	196 608
尾道　おのみち	131 170
廿日市　はつかいち	114 173
三原　みはら	90 573
三次　みよし	50 681
府中　ふちゅう	37 655
庄原　しょうばら	33 633
安芸高田　あきたかた	26 448
大竹　おおたけ	26 319
竹原　たけはら	23 993
江田島　えたじま	21 930
山口県（13）	
下関　しものせき	255 051
山口　やまぐち	193 966
宇部　うべ	162 570
周南　しゅうなん	137 540
岩国　いわくに	129 125
防府　ほうふ	113 979
山陽小野田　さんようおのだ	60 326
下松　くだまつ	55 887
光　ひかり	49 798
萩　はぎ	44 626
長門　ながと	32 519
柳井　やない	30 799
美祢　みね	23 247
徳島県（8）	
徳島　とくしま	252 391
阿南　あなん	69 470
鳴門　なると	54 622
吉野川よしのがわ	38 772
小松島こまつしま	36 149
阿波　あわ	34 713
美馬　みま	28 055
三好　みよし	23 605
香川県（8）	
高松　たかまつ	417 496
丸亀　まるがめ	109 513
三豊　みとよ	61 857
観音寺かんおんじ	57 438
坂出　さかいで	50 624
さぬき	47 003
善通寺ぜんつうじ	31 631
東かがわ　ひがしかがわ	28 279
愛媛県（11）	
松山　まつやま	511 192
今治　いまばり	151 672
新居浜　にいはま	115 938
西条　さいじょう	104 791
四国中央　しこくちゅうおう	82 754
宇和島　うわじま	70 809
大洲　おおず	40 575
西予　せいよ	35 388
伊予　いよ	35 133
東温　とうおん	33 903
八幡浜やわたはま	31 987
高知県（11）	
高知　こうち	326 545
南国　なんこく	46 664
四万十　しまんと	32 694
香南　こうなん	32 207
香美　かみ	26 513
土佐　とさ	25 732
須崎　すさき	20 590
宿毛　すくも	19 033
安芸　あき	16 243
土佐清水とさしみず	12 388
室戸　むろと	11 742

市の人口（Ⅶ）（2020年10月1日現在）（単位　人）

市	人口
福岡県（29）	
福岡　ふくおか	1 612 392
北九州　きたきゅうしゅう	939 029
久留米　くるめ	303 316
飯塚　いいづか	126 364
大牟田　おおむた	111 281
春日　かすが	111 023
筑紫野　ちくしの	103 311
大野城おおのじょう	102 085
糸島　いとしま	98 877
宗像　むなかた	97 095
太宰府　だざいふ	73 164
行橋　ゆくはし	71 426
福津　ふくつ	67 033
柳川　やながわ	64 475
八女　やめ	60 608
小郡　おごおり	59 360
古賀　こが	58 786
直方　のおがた	56 212
朝倉　あさくら	50 273
那珂川　なかがわ	50 112
筑後　ちくご	48 827
田川　たがわ	46 203
中間　なかま	40 362
みやま	35 861
嘉麻　かま	35 473
大川　おおかわ	32 988
うきは	27 981
宮若　みやわか	26 298
豊前　ぶぜん	24 391
佐賀県（10）	
佐賀　さが	233 301
唐津　からつ	117 373
鳥栖　とす	74 196
伊万里　いまり	52 629
武雄　たけお	47 914
小城　おぎ	43 952
神埼　かんざき	31 022
鹿島　かしま	27 892
嬉野　うれしの	25 848
多久　たく	18 295
長崎県（13）	
長崎　ながさき	409 118
佐世保　させぼ	243 223
諫早　いさはや	133 852
大村　おおむら	95 397
島原　しまばら	43 338
南島原　みなみしまばら	42 330
雲仙　うんぜん	41 096
五島　ごとう	34 391
平戸　ひらど	29 365
対馬　つしま	28 502
西海　さいかい	26 275
壱岐　いき	24 948
松浦　まつうら	21 271
熊本県（14）	
熊本　くまもと	738 865
八代　やつしろ	123 067
天草　あまくさ	75 783
玉名　たまな	64 292
合志　こうし	61 772
宇城　うき	57 032
荒尾　あらお	50 832
山鹿　やまが	49 025
菊池　きくち	46 416
宇土　うと	36 122
人吉　ひとよし	31 108
阿蘇　あそ	24 930
上天草　かみあまくさ	24 563
水俣　みなまた	23 557
大分県（14）	
大分　おおいた	475 614
別府　べっぷ	115 321
中津　なかつ	82 863
佐伯　さいき	66 851
日田　ひた	62 657
宇佐　うさ	52 771
臼杵　うすき	36 158
豊後大野　ぶんごおおの	33 695
由布　ゆふ	32 772
杵築　きつき	27 999
国東　くにさき	26 232
豊後高田　ぶんごたかだ	22 112
竹田　たけた	20 332
津久見　つくみ	16 100
宮崎県（9）	
宮崎　みやざき	401 339
都城みやこのじょう	160 640
延岡　のべおか	118 394
日向　ひゅうが	59 629
日南　にちなん	50 848
小林　こばやし	43 670
西都　さいと	28 610
えびの	17 638
串間　くしま	16 822
鹿児島県（19）	
鹿児島　かごしま	593 128
霧島　きりしま	123 135
鹿屋　かのや	101 096
薩摩川内　さつませんだい	92 403
姶良　あいら	76 348
出水　いずみ	51 994
日置　ひおき	47 153
奄美　あまみ	41 390
指宿　いぶすき	39 011
曽於　そお	33 310
南九州　みなみきゅうしゅう	33 080
南さつま　みなみさつま	32 887
志布志　しぶし	29 329
いちき串木野　いちきくしきの	27 490
伊佐　いさ	24 453
枕崎　まくらざき	20 033
阿久根　あくね	19 270
西之表　にしのおもて	14 708
垂水　たるみず	13 819
沖縄県（11）	
那覇　なは	317 625
沖縄　おきなわ	142 752
うるま	125 303

市の人口（Ⅷ）（2020年10月１日現在）（単位　人）

市	人口	市	人口	市	人口
浦添　うらそえ	115 690	名護　なご	63 554	石垣　いしがき	47 637
宜野湾　ぎのわん	100 125	糸満　いとまん	61 007	南城　なんじょう	44 043
豊見城とみぐすく	64 612	宮古島みやこじま	52 931		

総務省統計局「国勢調査」より作成。確定数。2020年10月１日現在の市における人口数で、それ以降にできた市については反映していない。都道府県名の横の数字は市の数。市名の読み方は総務省資料による。東京23区は政令指定都市の区とは異なり市に準ずる。*東京23区は含まない。

表 4-14　主な市の面積・人口・人口密度（2020年10月１日現在）

	面積（km²）	人口（千人）	人口密度（1 km²につき　人）		面積（km²）	人口（千人）	人口密度（1 km²につき　人）
（東京23区）	628	9 733	15 511	市川……	57	497	8 645
横浜* …	438	3 777	8 630	東大阪…	62	494	7 995
大阪* …	225	2 752	12 216	西宮……	100	486	4 858
名古屋* ·	327	2 332	7 143	大分……	502	476	947
札幌* …	1 121	1 973	1 760	倉敷……	356	475	1 335
福岡* …	343	1 612	4 695	金沢……	469	463	988
川崎* …	143	1 538	10 756	福山……	518	461	890
神戸* …	557	1 525	2 738	尼崎……	51	460	9 061
京都* …	828	1 464	1 768	藤沢……	70	437	6 281
さいたま*	217	1 324	6 089	町田……	72	431	6 025
広島* …	907	1 201	1 324	柏………	115	426	3 717
仙台* …	786	1 097	1 395	豊田……	918	422	460
千葉* …	272	975	3 587	高松……	375	417	1 112
北九州* ·	492	939	1 910	富山……	1 242	414	333
堺* ……	150	826	5 514	長崎……	406	409	1 008
浜松* …	1 558	791	508	岐阜……	204	403	1 977
新潟* …	726	789	1 087	豊中……	36	402	11 035
熊本* …	390	739	1 893	宮崎……	644	401	624
相模原* ·	329	725	2 206	枚方……	65	397	6 101
岡山* …	790	725	917	横須賀…	101	388	3 849
静岡* …	1 412	693	491	吹田……	36	386	10 684
船橋……	86	643	7 509	岡崎……	387	385	993
川口……	62	594	9 593	一宮……	114	380	3 339
鹿児島…	548	593	1 083	高崎……	459	373	812
八王子…	186	579	3 109	長野……	835	373	447
姫路……	535	530	992	豊橋……	262	372	1 420
宇都宮…	417	519	1 245	和歌山…	209	357	1 708
松山……	429	511	1 191	奈良……	277	355	1 281
松戸……	61	498	8 117	川越……	109	355	3 249

総務省統計局「国勢調査」より作成。人口の多い順に掲載。*政令指定都市。

表 4-15　世界の主要都市の人口（単位　千人）

	国名	調査年	市域人口	郊外を含む人口
東京	日本	2020	1) *9 733	2) *14 048
チョンチン（重慶）	中国	2019	3) 34 163	…
シャンハイ（上海）	〃	〃	3) 14 693	4) *24 871
ペキン（北京）	〃	〃	3) 13 974	4) *21 893
テンチン（天津）	〃	〃	3) 11 082	4) *13 866
チョンツー（成都）	〃	〃	3) 15 001	…
シーチアチョワン（石家荘）	〃	〃	3) 10 524	…
シーアン（西安）	〃	〃	3) 9 567	…
コワンチョウ（広州）	〃	〃	3) 9 537	…
テヘラン	イラン	2016	*8 694	…
ムンバイ#	インド	2011	…	*12 442
デリー#	〃	〃	…	*11 035
ベンガルール#	〃	〃	…	*8 495
ジャカルタ	インドネシア	2018	10 428	…
ソウル	韓国	2019	9 662	…
バンコク	タイ	2020	…	8 358
イスタンブール	トルコ	2019	…	15 519
カラチ#	パキスタン	2017	*14 910	…
ダッカ#	バングラデシュ	2011	*8 906	…
マニラ	フィリピン	2020	*1 847	…
カイロ	エジプト	2017	…	*9 540
ニューヨーク	アメリカ合衆国	2020	8 253	19 124
ロサンゼルス	〃	〃	3 970	13 110
シカゴ	〃	〃	2 678	9 407
ダラス	〃	〃	1 343	7 694
ヒューストン	〃	〃	2 316	7 154
トロント	カナダ	2020	2 988	6 555
メキシコシティ	メキシコ	2020	…	21 943
ブエノスアイレス#	アルゼンチン	2020	…	15 417
ボゴタ	コロンビア	2020	7 744	…
サンパウロ	ブラジル	2016	12 038	…
リマ#	ペルー	2018	…	10 351
ロンドン	イギリス	2011	…	*8 136
マドリード	スペイン	2019	3 300	…
ベルリン	ドイツ	2019	3 645	…
パリ	フランス	2015	*2 206	*10 706
モスクワ	ロシア	2012	11 918	…
シドニー	オーストラリア	2019	4 914	5 312

国連デモグラフィックイヤーブック（2020年版、2022年2月閲覧）などより作成。日本は総務省統計局「国勢調査」による2020年10月1日現在の確定値。中国は中国国家統計局の数値より作成。常住人口。*印はセンサス。#印の国は現在人口を掲載。1）23区人口。2）東京都人口。3）市が管轄する包括的な市域の戸籍人口。4）2020年。

現在人口（de facto population）は調査時にいる場所で各人を調査した人口、**常住人口**（de jure population）は調査時に常住している場所で調査した人口をいう。

第5章　労　　　働

2021年度は、コロナ禍で引き続き経済活動が停滞し、雇用情勢は厳しい状況にあった。政府は、コロナ禍で打撃を受けている個人事業主や企業への支援として、事業継続が難しい中小企業に対する給付金制度や、労働者の雇用を維持するための雇用調整助成金などの財政措置を行っている。金融機関等からの資金繰り支援もあり、2021年の倒産件数は6030件と低水準であった（東京商工リサーチ）。一方、2021年の有効求人倍

図 5-1　労働力状態の推移

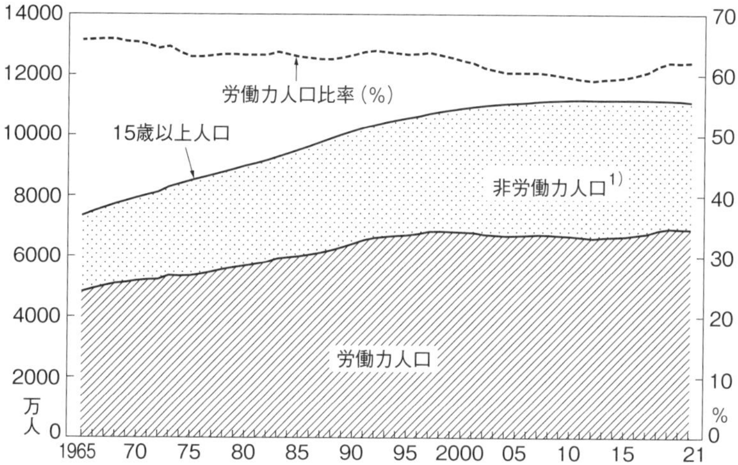

総務省統計局「労働力調査」より作成。1972年まで沖縄を含まず。長期比較の統計データは、調査改正や算出の基礎人口の切り替えなどの際に、労働力調査が公表する時系列接続用に補正した数値を使用。各年の報告書の数値とは異なる。2011年は、岩手、宮城、福島県を含む推測値。1）労働力状態が不詳な人口を含む。

図 5-2　労働力調査（基本集計）による就業状態の区分

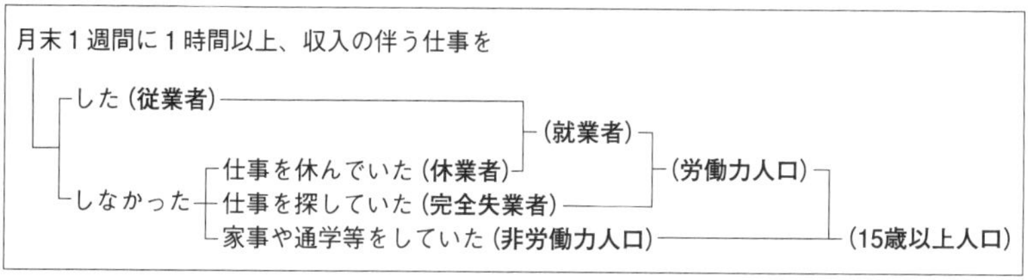

率（仕事を探す人1人に対して何件の求人があるかを示す）は1.13倍と前年より低下し､多くの企業に雇用者を増やす余力は見られない。また、2021年の完全失業者は193万人と前年より微増し､完全失業率は2.8%（男3.1%、女2.5%）と前年とほぼ同じ水準に留まっている。

岸田内閣は、コロナ後の社会の在り方として、分厚い中間層を再構築し、成長と分配の好循環を可能とする「新しい資本主義」実現への取り組みを提唱している。労働分配率が低下し、格差の拡大が問題となるな

図 5-3　労働力と非労働力の割合（2021年平均）

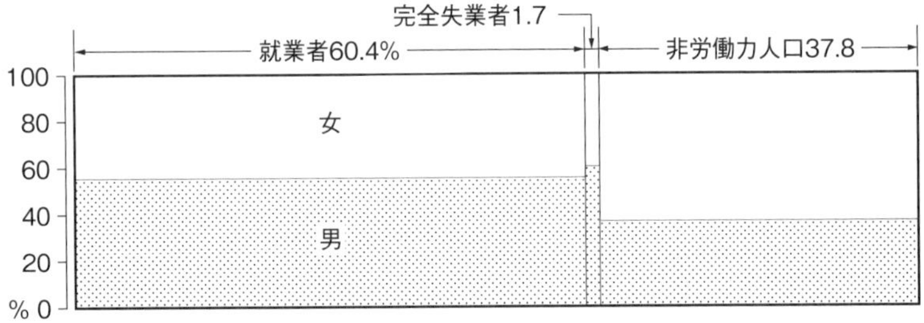

総務省統計局「労働力調査」より作成。15歳以上人口。非労働力人口には不詳を含む。図5-2を参照のこと。内訳の計は100%になるように調整していない。

表 5-1　労働力人口と非労働力人口（年平均）（単位　万人）

	1990	2000	2010	2019	2020	2021
15歳以上人口·· 1)	10 089	10 836	11 111	11 092	11 080	11 044
労働力人口····	6 384	6 766	6 632	6 886	6 868	6 860
就業者······	6 249	6 446	6 298	6 724	6 676	6 667
完全失業者··	134	320	334	162	191	193
非労働力人口··	3 657	4 057	4 473	4 197	4 204	4 175
通学········	989	815	696	599	588	586
完全失業率（%）·	*2.1*	*4.7*	*5.1*	*2.4*	*2.8*	*2.8*
男············	*2.0*	*4.9*	*5.4*	*2.5*	*3.0*	*3.1*
女············	*2.2*	*4.5*	*4.6*	*2.2*	*2.5*	*2.5*
労働力人口比率（%）2)	*63.3*	*62.4*	*59.6*	*62.1*	*62.0*	*62.1*
男············	*77.2*	*76.4*	*71.6*	*71.4*	*71.4*	*71.3*
女············	*50.1*	*49.3*	*48.5*	*53.3*	*53.2*	*53.5*

総務省統計局「労働力調査」より作成。算出の基礎となるベンチマーク人口は、5年ごとの国勢調査結果によって基準が切り替わり、時系列数値が接続用に補正される（比率は除く）。そのため、各年の報告書の数値とは異なる年次がある。1）就業状態が不詳な人口を含む。2）労働力人口が15歳以上に占める割合。

か、社会に経済的豊かさと力強さをもたらす原動力は「人」とされる。賃上げなど人への投資を抜本的に強化するために、３年間で4000億円規模の施策パッケージのアイデアを広く国民から求めたほか、2022年度「税制改正の大綱」では賃上げ促進税制の強化が盛り込まれた。これにより、賃上げや従業員の教育訓練を行う企業に対し税額控除が加算される。一方、企業では、優秀な外部人材の獲得や、今後の成長を支えるデジタル時代に即した人材の育成などに取り組むことが必要となっている。賃上げとともに、働き方の多様性や流動性を高めていくことを前提に、これまで主流であった終身雇用や年功序列制度を見直して、非正規労働者や女性の正規雇用を増やしていくことが求められる。

表 5-2 産業別就業者数（年平均）（単位 万人）

	2020	2021	〃 男	〃 女	〃 対前年増減数	〃 割合（%）
農業、林業	200	195	120	75	-5	*2.9*
漁業	13	13	10	3	0	*0.2*
鉱業、採石業 1)	2	3	2	1	1	*0.0*
建設業	492	482	400	82	-10	*7.2*
製造業	1 045	1 037	726	311	-8	*15.6*
電気・ガス業 2)	32	34	28	6	2	*0.5*
情報通信業	240	256	183	74	16	*3.8*
運輸業、郵便業	347	350	274	76	3	*5.2*
卸売業、小売業	1 057	1 062	512	550	5	*15.9*
金融業、保険業	166	166	74	92	0	*2.5*
不動産業、物品賃貸業	140	141	83	58	1	*2.1*
学術研究 3)	244	252	161	91	8	*3.8*
宿泊業、飲食サービス業	391	369	141	229	-22	*5.5*
生活関連サービス業 4)	235	225	91	134	-10	*3.4*
教育、学習支援業	339	346	144	201	7	*5.2*
医療、福祉	862	884	218	666	22	*13.3*
複合サービス事業 5)	51	50	29	21	-1	*0.7*
サービス業	452	449	267	182	-3	*6.7*
公務 6)	247	248	171	78	1	*3.7*
就業者総数×	**6 676**	**6 667**	**3 687**	**2 980**	-9	*100.0*

総務省統計局「労働力調査」より作成。15歳以上の就業者数。第13回改定日本標準産業分類による。1）砂利採取業を含む。2）水道業、熱供給業を含む。3）専門・技術サービス業を含む。4）娯楽業を含む。5）郵便局および協同組合。6）主に本来の立法業務、司法業務および行政業務を行う官公署で、原則として公務であってもその業務内容がほかの産業として分類されるものは含まれない。×分類不能を含む。

政府の賃上げ促進政策を受けて、2022年度の春闘では大手の自動車や電機各社から前向きな賃上げ回答が相次いだ。経済活動が徐々に再開し、業績が回復してきた企業では、企業成長のためには社員の業務意欲を高める必要があるとして、積極的な賃上げで社員の生活を支えていく姿勢を見せている。一方、業績が厳しい中小企業では、賃上げよりも雇用の維持を優先せざるを得ないケースも多く、大企業の賃上げの流れが、ぜ

図 5-4　産業 3 部門別の就業者数の推移

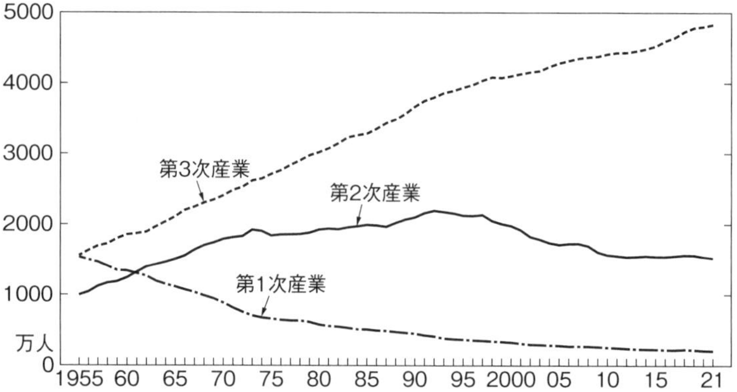

総務省統計局「労働力調査」より作成。就業者総数に占める割合。第1次産業は農林業と漁業。第2次産業は鉱業、建設業、製造業。第3次産業はその他の産業で分類不能は含まず。2002年以前には製造業として第2次産業に含まれていた新聞業と出版業が2003年以降は第3次産業に含まれるようになったため、時系列比較には注意が必要。2011年は岩手、宮城、福島県を含む推計値。

表 5-3　従業上の地位別の就業者数（万人）

	1980	1990	2000	2010	2020	2021	〃 (%)
自営業主・・・・	951	878	731	582	526	521	*7.8*
雇有業主 1)	186	193	182	154	117	115	*1.7*
家族従業者 2)	603	517	340	190	140	139	*2.1*
雇用者・・・・・・	3 971	4 835	5 356	5 500	5 973	5 973	*89.6*
常雇・・・・ 3)	3 586	4 316	4 684	4 740	4) —	4) —	—
臨時雇・・・・	256	393	552	656	4) —	4) —	—
日雇・・・・・・	130	126	119	104	4) —	4) —	—
計× ・・・・・・	**5 536**	**6 249**	**6 446**	**6 298**	**6 676**	**6 667**	*100.0*

総務省統計局「労働力調査」より作成。1）1人以上の有給従業者を雇って個人経営の事業を営んでいる者。2)自営業主の家族で、その自営業主の営む事業に無給に従事している者。3）役員と一般常用雇用者の計。4）2018年より区分廃止。×分類不能を含む。

い弱な中小企業に波及するか注目される。

少子高齢化が進み、人口減少社会に突入するなかで、労働人口の不足は深刻な状況となりつつある。労働者側は、さらに柔軟な働き方や良好な労働条件を求めており、経営側も労働環境改善に対応していく必要がある。最近はコロナ禍を背景にテレワークの活用が進んでおり、国土交通省の「テレワーク人口実態調査」によると、2020年度は就業者の22.5%がテレワーカーとなっている。仕事内容がテレワークになじまない業種も多いが、自宅や共同利用型のオフィスを利用できる業務では、今後もテレワークの利用が広がっていくと見られている。

図 5-5　従業上の地位別就業者割合（2021年平均）

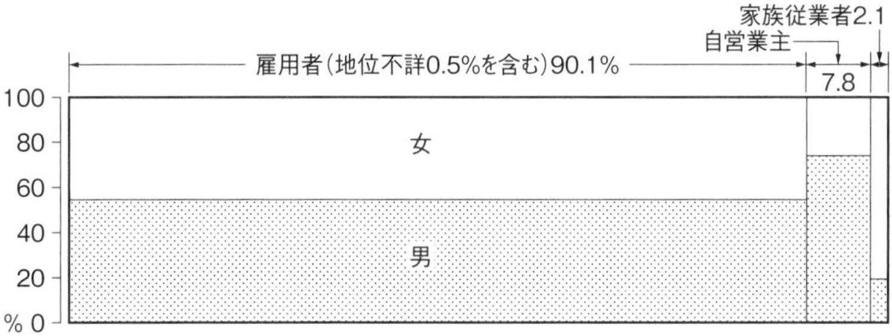

総務省統計局「労働力調査」より作成。雇用者には便宜上、地位不詳を含む。

表 5-4　職業別の就業者（15歳以上）（単位　万人）

	2010	2015	2019	2020	2021	〃 (%)
管理的職業・・・・・・	162	145	128	128	129	*1.9*
専門的・技術的職業	962	1 059	1 174	1 214	1 255	*18.8*
事務・・・・・・・・・・・	1 237	1 262	1 319	1 351	1 378	*20.7*
販売・・・・・・・・・・・	890	856	856	848	842	*12.6*
サービス職業・・・・	754	789	850	828	802	*12.0*
保安職業・・・・・・・・	125	126	132	133	129	*1.9*
農林漁業・・・・・・・・	253	223	217	209	203	*3.0*
生産工程・・・・・・・・	925	887	907	868	858	*12.9*
輸送・機械運転・・	224	218	221	216	213	*3.2*
建設・採掘・・・・・・	299	299	293	292	282	*4.2*
運搬・清掃・包装等	413	447	491	481	486	*7.3*
総数×・・・・・・・・	**6 298**	**6 401**	**6 724**	**6 676**	**6 667**	*100.0*

総務省統計局「労働力調査」より作成。×分類不能を含む。

図 5-6　完全失業率と有効求人倍率の推移（年平均）

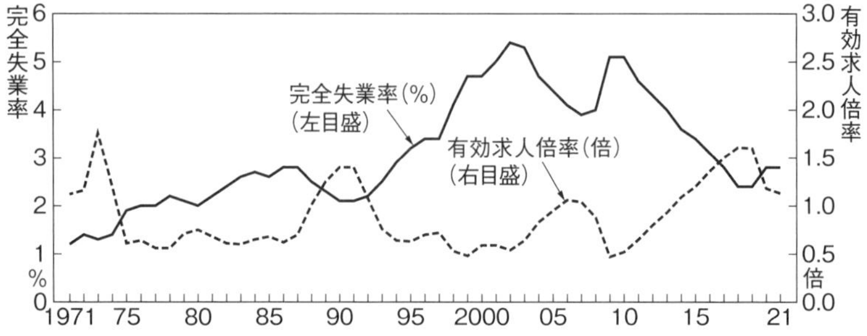

総務省統計局「労働力調査」および厚生労働省「一般職業紹介状況」より作成。2011年の完全失業率は、岩手、宮城、福島県を含む推計。

図 5-7　年齢階級別完全失業率の推移（年平均）

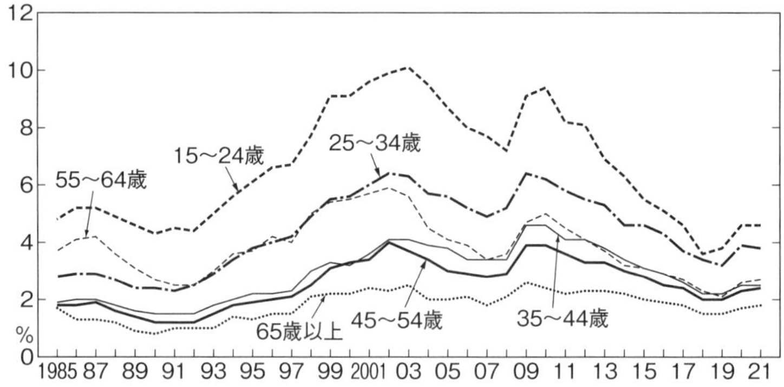

総務省統計局「労働力調査」より作成。2011年は岩手、宮城、福島県を含む推計。

表 5-5　求職理由別完全失業者数（単位　万人）

	2005	2010	2015	2020	2021	〃 うち男
非自発的な離職‥‥	100	138	65	54	56	35
定年・雇用契約満了	28	36	25	20	20	14
勤め先の都合‥‥	72	102	41	35	36	22
自発的な離職‥‥‥	110	104	90	73	73	42
新たに求職‥‥‥‥	81	86	63	47	50	30
学卒未就職者‥‥1)	16	15	10	7	7	5
収入を得る必要‥2)	39	46	32	24	26	14
その他‥‥‥‥‥	26	25	22	16	17	11
総数×‥‥‥‥‥‥	**294**	**334**	**222**	**191**	**193**	**116**

総務省統計局「労働力調査」より作成。1）学校を卒業して新たに仕事を探し始めた者。2）収入を得る必要が新たに生じたことによる。×理由不詳を含む。

表 5-6　雇用形態別雇用者数の推移（単位　万人）

	2005	2010	2015	2019	2020	2021
正規の職員・従業員	3 375	3 374	3 317	3 494	3 529	3 555
非正規の職員・従業員	1 634	1 763	1 986	2 165	2 090	2 064
パート・・・・・・・	780	853	964	1 047	1 024	1 018
アルバイト・・・	340	344	405	472	449	438
その他・・・・・ 1)	514	567	617	646	618	609
役員を除く雇用者計・・・	**5 008**	**5 138**	**5 303**	**5 660**	**5 620**	**5 620**

総務省統計局「労働力調査（詳細集計）」より作成。形態区分は勤め先における呼称によるもの。詳細集計は、基本集計の約４分の１の世帯が対象であることなどから、基本集計の数値と必ずしも一致しない。1）派遣社員、契約社員、嘱託など。

図 5-8　雇用形態別の雇用者構成比（2021年平均）

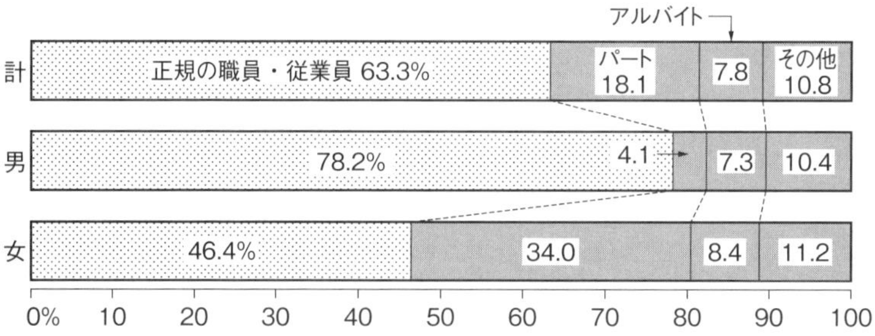

資料・注記は表5-6に同じ。その他は派遣、契約、嘱託など。役員を除く。

図 5-9　正規と非正規の職員・従業員の推移

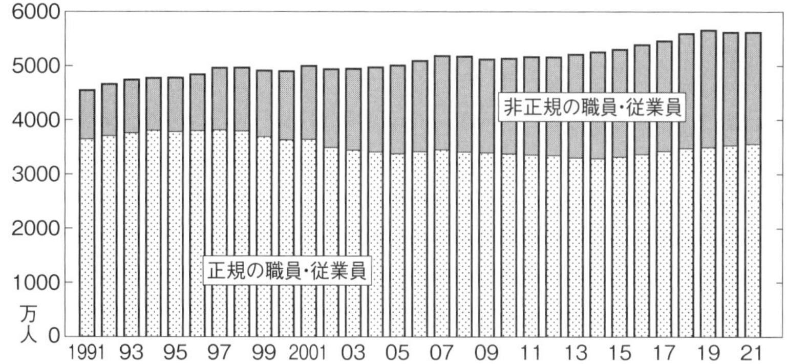

総務省統計局「労働力調査（詳細集計）」より作成。表5-6の注記参照。2001年までは２月、2002年からは年平均。役員を除く。

表 5-7　外国人雇用事業所数と外国人労働者数の推移（各年10月末現在）

	2017	2018	2019	2020	2021
事業所数（所）・・・・	194 595	216 348	242 608	267 243	285 080
派遣・請負・・・・ 1)	17 312	17 876	18 438	19 005	19 226
［産業別］2)					
建設業・・・・・・・・・・・	16 711	20 264	25 991	31 314	33 608
製造業・・・・・・・・・・・	43 293	46 254	49 385	51 657	52 363
情報通信業・・・・・・・	9 247	10 037	11 058	11 912	12 180
卸売業、小売業・・・	33 229	36 813	42 255	48 299	52 726
宿泊業・・・・・・・・・・ 3)	27 779	31 453	34 345	37 274	40 692
教育、学習支援業	5 856	6 144	6 471	6 663	6 991
医療、福祉・・・・・・・	8 719	9 913	11 700	13 804	16 455
サービス業・・・・・・ 4)	15 528	17 419	19 510	21 195	22 625
［事業所規模別］2)					
30人未満・・・・・・・・・	111 847	127 226	145 000	161 429	174 214
30～99人・・・・・・・・・	36 284	40 096	44 384	48 499	50 891
100～499人・・・・・・・	23 360	25 321	27 530	28 917	30 288
500人以上・・・・・・・・	7 949	8 546	9 098	9 374	9 546
外国人労働者数（人）	1 278 670	1 460 463	1 658 804	1 724 328	1 727 221
派遣・請負・・・・ 1)	273 648	309 470	338 104	342 179	343 532
［在留資格別］2)					
専門的・技術的・・ 5)	238 412	276 770	329 034	359 520	394 509
特定活動・・・・・・・・ 6)	26 270	35 615	41 075	45 565	65 928
技能実習・・・・・・・・・	257 788	308 489	383 978	402 356	351 788
資格外活動・・・・・・・	297 012	343 791	372 894	370 346	334 603
留学・・・・・・・・・・・	259 604	298 461	318 278	306 557	267 594
身分に基づく資格・	459 132	495 668	531 781	546 469	580 328
永住者・・・・・・・・・	264 962	287 009	308 419	322 092	345 460
日本人の配偶者・	85 239	89 201	94 167	95 226	98 881
永住者の配偶者・	12 056	13 505	14 742	15 510	16 589
定住者・・・・・・・・・	96 875	105 953	114 453	113 641	119 398
［国籍別］2)					
中国・・・・・・・・・・・・ 7)	372 263	389 117	418 327	419 431	397 084
韓国・・・・・・・・・・・・・	55 926	62 516	69 191	68 897	67 638
フィリピン・・・・・・・	146 798	164 006	179 685	184 750	191 083
ベトナム・・・・・・・・・	240 259	316 840	401 326	443 998	453 344
ネパール・・・・・・・・・	69 111	81 562	91 770	99 628	98 260
インドネシア・・・・・	34 159	41 586	51 337	53 395	52 810
ブラジル・・・・・・・・・	117 299	127 392	135 455	131 112	134 977
ペルー・・・・・・・・・・・	27 695	28 686	29 554	29 054	31 381
G7+2か国・・・・・・・ 8)	73 636	77 505	81 003	80 414	78 621
アメリカ合衆国・	31 548	32 976	34 454	33 697	33 141

厚生労働省「外国人雇用状況」(2021年10月末現在）より作成。1）労働者派遣・請負事業を行っている事業所数および当該事業所に就労している外国人労働者数。2）ほかに、その他、不明がある。3）飲食サービス業を含む。4）他に分類されないもの。5）在留資格「特定技能」を含む。6）ワーキング・ホリデー、外交官等に雇用される家事使用人等の計。7）香港とマカオを含む。8）日本を除くG7諸国（イギリス、アメリカ合衆国、ドイツ、フランス、イタリア、カナダ）とオーストラリア、ニュージーランド2か国。

図 5-10　外国人労働者数の推移（各年10月末現在）

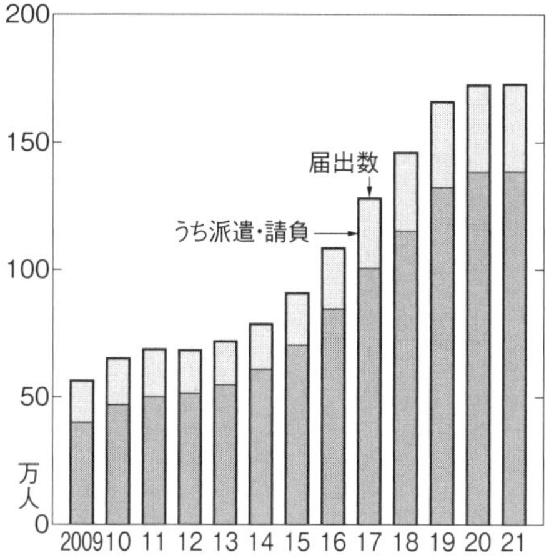

厚生労働省「外国人雇用状況の届出状況」(2021年10月末現在）より作成。2008年から開始した調査で、2007年10月1日に施行した外国人雇用状況報告制度により、すべての事業主に対して外国人労働者の入離職の状況を届け出ることが義務付けられた（それまでの調査は、従業員50人以上規模のすべての事業所と49人以下規模の一部の事業所に対して任意に報告を求めていたもの)。

表 5-8　産業別の外国人労働者数（2021年10月末現在）

	外国人労働者数（人）	派遣・請負[1)]（%）		外国人労働者数（人）	派遣・請負[1)]（%）
農業、林業……	38 693	*2.3*	不動産・物品賃貸業	15 134	*12.3*
農業…………	38 532	*2.3*	学術研究……[5)]	59 360	*23.2*
漁業…………	3 508	*0.9*	飲食サービス業・[6)]	203 492	*3.6*
鉱業、採石業…[2)]	350	*10.3*	宿泊業………	21 931	*10.7*
建設業…………	110 018	*6.1*	飲食店………	179 816	*2.7*
製造業…………	465 729	*14.9*	生活関連サービス業[7)]	23 013	*14.2*
食料品………	137 603	*9.4*	教育、学習支援業	73 506	*7.0*
飲料・たばこ・[3)]	1 290	*6.1*	医療、福祉……	57 788	*3.8*
繊維…………	27 019	*5.6*	医療業………	16 337	*4.5*
金属製品……	44 589	*8.9*	社会保険・社会福祉[8)]	41 189	*3.6*
生産用機械器具	21 595	*16.2*	複合サービス事業	5 140	*12.2*
電気機械器具‥	31 772	*25.1*	サービス業……[9)]	282 127	*70.0*
輸送用機械器具	83 461	*26.6*	自動車整備業‥	3 466	*3.3*
電気・ガス・水道業[4)]	585	*8.7*	職業紹介・労働者派遣業	140 890	*90.9*
情報通信業……	70 608	*15.3*	その他の事業サービス	111 420	*54.9*
運輸業、郵便業‥	63 379	*17.8*	公務…………[9)]	9 732	*8.2*
卸売業、小売業‥	228 998	*4.3*	分類不能………	5 403	*16.9*
金融業、保険業‥	10 658	*8.2*	全産業計……	**1 727 221**	*19.9*

厚生労働省「外国人雇用状況」(2021年10月末現在）より作成。1）各産業ごとに、労働者派遣・請負事業を行っている事業所に就労している外国人労働者数が当該産業の外国人労働者数に占める割合。2）砂利採取業を含む。3）飼料製造業を含む。4）熱供給業を含む。5）専門・技術サービス業を含む。6）宿泊業を含む。7）娯楽業を含む。8）介護事業を含む。9）他に分類されるものを除く。

表 5-9　産業別の月間現金給与額（2021年平均）（単位　千円）

	現金給与総額		所定内給与		特別給与	
	金額	前年比（%）	金額	前年比（%）	金額	前年比（%）
就業形態計						
鉱業、採石業等‥	432.2	*11.9*	321.0	*12.8*	85.7	*19.1*
建設業‥‥‥‥‥	416.3	*-0.3*	319.6	*0.9*	71.6	*-5.7*
製造業‥‥‥‥‥	384.8	*2.0*	279.6	*0.6*	76.0	*2.8*
電気・ガス業‥ 1)	572.2	*1.1*	392.1	*2.7*	129.5	*-1.3*
情報通信業‥‥‥	487.1	*-0.8*	349.6	*-0.9*	105.5	*-1.6*
運輸業、郵便業‥	344.9	*0.4*	256.1	*1.2*	48.8	*-3.0*
卸売業、小売業‥	288.5	*2.1*	226.4	*1.4*	50.8	*5.1*
金融業、保険業‥	476.6	*-2.1*	337.9	*-2.1*	114.7	*-2.0*
不動産・物品賃貸業	379.3	*5.4*	282.1	*3.0*	78.2	*13.6*
学術研究‥‥‥ 2)	469.3	*-1.3*	346.1	*-0.9*	97.5	*-4.6*
飲食サービス業 3)	117.2	*-0.4*	107.3	*0.7*	5.8	*-1.3*
生活関連サービス4)	207.7	*1.3*	185.2	*2.2*	15.6	*-9.5*
教育、学習支援業	367.3	*-2.9*	281.0	*-2.3*	79.9	*-5.9*
医療、福祉‥‥‥	296.6	*-1.0*	238.9	*-0.3*	44.2	*-5.5*
複合サービス事業5)	369.0	*-0.1*	274.2	*0.1*	79.0	*0.4*
その他のサービス業6)	264.1	*3.4*	212.0	*2.3*	34.5	*7.6*
調査産業計‥‥	319.5	*0.3*	245.7	*0.3*	55.7	*-0.8*
一般労働者						
製造業‥‥‥‥‥	425.3	*2.0*	305.4	*0.7*	87.1	*3.0*
情報通信業‥‥‥	507.7	*-0.6*	362.8	*-0.8*	111.3	*-1.3*
卸売業、小売業‥	427.9	*1.0*	323.5	*0.4*	86.3	*3.1*
飲食サービス業 3)	278.6	*1.3*	242.0	*3.1*	23.3	*1.1*
教育、学習支援業	512.9	*0.4*	383.7	*0.9*	119.9	*-1.9*
医療、福祉‥‥‥	386.8	*0.1*	303.4	*0.7*	64.1	*-3.5*
調査産業計×‥	419.5	*0.5*	314.7	*0.4*	79.7	*-0.4*
パートタイム労働者						
製造業‥‥‥‥‥	124.0	*1.7*	113.5	*1.0*	4.6	*2.4*
情報通信業‥‥‥	131.9	*3.8*	121.1	*2.9*	5.4	*19.8*
卸売業、小売業‥	97.8	*-0.7*	93.5	*-0.7*	2.2	*1.1*
飲食サービス業 3)	70.7	*-1.4*	68.5	*-0.6*	0.7	*-3.6*
教育、学習支援業	94.3	*-3.2*	88.6	*-3.1*	4.9	*-2.5*
医療、福祉‥‥‥	120.1	*0.8*	112.6	*1.4*	5.2	*-9.9*
調査産業計×‥	99.5	*0.1*	94.0	*0.3*	3.0	*0.6*

厚生労働省「毎月勤労統計調査」(2021年確報）より作成。事業所規模５人以上。就業形態計は常用労働者（パートタイム労働者と一般労働者）で、期間を定めずに（または１か月以上を超える期間を定めて）雇われている者。現金給与総額はきまって支給する給与（定期給与のことで、所定内給与と時間外手当などの所定外給与の計）と特別に支払われた給与（賞与などの一時金）の合計。所得税等を差し引く前の金額。退職金は含まない。1）熱供給・水道業を含む。2）専門・技術サービス業を含む。3）宿泊業を含む。4）娯楽業を含む。5）郵便局および協同組合。6）他に含まれないサービス業。×その他とも。

図 5-11　賃金指数の推移（2015年＝100.0）

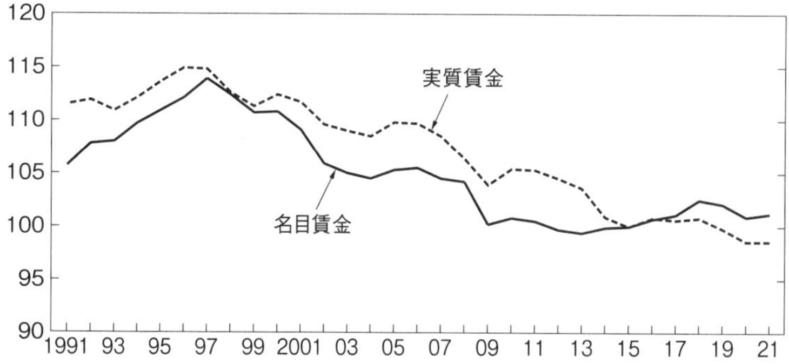

資料・注記は表5-9に同じ。実質賃金は、名目賃金指数を消費者物価指数（持家の帰属家賃を除く総合）で除して算出している。2012年以前の数値は、時系列比較のための推計値を用いている。

図 5-12　賃金改定率と消費者物価指数上昇率の推移

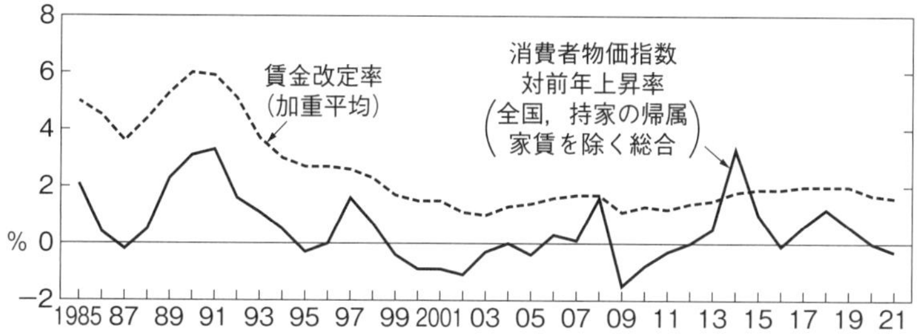

厚生労働省「賃金引上げ等の実態に関する調査」(2021年)、総務省「消費者物価指数」（2019年平均）より作成。賃金改定率は、1か月あたりの1人平均所定内賃金の対前年比。原則として、全常用労働者を対象とした定期昇給、ベースアップ、諸手当の改定等を含み、賃金カット等による賃金の減額も含まれる。賃上げの影響を受ける常用労働者数を計算に反映させた加重平均。常用労働者100人以上の企業対象。

高年齢者の雇用状況　少子高齢化が進み、労働力の大幅な減少が見込まれるなかで、生涯現役で働ける社会の実現に向けた取り組みが進んでいる。2021年4月には、改正「高年齢者雇用安定法」が施行された。これまで「65歳までの雇用確保措置」が事業主の義務とされていたが、改正法では「70歳までの就労機会の確保」が企業の努力目標となる。厚生労働省の「2020年高年齢者の雇用状況（6月1日現在)」によると、常時雇用労働者31人以上の企業16万4151社のうち、65歳までの高年齢者雇用確保措置のある企業は99.9%であった。さらに66歳以上が働ける制度のある企業は33.4%、70歳以上が働ける制度のある企業は31.5%となっており、改正によって今後さらに増加する見込みである。

表 5-10　産業別の月間実労働時間（2021年平均）（単位　時間）

	総実労働時間		所定内		所定外	
	時間	前年比（%）	時間	前年比（%）	時間	前年比（%）
就業形態計						
鉱業、採石業等‥	164.0	*-2.8*	152.6	*-0.5*	11.4	*-26.0*
建設業‥‥‥‥‥	165.3	*-0.1*	151.5	*-0.3*	13.8	*2.4*
製造業‥‥‥‥‥	155.9	*1.8*	142.3	*0.7*	13.6	*14.1*
電気・ガス業‥ 1)	155.1	*0.8*	140.6	*1.5*	14.5	*-4.5*
情報通信業‥‥‥	158.3	*1.4*	142.8	*1.0*	15.5	*4.7*
運輸業、郵便業‥	163.6	*1.4*	141.5	*0.7*	22.1	*4.9*
卸売業、小売業‥	130.8	*0.6*	123.8	*0.5*	7.0	*3.6*
金融業、保険業‥	146.1	*0.8*	134.4	*1.0*	11.7	*-0.4*
不動産・物品賃貸業	146.9	*1.9*	135.4	*0.9*	11.5	*15.5*
学術研究‥‥‥ 2)	153.6	*1.9*	139.9	*1.4*	13.7	*6.4*
飲食サービス業 3)	83.7	*-2.4*	80.4	*-1.4*	3.3	*-21.8*
生活関連サービス4)	119.2	*6.3*	113.9	*5.9*	5.3	*15.0*
教育、学習支援業	121.0	*-0.5*	111.8	*-1.2*	9.2	*9.1*
医療、福祉‥‥‥	130.5	*0.0*	125.9	*0.1*	4.6	*-0.8*
複合サービス事業5)	147.8	*0.8*	139.5	*0.7*	8.3	*3.6*
その他のサービス業6)	137.1	*1.7*	127.0	*1.2*	10.1	*9.8*
調査産業計‥‥	136.1	*0.6*	126.4	*0.4*	9.7	*5.1*
一般労働者						
製造業‥‥‥‥‥	163.5	*1.9*	148.5	*0.8*	15.0	*13.9*
情報通信業‥‥‥	162.4	*1.6*	146.2	*1.2*	16.2	*4.4*
卸売業、小売業‥	162.5	*0.4*	151.7	*0.2*	10.8	*3.7*
飲食サービス業 3)	155.7	*-2.7*	146.0	*-1.4*	9.7	*-19.3*
教育、学習支援業	157.0	*2.3*	143.2	*1.4*	13.8	*13.2*
医療、福祉‥‥‥	157.5	*0.8*	151.2	*0.8*	6.3	*0.7*
調査産業計×‥	162.1	*1.1*	148.9	*0.6*	13.2	*6.2*
パートタイム労働者						
製造業‥‥‥‥‥	107.1	*1.3*	102.3	*0.5*	4.8	*18.3*
情報通信業‥‥‥	88.1	*3.2*	85.2	*3.0*	2.9	*12.6*
卸売業、小売業‥	87.5	*-1.0*	85.6	*-1.0*	1.9	*-7.3*
飲食サービス業 3)	63.0	*-1.8*	61.5	*-1.1*	1.5	*-24.8*
教育、学習支援業	53.5	*-2.4*	52.8	*-2.2*	0.7	*-11.7*
医療、福祉‥‥‥	77.4	*1.0*	76.3	*1.1*	1.1	*0.8*
調査産業計×‥	78.8	*-0.7*	76.8	*-0.4*	2.0	*-6.4*

厚生労働省「毎月勤労統計調査」（2021年確報）より作成。表5-9の注記を参照。事業所規模５人以上。労働者が実際に労働した時間数で休憩時間は除かれる。労働者の１人１か月あたり平均労働時間数。総実労働時間は、所定内（就業規則等で決められた正規の労働時間）と所定外（早出、残業、臨時の呼び出し、休日出勤など）の合計。1）熱供給・水道業を含む。2）専門・技術サービス業を含む。3）宿泊業を含む。4）娯楽業を含む。5）郵便局および協同組合。6）他に含まれないサービス業。×その他とも。

図 5-13　労働時間指数の推移（2015年＝100.0）

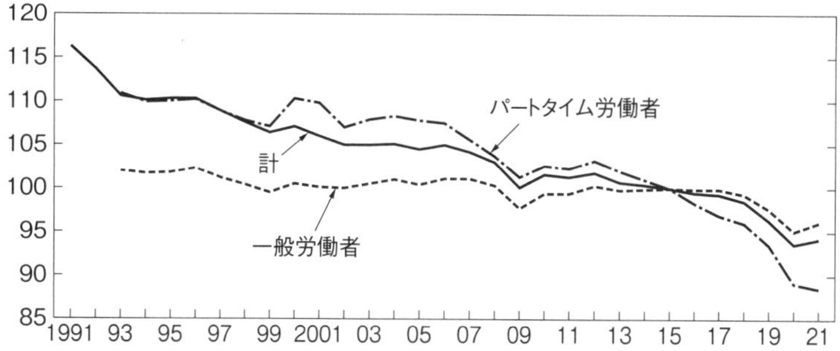

厚生労働省「毎月勤労統計調査（長期時系列表）」（2021年確報）より作成。調査産業計、事業所規模５人以上。表5-10の注記参照。2004～2011年の数値は「時系列比較のための推計値」である。

図 5-14　年間総実労働時間およびパートタイム労働者比率

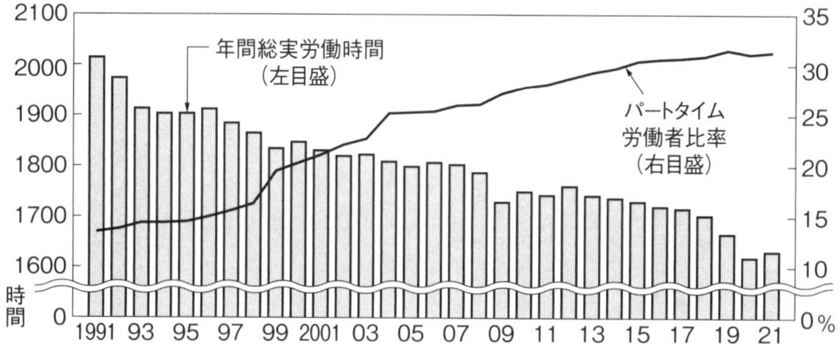

資料・注記は表5-10に同じ。調査産業計、事業所規模５人以上。総実労働時間の年換算値は、各月平均値を12倍にしたもの。パートタイム労働者比率は表5-11を参照。

図 5-15　常用雇用指数の推移（2015年＝100.0）

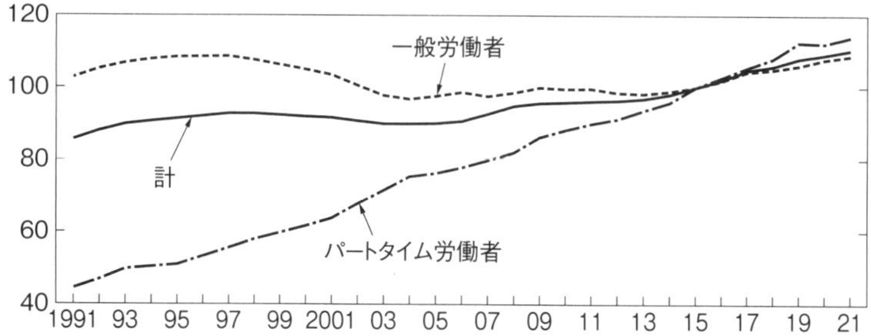

資料・注記は表5-11に同じ。調査産業計、事業所規模５人以上。常用雇用指数は、労働者数の推移を基準年の平均を100.0として時系列比較するもの。

表 5-11　産業別の常用雇用と労働異動率（2021年平均）

	労働者総数（千人）	前年比（%）	パートタイム比率（%）	前年差（ポイント）	入職率（%）	離職率（%）
就業形態計						
鉱業、採石業等‥	13	-0.1	2.16	-1.34	1.19	1.18
建設業‥‥‥‥‥	2 856	2.0	5.67	0.37	1.23	1.17
製造業‥‥‥‥‥	8 010	-1.2	13.45	0.10	1.04	1.14
電気・ガス業‥ 1)	252	-0.3	4.57	-1.46	1.18	1.34
情報通信業‥‥‥	1 601	1.1	5.48	0.35	1.47	1.45
運輸業、郵便業‥	3 171	-0.3	16.35	-1.05	1.30	1.42
卸売業、小売業‥	9 606	1.1	42.23	-1.22	1.85	1.84
金融業、保険業‥	1 362	-0.3	11.01	-0.24	1.77	1.82
不動産・物品賃貸業	801	1.5	21.67	-1.29	1.77	1.85
学術研究‥‥‥ 2)	1 515	0.9	10.25	-0.96	1.37	1.38
飲食サービス業 3)	4 891	4.1	77.66	0.32	3.99	3.90
生活関連サービス 4)	1 655	-2.4	47.34	-1.12	2.47	2.81
教育、学習支援業	3 474	3.3	34.83	2.66	2.78	2.63
医療、福祉‥‥‥	7 868	2.5	33.82	1.29	1.78	1.61
複合サービス事業 5)	463	-1.1	17.30	-1.59	1.53	1.70
その他のサービス業 6)	4 356	1.0	29.96	-1.07	2.61	2.48
調査産業計‥‥	**51 893**	1.2	31.28	0.15	1.96	1.93
一般労働者						
製造業‥‥‥‥‥	6 933	-1.3	—	—	0.85	0.96
情報通信業‥‥‥	1 513	0.7	—	—	1.36	1.34
卸売業、小売業‥	5 549	3.3	—	—	1.37	1.38
飲食サービス業 3)	1 092	2.7	—	—	2.22	2.47
教育、学習支援業	2 264	-0.8	—	—	1.73	1.72
医療、福祉‥‥‥	5 208	0.5	—	—	1.40	1.33
調査産業計×‥	**35 662**	0.9	—	—	1.38	1.41
パートタイム労働者						
製造業‥‥‥‥‥	1 077	-0.3	—	—	2.27	2.28
情報通信業‥‥‥	88	8.0	—	—	3.27	3.36
卸売業、小売業‥	4 057	-1.7	—	—	2.50	2.46
飲食サービス業 3)	3 799	4.5	—	—	4.51	4.31
教育、学習支援業	1 210	11.7	—	—	4.77	4.35
医療、福祉‥‥‥	2 661	6.5	—	—	2.52	2.18
調査産業計×‥	**16 231**	1.6	—	—	3.23	3.10

厚生労働省「毎月勤労統計調査」(2021年確報）より作成。事業所規模５人以上。労働者総数は常用労働者で、一般労働者とパートタイム労働者の合計。常用労働者については表5-9の注記を参照。パートタイム労働者比率は、常用労働者に占めるパートタイム労働者の割合。入職率（離職率）は前月末労働者数に対する月間の入職（離職）労働者の割合。同一企業内での事業所間の移動者を含む。1）熱供給・水道業を含む。2）専門・技術サービス業を含む。3）宿泊業を含む。4）娯楽業を含む。5）郵便局および協同組合。6）他に含まれないサービス業。×その他とも。

表 5-12 労働生産性の動向

	2016	2017	2018	2019	2020
就業者1人あたり(千円)	8 414	8 454	8 325	8 274	8 020
実質対前年上昇率(%)	*-0.3*	*0.6*	*-1.5*	*-1.2*	*-3.9*
就業1時間あたり(円)‥	4 721	4 747	4 707	4 775	4 760
実質対前年上昇率(%)	*-0.2*	*0.6*	*-0.9*	*0.8*	*-1.2*
実質経済成長率(%)‥‥1)	*0.8*	*1.7*	*0.6*	*-0.2*	*-4.5*
(参考)TFP上昇率(%)2)	*0.1*	*0.7*	*-0.5*	*0.4*	*-2.0*

日本生産性本部「生産性データベース」(2022年4月8日閲覧)より作成。暦年。労働生産性は名目値で、就業者1人あたりと就業1時間あたりの付加価値額。実質労働生産性上昇率は、物価変動を考慮した実質ベース。1)内閣府「国民経済計算(GDP統計)」による。国内総生産(支出側)の実質の年度増加率(2015年暦年連鎖価格)。2)TFPは全要素生産性。TFPは、労働や資本といった量的な成長要素以外で、技術革新や生産の効率化など質的な成長要素を表す。

表 5-13 主な産業別の労働生産性指数(年平均)(2015年=100.0)

	製造工業	輸送機械	情報通信業	運輸、郵便業	卸売業	金融業、保険業	建設業
2012	97.5	101.5	97.1	95.8	109.2	90.1	96.8
2013	99.5	102.3	100.7	99.4	107.8	96.6	105.1
2014	101.7	103.0	100.4	101.1	103.5	97.7	103.9
2015	100.0	100.0	100.0	100.0	100.0	100.0	100.0
2016	99.7	99.8	101.1	100.0	99.2	97.6	100.7
2017	101.7	102.6	100.0	99.9	98.0	97.0	97.8
2018	102.4	102.9	104.7	103.0	98.5	101.1	95.1
2019	100.7	102.9	105.9	103.1	99.7	101.6	93.6
2020	93.8	89.1	99.4	91.6	90.5	103.6	92.1
2021	98.6	89.6	97.9	91.8	90.6	107.3	88.2

日本生産性本部「生産性統計」より作成。2022年3月7日閲覧。事業所規模5人以上。本表の労働生産性指数は、物的労働生産性の変化を示すもので、投下される労働投入量あたりの産出量のこと。

未活用労働指標 活用されていない潜在的な労働力を把握するため、総務省「労働力調査(詳細集計)」では未活用労働指標を公表している。2021年平均結果では、就業者6657万人(基本集計と異なる)のうち、就業時間をさらに増やして働きたい者(追加就労希望就業者)は前年比3万人減少の225万人であった。また、働かず求職もしていない非労働力人口4152万人のうち、働きたいと考えている者(潜在労働力人口)は前年比5万人減少の39万人となっている。それらの結果から導き出された広義の未活用労働指標(LU4:「労働力人口+潜在労働力人口」に占める「失業者+追加就労希望就業者+潜在労働力人口」の割合)は6.9%で、前年比0.1ポイントの低下であった。

図 5-16　製造業・非製造業の労働生産性比較（会計年度）

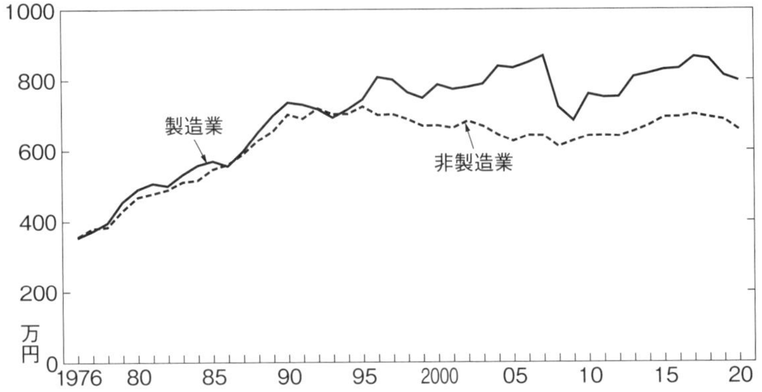

資料・注記は表5-14に同じ。非製造業には金融業・保険業を含まない。

表 5-14　主な産業別・資本金別の労働生産性（2020年度）（単位　万円）

	全規模	1000万円未満	1000万円～5000万円未満	5000万円～1億円未満	1億円～10億円未満	10億円以上
製造業	797	436	518	586	827	1 180
食料品	515	237	299	385	580	1 154
化学	1 415	498	817	760	1 204	1 776
石油・石炭製品	1 937	349	785	822	3 801	2 210
鉄鋼	713	709	521	548	821	796
金属製品	708	655	659	574	866	922
はん用機械	914	671	678	802	952	1 215
生産用機械	907	534	731	647	774	1 273
業務用機械	881	815	676	650	825	1 094
電気機械	921	683	401	531	778	1 273
情報通信機械	885	509	510	630	932	1 117
輸送用機械	813	491	599	648	712	949
非製造業	658	483	530	550	702	1 267
建設業	830	636	739	920	1 032	1 578
電気業	2 589	1 875	8 764	1 378	4 039	2 521
情報通信業	1 060	582	605	651	916	2 229
運輸業、郵便業	557	403	487	494	638	756
卸売業、小売業	634	424	592	592	758	859
不動産業	1 847	2 184	1 814	1 734	1 178	2 873
物品賃貸業	876	−1 257	570	669	1 160	1 891
サービス業	474	375	375	381	479	1 155
全産業	688	478	528	557	729	1 232

財務省「法人企業統計」(2020年度）より作成。営利法人等の無作為抽出標本調査。従業者1人あたりの付加価値額。付加価値額は、営業純益（営業利益－支払利息等）に人件費などを加えて算出されたもの。金融業・保険業を除く。

表 5-15 OECD加盟国の労働生産性（2020年）（単位 ドル）

	人口1人あたりGDP	対前年増減率（%）	就業者1人あたりGDP	対前年増減率（%）	就業1時間あたりGDP	対前年増減率（%）
ルクセンブルク	107 150	*-3.3*	② 143 209	*-3.6*	② 100.9	*2.3*
アイルランド・	87 735	*4.7*	① 194 907	*7.5*	① 111.8	*9.2*
スイス・・・・・・・	66 674	*-3.2*	⑤ 113 513	*-1.9*	④ 75.7	*1.4*
ノルウェー・・・	60 911	*-1.3*	④ 117 351	*0.8*	③ 83.2	*1.4*
アメリカ合衆国	58 298	*-3.9*	③ 128 327	*2.9*	⑦ 73.4	*2.6*
デンマーク・・・	51 772	*-2.3*	⑦ 101 220	*-1.4*	⑤ 75.4	*0.8*
オランダ・・・・・	51 569	*-4.3*	94 244	*-3.3*	67.0	*-1.1*
アイスランド・	49 416	*-8.0*	93 936	*-1.8*	64.9	*0.4*
スウェーデン・	49 097	*-3.6*	⑧ 100 428	*-1.7*	⑧ 70.5	*0.3*
オーストリア・	48 908	*-7.1*	⑨ 97 664	*-5.2*	⑨ 69.8	*2.2*
ドイツ・・・・・・・	47 855	*-4.6*	88 639	*-3.8*	66.9	*0.4*
オーストラリア	47 731	*0.2*	94 276	*0.9*	55.8	*1.1*
ベルギー・・・・・	45 560	*-6.1*	⑥ 107 459	*-5.6*	⑥ 74.5	*3.1*
フィンランド・	44 680	*-2.5*	94 185	*-0.4*	61.5	*0.1*
カナダ・・・・・・・	43 300	*-6.0*	93 498	*5.0*	56.9	*7.9*
韓国・・・・・・・・・	41 370	*-1.0*	79 622	*-0.0*	41.8	*3.0*
イギリス・・・・・	40 741	*-9.8*	84 030	*-8.6*	61.5	*2.7*
日本・・・・・・・・・	40 604	*-4.2*	㉔ 74 771	*-4.0*	㉒ 48.0	*1.2*
フランス・・・・・	39 629	*-8.1*	⑩ 95 209	*-7.0*	⑩ 67.7	*0.4*
ニュージーランド	38 842	*-2.1*	73 699	*-1.1*	42.4	*1.5*
OECD平均・	40 933	*-4.9*	89 977	*-0.8*	54.0	*3.2*

OECD.Statより作成（2022年4月8日閲覧）。単位は、2015年基準の購買力平価（PPP）換算ドル。PPPは、物価水準などを考慮した各国通貨の実質的な購買力を表す換算レート。OECDは、労働生産性の算出においてGDP（国内総生産）を付加価値産出として捉えて、就業者数および労働時間を投入資源としている。○内はOECD加盟37か国（2020年時点）での順位（①～⑩位、および日本）。

表 5-16 労働組合員数の推移（6月末現在）

	1980	1990	2000	2010	2020	2021
組合数・・・・・・・・・・	72 693	72 202	68 737	55 910	49 098	48 239
組合員数（千人）	12 369	12 265	11 539	10 054	10 115	10 078
パート労働者	…	97	260	726	1 375	1 363
推定組織率（%）	*30.8*	*25.2*	*21.5*	*18.5*	*17.1*	*16.9*

厚生労働省「労働組合基礎調査」(2021年）より作成。労働組合とは、労働者が自主的に労働条件の維持改善などを図ることを目的とする組織。組合数は単位労働組合（下部組織を持たない組合)、組合員数は単一労働組合（下部組織を持つ組合）で独自の活動組織を持たない非独立組合員を含む。パートは単位労働組合での数。推定組織率は各年6月末組合員数を総務省統計局「労働力調査」の各年6月の雇用者数で除して算出。

第6章　国民経済計算

国民経済計算は、日本経済の全体像を国際比較可能な形で体系的に記録したもので、国連の定める国際基準（SNA、System of National Accounts）に基づいて作成される。2021年12月に内閣府が公表した2020年度国民経済計算年次推計によると、日本の2020年度の名目GDP

図 6-1　国内総生産（GDP）と経済成長率の推移（会計年度）

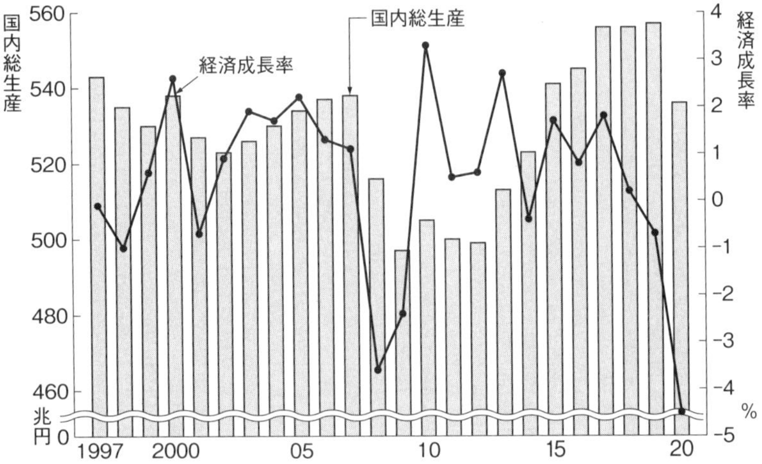

内閣府「国民経済計算年次推計」(2020年度、2022年２月25日閲覧）より作成。国内総生産は名目、経済成長率は実質（2015暦年連鎖価格）による対前年度増減率。

表 6-1　国内総生産と国民総所得の推移（会計年度）（単位　十億円）

	2000	2010	2018	2019	2020
国内総生産（名目）·	537 616	504 872	556 304	557 307	535 510
〃　（実質）·	485 625	512 064	554 259	550 628	525 658
同対前年度増加率（%）	*2.6*	*3.3*	*0.2*	*−0.7*	*−4.5*
国民総所得（名目）·	545 847	518 660	578 030	579 074	554 667
〃　（実質）·	512 518	527 438	572 818	570 278	548 248
同対前年度増加率（%）	*2.7*	*2.6*	*−0.3*	*−0.4*	*−3.9*

内閣府「国民経済計算年次推計」(2020年度、2022年２月25日閲覧）より作成。実質値は2015暦年連鎖価格。【☞国内総生産の暦年での長期統計510ページ】

は535兆5100億円であった。実質経済成長率は4.5％減で、新型コロナウイルス感染拡大の影響を受けて、リーマンショック時（3.6％減）を上回る大幅なマイナス成長となった。経済活動別（暦年）でみると、対面型サービスを提供する業種で落ち込みが目立っており、宿泊・飲食サービス業は31.0％減、運輸・郵便業は21.5％減となっている。一方、製造業はリーマンショックや東日本大震災の際と比較すると落ち込みは小幅で、特に「電子部品・デバイス」は外出自粛等で巣ごもり需要が増えたこともあり、0.5％減に留まっている。巣ごもり需要は電気業

図 6-2　国民所得の推移

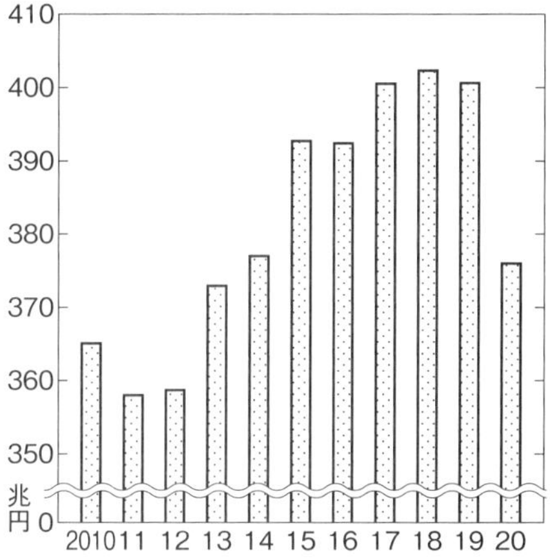

名目。会計年度。要素費用表示。

表 6-2　国内総生産と国民総所得（名目）（会計年度）（単位　十億円）

	2000	2010	2018	2019	2020
雇用者報酬…………	270 610	251 021	282 309	287 888	283 560
営業余剰・混合所得……	111 323	99 880	98 234	90 992	72 978
固定資本減耗…………	123 795	125 402	132 912	134 749	135 633
生産・輸入品に課される税	38 479	36 067	45 939	46 468	48 947
（控除）補助金………	4 036	3 558	2 989	3 162	3 116
統計上の不突合………	−2 556	−3 940	−102	372	−2 492
国内総生産（生産側）・	**537 616**	**504 872**	**556 304**	**557 307**	**535 510**
民間最終消費支出……	287 986	286 109	304 861	303 610	286 940
政府最終消費支出……	89 491	97 754	109 093	111 837	113 706
総固定資本形成………	153 394	114 581	140 951	142 487	135 241
在庫変動……………	521	1 048	2 149	1 311	42
財貨・サービスの輸出・・	56 468	76 082	101 161	95 729	84 125
（控除）財貨・サービスの輸入	50 244	70 701	101 910	97 666	84 544
国内総生産（支出側）・	**537 616**	**504 872**	**556 304**	**557 307**	**535 510**
海外からの所得………	12 372	18 015	33 880	34 261	29 325
（控除）海外に対する所得	4 141	4 227	12 155	12 493	10 168
国民総所得…………	**545 847**	**518 660**	**578 030**	**579 074**	**554 667**

内閣府「国民経済計算年次推計」（2020年度、2022年2月25日閲覧）より作成。

や情報通信業にも現れており、それぞれ前年比4.1%、1.5%増加している。金融・保険業も政府の資金繰り支援策によって貸出が増加し、2.7%増となった。国全体の豊かさを示す正味資産（国富）は3668兆円で、前年度から10.7兆円減少した。これは、固定資産の減少によるもので、コロナ禍で企業の設備投資が低迷したことが要因とみられる。部門別では、一般政府がコロナ対策の国債発行により前年比26.5%減となった一方、金融機関は企業への貸出が増えたことで4.3%増、家計も政府による給付金等が押し上げ要因となり1.2%増となっている。

表 6-3　国内総生産（支出側）（名目）（会計年度）（単位　十億円）

	2018	2019	2020	構成比（%）	対前年度増減率（%）
民間最終消費支出	304 861	303 610	286 940	*53.6*	*-5.5*
家計最終消費支出	298 078	296 202	277 827	*51.9*	*-6.2*
対家計民間非営利団体最終消費支出	6 782	7 408	9 113	*1.7*	*23.0*
政府最終消費支出	109 093	111 837	113 706	*21.2*	*1.7*
総資本形成	143 100	143 798	135 282	*25.3*	*-5.9*
総固定資本形成	140 951	142 487	135 241	*25.3*	*-5.1*
民間	112 560	113 187	104 330	*19.5*	*-7.8*
住宅	20 528	21 397	19 832	*3.7*	*-7.3*
企業設備	92 032	91 790	84 498	*15.8*	*-7.9*
公的	28 391	29 300	30 911	*5.8*	*5.5*
住宅	640	572	550	*0.1*	*-3.9*
企業設備	6 780	6 646	6 930	*1.3*	*4.3*
一般政府	20 971	22 082	23 431	*4.4*	*6.1*
在庫変動	2 149	1 311	42	*0.0*	—
民間企業	2 220	1 315	69	*0.0*	—
公的	-71	-5	-27	*-0.0*	—
財貨・サービスの純輸出	-749	-1 938	-419	*-0.1*	—
国内総生産（支出側）	**556 304**	**557 307**	**535 510**	*100.0*	*-3.9*
（参考）					
海外からの所得の純受取	21 726	21 768	19 157	*3.6*	—
国民総所得	578 030	579 074	554 667	*103.6*	*-4.2*
国内需要	557 053	559 244	535 929	*100.1*	*-4.2*
民間需要	419 641	418 112	391 339	*73.1*	*-6.4*
公的需要	137 412	141 132	144 589	*27.0*	*2.4*

内閣府「国民経済計算年次推計」(2020年度、2022年2月25日閲覧）より作成。構成比および増減率（%）は原資料のものをそのまま引用し、各項目の内訳の調整を行っていない。

表 6-4　国民所得の分配（名目）（会計年度）（単位　十億円）

	2018	2019	2020	構成比（%）	対前年度増加率（%）
雇用者報酬	282 424	287 995	283 664	*75.5*	*-1.5*
賃金・俸給	239 530	244 185	240 001	*63.9*	*-1.7*
雇主の社会負担	42 894	43 809	43 663	*11.6*	*-0.3*
財産所得（非企業部門）	26 208	25 629	26 401	*7.0*	*3.0*
一般政府	-894	-311	-600	*-0.2*	*-93.4*
家計	26 762	25 632	26 686	*7.1*	*4.1*
利子	4 650	6 628	6 246	*1.7*	*-5.8*
配当	8 524	5 899	7 135	*1.9*	*21.0*
その他の投資所得	10 372	9 956	9 953	*2.6*	*-0.0*
賃貸料	3 216	3 149	3 351	*0.9*	*6.4*
対家計民間非営利団体	340	307	316	*0.1*	*2.9*
企業所得	93 637	87 024	65 630	*17.5*	*-24.6*
民間法人企業	59 501	54 315	35 087	*9.3*	*-35.4*
公的企業	2 524	1 870	1 636	*0.4*	*-12.5*
個人企業	31 611	30 839	28 908	*7.7*	*-6.3*
農林水産業	2 150	2 005	1 826	*0.5*	*-8.9*
その他の産業 1)	9 092	8 762	7 070	*1.9*	*-19.3*
持ち家	20 370	20 071	20 012	*5.3*	*-0.3*
国民所得 2)	**402 269**	**400 647**	**375 695**	*100.0*	*-6.2*
生産・輸入品に課される税（控除）補助金	42 950	43 306	45 831	*12.2*	*5.8*
国民所得 3)	**445 219**	**443 953**	**421 527**	*112.2*	*-5.1*
その他の経常移転（純）	-1 579	-1 158	-2 436	*-0.6*	*-110.5*
国民可処分所得	443 640	442 795	419 090	*111.6*	*-5.4*

内閣府「国民経済計算年次推計」(2022年2月25日閲覧）より作成。構成比および増減率（%）は原資料掲載のものをそのまま引用し、各項目の内訳の調整を行っていない。1）非農林水産、非金融。2）要素費用表示。3）市場価格表示（89ページ下欄参照）。

表 6-5　1人あたり名目GDP、名目GNI、国民所得（単位　千円）

	2005	2010	2015	2018	2019	2020
1人当たり名目GDP	4 181	3 943	4 255	4 400	4 418	4 259
前年度比（%）	*0.8*	*1.5*	*3.4*	*0.3*	*0.4*	*-3.6*
1人当たり名目GNI	4 281	4 051	4 422	4 572	4 591	4 412
前年度比（%）	*1.3*	*1.7*	*3.5*	*0.5*	*0.4*	*-3.9*
1人当たり国民所得	3 038	2 848	3 090	3 182	3 176	2 988
前年度比（%）	*-0.1*	*3.4*	*4.4*	*0.6*	*-0.2*	*-5.9*

内閣府資料より作成。会計年度。1人あたりの金額はそれぞれ、国内総生産、国民総所得、国民所得の年度値を各月初人口の年度平均で割ったもの。

表 6-6　経済活動別国内総生産（名目）（暦年）（単位　十億円）

	2018	2019	2020	構成比（%）	対前年増加率（%）
農林水産業	5 810	5 769	5 620	*1.0*	*-2.6*
農業	4 783	4 803	4 659	*0.9*	*-3.0*
林業	249	247	233	*0.0*	*-5.8*
水産業	779	719	729	*0.1*	*1.4*
鉱業	384	381	384	*0.1*	*0.8*
製造業	114 707	112 027	106 274	*19.7*	*-5.1*
食料品	13 469	13 555	13 211	*2.5*	*-2.5*
化学	11 665	12 000	12 094	*2.2*	*0.8*
石油・石炭製品	5 736	5 785	5 553	*1.0*	*-4.0*
一次金属	9 929	9 350	8 371	*1.6*	*-10.5*
金属製品	5 712	5 701	5 476	*1.0*	*-3.9*
はん・生産・業務用機械	17 636	17 042	15 619	*2.9*	*-8.3*
電子部品・デバイス	6 144	5 425	5 396	*1.0*	*-0.5*
電気機械	7 628	7 320	6 959	*1.3*	*-4.9*
情報・通信機器	3 045	2 855	2 693	*0.5*	*-5.7*
輸送用機械	15 190	14 090	12 875	*2.4*	*-8.6*
電気・ガス・水道・廃棄物処理業	16 276	16 988	17 636	*3.3*	*3.8*
電気	7 677	8 169	8 505	*1.6*	*4.1*
ガス・水道・廃棄物処理	8 600	8 820	9 131	*1.7*	*3.5*
建設業	29 846	30 457	31 862	*5.9*	*4.6*
卸売・小売業	70 632	69 151	67 906	*12.6*	*-1.8*
卸売	38 522	36 544	36 974	*6.9*	*1.2*
小売	32 110	32 607	30 932	*5.7*	*-5.1*
運輸・郵便業	29 543	29 814	23 399	*4.3*	*-21.5*
宿泊・飲食サービス業	14 305	13 765	9 501	*1.8*	*-31.0*
情報通信業	27 167	27 064	27 462	*5.1*	*1.5*
通信・放送	12 363	11 820	12 191	*2.3*	*3.1*
情報サービス・映像音声文字情報制作	14 804	15 244	15 271	*2.8*	*0.2*
金融・保険業	22 734	22 541	23 144	*4.3*	*2.7*
不動産業	65 232	65 653	65 909	*12.2*	*0.4*
住宅賃貸	53 208	53 114	53 394	*9.9*	*0.5*
専門・科学技術、業務支援サービス業	44 978	46 301	45 002	*8.4*	*-2.8*
公務	27 492	27 888	27 931	*5.2*	*0.2*
教育	19 157	19 249	19 220	*3.6*	*-0.2*
保健衛生・社会事業	42 763	43 711	44 215	*8.2*	*1.2*
その他のサービス	22 247	22 550	20 144	*3.7*	*-10.7*
小計	553 271	553 308	535 607	*99.5*	*-3.2*
輸入品に課される税・関税	9 784	9 671	9 518	*1.8*	*-1.6*
（控除）総資本形成に係る消費税	6 825	7 192	7 783	*1.4*	*8.2*
国内総生産×	**556 294**	**558 491**	**538 155**	*100.0*	*-3.6*

資料は表6-4と同じ。×統計上の不突合を含む。

表 6-7　県内総生産と１人あたり県民所得、経済成長率（2018年度）

	県内総生産（億円）	1人あたり県民所得（千円）	経済成長率（%）
北海道	196 528	2 742	*0.6*
青森	43 744	2 507	*-1.5*
岩手	47 396	2 841	*1.6*
宮城	95 123	2 945	*0.4*
秋田	35 206	2 697	*-1.3*
山形	42 759	2 897	*0.2*
福島	79 054	2 943	*0.3*
茨城	140 355	3 327	*1.8*
栃木	93 748	3 479	*0.4*
群馬	89 898	3 283	*1.1*
埼玉	232 541	3 047	*0.5*
千葉	210 747	3 116	*1.1*
東京	1 070 418	5 415	*0.5*
神奈川	357 171	3 268	*0.7*
新潟	91 222	2 916	*1.2*
富山	48 247	3 398	*4.2*
石川	47 687	3 023	*2.4*
福井	34 595	3 280	*3.5*
山梨	35 761	3 160	*3.6*
長野	85 976	3 010	*2.1*
岐阜	79 208	2 919	*2.6*
静岡	174 621	3 432	*2.2*
愛知	409 372	3 728	*1.9*
三重	84 114	3 121	*2.8*
滋賀	67 679	3 318	*1.2*
京都	106 655	2 983	*-0.6*
大阪	401 956	3 190	*0.1*
兵庫	211 778	2 968	*-0.4*
奈良	37 228	2 632	*1.6*
和歌山	36 044	2 913	*3.5*
鳥取	19 080	2 515	*0.5*
島根	25 318	2 667	*1.9*
岡山	78 057	2 769	*0.4*
広島	117 137	3 109	*-0.7*
山口	63 746	3 199	*0.7*
徳島	31 733	3 092	*1.3*
香川	38 551	3 013	*0.4*
愛媛	49 883	2 658	*-1.9*
高知	24 190	2 644	*-0.0*
福岡	198 080	2 885	*0.9*
佐賀	31 184	2 753	*6.3*
長崎	46 766	2 629	*1.8*
熊本	61 224	2 667	*-0.2*
大分	46 143	2 714	*2.8*
宮崎	37 402	2 468	*1.0*
鹿児島	55 487	2 509	*-0.3*
沖縄	45 056	2 391	*1.5*
全国	**5 655 865**	3 317	*0.9*

内閣府「県民経済計算」(2018年度、2022年２月25日閲覧）より作成。名目値。経済成長率は実質県内総生産（2011暦年連鎖価格）の対前年度増減率。

国民総所得（GNI）と国民所得（NI）

国民総所得（GNI）は、GDPに海外からの所得の純受取を加えたものである。国民所得（NI）は、GNIから固定資本減耗を控除した市場価格表示と、さらに純間接税を控除した要素費用表示とがある。市場価格は間接税や政府補助金の影響を受けるため、労働などの生産要素に対する付加価値の分配をみるには、間接税等の影響を排除した要素費用表示の国民所得をみる必要がある。

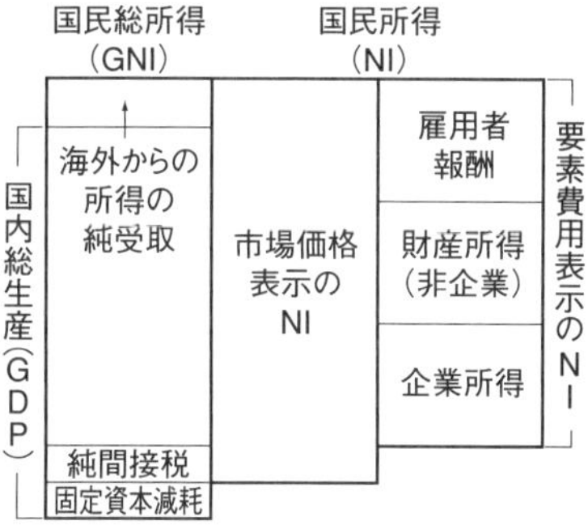

※純間接税＝生産・輸入品に課される税－補助金

表 6-8　国民資産・負債残高の推移（各年末現在）（単位　兆円）

	2000	2010	2018	2019	2020
非金融資産…………	3 362	3 065	3 246	3 320	3 309
生産資産…………	1 775	1 860	2 020	2 068	2 056
固定資産………	1 711	1 797	1 950	1 997	1 987
住宅………	403	405	422	431	426
機械・設備……	236	214	229	233	229
在庫…………	63	63	70	71	70
非生産資産(自然資源)	1 587	1 206	1 226	1 252	1 253
土地…………	1 580	1 200	1 220	1 245	1 246
金融資産…………	5 847	5 774	7 788	8 042	8 583
現金・預金………	1 198	1 286	2 023	2 063	2 303
貸出…………	1 651	1 298	1 501	1 532	1 666
債務証券…………	737	1 115	1 285	1 305	1 387
持分･投資信託受益証券	593	615	1 109	1 204	1 217
株式…………	435	392	767	828	820
保険･年金･定型保証	550	515	557	555	560
総資産…………	**9 209**	**8 839**	**11 034**	**11 362**	**11 892**
負債………………	5 714	5 517	7 445	7 682	8 223
現金・預金………	1 189	1 281	2 009	2 051	2 290
借入…………	1 648	1 308	1 526	1 562	1 713
正味資産…………	3 495	3 322	3 590	3 679	3 668
負債・正味資産……	**9 209**	**8 839**	**11 034**	**11 362**	**11 892**

内閣府「国民経済計算年次推計」(2020年度、2022年2月25日閲覧）より作成。主要項目。

表 6-9　部門別にみた正味資産（国富）の推移（単位　兆円）

	2000	2010	2019	2020	対前年比（%）
非金融法人企業……	426.2	634.1	605.7	577.3	*-4.7*
民間非金融法人企業	396.0	570.3	525.3	506.2	*-3.6*
公的非金融法人企業	30.2	63.7	80.3	71.1	*-11.5*
金融機関…………	22.1	76.7	186.9	194.9	*4.3*
民間金融機関……	11.2	48.3	128.8	139.3	*8.2*
公的金融機関……	10.9	28.4	58.1	55.6	*-4.3*
一般政府…………	386.8	153.0	97.5	71.7	*-26.5*
家計1) …………	2 561.0	2 374.3	2 680.8	2 712.6	*1.2*
対家計民間非営利団体	98.7	84.2	108.3	112.0	*3.4*
計……………	**3 494.8**	**3 322.2**	**3 679.2**	**3 668.5**	*-0.3*

資料は表6-8と同じ。各年末時点。1）個人企業を含む。

〔GDPの国際比較〕 2020年の日本のGDPは5兆578億ドルで、アメリカ合衆国、中国に次いで世界第3位であった。アメリカのGDPは世界全体の24.5%、中国は17.3%を占めており、両国の経済規模は突出している。日本のGDPは全体の5.9%、国別の豊かさの目安となる一人当たりGDPはOECD加盟国（38か国）の中で第19位となっている。

図 6-3 GDPの多い国（名目）（2020年）

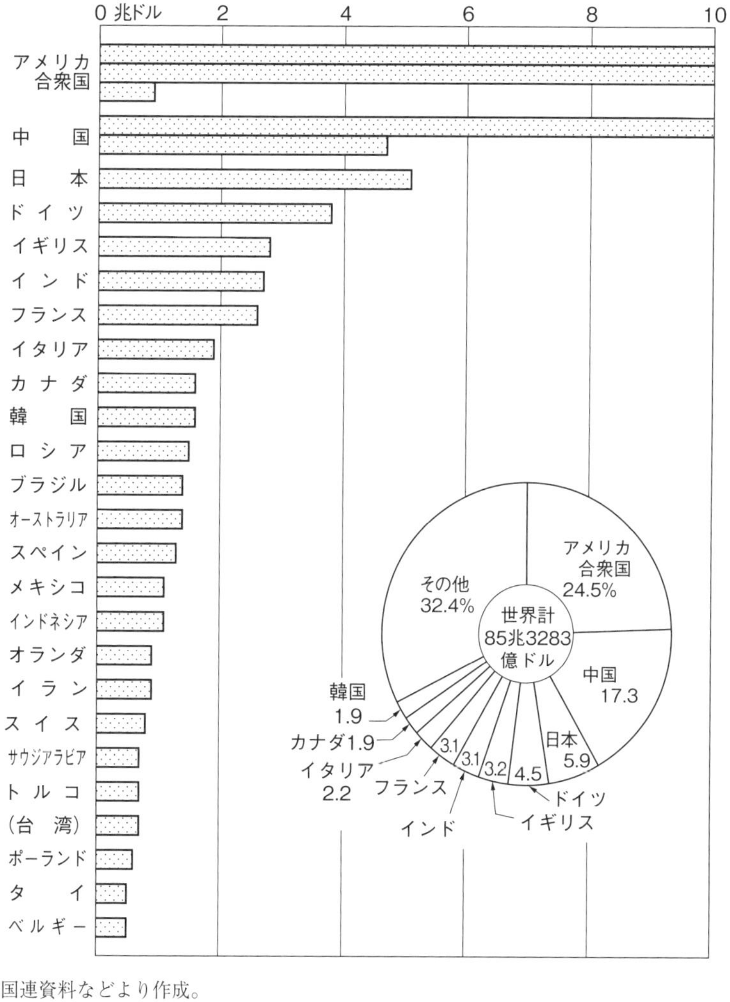

国連資料などより作成。

表 6-10　主な国の国内総生産と1人あたり国民総所得（名目）

	国内総生産（百万ドル）			1人あたり国民総所得（ドル）	
	2019	2020	2020（%）	2019	2020
アメリカ合衆国・・	21 372 582	20 893 746	*24.5*	65 971	64 310
中国・・・・・・・・・・・・	14 279 966	14 722 801	*17.3*	9 936	10 160
日本・・・・・・・・・・・・	5 148 782	5 057 759	*5.9*	41 403	40 770
ドイツ・・・・・・・・・・	3 888 327	3 846 414	*4.5*	48 067	47 186
イギリス・・・・・・・・	2 878 674	2 764 198	*3.2*	42 381	40 114
インド・・・・・・・・・・	2 889 949	2 664 749	*3.1*	2 095	1 910
フランス・・・・・・・・	2 728 870	2 630 318	*3.1*	41 386	39 573
イタリア・・・・・・・・	2 009 384	1 888 709	*2.2*	33 472	31 622
カナダ・・・・・・・・・・	1 741 497	1 644 037	*1.9*	45 954	43 093
韓国・・・・・・・・・・・・	1 651 223	1 637 896	*1.9*	32 513	32 193
ロシア・・・・・・・・・・	1 687 450	1 483 498	*1.7*	11 201	9 927
ブラジル・・・・・・・・	1 886 015	1 444 733	*1.7*	8 697	6 667
オーストラリア・・	1 380 208	1 423 473	*1.7*	53 620	54 251
スペイン・・・・・・・・	1 393 046	1 281 485	*1.5*	29 860	27 570
メキシコ・・・・・・・・	1 268 868	1 073 439	*1.3*	9 660	8 033
インドネシア・・・・	1 119 091	1 058 424	*1.2*	4 009	3 765
イラン・・・・・・・・・・	653 593	939 316	*1.1*	7 883	10 558
オランダ・・・・・・・・	910 194	913 865	*1.1*	53 459	52 406
スイス・・・・・・・・・・	731 718	752 248	*0.9*	82 107	83 803
トルコ・・・・・・・・・・	761 002	720 098	*0.8*	8 968	8 435
サウジアラビア・・	792 967	700 118	*0.8*	23 365	20 306
世界×・・・・・・・・	**87 718 575**	**85 328 323**	*100.0*	11 362	10 936

国連“National Accounts - Analysis of Main Aggregates”（2022年2月25日閲覧）より作成。中国には香港、マカオを含まず。×その他とも。

IMFによる経済見通し（%）

	2021	2022
先進国・地域・・・	*5.0*	*3.9*
うち日本・・・・・・・・	*1.6*	*3.3*
アメリカ合衆国	*5.6*	*4.0*
ユーロエリア	*5.2*	*3.9*
ドイツ・・・・	*2.7*	*3.8*
フランス・・	*6.7*	*3.5*
イギリス・・・・	*7.2*	*4.7*
新興・開発途上国	*6.5*	*4.8*
うち中国・・・・・・・・	*8.1*	*4.8*
インド・・・・・・	*9.0*	*9.0*
ロシア・・・・・・	*4.5*	*2.8*
ブラジル・・・・	*4.7*	*0.3*
世界・・・・・・・・・	*5.9*	*4.4*

IMF,“World Economic Outlook, Jan. 2022” より作成。実質GDP対前年増減率。

IMF（国際通貨基金）が2022年1月に公表した世界経済見通しによると、2021年の世界の実質経済成長率は5.9%増で、新型コロナウイルスの影響で大幅に落ち込んだ2020年の反動が現れる結果となった。2022年の世界の経済成長率は4.4%まで減速する見通しで、先進国の金融政策の転換などが影響すると見られている。新型コロナの影響はすでに長期化しているが、変異株が発生するなど収束はいまだ見通せない状況にある。また、ロシアのウクライナ侵攻により世界的に緊張が高まっており、2022年の経済成長率はさらに下方修正となる可能性も大きい。

第7章　企業活動

新型コロナウイルスの世界的な感染拡大により、日本経済は大きく落ち込み、2020年度は多くの業種で減収減益となった。政府は、企業向けの資金繰り支援として、政府系金融機関と民間金融機関からの融資について実質無利子・無担保となる「ゼロゼロ融資」や、債務返済猶予の特例措置、持続化給付金などの施策を実施した。これにより、2021年の企業倒産件数は6030件と、57年ぶりの低水準となった。コロナ対策の影響が特に大きいとされていた、飲食業や宿泊業などの業種でも倒産件数が減少した。一方、運輸業では人手不足や人件費、燃料費の高騰などが影響して倒産件数が増加した（表7-8）。

企業への資金繰り支援の結果、倒産件数は減少したものの、事業者の債務は膨らんでおり、中小企業向けの貸出金残高は、339兆4312億円（2021年９月中間期、東京商工リサーチによる）で過去最高となっている。変異株による感染再拡大の影響から、コロナ関連の経営破綻は累計で3060件（2022年３月15日時点）と増加しており、今後返済が困難な事業者が増える可能性もある。長期的な視点での企業支援が求められる中、2022

表 7-1　経営組織別の企業数、売上高および付加価値額（2016年調査）

	企業数（千）	%	売上高（十億円）	%	付加価値額（十億円）	%
個人経営	1 979	*51.3*	29 376	*1.8*	12 419	*4.3*
法人	1 877	*48.7*	1 595 338	*98.2*	277 116	*95.7*
会社企業 1)	1 629	*42.2*	1 402 408	*86.3*	244 181	*84.3*
会社以外の法人	248	*6.4*	192 930	*11.9*	32 935	*11.4*
企業等計 2)	**3 856**	*100.0*	**1 624 714**	*100.0*	**289 536**	*100.0*

総務省・経済産業省「2016年経済センサス－活動調査（確報）」（企業等に関する集計）より作成。企業数は2016年６月１日現在。売上高と付加価値額は2015年１年間で、必要な事項の数値が得られた企業を対象として集計されている。企業は、事業・活動を行う法人（外国の会社を除く）および個人経営の事業所をいう。個人経営であって同一の経営者が複数の事業所を経営している場合は、まとめて一つの企業となる。1）株式会社（有限会社を含む）、合名・合資会社、合同会社、相互会社。2）法人でない団体は含まない。

年3月、経済産業省などにより「中小企業活性化パッケージ」が策定された。また、全国銀行協会によって「中小企業の事業再生等に関するガイドライン」が策定されるなど、企業の収益力改善や事業再生を支援する取り組みが進んでいる。

図 7-1　産業3部門別企業割合（2016年調査）

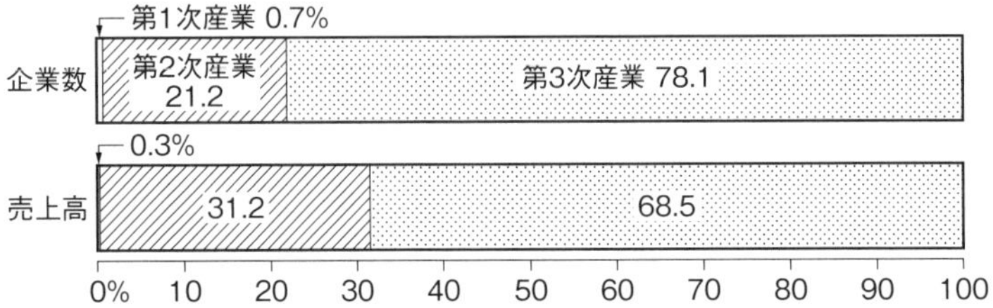

注記は表7-2に同じ。1次は農林漁業、2次は鉱業から製造業、3次はその他。

表 7-2　産業別の企業数、売上高および付加価値額（2016年調査）

	企業数	売上高（十億円）	1企業あたり（万円）	付加価値額（十億円）	1企業あたり（万円）
農林漁業・・・・・1)	25 992	4 994	20 148	1 179	4 737
鉱業、採石業・2)	1 376	2 044	159 320	662	51 192
建設業・・・・・・・・	431 736	108 451	26 493	20 821	5 084
製造業・・・・・・・・	384 781	396 275	108 304	68 789	18 791
電気・ガス業・3)	1 087	26 242	2 629 504	4 023	397 141
情報通信業・・・・	43 585	59 946	157 590	16 002	41 869
運輸業、郵便業	68 808	64 791	100 238	16 652	25 752
卸売業、小売業	842 182	500 794	63 024	54 163	6 814
金融業、保険業	29 439	125 130	460 190	19 153	70 022
不動産業・・・・・4)	302 835	46 055	16 552	9 460	3 394
学術研究・・・・・5)	189 515	41 502	23 937	15 164	8 718
宿泊業・・・・・・・6)	511 846	25 481	5 709	9 604	2 151
生活関連サービス業7)	366 146	45 661	13 372	7 716	2 259
教育、学習支援業	114 451	15 410	14 573	7 246	6 847
医療、福祉・・・・	294 371	111 488	40 381	20 666	7 481
複合サービス事業	5 719	9 596	171 379	3 784	67 493
サービス業・・・8)	242 588	40 854	25 130	14 451	6 287
全産業・・・・・・	**3 856 457**	**1 624 714**	46 206	**289 536**	8 074

資料・注記は表7-1に同じ。産業別分類は、原則として売上高が最も多い産業で分類。1企業あたりは必要な数値が得られた企業を対象。1）個人経営を除く。2）砂利採取業を含む。3）熱供給・水道業を含む。4）物品賃貸業を含む。5）専門・技術サービス業を含む。6）飲食サービス業を含む。7）娯楽業を含む。8）他に分類されないもの。

表 7-3 雇用者規模別・資本金階級別の会社企業数の内訳（2016年調査）

常用雇用者規模別	会社企業	%	資本金階級別	会社企業	%
0～4人……	915 963	*56.2*	300万円未満‥	106 659	*6.5*
5～9人……	284 990	*17.5*	300～500万円・	565 289	*34.7*
10～19人……	192 937	*11.8*	500～1000〃‥	214 971	*13.2*
20～29人……	76 726	*4.7*	1000～3000〃・	546 245	*33.5*
30～49人……	64 339	*3.9*	3000～5000〃・	68 136	*4.2*
50～99人……	48 176	*3.0*	5000～1億円・	46 569	*2.9*
100人以上……	46 155	*2.8*	1億円以上…	28 495	*1.7*
計………	**1 629 286**	*100.0*	計……… 1)	**1 629 286**	*100.0*

総務省・経済産業省「2016年経済センサス－活動調査（確報）」(企業等に関する集計）より作成。2016年6月1日現在。1）資本金階級別が不詳な会社企業を含む。

表 7-4 産業別の事業所数と従業者数（2016年調査）

	事業所数	従業者数（千人）	男（%）	女（%）	雇用者に占める割合（%） 正社員・正職員	正社員・正職員以外
農林漁業…… 1)	32 676	363	*68.3*	*31.2*	*59.7*	*40.3*
鉱業、採石業・ 2)	1 851	19	*84.4*	*15.1*	*88.6*	*11.4*
建設業………	492 734	3 691	*81.7*	*17.9*	*86.4*	*13.6*
製造業………	454 800	8 864	*69.9*	*29.9*	*77.0*	*23.0*
電気・ガス業・ 3)	4 654	188	*87.7*	*12.0*	*93.4*	*6.6*
情報通信業……	63 574	1 642	*73.4*	*25.9*	*88.2*	*11.8*
運輸業、郵便業	130 459	3 197	*80.5*	*19.0*	*73.7*	*26.3*
卸売業、小売業	1 355 060	11 844	*51.0*	*48.7*	*52.6*	*47.4*
金融業、保険業	84 041	1 530	*45.2*	*54.5*	*79.3*	*20.7*
不動産業…… 4)	353 155	1 462	*59.1*	*40.5*	*67.7*	*32.3*
学術研究…… 5)	223 439	1 843	*67.6*	*31.8*	*83.0*	*17.0*
宿泊業……… 6)	696 396	5 362	*40.9*	*58.5*	*23.3*	*76.7*
生活関連サービス業 7)	470 713	2 421	*42.2*	*57.2*	*46.3*	*53.7*
教育、学習支援業	167 662	1 828	*48.6*	*51.1*	*49.8*	*50.2*
医療、福祉……	429 173	7 375	*27.2*	*72.2*	*63.3*	*36.7*
複合サービス事業	33 780	484	*61.1*	*38.9*	*63.8*	*36.2*
サービス業… 8)	346 616	4 760	*58.1*	*41.1*	*50.1*	*49.9*
計……… 9)	**5 340 783**	**56 873**	*55.3*	*44.3*	*61.6*	*38.4*

総務省・経済産業省「2016年経済センサス－活動調査（確報）」(事業所に関する集計）より作成。2016年6月1日現在。国および地方公共団体の事務所を除いた民営事業所のみを対象。産業別は、原則として、売上額が最も多い産業で分類され、必要な事項の数値が得られた事業所のみが対象。従業者には、雇用者、個人業主・無給の家族従業者、有給役員があり、男女別不詳を含む。1）個人経営を除く。2）砂利採取業を含む。3）熱供給・水道業を含む。4）物品賃貸業を含む。5）専門・技術サービス業を含む。6）飲食サービス業を含む。7）娯楽業を含む。8）他に分類されないもの。9）産業分類不詳を含まない。

表 7-5　主な産業別法人企業の経営状況（2020年度）（単位　十億円）

	売上高	対前年増加率（％）	経常[1]利益	対前年増加率（％）	設備[2]投資	対前年増加率（％）
製造業…………	365 095	*-8.4*	21 830	*-3.8*	13 541	*-11.8*
食料品………	42 131	*-4.5*	1 510	*-14.4*	1 184	*-21.9*
化学…………	39 562	*-5.1*	4 112	*-9.3*	1 893	*-13.2*
石油・石炭……	8 533	*-21.4*	304	*-987.4*	189	*-31.3*
鉄鋼…………	13 628	*-12.3*	83	*-66.2*	990	*148.6*
金属製品……	16 951	*-16.5*	743	*-20.6*	572	*-29.7*
はん用機械……	6 684	*-4.9*	451	*1.2*	190	*-30.1*
生産用機械……	21 367	*-8.9*	1 669	*-15.4*	509	*-42.1*
業務用機械……	13 126	*-2.6*	1 093	*5.7*	366	*-22.6*
電気機械……	28 889	*-4.8*	2 180	*-0.2*	817	*-29.6*
情報通信機械…	26 277	*-7.2*	1 577	*17.1*	1 505	*-12.2*
輸送用機械……	70 993	*-10.4*	3 965	*-2.8*	2 531	*-10.9*
非製造業………	997 375	*-7.9*	41 023	*-15.8*	28 290	*-1.4*
建設業………	133 870	*-6.6*	7 013	*1.1*	2 484	*4.7*
卸売業、小売業・	482 161	*-7.6*	11 066	*-5.3*	5 203	*-6.6*
不動産業……	44 318	*-2.3*	5 354	*16.1*	3 669	*-9.7*
物品賃貸業……	15 723	*-5.4*	543	*-19.9*	1 661	*-7.4*
情報通信業……	77 374	*-0.9*	7 298	*0.2*	4 621	*35.3*
運輸業、郵便業・	57 354	*-14.5*	-840	*-124.8*	4 108	*-16.7*
電気業………	27 793	*-1.1*	1 002	*-10.4*	1 941	*-5.4*
サービス業……	147 086	*-13.2*	8 964	*-25.3*	3 823	*6.4*
産業計………	**1 362 470**	*-8.1*	**62 854**	*-12.0*	**41 831**	*-5.0*
資本金別（再掲）						
10億円以上……	512 262	*-9.2*	37 071	*-11.1*	21 294	*-2.9*
１億円～10億円・	264 985	*-8.8*	10 422	*-9.6*	6 660	*-6.9*
1000万円～１億円	463 999	*-7.1*	12 604	*-18.4*	10 393	*-6.3*
1000万円未満…	121 223	*-5.3*	2 757	*-0.3*	3 485	*-9.8*
金融・保険業（別掲）	—	—	10 516	*7.8*	2 353	*-3.2*

財務省「法人企業統計調査」(2020年度）より作成。営利法人等の決算計数をとりまとめたもの。金融・保険業を除く。1）営業利益（売上高から売上原価や販売費・一般管理費を差引く）に本業以外の収益や費用を加減したもの。2）調査年度中の土地を除く有形固定資産増減額、ソフトウェア増減額に減価償却費および特別減価償却費を加算したもの。

表 7-6　法人企業の経常利益の推移（会計年度）（単位　十億円）

	2015	2016	2017	2018	2019	2020
製造業………	23 337	24 054	28 318	27 347	22 690	21 830
非製造業……	44 883	50 933	55 237	56 571	48 748	41 023
産業計……	**68 220**	**74 987**	**83 555**	**83 918**	**71 438**	**62 854**

資料は上表に同じ。金融・保険業を除く。

表 7-7 法人企業の付加価値（会計年度）（単位 十億円）

	2015	2016	2017	2018	2019	2020
人件費	198 223	201 879	206 481	208 609	202 274	195 407
支払利息等	6 695	6 246	6 199	6 497	5 629	6 012
動産・不動産賃借料	28 385	27 177	27 619	27 314	26 609	26 162
租税公課	10 581	11 013	10 169	10 830	10 626	10 128
営業純益 1)	49 799	52 482	61 245	61 233	49 534	35 620
付加価値	**293 683**	**298 797**	**311 713**	**314 482**	**294 672**	**273 329**
付加価値率（%）2)	*20.5*	*20.5*	*20.2*	*20.5*	*19.9*	*20.1*
労働生産性（万円）3)	725	727	739	730	715	688

資料は表7-5に同じ。金融・保険業を除く。1）営業利益から支払利息等を差し引いたもの。2）売上高に占める付加価値額の割合。3）従業員1人あたりの付加価値額。

図 7-2 資本金規模別の総資本経常利益率（会計年度末）

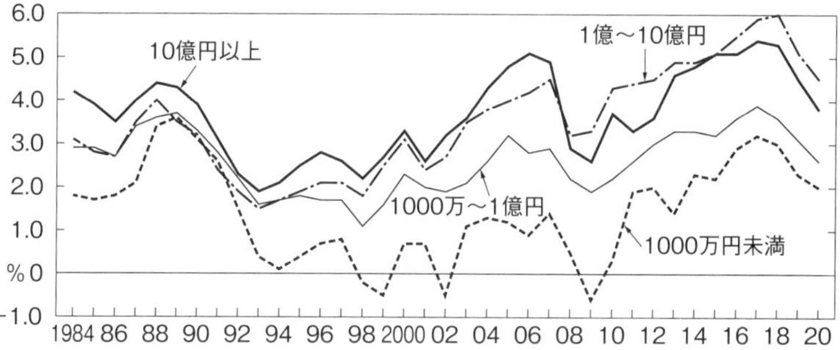

財務省「法人企業統計調査」より作成。金融・保険業を除く。総資本経常利益率は、経常利益を総資本で割った比率で、投下された総資本が利益獲得のためにどれほど効果的に利用されているかを表す。

図 7-3 資本金規模別の自己資本比率（会計年度末）

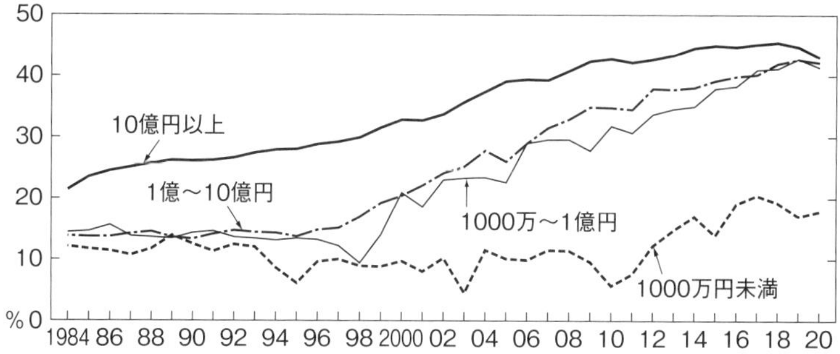

資料は上図に同じ。金融・保険業を除く。自己資本比率は、自己資本を総資本で割った比率で、低すぎると資金調達などの安定性に欠ける。

図 7-4　M&A（合併・買収）件数の推移

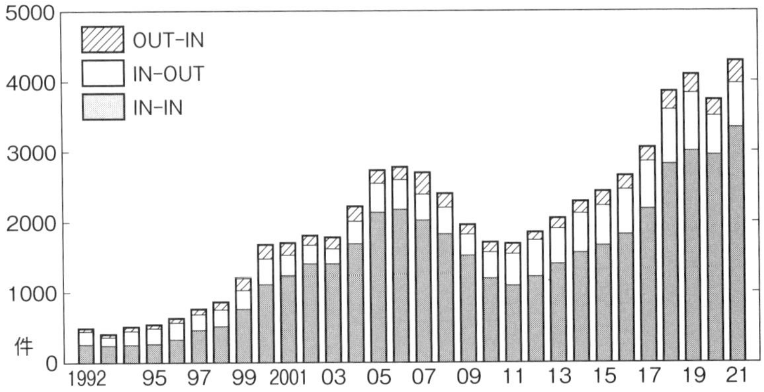

株式会社レコフデータ「日本企業のM&A動向」より作成。グループ内のM&Aは含まず。2021年のM&A件数は4280件。マーケット別の内訳は、IN-IN（日本企業同士のM&A）は3337件、IN-OUT（日本企業による外国企業へのM&A）は625件、OUT-IN（外国企業による日本企業へのM&A）は318件である。

表 7-8　企業倒産件数と休廃業・解散件数の推移

	2016	2017	2018	2019	2020	2021
倒産件数（件）･･･	8 446	8 405	8 235	8 383	7 773	6 030
農･林･漁･鉱業･･	66	64	64	86	109	55
建設業･････････	1 605	1 579	1 431	1 444	1 247	1 065
製造業･････････	1 157	1 041	1 014	1 024	915	664
卸売業･････････	1 297	1 268	1 216	1 143	1 065	806
小売業･････････	1 176	1 117	1 132	1 230	1 054	730
金融・保険業･･･	47	44	34	24	30	23
不動産業･･･････	288	279	257	251	251	235
運輸業･････････	252	240	238	254	227	239
情報通信業･････	341	339	337	358	279	206
サービス業他･･･	2 217	2 434	2 512	2 569	2 596	2 007
負債総額（億円）･･	20 061	31 676	14 855	14 232	12 200	11 507
休廃業･解散件数（件）	41 162	40 909	46 724	43 348	49 698	44 377

東京商工リサーチ「全国企業倒産状況」などの資料より作成。負債総額1000万円以上のみ。休廃業・解散件数は倒産以外で事業活動を停止した企業。

企業倒産には、法定倒産処理手続と法定外倒産処理手続によるものがある。法定外には、不渡り手形を出して銀行取引停止処分を受けて行う私的整理などがある。法定倒産処理手続には、消滅型として、**破産**（裁判所の破産宣告を受けて破産管財人のもとで債務者資産が整理され、債権者への分配が行われる）や**特別清算**（解散後の株式会社について申し立てにより裁判上の清算手続きが取られる）、そして破産を避ける再建型として**民事再生法**（破たん前に申請を行い、現経営者がそのまま残って再建にあたる）や**会社更生法**（株式会社のみが対象で、主として消滅すると社会的に大きな影響のある上場企業や大企業を再建する目的で適用される。会社の管理権が現経営者から管財人に移行する）がある。

表 7-9 欠損法人数と資本金階級別割合（会計年度）

	欠損法人数1)		資本金階級別の欠損法人割合2)（%）			
	総数	割合（%）	1000万円以下	1000万円～1億円	1億円～10億円	10億円超
1990	1 005 936	*48.4*	*52.4*	*35.6*	*31.7*	*21.4*
2000	1 734 444	*68.4*	*75.0*	*61.2*	*47.5*	*46.7*
2010	1 877 801	*72.8*	*77.1*	*67.6*	*50.9*	*46.4*
2018	1 692 623	*62.1*	*64.4*	*48.9*	*26.1*	*20.4*
2019	1 691 357	*61.6*	*63.7*	*49.0*	*28.9*	*23.2*

国税庁「会社標本調査」より作成。欠損法人は所得が負または0のもの（繰越欠損金を控除した結果0になったものを含む）。2005年以前は2月～1月決算ベース。割合は各階級の法人数全体に占める割合。1）連結子法人を除く。2）連結法人を除く。資本金階級は2010年度以前は「以上、未満」、2011年以降は「超、以下」で区分されている。

表 7-10 法人企業の資本金規模別労働分配率（金融・保険業を除く）（%）

	2015	2016	2017	2018	2019	2020
1000万円未満	*82.3*	*83.4*	*80.3*	*78.5*	*82.3*	*86.5*
1000万円～5000万円	*77.1*	*75.5*	*75.6*	*77.7*	*78.8*	*81.3*
5000万円～1億円	*71.2*	*71.3*	*70.7*	*71.8*	*73.1*	*77.1*
1億円～10億円	*68.0*	*66.5*	*65.8*	*65.6*	*67.8*	*69.6*
10億円以上	*52.8*	*53.7*	*51.7*	*51.3*	*54.9*	*57.6*
全平均	*67.5*	*67.6*	*66.2*	*66.3*	*68.6*	*71.5*
1億円未満	*77.1*	*76.6*	*75.8*	*76.7*	*78.4*	*81.7*
1億円以上	*57.7*	*58.0*	*56.4*	*56.0*	*59.3*	*61.9*

財務省「法人企業統計調査」(2020年度）より作成。会計年度。労働分配率は企業活動で得られた付加価値（人件費、支払利息・割引料、動産・不動産賃貸料、租税、営業純益を合計したもので、表7-7参照）に対する人件費の割合。

表 7-11 個人企業の1企業あたり営業状況（2020年）（単位 千円）

	売上高	売上原価	売上総利益	営業費	営業利益	営業利益率（%）
調査対象産業計	12 806	5 361	7 446	5 222	2 223	*17.4*
建設業	14 694	4 960	9 734	6 569	3 166	*21.5*
製造業	10 670	3 034	7 636	5 227	2 410	*22.6*
卸売業、小売業	23 776	15 687	8 089	6 160	1 929	*8.1*
飲食サービス業1)	9 498	3 665	5 833	4 761	1 072	*11.3*
生活関連サービス業、娯楽業	4 618	572	4 046	2 659	1 386	*30.0*
その他のサービス業	9 946	822	9 124	5 864	3 259	*32.8*

総務省「個人企業経済調査」(2021年）より作成。1）宿泊業を含む。

表 7-12　海外現地法人の推移（会計年度）

	2005	2010	2015	2017	2018	2019
企業数・・・・・・・ 1)	15 850	18 599	25 233	25 034	26 233	25 693
従業者数(千人) 2)	4 361	4 994	5 574	5 953	6 052	5 636
売上高（十億円）	184 950	183 195	274 017	288 133	290 914	263 086
経常利益（〃）・・	7 609	10 900	9 631	12 590	13 730	10 834
当期純利益（〃）	5 149	7 694	6 537	10 426	10 914	7 871
設備投資額（〃）	4 412	4 102	8 726	7 615	8 876	8 048

経済産業省「海外事業活動基本調査」より作成。金融業、保険業および不動産業を除く。海外法人は、日本側出資比率10％以上、または日本側出資比率50％超の外国法人が50％超の出資を行う外国法人。回収率の違いにより、時系列比較は注意が必要。また売上高等は有効回答企業が対象。円換算はIMF公表のIFSにおける期中平均レート。1）年度末現在。操業中と回答した数。2）年度末現在。常時従業者数。

表 7-13　海外現地法人の売上高内訳（2019年度）（単位　十億円）

	日本向け輸出	現地販売額	第三国向け輸出	売上高計	日本向け割合(％)
製造業・・・・・・・・・	12 195	66 843	42 581	121 619	*10.0*
非製造業・・・・・・・	10 921	87 278	43 268	141 468	*7.7*
農林漁業・・・・・	56	270	43	368	*15.2*
鉱業・・・・・・・・・	1 128	1 642	287	3 057	*36.9*
建設業・・・・・・・	17	1 845	78	1 940	*0.9*
情報通信業・・・	233	2 064	822	3 120	*7.5*
運輸業・・・・・・・	1 364	2 094	660	4 117	*33.1*
卸売業・・・・・・・	5 912	56 990	34 990	97 892	*6.0*
小売業・・・・・・・	99	10 332	655	11 086	*0.9*
サービス業・・・	1 870	9 330	2 095	13 295	*14.1*
計・・・・・・・・・・・	**23 116**	**154 121**	**85 849**	**263 086**	*8.8*

資料・注記は表7-12に同じ。上表の売上高の内訳。製造業は185ページ参照。

表 7-14　地域別の海外現地法人の概況（2019年度）（単位　十億円）

	企業数	従業者数(千人)	売上高	経常利益	当期純利益	設備投資額
アジア・・・・・・・・・	17 372	3 790	116 190	5 780	4 448	2 955
中東・・・・・・・・・・・	147	16	1 613	126	115	43
アフリカ・・・・・・・	171	39	1 743	−3	−9	55
ヨーロッパ・・・・・	2 803	615	37 744	1 318	670	899
北アメリカ・・・・・	3 273	788	87 959	2 025	1 437	3 404
中南アメリカ・・・	1 390	348	11 508	606	349	529
オセアニア・・・・・	537	40	6 331	983	862	163
世界計・・・・・・・	**25 693**	**5 636**	**263 086**	**10 834**	**7 871**	**8 048**

資料・注記は表7-12に同じ。

表 7-15 主な国の海外現地法人（2019年度）

	従業者（千人）	売上高（十億円）		従業者（千人）	売上高（十億円）
アジア	3 790	116 190	スペイン	37	1 734
中国	1 253	40 554	スイス	3	1 490
タイ	641	20 004	イタリア	31	1 069
シンガポール	125	14 429	ロシア	23	1 599
インドネシア	402	8 639	北アメリカ	788	87 959
(香港)	48	6 540	アメリカ合衆国	748	82 552
韓国	75	5 121	カナダ	39	5 407
(台湾)	112	5 148	中南アメリカ	348	11 508
インド	245	4 609	メキシコ	162	4 050
マレーシア	160	3 416	ブラジル	104	2 682
ベトナム	390	3 795	アルゼンチン	10	643
フィリピン	271	3 318	オセアニア	40	6 331
中東	16	1 613	オーストラリア	34	5 745
アフリカ	39	1 743	ニュージーランド	5	474
ヨーロッパ	615	37 744	世界計	**5 636**	**263 086**
イギリス	168	7 446			
ベルギー	57	6 954	(再掲)		
ドイツ	70	5 621	ASEAN 1)	2 026	53 812
オランダ	47	4 560	BRICs 2)	1 625	49 444
フランス	47	2 644	EU 3)	562	33 433

経済産業省「海外事業活動基本調査」(2019年度実績）より作成。注記は表7-12を参照。従業者は常時従業者で2019年度末現在。有効回答は、従業者は１万9739社、売上高は１万9849社。1）10か国。2）ブラジル、インド、中国、ロシア。3）28か国。

表 7-16 外資系企業の概況（2019年度）（単位 十億円）

	企業数	従業者数（千人）	売上高	経常利益	設備投資額	自己資本比率（%）
製造業	489	185	10 137	392	746	*37.3*
輸送機械	49	59	1 679	38	183	*43.8*
非製造業	2 319	325	26 411	1 591	390	*7.5*
情報通信業	287	18	626	50	53	*54.7*
卸売業	1 096	60	9 490	257	102	*33.4*
小売業	139	75	2 874	135	48	*55.4*
金融・保険業	130	53	9 764	805	26	*3.8*
全産業	**2 808**	**510**	**36 547**	**1 982**	**1 136**	*10.1*

経済産業省「外資系企業動向調査」(2019年度実績）より作成。日本国内の外資系企業。外資系企業とは、①外国投資家が株式または持分の３分の１超を所有する企業、②その上で外国投資家の直接・間接出資比率の合計が３分の１超となる企業で、①と②のどちらも外国側筆頭出資者の出資比率が10％以上である企業。調査対象数は5748社、そのうち有効回答（操業中）があった2808社が対象で、項目により集計企業の数にばらつきがある。

第8章　資　　源

日本国内では、古くから各地で鉱山が開発され、採掘が行われてきた。しかし、埋蔵量が少なく、20世紀後半より国内鉱山は次々と閉山した。現在も操業を続けている鉱山は、ほとんどが石灰石鉱山である。

図 8-1　原油・天然ガス・石炭の都道府県別産出量

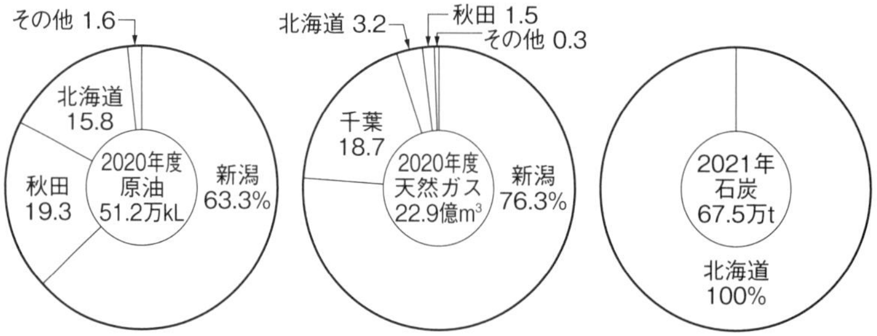

天然ガス鉱業会資料、石炭フロンティア機構資料より作成。

表 8-1　主な鉱産物の産出量

	1990	2000	2010	2020	2021
原油（kL）	632 216	740 297	872 963	512 257	490 195
天然ガス（万m^3）	204 379	245 289	339 569	229 536	230 451
石炭（千 t）	8 262	3 126	917	772	675
金鉱（kg） 1)	7 303	8 400	8 223	7 590	6 225
銀鉱（kg） 1)	149 920	103 781	4 981	4 192	3 339
亜鉛鉱（ t ） 1)	127 273	63 601	—	—	—
鉛鉱（ t ） 1)	18 727	8 835	—	—	—
銅鉱（ t ） 1)	12 927	1 211	—	—	—
鉄鉱（ t ） 1)	34 092	523	—	—	—
石灰石（千 t ）	198 224	185 569	133 974	131 533	131 830
けい石（千 t ）	17 925	15 578	9 159	8 709	8 375
ドロマイト（千 t ）	5 371	3 539	3 438	3 217	2 926
けい砂（千 t ）	9 302	6 121	3 079	1 924	2 045
塩（千 t ） 2)	1 382	1 374	1 122	874	…

石炭フロンティア機構資料、塩事業センター資料、経済産業省「生産動態統計」、同「本邦鉱業の趨勢」及び財務省「塩需給実績」より作成。1）精鉱中の金属含有量。2007年以降の銀鉱は金鉱に含まれる銀のみ。電気金と電気銀は表16-19参照。2）会計年度。

〔**水資源**〕 日本は降水量の多い地域に位置している。しかし、日本の河川は短く急流で、地域や季節による降水量の変化が大きい上に、人口集中地域が水源から離れているなど、水資源の利用には不利な条件が多い。また、人口に対して国土面積が狭く、人口１人あたりの水資源量は世界平均の半分程度しかない。産業活動の拡大により、地下水のくみ上げが増えて地盤沈下が急速に進行した反省から、特に工業用水で1970年代から水の再利用が進み、1990年代後半以降は使用量が減少している。

表 8-2　全国の水資源量

	渇水年			平均年		
	年降水量（mm／年）	水資源賦存量（億m³／年）	１人当たり水資源賦存量（億m³／人・年）	年降水量（mm／年）	水資源賦存量（億m³／年）	１人当たり水資源賦存量（億m³／人・年）
北海道	954	402	7 461	1 148	563	10 467
東　北[1)]	1 377	649	5 748	1 652	868	7 686
関　東[2)]	1 298	278	635	1 608	393	896
東　海[3)]	1 601	462	2 695	2 037	649	3 787
北　陸[4)]	1 912	151	5 022	2 333	204	6 789
近　畿[5)]	1 311	176	850	1 791	307	1 482
中　国	1 333	213	2 864	1 694	328	4 412
四　国	1 597	163	4 236	2 202	277	7 195
九　州	1 791	407	3 129	2 299	621	4 774
沖　縄	1 665	15	1 077	2 086	25	1 739
全　国	1 369	2 916	2 294	1 718	4 235	3 332

国土交通省「日本の水資源の現況」(2021年版）より作成。水資源賦存量とは、年降水量から蒸発散によって失われる量を引いたものに、面積を乗じた値。平均年は1986年から2015年までの30年間の平均値で、渇水年は同30年間で降水量の少ない方から数えて３番目の年の値。1）青森、岩手、秋田、宮城、山形、福島、新潟。2）茨城、栃木、群馬、埼玉、千葉、東京、神奈川、山梨。3）長野、岐阜、静岡、愛知、三重。4）富山、石川、福井。5）滋賀、京都、大阪、兵庫、奈良、和歌山。

表 8-3　全国の水使用量（淡水のみ）（単位　億m³／年）

	1980	1990	2000	2010	2017	2018
農業用水……	580	586	572	544	537	535
生活用水……	128	158	164	154	146	150
工業用水……	152	145	134	117	110	106
計…………	**860**	**889**	**870**	**815**	**793**	**791**

資料は上表に同じ。国土交通省の推計による取水量ベースの値。

図 8-2　都市用水の水源別構成（2018年）

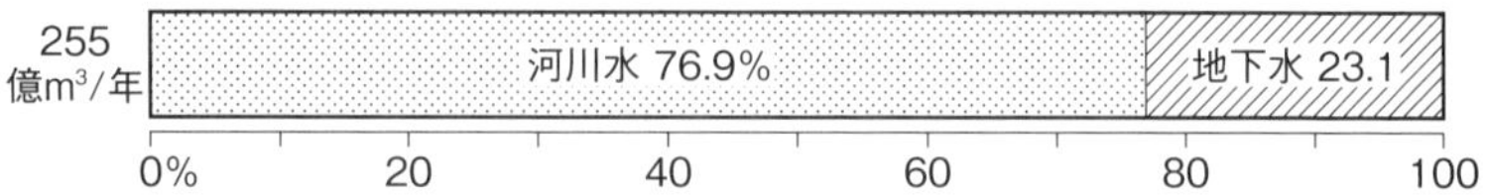

資料は表8-4に同じ。都市用水とは生活用水と工業用水（淡水）の合計。

表 8-4　農業用水量の推移（単位　億m³／年）

	1980	1989	2000	2010	2017	2018
水田かんがい用水	565	559	539	510	503	502
畑地かんがい用水	11	22	29	29	29	29
畜産用水	4	5	5	4	4	4
計	**580**	**586**	**572**	**544**	**537**	**535**

国土交通省「日本の水資源の現況」(2021年版) より作成。

表 8-5　水源別の工業用水量（単位　億m³／年）

	1990	2000	2010	2018	2019
淡水 公共水道					
工業用水道	46.1	47.0	43.3	41.0	39.9
上水道	9.2	8.2	7.0	6.5	5.9
井戸水	37.4	31.2	24.3	21.8	21.1
その他の淡水 1)	36.1	32.9	27.0	25.3	25.5
回収水	406.8	436.9	392.7	…	…
計	**535.7**	**556.2**	**494.3**	2) **94.5**	2) **92.4**
海水	144.3	157.3	152.1	…	…

経済産業省「工業統計表　用地・用水編」および「同　地域別統計表」より作成。従業員30人以上の製造事業所について調査したもの。原資料の単位はm³／日。1) 河川、湖沼、貯水池から取水した水（地表水）、伏流水、農業用水路から取水した水など。2) 2016年調査より回収水、海水の調査は実施されず。

表 8-6　工業用水（淡水）の産業別消費（2019年）

	産業別1) 億m³／年	産業別1) %		産業別1) 億m³／年	産業別1) %
パルプ・紙・紙加工品	24.5	*26.5*	電子部品・デバイス・電子回路	2.9	*3.1*
化学工業	20.3	*22.0*	石油製品・石炭製品	2.8	*3.1*
鉄鋼業	12.6	*13.6*	飲料・たばこ・飼料	2.4	*2.6*
食料品	8.3	*9.0*	輸送用機械器具	2.2	*2.4*
繊維工業	4.5	*4.9*			
プラスチック製品	3.0	*3.3*	計×	**92.4**	*100.0*

資料は上表に同じ。1)用途別は2014年調査で終了。回収水を除く淡水のみ。×その他とも。

第9章　一次エネルギー

日本はエネルギー源の中心となる化石燃料は、ほぼすべてを輸入に頼っており、エネルギーをめぐる国内外の情勢変化に脆弱である。2021年に入り、世界各国でワクチン接種が進んだことから経済活動の再開が本格化し、原油をはじめとする燃料価格は上昇している。2022年2月には、資源大国のロシアがウクライナに侵攻して各国が経済制裁を行ったことで価格高騰に拍車がかかり、日本経済への悪影響が懸念されている。

近年、世界全体で進む脱炭素の動きが加速している。日本でも、政府

表 9-1　主要国のエネルギー自給率（2019年）（%）

	日本	韓国	中国	インド	サウジアラビア
一次エネルギー	12.0	17.3	80.2	61.9	298.3
石炭	0.4	0.6	94.5	68.8	—
原油 1)	0.3	0.6	28.1	14.0	267.2
天然ガス	2.3	0.4	59.4	45.7	100.0
	ドイツ	**イギリス**	**フランス**	**イタリア**	**ロシア**
一次エネルギー	35.5	71.3	54.1	23.1	198.0
石炭	52.8	23.9	—	—	202.5
原油 1)	3.6	88.3	1.7	6.8	191.2
天然ガス	5.8	50.8	0.0	6.4	151.1
	アメリカ合衆国	**カナダ**	**メキシコ**	**ブラジル**	**オーストラリア**
一次エネルギー	104.4	175.3	81.3	106.6	345.5
石炭	125.8	208.4	42.0	14.0	722.2
原油 1)	77.7	242.2	252.5	161.4	75.8
天然ガス	107.8	135.4	39.9	72.9	344.0

IEA, Data and Statistics（2022年3月23日閲覧）より作成。自給率は、エネルギーバランスで熱量単位に換算された数値を用いて、生産量÷供給量×100で算出した。1）天然ガス液など随伴物を含む。

一次エネルギー（primary energy）　石炭・石油・天然ガスなどの化石燃料に加え、水力・原子力・地熱・薪炭など、主に加工されない状態で供給されるエネルギーを一次エネルギーと呼ぶ。これに対し、電気・都市ガス・コークスなど、一次エネルギーを加工･変換してつくられたものを二次エネルギーと呼ぶ。

が2050年までに温室効果ガス排出量を実質ゼロにするカーボンニュートラル実現に向けて、2021年に「第6次エネルギー基本計画」を策定した。脱炭素化にむけて「S+3E（安全性＋エネルギーの安定供給、経済効率性の向上、環境への適合）」を前提としつつ、国内で自給可能かつ温室効果ガスを出さない再生可能エネルギーの利用を可能な限り進め、2030年度までに主力電源化することを目指している。

表 9-2　一次エネルギー国内供給（会計年度）（換算単位　PJ）

	1990	2000	2010	2019	2020	〃 %
化石燃料	16 382	18 422	17 851	16 230	15 235	*84.8*
石油	11 008	11 164	8 858	7 101	6 543	*36.4*
石炭	3 318	4 199	4 997	4 848	4 419	*24.6*
天然ガス・都市ガス 1)	2 056	3 059	3 995	4 281	4 272	*23.8*
非化石燃料	3 287	4 287	4 145	2 906	2 730	*15.2*
再生可能エネルギー 2)	267	274	437	1 116	1 196	*6.7*
水力	819	746	716	676	666	*3.7*
未活用エネルギー 3)	318	410	530	576	541	*3.0*
原子力	1 884	2 858	2 462	539	328	*1.8*
計	**19 669**	**22 709**	**21 995**	**19 136**	**17 965**	*100.0*

資源エネルギー庁「総合エネルギー統計」より作成。1PJ（ペタジュール）＝2390億kcal。ジュールは仕事量・エネルギーの単位。1）輸入LNGと国産天然ガス。都市ガスの在庫の増減を加味している。2）燃料の消費を伴わないエネルギー源の供給形態で、水力をのぞいたもの。内訳は、太陽光発電、太陽熱利用、バイオマス、風力発電など。3）廃棄物発電などの「廃棄物エネルギー回収」、再生油などの「廃棄物燃料製品」、排熱利用熱供給などの「廃棄エネルギー直接活用」が含まれる。

表 9-3　エネルギー源別最終エネルギー消費（会計年度）（換算単位　PJ）

	1990	2000	2010	2019	2020	〃 %
石油	7 526	8 742	7 263	6 165	5 730	*47.4*
電力	2 753	3 502	3 728	3 338	3 289	*27.2*
石炭	1 628	1 473	1 447	1 311	1 118	*9.3*
都市ガス	511	807	1 089	1 088	992	*8.2*
熱	1 022	1 224	1 089	952	858	*7.1*
天然ガス 1)	58	50	68	59	55	*0.5*
未活用エネルギー 3)	—	6	7	31	30	*0.2*
再生可能エネルギー 2)	56	50	21	11	10	*0.1*
計	**13 553**	**15 854**	**14 711**	**12 956**	**12 082**	*100.0*

資料・脚注は表9-2に同じ。

図 9-1 一次エネルギー供給割合の推移（会計年度）

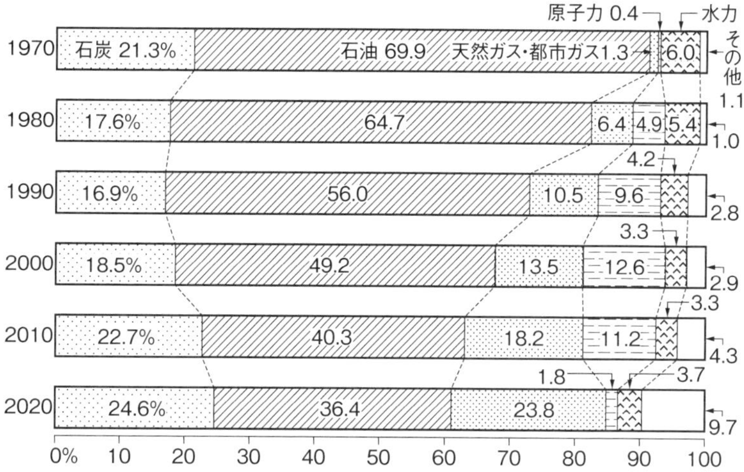

資源エネルギー庁「総合エネルギー統計」より作成。国内供給ベース。

表 9-4 部門別最終エネルギー消費（会計年度）（換算単位 PJ）

	1990	2000	2010	2019	2020	〃 %
企業・事業所他部門・・・	8 835	9 899	9 160	8 135	7 483	*61.9*
製造業・・・・・・・・・・・・	6 361	6 725	6 295	5 643	5 098	*42.2*
業務他（第三次産業）	1 721	2 545	2 414	2 100	1 972	*16.3*
農林水産鉱建設業・・・	753	630	450	392	413	*3.4*
運輸部門・・・・・・・・・・・・	3 078	3 830	3 387	3 001	2 692	*22.3*
旅客部門・・・・・・・・・・	1 573	2 254	2 026	1 771	1 517	*12.6*
貨物部門・・・・・・・・・・	1 505	1 576	1 361	1 230	1 175	*9.7*
家庭部門・・・・・・・・・・・・	1 640	2 125	2 165	1 820	1 908	*15.8*
計・・・・・・・・・・・・・・・・	**13 553**	**15 854**	**14 711**	**12 956**	**12 082**	*100.0*

資源エネルギー庁「総合エネルギー統計」より作成。各部門の最終エネルギー消費には、非エネルギー用途の消費を含む。

図 9-2 最終エネルギー消費の部門別割合（会計年度）

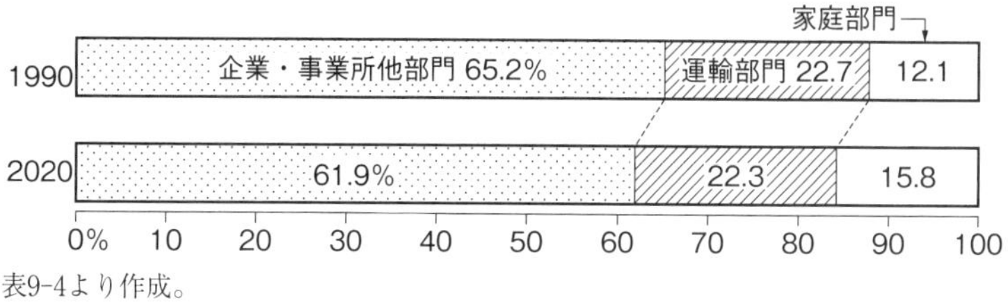

表9-4より作成。

表 9-5　主要国の一次エネルギー国内供給（2019年）

（熱量換算）（単位　PJ）

	中国	アメリカ合衆国	インド	ロシア	日本
石炭	86 733	11 510	17 495	5 224	4 830
石油 1)	27 132	33 196	9 859	6 257	6 671
天然ガス	10 391	31 079	2 323	17 502	3 855
原子力	3 800	9 200	507	2 294	696
水力 2)	4 581	1 043	621	701	287
地熱など 3)	4 028	1 935	480	10	391
バイオ燃料と廃棄物 4)	5 299	4 540	7 998	427	658
その他 5)	-60	141	-13	-66	—
計	**141 903**	**92 644**	**39 270**	**32 349**	**17 388**
1人あたり（GJ）	101	282	29	224	138

	カナダ	ドイツ	ブラジル	韓国	イラン
石炭	580	2 255	648	3 351	42
石油 1)	4 309	4 172	4 391	4 372	3 497
天然ガス	4 894	3 166	1 333	2 046	7 738
原子力	1 104	819	176	1 592	78
水力 2)	1 367	71	1 432	10	57
地熱など 3)	134	665	266	78	4
バイオ燃料と廃棄物 4)	577	1 293	3 915	280	21
その他 5)	-169	-118	93	2	-13
計	**12 795**	**12 323**	**12 255**	**11 731**	**11 424**
1人あたり（GJ）	340	148	58	227	138

	フランス	インドネシア	メキシコ	イギリス	世界計×
石炭	306	2 879	494	243	162 376
石油 1)	2 978	3 155	3 536	2 482	187 365
天然ガス	1 572	1 642	2 874	2 798	140 784
原子力	4 353	—	122	613	30 461
水力 2)	205	76	85	21	15 195
地熱など 3)	198	1 017	213	280	13 417
バイオ燃料と廃棄物 4)	747	1 316	365	631	56 813
その他 5)	-207	6	3	76	78
計	**10 152**	**10 092**	**7 692**	**7 145**	**606 490**
1人あたり（GJ）	150	37	61	107	79

IEA, Data and Statistics（2022年3月23日閲覧）より作成。この統計は、国内生産に輸出入と在庫の増減を加味した国内供給である。1PJ＝23885石油換算トン。ジュールは仕事量・エネルギーの単位。1）原油と石油製品。2）揚水式を除く。3）地熱、太陽光、風力、潮力など。4）原資料の表記は"Biofuels and waste"。固形バイオ燃料、液体バイオ燃料、バイオガス、産業廃棄物、都市廃棄物。5）電力の輸出入と熱の生産。マイナスは電力の流出超（輸出超）を示す。×その他とも。

〔石炭〕 石炭はかつてエネルギー源の中心であったが、1960年代に石油に代わった。しかし、石炭は産出国が世界各地に分散しており、政情不安などの「地政学的リスク」が低い。さらに、熱量当たりの価格が安いという利点もある。石炭燃焼技術の向上により、環境負荷の低減が可能になったことで、第２次石油危機後の1970年代末から電力会社を中心に、石炭消費が再び増加した。ただし、石炭には排出される二酸化炭素（CO_2）の量が、化石燃料の中で最も多いという欠点がある。近年、世界共通の目標となった「カーボンニュートラル（CO_2排出を実質ゼロにする）」の流れの中で、欧米を中心に石炭利用を控える動きが加速している。

日本では、東日本大震災以降に原発の停止を補うために石炭火力が増

表 9-6 石炭の生産と輸入の推移（単位 千t）

	生産	輸入	自給率（%）		生産	輸入	自給率（%）
1960	51 067	8 292	*86.0*	2000	3 126	145 278	*2.1*
1965	49 534	17 080	*74.4*	2005	1 114	180 808	*0.6*
1970	39 694	50 172	*44.2*	2010	917	184 560	*0.5*
1975	19 003	62 107	*23.4*				
1980	18 026	68 228	*20.9*	2018	1 041	189 320	*0.5*
1985	16 339	92 990	*14.9*	2019	758	186 178	*0.4*
1990	8 262	107 517	*7.1*	2020	772	173 730	*0.4*
1995	6 263	126 179	*4.7*	2021	675	182 604	*0.4*

石炭フロンティア機構資料、経済産業省「本邦鉱業の趨勢」および財務省「貿易統計」より作成。自給率は、生産量を生産量と輸入量の合計で割ったもの。本年版よりすべての年次を暦年に変更。

表 9-7 石炭の輸入先（単位 千t）

	1990	2000	2010	2019	2020	2021[1)]
オーストラリア·	55 736	86 541	117 496	109 264	103 489	119 456
インドネシア···	935	14 045	33 835	28 139	27 538	22 630
ロシア·········	8 704	5 464	10 689	20 178	21 680	19 734
アメリカ合衆国·	11 546	4 196	3 065	13 256	9 329	9 679
カナダ········	19 267	13 383	10 542	10 181	9 091	7 746
中国···········	5 214	17 037	6 301	1 878	791	816
コロンビア·····	120	99	60	1 206	710	784
計×·········	**107 517**	**145 278**	**184 560**	**186 178**	**173 730**	**182 604**

財務省「貿易統計」より作成。×その他とも。1）確々報の値で、確定とは異なることがある。

えたが、2021年の「第6次エネルギー基本計画」により、石炭の利用縮減に向けた取り組みが本格化している。政府は、2030年までに発電効率が40%程度以下の低効率石炭火力（石炭火力全体の約半分）の休廃止を発電事業者に求めている。電力部門に次いで石炭の利用が多い鉄鋼業でも、高炉製鉄で利用するコークス（石炭の乾留物）の使用量を削減する技術や、コークスを使わない新たな製鉄技術の開発を支援している。

表 9-8　世界の石炭貿易（2019年）

輸出国	万t	%	輸入国	万t	%
インドネシア	45 914	*32.4*	中国[1]	29 977	*21.8*
オーストラリア	39 293	*27.8*	インド	24 854	*18.0*
ロシア	20 539	*14.5*	日本	18 689	*13.6*
アメリカ合衆国	7 917	*5.6*	韓国	12 738	*9.2*
南アフリカ共和国	7 845	*5.5*	(台湾)[2]	5 558	*4.0*
コロンビア	7 470	*5.3*	ベトナム	4 377	*3.2*
世界計×	**141 535**	*100.0*	世界計×	**137 747**	*100.0*

国連“Energy Statistics Yearbook 2019”より作成。無煙炭と瀝青炭のみ。1）中国は褐炭を含む。2）原資料ではその他アジアであるが、ほとんどが台湾。×その他とも。

表 9-9　世界の石炭産出高と埋蔵量（単位　万t）

	2000	2018	2019	〃%	可採埋蔵量[1]（百万t）	可採年数[2]（年）
中国[3]	129 900	369 774	384 633	*54.8*	124 059	32.3
インド	31 370	72 872	73 087	*10.4*	85 562	117.1
インドネシア	6 285	54 800	61 617	*8.8*	17 394	28.2
オーストラリア	21 617	41 093	43 398	*6.2*	62 095	143.1
ロシア	15 254	35 861	35 756	*5.1*	69 634	194.7
アメリカ合衆国	52 275	32 579	30 986	*4.4*	222 641	718.5
南アフリカ共和国	22 420	25 505	25 785	*3.7*	9 893	38.4
カザフスタン	7 489	10 109	9 859	*1.4*	25 605	259.7
コロンビア	3 814	8 428	8 434	*1.2*	4 881	57.9
ポーランド	10 222	6 386	6 208	*0.9*	16 203	261.0
ベトナム	1 161	4 205	4 716	*0.7*	3 116	66.1
モンゴル	83	4 439	4 482	*0.6*	1 170	26.1
世界計×	**327 993**	**680 245**	**702 395**	*100.0*	**698 660**	99.5

国連“Energy Statistics Yearbook 2019”および同“UN data”より作成。無煙炭と瀝青炭のみ。埋蔵量は世界エネルギー会議による2014年末現在の数値。日本の埋蔵量は340百万トン。1）技術的、経済的に採掘可能な埋蔵量。2）可採埋蔵量を2019年の産出量で割って算出。3）生産には褐炭を含む。×その他とも。

〔石油〕 原油価格は2020年４月に原油先物のWTIがマイナス価格となるなど、2020年前半はコロナ禍で低迷した。しかし、世界経済の回復や、一部の産油国の生産停滞により、2021年以降は大幅に上昇している。アメリカ合衆国や日本などは産油国に増産を求めているが、石油輸出国機構（OPEC）とロシアなど非加盟国で構成される「OPECプラス」は消極的である。世界規模で進む脱炭素化の流れにより、将来石油需要が

図 9-3 製油所の所在地（2021年３月末現在）

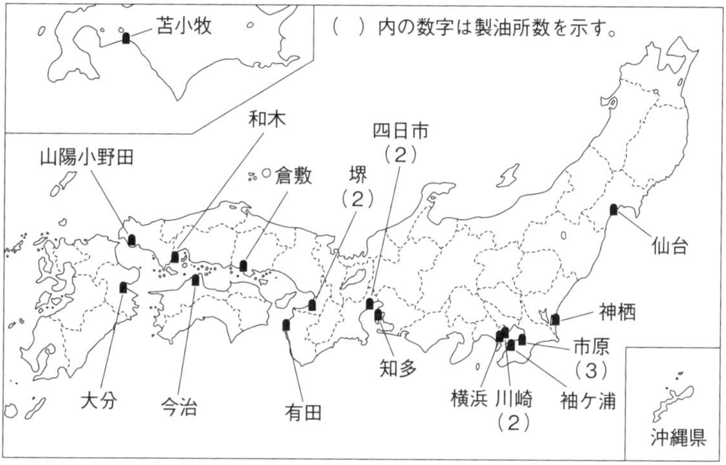

石油連盟資料による。

表 9-10 石油の生産と輸出入（単位 千kL）

	1990	2000	2010	2019	2020	2021
原油生産	632	740	873	522	512	490
原油輸入	228 760	250 578	215 381	175 489	143 880	144 663
計	229 392	251 318	216 254	176 011	144 392	145 153
原油輸入依存率（%）1)	*99.7*	*99.7*	*99.6*	*99.7*	*99.6*	*99.7*
石油製品生産 2)	184 395	224 034	196 247	166 582	138 819	138 432
石油製品輸入 2)	44 494	39 527	32 548	31 721	34 956	39 137
計	228 889	263 561	228 795	198 303	173 775	177 568
輸出	6 474	15 089	29 852	34 069	21 330	22 231

経済産業省「資源・エネルギー統計（石油）」および「生産動態統計」より作成。1）生産と輸入の合計に対する輸入の割合。2)燃料油のみ(潤滑油、アスファルトなどを含まない)。なお、石油製品の種類については、表9-12を参照のこと。【☞長期統計510ページ】

低下していくと考えられており、油田などへの開発投資が減少している。

原油価格の高騰に対し、アメリカ合衆国など消費国は2021年11月に備蓄原油の協調放出を表明した（116ページ解説参照）。しかし、その後価格がさらに高騰しており、日本国内では石油元売りへの補助金拡大や、ガソリン税の上乗せ部分の課税を停止する「トリガー条項」の凍結解除を求める声が高まっている。2022年2月にはロシアがウクライナに侵攻し、アメリカ合衆国と同盟国がロシアへの経済制裁を実施したため、ロシア産原油（生産量世界3位）の調達が難しくなった。原油の供給不安から、原油価格は過去最高値に迫っているが、OPECプラスは依然として追加増産を見送っており、産油国と消費国の対立が続いている。

日本は、国内の原油生産量がわずかで、需要のほぼすべてを海外に依

図 9-4　自主開発石油・天然ガス比率の推移（会計年度）

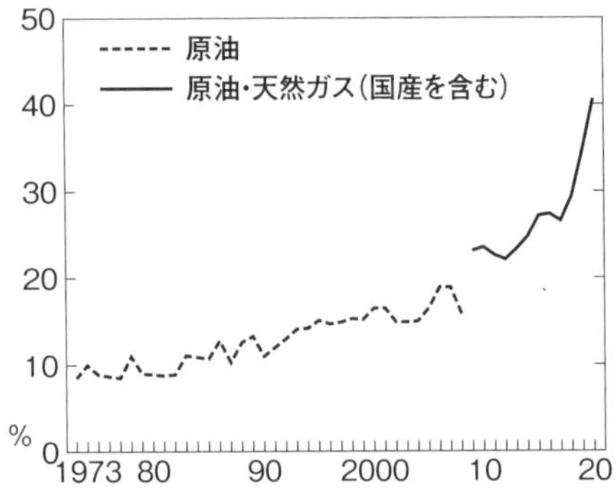

資源エネルギー庁資料より作成。石油・天然ガスの自主開発比率とは、石油・天然ガスの輸入量および国内生産量に占める、国内企業の権益に関する取引量および国内生産量の割合。

表 9-11　原油の輸入先（単位　千kL）

	2020	2021[1)]		2020	2021[1)]
サウジアラビア・	58 559	57 300	オマーン・・・・・・・	856	746
アラブ首長国連邦	45 988	50 056	アルジェリア・・・	370	499
クウェート・・・・・	13 086	12 069	マレーシア・・・・・	604	462
カタール・・・・・・・	12 062	10 896	イラク・・・・・・・・・	564	461
ロシア・・・・・・・・・	6 022	5 242	計×・・・・・・・・・	**146 026**	**144 310**
エクアドル・・・・・	2 334	2 386			
バーレーン・・・・・	712	1 099	OPEC計・・・・・	118 786	120 453
アメリカ合衆国・	2 439	1 062	中東計・・・・・・・	131 828	132 627

財務省「貿易統計」より作成。前表の輸入量と異なるのは、原油の定義や統計のとり方の違いによる。1）確々報による。×その他とも。

存している。輸入先は地政学上のリスクが高い中東地域に偏っていて（2021年で91.9％）、日本のエネルギー安全保障上最大の問題になっている。政府は、石油代替エネルギーの導入や、原油輸入先の分散化、海外での自主開発油田の獲得、石油備蓄の拡充などを進めているが、中東依存を下げる有効な対策がない。一方で、国内の燃料油の需要は、人口減と脱炭素化の進展によって、コロナ禍が収束した後も縮小し続けると考えられている。これに合わせて、ENEOSホールディングスは和歌山製油所（和歌山県有田市）を、2023年10月をめどに閉鎖する予定である。

表 9-12　石油製品の油種別生産（単位　千kL）

	1990	2000	2010	2019	2020	2021
原油処理量……	201 054	241 541	210 297	177 048	145 230	144 648
ガソリン………	42 272	56 726	58 827	49 802	44 135	44 813
ナフサ…………	10 860	17 955	20 850	18 087	13 378	12 915
ジェット燃料油·	4 441	10 625	14 048	16 128	8 034	8 084
灯油……………	23 119	27 886	19 675	13 603	13 252	11 685
軽油……………	31 980	42 612	42 866	42 107	34 214	34 802
重油……………	71 722	68 230	39 980	26 857	25 805	26 133
燃料油計……	**184 395**	**224 034**	**196 247**	**166 582**	**138 819**	**138 432**
潤滑油…………	2 506	2 651	2 537	2 269	2 027	2 008
パラフィン……	1) 137	1) 109	1) 80	1) 72	1) 75	1) 77
アスファルト…	1) 6 185	1) 5 506	1) 4 528	1) 2 809	1) 2 387	1) 2 258
液化石油ガス…	1) 4 450	1) 4 935	1) 4 506	1) 3 824	1) 3 042	1) 3 148

経済産業省「資源・エネルギー統計（石油）」、および同「生産動態統計」より作成。数値は精製業者、潤滑油業者、その他業者の合計。1）単位千ｔ。

表 9-13　石油製品消費量（単位　千kL）

	ガソリン	ナフサ	ジェット燃料油	灯油	軽油	重油	計
1990	44 446	31 110	3 637	26 324	37 178	74 475	217 171
2000	58 201	48 238	4 576	29 876	42 275	61 283	244 450
2010	58 379	47 394	5 432	20 248	33 064	32 731	197 249
2018	50 999	43 330	4 848	15 358	33 852	21 393	169 779
2019	49 785	43 769	5 199	14 355	34 042	18 365	165 514
2020	46 052	40 055	3 245	14 075	32 037	16 252	151 715
2021	44 768	42 791	3 175	13 509	32 140	17 833	154 215

経済産業省「資源・エネルギー統計（石油）」、同年報より作成。国内向けの販売。燃料油のみ。

図 9-5　世界の原油産地（2020年）（下表より作成）

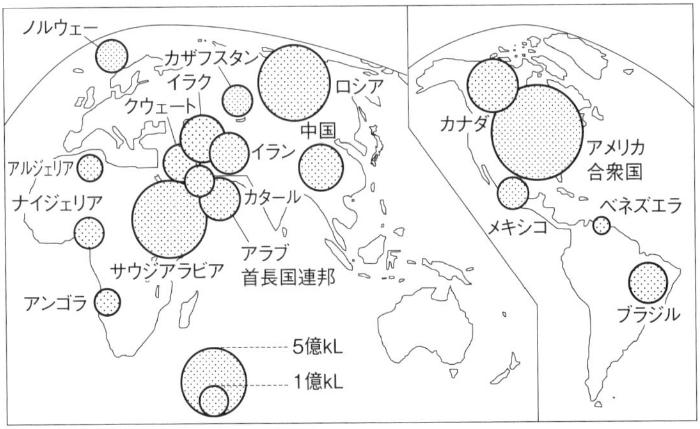

表 9-14　世界の原油産出量と埋蔵量（単位　産出量：万kL、埋蔵量：百万kL）

	2000	2019	2020	〃 %	確認 埋蔵量	可採年 数1)
アメリカ合衆国	44 999	99 079	95 879	*18.6*	10 932	11.4
サウジアラビア	53 080	68 669	64 240	*12.5*	47 307	73.6
ロシア	38 308	67 779	62 073	*12.1*	17 141	27.6
カナダ	15 732	31 179	29 885	*5.8*	2) 26 726	89.4
イラク	15 206	27 738	23 939	*4.7*	23 058	96.3
中国	18 953	22 262	22 700	*4.4*	4 128	18.2
アラブ首長国連邦	15 124	23 206	21 279	*4.1*	15 550	73.1
イラン	22 407	19 726	17 947	*3.5*	25 090	139.8
ブラジル	7 427	16 692	17 607	*3.4*	1 896	10.8
クウェート	13 061	17 272	15 631	*3.0*	16 139	103.2
ノルウェー	19 385	10 079	11 647	*2.3*	1 256	10.8
メキシコ	20 112	11 132	11 115	*2.2*	964	8.7
カザフスタン	4 308	11 135	10 538	*2.0*	4 770	45.3
カタール	4 954	10 810	10 528	*2.0*	4 014	38.1
ナイジェリア	12 653	12 201	10 461	*2.0*	5 866	56.1
アルジェリア	9 015	8 628	7 751	*1.5*	1 940	25.0
アンゴラ	4 342	8 239	7 703	*1.5*	1 237	16.1
イギリス	15 769	6 489	5 988	*1.2*	398	6.6
オマーン	5 556	5 635	5 532	*1.1*	854	15.4
コロンビア	3 998	5 141	4 547	*0.9*	324	7.1
インド	4 222	4 819	4 485	*0.9*	722	16.1
世界計×	**433 796**	**551 105**	**514 383**	*100.0*	**275 446**	53.5
うち中東 3)	135 543	175 044	160 989	*31.3*	132 915	82.6

BP “Statistical Review of World Energy 2021” より作成。確認埋蔵量は2020年12月31日現在。確認埋蔵量には天然ガス液とガスコンデンセートを含む。1）確認埋蔵量÷2020年の産出量。2）オイルサンドを含む。3）トルコを除く。×その他とも。

表 9-15 主要国の原油需給（2019年）（単位 万 t）

	産出	輸入	輸出	消費	1人あたり消費（kg）	原油自給率（%）1)
アメリカ合衆国	60 413	33 545	14 707	79 692	2 422	*75.8*
中国	19 101	50 568	81	68 007	474	*28.1*
ロシア	52 759	—	26 734	26 182	1 795	*201.5*
インド	3 217	22 696	—	25 828	189	*12.5*
日本	21	14 538	—	14 539	1 146	*0.1*
サウジアラビア	48 887	—	35 080	14 492	4 229	*337.3*
韓国	2	14 455	—	14 304	2 792	*0.0*
ドイツ	193	8 599	11	8 739	1 046	*2.2*
ブラジル	14 147	871	6 226	8 624	409	*164.1*
イラン	11 733	—	3 233	8 500	1 025	*138.0*
イタリア	428	6 314	—	6 727	1 111	*6.4*
カナダ	18 969	4 146	16 495	6 578	1 758	*288.4*
スペイン	4	6 630	—	6 565	1 405	*0.1*
タイ	1 125	4 361	128	5 698	818	*19.7*
オランダ	75	5 764	39	5 693	3 330	1.3
シンガポール	—	5 333	72	5 262	9 065	—
イギリス	4 874	4 456	4 083	5 230	774	*93.2*
フランス	73	4 834	7	4 911	754	*1.5*
(台湾)	0	4 640	—	4 649	1 956	*0.0*
インドネシア	3 695	1 023	349	4 641	172	*79.6*
世界計×	**393 203**	**232 261**	**223 537**	**401 673**	521	—

IEA（国際エネルギー機関）"World Energy Statistics and Balances"（2021年2月8日閲覧）より作成。消費には在庫の増減を含む。1人あたり消費は、国連の"World Population Prospects"の人口により編者算出。1）産出÷消費×100で算出。×その他とも。

表 9-16 世界の原油貿易（2019年）

輸出国	万 t	%	輸入国	万 t	%
サウジアラビア	35 080	*15.7*	中国	50 568	*21.8*
ロシア	26 734	*12.0*	アメリカ合衆国	33 545	*14.4*
イラク	19 494	*8.7*	インド	22 696	*9.8*
カナダ	16 495	*7.4*	日本	14 538	*6.3*
アメリカ合衆国	14 707	*6.6*	韓国	14 455	*6.2*
アラブ首長国連邦	12 021	*5.4*	ドイツ	8 599	*3.7*
クウェート	10 225	*4.6*	スペイン	6 630	*2.9*
ナイジェリア	9 409	*4.2*	イタリア	6 314	*2.7*
カザフスタン	7 001	*3.1*	オランダ	5 764	*2.5*
アンゴラ	6 251	*2.8*	シンガポール	5 333	*2.3*
世界計×	**223 537**	*100.0*	世界計×	**232 261**	*100.0*

資料は上表に同じ。×その他とも。

図 9-6　主要国の輸入原油の中東依存度（2020年）

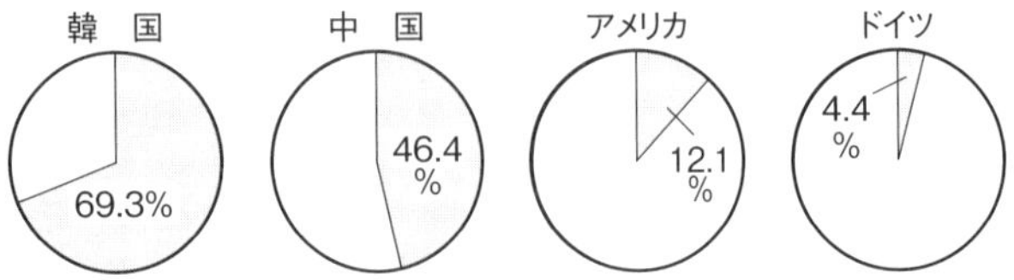

UN comtradeより作成。重量ベース。日本は90.3%で表9-11参照。

表 9-17　液化石油ガス（LPG）の供給（単位　千 t）

	2016	2017	2018	2019	2020	2021
生産…………	4 203	4 521	4 050	3 824	3 042	3 148
輸入…………	10 650	10 664	10 920	10 762	9 886	10 383
計…………	**14 853**	**15 185**	**14 969**	**14 587**	**12 928**	**13 531**

経済産業省「資源･エネルギー統計（石油）」、同年報より作成。液化石油ガス（LPG）は、プロパン、ブタンといった低級炭化水素を主成分とする混合物である。

表 9-18　液化石油ガス（LPG）の輸入先（単位　千 t）

	2020	2021[1)]		2020	2021[1)]
アメリカ合衆国	6 647	6 992	カタール………	290	157
カナダ………	838	1 271	アラブ首長国連邦	391	138
オーストラリア･	1 023	858	計×………	**9 796**	**10 144**
クウェート……	317	508	うち中東……	1 215	895

資料と注記は表9-11に同じ。×その他とも。

価格高騰対策による初の石油備蓄放出

コロナ禍からの世界経済の回復により、原油価格は上昇基調にある。2021年11月、ガソリン高に苦慮するアメリカのバイデン政権は、国家備蓄の協調放出を日本、中国、インド、韓国、イギリスに対して呼びかけた。政府はこの要請を受けて、備蓄原油の入れ替え時期を早める形で、第一陣として2022年３月に国家備蓄のうち63万バレルの放出を決定した。最終的には国内消費量の２日分にあたる420万バレルの放出を検討している。

2022年２月、ロシアのウクライナ侵攻に対する制裁として、米国は同盟国とともにロシア産原油の禁輸措置を取る可能性を示唆した。原油の需給ひっ迫の懸念が強まったことで、原油価格は2008年以来の高値になっている。価格安定化のために、国際エネルギー機関（IEA）は2022年３月に加盟国に対して総量6000万バレルの協調放出を求めており、日本も民間備蓄義務量を４日分引き下げて対応することにしている（2022年３月末現在）。

〔天然ガス〕 天然ガスは、日本では液化天然ガス(LNG)が輸入されるが、ヨーロッパや北米では産出国からのパイプラインでの輸送が多い。

コロナ禍からの経済回復で、天然ガスの需要が世界的に高まっている。しかし、2020年末からヨーロッパでロシアからの天然ガスの供給不安が生じたほか、想定外の寒波に加え、LNG輸送の渋滞、オーストラリアやマレーシアなどLNG輸出国で生産障害が続出し、天然ガス供給が停滞した。これに伴い天然ガス価格が大幅に上昇し、ヨーロッパでガス価格が過去最高値となった。さらに、2022年2月にロシアがウクライナに侵攻し、日本を含む各国がロシアに対して経済制裁を実施したことで、ロシア産天然ガスの購入が難しくなっている。アジアでのLNG価格も過去最高値となって、供給不安が続いている。日本では、電力需要の高い夏や冬に、LNG不足による電力のひっ迫が懸念される。

表 9-19 天然ガスの需給 (単位 百万m^3)

	1990	2000	2010	2019	2020	2021
天然ガス生産・・・	2 044	2 453	3 396	2 524	2 295	2 305
天然ガス出荷・ 1)	2 189	2 507	4 126	3 942	3 698	3 863
ガス業・・・・・・・	908	1 443	2 807	2 358	2 300	2 369
化学工業・・・・・	520	358	612	607	574	632
電気業・・・・・・・	621	575	337	424	305	325
その他・・・・・・・	141	131	370	553	519	537
液化天然ガス 輸入(千t)・・	35 465	53 690	70 008	77 327	74 464	74 316

資料は表9-17に同じ。ただし、液化天然ガスの輸入は財務省「貿易統計」による。液化天然ガス1トンは、約1400m^3(常温で気化したときの体積)。1)生産のほか購入分を含む。

表 9-20 液化天然ガス(LNG)の輸入先 (単位 千t)

	2020	2021 1)		2020	2021 1)
オーストラリア・	29 103	26 639	パプアニューギニア	3 419	3 500
マレーシア・・・・	10 594	10 113	オマーン・・・・・・	2 450	1 904
カタール・・・・・・・	8 734	8 970	インドネシア・・	2 226	1 886
アメリカ合衆国・	4 722	7 070	アラブ首長国連邦	1 034	1 325
ロシア・・・・・・・・・	6 140	6 567			
ブルネイ・・・・・・・	3 962	4 293	計×・・・・・・・・	**74 464**	**74 316**

資料と注記は表9-11に同じ。数量ベース(表24-9は金額ベース)。×その他とも。

図 9-7　原油と天然ガスの埋蔵地域（2020年12月31日現在）

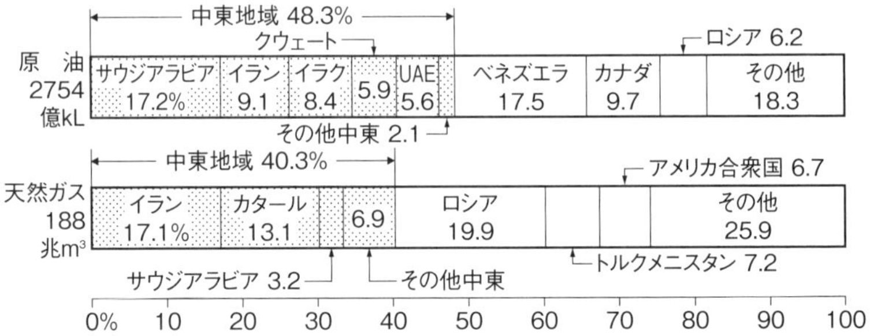

資料は表9-21に同じ。UAEはアラブ首長国連邦。

表 9-21　世界の天然ガス生産量（単位　億m³）

	1990	2000	2010	2019	2020	〃 %
アメリカ合衆国‥	4 834	5 186	5 752	9 300	9 146	*23.7*
ロシア‥‥‥‥‥	5 996	5 371	5 984	6 790	6 385	*16.6*
イラン‥‥‥‥‥	247	563	1 439	2 414	2 508	*6.5*
中国‥‥‥‥‥‥	154	274	965	1 776	1 940	*5.0*
カタール‥‥‥‥	65	258	1 231	1 721	1 713	*4.4*
カナダ‥‥‥‥‥	1 034	1 763	1 496	1 690	1 652	*4.3*
オーストラリア‥	206	312	526	1 431	1 425	*3.7*
サウジアラビア‥	318	473	833	1 112	1 121	*2.9*
ノルウェー‥‥‥	253	494	1 062	1 143	1 115	*2.9*
アルジェリア‥‥	517	919	774	870	815	*2.1*
マレーシア‥‥‥	180	497	651	793	732	*1.9*
インドネシア‥‥	445	707	870	676	632	*1.6*
トルクメニスタン	792	424	401	632	590	*1.5*
エジプト‥‥‥‥	78	202	590	649	585	*1.5*
世界計×‥‥‥	**19 697**	**24 007**	**31 508**	**39 762**	**38 537**	*100.0*

BP "Statistical Review of World Energy 2021" より作成。×その他とも。

表 9-22　世界の天然ガス埋蔵量（2020年12月31日現在）

	億m³	%		億m³	%
ロシア‥‥‥‥‥	373 915	*19.9*	ベネズエラ‥‥‥	62 602	*3.3*
イラン‥‥‥‥‥	321 014	*17.1*	サウジアラビア‥	60 191	*3.2*
カタール‥‥‥‥	246 655	*13.1*	アラブ首長国連邦	59 387	*3.2*
トルクメニスタン	136 013	*7.2*	ナイジェリア‥‥	54 730	*2.9*
アメリカ合衆国‥	126 187	*6.7*	世界計×‥‥‥	**1 880 742**	*100.0*
中国‥‥‥‥‥‥	83 985	*4.5*	うち中東 ‥‥ 1)	758 069	*40.3*

資料は上表に同じ。1) トルコを含まず。×その他とも。

〔**原子力**〕 日本はエネルギー資源が少なく、原子力は重要な電源として、1970年代の２度の石油危機後に導入が進んだ。原発の総発電量は1998年まで順調に伸びていたが、その後は事故などで原発の休止が相次いだ。

2011年の東日本大震災で発生した福島第一原発事故では、地域住民が長期にわたる避難生活を強いられている。政府は、７市町村に広がる帰還困難区域のうち、6町村の一部を「特定復興再生拠点区域（復興拠点）」に定めて除染作業を進め、2020年３月に３町の一部で区域指定を先行解除した。2022年春には、双葉町と大熊町の復興拠点で制限が全面解除される予定だが、社会インフラが整っておらず、故郷への帰還をあきらめた人も少なくない。福島第一原発で進む廃炉作業での喫緊の課題は、放射性物質を除去した処理水である。政府は、基準値以下の処理水の海洋

図 9-8　原子力発電所の状況（2021年９月15日現在）

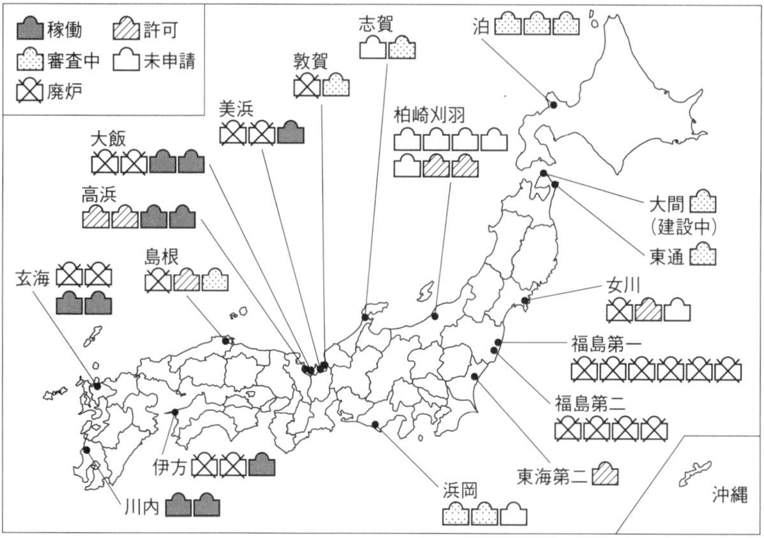

原子力安全推進協会ウェブサイトをもとに編者作成。東京電力福島第一原発事故の反省などを踏まえ、原子力規制委員会は従来以上に厳しい規制基準で安全性を判断しており、17基の原子炉（うち10基が稼働）が再稼働の許可を得ている。大間原発（建設中）も審査中。福島第一原発の廃止を受け、規制基準への適合が難しいものは電力会社が次々と廃炉にしている。本図の廃炉は2011年の福島第一原発事故以降のものに限る。

放出を2023年春から始めたいとしている。しかし、漁業への風評被害が懸念されるなど、地元では反対論が根強い。また、長期的な課題となるのが、原子炉建屋内での溶け落ちた核燃料（燃料デブリ）の取り出しである。極めて強い放射線が出ているために作業が困難で、2022年中にロボットアームで燃料デブリを試験的に取り出すことが計画されている。

2022年３月、地震による火力発電所の停止と寒波が重なり、東日本全域で電力逼迫が発生した。ロシアによるウクライナ侵攻で化石燃料の調達が難しくなっている中、電力の安定供給のために産業界を中心に原発再稼働を求める声が上がっている。

表 9-23　世界の原子力発電所設備容量（2021年１月１日現在）

	運転中		建設・計画中		合計	
	千kW	基	千kW	基	千kW	基
アメリカ合衆国	100 353	94	3 460	3	103 813	97
フランス	64 040	56	1 650	1	65 690	57
中国	49 878	48	47 373	45	97 251	93
日本 1)	33 083	33	15 723	11	48 806	44
ロシア	29 311	34	19 487	17	48 798	51
韓国	23 416	24	5 600	4	29 016	28
カナダ	14 512	19	—	—	14 512	19
ウクライナ	13 818	15	2 000	2	15 818	17
世界計×	**407 882**	**434**	**159 303**	**141**	**567 184**	**575**

日本原子力産業協会「世界の原子力発電開発の動向」（2021年版）より作成。1）実際に運転中のものは少ないが、本表では運転中止中のものも運転中扱い。×その他とも。カザフスタンで計画中の１基が出力不明で、基数のみ足し合わせている。

表 9-24　世界のウラン生産と埋蔵量（2018年）

	生産量（t）	確認1) 埋蔵量（千t）		生産量（t）	確認1) 埋蔵量（千t）
カザフスタン	21 705	464.7	ニジェール	2 878	315.5
カナダ	6 996	652.2	中国	1 620	122.6
オーストラリア	6 526	1 284.8	ウクライナ	790	122.1
ナミビア	5 520	320.7	インド	400	188.0
ウズベキスタン	3 450	50.8			
ロシア	2 904	256.6	世界計×	**53 516**	**4 723.7**

OECD, NEA “Uranium”（2020年）より作成。1）2019年１月１日現在。ウラン１kgあたり260米ドル以下で回収可能な可採埋蔵量。×その他とも。

第10章　電力・ガス

〔電力〕　電力業界は転換期に突入している。2011年の東日本大震災による福島第一原発の重大事故後、原子力発電所の休止が相次ぎ、同年以降は火力発電の依存度が8割を超えている。2016年のパリ協定で国際公

図 10-1　国内の主な発電所

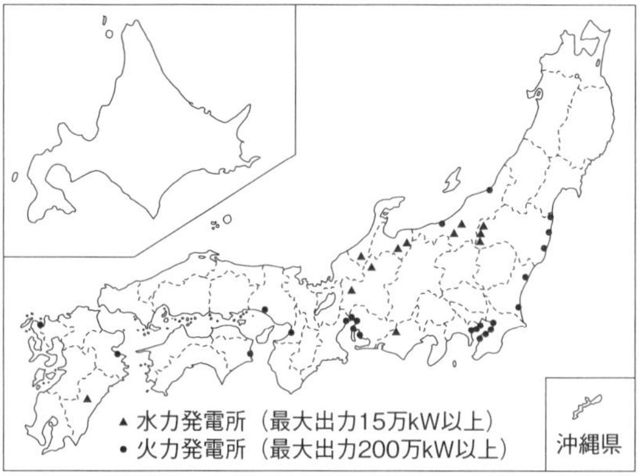

資源エネルギー庁「電気事業便覧」、同ウェブサイトおよび各発電事業者のウェブサイトより作成。2021年3月末現在。水力発電所は一般水力発電所のみで、揚水式を含まない。原子力発電所は図9-8を参照。

表 10-1　**発電設備容量**（最大出力）（会計年度末現在）（単位　千kW）

	1980	1990	2000	2010	2019	2020
水力	29 776	37 831	46 325	48 111	50 033	50 033
火力	98 072	124 984	166 648	182 381	189 784	191 758
原子力	15 689	31 645	45 248	48 960	33 083	33 083
太陽光	—	1	—	32	16 522	19 028
風力	—	—	84	2 294	3 951	4 119
地熱	162	269	533	537	481	487
計×	**143 698**	**194 730**	**258 838**	**282 315**	**293 897**	**298 550**
（事業者別）						
電気事業者	129 358	175 072	228 596	228 479	266 112	269 648
自家用	14 340	19 658	30 241	53 836	27 785	28 903

資源エネルギー庁「電力調査統計」より作成。2015年度以前は電気事業連合会「電気事業便覧」。2016年度よりその他のエネルギー源による出力を含む。電力小売自由化に伴い、2016年度より電気事業用には新規参入した発電事業者等を含み、2015年度以前と電気事業用、自家用の数値が大きく異なる。2015年度以前の電気事業用は主に旧一般電気事業者と旧卸電気事業者。自家用は、2016年度以降は発電設備全体の合計出力が1千kW以上。1996～2015年度は1発電所1千kW以上、1995年度までは500ｋW以上。×その他とも。

約となった温室効果ガスの削減の為、政府は2020年に、温室効果ガスの排出量と吸収量を均衡させるカーボンニュートラル達成を2050年までに実現すると宣言した。特に、発電部門は国内の二酸化炭素（CO_2）排出の約4割を占め、その削減が求められている。石炭はエネルギー当たりでCO_2を最も多く排出することから、旧式で発電効率の悪い石炭火力を2030年までに廃止する予定である。廃止の対象外となる石炭火力発電所では、燃焼時にCO_2を排出しないアンモニア（NH_3）を燃料として混焼させることを目指しており、発電会社が実験を進めている。

図 10-2　発電電力量の推移（会計年度）

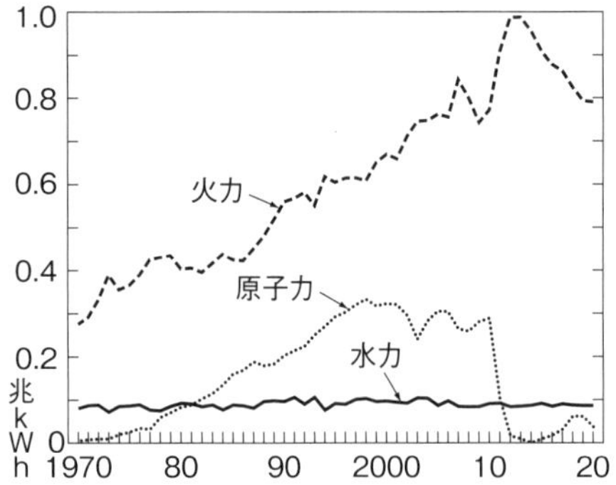

再生可能エネルギーを今後の主力電源と位置づけて導入を進めた結果、2019年度の国土面積や平地面積当たりの太陽光発電の導入量が主要国の中でも最大になっている。こうした急速な拡大は、再生可能エネルギーの固定価格買取制度(FIT

表 10-2　発電電力量（会計年度）（単位　百万kWh）

	1980	1990	2000	2010	2019	2020
水力	92 092	95 835	96 817	90 681	86 314	86 310
火力	401 967	557 423	669 177	771 306	792 810	790 020
原子力	82 591	202 272	322 050	288 230	61 035	37 011
太陽光	—	1	—	22	21 414	24 992
風力	—	—	109	4 016	6 906	8 326
地熱	871	1 741	3 348	2 632	2 063	2 114
計×	**577 521**	**857 272**	**1 091 500**	**1 156 888**	**970 770**	**948 979**
(事業者別)						
電気事業者	514 050	757 593	940 687	918 239	863 186	845 409
自家用	63 471	99 679	150 813	238 649	107 585	103 570

資料や注記は表10-1に同じ。表10-1は発電する能力の大きさ（容量）で、本表は1年間で実際に発電された量。本表も表10-1同様に電力小売自由化によって2016年度から電気事業用の範囲が変更されている。自家用は表10-1注記に示したように規模の大きな発電施設のみが調査対象で、家庭用の太陽光発電などは表10-6を参照。×その他とも。

制度）が支えてきた。しかし、固定価格を維持するために、消費者が支払う電力料金には賦課金と呼ばれる利用者負担が上乗せされており、2021年度の見込みで2.7兆円に達している。国民負担が増大する中で、政府はFIT法を見直して、2022年４月より新たにFIP（フィードインプレミアム）制度を導入した。常に固定価格で買い取られていた再エネ電

表 10-3　発電電力量の内訳（2020年度）（単位　百万kWh）

	水力	火力	原子力	太陽光	風力	地熱	計×
電気事業者‥	84 493	697 933	37 011	16 185	7 594	1 987	845 409
自家用‥‥‥	1 817	92 087	—	8 808	731	127	103 570
計‥‥‥‥	**86 310**	**790 020**	**37 011**	**24 992**	**8 326**	**2 114**	**948 979**

資料は表10-2に同じ。表10-2の内数。×その他の発電源を含む。

表 10-4　電気事業者の発電電力量と受電量（2020年度）（単位　百万kWh）

	発電量	受電量		発電量	受電量
水力発電‥‥‥	84 493	2 777	原子力発電‥‥	37 011	—
一般‥‥‥‥	73 464	…	新エネルギー等	25 766	77 527
揚水式‥‥‥	11 029	…	太陽光‥‥‥	16 185	68 649
火力発電‥‥‥	697 933	18 091	風力‥‥‥‥	7 594	8 272
LNG‥‥‥‥	354 635	649	地熱‥‥‥‥	1 987	606
石炭‥‥‥‥	274 666	4 426	バイオマス 2)	(19 122)	(9 842)
石油‥‥‥‥	14 639	611	廃棄物‥‥ 2)	(3 752)	(2 562)
その他‥‥ 1)	53 993	12 405	計×‥‥‥‥	**845 409**	**384 357**

資料は表10-2に同じ。発電量は表10-2の電気事業者の内数。受電量には表10-6の買取電力量を含む。火力の内訳は主として使用する燃料で集計。1）LPGやその他のガス、瀝青質混合物など。2）火力の内数で、新エネルギー等に合算していない。×その他とも。

表 10-5　火力発電の燃料消費量（電気事業用）（会計年度）

	1980	1990	2000	2010	2019	2020
石炭（千ｔ）‥‥‥	9 776	27 238	57 785	72 153	108 542	105 882
重油（千kL）‥‥	35 689	23 806	11 750	6 318	2 938	3 119
原油（千kL）‥‥	13 432	21 859	7 510	4 759	204	305
LNG（千ｔ）‥‥	12 987	27 624	38 663	41 743	46 601	47 067

資源エネルギー庁「電力調査統計」(2020年度）より作成。2015年度以前は電気事業連合会「電気事業便覧」(2016年版）による汽力発電のみの統計で、旧一般電気事業者と旧卸電気事業者のみ。2016年度以降はその他の発電事業者等を含むため、前年度と数値が大きく異なる。なお、1995～2009年度は公営や共同火力など卸供給事業者を含む。

力は、卸電力市場などで売電した金額に一定額の補助金（制度開始当初は基準価格をFIT調達価格と同水準に設定）を上乗せする方式になり、電力市場と連動される。これにより、電力需要が多いときに売れば高い収益を得られ、全体でみると電力需給の安定化が期待できる。FIPは主に大規模事業者に適用され、今後はFITとFIPが併存する形になる。

表 10-6　再生可能エネルギー買取状況（会計年度）

	導入発電設備容量1)（千kW）			買取電力量（百万kWh）		
	2018	2019	2020	2018	2019	2020
太陽光（住宅）2)	10 861	11 632	12 396	8 365	8 657	7 994
太陽光（非住宅）3)	38 688	43 560	48 547	49 276	55 002	63 670
風力	3 653	4 111	4 489	7 081	7 272	8 611
水力	572	722	930	2 776	3 465	3 935
地熱	31	79	92	148	496	566
バイオマス4)	2 900	3 505	4 071	12 517	15 473	18 859
計	**56 705**	**63 608**	**70 524**	**80 162**	**90 365**	**103 635**

資源エネルギー庁ウェブサイトより作成。2022年3月15日閲覧。固定価格買取制度（FIT法）で認定された設備。1）会計年度末現在。FIT法の下で買取が行われた設備。未発電設備を含む認定設備容量は2020年度末現在で107405千kWで、うち非住宅の太陽光が67849千kW。2）発電設備容量10kW未満。発電電力のうち余剰電力のみ買い取り。3）発電設備容量10kW以上。発電電力は全量買い取り。4）認定時のバイオマス比率を乗じた推計値。

表 10-7　電力需要実績（電気事業者）（2020年度）（単位　百万kWh）

旧一般電気事業者（従来の電力会社）				旧一般電気事業者以外の電気事業者	
自由料金	535 118	経過措置料金	129 073	自由料金	154 319
特別高圧	196 402	低圧	129 073	特別高圧	18 494
高圧	216 503	電灯	111 073	高圧	73 738
低圧	122 214	電力	18 000	低圧	62 087
電灯	110 045	最終保障供給	207	電灯	56 860
電力	12 169	離島供給	2 179	電力	5 228
		計	**666 578**	計	**154 319**

資源エネルギー庁「電力調査統計」(2020年度）より作成。電気事業者が販売した電力量。電気事業者への電力需要は、この他にコンビナートで密接な関係を持つ工場などに電力を供給する「特定供給制度」によるものが5472百万kWh、電気事業者の自家消費分が36790百万kWhで、これらをすべて合わせると、電気事業者への電力需要は863159百万kWh。

参考　2016年4月から始まった電力小売自由化によって、電力料金は電気事業者と消費者の間で自由に決めることができるようになった（自由料金）。ただし、少なくとも2020年度までは暫定的に従来の料金体系（経過措置料金）で電力供給を受けることができる。

風力発電も再生可能エネルギーの主力電源化に欠かせない。政府は、陸上風力発電の設置に関する規制を緩和して、その導入を促す。また、今後の風力発電の主力と目されている洋上風力では、海域利用のルール整備に加えて、設置を具体化するために5か所の海域を促進区域に指定

図 10-3　国内の電力系統（2020年度末現在）（単位　万kW）

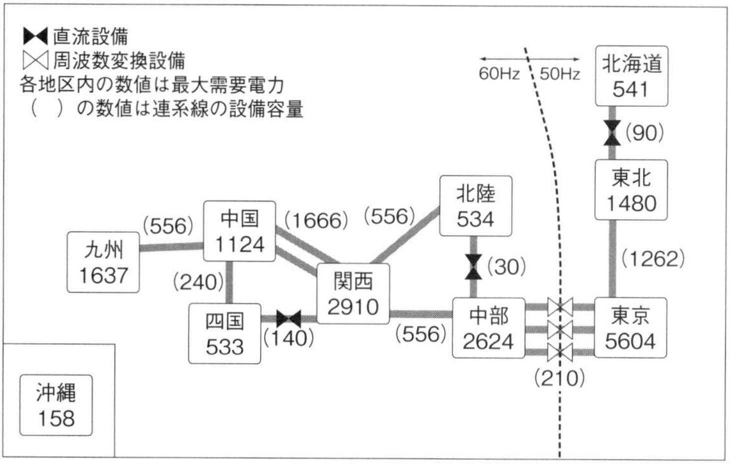

電力広域的運営推進機関および資源エネルギー庁資料より作成。最大需要電力は各供給地区で年度を通して最も高かった日時のものを使用。

表 10-8　各供給区域別最大需要電力（2020年度）（単位　万kW）

	夏（7～9月）				冬（12～2月）			
	最大需要電力	供給力	予備力	予備率（%）	最大需要電力	供給力	予備力	予備率（%）
北海道	431	477	46	*10.7*	541	615	74	*13.6*
東　北	1 412	1 527	115	*8.2*	1 480	1 534	54	*3.7*
東　京	5 604	6 198	594	*10.6*	5 094	5 405	311	*6.1*
中　部	2 624	2 845	220	*8.4*	2 409	2 558	148	*6.2*
北　陸	513	549	36	*7.1*	534	546	12	*2.2*
関　西	2 910	3 104	193	*6.6*	2 595	2 635	40	*1.5*
中　国	1 102	1 215	114	*10.3*	1 124	1 138	14	*1.3*
四　国	533	613	80	*15.0*	507	519	12	*2.3*
九　州	1 637	1 855	218	*13.3*	1 606	1 645	39	*2.4*
沖　縄	158	202	44	*27.9*	119	156	37	*31.3*
全　国	16 645	18 608	1 964	*11.8*	15 607	17 012	1 406	*9.0*

電力広域的運営推進機関「年次報告書」(2020年度）より作成。全国は各地域の最大値の計ではなく、各期間中において国内全体で最大の電力需要があった日の数値。

して、大規模洋上風力の建設に向けて調整が進められている。

2022年3月16日深夜に発生した福島県沖地震により、複数の火力発電所が停止し、首都圏を中心に200万軒以上で停電が発生した。また、発電所の損傷により電力の需給ひっ迫が東日本で起こり、政府は初めてとなる需給ひっ迫警報を発令、東日本全域に節電要請を出して広域停電を回避した。脱石炭の流れや、ロシアによるウクライナ侵攻で、液化天然ガス（LNG）の調達が難しくなっている。このため、電力需要が高まる夏と冬には、同様の需給ひっ迫が起きると懸念する声が高まっている。

表10-9　世界の発電電力量（単位　億kWh）

	2000	2019	水力（%）	火力（%）	原子力（%）	新エネルギー（%）
中国	13 557	75 041	*17.4*	*69.6*	*4.6*	*8.4*
アメリカ合衆国	40 527	43 918	*7.1*	*64.2*	*19.2*	*9.5*
インド	5 611	16 237	*10.6*	*79.1*	*2.9*	*7.4*
ロシア	8 778	11 215	*17.5*	*63.7*	*18.6*	*0.2*
日本	10 915	9 708	*8.9*	*81.7*	*6.3*	*3.2*
カナダ	6 057	6 454	*58.8*	*19.8*	*15.7*	*5.7*
ブラジル	3 489	6 263	*63.5*	*23.8*	*2.6*	*10.1*
ドイツ	5 765	6 091	*4.2*	*54.9*	*12.3*	*28.6*
韓国	2 901	5 815	*1.1*	*70.6*	*25.1*	*3.2*
フランス	5 400	5 708	*10.8*	*10.9*	*69.9*	*8.4*
世界計×	**155 112**	**270 442**	*16.0*	*65.3*	*10.3*	*8.4*

IEA "Data and Statistics"（2021年3月15日閲覧）より作成。日本は表10-2により作成。×その他とも。

表10-10　太陽光発電および風力発電設備容量（単位　千kW）

太陽光（2020年）	年間導入量	累計1)	風力（2020年）	年間導入量	累計1)
中国	48 200	253 640	中国	52 000	288 320
アメリカ合衆国	19 725	95 495	アメリカ合衆国	16 205	122 317
日本	8 676	71 868	ドイツ	1 668	62 850
ドイツ	4 885	53 901	インド	1 119	38 625
インド2)	4 357	47 569	イギリス	598	23 937
イタリア	785	21 650	（参考）日本	551	4 373
世界計×	**145 229**	**767 243**	世界計×	**93 000**	**742 689**

太陽光はIEA PVPS "Trends 2021 in Photovoltaic Applications"、風力はGWEC（世界風力会議）"Global Wind Report 2021" より作成。原資料掲載国のみ。一部の国が推定値。風力には洋上風力を含む。1）各年末現在。2）資料から編者算出。×その他とも。

〔ガス〕 ガス事業は大きく分けると都市ガス事業、旧簡易ガス事業、LPガス販売事業の３つに分類される。都市ガス事業は利用者に導管でガスを供給するもので、認可制料金や安定的な供給が義務付けられる代わりに、これまで区域内での事業の独占が認められてきた。

しかし、都市ガスの小売りが2017年４月に全面自由化され、新規事業者が参入し、電力と同じく契約者の獲得競争が続いている。さらに競争を公平にすべく、2022年４月より東京、大阪、東邦の都市ガス大手３社は導管部門を別会社として分離する。電力自由化で行われた発送電分離と同じように、導管が新規事業者にも開放されるが、各社の導管網はほぼ孤立しており、送電線が全国でつながる電力とは異なる。

ガスは、工場など産業部門での蒸気加熱や、家庭などの民生部門での暖房や給湯といった熱需要で主に利用されるエネルギーである。しかも、国内での消費エ

表 10-11 ガス事業の概況 (2020年度)

	旧一般ガス[1]	旧簡易ガス[2]	LPガス販売
事業者数（事業者）·	193	1 243	[3] 17 170
うち公営事業者 ···	20	5	—
需要家件数（万件）·	3 123 [3]	133 [4]	2 222
ガス販売量（億m^3/年）	395 [3]	1.41 [3]	59.8

日本ガス協会「ガス事業便覧」、石油化学新聞社「プロパン・ブタンニュース」より作成。ガス販売量で、一般ガス事業は１立方メートルを41.8605MJ（メガジュール、熱量換算で10000kcal)、簡易ガス事業は100.4652MJ（24000kcal)、LPガス販売事業は１kgを0.458㎥で換算している。1）一般ガス導管事業者。2）特定ガス発生設備においてガスを発生させ、導管によりこれを供給するもの。3) 2020年末。4) 2020年10月。

表 10-12 家庭でのエネルギー消費の内訳 (会計年度) (単位 PJ)

	1990	2000	2010	2019	2020	〃 %
ガス············	559.8	681.2	662.1	610.6	639.0	*33.5*
都市ガス······	343.1	418.9	427.1	406.2	433.2	*22.7*
一般ガス····	325.0	397.3	409.8	392.5	419.3	*22.0*
簡易ガス····	18.1	21.6	17.3	13.7	14.0	*0.7*
LPG··········	216.7	262.3	235.1	204.4	205.8	*10.8*
(参考)灯油······	389.6	506.5	411.4	294.3	308.7	*16.2*
電力······	638.5	902.9	1 073.6	907.4	952.4	*49.9*
総消費量×····	**1 640.5**	**2 124.7**	**2 164.8**	**1 820.3**	**1 907.6**	*100.0*

資源エネルギー庁「総合エネルギー統計」より作成。表9-4の家庭部門の内訳。PJはペタジュール（仕事量の単位）で、熱量換算すると１PJ=2390億kcal。×その他とも。

ネルギーの約6割が熱需要であり、2050年までのカーボンニュートラルを国際公約とする日本にとって、ガスの脱炭素化は重要な課題である。最も有望な技術の一つが、水素（H_2）と二酸化炭素（CO_2）から天然ガスの主成分であるメタン（CH_4）を合成する「メタネーション」である。メタンは燃焼時にCO_2を排出するが、発電所や工場から回収したCO_2を

表 10-13　都市ガス（一般ガス）の需給（単位　PJ）

	1990	2000	2010	2019	2020	2021
生産量	581.7	943.7	1 577.0	1 649.1	1 563.6	1 606.5
購入量	65.3	107.2	501.0	610.5	619.2	672.4
生産、購入計	**647.1**	**1 050.9**	**2 078.0**	**2 259.6**	**2 182.8**	**2 278.9**
石炭系	19.9	9.6	—	—	—	—
石油系	137.9	127.1	54.8	56.3	53.8	64.0
天然ガス系	488.7	914.1	2 023.0	2 198.1	2 123.1	2 209.0
液化天然ガス	450.3	854.4	1 786.1	2 013.8	1 941.4	2 022.6
販売量	628.4	1 035.1	1 632.9	1 714.6	1 632.1	1 698.4
家庭用	320.0	392.6	405.9	397.0	406.0	412.0
商業用	105.7	167.5	198.8	176.9	155.1	151.7
工業用	160.7	388.3	898.4	1 011.7	945.5	1 005.1
一般ガス事業者数1)	246	237	211	196	193	…
需要家数1)2)（千戸）	21 334	25 858	28 839	30 897	31 141	31 360
供給区域内普及率（%）1)3)	*82.6*	*82.6*	*79.8*	*74.8*	*74.5*	…

2000年までは日本ガス協会「ガス事業便覧」、2010年以降は資源エネルギー庁「ガス事業生産動態統計」より、ガス事業者数と供給区域内普及率はガス事業便覧より作成。2000年までは一般ガス事業者のみの数値、2010年以降はガス事業者計を掲載。2021年の販売量を熱量換算すると、406兆kcal。1）各年末現在。2）メーター取付数。3）2010年以降は各年度末現在。

表 10-14　一般ガス導管事業者の概況（2020年度）

需要家数1)2)（千個）		年間需要量3)（百万m^3）		導管延長1)（千km）	
東京ガス	11 938	東京ガス	14 157	東京ガス	62.3
大阪ガス	7 499	大阪ガス	8 263	大阪ガス	51.4
東邦ガス	2 510	東邦ガス	3 827	東邦ガス	30.1
その他	9 281	その他	10 478	その他	122.3
計	**31 228**	計	**36 726**	計	**266.1**

日本ガス協会「ガス事業便覧」より作成。1）年度末現在。2）取り付けメーター数。3）一般ガス導管事業における託送供給量（自社小売供給、自社卸供給、小売託送供給、連結託送供給、自己託送の量）の総量。

合成メタンの原料に利用することで、CO_2排出量を実質ゼロにする。水素は、再生可能エネルギー由来のCO_2フリーな電力を用いて、水を電気分解して製造する。メタネーションで得られたメタンは、既存のガス管やガス器具等でそのまま使えるため、低コストで脱炭素社会をもたらすと期待されており、現在実証試験が進んでいる。実用化には生成施設の大規模化が必要であるほか、コスト低減も重要で、再生可能エネルギーによる電力の低廉化や、CO_2を安価に回収する技術の開発も重要である。

表 10-15 旧簡易ガス事業の概況

	1980	1990	2000	2010	2019	2020
販売量（百万m^3）1)	103.0	177.3	222.3	182.8	142.4	141.1
家庭用	99.3	169.2	211.2	171.7	131.3	131.5
商業用	2.9	5.8	7.9	7.7	7.6	6.2
その他	0.9	2.2	3.1	3.4	3.5	3.4
簡易ガス事業者数2)	1 435	1 763	1 770	1 515	1 268	1 243
需要家数3)（千戸）	823	1 231	1 525	1 444	1 341	1 333

日本ガス協会「ガス事業便覧」より作成。簡易ガス事業は、一般ガス（都市ガス）の供給区域外で、70戸以上の団地に対して小規模な導管網でガスを供給するもの。基本的にLPガスを供給する。1）生産量と同じ。LPガスとして1 m^3あたり100.4652MJ（メガジュール。熱量換算すると24000kcal）で換算すると、2020年の販売量は14.2PJ（3.4兆kcal）。2）会計年度末現在。3）メーター取付数。各年末現在。

表 10-16 LPガスの需給（会計年度）（単位 千 t）

	1980	1990	2000	2010	2019	2020
生産	4 115	4 495	4 612	4 466	3 422	2 632
石油精製	3 850	4 352	4 327	4 112	2 993	2 327
石油化学	265	143	285	354	429	305
輸入	10 063	14 281	14 851	12 332	10 717	10 160
輸出	3	16	55	160	111	70
国内需要	13 949	18 782	18 830	16 306	13 931	12 787
家庭業務用	5 599	6 207	7 710	7 312	5 997	5 927
工業用	2 949	5 162	5 014	3 595	3 140	3 098
都市ガス用	1 394	2 334	2 121	904	1 100	1 097
自動車用	1 696	1 805	1 623	1 370	773	529
化学原料用	1 466	2 378	1 969	2 819	2 840	2 136
電力用	845	896	393	306	81	0

資源エネルギー庁「LPガス需要見通し」より作成。LPガスの需要家数と販売事業者数は表10-11参照。LPガス（プロパン70%、ブタン30%）1キログラムあたりの熱量50.06MJ（11958kcal）で換算すると、2020年度の国内需要は640.1PJ（153兆kcal）。

第11章　農業・農作物

〔農業の産業規模と食料需給〕　農業は、農業従事者の減少や高齢化、後継者不足、耕地面積の減少、食料自給率の低下など多くの問題を抱えている。農業が生み出す付加価値額である農業総生産は、近年、国内総生産（GDP）の１％程度に留まっており、2020年はGDP比0.9％の４兆6585億円であった（表11-1参照）。農産物の売上げ相当額を示す農業総産出額は、主食である米の需要低下を背景に、1984年をピークに減少傾向が続いていた。しかし、近年は、原料原産地表示の義務付けが拡大されて国産野菜の需要が高まったほか、果実では高品質化の取り組みが行われたことや、畜産では経営の大規模化が進んだことなどで、農業総産

表 11-1　農業の産業規模と農産物輸出入（単位　十億円）

	2005	2010	2015	2019	2020
産業規模					
農業総生産・・・・・・・・・・ 1)	4 960	4 709	4 509	4 803	4 659
対GDP比（％）・・・・	*0.9*	*0.9*	*0.8*	*0.9*	*0.9*
農業総産出額（A）・・・	8 512	8 121	8 798	8 894	8 937
生産農業所得（B）・・・	3 203	2 840	3 289	3 322	3 343
（B）／（A）(％)・・・・	*37.6*	*35.0*	*37.4*	*37.3*	*37.4*
農業就業者（万人）・・・	253	226	201	200	194
総数比（％）・・・・・・ 2)	*4.0*	*3.6*	*3.2*	*3.0*	*2.9*
農産物輸出入					
輸出・・・・・・・・・・・・・・・・・	217	286	443	588	655
輸出総額比（％）・・ 3)	*0.3*	*0.4*	*0.6*	*0.8*	*1.0*
輸入・・・・・・・・・・・・・・・・・	4 792	4 828	6 563	6 595	6 213
輸入総額比（％）・・ 3)	*8.4*	*7.9*	*8.4*	*8.4*	*9.1*

農業総生産は内閣府「2020年度国民経済計算（2015年基準・2008SNA）」、農業総産出額および生産農業所得は農林水産省「生産農業所得統計」、就業者は総務省統計局「労働力調査」、農産物輸出入は農林水産省「農林水産物輸出入概況」より作成。1）経済活動別の国内総生産（GDP）で名目値。2）就業者総数に占める割合。3）総額（鉱工業製品を含めたすべての品目の総計）に占める割合。

農業総生産：国内総生産（GDP）のうち、農業が生み出した付加価値額。
農業総産出額：国内で生産された農産物の売上げ相当額の総額。
生産農業所得：農業総産出額から物的経費（資材費等、間接税、減価償却費）を差し引いた額で、経常補助金を含む。

出額は増加傾向にある。2020年は、春先の低温や夏季の長雨・日照不足などで多くの品目の生産量が減少し、価格が上昇した。また、コロナ禍の影響で外食需要が減って、売り上げが低下した品目もあるが、野菜や豚など巣ごもり需要で売り上げが増えた品目もあり、農業総産出額は全体で前年比0.5%増の8兆9370億円であった。農業総産出額から物的経費を差し引いた生産農業所得（経営補助金の実額を含む）は、前年比0.7%増の3兆3433億円となっている。

食料自給率は、国内で供給される食料に対する国内生産の割合を表す指標であり、日本は海外に比べて非常に低い。2020年度の食料自給率はカロリーベースで37%、生産額ベースで67%であり、不足分を輸入に頼っている。日本の食料自給率低下の要因は、戦後の復興に伴い食生活が

表 11-2　農業総産出額（単位　億円）

	2000	割合（%）	2019	割合（%）	2020	割合（%）
耕種 1)	66 026	*72.3*	56 300	*63.3*	56 562	*63.3*
米	23 210	*25.4*	17 426	*19.6*	16 431	*18.4*
麦類	1 306	*1.4*	527	*0.6*	508	*0.6*
豆類	1 013	*1.1*	758	*0.9*	690	*0.8*
いも類	2 298	*2.5*	1 992	*2.2*	2 370	*2.7*
野菜	21 139	*23.2*	21 515	*24.2*	22 520	*25.2*
果実	8 107	*8.9*	8 399	*9.4*	8 741	*9.8*
花き	4 466	*4.9*	3 264	*3.7*	3 080	*3.4*
工芸農作物	3 391	*3.7*	1 699	*1.9*	1 553	*1.7*
畜産物 1)	24 596	*26.9*	32 107	*36.1*	32 372	*36.2*
肉用牛	4 564	*5.0*	7 880	*8.9*	7 385	*8.3*
乳用牛	7 675	*8.4*	9 193	*10.3*	9 247	*10.3*
生乳	6 822	*7.5*	7 628	*8.6*	7 797	*8.7*
豚	4 616	*5.1*	6 064	*6.8*	6 619	*7.4*
鶏	7 023	*7.7*	8 231	*9.3*	8 334	*9.3*
鶏卵	4 247	*4.7*	4 549	*5.1*	4 546	*5.1*
ブロイラー	2 685	*2.9*	3 510	*3.9*	3 621	*4.1*
加工農産物 2)	673	*0.7*	530	*0.6*	436	*0.5*
計	**91 295**	*100.0*	**88 938**	*100.0*	**89 370**	*100.0*
生産農業所得	35 562	—	33 215	—	33 433	—
割合（%）3)	*39.0*	—	*37.3*	—	*37.4*	—

農林水産省「生産農業所得統計」(2020年）より作成。中間生産物（種子・飼料など農業への再投入分）を除く。1）その他を含む。2）かんぴょう、干し柿、荒茶など。3）生産農業所得が農業総産出額に占める割合。用語については表11-1の注記参照。

欧米化してコメの需要が低下したことや、多くの飼料や原料を輸入品に頼る畜産物や油脂類の需要が上昇したことなどである。近年、日本国内の食料供給は安定しているが、輸入原料の高騰や、大規模自然災害、気

図 11-1　主要農産物の農業総産出額の推移

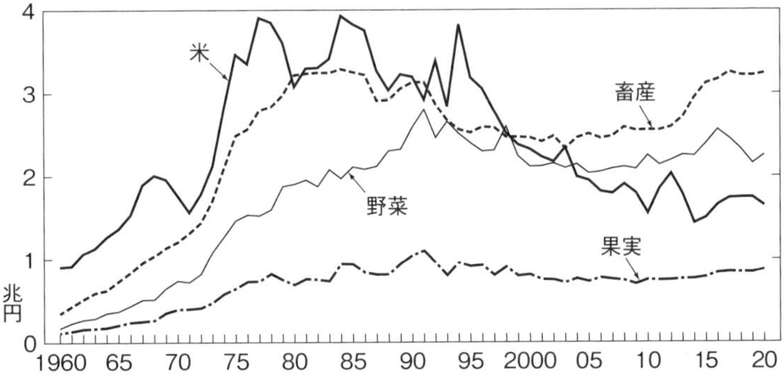

農林水産省「生産農業所得統計」より作成。1975年以前は沖縄県を含まず。

図 11-2　地域別の農業産出額の割合（2020年）

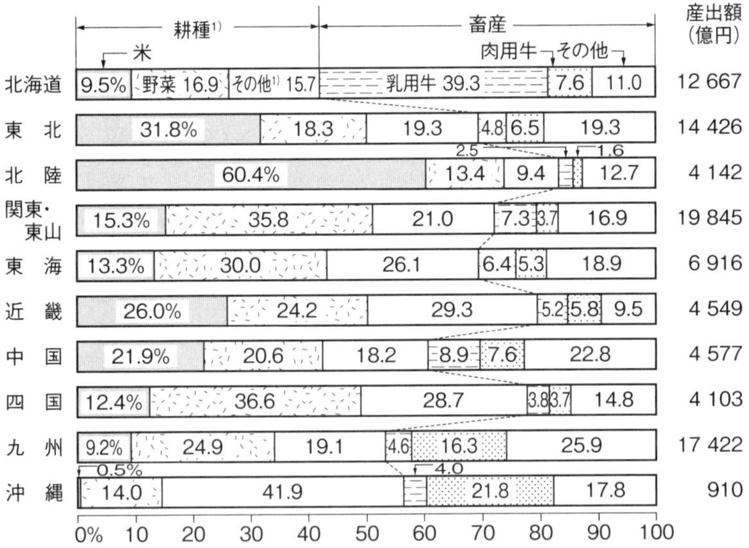

農林水産省「生産農業所得統計」より作成。表11-2を参照。ただし、他都道府県に販売された中間生産物は含まれる。全国農業地域区分による。東山は、山梨県と長野県。1）便宜上、耕種には加工農産物を含む。【☞府県別統計519ページ】

象変動により安定供給が難しい状況もあった。また、2022年2月にロシアのウクライナ侵攻を受けて、原油や穀類の国際商品相場が上昇しており、燃料油や肥料、飼料を海外に依存する日本農業は大きな影響を受けている。自民党は、ウクライナ有事を受けて「食料安全保障に関する検討会」を発足した。海外情勢の悪化で国際価格が高騰するなか、食料供

図 11-3 食料自給率の推移

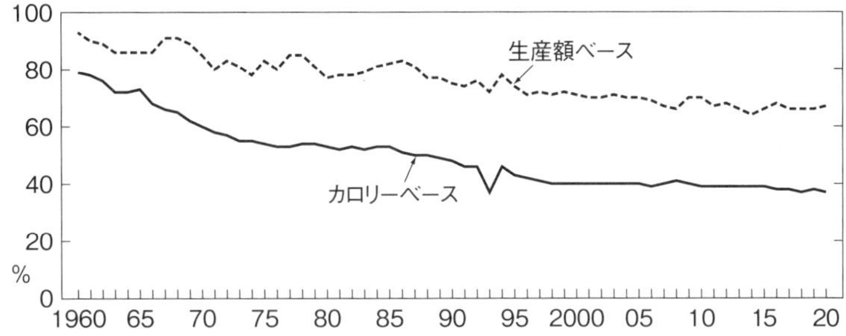

資料・注記は表11-3に同じ。

表 11-3 食料自給率の推移（%）（会計年度）

	1960	1980	2000	2005	2010	2015	2020（概算）
穀物（食用＋飼料用）	82	33	28	28	27	29	28
米	102	100	95	95	97	98	97
小麦	39	10	11	14	9	15	15
いも類	100	96	83	81	76	76	73
大豆	28	4	5	5	6	7	6
野菜	100	97	81	79	81	80	80
果実	100	81	44	41	38	41	38
肉類（鯨肉を除く）	91	81	52	54	56	54	53
〃 1)	—	(12)	(7)	(8)	(7)	(9)	(7)
鶏卵	101	98	95	94	96	96	97
〃 1)	—	(10)	(11)	(11)	(10)	(13)	(12)
牛乳・乳製品	89	82	68	68	67	62	61
〃 1)	—	(46)	(30)	(29)	(28)	(27)	(26)
魚介類（食用）	111	97	53	57	62	59	57
食料自給率 2)3)	79	53	40	40	39	39	37
食料国産率 2)4)	—	61	48	48	47	48	46
飼料自給率 2)5)	—	28	26	25	25	28	25

農林水産省「食料需給表」より作成。品目別は国内消費仕向量に対する国内生産量の割合で、重量ベース。1980年度以降は沖縄県を含む。1）飼料自給率を考慮した値。2）カロリー（供給熱量）ベース。3）1965年度から畜産物の飼料自給率を考慮して算出。4）飼料が国産か輸入かにかかわらず、国内で実際に生産されたものをカウントしている。5）TDN（可消化養分総量：エネルギー含量を示す単位で、飼料の実量とは異なる）を用いて算出。

給を海外に依存するリスクを軽減するため、食料自給率の向上に取り組む。さらに、必要に応じて1999年に制定した「食料・農業・農村基本法」の改正などにもつなげていく。2020年3月時点で、政府は2030年度の食料自給率について、カロリーベースで45%、生産額ベースで75%を目標に設定している。家畜の飼料自給率の目標は34%となっている。

表 11-4 各国の食料自給率（試算値）（2018年、日本は2020年度）（%）

	日本	アメリカ合衆国	イギリス	ドイツ	フランス	イタリア
穀類	*28*	*128*	*82*	*101*	*176*	*63*
食用穀物 1)	*63*	*156*	*79*	*115*	*169*	*73*
うち小麦	*15*	*152*	*83*	*124*	*183*	*62*
粗粒穀物 2)	*1*	*124*	*88*	*83*	*187*	*54*
豆類	*8*	*191*	*45*	*11*	*77*	*43*
野菜類	*80*	*86*	*43*	*42*	*72*	*149*
果実類	*38*	*67*	*13*	*37*	*65*	*109*
肉類	*53*	*114*	*77*	*122*	*103*	*74*
卵類	*97*	*103*	*93*	*71*	*99*	*98*
牛乳・乳製品 3)	*61*	*102*	*88*	*106*	*104*	*85*
魚介類 4)	*55*	*65*	*65*	*27*	*29*	*17*
食料自給率 5)	*37*	*132*	*65*	*86*	*125*	*60*

農林水産省「食料需給表」より作成。重量ベース。1）米（玄米で換算）、小麦、ライ麦など。2）大麦、オート麦、とうもろこしなど。3）生乳換算（バター含む）。4）飼肥料を含む魚介類全体の自給率。5）カロリー（供給熱量）ベース。

表 11-5 主な国の農産物貿易額（2020年）（単位 百万ドル）

	輸出	%	輸入	%	輸入超過額
中国	55 730	*3.7*	157 694	*10.3*	101 964
日本	5 943	*0.4*	56 899	*3.7*	50 956
イギリス	26 660	*1.8*	61 777	*4.0*	35 117
韓国	7 184	*0.5*	27 685	*1.8*	20 501
サウジアラビア	3 517	*0.2*	20 473	*1.3*	16 956
ニュージーランド	24 896	*1.7*	4 842	*0.3*	-20 054
スペイン	56 356	*3.8*	33 012	*2.1*	-23 344
アルゼンチン	33 296	*2.2*	3 692	*0.2*	-29 604
オランダ	100 893	*6.8*	69 927	*4.6*	-30 965
ブラジル	85 150	*5.7*	10 181	*0.7*	-74 969
計×	**1 492 211**	*100.0*	**1 536 649**	*100.0*	—

FAO（国連食糧農業機関）FAOSTATより作成（2022年2月4日閲覧）。輸入超過額プラスとマイナスの上位5か国。

表 11-6 食料需給表（2020年度 概算値）（単位 千t）

	国内生産量	外国貿易		在庫の増減量 1)	国内消費仕向量 2)	1人1年あたり供給量 3) (kg)
		輸入量	輸出量			
穀類	9 360	23 898	110	350	32 054	83.9
米	8 145	814	110	248	7 857	50.7
小麦	949	5 521	0	58	6 412	31.7
大麦	201	1 649	0	40	1 810	0.2
とうもろこし	0	15 366	0	-44	15 410	0.5
いも類	2 893	1 099	26	0	3 966	19.4
かんしょ	688	47	17	0	718	3.5
ばれいしょ	2 205	1 052	9	0	3 248	15.9
でんぷん	2 177	142	0	-4	2 323	14.9
豆類	290	3 411	0	-142	3 843	8.9
大豆	219	3 139	0	-140	3 498	7.0
野菜	11 474	2 946	59	0	14 361	88.5
緑黄色野菜	2 485	1 610	4	0	4 091	26.7
果実	2 685	4 490	60	5	7 110	34.1
みかん	766	0	1	3	762	3.9
りんご	763	531	38	2	1 254	7.6
肉類	3 452	3 043	22	-67	6 540	33.5
牛肉	479	845	8	-13	1 329	6.5
豚肉	1 310	1 298	4	-40	2 644	12.9
鶏肉	1 656	859	10	-11	2 516	13.9
鶏卵	2 596	102	20	0	2 678	17.1
牛乳及び乳製品	7 434	4 987	47	159	12 215	94.3
飲用向け	4 034	0	8	0	4 026	31.6
乳製品向け	3 355	4 987	39	159	8 144	62.6
チーズ	48	292	1	0	339	2.7
バター	71	17	0	10	78	0.6
魚介類	3 714	3 885	721	84	6 794	23.4
生鮮・冷凍	1 296	897	627	-14	1 580	7.0
海藻類	92	42	2	0	132	0.9
砂糖類						
粗糖	138	960	0	-43	1 141	0.0
精糖	1 709	420	2	17	2 110	16.4
含みつ糖	26	8	0	8	26	0.2
糖みつ	76	134	0	-7	217	0.0
油脂類	1 965	1 113	41	-61	3 098	14.4
植物油脂	1 629	1 075	17	-80	2 767	13.8
動物油脂	336	38	24	19	331	0.6
みそ	472	0	16	-3	459	3.6
しょうゆ	697	3	40	-2	662	5.2
その他食料	2 215	2 070	1	5	4 279	4.6
きのこ類	460	56	0	0	516	3.4

農林水産省「食料需給表」(2020年度概算）より作成。0はデータが皆無または不詳。国内で消費に回された食料で、実際に消費された食料ではないことに留意。1）当年度末繰越量と当年度始め持越量との差。2）国内生産量＋輸入量－輸出量－在庫の増加量（又は＋在庫の減少量)。3）純食料を総人口で除して得た国民1人あたり年間平均供給量。

〔耕地と農業の担い手〕 農業を営む人々の高齢化が進み、従事者数が減少していくなかで、日本の農業を効率的で生産力の高い産業へ転換していくことが大きな課題となっている。かつて、農業の労働力の統計は「農家」を単位としてきた。しかし、2005年農林業センサス以降、個人

図 11-4　田畑別耕地面積の推移

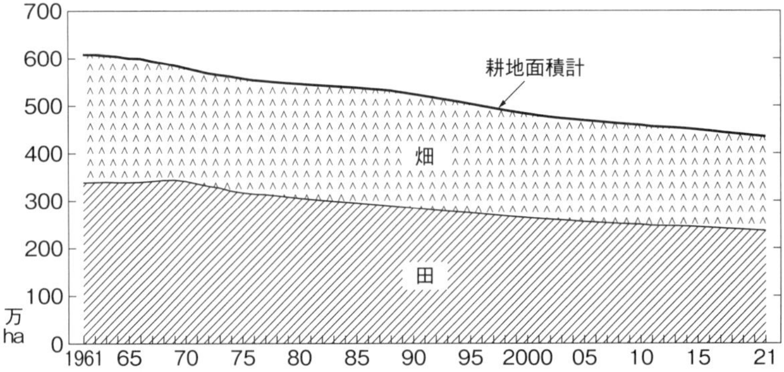

資料・注記は表11-7に同じ。ピークは1961年（609万ha）。

表 11-7　耕地面積（田畑）の推移（単位　千ha）

	1960	1980	2000	2019	2020	2021
耕地面積計	6 071	5 461	4 830	4 397	4 372	4 349
うち本地 1)	5 755	5 199	4 625	4 223	4 199	4 177
田	3 381	3 055	2 641	2 393	2 379	2 366
畑	2 690	2 406	2 189	2 004	1 993	1 983
普通畑	…	1 239	1 188	1 134	1 130	1 126
樹園地	…	587	356	273	268	263
牧草地	…	580	645	597	595	593
作付（栽培）延べ面積	8 129	5 706	4 563	4 019	3 991	…
耕地利用率（%）	*133.9*	*104.5*	*94.5*	*91.4*	*91.3*	…

農林水産省「耕地及び作付面積統計（確報）」より作成。1970年までは沖縄県を含まず。耕地利用率は、耕地面積に対する作付（栽培）延べ面積の割合。1）耕地からけい畔を除いた土地。【☞府県別統計518ページ】

「農林業センサス」の経営耕地面積と「耕地及び作付面積統計」の耕地面積の比較

「農林業センサス」は、農林業経営体を調査対象として、自作地と借入耕地を合計した面積を経営耕地として自計申告している。自給的農家などは含まない。一方、「耕地及び作付面積統計」は、空中写真に基づいて地目の集まりを母集団として編成し、実測調査を行っている。そのため、農林業センサスの経営耕地面積は過小になる傾向にある。

と団体を合わせた「農業経営体」を農業の担い手として捉えるようになっている。2021年の農業構造動態調査によると、農業経営体は前年比4.2%減の103万900経営体、そのうち個人経営体は前年比4.4%減の99万1400経営体であった（表11-8参照）。一方、団体経営体は前年比2.9%増の3万9500経営体となっている。団体経営体のなかでも、法人経営体は家族単位で行う個人農業に比べて、従業員の確保や経営継承、経営の多角化などを行いやすいことから、継続的に増加している。

耕地面積をみると、農業従事者の減少で耕作放棄地が増え、総面積は減少を続けている。一方で、団体経営体の増加とともに農地の集積・集約化が進み、広い耕地を利用する農業経営体が増えている（表11-10参

表 11-8 農業経営体と農家数（2005年農林業センサス以降）

	2005	2010	2015	2020	2021
農業経営体(千経営体)・・	2 009	1 679	1 377	1 076	1 031
個人経営体・・・・・・・・・・	…	1 644	1 340	1 037	991
団体経営体・・・・・・・・・・	…	36	37	38	40
法人経営体・・・・・・・・	…	22	27	31	32
経営耕地面積(千ha)・・1)	3 693	3 632	3 451	3 233	3 212
田・・・・・・・・・・・・・・・・・	2 084	2 046	1 947	1 785	1 774
畑・・・・・・・・・・・・・・・・・	1 380	1 372	1 316	1 289	1 278
樹園地・・・・・・・・・・・・・・	229	214	189	159	160
1経営体あたり(ha)・・	1.9	2.2	2.5	3.1	3.2
北海道・・・・・・・・・・・・・・	20.1	23.5	26.5	30.2	30.8
都府県・・・・・・・・・・・・・・	1.4	1.6	1.8	2.2	2.2
総農家（千戸）・・・・・・・・・	2 848	2 528	2 155	1 747	…
販売農家・・・・・・・・・・・・	1 963	1 631	1 330	1 028	…
自給的農家・・・・・・・・・・	885	897	825	719	…

農林水産省「農林業センサス累計統計」、「2020年農林業センサス結果の概要」より作成。センサスは全数調査で5年ごとに実施される。2021年は農林水産省「農業構造動態調査」（農林業センサス実施以外の年に実施。標本調査でセンサスの数値と厳密には接続しない）による。2005年調査以降、「農業センサス」は「林業センサス」と統合され、「農林業センサス」として実施される。1）表11-7の注記参照。

農業経営体：経営耕地30a以上または販売金額50万以上に相当する規模以上の農業を営む者、または農作業委託サービスを行っている者（団体の場合は代表者）。
経営耕地：農業経営体が経営している耕地のことで、けい畔（農作物栽培のために必要なもので、畔（あぜ）のこと）を含む。自作地（自ら所有している耕地）と借入耕地の合計。
総農家：自家消費用も含めて農業を行うすべての世帯。
販売農家：販売用の農産物を主に生産する世帯。

照)。2021年の1農業経営体あたり経営耕地面積は、北海道が30.8ヘクタール、他の都府県は2.2ヘクタールで、北海道では100ヘクタール以上の経営規模を持つ農業経営体が前年より21.4%増加している。

農業の新しい戦略として、政府は農林水産物・食品の輸出拡大を掲げている。これまで、日本の農林水産物・食品の輸出は、国内市場向け産品の余剰品に留まっていた。これからは、海外市場で求められる商品の

表 11-9　経営耕地の状況（農業経営体）

	経営耕地のある経営体	借入耕地のある経営体	田のある経営体	畑のある経営体	樹園地のある経営体
経営体数（千戸）					
2005	1 988.3	631.1	1 744.1	1 268.9	385.1
2015	1 361.2	502.2	1 144.8	834.5	271.0
2020	1 058.8	379.0	840.4	560.8	200.2
2021	1 018.5	380.9	812.7	569.8	205.7
経営耕地面積（千ha）					
2005	3 693	824	2 084	1 380	229
2015	3 451	1 164	1 947	1 316	189
2020	3 233	1 257	1 785	1 289	159
2021	3 212	1 307	1 774	1 278	160

農林水産省「農林業センサス累計統計」、「2020年農林業センサス結果の概要」より作成。2021年は「農業構造動態調査」による。表11-7、表11-8の注記参照。

表 11-10　経営耕地面積規模別の農業経営体（2021年）（単位　千経営体）

	都府県			北海道		
	農業経営体	対前年増減率（%）	耕地面積（千ha）	農業経営体	対前年増減率（%）	耕地面積（千ha）
1ha未満・・・[1]	531.3	*-5.5*	288.3	3.0	*-3.2*	1.0
1～5ha・・・・・・	386.8	*-3.7*	774.5	4.4	*-12.0*	11.3
5～10ha・・・・・	44.8	*0.9*	301.2	3.8	*-7.3*	26.6
10～20ha・・・・	20.5	*5.1*	273.6	6.0	*-4.8*	85.2
20～30ha・・・・	6.3	*3.3*	145.5	4.8	*0.0*	114.0
30～50ha・・・・	7.0	*1.4*	407.0	6.1	*5.2*	783.7
50～100ha・・・				4.7	*6.8*	
100ha以上・・・				1.7	*21.4*	
計・・・・・・・・	**996.7**	—	**2 189.9**	**34.2**	—	**1 021.7**

農林水産省「農業構造動態調査」(2021年) より作成。1) 経営体は経営耕地なしを含む。

量・価格・品質などを把握して、海外向けに継続的に生産・販売する市場システムを整備する予定である。多くの日本産品は海外で高く評価されており、2021年の輸出額は1兆1629億円と、初めて1兆円を超えた（図11-8参照）。コロナ禍で輸出が減少した品目もあるが、コロナ禍から日常生活が戻りつつある中国やアメリカ合衆国などで外食需要が回復してきたことや、中国の物価上昇が増加の要因である。政府は、2030年までに5兆円の輸出を目指しており、海外向け生産に取り組む産地や事業者

図 11-5　年齢別基幹的農業従事者数の割合（個人経営体）（2021年）

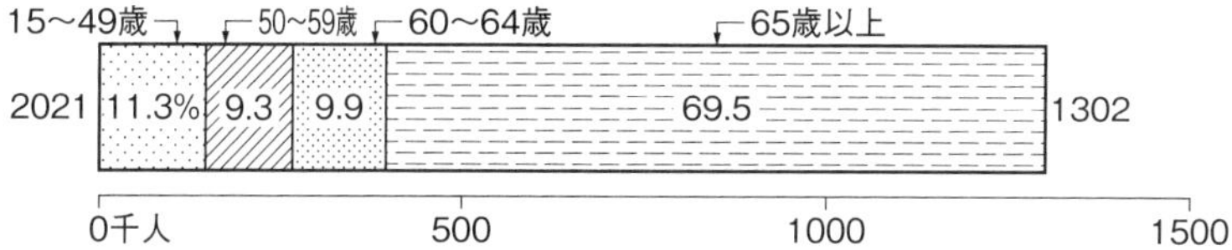

農林水産省「農業構造動態調査」より作成。

表 11-11　農家人口（販売農家）（各年2月1日現在）

	農家人口（千人）	農業従事者数	農業就業人口	うち基幹的農業従事者	農家1戸あたり（人）農家人口	農家1戸あたり（人）農業就業人口
1990	13 878	8 493	4 819	2 927	4.67	1.62
1995	12 037	7 398	4 140	2 560	4.54	1.56
2000	10 467	6 856	3 891	2 400	4.48	1.67
2005	8 370	5 562	3 353	2 241	4.26	1.71
2010	6 503	4 536	2 606	2 051	3.99	1.60
2015	4 880	3 399	2 097	1 754	3.67	1.58
2018	4 186	2 875	1 753	1 451	3.60	1.51
2019	3 984	2 765	1 681	1 404	3.53	1.49
2020	…	2 494	—	1) 1 363	…	…
2021	…	…	—	1) 1 302	…	…

農林水産省「世界農林業センサス」と「農林業センサス」より作成。2018、2019、2021年は「農業構造動態調査」より作成。住み込みの雇人を含まず。1）2020年センサス以降の統計では、調査対象が農業経営体の個人経営体に変更され、1戸1法人の基幹的農業従事者を含まない。表11-8参照。

農家人口：農家のすべての世帯員。農業に従事しているか否かは問わない。
農業従事者：年間1日以上自営農業に従事した世帯員。
農業就業人口：主に自営農業に従事した世帯員（家事などが主体の主婦や学生も含む）。2020年センサスでは調査が廃止される。
基幹的農業従事者：自営農業に主として従事した世帯員。

を支援し、輸出環境の整備等を推進するための予算を計上している。日本の強みを活かす具体的な品目として、海外でも人気が高い牛肉（和牛）のほか、日本の食文化を代表するとんかつや焼き鳥などに使用される豚肉や鶏肉、生食が可能な高品質の鶏卵、品種改良によって甘くて見た目も美しい果実、健康志向の高まりで世界的に需要が高まっている日本茶（抹茶を含む）、日本酒や国産ウイスキーなどを挙げている。

図 11-6　農産物販売金額１位の部門別農業経営体数の割合

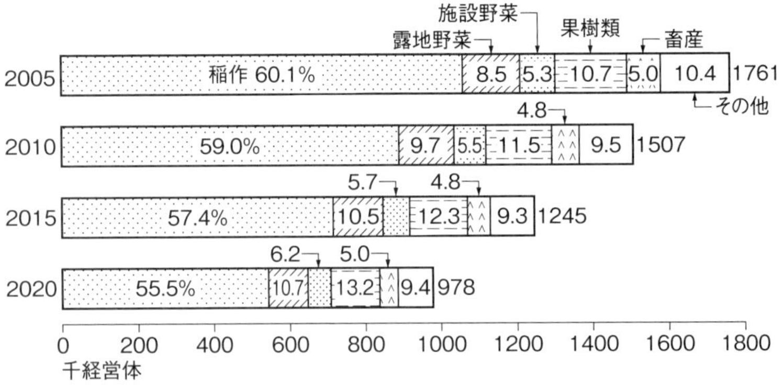

資料は表11-12に同じ。販売なしを除く。

表 11-12　農産物販売金額規模別経営体数（農業経営体）（単位　千経営体）

	2005	2010	2015	2020	増減率（%）	2021
販売なし・・・・・・・	249	173	132	97	*-26.2*	355
50万円未満・・・・・	570	529	470	287	*-39.0*	
50～100万円・・・・	341	288	211	176	*-16.8*	170
100～500万円・・・	559	443	341	296	*-13.0*	287
500～1000万円・・	138	114	97	92	*-5.8*	88
1000～3000万円・	116	100	90	86	*-4.5*	87
3000～5000万円・	21	18	18	20	*9.7*	21
5000万～１億円・	10	9	10	13	*25.5*	14
１～５億円・・・・・	4	5	6	7	*16.3*	8
５億円以上・・・・・	1	1	1	1	*42.4*	
農業経営体計・	**2 009**	**1 679**	**1 377**	**1 076**	*-21.9*	**1 031**

農林水産省「農林業センサス累計統計」、「2020年農林業センサス（確報）」より作成。2021年は農林水産省「農業構造動態調査」。増減率は、2015年調査結果との比較。

図 11-7 新規就農者数の推移

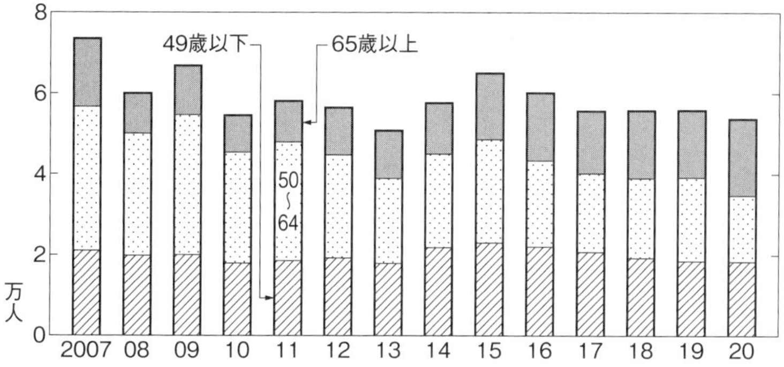

農林水産省「新規就農者調査」より作成。

表 11-13 農業生産関連事業（6次産業）の年間販売金額（単位 億円）

	2010	2015	2019	2020	1事業体あたり（万円）
農作物の加工……	7 783	8 923	9 468	9 187	2 797
農産物直売所……	8 176	9 974	10 534	10 535	4 464
観光農園………	352	378	359	293	573
農家民宿………	51	55	54	36	286
農家レストラン…	181	350	357	279	2 097
計…………	**16 552**	**19 680**	**20 773**	**20 329**	3 169

農林水産省「6次産業化総合調査」より作成。会計年度。

図 11-8 農林水産物・食品の輸出額の推移

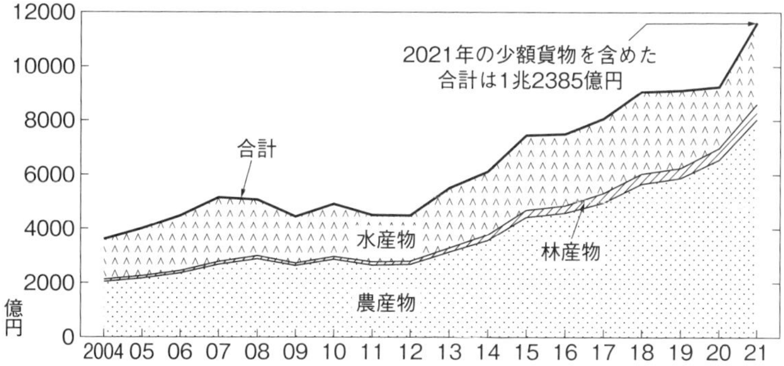

農林水産省「農林水産物輸出入概況」より作成。定義見直しにより、2020年より新たな加工品が林産物に追加された。きのこ類は農産物から林産物に移動した。

図 11-9　化学肥料消費量の推移

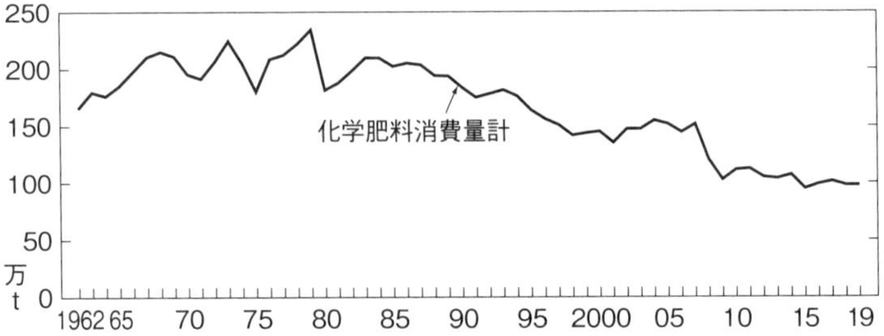

FAO（国連食糧農業機関）FAOSTATより作成（2022年3月10日閲覧）。窒素（N含有量）、りん酸（P_2O_5含有量）、カリ（K_2O含有量）肥料の計で編者算出。

図 11-10　耕地1haあたり化学肥料消費量（2019年）

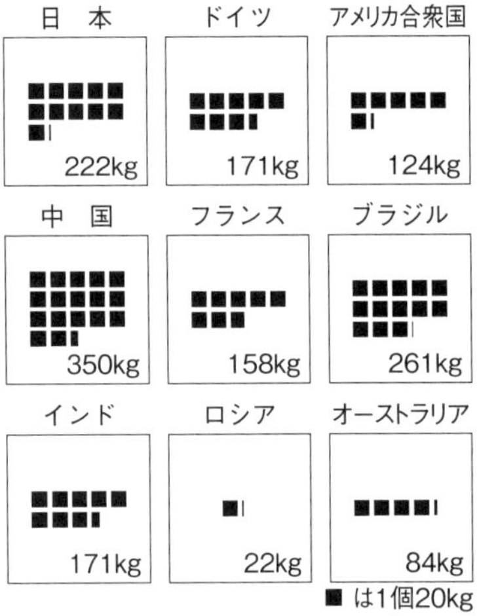

資料・注記は図11-9に同じ。

図 11-11　耕地1haあたり農薬消費量（2019年）

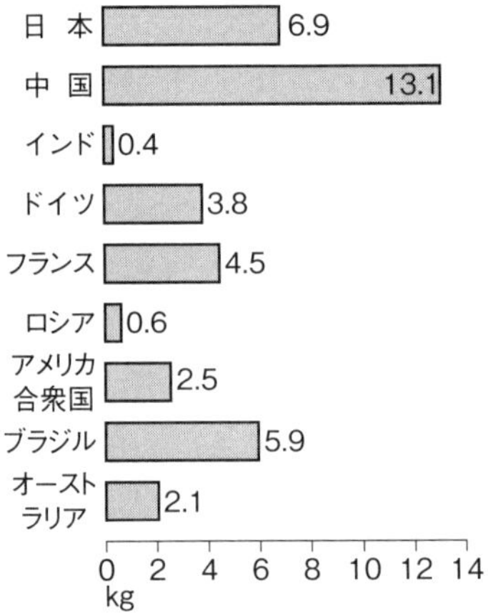

資料は図11-9に同じ。

表 11-14　有機質肥料の生産（単位　千t）

	1970	1980	1990	2000	2010	2018
油カス類	398	456	469	747	568	1 128
大豆油カス	62	33	4	29	209	485
な種油カス	201	392	426	592	211	415
綿実油カス	56	9	19	13	11	13
魚肥類	152	65	110	86	46	48
粉末魚肥	19	35	91	64	43	47
骨粉	64	75	61	34	65	79

農林統計協会「ポケット肥料要覧2019／2020」より作成。特殊肥料を含む。

〔米〕 2021年産の水稲の作付面積は140万3000ヘクタールで、前年産より5万9000ヘクタール減少した。収穫量は、前年比20万トン減の756万3000トン、一方、10アールあたりの収量が前年産より8キログラム増えて539キログラムとなった。全国の作況指数は101の「平年並み」であ

図 11-12 米の需給の動き

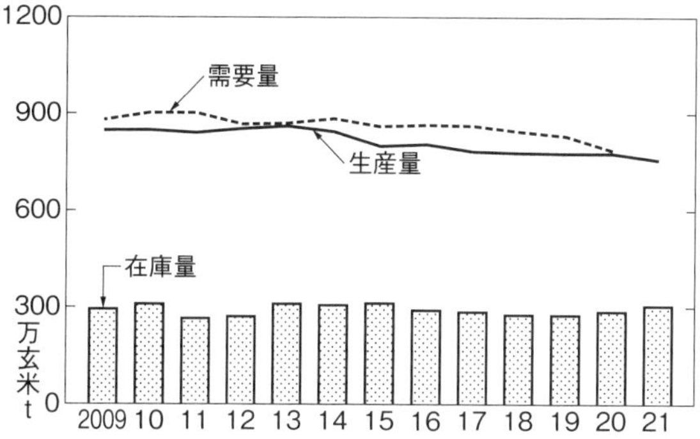

生産量は表11-15、需要量は表11-18、在庫量は農林水産省生産局資料より作成。

生産量（収穫量）は各年産で、需要量は会計年度、在庫量は6月末現在の数値。なお在庫量は、民間流通米と政府米の合計で、生産・出荷・販売の各段階で集計が行われる。

表 11-15 水陸稲の作付面積および収穫量の推移（玄米）

	水陸稲計		うち水稲			
	作付面積（千ha）	収穫量（千t）	作付面積（千ha）	10aあたり収量（kg）	収穫量（千t）	（参考）主食用収穫量（千t）
1980	2 377	9 751	2 350	412	9 692	…
1990	2 074	10 499	2 055	509	10 463	…
2000	1 770	9 490	1 763	537	9 472	…
2010	1 628	8 483	1 625	522	8 478	8 239
2020	1 462	7 765	1 462	531	7 763	7 226
2021	1 404	7 564	1 403	539	7 563	7 007

農林水産省「作物統計」(2021年) より作成。作付面積は青刈り面積を除く子実用。収穫量は1.7ミリメートルのふるい目幅で選別された玄米の重量。【☞長期統計511ページ】

作況指数 農作物の作柄の良否を表す指標で、その年の10アールあたり平年収量（その年の天候や農作物の被害などを平年並みとして、栽培技術の進歩や作付面積の変動を考慮し、実収量の動きを元に予想した収量）に対する実際の10アールあたり収量の割合。作柄の良否は、作況指数99～101を平年並みとし、従来の評価基準では102～105「やや良」、106以上「良」、95～98「やや不良」、94以下（水陸稲91～94)「不良」、90以下「著しい不良」となる。

った（143ページの解説参考）。地域別にみると、北日本は天候が良く豊作基調で、北海道が108の「良」、山形が104の「やや良」となった。そのほかの地域も8月上旬の台風や8月中旬からの低温、日照不足の影響を受けた地域があったものの、概ね天候に恵まれ、作況指数は最も低い新潟でも96だった。

表 11-16　地域別の水稲の作付面積および収穫量（玄米）（2021年産）

	作付面積（千ha）	%	対前年差（ha）	10aあたり収量（kg）	収穫量（千t）	%
北海道	96.1	*6.8*	-6 200	597	574	*7.6*
東北	363.0	*25.9*	-18 500	581	2 110	*27.9*
北陸 1)	201.8	*14.4*	-4 600	531	1 072	*14.2*
関東・東山 2)	253.1	*18.0*	-16 500	545	1 380	*18.2*
東海 3)	89.6	*6.4*	-2 900	493	442	*5.8*
近畿	99.3	*7.1*	-2 000	503	500	*6.6*
中国	98.8	*7.0*	-2 400	517	511	*6.8*
四国	45.9	*3.3*	-1 500	482	221	*2.9*
九州	155.1	*11.1*	-3 500	485	752	*9.9*
沖縄	0.7	*0.0*	16	325	2	*0.0*
全国	**1 403.0**	*100.0*	**-59 000**	539	**7 563**	*100.0*
都道府県 4)						
新潟	117.2	*8.4*	-2 300	529	620	*8.2*
北海道	96.1	*6.8*	-6 200	597	574	*7.6*
秋田	84.8	*6.0*	-2 800	591	501	*6.6*
山形	62.9	*4.5*	-1 800	626	394	*5.2*
宮城	64.6	*4.6*	-3 700	547	353	*4.7*
茨城	63.5	*4.5*	-4 300	543	345	*4.6*
福島	60.5	*4.3*	-4 800	555	336	*4.4*
栃木	54.8	*3.9*	-4 400	549	301	*4.0*

農林水産省「作物統計」(2021年) より作成。1) 新潟、富山、石川、福井の4県。2) 関東は7都県で、東山は山梨、長野の2県。3) 岐阜、静岡、愛知、三重の4県。4) 収穫量上位の道県。【☞府県別統計522ページ】

表 11-17　市町村別の水稲の作付面積および収穫量（玄米）（2021年産）

	作付面積（ha）	収穫量（千t）		作付面積（ha）	収穫量（千t）
新潟市（新潟）	24 600	136.8	大潟村（秋田）	10 100	61.2
大仙市（秋田）	12 100	72.7	上越市（新潟）	11 500	60.9
鶴岡市（山形）	10 900	67.6	登米市（宮城）	10 300	59.1
横手市（秋田）	11 100	67.4	奥州市（岩手）	10 000	56.2
長岡市（新潟）	12 500	64.2	大崎市（宮城）	9 540	53.7

農林水産省「作物統計」(2020年) より作成。収穫量の上位市町村。

主食用の米の需要は、戦後の食生活の変化に伴い縮小してきた。一人あたりの米の年間消費量（純食料）は、1962年度の118キログラムがピークで、2020年度には51キログラムにまで落ち込んでいる。1971年より国が米の生産量を調整してきた「減反政策」は2018年に廃止され、以降、農家は自らの判断で米の生産を行うことができるようになった。近年は、品種開発に力を入れて、競争力の高いブランド米などの生産を始めてい

表 11-18　米の需給（玄米）（会計年度）（単位　千 t）

	1990	2000	2010	2015	2019	2020 (概算値)
生産量	10 499	9 490	8 554	8 429	8 154	8 145
在庫増減量	65	-76	-240	-411	-9	248
輸出量	0	462	201	116	121	110
輸入量	50	879	831	834	870	814
国内消費仕向量	10 484	1) 9 790	1) 9 018	1) 8 600	1) 8 300	1) 7 857
うち粗食料	9 554	9 049	8 411	7 658	7 413	7 068
その他 2)	930	741	607	942	887	789
純食料（精米）	8 656	8 198	7 620	6 938	6 716	6 404
1人あたり供給量（精米）(kg)	70.0	64.6	59.5	54.6	53.2	50.7

農林水産省「食料需給表」より作成。1）過剰米処理に伴う飼料用の政府売却分を除く。2）加工用、飼料用、種子用、純旅客用（2018年度より計上を開始）、減耗量。

表 11-19　世界の米生産量（もみ量）（単位　千 t）

	2000	2010	2019	2020	%	1ha あたり (t)
中国	187 908	195 761	209 614	211 860	*28.0*	7.04
インド	127 465	143 963	177 645	178 305	*23.6*	3.96
バングラデシュ	37 628	50 061	54 586	54 906	*7.3*	4.81
インドネシア	51 898	59 283	54 604	54 649	*7.2*	5.13
ベトナム	32 530	40 006	43 495	42 759	*5.7*	5.92
タイ	25 844	35 703	28 618	30 231	*4.0*	2.91
ミャンマー	20 987	32 065	26 270	25 100	*3.3*	3.77
フィリピン	12 389	15 772	18 815	19 295	*2.5*	4.09
ブラジル	11 135	11 236	10 369	11 091	*1.5*	6.61
カンボジア	4 026	8 245	10 886	10 960	*1.4*	3.76
アメリカ合衆国	8 658	11 027	8 396	10 323	*1.4*	8.54
日本	11 863	10 692	10 527	9 706	*1.3*	6.64
世界計×	**598 668**	**694 472**	**749 190**	**756 744**	*100.0*	4.61

FAO（国連食糧農業機関）FAOSTATより作成（2022年3月10日閲覧）。×その他とも。

る。しかし、米の増産は価格の低下につながることから、需給バランスの安定のため、政府によって現在も生産努力目標などが発表されている。2020年以降、コロナ禍により内食需要は堅調だが、外食需要が大きく落ち込み、供給過剰になっている。在庫量も増えており、値崩れを防ぐため、2022年産は減産が見込まれる。

米の輸入は、ガット（GATT）ウルグアイランド合意（WTO協定）に基づき、1995度以降、最低限の輸入義務であるミニマムアクセス（MA）米の輸入を開始した。MA米輸入は、国産米への影響を避けるため日本政府が一元的に行っており、2021年度の年間数量は77万玄米トンである（このほかTPP11合意によるオーストラリア枠6240トンがある）。米の食料自給率は2020年概算値で97％と高く、MA米は在庫米、飼料用、加工用や対外援助用などで主に活用される。一方、米の輸出量に大きな変動はなく、ここ10年は10万トン前後（玄米換算）で推移している。

表 11-20　日本の米の輸入先（単位　千t）

	2000	2010	2019	2020	2021	〃 %
アメリカ合衆国	338	316	343	317	320	*48.2*
タイ	128	295	267	272	272	*41.0*
中国	71	52	49	75	61	*9.3*
計×	**656**	**664**	**679**	**677**	**663**	*100.0*

財務省「貿易統計」より作成。2021年は確々報。日本は1995年4月1日より最低輸入義務量として割り当てられたミニマムアクセス米の輸入を開始。1999年からは、それ以外の輸入米に高率の関税を課して輸入を自由化。玄米、精米、砕米の計。×その他とも。

表 11-21　世界の米輸出入量（精米換算）（単位　千t）

輸出	2019	2020	輸入	2019	2020
インド	9 732	14 463	中国	2 496	2 902
ベトナム	5 454	5 686	フィリピン	3 030	1 908
タイ	7 751	5 665	サウジアラビア	1 393	1 535
パキスタン	4 556	3 944	コートジボワール	1 342	1 338
アメリカ合衆国	3 054	2 792	ガーナ	1 087	1 320
中国	2 723	2 271	マレーシア	969	1 219
ミャンマー	2 171	1 845	アメリカ合衆国	958	1 183
ブラジル	968	1 218	セネガル	892	1 127
世界計×	**43 104**	**45 595**	世界計×	**45 264**	**45 275**

FAO（国連食糧農業機関）FAOSTATより作成（2022年3月10日閲覧）。×その他とも。

〔麦〕 2021年産の4麦計（小麦、二条大麦、六条大麦、はだか麦）の収穫量は133万2000トンで、このうち小麦が109万7000トンである。小麦の国内生産は、1960年代後半までほぼ年間100万トンを超えていたが、品質と価格で輸入小麦に対抗できず、1973年には戦後最低の20万トンま

表 11-22 麦類の収穫量（単位 千t）

	小麦	大麦	二条大麦	六条大麦	はだか麦	計	作付面積（千ha）
1980	583	332	269	63	53	968	313
1990	952	323	254	69	23	1 297	366
2000	688	192	154	38	22	903	237
2010	571	149	104	45	12	732	266
2019	1 037	202	147	56	20	1 260	273
2020	949	201	145	57	20	1 171	276
2021	1 097	213	158	55	22	1 332	283

農林水産省「作物統計」より作成。

表 11-23 麦類の主産県の収穫量（2021年産）

		t	%
小麦	北海道	728 400	*66.4*
	福岡	78 100	*7.1*
	佐賀	56 700	*5.2*
	愛知	29 400	*2.7*
	三重	22 800	*2.1*
	熊本	21 600	*2.0*
	群馬	21 000	*1.9*
	滋賀	20 900	*1.9*
	埼玉	20 000	*1.8*
	全国×	**1 097 000**	*100.0*
二条大麦	佐賀	45 700	*29.0*
	栃木	35 300	*22.4*
	福岡	25 400	*16.1*
	岡山	8 880	*5.6*
	全国×	**157 600**	*100.0*
六条大麦	福井	13 300	*24.1*
	富山	10 200	*18.5*
	滋賀	5 030	*9.1*
	全国×	**55 100**	*100.0*

農林水産省「作物統計」より作成。×その他とも。【☞小麦の府県別統計522ページ】

表 11-24 麦類供給の内訳（2019年度／確定値）（単位 千t）

	飼料用	種子用	加工用1)	減耗量	粗食料	国内消費仕向量2)
小麦	780	19	269	162	5 225	6 473
大麦	914	5	885	2	55	1 861
はだか麦	0	1	5	1	36	43

農林水産省「食料需給表」より作成。1）ビール、ウイスキー、しょうちゅうなどの酒類用、みそ、しょうゆ、グルタミン酸ソーダなど。2）供給量で、2018年度より純旅客用（訪日外国人と出国日本人の消費分を算出）が計上される。

で落ちこんだ。しかし、1980年代になると、政府が米の減反政策で麦への転作を奨励したこともあり、生産は次第に回復した。近年、麺やパンに使用する国産小麦への需要が高まり、食料自給率は2020年度概算値で15%となっている。世界の小麦価格は、2021年に主な産地である北米の天候不順や、中国での需要増加に伴い上昇したが、2022年２月のロシアによるウクライナ侵攻によってさらに急騰している。麦類の輸入も米と同様に政府が一元で買い付ける国家貿易であり、政府が製粉会社に売却しているが、2022年4月から売り渡し価格が大幅に引き上げられている。

表 11-25　日本の小麦の輸入先（単位　千 t）

	2000	2010	2019	2020	2021	〃 %
アメリカ合衆国	3 175	3 305	2 521	2 632	2 267	*44.2*
カナダ	1 483	1 018	1 832	1 938	1 798	*35.1*
オーストラリア	1 194	1 093	889	797	1 056	*20.6*
計×	**5 854**	**5 476**	**5 331**	**5 374**	**5 126**	*100.0*

財務省「貿易統計」より作成。2021年は確々報。×その他とも。

表 11-26　世界の小麦と大麦の生産量（単位　千 t）

		2010	2018	2019	2020	〃 %
小麦	中国	115 181	131 441	133 596	134 250	*17.6*
	インド	80 804	99 870	103 596	107 590	*14.1*
	ロシア	41 508	72 136	74 453	85 896	*11.3*
	アメリカ合衆国	60 062	51 306	52 581	49 691	*6.5*
	カナダ	23 300	32 352	32 670	35 183	*4.6*
	フランス	38 207	35 424	40 605	30 144	*4.0*
	パキスタン	23 311	25 076	24 349	25 248	*3.3*
	ウクライナ	16 851	24 653	28 370	24 912	*3.3*
	ドイツ	23 783	20 264	23 063	22 172	*2.9*
	トルコ	19 674	20 000	19 000	20 500	*2.7*
	世界計×	**640 803**	**732 140**	**764 981**	**760 926**	*100.0*
大麦	ロシア	8 350	16 992	20 489	20 939	*13.3*
	スペイン	8 154	9 554	7 744	11 465	*7.3*
	ドイツ	10 327	9 584	11 592	10 769	*6.9*
	カナダ	7 627	8 380	10 383	10 741	*6.8*
	フランス	10 102	11 043	13 565	10 274	*6.5*
	世界計×	**123 461**	**139 832**	**158 463**	**157 031**	*100.0*

FAOSTATより作成（2022年３月11日閲覧）。×その他とも。

表 11-27 小麦の需給（会計年度）（単位 千t）

	1980	1990	2000	2010	2015	2019	2020（概算）
生産・・・・・・・	583	952	688	571	1 004	1 037	949
輸入・・・・・・・	5 564	5 307	5 688	5 473	5 660	5 462	5 521
輸出・・・・・・・	5	0	0	0	0	0	0
国内消費仕向量	6 054	6 270	6 311	6 384	6 583	6 473	6 412

農林水産省「食料需給表」より作成。小麦粉の輸出入は麦に換算。国内消費仕向量は、在庫の増減を考慮してある。

表 11-28 大麦の需給（会計年度）（単位 千t）

	1980	1990	2000	2010	2015	2019	2020（概算）
生産・・・・・・・	332	323	192	149	166	202	201
輸入・・・・・・・	2 087	2 211	2 438	1 902	1 743	1 689	1 649
輸出・・・・・・・	—	0	0	0	0	0	0
国内消費仕向量	2 522	2 590	2 606	2 087	1 925	1 861	1 810

資料・注記は表11-27に同じ。

表 11-29 1ヘクタールあたり小麦収量（2020年）（単位 t）

ドイツ・・・・・・・・・・	7.82	スペイン・・・・・・・・	4.25	トルコ・・・・・・・・・・	2.96
イギリス・・・・・・・・	6.96	ウクライナ・・・・・・	3.80	アルゼンチン・・・・	2.94
フランス・・・・・・・・	6.68	カナダ・・・・・・・・・・	3.51	パキスタン・・・・・・	2.87
エジプト・・・・・・・・	6.57	インド・・・・・・・・・・	3.43	イラン・・・・・・・・・・	1.98
中国・・・・・・・・・・・・	5.74	アメリカ合衆国・・	3.34	オーストラリア・・	1.47
ポーランド・・・・・・	5.24	ロシア・・・・・・・・・・	2.98	カザフスタン・・・・	1.18

FAOSTATより作成（2022年3月11日閲覧）。主な生産国を多い順に配列。

表 11-30 世界の小麦の輸出入量（小麦粉を含まず）（単位 千t）

輸出	2019	2020	輸入	2019	2020
ロシア・・・・・・・・	31 873	37 267	インドネシア・	10 716	10 300
アメリカ合衆国	27 069	26 132	トルコ・・・・・・・	10 005	9 659
カナダ・・・・・・・	22 805	26 111	エジプト・・・・・	10 424	9 043
フランス・・・・・	19 957	19 793	中国・・・・・・・・・	3 205	8 152
ウクライナ・・・	13 901	18 056	イタリア・・・・・	7 474	7 994
オーストラリア	9 592	10 400	アルジェリア・	6 776	7 054
アルゼンチン・	10 543	10 197	ブラジル・・・・・	6 576	6 160
ドイツ・・・・・・・	5 551	9 259	フィリピン・・・	7 154	6 150
世界計×・・・	**180 171**	**198 527**	世界計×・・・	**179 803**	**191 738**

FAOSTATより作成（2022年3月11日閲覧）。×その他とも。

〔豆類・雑穀・いも類〕　豆類は日本人になじみの深い食材であるが、その自給率は低い。大豆の2020年度（概算値）の自給率は6％で、供給量は350万トン（在庫を含む）、輸入は314万トンである。輸入大豆はサラダ油などの原料に多く利用され、国産は豆腐、納豆、煮豆、みそ、しょうゆなどへ利用される。大豆の輸入先はアメリカ合衆国が最も多く、2021年には輸入計の76％を占めている。2021年は国産品で大雨による天候不順の影響がみられたほか、輸入品ではコンテナ不足や中国での需要の増加、バイオエタノール向け需要の高まりから価格が高騰した。

表 11-31　豆類・雑穀・いも類の収穫量（単位　千t）

	1990	2000	2010	2019	2020	2021
大豆…………	220.4	235.0	222.5	217.8	218.9	246.5
あずき………	117.9	88.2	54.9	59.1	51.9	…
いんげん……	32.4	15.3	22.0	13.4	4.9	…
らっかせい… 1)	40.1	26.7	16.2	12.4	13.2	…
そば……… 2)	…	…	29.7	42.6	44.8	40.9
かんしょ……	1 402	1 073	864	749	688	3) 672
ばれいしょ…	3 552	2 898	2 290	2 399	2 205	…

農林水産省「作物統計」より作成。豆類は乾燥子実。1）から付き。2）1971～2000年は2～3年おきの調査。3）第1報。

表 11-32　豆類・雑穀・いも類の主産地（2020年産）（単位　t）

大豆1)（2021年産）		
北海道	105 400	*42.8*
宮　城	22 200	*9.0*
秋　田	13 900	*5.6*
滋　賀	8 630	*3.5*
青　森	8 210	*3.3*
新　潟	7 770	*3.2*
全国×	**246 500**	*100.0*

らっかせい1) 2)		
千　葉	11 000	*83.3*
茨　城	1 270	*9.6*
全国×	**13 200**	*100.0*

あずき1) 2)		
北海道	48 600	*93.6*
全国×	**51 900**	*100.0*

いんげん1) 2)		
北海道	4 680	*95.1*
全国×	**4 920**	*100.0*

ばれいしょ2)		
北海道	1 733 000	*78.6*
全国×	**2 205 000**	*100.0*

そば（2021年産）		
北海道	17 300	*42.3*
山　形	3 640	*8.9*
長　野	2 500	*6.1*
福　島	2 310	*5.6*
秋　田	2 160	*5.3*
全国×	**40 900**	*100.0*

かんしょ2)		
鹿児島	214 700	*31.2*
茨　城	182 000	*26.5*
千　葉	90 200	*13.1*
全国×	**687 600**	*100.0*

資料は上表に同じ。斜字体は％。1）乾燥子実。2）主産県調査。全国は主産県の調査結果から推計したもの。×その他とも。【☞大豆の府県別統計522ページ】

雑穀のとうもろこしは、食用に利用される野菜のスイートコーンではなく、畜産業向けの飼料用の青刈りとうもろこしを指す。国内で大半が自家消費され、2020年産の収穫量は472万トンにとどまる。日本の輸入量は2020年で世界全体の8.5%を占め、世界有数の輸入国である。2021年は中国が豚熱で減った養豚数を回復させるために大量に輸入するとの見方から、価格が高騰し、飼料価格に影響を与えた。

いも類は国内での生産量が比較的多く、食料自給率は2020年度概算値で73%である。かんしょ（さつまいも）の自給率は95%と高い一方、ばれいしょ（じゃがいも）は輸入が多い。2021年末以降、北米からの輸入遅延で一部のファストフード店のポテト販売が一次停止された。

表 11-33　日本のとうもろこし・大豆の輸入先（単位　千 t）

とうもろこし	2020	2021	大豆	2020	2021
アメリカ合衆国	10 006	11 098	アメリカ合衆国	2 376	2 482
ブラジル……	5 527	2 347	ブラジル……	448	495
アルゼンチン‥	10	1 114	カナダ………	313	272
合計×……	**15 772**	**15 240**	合計×……	**3 163**	**3 271**

財務省「貿易統計」より作成。2021年は確々報。×その他とも。

表 11-34　世界のとうもろこし・大豆の生産量（単位　千 t）

		2010	2018	2019	2020	〃 %
とうもろこし	アメリカ合衆国・	315 618	364 262	345 962	360 252	*31.0*
	中国…………	177 425	257 174	260 779	260 670	*22.4*
	ブラジル………	55 364	82 367	101 126	103 964	*8.9*
	アルゼンチン…	22 663	43 462	56 861	58 396	*5.0*
	ウクライナ……	11 953	35 801	35 880	30 290	*2.6*
	インド………	21 726	28 753	27 715	30 160	*2.6*
	メキシコ………	23 302	27 169	27 228	27 425	*2.4*
	インドネシア…	18 328	30 254	22 586	22 500	*1.9*
	世界計×……	**852 787**	**1 124 261**	**1 141 360**	**1 162 353**	*100.0*
大豆	ブラジル………	68 756	117 912	114 317	121 798	*34.5*
	アメリカ合衆国・	90 663	120 514	96 667	112 549	*31.8*
	アルゼンチン…	52 675	37 788	55 264	48 797	*13.8*
	中国…………	15 083	15 967	18 100	19 600	*5.5*
	インド………	12 736	10 933	13 268	11 226	*3.2*
	パラグアイ……	7 460	11 046	8 520	11 024	*3.1*
	世界計×……	**265 088**	**344 732**	**336 329**	**353 464**	*100.0*

FAOSTATより作成（2022年3月14日閲覧）。×その他とも。

表 11-35　大豆の需給（会計年度）（単位　千 t）

	1980	1990	2000	2010	2015	2019	2020（概算）
生産	174	220	235	223	243	218	219
輸入	4 401	4 681	4 829	3 456	3 243	3 359	3 139
輸出	30	0	0	0	0	0	0
国内消費仕向量 1)	4 386	4 821	4 962	3 642	3 380	3 683	3 498

農林水産省「食料需給表」より作成。1）在庫を含む。

表 11-36　世界のとうもろこし・大豆の輸出入量（単位　千 t）

とうもろこし			大豆		
輸出	2019	2020	輸出	2019	2020
アメリカ合衆国	41 562	51 839	ブラジル	74 073	82 973
アルゼンチン	36 076	36 882	アメリカ合衆国	52 388	64 571
ブラジル	42 752	34 432	パラグアイ	4 901	6 619
ウクライナ	25 363	27 952	アルゼンチン	10 054	6 360
ルーマニア	6 676	5 651	カナダ	4 013	4 434
フランス	3 672	4 559	ウルグアイ	2 971	2 152
ハンガリー	3 026	4 041	ウクライナ	2 962	1 789
世界計×	**184 710**	**192 891**	世界計×	**155 335**	**173 367**
輸入	2019	2020	輸入	2019	2020
メキシコ	16 524	15 953	中国	88 586	100 327
日本	15 986	15 770	アルゼンチン	4 548	5 317
ベトナム	11 448	12 145	オランダ	4 113	4 537
韓国	11 367	11 664	エジプト	4 257	4 063
中国	4 791	11 294	タイ	3 209	4 045
スペイン	10 013	8 067	メキシコ	4 851	3 900
エジプト	8 078	7 880	ドイツ	3 666	3 867
世界計×	**184 012**	**185 238**	世界計×	**152 702**	**167 049**

FAOSTATより作成（2022年3月11日閲覧）。×その他とも。

表 11-37　世界のいも類の生産量（2020年）

ばれいしょ	千 t	%	かんしょ	千 t	%
中国	78 184	*21.8*	中国	48 949	*54.7*
インド	51 300	*14.3*	マラウイ	6 918	*7.7*
ウクライナ	20 838	*5.8*	タンザニア	4 435	*5.0*
ロシア	19 607	*5.5*	ナイジェリア	3 868	*4.3*
アメリカ合衆国	18 790	*5.2*	アンゴラ	1 728	*1.9*
ドイツ	11 715	*3.3*	エチオピア	1 599	*1.8*
世界計×	**359 071**	*100.0*	世界計×	**89 488**	*100.0*

FAOSTATより作成（2022年3月14日閲覧）。×その他とも。

〔果実・野菜〕 果実は、各地域の気候や土壌を生かして多様な作物が生産されている。和歌山県のうめや山形県のさくらんぼ（おうとう）などは有名で、地域で重要な役割を果たしている。近年は、消費者ニーズに対応した高品質果実の開発や生産が進んでおり、特にぶどうはシャインマスカットなど優良品種の生産が拡大した。果実の産出額は増加傾向にある。2020年は、コロナ禍により外食店向け高級果実の需要が落ち込んだ反面、巣ごもり需要が堅調であった。2020年の果実の産出額は8741億円となり、コロナ禍にあって前年よりも342億円増加した。海外で日本産のりんごやぶどうなどの品質が評価され、台湾や香港を主な相手先

図 11-13 主な果実の収穫量の推移

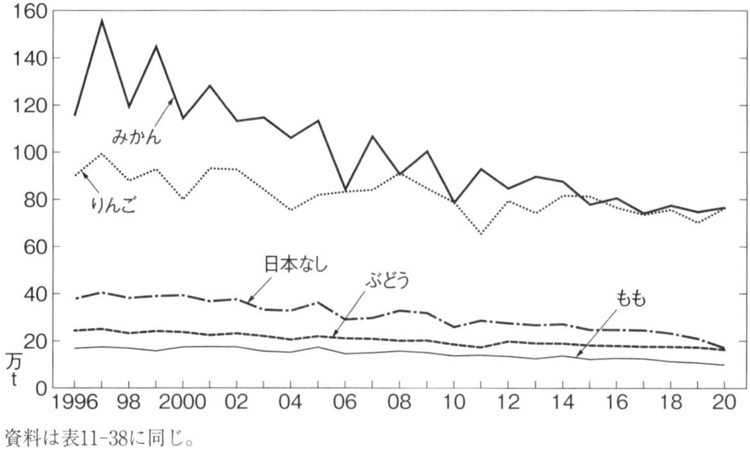

資料は表11-38に同じ。

表 11-38 果実の収穫量（単位 千t）

	2000	2019	2020		2000	2019	2020
果実計・1)	3 671.0	2 350.0	2 337.0	すもも・・	26.6	18.1	16.5
みかん・・	1 143.0	746.7	765.8	おうとう	17.1	16.1	17.2
りんご・・	799.6	701.6	763.3	うめ・・・・	121.2	88.1	71.1
日本なし	392.9	209.7	170.5	ぶどう・・	237.5	172.7	163.4
西洋なし	31.4	28.9	27.7	くり・・・・	26.7	15.7	16.9
かき・・・・	278.5	208.2	193.2	パイナップル2)	11.2	7.5	7.4
びわ・・・・	8.2	3.4	2.7	キウイフルーツ	44.4	25.3	22.5
もも・・・・	174.6	107.9	98.9				

農林水産省「果樹生産出荷統計」より作成。1）14品目の合計。2）沖縄県の数値。

として輸出量が増加している。一方、新品種の果物が無断で海外に持ち出されて栽培される事例が後を絶たないなか、これを規制する「改正種苗法」が2021年4月に施行された。生産量をみると、農家の高齢化や離農、

表 11-39　果実の主産地（2020年産収穫量）（単位　t）

みかん[1]		
和歌山	167 100	21.8
静岡	119 800	15.6
愛媛	112 500	14.7
熊本	82 500	10.8
長崎	47 600	6.2
佐賀	44 900	5.9
愛知	28 300	3.7
広島	20 800	2.7
福岡	20 100	2.6
三重	19 000	2.5
全国×	765 800	100.0

りんご[2]		
青森	463 000	60.7
長野	135 400	17.7
岩手	47 200	6.2
山形	41 500	5.4
秋田	25 200	3.3
福島	21 100	2.8
北海道	8 270	1.1
群馬	6 850	0.9
全国×	763 300	100.0

すもも		
山梨	5 320	32.2
長野	2 510	15.2
山形	1 810	11.0
和歌山	1 640	9.9
全国×	16 500	100.0

おうとう（さくらんぼ）		
山形	13 000	75.6
北海道	1 310	7.6
全国×	17 200	100.0

日本なし		
千葉	18 200	10.7
長野	13 700	8.0
茨城	13 500	7.9
福島	12 900	7.6
栃木	11 300	6.6
鳥取	10 500	6.2
熊本	6 980	4.1
新潟	6 940	4.1
全国×	170 500	100.0

西洋なし		
山形	19 100	69.0
新潟	1 990	7.2
青森	1 720	6.2
長野	1 510	5.5
北海道	866	3.1
全国×	27 700	100.0

もも		
山梨	30 400	30.7
福島	22 800	23.1
長野	10 300	10.4
山形	8 510	8.6
和歌山	6 620	6.7
岡山	5 720	5.8
全国×	98 900	100.0

キウイフルーツ		
愛媛	4 740	21.1
福岡	3 580	15.9
和歌山	3 450	15.3
神奈川	1 400	6.2
静岡	967	4.3
全国×	22 500	100.0

ぶどう		
山梨	35 000	21.4
長野	32 300	19.8
山形	15 500	9.5
岡山	13 900	8.5
北海道	6 940	4.2
福岡	6 370	3.9
全国×	163 400	100.0

かき		
和歌山	40 500	21.0
奈良	27 700	14.3
福岡	14 700	7.6
岐阜	11 700	6.1
愛知	11 100	5.7
福島	9 680	5.0
全国×	193 200	100.0

うめ		
和歌山	41 300	58.1
群馬	5 190	7.3
全国×	71 100	100.0

くり		
茨城	3 790	22.4
熊本	2 430	14.4
愛媛	1 540	9.1
全国×	16 900	100.0

びわ		
長崎	654	24.7
千葉	494	18.6
鹿児島	240	9.1
全国×	2 650	100.0

農林水産省「果樹生産出荷統計」より作成。斜字体は対全国比（%）。1）表年と裏年が交互に発生する傾向がある。2）代表品種は、ふじ39.3万トン、つがる8.4万トン、王林5.1万トン、ジョナゴールド4.6万トン。×その他とも。【☞府県別統計522ページ】

若者の果実離れ、輸入果実の増加などによって減少しており、1980年に600万トン以上あった果実の収穫量は、2020年は234万トンと半分以下に落ち込んでいる（14品目合計、表11-38参照）。

表 11-40　果実・野菜の需給（会計年度）（単位　千t）

	果実[1)] 国内消費仕向量	国内生産量	輸入量	野菜[1)] 国内消費仕向量	国内生産量	輸入量
1970	6 517	5 467	1 186	15 414	15 328	98
1980	7 635	6 196	1 539	17 128	16 634	495
1990	7 763	4 895	2 978	17 394	15 845	1 551
2000	8 691	3 847	4 843	16 826	13 704	3 124
2010	7 719	2 960	4 756	14 508	11 730	2 783
2019	7 068	2 697	4 466	14 601	11 590	3 031
2020*	7 110	2 685	4 490	14 361	11 474	2 946

農林水産省「食料需給表」より作成。1）在庫の増減を含む。*概算値。

表 11-41　世界の果実類の生産量（単位　千t）

	2019	2020	日本		2019	2020
オレンジ類[1)]	114 553	114 059	719	バナナ・・・	117 525	119 834
りんご・・・	87 481	86 443	720	レモン・・[2)]	20 112	21 354
ぶどう・・・	77 000	78 034	163	パイナップル	28 216	27 816
もも・・・・・	24 842	24 570	99	すもも・・・	12 338	12 225
なし・・・・・	24 279	23 109	198	オリーブ・	21 587	23 640

FAOSTATより作成。1）みかん・なつみかん類を含む。2）ライムを含む。

表 11-42　野菜の収穫量（2020年産）（単位　千t）

だいこん・・・・・	1 254.0	しゅんぎく・・・	27.4	かぼちゃ・・・・・	186.6
かぶ・・・・・・・・・	104.8	みずな・・・・・・・	43.8	なす・・・・・・・・・	297.0
にんじん・・・・・	585.9	セロリ・・・・・・・	29.5	トマト・・・・・・・	706.0
ごぼう・・・・・・・	126.9	アスパラガス・	26.7	ピーマン・・・・・	143.1
れんこん・・・・・	55.0	カリフラワー・	21.0	スイートコーン[1)]	234.7
さといも・・・・・	139.5	ブロッコリー・	174.5	さやいんげん[2)]	38.9
やまいも・・・・・	170.5	レタス・・・・・・・	563.9	さやえんどう・	19.5
はくさい・・・・・	892.3	ねぎ・・・・・・・・・	441.1	えだまめ・・・・[2)]	66.3
こまつな・・・・・	121.9	にら・・・・・・・・・	57.0	しょうが・・・・・	44.7
キャベツ・・・・・	1 434.0	たまねぎ・・・・・	1 357.0	いちご・・・・・・・	159.2
ちんげんさい・	41.4	にんにく・・・・・	21.2	メロン・・・・・・・	147.9
ほうれんそう・	213.9	きゅうり・・・・・	539.2	すいか・・・・・・・	310.9

農林水産省「野菜生産出荷統計」より作成。1）未成熟とうもろこし。2）未成熟。

日本では多くの野菜が栽培されており、2020年の産出額は2兆2520億円で、前年を1005億円上回り農業総産出額全体の25%を占めた。2020年度（概算値）の自給率は80%で、輸入量は295万トンとなっている。輸入野菜の家庭における消費はわずかで、その多くが加工用・業務用にあてられている。近年は加工食品に対する原料原産地表示の義務付けが拡充され、加工・業務用への国産野菜の需要が高まっている。

表 11-43　日本の果実・野菜の輸入

	数量（千t）				金額（百万円）	
	2000	2010	2020	2021	2020	2021
果実計	2 807	2 656	2 610	2 636	536 853	557 446
バナナ（生鮮）	1 079	1 109	1 068	1 109	105 213	107 551
かんきつ類 1)	513	350	224	200	36 478	33 975
グレープフルーツ	272	175	63	51	8 207	6 468
オレンジ	136	110	93	81	14 157	13 373
レモン・ライム	92	54	47	44	10 146	9 664
パイナップル 2)	100	143	157	181	13 451	16 687
キウイフルーツ 2)	42	63	113	118	48 968	50 377
野菜計	2 757	2 654	2 765	2 748	504 027	531 892
生鮮・冷蔵野菜	857	759	670	666	79 128	85 587
冷凍野菜	611	653	809	838	132 492	145 061
豆類（乾燥）	169	128	132	107	18 903	18 123

財務省「貿易統計」より作成。2021年は確々報。1）生鮮・乾燥。2）生鮮。

表 11-44　日本の果実・野菜の主な輸入先（2020年）

	輸入量（千トン）	輸入先（%）
果実		
バナナ（生鮮）	1 068	フィリピン75、エクアドル13、メキシコ7、グアテマラ2
かんきつ類	224	アメリカ45、オーストラリア23、南アフリカ共和国13
グレープフルーツ	63	南アフリカ共和国42、アメリカ27、イスラエル16
オレンジ	93	アメリカ53、オーストラリア45
レモン・ライム	47	アメリカ48、チリ40
パイナップル（生鮮）	157	フィリピン97
キウイフルーツ（〃）	113	ニュージーランド94
野菜		
生鮮・冷蔵野菜	670	中国68、ニュージーランド10、アメリカ6、メキシコ6
冷凍野菜	809	中国44、アメリカ30、タイ5、台湾4
豆類（乾燥）	132	中国43、カナダ24、ミャンマー17、アメリカ9

財務省「貿易統計」より作成。アメリカはアメリカ合衆国。

表 11-45 野菜の主産地（2020年産収穫量／主産県調査）（単位 t）

だいこん			キャベツ			トマト		
千葉	148 100	*11.8*	愛知	262 300	*18.3*	熊本	135 300	*19.2*
北海道	147 200	*11.7*	群馬	256 500	*17.9*	北海道	66 200	*9.4*
青森	115 700	*9.2*	千葉	119 500	*8.3*	愛知	43 300	*6.1*
鹿児島	86 300	*6.9*	茨城	105 800	*7.4*	茨城	41 700	*5.9*
神奈川	73 600	*5.9*	鹿児島	72 200	*5.0*	栃木	31 500	*4.5*
全国×	**1 254 000**	*100.0*	全国×	**1 434 000**	*100.0*	全国×	**706 000**	*100.0*

にんじん			レタス			ねぎ		
北海道	183 200	*31.3*	長野	182 200	*32.3*	千葉	56 900	*12.9*
千葉	105 400	*18.0*	茨城	91 700	*16.3*	埼玉	50 600	*11.5*
徳島	49 700	*8.5*	群馬	54 800	*9.7*	茨城	49 000	*11.1*
青森	39 700	*6.8*	長崎	35 900	*6.4*	北海道	22 000	*5.0*
長崎	31 300	*5.3*	兵庫	29 300	*5.2*	群馬	19 600	*4.4*
全国×	**585 900**	*100.0*	全国×	**563 900**	*100.0*	全国×	**441 100**	*100.0*

たまねぎ			スイートコーン			ごぼう		
北海道	892 100	*65.7*	北海道	97 000	*41.3*	青森	48 000	*37.8*
佐賀	124 600	*9.2*	茨城	16 000	*6.8*	茨城	12 800	*10.1*
兵庫	98 500	*7.3*	千葉	13 900	*5.9*	北海道	11 500	*9.1*
全国×	**1 357 000**	*100.0*	全国×	**234 700**	*100.0*	全国×	**126 900**	*100.0*

はくさい			かぼちゃ			やまいも		
茨城	243 900	*27.3*	北海道	92 300	*49.5*	北海道	73 400	*43.0*
長野	224 200	*25.1*	鹿児島	7 500	*4.0*	青森	57 900	*34.0*
全国×	**892 300**	*100.0*	全国×	**186 600**	*100.0*	全国×	**170 500**	*100.0*

すいか			メロン（露地＋温室）			いちご		
熊本	49 900	*16.1*	茨城	33 500	*22.7*	栃木	22 700	*14.3*
千葉	37 800	*12.2*	熊本	24 400	*16.5*	福岡	16 400	*10.3*
山形	28 500	*9.2*	北海道	21 800	*14.7*	熊本	12 200	*7.7*
鳥取	18 100	*5.8*	山形	10 600	*7.2*	長崎	10 500	*6.6*
新潟	17 600	*5.7*	青森	10 400	*7.0*	静岡	10 400	*6.5*
全国×	**310 900**	*100.0*	全国×	**147 900**	*100.0*	全国×	**159 200**	*100.0*

ほうれんそう			ピーマン			ブロッコリー		
埼玉	22 700	*10.6*	茨城	32 500	*22.7*	北海道	29 500	*16.9*
群馬	22 400	*10.5*	宮崎	26 800	*18.7*	埼玉	16 100	*9.2*
千葉	19 400	*9.1*	高知	13 000	*9.1*	愛知	15 700	*9.0*
茨城	16 500	*7.7*	鹿児島	11 800	*8.2*	香川	15 700	*9.0*
全国×	**213 900**	*100.0*	全国×	**143 100**	*100.0*	全国×	**174 500**	*100.0*

農林水産省「野菜生産出荷統計」（2020年）より作成。斜字体は全国計に占める割合で、%。×その他とも。【☞府県別統計522、523ページ】

〔花き、工芸農作物とコーヒー・カカオ〕 花きは冠婚葬祭や贈答、装飾など利用が多様で、嗜好性が高い。近年は栽培面積が減少して出荷量が減っているが、消費者ニーズに合わせた新たな品種開発などが進み、切り花を中心に単価が上昇した。しかし、2020年はコロナ禍により、卒業式や各種イベントなどの中止や縮小で、花きの価格が下落したほか、業務用を中心に花きの需要が急激に冷え込んだ。2020年の産出額は3080億円となり、前年を184億円下回った。

工芸農作物のうち茶は、家庭での茶葉消費が減少傾向にあるものの、ペットボトル緑茶飲料の消費が増加していることや、海外の日本食ブー

表 11-46　花きの生産（出荷量）（単位　百万本）

	1990	2000	2010	2019	2020
切り花類	4 909	5 593	4 351	3 482	3 252
きく	1 788	2 028	1 660	1 412	1 300
カーネーション	694	495	343	223	206
ばら	397	459	316	221	201
ガーベラ	45	180	167	137	127
球根類 1)	459	306	150	76	74
鉢もの類 2)	191	305	261	205	191
観葉植物 2)	40	51	45	37	41
花壇用苗もの類	137	859	722	579	566
パンジー	34	209	164	119	113

農林水産省「花き生産出荷統計」より作成。1）球数。2）鉢数。

表 11-47　工芸農作物の収穫量（単位　t）

茶 1)（2020年産）		
静岡	25 200	*36.1*
鹿児島	23 900	*34.2*
三重	5 080	*7.3*
宮崎	3 060	*4.4*
全国×	**69 800**	*100.0*

てんさい（2021年産）		
北海道	4 061 000	*100.0*

こんにゃくいも 2)（2020年産）		
群馬	50 200	*93.5*
全国×	**53 700**	*100.0*

さとうきび（2020年産）		
沖縄	813 900	*60.9*
鹿児島	522 500	*39.1*
全国	**1 336 000**	*100.0*

なたね（2021年産）		
北海道	2 540	*78.6*
青森	318	*9.8*
全国×	**3 230**	*100.0*

い（いぐさ）2)（2021年産）		
熊本	6 360	*99.5*
福岡	33	*0.5*
全国	**6 390**	*100.0*

農林水産省「作物統計」より作成。斜字体は全国計の割合（%）。1）荒茶の生産量。2）主産県調査。×その他を含む。

ムを背景に輸出が増加して、近年は産出額が600億円前後で推移してきた。しかし、2020年の産出額は前年に比べ113億円減少し、409億円となった。これは、春先の低温や少雨により一番茶の収量が低下した影響が大きい。また、コロナ禍に伴い観光需要や業務用需要が大幅に減少したことで価格が低迷したことや、一番茶の価格が下落したことで価格維持のために二番茶以降の摘採を中止したことも影響している。

表 11-48　茶の生産と輸出入（単位　千ｔ）

	1990	2000	2010	2019	2020	2021
生産量……	89.9	2) 88.5	85.0	81.7	69.8	3) 70.7
輸出量…… 1)	0.3	0.7	2.3	5.2	5.3	6.3
輸入量…… 1)	33.3	58.0	43.3	31.9	27.5	28.0

生産量は農林水産省「作物統計」、輸出入量は財務省「貿易統計」より作成。生産量は荒茶。1）紅茶、緑茶などの計。2021年は確々報。2）1999年。3）第１報。

表 11-49　日本の茶・コーヒー生豆の輸入先（単位　ｔ）

茶	2020	2021	コーヒー生豆	2020	2021
中国…………	11 759	9 995	ブラジル………	116 816	146 243
スリランカ……	5 709	7 000	ベトナム………	100 311	100 325
インド………	3 847	3 816	コロンビア……	60 430	47 670
ケニア………	2 881	3 479	インドネシア…	23 434	24 882
インドネシア…	1 260	1 426	グアテマラ……	26 771	19 913
マラウイ……	393	651	エチオピア……	25 012	19 677
計×………	**27 466**	**28 036**	計×………	**391 611**	**402 100**

財務省「貿易統計」より作成。2021年は確々報。×その他を含む。

表 11-50　日本のコーヒーの輸入

	コーヒー生豆		レギュラーコーヒー		インスタントコーヒー	
	数量（ｔ）	金額（百万円）	数量（ｔ）	金額（百万円）	数量（ｔ）	金額（百万円）
2000	382 230	84 467	2 749	2 788	7 177	6 460
2005	413 264	101 052	4 776	4 507	7 778	7 227
2010	410 530	116 350	6 311	6 724	7 445	6 909
2015	435 261	179 987	6 918	11 334	12 549	13 581
2020	391 611	113 347	7 367	12 423	10 700	10 587
2021	402 100	131 404	7 661	13 321	11 657	12 095

財務省「貿易統計」より作成。2021年は確々報。

図 11-14　主要国の年間１人あたり茶・コーヒー消費（2019年）

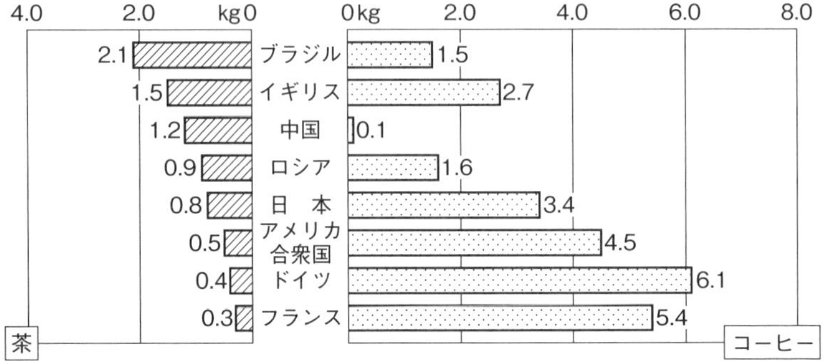

FAOSTATより作成。

表 11-51　世界の茶・コーヒー・カカオの生産（2020年）（単位　千ｔ）

茶		コーヒー生豆		カカオ豆	
世界計・・・・・・・	7 024	世界計・・・・・・・	10 688	世界計・・・・・・・	5 757
中国・・・・・・・	2 970	ブラジル・・・	3 700	コートジボワール	2 200
インド・・・・・	1 425	ベトナム・・・	1 763	ガーナ・・・・・	800
ケニア・・・・・	570	コロンビア・	833	インドネシア	739
アルゼンチン	335	インドネシア	773	ナイジェリア	340
スリランカ・	278	エチオピア・	585	エクアドル・	328
トルコ・・・・・	255	ペルー・・・・・	377	カメルーン・	290

FAOSTATより作成（2022年３月14日閲覧）。

表 11-52　世界の茶・コーヒー・カカオの輸出入（2020年）（単位　千ｔ）

茶		コーヒー生豆		カカオ豆	
輸出計・・・・・・・	2 140	輸出計・・・・・・・	7 719	輸出計・・・・・・・	4 117
ケニア・・・・・	576	ブラジル・・・	2 373	コートジボワール	1 636
中国・・・・・・・	349	ベトナム・・・	1 231	ガーナ・・・・・	520
スリランカ・	285	コロンビア・	695	エクアドル・	323
インド・・・・・	210	インドネシア	376	カメルーン・	313
ベトナム・・・	126	ホンジュラス	363	ベルギー・・・	223
ウガンダ・・・	72	ドイツ・・・・・	340	ナイジェリア	217
輸入計・・・・・・・	1 922	輸入計・・・・・・・	7 487	輸入計・・・・・・・	3 874
パキスタン・	254	アメリカ合衆国	1 428	オランダ・・・	988
ロシア・・・・・	151	ドイツ・・・・・	1 120	ドイツ・・・・・	442
イギリス・・・	130	イタリア・・・	567	マレーシア・	385
アメリカ合衆国	107	日本・・・・・・・	392	アメリカ合衆国	377
エジプト・・・	75	スペイン・・・	317	ベルギー・・・	279

FAOSTATより作成（2022年３月11日閲覧）。

〔油脂〕 2021年以降、油脂はカナダの天候不順による菜種などの需給ひっ迫や、マレーシアの労働者不足によるパーム油生産の停滞などで世界的に高騰しており、国内メーカーも大幅な値上げを実施している。

表 11-53 植物油脂の生産量（単位 千t）

	2019	2020		2019	2020
国産………… 1)	68	70	パーム油……	779	761
米油（米ぬか）	67	69	大豆油………	500	456
輸入………… 1)	2 769	2 664	とうもろこし油	81	73
なたね・からし油	1 052	1 011	合計…………	**2 837**	**2 734**

農林水産省「ポケット農林水産統計」(2021年版）より作成。輸入は、原料および製品の合計。1）その他の油脂を含む。

表 11-54 油脂類の需給（2019年度）（確定値）（単位 千t）

	生産量1)	輸入	輸出	国内消費仕向量2)	うち加工用	うち粗食料
植物油脂………	1 710	1 110	17	2 820	338	2 459
大豆油………	489	11	0	538	36	497
なたね油……	1 015	38	2	1 005	59	937
動物油脂………	328	46	23	339	128	107
計……………	**2 038**	**1 156**	**40**	**3 159**	**466**	**2 566**

食料需給表より作成。1）輸入原料から搾油した分を含む。2）在庫の増減を含む。

表 11-55 世界の採油用植物原料と油脂の生産量（2020年）（単位 千t）

なたね…………	72 376 (*100.0*)	落花生（殻付）…	53 639 (*100.0*)
カナダ………	19 485 (*26.9*)	中国…………	17 993 (*33.5*)
中国…………	14 000 (*19.3*)	インド………	9 952 (*18.6*)
インド………	9 124 (*12.6*)	ナイジェリア…	4 493 (*8.4*)
ドイツ………	3 527 (*4.9*)	アメリカ合衆国	2 782 (*5.2*)
フランス……	3 297 (*4.6*)	ひまわりの種子…	50 230 (*100.0*)
ポーランド……	2 987 (*4.1*)	ロシア………	13 314 (*26.5*)
綿実………… 1)	45 377 (*100.0*)	ウクライナ……	13 110 (*26.1*)
インド………	12 524 (*27.6*)	アルゼンチン…	3 233 (*6.4*)
中国…………	9 800 (*21.6*)	中国…………	2 375 (*4.7*)
アメリカ合衆国	5 393 (*11.9*)	ルーマニア……	2 199 (*4.4*)
ブラジル……	4 343 (*9.6*)	やし油（コプラ油）1)	3 161 (*100.0*)
パーム油…… 1)	74 583 (*100.0*)	フィリピン……	1 194 (*37.8*)
インドネシア…	42 869 (*57.5*)	インドネシア…	895 (*28.3*)
マレーシア……	19 858 (*26.6*)	インド………	352 (*11.1*)

FAOSTATより作成（2022年3月11日閲覧）。斜字体は割合（%）。1）2019年。

第12章　畜　産　業

国内農業における畜産業の割合は大きい。2020年の農業総産出額（耕種および畜産）８兆9370億円のうち、畜産業の産出額は３兆2372億円で、全体の36％を占めている。2020年はコロナ禍により、インバウンドや外食需要が減少した。その一方で、巣ごもり需要の拡大で畜産物の価格が

表 12-1　家畜頭数（単位　千頭）

	1990	2000	2010	2020	2021
牛	4 760	4 587	4 376	3 907	3 961
乳用牛	2 058	1 764	1 484	1 352	1 356
肉用牛	2 702	2 823	2 892	2 555	2 605
豚	11 817	9 806	4) 9 899	5) 9 156	9 290
鶏（千羽）1)	337 857	295 792	4) 288 135	5) 323 145	323 031
採卵鶏（千羽）2)	176 980	178 466	4) 178 208	5) 182 368	180 918
肉用若鶏（千羽）3)	150 445	108 410	4) 107 141	5) 138 228	139 658

農林水産省「畜産統計」より作成。各年２月１日現在。2000年からの採卵鶏は成鶏めす1000羽以上の飼養者が調査対象。2020年の牛は個体識別全国データベース等の行政記録情報や関係統計により集計した加工統計。2010、20年は豚、鶏の調査なし。1）種鶏を含む。2）種鶏を除く。3）ブロイラー。2010～12年までは調査休止、2014年以降は年間の出荷羽数3000羽以上の飼養者の飼養羽数。4）2009年。5）2019年。【☞長期統計511ページ】

表 12-2　肉類供給量（2019年度）（単位　千ｔ）

	枝肉（えだにく）1)				肉量	国民１人あたり年間(kg)
	生産	輸入	輸出	国内消費仕向量		
牛	471	890	6	1 339	824	6.5
豚	1 290	1 400	2	2 626	1 615	12.8
鶏	1 632	916	9	2 537	1 759	13.9
その他	5	48	0	52	28	0.2
小計	3 398	3 254	17	6 554	4 226	33.5
（くじら）	1	1	0	2	2	0.0
総計	**3 399**	**3 255**	**17**	**6 556**	**4 228**	**33.5**

農林水産省「食料需給表」(2020年度）より作成。確定値。鶏とくじらは暦年。その他とは馬・羊・やぎ・うさぎ・鹿。国内消費仕向量＝国内生産量＋輸入量－輸出量－在庫の増加量（または＋在庫の減少量）。肉量とは、国内消費仕向量から減耗量や純旅客用を除いた粗食料から、骨部分などを除いた人間の消費に直接利用可能な純食料。国民１人あたりも純食料。1）くじらと「その他」のなかのうさぎ、鹿は正肉。

上昇したことなどにより、産出額は前年を上回る結果となった。特に、豚の産出額は6619億円となり、前年比9.2%増と大幅に増加した。

畜産業は、採算性の低さや農村地域での人口の減少などから、後継者

図 12-1 肉類供給量（会計年度）（純食料）

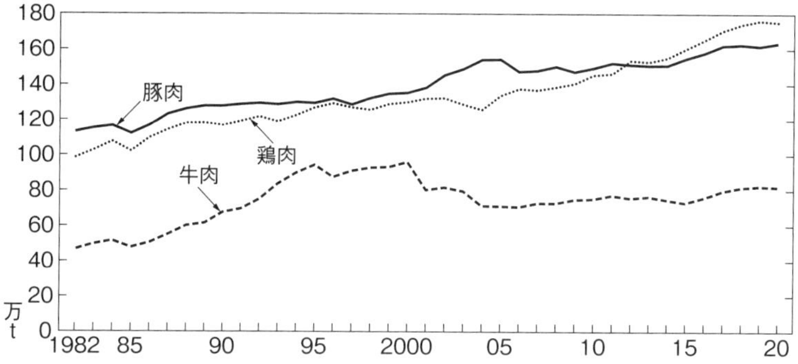

表12-2の資料より作成。2020年は概算値。鶏肉は2009年度より暦年。

表 12-3 家畜の都道府県別頭数（各年２月１日現在）（万頭・万羽）

乳用牛	2020	2021	〃%
北海道	82.1	83.0	*61.2*
栃　木	5.2	5.3	*3.9*
熊　本	4.4	4.4	*3.2*
岩　手	4.2	4.1	*3.0*
群　馬	3.4	3.4	*2.5*
全国×	**135.2**	**135.6**	*100.0*

肉用牛	2020	2021	〃%
北海道	52.5	53.6	*20.6*
鹿児島	34.1	35.1	*13.5*
宮　崎	24.4	25.0	*9.6*
熊　本	13.2	13.5	*5.2*
岩　手	9.1	9.1	*3.5*
全国×	**255.5**	**260.5**	*100.0*

豚	2019	2021	〃%
鹿児島	126.9	123.4	*13.3*
宮　崎	83.6	79.7	*8.6*
北海道	69.2	72.5	*7.8*
群　馬	63.0	64.4	*6.9*
千　葉	60.4	61.5	*6.6*
全国×	**915.6**	**929.0**	*100.0*

採卵鶏	2019	2021	〃%
茨　城	1 517	1 776	*9.8*
鹿児島	1 172	1 201	*6.6*
千　葉	1 238	1 161	*6.4*
広　島	936	999	*5.5*
岡　山	1 039	977	*5.4*
全国×	**18 237**	**18 092**	*100.0*

肉用若鶏	2019	2021	〃%
宮　崎	2 824	2 801	*20.1*
鹿児島	2 797	2 709	*19.4*
岩　手	2 165	2 260	*16.2*
青　森	694	709	*5.1*
北海道	492	509	*3.6*
全国×	**13 823**	**13 966**	*100.0*

農林水産省「畜産統計」より作成。%は全国計に対するもの。肉用若鶏（ブロイラー）は、鶏肉を生産するための鶏のうち、ふ化後３か月未満のもの。年間出荷羽数3000羽以上の飼養者の飼養羽数。×その他とも。

不足が深刻で、働く人の高齢化が進んでいる。また、TPP11やEUとのEPA（経済連携協定)、日米貿易協定などにより、安い畜産物が輸入されるようになった。さらに、飼料価格の高止まりに加えて、家畜への伝

表 12-4　食肉生産量（枝肉換算）

	1980	1990	2000	2010	2019	2020
牛肉（千ｔ)‥‥	418	549	530	515	471	477
豚肉（千ｔ)‥‥	1 475	1 555	1 271	1 292	1 279	1 306
馬肉（千ｔ)‥‥	3.7	4.7	7.2	5.9	4.1	4.0
羊肉（ｔ)‥‥‥	41	249	112	1) 143	…	…
やぎ肉（ｔ)‥‥	76	146	155	1) 41	…	…

農林水産省「畜産物流通統計」より作成。1）2009年。

表 12-5　養鶏

	1980	1990	2000	2010	2020	2021
採卵鶏(種鶏を除く)						
飼養戸数(千戸)	2) 247.1	86.5	4.9	3) 3.1	4) 2.1	1.9
成鶏めす(百万羽)1)	2) 123.7	137.0	140.4	3) 139.9	4) 141.8	140.7
産卵量(千ｔ)‥‥	2 002	2 419	2 540	2 515	2 633	…
肉用若鶏(ブロイラー)						
出荷羽数(百万羽)	624.2	708.3	569.2	633.8	5) 725.2	…
処理重量(千ｔ)	1 419	1 812	1 551	1 835	5) 2 164	…

上表資料などより作成。採卵鶏は各年２月１日現在で産卵量と肉用若鶏は年間。採卵鶏の飼養戸数は種鶏のみの飼養者を除く。2000年からの採卵鶏は成鶏めす1000羽以上の飼養者が調査対象。2010･20年は採卵鶏の調査なし。1）６か月以上。2）1979年。3）2009年。4）2019年。5）年間処理数30万羽以上の処理場の数値。【☞産卵量の府県別統計523ページ】

図 12-2　日本の肉類の輸入先（2020年）

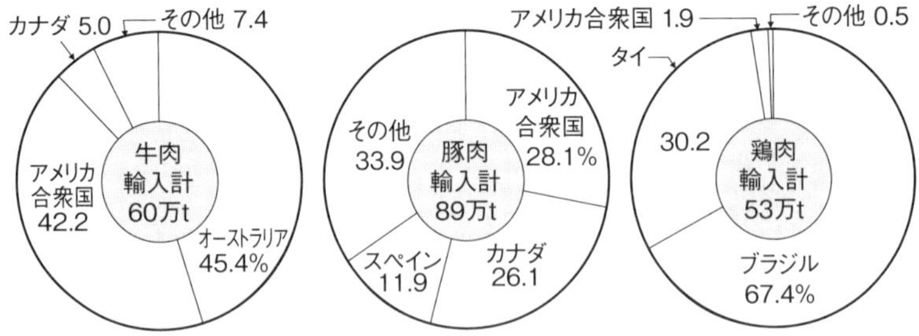

財務省「貿易統計」より作成。

染病対策も必要で、畜産農家の負担は重い。コロナ禍以降は、学校給食や外食などの需要減少から、牛乳や乳製品の消費が大きく落ち込み、供給過剰に陥っている。2021年末には、一時、生乳の大量廃棄寸前まで追い込まれ、各地で生乳の生産抑制などの対応をしている。

厳しい経営環境のなかで、政府は国産畜産物の輸出を促進している。神戸ビーフなど、各地で地域資源を活かした畜産物のブランド化が進んでおり、日本の畜産物は海外での人気が高い。牛肉の輸出額は2015年には110億円であったが、20年には289億円に増加している。

表 12-6　生乳生産

	1980	1990	2000	2010	2020	2021
搾乳牛（千頭）・・	1 066	1 081	992	830	715	726
生乳生産（千 t）・	6 504	8 189	8 497	7 720	7 438	7 592
飲用牛乳（千kL）	3 953	4 953	4 571	3 747	3 574	3 576

農林水産省「牛乳乳製品統計」などより作成。搾乳牛頭数は各年２月１日現在で2020年以降は加工統計。生乳生産、飲用牛乳は年間生産量。【☞生乳生産の府県別統計523ページ】

表 12-7　飼料供給量（会計年度）（単位　千 t）（可消化養分総量）

	1980	1990	2000	2010	2019	2020（概算）
粗飼料・・・・・・・・・	5 118	6 242	5 756	5 369	5 041	4 991
国内産・・・・・・・	5 118	5 310	4 491	4 164	3 873	3 813
輸入・・・・・・・・	—	932	1 265	1 205	1 168	1 177
濃厚飼料・・・・・・・	19 989	22 275	19 725	19 835	19 731	19 984
国内産・・・・・ 1)	5 003	5 696	5 936	5 794	5 748	5 584
輸入・・・・・・・・	14 986	16 579	13 789	14 041	13 983	14 401
計・・・・・・・・・・	**25 107**	**28 517**	**25 481**	**25 204**	**24 772**	**24 975**
純国内産飼料自給率（%） 2)	*28*	*26*	*26*	*25*	*25*	*25*

農林水産省「食料需給表」より作成。可消化養分総量（TDN）。1）輸入原料濃厚飼料を含む。2）純国内産飼料自給率＝（国内産粗飼料＋国内産原料濃厚飼料）÷需要量×100。

可消化養分総量とは、家畜の体内で消化された養分の総量をエネルギーの単位で示したもので、エネルギー損失量の大きい糞中のエネルギーを、飼料の総エネルギーから差し引いた可消化成分に基礎を置いて算出したもの。**粗飼料**には、生草、乾草、根菜類、稲わら、かす類などがある。**濃厚飼料**には、とうもろこしなどの穀実類、ふすまなどの糟糠類、大豆かすなどの油かす類、魚粉などの動物性飼料などがあり、一般的にはこれらを組み合わせて製造した配合飼料が多い（農林統計協会「改訂新版農林水産統計用語事典」）。

図 12-3　乳用牛の農家数と飼養頭数の推移（各年2月1日現在）

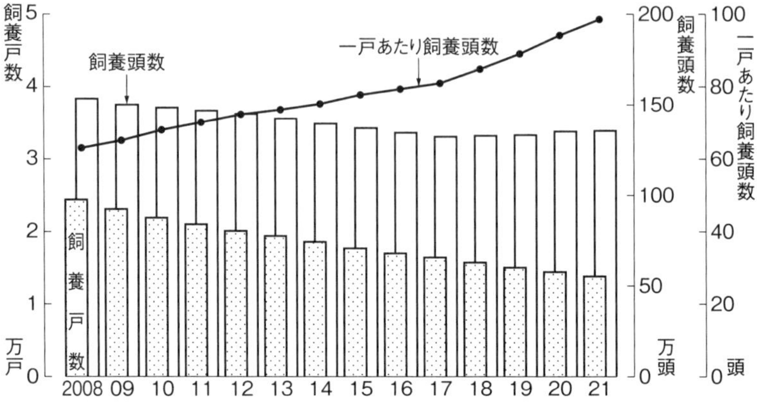

農林水産省「畜産統計」より作成。

表 12-8　世界の畜産物生産高（2020年）

肉類計	千t	%	牛肉	千t	%
中国･････････	75 367	*22.4*	アメリカ合衆国	12 357	*18.2*
アメリカ合衆国	48 711	*14.4*	ブラジル･････	10 100	*14.9*
ブラジル･････	29 126	*8.6*	中国･････････	6 034	*8.9*
ロシア･･･････	11 222	*3.3*	アルゼンチン･･	3 168	*4.7*
ドイツ･･･････	7 822	*2.3*	オーストラリア	2 372	*3.5*
世界計×････	**337 180**	*100.0*	世界計×････	**67 883**	*100.0*
豚肉	**千t**	**%**	**鶏肉**	**千t**	**%**
中国･････････	41 133	*37.4*	アメリカ合衆国	20 490	*17.1*
アメリカ合衆国	12 845	*11.7*	中国･････････	15 144	*12.7*
ドイツ･･･････	5 118	*4.7*	ブラジル･････	13 787	*11.5*
スペイン･････	5 003	*4.6*	ロシア･･･････	4 577	*3.8*
ブラジル･････	4 482	*4.1*	インドネシア･･	3 708	*3.1*
世界計×････	**109 835**	*100.0*	世界計×････	**119 505**	*100.0*
牛乳	**千t**	**%**	**鶏卵**	**千t**	**%**
アメリカ合衆国	101 251	*14.1*	中国･････････	29 825	*34.4*
インド･･･････	87 822	*12.2*	アメリカ合衆国	6 608	*7.6*
ブラジル･････	36 508	*5.1*	インド･･･････	6 292	*7.3*
中国･････････	34 400	*4.8*	インドネシア･･	5 044	*5.8*
ドイツ･･･････	33 165	*4.6*	ブラジル･････	3 261	*3.8*
世界計×････	**718 038**	*100.0*	世界計×････	**86 670**	*100.0*

FAOSTATより作成。2022年3月9日閲覧。×その他とも。

図 12-4 主な国の肉と魚の消費比較（2019年）（1人1日あたり）

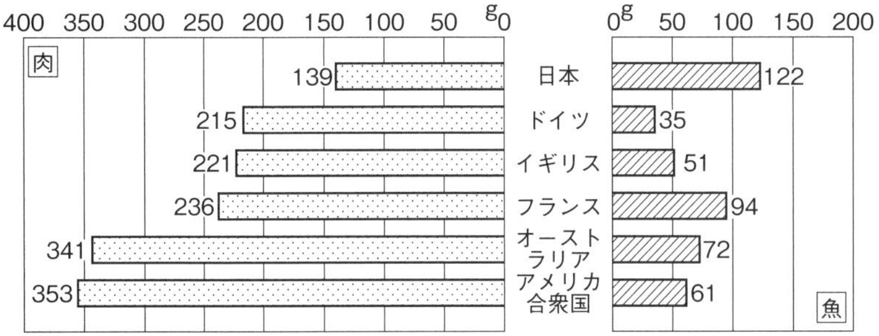

農林水産省「食料需給表」およびFAOSTATより作成。2022年2月25日閲覧。魚には海藻類や水生ほ乳類は含まない。粗食料。日本は肉が2019年度、魚が2019年でともに確定値、魚には海藻類や鯨を含まない。

表 12-9 世界の家畜頭数（2020年）

牛	千頭	%	豚	千頭	%
ブラジル……	218 150	*14.3*	中国…………	406 500	*42.7*
インド………	194 482	*12.7*	アメリカ合衆国	77 312	*8.1*
アメリカ合衆国	93 793	*6.1*	ブラジル……	41 124	*4.3*
エチオピア……	70 292	*4.6*	スペイン……	32 796	*3.4*
中国…………	60 976	*4.0*	ドイツ………	26 070	*2.7*
世界計×……	**1 525 939**	*100.0*	世界計×……	**952 632**	*100.0*
羊	千頭	%	やぎ	千頭	%
中国…………	173 095	*13.7*	インド………	150 248	*13.3*
インド………	68 100	*5.4*	中国…………	133 453	*11.8*
オーストラリア	63 529	*5.0*	ナイジェリア…	83 715	*7.4*
ナイジェリア…	47 744	*3.8*	パキスタン……	78 207	*6.9*
イラン………	46 587	*3.7*	バングラデシュ	60 027	*5.3*
世界計×……	**1 263 137**	*100.0*	世界計×……	**1 128 106**	*100.0*
水牛	千頭	%	にわとり	百万羽	%
インド………	109 719	*53.9*	アメリカ合衆国*	9 222	*27.9*
パキスタン……	41 191	*20.2*	中国…………	4 748	*14.3*
中国…………	27 221	*13.4*	インドネシア…	3 560	*10.8*
ネパール……	5 258	*2.6*	ブラジル……	1 479	*4.5*
ミャンマー……	4 125	*2.0*	パキスタン……	1 443	*4.4*
世界計×……	**203 533**	*100.0*	世界計×……	**33 097**	*100.0*

FAOSTATより作成。2022年3月9日閲覧。*印の国は過去にさかのぼってデータが大きく改訂された。×その他とも。

第13章　林　　業

戦後の日本では住宅用や産業用に大量の木材が必要となったが、戦時中の乱伐のために国産材だけでは足りず、輸入に頼ることになった。1964年に木材の輸入が全面的に自由化されると、安く、大量に供給することができる輸入木材の利用が進み、70年には木材輸入量が国産材の生産量を上回った。その後、自然環境や国内産業を守るために丸太の輸出を制限する国が増

表 13-1　林野面積（2020年）（単位　万ha）

	森林面積1)	森林以外の草生地	計2)
国有	703	12	715（*28.9*）
民有	1 740	21	1 762（*71.1*）
うち私有	1 339	17	1 356（*54.7*）
公有	336	5	341（*13.8*）
計	**2 444**	**33**	**2 477**（*100.0*）

下表資料より作成。2020年2月1日現在。カッコ内は構成比（%）。1）現況森林面積。2）林野面積。

表 13-2　林家の概況

	1990	2000	2010	2015	2020
林家数（千戸）1)	1 056.4	1 018.8	906.8	829.0	690.0
林業就業者数（千人）2)	108	67	69	64	…
うち65歳以上の割合（%）	*10.5*	*24.7*	*17.5*	*20.7*	…

農林水産省「農林業センサス」および総務省統計局「国勢調査」より作成。林家は保有山林面積が1ha以上の世帯。1）2月1日現在。2）10月1日現在。2000年までと2010年以降とでは産業分類が異なる。

表 13-3　森林蓄積量（2017年3月31日現在）（単位　千m³）

		針葉樹	広葉樹	計	計（%）
立木地1)	人工林	3 238 849	69 567	3 308 416	*63.1*
	天然林	484 596	1 447 854	1 932 450	*36.9*
	計	**3 723 445**	**1 517 421**	**5 240 866**	*100.0*
所有別2)	国有林	691 406	534 521	1 225 927	*23.4*
	民有林	3 032 275	983 300	4 015 575	*76.6*
	計	**3 723 681**	**1 517 821**	**5 241 502**	*100.0*

林野庁「森林資源の現況」より作成。1）立木および竹の樹冠（樹木の枝と葉の集まり）の投影面積が30%以上の土地。2）無立木地（樹冠の投影面積が30%未満の土地）を含む。

え、輸入木材は木材を加工した木材製品が中心になっている。

コロナ禍以降、世界的に建築需要が増加する一方で、製材所の休業やコンテナ不足による海上輸送の停滞などによって木材の供給が減少し、2021年以降木材価格が高騰している。こうした状況は、1970年代のオイルショックになぞらえ「ウッドショック」と呼ばれている。国産材の利用を進めようにも、長く輸入木材に頼ってきたことから間伐や林道の整備などが十分に行われておらず、簡単には転換できない状況にある。

図 13-1　木材の生産・輸入・消費

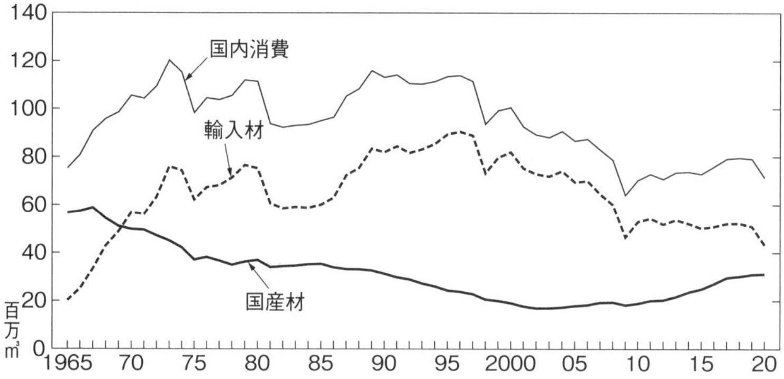

表13-8の資料より作成。

表 13-4　立木伐採高（会計年度）（単位　立木材積千m³）

	1970	1980	1990	2000	2010*	2018*	2019*
国有林‥	21 440	14 181	9 545	3 802	8 152	9 155	9 105
民有林‥	44 556	28 751	28 068	20 848	36 000	38 475	39 285
計‥‥	**65 996**	**42 932**	**37 613**	**24 650**	**44 152**	**47 630**	**48 390**

林野庁「森林・林業統計要覧」より作成。主伐および間伐の合計。*推計方法の違いにより、2004年以前とそれ以降とでは数値が接続しない。【☞長期統計511ページ】

表 13-5　特用林産物の生産量（2020年）（単位　t）

しいたけ‥1)	86 394	まいたけ‥‥	54 993	くり‥‥‥‥	16 900
えのきたけ・	127 914	エリンギ‥‥	38 500	たけのこ‥‥	26 449
ぶなしめじ・	122 802	まつたけ‥‥	32	生うるし‥‥	2) 2 051

農林水産省資料より作成。1）乾しいたけ（生換算）を含む。2）数値はkg単位。

表 13-6　樹種別素材（丸太）生産量（単位　千m³）

	2019	2020		2019	2020
針葉樹	19 876	18 037	あかまつ・くろまつ	601	570
すぎ	12 736	11 663	その他	168	142
ひのき	2 966	2 722	広葉樹	2 007	1 845
からまつ	2 217	2 008			
えぞまつ・とどまつ	1 188	932	計	**21 883**	**19 882**

農林水産省「木材需給報告書」より作成。パルプ用とその他用は含まず。下表の注記も参照のこと。広葉樹の内訳については、2004年の統計より公表されていない。

表 13-7　素材（丸太）供給量の変化（単位　千m³）

	1980	1990	2000	2010*	2019*	2020*
国産材	34 051	29 300	17 987	17 193	21 883	19 882
外材	43 892	36 098	19 511	6 531	4 465	3 668
うち米材	15 981	17 405	8 125	4 013	3 423	2 841
ニュージーランド材	1 390	1 420	1 874	858	393	322
北洋材	6 241	4 664	5 772	978	321	270
南洋材	1)17 258	12 014	3 092	526	164	103
総供給量	**77 943**	**65 398**	**37 498**	**23 724**	**26 348**	**23 550**

上表資料に同じ。素材は用材に供される木材で丸太状のもの（丸太、そま角）。製品としてすでに加工されている木材は含まず。ただし、外材には半製品を含む。外材の産地名は表13-9参照。*素材需要は製材、合板、木材チップ、パルプ、その他用に分かれるが、2001年にパルプ、その他用の調査廃止、17年に合板用は合板等用に変更。1）ラワン材のみ。

表 13-8　木材供給量の変化（単位　千m³）

	1980	1990	2000	2010	2019	2020
国産材	36 961	31 297	19 058	18 923	30 988	31 149
用材	34 557	29 369	18 022	18 236	23 805	21 980
しいたけ原木	2 047	1 563	803	532	251	242
燃料材 1)	357	365	233	155	6 932	8 927
外材	75 250	81 945	81 948	52 961	50 917	43 290
用材	74 407	81 793	81 241	52 018	47 464	39 412
燃料材 1)	843	152	707	943	3 454	3 878
総供給量	**112 211**	**113 242**	**101 006**	**71 884**	**81 905**	**74 439**
木材自給率（%）	*32.9*	*27.6*	*18.9*	*26.3*	*37.8*	*41.8*
うち用材	*31.7*	*26.4*	*18.2*	*26.0*	*33.4*	*35.8*

林野庁「木材需給表」(2020年）より作成。丸太換算材積。用材とは製材や合板、パルプ・チップ等の原料として用いられる木材のこと。1）2010年までは薪炭材。2014年から木質バイオマス発電施設等においてエネルギー利用された燃料用チップが新たに計上されるようになり、項目名が従来の「薪炭材」から「燃料材」に変更された。

表 13-9　用材の産地別供給量（2019年）

	千m³	%		千m³	%
国産材	23 805	*33.4*	マレーシア	2 213	*3.1*
米材	10 893	*15.3*	オーストラリア	4 271	*6.0*
アメリカ合衆国	5 754	*8.1*	チリ	3 479	*4.9*
カナダ	5 139	*7.2*	北洋材 1)	2 459	*3.5*
ベトナム	6 446	*9.0*	中国	1 778	*2.5*
欧州材	5 974	*8.4*	ニュージーランド	1 393	*2.0*
南洋材	4 949	*6.9*			
うちインドネシア	2 548	*3.6*	計×	**71 269**	*100.0*

林野庁「森林・林業白書」(2020年度) より作成。1) 主にロシア沿海州およびサハリンの木材。×その他とも。

表 13-10　木材需要量の変化（単位　千m³）

	1980	1990	2000	2010	2019	2020
国内消費	111 392	113 070	100 518	70 330	79 190	71 430
輸出	819	172	489	1 554	2 715	3 009
総需要量	**112 211**	**113 242**	**101 006**	**71 884**	**81 905**	**74 439**
うち用材 1)	108 964	111 162	99 263	70 253	71 269	61 392
製材用材	56 713	53 887	40 946	25 379	25 270	24 597
パルプ用材2)	35 868	41 344	42 186	32 350	31 061	26 064
合板用材	12 840	14 546	13 825	9 556	10 474	8 919

林野庁「木材需給表」(2020年) より作成。丸太換算材積。1) その他用材を含む。2) パルプ・チップ用材。

表 13-11　林業産出額

	1980	1990	2000	2010	2019	2020
林業産出額（億円）	11 588	9 775	5 312	4 257	4 973	4 831
木材生産	9 680	7 285	3 222	1 953	2 700	2 464
栽培きのこ類生産	1 762	2 294	1 969	2 189	2 167	2 260
薪炭生産	65	83	62	51	58	60
林野副産物採取1)	82	113	59	64	48	47
林業産出額に占める割合（%）						
木材生産	*83.5*	*74.5*	*60.7*	*45.9*	*54.3*	*51.0*
栽培きのこ類生産	*15.2*	*23.5*	*37.1*	*51.4*	*43.6*	*46.8*
生産林業所得2)（億円）	8 544	7 027	3 519	2 292	2 644	2 536

農林水産省「林業産出額」(2020年) より作成。木材生産には製材用素材等のほか輸出丸太、燃料用チップ素材を含む。木材生産は2010年以降、「その他用」を含まず。1) 山林から天然のまつたけや生うるし等の林産物を採取すること。2) 林業生産活動によって生み出された付加価値。

第14章 水 産 業

日本の漁業は漁業技術の発展とともに漁獲量を伸ばしたが、1970年代に遠洋漁業が大きな打撃を受けた。石油危機による燃料代の高騰や、1976年から欧米などで200カイリ漁業水域の設定が進んで、日本を含む外国船の操業が制限されたためである。沖合漁業の漁獲量は1970年代以降も増えたものの、90年代以降は乱獲や水域環境の変化、最近は近隣国の漁業の活発化もあり、漁獲量が減少した。また、日本人の魚介類消費量も減っており、漁業従事者が減って高齢化が進んでいる。

養殖業の収獲量は、漁獲量が落ち込んだ1990年代以降、ほぼ同じ規模で推移した。養殖業は2011年の東日本大震災と原発事故により大きな被害を受けたが、その後も、震災前の水準まで回復していないものの、収獲量全体では100万トン前後で推移している。漁獲量全体に占める養殖業の割合は、1990年の12%から2020年には24%に上昇している。

表 14-1 漁業種類別生産量と産出額（捕鯨業を除く）

	生産量（千 t）					産出額2)（億円）
	2000	2010	2019	2020	2020（%）	2020
海面	6 252	5 233	4 144	4 183	*98.8*	12 103
漁業	5 022	4 122	3 228	3 213	*75.9*	7 735
遠洋漁業	855	480	329	298	*7.0*	…
沖合漁業	2 591	2 356	1 970	2 044	*48.3*	…
沿岸漁業	1 576	1 286	930	871	*20.6*	…
養殖業	1 231	1 111	915	970	*22.9*	4 368
内水面（河川、湖沼）	132	79	53	51	*1.2*	1 100
漁業	71	*40	*22	*22	*0.5*	165
養殖業	61	1) 39	1) 31	1) 29	*0.7*	935
計	**6 384**	**5 313**	**4 197**	**4 234**	*100.0*	**13 203**

農林水産省「漁業・養殖業生産統計年報」(2022年2月閲覧) などより作成。漁業生産量は、漁業（漁獲量）と養殖業（収獲量）の合計。福島第一原発事故の影響により出荷制限・自粛の措置がとられたものを含まず。*主要河川・湖沼の調査で、販売目的のみ。1）ます類、あゆ、こい、うなぎの4魚種。内水面養殖業の対象魚種は2001年より4魚種となった。ただし、琵琶湖、霞ヶ浦、北浦の3湖沼については、その他の魚類および淡水真珠の調査を行っており、このうちその他の魚類については、2007年より内水面養殖業の総計に含めている。2）中間生産物である「種苗」を除き、にしきごいを含む。【☞長期統計511ページ】

水産資源の適切な管理を目指す政府は、2020年に漁業法等を70年ぶりに大改正した。これまで、水産資源保護のために1990年代後半からマアジなど特定の魚種でTAC（漁獲可能量）を設定し、漁獲量を制限してきた。今回の改正では、TAC対象となる魚種を増やして、早期に漁獲

図 14-1　漁業種類別生産量の推移

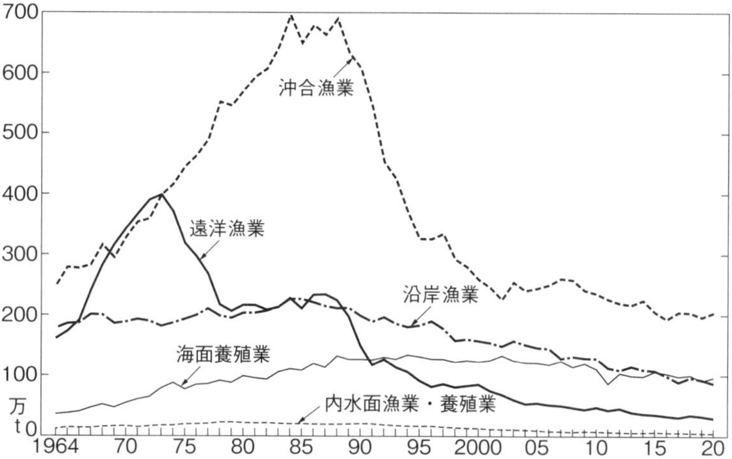

表14-1の資料より作成。表14-1の注記も参照のこと。2011年は、東日本大震災の影響により、岩手県、宮城県、福島県においてデータを消失した調査対象は含まない。

表 14-2　魚種別漁獲量（海面漁業のみ）（単位　千t）

	1980	2020		1980	2020
魚類・・・・・・・・・・・	8 412	2 602	さわら類・・・・	7	16
うちいわし類・・・・	2 442	944	にしん・・・・・・	11	14
さば類・・・・・・	1 301	390	貝類・・・・・・・・・・・	338	382
たら類・・・・・・	1 649	217	うちほたてがい・・	83	346
かつお類・・・・	377	196	さざえ・・・・・・	10	5
まぐろ類・・・・	378	177	あさり類・・・・	127	4
あじ類・・・・・・	145	111	いか類・・・・・・・・・	687	82
ぶり類・・・・・・	42	101	たこ類・・・・・・・・・	46	33
さけ・ます類	123	63	かに類・・・・・・・・・	78	21
ひらめ・かれい類	289	46	えび類・・・・・・・・・	51	12
ほっけ・・・・・・	117	41	海藻類・・・・・・・・・	183	63
さんま・・・・・・	187	30	うちこんぶ類・・・・	125	45
たい類・・・・・・	28	23			
さめ類・・・・・・	42	22	総計×・・・・・・・	**9 909**	**3 213**

表14-1の資料より作成。×その他を含む。【☞府県別統計519ページ】

量全体の8割（貝類等を除く）まで拡大するほか、船舶等ごとに漁獲割り当てを決めて、早い者勝ちによる乱獲を防ぐ。このほか、漁業権等の海面利用制度を見直して一層の有効活用を図るほか、密漁の取り締まり

図 14-2　主な漁港の水揚量（2020年）

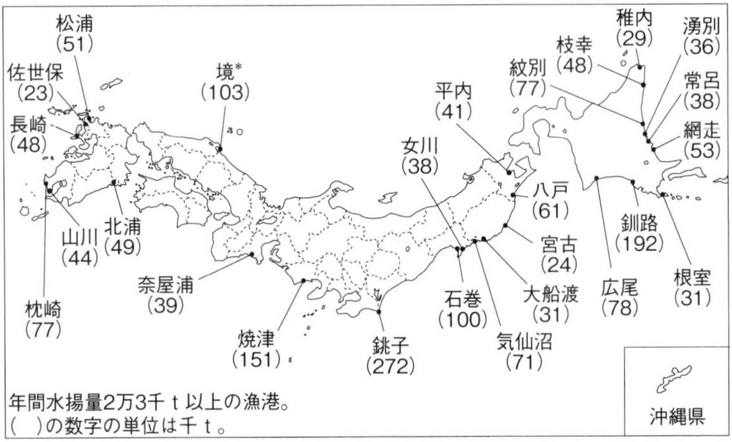

水産庁資料より作成。水揚量には貝類・藻類を含む。調査区を便宜上、漁港としている。*「境」は漁港名で、「境港」は市の名称。

表 14-3　養殖業の魚種別収獲量（単位　千ｔ）

	2000	2010	2020	2020 主産地の割合（%）
海面養殖業				
ぶり類・・・・・1)	137	139	138	鹿児島*31*、愛媛*15*、大分*15*
まだい・・・・・・	82	68	66	愛媛*58*、熊本*13*、高知*9*
くろまぐろ・・	…	…	19	長崎*30*、鹿児島*19*、高知*11*
ほたてがい・・	211	220	149	青森*54*、北海道*41*、宮城*4*
かき類・・・・・2)	221	200	159	広島*60*、宮城*12*、岡山*10*
こんぶ類・・・・	54	43	30	北海道*80*、岩手*17*、宮城*3*
わかめ類・・・・	67	52	54	宮城*44*、岩手*31*、徳島*10*
のり類・・・・・3)	392	329	289	佐賀*26*、兵庫*22*、福岡*17*
真珠・・・・・・・4)	30	21	16	愛媛*43*、長崎*36*、三重*14*
内水面養殖業				
ます類・・・・・・	15	9	6	長野*20*、静岡*15*、山梨*14*
あゆ・・・・・・・・	9	6	4	愛知*29*、岐阜*22*、和歌山*16*
こい・・・・・・・・	11	4	2	茨城*36*、福島*33*
うなぎ・・・・・・	24	21	17	鹿児島*42*、愛知*26*、宮崎*17*

表14-1の資料より作成。漁業・養殖業の統計はたびたび数値が改訂されるため注意が必要。1）愛媛15.1%、大分14.5%。2）殻付き。3）生重量。4）数値はトン単位。

や罰則の強化、海外を含む密漁等水産物の流通規制を強める。

日本の養殖業が伸び悩んだ20年間で、世界の養殖生産量は４倍に拡大し、さらに成長する見込みである。政府は、改正漁業法による漁場の有効活用の促進や技術開発、国内や海外市場での需要を踏まえた戦略的な養殖品目の選定を進め、養殖業を成長産業とする目標を立てている。

表 14-4　海面漁業経営の概況

	2003	2008	2013	2018	2020
漁業経営体数	132 417	115 196	94 507	79 067	69 560
うち個人経営	125 931	109 451	89 470	74 526	65 310
漁業就業者数（千人）	238	222	181	152	136
うち自営漁業1)（千人）	176	141	109	87	76

農林水産省「漁業センサス」などより作成。各年11月１日現在。2018年までは５年ごとのセンサス調査結果、20年は漁業構造動態調査結果の第１報。漁業就業者とは調査期日現在満15歳以上で、過去１年間に自営漁業または雇われて漁業の海上作業に30日以上従事した者。1）2003年までは自営漁業のみと自営が主の合計、2008年以降は自営漁業のみ。

表 14-5　動力漁船（海水漁船、各年末登録隻数）（単位　隻）

	５総トン未満	５～９総トン	10～99総トン	100～199総トン	200総トン以上	計
1980	364 867	15 896	17 133	1 450	2 004	401 350
1990	348 945	18 106	14 010	1 441	1 828	384 330
2000	305 262	18 606	11 927	801	1 004	337 600
2010	247 629	16 811	10 566	477	591	276 074
2019	188 277	14 321	9 507	365	469	212 939

農林水産省統計表より作成。実際に使用されている漁船はこれより少ない。

表 14-6　魚介類の需給量（単位　千ｔ）

	国内生産量	輸入量	輸出量	国内消費仕向量1)	うち粗食料	飼料用	自給率（％）
1980	10 425	1 689	1 023	10 734	7 666	3 068	*97.1*
1990	10 278	3 823	1 140	13 028	8 798	4 230	*78.9*
2000	5 736	5 883	264	10 812	8 529	2 283	*53.1*
2010	4 782	4 841	706	8 701	6 765	1 936	*55.0*
2019	3 783	4 210	715	7 192	5 622	1 552	*52.6*
2020*	3 714	3 885	721	6 794	5 264	1 530	*54.7*

農林水産省「食料需給表」より作成。暦年の数値。鯨、海藻類は含まず。自給率＝国内生産量÷国内消費仕向量×100（重量ベース）。1）在庫の増減を含む。*概算値。

表 14-7　主要水産物輸出高

	2020		2021	
	百万円	千 t	百万円	千 t
魚介類および同調製品	204 625	562.6	267 809	614.6
魚介類（生鮮・冷凍）1)	145 517	535.8	202 750	586.2
うちまぐろ	16 590	38.5	14 432	18.7
かつお	3 798	25.4	5 980	39.7
さけ	3 790	10.1	3 423	8.3
かに	1 530	0.9	2 006	0.9
魚介類の調製品	59 108	26.8	65 059	28.4
真珠	7 716	2) 21.5	17 224	2) 19.9

財務省「貿易統計」より作成。調製品は加工したものなど。2021年は確々報。1）甲殻類および軟体動物を含む。2）重量はトン単位。

表 14-8　主要水産物輸入高

	2020		2021	
	百万円	千 t	百万円	千 t
魚介類	1 063 056	1 511.7	1 192 539	1 536.6
うちまぐろ（生鮮・冷凍）	155 481	180.7	182 386	175.0
さけ・ます（〃）	200 760	250.8	220 002	245.3
さわら（〃）	661	1.2	496	1.0
にしんの卵	6 505	4.7	7 947	5.4
うなぎの稚魚	6 095	0.006	5 449	0.008
うなぎ（生鮮・冷凍）1)	16 963	5.4	15 090	7.0
にしん（〃）	30 993	66.5	33 817	78.1
甲殻類および軟体動物	360 630	386.7	392 208	380.4
うちえび（生鮮・冷凍）	160 034	150.4	178 382	158.7
かに（〃）	47 454	20.7	67 338	22.0
いか（〃）	61 533	104.2	56 994	104.4
たこ（〃）	33 739	37.8	31 815	26.4
うに（〃）	22 141	11.2	21 249	10.7
魚介類の調製品	305 566	390.4	322 041	393.8
計	**1 368 622**	**1 902.1**	**1 514 580**	**1 930.4**

資料は上表に同じ。調製品は加工したものなど。2021年は確々報。1）稚魚を含まず。

2020年の輸入先国別の割合

（金額ベース上位３か国）**まぐろ**（生鮮・冷凍）台湾*19.9*%、中国*12.9*%、韓国*11.5*% **さけ・ます**（生鮮・冷凍）チリ*60.5*%、ノルウェー*22.3*%、ロシア*9.4*% **えび**（生鮮・冷凍）ベトナム*21.4*%、インド*20.3*%、インドネシア*16.7*%

（重量ベース上位３か国）**まぐろ**（生鮮・冷凍）台湾*31.5*%、中国*16.9*%、韓国*10.4*% **さけ・ます**（生鮮・冷凍）チリ*66.7*%、ノルウェー*14.8*%、ロシア*10.9*% **えび**（生鮮・冷凍）インド*24.9*%、ベトナム*19.1*%、インドネシア*15.5*%

表 14-9　各国の１人１日あたり魚介類消費量（2019年）（単位　g）

日本	129	フィリピン	70	ノルウェー	139
韓国	248	ミャンマー	124	アイスランド	250
中国	140	アメリカ合衆国	61	スペイン	116
インド	19	ペルー	66	フランス	94
インドネシア	120	ブラジル	25	オーストラリア	72

FAOSTAT/Food Balanceより作成。2022年２月閲覧。海藻類を含み、水生哺乳類を含まず。粗食料。

表 14-10　世界の漁獲量（単位　千ｔ）

	1990	2000	2010	2018	2019	2019 (%)
中国	6 715	14 824	15 054	14 831	14 170	*15.1*
インドネシア	2 644	4 159	5 390	7 262	7 525	*8.0*
インド	2 863	3 726	4 716	5 336	5 477	*5.9*
ロシア	7 399	4 027	4 076	5 119	4 983	*5.3*
ペルー	6 869	10 659	4 306	7 209	4 851	*5.2*
アメリカ合衆国	5 620	4 789	4 317	4 757	4 804	*5.1*
ベトナム	779	1 630	2 250	3 346	3 429	*3.7*
日本	9 772	5 192	4 188	3 341	3 231	*3.5*
ノルウェー	1 800	2 892	2 838	2 664	2 472	*2.6*
チリ	5 354	4 548	3 048	2 370	2 377	*2.5*
フィリピン	1 855	1 920	2 504	2 053	2 057	*2.2*
ミャンマー	737	1 093	1 961	2 037	1 951	*2.1*
バングラデシュ	654	1 004	1 727	1 871	1 896	*2.0*
世界計×	**86 007**	**94 778**	**88 206**	**97 589**	**93 592**	*100.0*

FAO "Global Capture Production 1950-2019"（2022年３月閲覧）より作成。海面と内水面の合計。養殖業は含まない。×その他とも。

表 14-11　世界の水産物輸出入（単位　百万ドル）

輸出	2018	2019	輸入	2018	2019
日本	2 393	2 294	日本	15 714	15 493
中国	21 857	20 256	アメリカ合衆国	23 977	23 521
ノルウェー	12 014	12 023	中国	14 692	18 341
ベトナム	8 912	8 695	スペイン	8 641	8 139
インド	6 940	6 857	フランス	7 079	6 734
チリ	6 932	6 675	イタリア	7 108	6 619
タイ	6 077	5 865	ドイツ	6 048	5 887
世界計×	**166 579**	**163 305**	世界計×	**162 063**	**162 177**

FAO "Commodities 1976-2019"（2022年３月閲覧）より作成。輸出には再輸出を含まない。輸出はf.o.b.（本船渡し）価格、輸入はc.i.f.（保険料・運賃込）価格。×その他とも。

第15章 工　　業

日本の工業は、原料を輸入し製品を輸出する加工貿易の中核として、戦後の成長を支えた。自動車や電化製品などで日本製品は世界的に人気となったが、アメリカとの貿易摩擦が激しくなると、輸出を自主規制して、自動車を中心に現地生産を拡大した。さらに、1985年以降の円高を契機に、コスト競争力を高めるために、当時人件費が低かった東南アジアや、90年代からは中国に生産拠点を拡大した。こうした海外生産の拡大に伴って、日本国内の工業生産は頭打ちになった。

中国には、日本のほか多数の先進国メ

図 15-1　主要国の工業付加価値額（名目値）

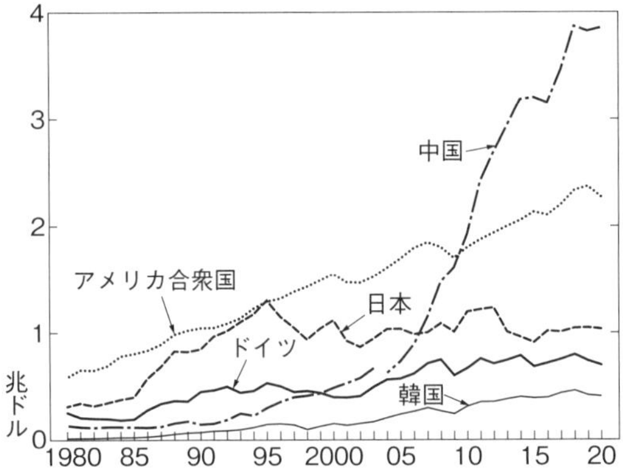

国連"National Accounts Main Aggregates Database"(2021年12月更新データ）より作成。中国の2003年以前は鉱業や電気・ガス・水道等を含む。

表 15-1　工業の概況

	1990	2000	2010	2018	2019
事業所数・・・・・・・1)	728 853	589 713	434 672	2) 348 322	2) 338 238
従業者数(千人)・1)	11 788	9 700	8 087	2) 8 098	2) 8 021
現金給与総額(億円)	432 916	424 125	330 903	3) 354 408	3) 354 641
原材料使用額等(億円)	1 905 396	1 709 454	1 810 662	3) 2 103 557	3) 2 046 271
製造品出荷額等(億円)	3 270 931	3 035 824	2 908 029	3 346 804	3 253 459
付加価値額(億円)	1 212 432	1 121 118	3) 906 672	3) 1 043 007	3) 1 002 348

経済産業省「工業統計調査」より作成。**工業統計**には2002年より新聞・出版業、もやし製造業を除く。2010、18、19年で従業者３人以下の事業所は推計値。製造品出荷額等には修理料等を含む（2007年より転売収入等を追加）。付加価値額は製造品出荷額等から原材料費や在庫の増減等を差し引いたもの。2001年以前は従業者９人以下、2002年以降は従業者29人以下の事業所が粗付加価値額（在庫の増減等を加味しない）。1）各年末現在。2）翌年６月１日現在。3）従業者４人以上の事業所。【☞府県別統計519ページ】

ーカーが製造拠点を設けた。日本や韓国から部品や素材を送り、中国で組み立ててアメリカに輸出するといったサプライチェーンが形成され、中国の工業は発展した。さらに、中国の経済成長による内需拡大とともに、工業生産が一気に拡大した。

半導体や電子機器、造船などでは韓国メーカーが躍進し、日本メーカーのシェアを奪っていった。最近では、ハイテク機器で中国メーカーの

表 15-2 工業の産業別構成 (2019年)

	事業所数[1]	従業者数[1] (千人)	製造品出荷額等 (億円)	付加[2]価値額 (億円)
食料品工業(本書での分類)	43 504	1 274.3	397 884	131 080
食料品	36 851	1 165.1	301 148	103 255
飲料・たばこ・飼料	6 653	109.3	96 736	27 826
繊維工業	28 401	273.0	38 740	14 548
木材・木製品[3]	10 575	99.0	29 169	8 739
家具・装備品	17 143	111.0	21 570	7 289
パルプ・紙・紙加工品	8 166	193.7	77 420	23 947
印刷・同関連業	20 642	273.5	49 981	21 291
化学工業(本書での分類)	6 425	410.1	431 805	124 523
化学工業	5 339	382.7	293 105	115 156
石油製品・石炭製品	1 086	27.4	138 699	9 367
プラスチック製品[4]	17 887	463.6	130 781	46 549
ゴム製品	3 736	120.4	33 618	14 061
なめし革・同製品・毛皮	3 383	24.0	3 545	1 143
窯業・土石製品	16 467	251.4	77 862	31 639
金属工業(本書での分類)	57 936	1 027.6	438 552	113 717
鉄鋼業	6 340	228.0	178 161	30 096
非鉄金属	4 067	143.4	96 413	21 182
金属製品	47 529	656.2	163 977	62 439
機械工業(本書での分類)	82 991	3 322.9	1 475 429	446 799
はん用機械器具	11 120	336.4	122 580	44 846
生産用機械器具	32 680	650.1	211 499	75 706
業務用機械器具	5 929	215.6	68 335	26 528
電子部品・デバイス・電子回路	5 206	413.3	141 515	50 788
電気機械器具	12 289	510.9	183 298	62 258
情報通信機械器具	1 559	122.9	67 194	19 079
輸送用機械器具	14 208	1 073.8	681 009	167 594
その他	20 982	176.5	47 102	17 023
計	**338 238**	**8 021.1**	**3 253 459**	**1 002 348**

経済産業省「工業統計調査」(2020年) より作成。工業統計に関する注記は表15-1参照。1) 2020年6月1日現在。2) 従業者4人以上事業所。従業者29人以下の事業所は粗付加価値額 (在庫の増減等を加味していない)。3) 家具を除く。4) 家具など他の産業に分類されるものを除く。【☞府県別統計524～526ページ】

成長が著しい。日本は、原料を輸入し製品を輸出する加工貿易が今も盛んであるが、スマートフォンをはじめ工業製品の輸入が増えている。

日本の工業生産は、コロナ禍で一時的に大きく落ち込んだものの（10ページ鉱工業生産指数）、その後の世界的な経済の正常化に伴い持ち直した。しかし、コロナ禍や米中対立によるサプライチェーンの混乱が続いており、半導体を中心に部品の調達が困難になって、自動車や電子機器類の生産に支障が出ている。これに対し、日本やアメリカなどでは半導体の国内生産強化を柱に、サプライチェーンの強靭化を進めている。

図 15-2　製造品出荷額等構成の推移

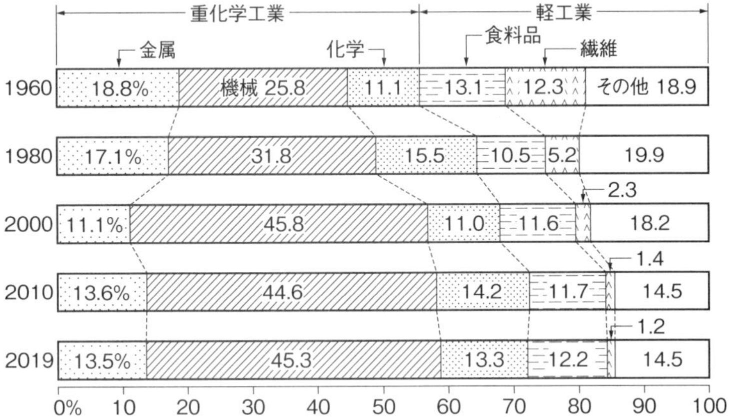

資料、注記は表15-2に同じ。製造品出荷額等については183ページ解説も参照のこと。

表 15-3　主要国の工業出荷額（2019年）（単位　億ドル）

	中国[2]（2018）	アメリカ合衆国[3]	日本[3]（2018）	ドイツ	韓国[3]	インド[3)5)]
食料品工業‥‥	13 972	9 599	3 657	2 222	831	2 091
繊維工業‥‥‥	6 844	619	365	207	318	937
化学工業‥‥ 1)	15 829	7 787	2 609	2 158	1 488	1 609
金属工業‥‥‥	23 254	6 422	3 730	2 819	1 928	2 138
機械工業‥‥‥	52 161	18 936	13 325	10 606	6 462	2 897
うち自動車 ‥‥	12 602	6 848	4) 6 237	4 374	1 657	1 058
計×‥‥‥‥‥	**140 131**	**60 605**	**28 932**	**21 996**	**13 457**	**13 033**

UNIDO Statistics Data Portal（2022年4月5日閲覧）より作成。1）石油製品を除く。2）収益2000万元以上の企業。3）UNIDOによる推定値。4）その他の輸送用機械を含む。5）登録済の従業者20人以上（動力がある場合は10人以上）の事業所。×その他とも。

図 15-3　事業所規模別構成比（2019年）

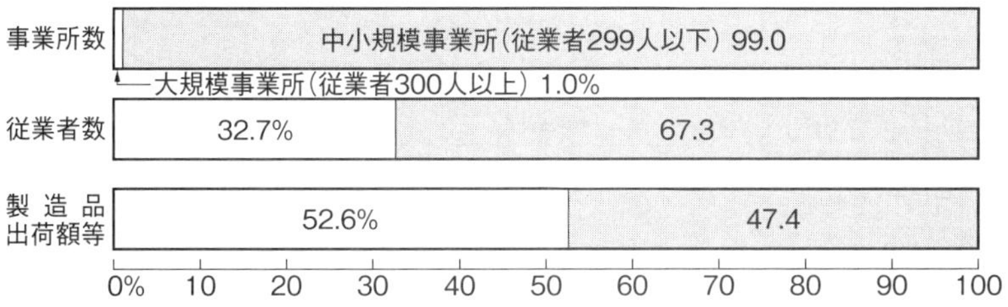

資料は下表に同じ。事業所数、従業者数は2020年6月1日現在。

表 15-4　事業所規模別工業統計（2019年）

事業所の規模（従業者数別）	事業所数[1]	従業者数[1]（千人）	現金給与総額（億円）	原材料使用額等（億円）	製造品出荷額等（億円）	付加価値額（億円）
1～3人…	156 361	303	…	…	28 125	…
4～9人…	64 449	403	12 575	30 230	58 940	2) 26 452
10～19人…	47 022	645	22 266	65 611	120 440	2) 50 473
20～29人…	24 770	608	22 255	77 772	136 550	2) 54 000
30～49人…	16 081	629	24 844	101 041	167 760	57 576
50～99人…	15 285	1 065	43 461	202 640	338 911	117 065
100～199人·	8 171	1 128	49 304	248 707	422 204	144 549
200～299人·	2 555	620	28 917	161 233	270 413	91 689
300～499人·	1 900	722	35 554	252 154	412 117	119 456
500～999人·	1 133	769	41 934	277 176	426 892	123 258
1000人以上·	511	1 129	73 532	629 707	871 107	217 829
計………	**338 238**	**8 021**	3) **354 641**	3) **2 046 271**	**3 253 459**	3) **1 002 348**

資料は表15-2に同じ。1）2020年6月1日現在。2）粗付加価値（在庫の増減等を加味していない）。3）従業者4人以上の事業所。

表 15-5　経営組織別工業統計（従業者4人以上の事業所）（2019年）

	事業所数[1]	従業者数[1]（千人）	現金給与総額（億円）	製造品出荷額等（億円）	粗付加価値額[2]（億円）
会社………………	169 216	7 598	351 787	3 208 612	1 082 229
資本金1000万円未満	46 962	559	16 997	64 325	31 676
1000～3000万円……	75 023	1 757	64 750	343 672	139 183
3000～5000万円……	15 588	700	27 380	170 946	66 168
5000万～3億円……	21 083	1 754	74 989	570 522	207 621
3億円以上………	10 560	2 827	167 672	2 059 148	637 581
組合・その他………	1 749	45	1 609	12 327	4 623
個人………………	10 912	74	1 244	4 395	2 348
計………………	**181 877**	**7 718**	**354 641**	**3 225 334**	**1 089 199**

資料は表15-2に同じ。1）2020年6月1日現在。2）在庫の増減等を加味していない。

図 15-4　工業地帯、工業地域の製造品出荷額等の構成（2019年）

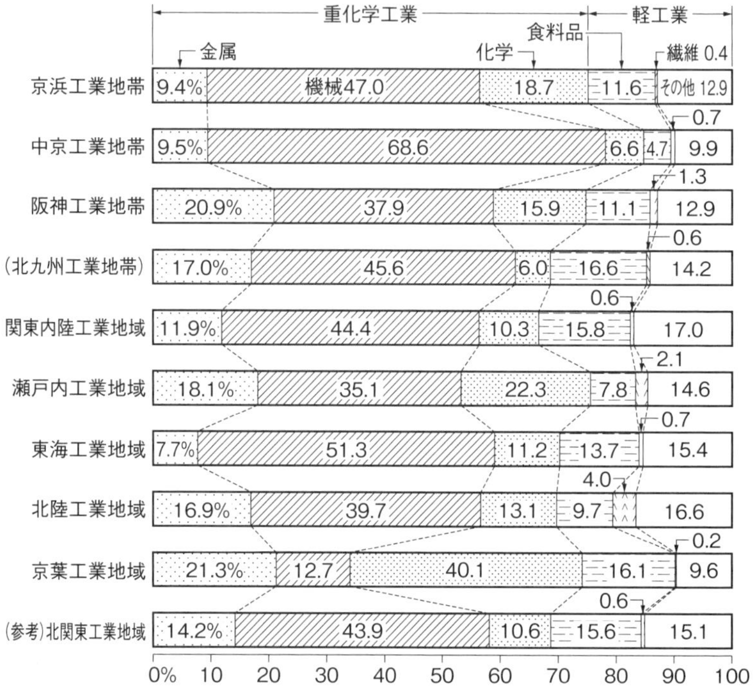

表 15-6　工業地帯、工業地域の製造品出荷額等（単位　億円）

	1990	2000	2010	2018	2019
京浜工業地帯・・・・	515 908	402 530	257 710	264 195	252 929
中京工業地帯・・・・	445 033	427 472	481 440	602 425	589 550
阪神工業地帯・・・・	405 725	325 518	301 386	345 443	336 597
(北九州工業地帯)	77 793	74 264	82 491	103 019	99 760
関東内陸工業地域	336 323	304 815	290 180	328 022	320 161
瀬戸内工業地域・・	266 875	242 029	292 784	323 038	311 899
東海工業地域・・・・	164 646	167 811	158 848	176 639	172 749
北陸工業地域・・・・	132 396	127 914	118 319	146 481	142 904
京葉工業地域・・・・	122 615	115 188	124 137	132 118	125 846
(参考)北関東工業地域	272 484	266 025	269 328	315 526	307 015

資料は表15-1に同じ。2002年より新聞、出版業が工業統計から外れていることに留意。本表は下記に示す都府県を合計したもの。京浜：東京都、神奈川県。中京：愛知県、三重県。阪神：大阪府、兵庫県。北九州：福岡県。関東内陸：栃木県、群馬県、埼玉県。瀬戸内：岡山県、広島県、山口県、香川県、愛媛県。東海：静岡県。北陸：新潟県、富山県、石川県、福井県。京葉：千葉県。北関東：茨城県、栃木県、群馬県。なお、工業地帯は北九州を含めず三大工業地帯とするのが一般的。

表 15-7 鉱工業生産指数（2015年＝100）

	付加生産ウエイト	2017	2018	2019	2020	2021
食料品・たばこ	1 313.8	100.2	99.4	100.6	97.6	96.9
繊維工業	182.2	96.5	95.0	91.9	80.4	80.5
木材・木製品	98.2	105.8	104.8	105.6	93.9	101.8
パルプ・紙・紙加工品	226.5	102.2	100.3	98.2	88.7	91.4
印刷業	203.7	92.4	89.9	85.2	76.2	75.0
化学工業	1 093.0	106.2	107.2	106.5	96.3	99.7
化粧品	201.3	117.4	131.4	130.0	104.4	100.2
石油・石炭製品	118.0	98.3	93.5	93.0	78.5	78.7
プラスチック製品	441.7	104.3	105.7	104.2	97.6	100.6
ゴム製品	150.8	98.6	100.6	99.4	82.3	93.0
窯業・土石製品	322.0	101.9	102.2	97.9	89.6	93.1
鉄鋼業	423.2	101.8	102.0	96.4	80.1	92.7
非鉄金属	201.6	103.2	105.1	99.9	90.0	96.9
金属製品	438.1	99.1	99.6	97.7	86.5	90.0
はん用機械	576.8	102.3	109.2	102.2	89.8	100.7
生産用機械	708.0	110.7	116.3	106.3	95.3	115.9
半導体等製造装置 1)	145.0	141.6	150.0	130.3	134.0	176.0
業務用機械	151.8	99.0	104.1	103.0	90.6	96.5
電子部品・デバイス	580.8	104.1	106.8	95.0	96.4	110.4
集積回路	211.1	109.8	121.9	102.9	106.1	126.1
電気機械	597.4	106.2	107.6	101.0	93.1	100.3
情報通信機械	241.9	89.9	89.0	91.4	77.8	79.1
輸送機械	1 796.5	105.2	105.6	104.8	86.5	85.8
自動車工業	1 544.5	106.4	107.6	105.6	86.9	88.5
乗用車	736.8	107.7	108.5	108.7	88.8	85.5
車体・自動車部品	592.2	109.8	112.3	107.9	90.5	93.5
船舶・同機関	130.8	94.8	85.1	90.4	84.2	70.9
(参考)機械工業計 2)	4 668.2	104.6	107.1	102.1	89.9	97.0
製造工業計	9 983.0	103.1	104.2	101.1	90.7	95.7
鉱業	17.0	103.9	97.7	92.7	87.2	86.6
鉱工業計	10 000.0	103.1	104.2	101.1	90.6	95.7

経済産業省「鉱工業指数」より作成。鉱工業指数は、価格の変動を除いた量的変動を示す。付加生産ウエイトは基準年の付加価値額の構成比で、量的変動にウエイトを反映させて指数が作成される。1）フラットパネルディスプレイ製造装置を含む。2）時計を含む。【☞長期統計512ページ】

生産額と製造品出荷額等　工業統計調査における生産額は、製造品出荷額に在庫や半製品、仕掛品の増減を反映させたもので、調査の煩雑さから調査対象は従業者30人以上の事業所に限られる。製造品出荷額等は、従業者４人以上の事業所で調査が行われるほか、３人以下の事業所は推計値が公表される。さらに、修理料収入など生産以外の活動も含んでいる。こうした網羅性の観点から、本書では工業の産業活動を示す指標として製造品出荷額等を用いている。

図 15-5　鉱工業生産指数

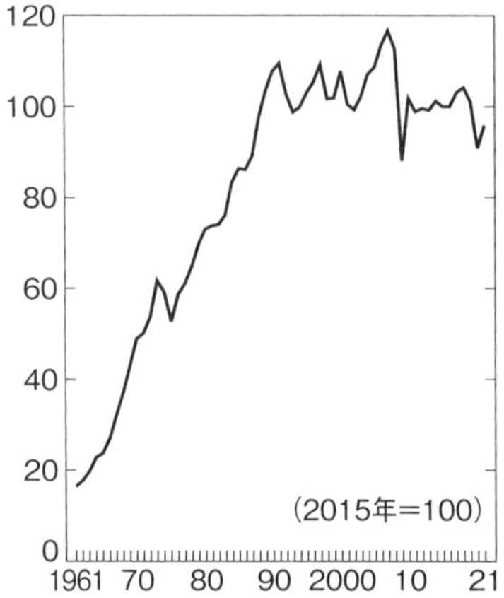

表15-7より作成。

図 15-6　海外生産比率

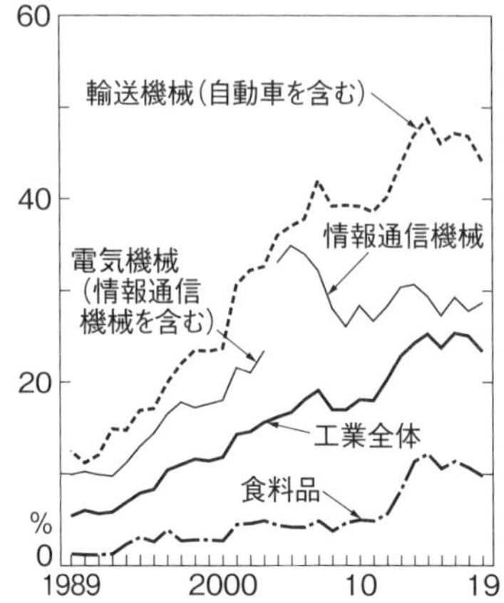

下表より作成。会計年度。

表 15-8　海外生産比率（売上高ベース）（会計年度）（%）

	1990	2000	2005	2010	2015	2018	2019
食料品	*1.2*	*2.7*	*4.2*	*5.0*	*12.2*	*10.7*	*9.8*
繊維	*3.0*	*8.0*	*6.3*	*6.2*	*12.9*	*14.2*	*13.2*
木材・紙パ	*2.1*	*3.8*	*3.0*	*4.5*	*9.7*	*10.3*	*10.0*
化学	*4.9*	*11.8*	*14.8*	*17.4*	*19.4*	*19.8*	*18.0*
石油・石炭	*0.2*	*1.4*	*2.6*	*2.4*	*9.6*	*17.4*	*3.1*
窯業・土石	…	*8.1*	*6.6*	*13.6*	*17.4*	*19.5*	*17.4*
鉄鋼	*5.3*	*14.0*	*9.6*	*11.2*	*14.0*	*20.8*	*20.0*
非鉄金属	*4.9*	*9.4*	*10.2*	*14.7*	*18.8*	*21.5*	*18.1*
金属製品	…	*1.6*	*2.2*	*3.9*	*6.4*	*7.2*	*6.7*
はん用機械	…	…	…	*28.3*	*33.8*	*29.2*	*28.2*
生産用機械	…	…	…	*11.1*	*15.7*	*14.7*	*14.4*
業務用機械	…	…	…	*13.8*	*18.5*	*17.5*	*17.0*
電気機械	} *10.2*	} *18.0*	*11.0*	*11.8*	*17.3*	*15.3*	*14.6*
情報通信機械			*34.9*	*28.4*	*29.4*	*27.8*	*28.7*
輸送機械	*11.2*	*23.7*	*37.0*	*39.2*	*48.8*	*46.9*	*44.2*
(旧)一般機械	*9.6*	*10.8*	*13.1*	…	…	…	…
(旧)精密機械	*4.5*	*11.2*	*13.8*	…	…	…	…
製造業計	*6.0*	*11.8*	*16.7*	*18.1*	*25.3*	*25.1*	*23.4*

経済産業省「海外事業活動基本調査」より作成。国内と現地法人の売上高の合計に対する、現地法人売上高の割合。現地法人は、日本側出資比率が10%以上の外国法人、または日本側出資比率が50%超の海外子会社が50%超の出資を行っている外国法人で、いわゆる海外子会社、孫会社での売上高比率を示している。一般機械、精密機械は旧分類による。

注意　情報通信機械では、台湾資本などのEMSとよばれる製造受託メーカーへの委託が増えている。これらは資本関係にないため、本表の海外生産比率には反映されていない。

表 15-9 製造業現地法人の概況（2019年度）

	常時従業者（千人）	売上高（億円）		常時従業者（千人）	売上高（億円）
アジア・・・・・・・ 1)	3 045	680 428	ヨーロッパ・・・・・	373	135 943
中国・・・・・・・・・	1 045	269 098	イギリス・・・・・	93	23 939
タイ・・・・・・・・・	563	140 216	ドイツ・・・・・・・	33	16 527
インドネシア・	344	62 102	ベルギー・・・・・	47	16 507
インド・・・・・・・	205	38 636	オランダ・・・・・	19	14 498
韓国・・・・・・・・・	49	32 780	スペイン・・・・・	22	12 601
ベトナム・・・・・	336	30 515	フランス・・・・・	19	11 237
（台湾）・・・・・・・	71	26 645	（再掲）EU・ 2)	344	123 374
フィリピン・・・	219	24 482	中南アメリカ・・・	222	59 645
マレーシア・・・	113	20 026	メキシコ・・・・・	118	31 524
シンガポール・	33	17 934	ブラジル・・・・・	87	20 723
（香港）・・・・・・・	21	14 315	オセアニア・・・・・	9	11 343
（再掲）ASEAN	1 632	296 458	オーストラリア	7	10 424
北アメリカ・・・・・	514	314 977	アフリカ・・・・・・・	31	8 873
アメリカ合衆国	486	282 663	中東・・・・・・・・・・・	6	4 976
カナダ・・・・・・・	28	32 314	世界計・・・・・・・	**4 201**	**1 216 185**

経済産業省「海外事業活動基本調査」(2019年度実績）より作成。常時従業者は有効回答のあった9083社、売上高は9011社の集計で、単純比較できない。常時従業者は2019年度末現在。現地法人の定義は表15-8を参照。1）中東を除く。2）イギリスを含む28か国。

表 15-10 製造業現地法人の売上高内訳（2019年度）（単位 億円）

	日本向け輸出	現地販売額	第三国向け輸出	売上高計	日本向け割合（%）
食料品・・・・・・・・・・	3 687	38 664	5 563	47 914	*7.7*
繊維・・・・・・・・・・・・	2 950	5 155	2 543	10 649	*27.7*
木材・紙パ・・・・・・	1 139	9 489	3 353	13 981	*8.1*
化学・・・・・・・・・・・・	7 263	58 063	25 889	91 215	*8.0*
石油・石炭・・・・・・	7	3 222	279	3 509	*0.2*
窯業・土石・・・・・・	990	9 840	8 998	19 828	*5.0*
鉄鋼・・・・・・・・・・・・	342	31 004	7 590	38 937	*0.9*
非鉄金属・・・・・・・・	4 625	14 743	7 066	26 434	*17.5*
金属製品・・・・・・・・	1 695	10 307	2 593	14 595	*11.6*
はん用機械・・・・・・	4 870	16 681	6 000	27 550	*17.7*
生産用機械・・・・・・	4 331	24 231	10 961	39 524	*11.0*
業務用機械・・・・・・	10 618	11 203	5 715	27 535	*38.6*
電気機械・・・・・・・・	9 279	32 431	10 089	51 799	*17.9*
情報通信機械・・・・	35 559	62 827	15 875	114 262	*31.1*
輸送機械・・・・・・・・	26 828	299 925	299 954	626 707	*4.3*
製造業×・・・・・・	**121 946**	**668 431**	**425 808**	**1 216 185**	*10.0*

資料、注記は上表に同じ。上表の売上高の内訳。×その他とも。

第15章 工業

表 15-11　製造業グローバル出荷指数（2015年＝100）

	ウエイト	2015	2016	2017	2018	2019	2020
国内出荷指数・・・・	6 869.8	100.0	99.7	102.2	103.0	100.2	89.6
国内向け・・・・・・	5 422.6	100.0	100.0	101.5	101.9	99.9	90.1
輸出向け・・・・・・	1 447.2	100.0	98.5	104.6	107.1	101.2	87.7
海外出荷指数・・・・	3 130.2	100.0	100.0	106.2	107.5	105.8	94.5
（仕向け先）							
現地国向け・・・・	1 706.4	100.1	101.2	107.0	108.0	107.5	97.5
日本向け・・・・・・	303.9	100.0	97.4	105.0	105.8	104.6	98.1
第三国向け・・・・	1 119.9	100.0	101.2	107.3	110.9	107.7	88.8
（地域別）							
中国・・・・・・・・・1)	758.4	100.0	100.1	107.7	112.7	110.4	116.5
ASEAN4 ・・・・2)	585.2	100.0	109.0	113.4	119.8	116.4	97.4
北アメリカ・・・・	843.4	100.0	93.9	96.7	92.3	95.8	77.1
それ以外の地域	943.2	100.0	99.9	109.0	109.2	104.6	89.6
（再掲）海外ビジネス	4 577.4	100.0	99.6	105.7	107.4	104.4	92.3
グローバル出荷指数	10 000.0	100.0	99.8	103.4	104.4	101.9	91.1

経済産業省ウェブサイトより作成。製造業のグローバル展開を踏まえて作成された指数で、**国内出荷指数**は国内事業所からの出荷、**海外出荷指数**は日本企業の海外事業所からの出荷を示す。海外ビジネスは国内出荷指数の輸出向けと、海外出荷指数を合わせたもの。本表は、経済産業省「鉱工業出荷内訳表」および「海外現地法人四半期調査」の組み合わせより、経済産業省経済解析室が試算したもの。2015年を100とした指数であるが、算出方法の都合等で2015年の数値が100でない場合がある。1）（香港）を含む。2）タイ、フィリピン、マレーシア、インドネシアの4か国のみ。

表 15-12　主要業種別グローバル出荷指数（2015年＝100）

	ウエイト	2015	2016	2017	2018	2019	2020
輸送機械・・・・・・・・	2 828.9	100.0	100.3	107.0	109.2	107.1	88.5
国内出荷指数・・	1 287.3	100.1	100.7	105.0	107.0	106.9	87.2
海外出荷指数・・	1 541.6	100.0	99.9	108.7	111.0	107.3	89.7
電気機械・・・・・・・1)	1 341.2	100.0	96.9	102.5	102.2	98.4	93.3
国内出荷指数・・	861.2	100.0	96.7	100.2	101.2	95.8	90.2
海外出荷指数・・	480.0	100.0	97.1	106.5	103.9	103.2	98.9
一般機械・・・・・・・2)	1 093.9	100.0	99.1	106.7	111.9	104.7	93.9
国内出荷指数・・	835.6	100.0	99.2	106.7	112.2	103.8	92.3
海外出荷指数・・	258.3	100.0	98.9	106.7	110.9	107.7	98.9
化学工業・・・・・・・・	900.0	100.0	102.1	104.7	104.7	104.8	99.6
国内出荷指数・・	650.1	100.0	102.5	104.6	104.3	103.7	95.4
海外出荷指数・・	249.9	100.0	101.2	104.9	105.8	107.6	110.4

資料、注記は上表に同じ。1）電子部品・デバイス、電気機械、情報通信機械。2）はん用機械、生産用機械、業務用機械。

第16章　金属工業

本書における金属工業は、産業分類中の鉄鋼業、非鉄金属工業、金属製品製造業を合わせたものである。製造品出荷額等の13.5%を占め(2019年)、機械工業などに素材や部品等を提供する重要な産業である。

表 16-1　金属工業の推移

	1990	2000	2010	2018	2019
事業所数[1]	103 742	88 821	70 258	59 223	57 936
従業者数（千人）[1]	1 441.1	1 178.0	1 010.4	1 030.3	1 027.6
製造品出荷額等（億円）	452 854	337 687	396 463	452 554	438 552
鉄鋼業	183 131	119 630	181 776	187 248	178 161
非鉄金属製造業	78 526	62 189	89 294	102 600	96 413
金属製品製造業	191 197	155 868	125 392	162 706	163 977
付加価値額（億円）[2]	167 523	131 835	106 419	118 311	113 717

経済産業省「工業統計調査」より作成。工業統計に関する注記は表15-1を参照。1）2010年までは各年末現在、2018、19年は翌年6月1日現在。2）2010、18、19年は従業者3人以下の事業所を除く。【☞府県別統計525ページ】

表 16-2　金属工業の構成（2019年）

	事業所数[1]	従業者数[1]（千人）	製造品出荷額等（億円）	付加[2)3)]価値額（億円）
鉄鋼業	6 340	228.0	178 161	30 096
製鉄業	28	42.1	62 430	4 337
高炉による製鉄業	14	39.6	59 904	3 978
製鋼・製鋼圧延	71	26.9	28 602	5 779
製鋼を行わない鋼材[4]	377	41.7	2) 33 952	7 251
非鉄金属製造業	4 067	143.4	96 413	21 182
第1次製錬（新地金）[5]	49	10.3	22 655	3 357
第2次製錬(リサイクル)[5)6)]	520	12.6	14 223	2 746
非鉄金属・同合金圧延[7]	683	32.5	20 846	4 118
金属製品製造業	47 529	656.2	163 977	62 439
建設用・建築用金属[8]	21 176	248.9	71 611	26 422
金属素形材製品	5 825	96.2	22 468	7 824
金属工業計	**57 936**	**1 027.6**	**438 552**	**113 717**

資料は表16-1に同じ。1）2020年6月1日現在。2）従業者4人以上の事業所。3）従業者29人以下の事業所は粗付加価値額。4）圧延や鋼管製造など。表面処理鋼材を除く。5）精製業を含む。6）合金製造業を含む。7）抽伸、押出しを含む。8）製缶板金業を含む。

〔鉄鋼業〕 鉄鋼業のうち高炉メーカーは、鉄鉱石とコークスを原料に高炉で銑鉄を生産し、さらに転炉で鋼を生産している。高炉メーカーは国内に3社で、集約化が進んでいる。転炉は国内粗鋼生産の75%を占め

図 16-1　鉄鋼の主な製造工程

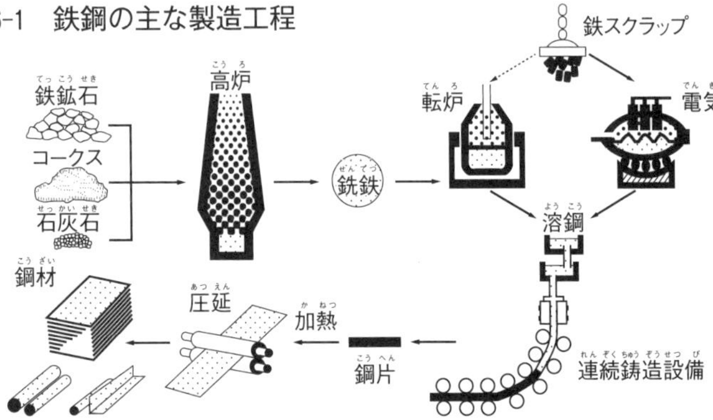

主要成分が酸化鉄である鉄鉱石を、高炉でコークスにより還元すると、銑鉄が得られる（石灰石は不純物の除去に必要）。銑鉄は炭素含有量が高く、固くてもろい。転炉で少量の鉄スクラップとともに酸素を加えることで、銑鉄は炭素含有量が下がって鋼に転換される。鋼は、転炉のほかに電気炉で鉄スクラップからも製造される。溶けた鋼は、連続鋳造設備で鋳造される（一部の特殊鋼などでは、古くからの鋳型による鋳造が行われる）。鋳造された鋼片は圧延されて、鋼板や鋼管などの鋼材となる。

表 16-3　銑鉄生産と粗鋼の需給（単位　千t）

	1990	2000	2010	2019	2020	2021
銑鉄生産……	80 229	81 071	82 283	74 907	61 600	70 344
粗鋼生産……	110 339	106 444	109 599	99 284	83 186	96 336
普通鋼……	90 511	87 575	84 929	75 588	65 750	73 910
特殊鋼……	19 828	18 870	24 670	23 696	17 436	22 426
(炉別)						
転炉……	75 640	75 784	85 756	74 983	62 047	71 945
電気炉…… 1)	34 698	30 660	23 843	24 301	21 140	24 389
粗鋼輸出……	18 862	31 447	46 581	36 667	34 158	37 450
粗鋼輸入……	7 555	5 564	5 099	7 470	6 060	6 363
粗鋼消費……	99 032	80 561	68 117	70 087	55 089	65 247
1人当たり(kg)	801	635	532	556	437	…

経済産業省「生産動態統計」、日本鉄鋼連盟「鉄鋼統計要覧」および同ウェブサイトより作成。**粗鋼**は、すべての鋼を示す統計用語。**特殊鋼**は、特殊な元素を添加したり成分を調整して物性を高めたもので、ステンレス鋼や磁石鋼など。粗鋼の輸出入は、鋼材や二次製品（主要加工品）等の貿易量を粗鋼換算している。粗鋼消費は生産＋輸入－輸出でみた見掛消費。1）鋳鋼鋳込を含む。【☞粗鋼生産の長期統計512ページ】

(2021年)、25％が電炉によって鉄スクラップから生産される。

国内粗鋼生産は1970年代から50年近く年間およそ１億トンを上回る水準で推移してきた。バブル崩壊以降に内需が落ち込むと、韓国や中国向けを中心に輸出が拡大して、国内生産を支えた。しかし、中国が旺盛な国内需要を背景に自国生産を急速に増やすと、生産量が中国の内需を大幅に上回るようになった。安く大量に余剰の鉄鋼を輸出するようになり、世界的に供給過剰状態となって、各国メーカーの収益が悪化している。

図 16-2　高炉一貫製鉄所の所在地（2021年７月１日現在）

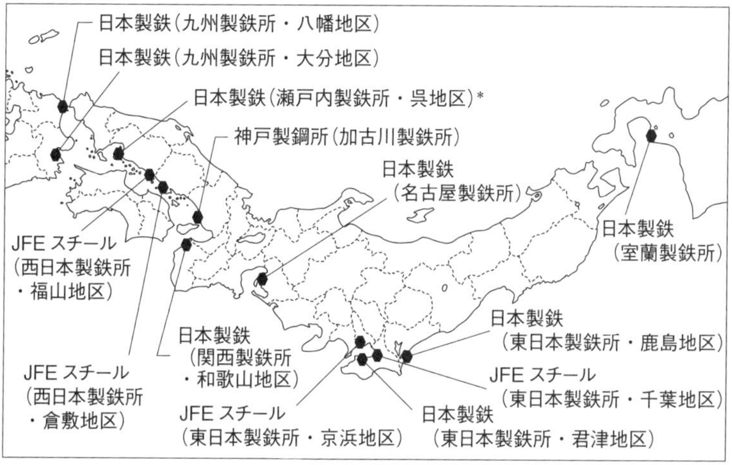

日本鉄鋼連盟「日本の鉄鋼業」(2021年）より作成。地名表記は各社の製鉄所名。＊日本製鉄は、瀬戸内製鉄所・呉地区の高炉の操業を、2021年９月29日に停止した。

表 16-4　鉄鋼業の主要原料の輸入先（2020年）（単位　千ｔ）

	鉄鉱石	%		石炭	%
オーストラリア·	57 609	*57.9*	オーストラリア·	33 668	*65.5*
ブラジル·······	26 736	*26.9*	カナダ·········	6 108	*11.9*
カナダ·········	5 962	*6.0*	ロシア·········	5 446	*10.6*
南アフリカ共和国	3 111	*3.1*	アメリカ合衆国·	3 676	*7.2*
インド·········	1 866	*1.9*	インドネシア···	1 382	*2.7*
計×·········	**99 433**	*100.0*	計×·········	**51 363**	*100.0*

財務省「貿易統計」および日本鉄鋼連盟「鉄鋼統計要覧」(2021年版）より作成。石炭は鉄鋼業の原料炭のみで、2020年の総輸入量173730千ｔの29.6％にあたる。

国内メーカーは高炉の休止など生産設備の削減を進めているが、これにより地域経済が冷え込んでいる。鉄鋼メーカーは、2020年にはコロナ禍で生産量が大きく減ったほか、その後は資源高の影響を受けている。

鉄鋼業は新興国も国産化を目指しており、高炉メーカーによる一貫生産は海外進出が難しい。生産は国内が基本となるが、国内メーカーは高度な技術力を有している。ただし、技術流出も懸念され、電気自動車のモーターに利用される無方向性電磁鋼板では、2021年に日本製鉄が中国の宝山鋼鉄と自動車メーカーのトヨタ自動車を特許侵害で訴えている。

鉄鋼業は大量の二酸化炭素を排出し、国内では製造業全体の40%を占める（2020年度速報）。温暖化防止に向けた取り組みが急務で、メーカーでは高炉でコークスの代わりに水素を用いる研究を進めているが、二酸化炭素の代わりに大量に発生する水蒸気への対策など課題が多い。

表 16-5　日本の鉄鋼貿易（単位　千t）

		1990	2000	2010	2019	2020	2021
輸出	普通鋼鋼材・・	13 483	22 393	29 308	22 226	20 924	22 128
	特殊鋼鋼材・・	2 848	4 300	7 782	7 087	5 833	7 676
	二次製品・・・1)	533	481	719	609	500	631
	輸出計×・・	**17 021**	**29 160**	**43 395**	**33 788**	**32 136**	**34 401**
輸入	普通鋼鋼材・・	5 978	4 661	3 664	4 868	3 985	4 191
	特殊鋼鋼材・・	25	150	293	790	615	574
	二次製品・・・1)	137	349	640	842	721	777
	輸入計×・・	**11 680**	**7 747**	**7 208**	**8 692**	**6 910**	**7 548**

日本鉄鋼連盟「鉄鋼統計要覧」および同ウェブサイトより作成。1）主要加工品を集計したもの。×その他とも。銑鉄などや半製品を含む。

表 16-6　日本の鉄鋼輸出先（単位　千t）

	2020	2021		2020	2021
タイ・・・・・・・・・・・	3 815	5 929	ベトナム・・・・・・・	2 382	1 957
中国・・・・・・・・・・・	5 863	5 124	メキシコ・・・・・・・	1 325	1 944
韓国・・・・・・・・・・・	4 809	4 897	アメリカ合衆国・	890	1 178
(台湾)・・・・・・・・・	2 449	2 341	マレーシア・・・・・	925	931
インドネシア・・・	1 533	2 311	計×・・・・・・・・・	**32 136**	**34 401**

資料は上表に同じ。上表の輸出計の国別内訳。×その他とも。

図 16-3　粗鋼の国内需給と主要国の生産量

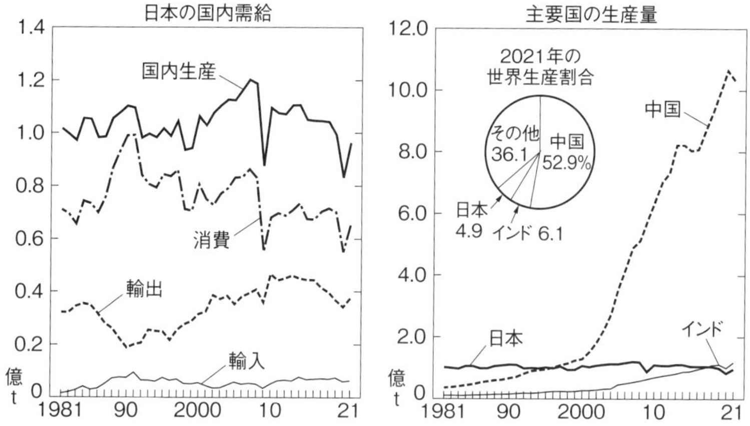

表16-3および表16-7より作成。

表 16-7　世界の粗鋼生産（単位　千 t）

	2000	2010	2019	2020	2021
中国…………	128 500	638 743	995 419	1 064 732	1 032 790
インド………	26 924	68 976	111 351	100 256	118 244
日本…………	106 444	109 599	99 284	83 186	96 334
アメリカ合衆国‥	101 824	80 495	87 761	72 732	85 791
ロシア………	59 136	66 942	71 729	71 621	75 585
韓国…………	43 107	58 914	71 412	67 079	70 418
トルコ………	14 325	29 143	33 743	35 810	40 360
ドイツ………	46 376	43 830	39 627	35 680	40 066
世界計×……	**850 020**	**1 435 254**	**1 875 330**	**1 880 410**	**1 951 924**

WSA（世界鉄鋼協会）ウェブサイト（2022年 4 月 4 日閲覧）および同“Steel Statistical Yearbook”より作成。×その他とも。

表 16-8　世界の鉄鋼メーカー別粗鋼生産量（2020年）（単位　千 t）

宝鋼集団（中）………	115 290	建龍集団（中）………	36 470
アルセロール・ミタル(ル)	78 460	首鋼集団（中）………	34 000
河北鋼鉄集団（中）……	43 760	山東鋼鉄集団（中）……	31 110
江蘇沙鋼集団（中）……	41 590	徳龍鋼鉄（中）………	28 260
日本製鉄（日）………	41 580	タタ・スチール（印）‥	28 070
ポスコ（韓）…………	40 580	湖南華菱鋼鉄集団（中）	26 780
鞍鋼集団（中）………	38 190	JFEスチール（日）……	24 360

WSA（世界鉄鋼協会）“WORLD STEEL IN FIGURES 2021”より作成。ル＝ルクセンブルク。原資料では万 t 単位で公表。子会社や合弁の持ち分を含む。

表 16-9 世界の鋼材および半鋼材の輸出入（単位 千t）

輸出	2019	2020	輸入	2019	2020
中国	63 744	51 393	中国	15 511	37 905
日本	33 127	29 823	アメリカ合衆国	27 116	19 880
ロシア	29 464	28 573	ドイツ	23 096	18 239
韓国	29 986	27 619	イタリア	20 652	15 461
ドイツ	24 061	21 231	ベトナム	15 432	13 634
トルコ	19 660	18 529	トルコ	12 337	12 526
インド	13 356	17 113	フランス	14 589	11 763
世界計×	**439 077**	**396 047**	世界計×	**440 875**	**386 328**

WSA（世界鉄鋼協会）ウェブサイト（2022年4月4日閲覧）より作成。×その他とも。

表 16-10 粗鋼消費量（見掛消費）（単位 千t、1人あたりはkg）

	1990	2000	2010	2019	2020	1人あたり消費（2020）
中国	68 279	138 086	612 063	911 890	995 040	691.3
インド	21 700	30 200	69 082	102 622	89 333	64.7
アメリカ合衆国	103 052	133 360	92 400	97 613	80 043	241.8
日本	99 032	79 600	67 400	63 210	52 630	416.1
韓国	21 478	40 000	54 573	53 226	48 964	955.0
ロシア	1) 59 057	29 412	41 444	43 517	42 382	290.4
ドイツ	2) 35 550	42 091	40 479	35 142	31 163	371.9
トルコ	6 593	13 370	25 131	26 078	29 481	349.6
世界計×	**773 442**	**847 142**	**1 419 631**	**1 776 680**	**1 773 844**	227.6

資料は表16-7に同じ。粗鋼換算による生産＋輸入－輸出。1）1992年。2）旧西ドイツ。×その他とも。

表 16-11 世界の鉄鉱石生産量（鉄含有量）（単位 百万t）

	1990	2000	2010	2018	2019	〃 %
オーストラリア	69.8	104.2	271.0	562.1	569.0	*37.4*
ブラジル	99.9	141.1	248.0	293.0	258.0	*17.0*
中国	50.5	73.5	230.0	209.3	219.0	*14.4*
インド	34.4	48.6	128.0	127.0	148.0	*9.7*
ロシア	1) 132.0	50.0	57.6	56.7	64.3	*4.2*
南アフリカ共和国	19.7	21.6	36.9	47.2	41.2	*2.7*
ウクライナ	…	30.6	38.6	37.8	39.5	*2.6*
カナダ	22.0	22.7	23.3	31.5	35.2	*2.3*
アメリカ合衆国	35.7	39.7	31.3	31.3	29.8	*2.0*
世界計×	**540.0**	**604.3**	**1 170.0**	**1 520.0**	**1 520.0**	*100.0*

USGS（アメリカ地質調査所）“Minerals Yearbook” より作成。1）旧ソ連。×その他とも。

〔非鉄金属〕 非鉄金属は、機械工業向け素材などを提供する産業である。近年、電子機器などの国内生産が減少しているが、その素材となる非鉄金属は日本の競争力が高く、輸出額に占める割合が上昇している。

アルミは軽さの割に強いため、軽量化が求められる自動車など輸送機械や建材などに使われる。アルミの製錬には大量の電力を消費するが、日本では石油危機による電力価格高騰で撤退が進み、現在はアルミ新地金を全量輸入している。しかし、新地金生産の３％ほどのエネルギーで再生を行うことが可能で、リサイクルが盛んである。近年は中国を中心

表 16-12 アルミニウムの生産（単位 千ｔ）

	1990	2000	2010	2019	2020	2021
アルミナ	481	369	318	—	—	—
新地金	34	7	5	—	—	—
二次地金	166	205	126	153	142	156
精製アルミニウム	16	41	49	38	33	31
合金新地金	1 250	1 311	1 288	38	30	36
合金二次地金				1 141	1 157	1 294
アルミ圧延品 1)	2 258	2 452	2 057	1 905	1 719	1 880
アルミはく	134	153	122	108	106	126

日本アルミニウム協会「アルミニウム統計年報」および経済産業省「生産動態統計」より作成。1）アルミはくを除く。板や管、棒、線など。

アルミニウムはボーキサイトからアルミナ（酸化アルミニウム）を抽出し、これを電気分解して得る。大量の電力が必要で、電力コストの高い日本では石油危機を契機に新生アルミニウム事業からの撤退が相次いだ。自家水力発電を有した国内最後の事業所も2014年に生産終了。**二次地金**はアルミニウムをリサイクルした再生地金。**精製アルミニウム**は純度99.95％以上のもので、優れた物性を持ち大容量の電解コンデンサーなどに用いられる。

表 16-13 アルミニウムの輸出入（合金を含む）（単位 千ｔ）

	輸出			輸入		
	2019	2020	2021*	2019	2020	2021*
地金	18.1	20.7	28.6	2 585.2	2 052.1	2 537.2
圧延品 1)	273.4	237.1	311.9	251.2	227.0	251.4
計 2)	**292.7**	**258.4**	**341.9**	**2 841.3**	**2 283.0**	**2 793.0**
（別掲）スクラップ	278.7	312.0	389.6	44.6	52.8	72.5

財務省「貿易統計」より作成。1）アルミはくを含む。2）アルミニウム粉等を含む。*確々報。確定の際に数値が修正される場合がある。

とする需要の高まりや、2021年以降のエネルギー価格の高騰、2022年2月からのロシアによるウクライナ侵攻でアルミ価格が急騰している。

銅は電気伝導度が高く、主に電線に使用される。日本では国内生産を輸入鉱に頼っているが、国内メーカーが権益を持つ鉱山からの輸入が少なくない。銅の価格は、銅を多く使用する電気自動車向け需要への期待

表 16-14　世界のボーキサイトとアルミニウムの生産（単位　千t）

ボーキサイト	2018	2019	アルミニウム（一次アルミ）	2019	2020
オーストラリア	95 948	105 176	中国	35 044	37 080
中国	79 000	70 000	ロシア	3 637	3 639
ギニア	57 000	67 000	インド	3 640	3 558
ブラジル	32 007	34 000	カナダ	2 854	3 119
インド	23 229	23 000	アラブ首長国連邦	2 570	2 520
世界計×	**339 000**	**358 000**	世界計×	**62 900**	**65 200**

USGS（アメリカ地質調査所）"Minerals Yearbook" より作成。ボーキサイトは日本では産出しない。アルミニウムは生産に再生アルミを含まない。アルミは生産の際に電力を大量に消費するため、大消費地のほか発電コストの低い国々で生産が盛ん。×その他とも。

表 16-15　銅の生産（単位　千t）

	1990	2000	2010	2019	2020	2021
粗銅	1 351	1 857	1 925	1 793	1 968	1 806
電気銅	1 008	1 437	1 549	1 495	1 580	1 517
伸銅品	1 180	1 168	867	753	644	775
銅製	479	563	445	405	350	412
電線（銅線）1)	1 155	880	641	645	572	576

経済産業省「生産動態統計」より作成。銅は鉱石から粗銅を生産し、電解精製によって電気銅を得る。伸銅品は板や棒などに加工したもので、銅のほか黄銅製など合金を含む。1) 導体ベースの重量千t。【☞銅生産の長期統計512ページ】

表 16-16　銅の国内需給（銅地金）（単位　千t）

	2020	2021		2020	2021
生産	1 583.1	1 510.1	国内販売	890.7	915.8
輸入	9.2	9.5	電線	593.5	574.5
輸出	757.1	606.3	伸銅品	266.6	324.4

日本鉱業振興会ウェブサイト（2022年4月4日閲覧）より作成。出典は日本鉱業協会。輸出入は財務省「貿易統計」(2021年は確々報)。2020年は資源エネルギー庁による統計。

から、2021年以降高止まりしている。

ロシアのウクライナ侵攻によって、主要国からの制裁が長期化しているが、これによりロシアが持つ希少鉱物の入手に支障が生じると懸念す

図 16-4　銅鉱の輸入先（2020事業年度）（銅含有量ベース）

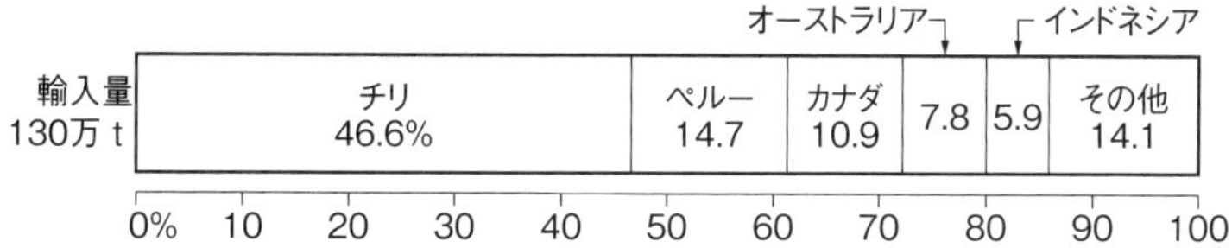

日本鉱業協会資料より作成。各鉱山毎の事業年度が異なるため、暦年を基本に、一部異なる期間の数値を含む。自山鉱（日本鉱業協会会員各社の引取権）は全体の25%。

表 16-17　銅の輸出入（合金を含む）（単位　千 t）

	輸出			輸入		
	2019	2020	2021*	2019	2020	2021*
粗銅・・・・・・・・・・・・1)	0.9	1.5	0.2	36.1	4.4	6.8
精製銅・合金・・・・・	554.7	774.7	627.4	15.3	9.6	9.9
伸銅品・・・・・・・・・・・	175.3	156.5	197.4	74.4	61.8	78.5
はく・・・・・・・・・・・・・	40.0	43.2	49.2	26.8	25.1	31.8
計×・・・・・・・・・・・	**777.0**	**982.3**	**882.0**	**163.8**	**109.5**	**137.3**
（別掲）スクラップ	317.8	366.9	402.9	227.6	183.3	200.2

財務省「貿易統計」より作成。1）電解精製用陽極銅を含む。×その他とも。ただし、銅のマットやセメントカッパー（沈殿銅）など不純物を多く含むものは除く。*確々報。

表 16-18　世界の銅鉱、精錬銅の生産（単位　千 t）

銅鉱1)（銅含有量）	2017	2018	精錬銅（再生銅を含む）	2017	2018
チリ・・・・・・・・・・・・	5 504	5 832	中国・・・・・・・・・・・・	8 915	9 291
ペルー・・・・・・・・・・	2 446	2 437	チリ・・・・・・・・・・・*	2 430	2 461
中国・・・・・・・・・・・・	1 710	1 591	日本・・・・・・・・・・・・	1 488	1 595
コンゴ民主共和国	1 095	1 226	アメリカ合衆国・・	1 080	1 110
アメリカ合衆国・・	1 260	1 220	ロシア・・・・・・・・・・	956	1 031
オーストラリア・・	856	920	コンゴ民主共和国*	830	953
ザンビア・・・・・・・・	794	854	世界計×・・・・・・	**23 900**	**24 400**
ロシア・・・・・・・・・・	705	751	新生銅・・・・・・	19 700	20 200
世界計×・・・・・・	**19 900**	**20 400**	再生銅・・・・・・	4 150	4 140

USGS（アメリカ地質調査所）"Minerals Yearbook" より作成。*は新生銅のみで再生銅（リサイクル）を含まず。1）電解採取を含む。×その他とも。

る声が高まっている。特に、排ガスの触媒や歯科用合金などに利用されるパラジウムや、ステンレスや電気自動車等のバッテリーなどに使用されるニッケルが高騰している。パラジウムは、プラチナやニッケルの副産物として得られることから、産出量が少ない上に増産できる余地が乏しく、深刻な事態となっている。また、ニッケルは2022年3月に先物市場が暴騰し、取引所が売買の帳消しを行う異例の事態となった。

表 16-19　その他の主な非鉄金属の国内生産（単位　千t）

	1990	2000	2010	2019	2020	2021
電気鉛……………1)	261.0	239.4	215.8	198.4	197.6	196.6
亜鉛……………	687.5	654.4	574.0	526.7	501.1	517.2
電気亜鉛……2)	546.7	493.6	458.6	445.6	431.7	…
すず……………	0.8	0.6	0.8	1.7	1.6	1.9
ニッケル………3)	22.3	36.2	40.2	58.8	55.4	55.0
電気金（t）……	108	146	136	110	109	100
電気銀（t）……	2 089	2 385	1 898	1 783	1 755	1 751

経済産業省「生産動態統計」および日本鉱業振興会ウェブサイト（原資料は日本鉱業協会）より作成。1）乾式鉛を含む。2）精留亜鉛を含む。3）2020年以降は地金。

表 16-20　世界の鉛、亜鉛、すずの生産（単位　千t）

鉛鉱石（2018年）（鉛含有量）		亜鉛鉱石（2019年）（亜鉛含有量）		すず鉱石（2019年）（すず含有量）	
中国………	2 100	中国………	4 213	中国………	84.5
オーストラリア	432	ペルー……	1 404	インドネシア	77.5
ペルー……	289	オーストラリア	1 325	ミャンマー・1)	42.0
アメリカ合衆国	280	アメリカ合衆国	753	ペルー……	19.9
メキシコ……	240	インド……	720	ボリビア……	17.0
世界計×‥	**4 560**	世界計×‥	**12 700**	世界計×‥	**296.0**

鉛（2018年）（再生鉛を含む）		亜鉛（2019年）（再生亜鉛を含む）		すず（2019年）（再生すずを含む）	
中国………	4 910	中国……＊	6 162	中国……＊	166.0
アメリカ合衆国	1 170	韓国……＊	986	インドネシア＊	76.4
韓国………	800	インド……＊	691	マレーシア・＊	24.3
インド……	623	カナダ……＊	655	ペルー……＊	19.6
メキシコ……	434	日本………	527	ボリビア…＊	14.0
（参考）日本・	197	スペイン…＊	510	（参考）日本＊	1.5
世界計×‥	**11 400**	世界計×‥	**13 700**	世界計×‥	**349.0**

USGS（アメリカ地質調査所）"Minerals Yearbook" より作成。＊は新生金属のみで再生（リサイクル）を含まず。1）すず－タングステン精鉱のすずを含む。×その他とも。

表 16-21　貴金属の世界生産（単位　t）

金鉱（2018年）		銀鉱（2019年）		プラチナ（2020年）	
中国	401	メキシコ	5 919	南アフリカ共和国	112.0
オーストラリア	315	ペルー	3 860	ロシア	23.0
ロシア	311	中国	3 443	ジンバブエ	15.0
アメリカ合衆国	226	ロシア	2 000	カナダ	7.0
世界計×	**3 310**	世界計×	**26 600**	世界計×	**166.0**

USGS（アメリカ地質調査所）"Minerals Yearbook" より作成。×その他とも。
参考　2020年のパラジウム生産は世界全体で217.0 t、うちロシア93.0 t、南アフリカ共和国73.5 t、カナダ20.0 t、アメリカ合衆国（金－銅鉱石からの副産物を除く）14.6 t。

表 16-22　主なレアメタル（鉱）の世界生産と国別割合（金属含有量）（2020年）

ニッケル鉱1) 2 400千 t （ステンレス鋼など） インドネシア　*25.3%* フィリピン　*14.4%* ロシア　*11.3%* ニューカレドニア　*9.0%*	**タングステン鉱**2) 83.8千 t （超硬工具原料など） 中国　*82.3%* ベトナム　*5.4%* ロシア　*2.6%* モンゴル　*2.3%*	**チタン鉱**2)5)6)7) 8 600千 t （航空機向け合金等） 中国8)　*32.6%* 南アフリカ共和国　*12.9%* モザンビーク　*11.3%* オーストラリア　*7.8%*
コバルト鉱2) 144千 t （二次電池など多数） コンゴ民主共和国　*69.4%* ロシア　*4.4%* オーストラリア　*4.0%* フィリピン　*3.5%*	**モリブデン鉱** 298千 t （鉄鋼添加材など） 中国　*40.3%* チリ　*19.9%* アメリカ合衆国　*17.1%* ペルー　*10.8%*	**ジルコニウム鉱**2)3) 1 420千 t （ファインセラミックス等） オーストラリア　*33.1%* 南アフリカ共和国　*26.1%* 中国　*9.9%* モザンビーク9)　*7.0%*
クロム鉱3)4) 37 000千 t （特殊鋼など） 南アフリカ共和国　*35.8%* トルコ　*21.6%* カザフスタン　*18.9%* インド　*6.8%*	**バナジウム鉱** 105千 t （特殊鋼や合金類） 中国　*66.7%* ロシア　*18.6%* 南アフリカ共和国　*8.2%* ブラジル　*6.3%*	**リチウム鉱**5)10) 83千 t （リチウム電池） オーストラリア　*48.1%* チリ　*26.1%* 中国　*16.1%* アルゼンチン　*7.2%*
マンガン鉱 18 900千 t （マンガン鋼など） 南アフリカ共和国　*34.4%* オーストラリア　*17.6%* ガボン　*17.5%* 中国　*7.1%*	**アンチモン鉱**2) 162千 t （難燃助剤や電子機器等） 中国　*54.9%* ロシア　*18.5%* タジキスタン　*17.3%* ミャンマー　*3.7%*	**レアアース**2)11) 219千 t （高性能磁石、高屈折ガラス等） 中国12)　*60.3%* アメリカ合衆国　*12.8%* ミャンマー　*11.4%* オーストラリア　*9.1%*

資料は上表に同じ。かっこは主要用途。信頼性が十分なデータがない国は、世界計から除外されている。国によって各鉱物の統計範囲が異なる場合がある。1) 2018年。2) 2019年。3) 精鉱の生産量で含有量ではない。4) クロマイトの生産量。5) USGS "Mineral Commodity Summaries" より作成。6) TiO_2当量。7) イルメナイトとルチルとの合計。8) ルチルを除く。9) アメリカ合衆国も7.0%。10) アメリカ合衆国を除く統計で、国別割合は同国を除いたもの。11) レアアース酸化物当量。12) 違法な採掘分を含まない。

図 16-5　世界の各種金属鉱石産出高（金属含有量）（2020年）

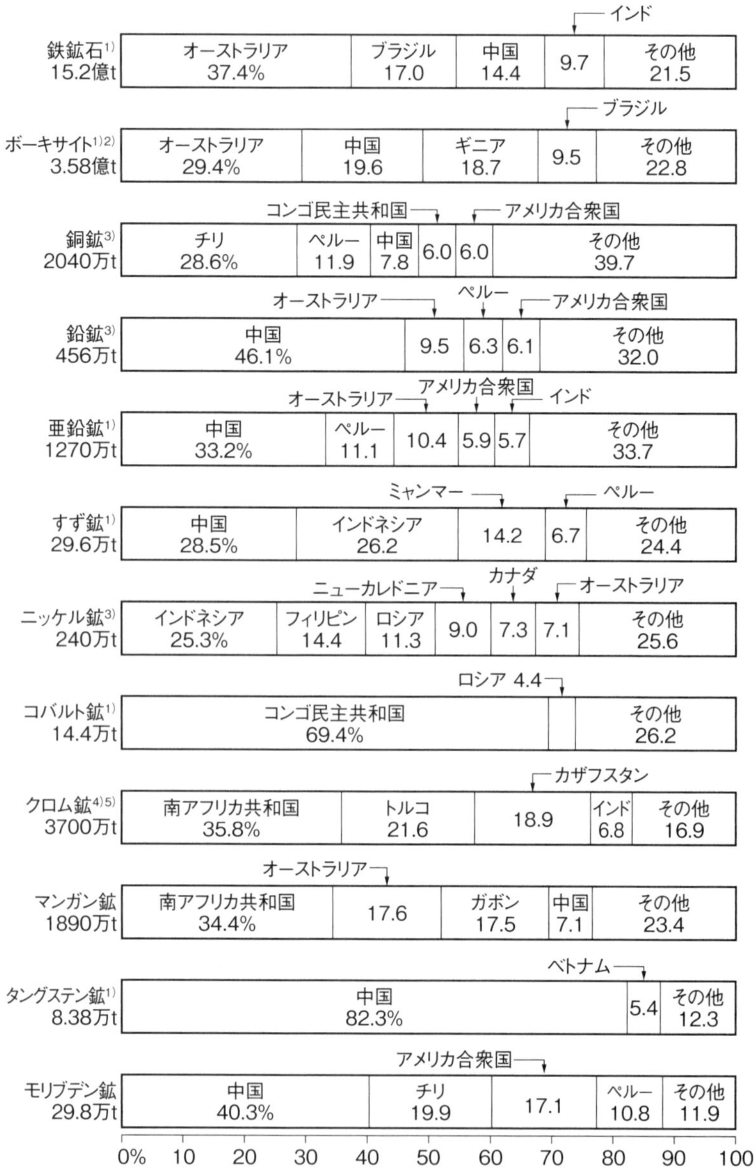

アメリカ地質調査所“Minerals Yearbook”より作成。1）2019年。2）ボーキサイト産出量で、金属含有量ではない。3）2018年。4）精鉱の生産量。5）クロマイト（クロム鉄鉱）。

〔金属製品〕 金属製品製造業は、金属を加工して製品にする産業である。建設・建築用資材のほか、さまざまな部品を製造して、ものづくりの基盤を支えており、優れた技術力を有するメーカーが少なくない。一方、中小事業者が多く、部品メーカーでは川上の素材メーカーと川下の自動車メーカーなどの大企業にはさまれて、取引における立場が弱い場合も多い。また、生産体制のグローバル化の中で、これまでの下請けによる系列取引の見直しが進むなど、産業構造の変化に直面している。

図 16-6 金属製品製造業の府県別製造品出荷額等割合（2019年）

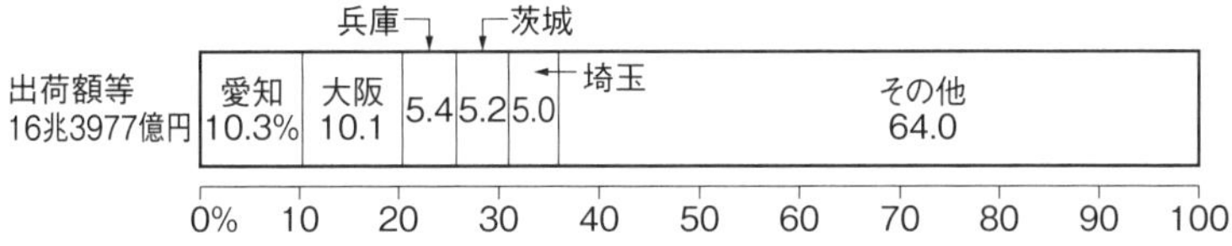

経済産業省「工業統計調査」（2020年）より作成。

表 16-23 主な金属製品の生産（単位 千 t）

	2020	2021		2020	2021
ワイヤー…… 1)	240	268	石油機器(千台)・	3 030	3 655
ドラム缶…… 1)	300	338	粉末や金製品・ 5)	110	126
18L缶 …… 1)	117	122	機械材料……	74	84
食缶…… 1)	202	195	磁性材料……	35	40
軽金属板製品…	370	370	鍛工品……	1 953	2 398
飲料用缶……	357	356	鉄系……	1 914	2 346
はんだ……	15.3	16.3	熱間鍛造品・	1 824	2 241
鉄構物……	1 537	1 483	冷間鍛造品・	90	105
鉄骨…… 2)	1 230	1 208	アルミニウム系	40	52
ばね……	350	383	銑鉄鋳物……	2 768	3 170
バルブ(百万個) 3)	89	105	球状黒鉛鋳鉄・	1 170	1 339
管継手(百万個) 4)	223	241	可鍛鋳鉄……	29.4	29.8
空気動工具(千台)	900	1 025	精密鋳造品……	3.9	4.7
作業工具(百万個)	75.5	89.9	銅・銅合金鋳物・	57	60
のこ刃……	2.5	3.0	アルミニウム鋳物	344	374
機械刃物……	8.8	9.6	ダイカスト……	839	925
ガス機器(千台)・	7 295	7 137	うち自動車用 6)	742	806

経済産業省「生産動態統計」より作成。鍛工品や鋳物などは、産業分類上は金属製品製造業に含まれない。1）鉄鋼加工製品。2）軽量鉄骨を含む。3）コックを含む。4）フランジ形を含む。5）超硬チップを除く。6）アルミと亜鉛のみ。二輪自動車用を除く。

第17章　機械工業

機械工業は日本の製造品出荷額等全体の45％を占め（2019年）、日本を代表する製造業である。高度経済成長とともに技術力を高めて国際競争力をつけて、自動車や電子機器などが輸出産業として成長した。しかし、貿易摩擦や労働コスト削減のために、1980年代中盤より海外生産が増えた。その後、半導体や電子機器、造船を中心に韓国メーカーが成長したほか、近年は中国メーカーがさまざまな分野で成長している。日本は以前と異なりスマートフォンなどハイテク製品を輸入する国になっているが、自動車

図 17-1　機械工業の貿易額

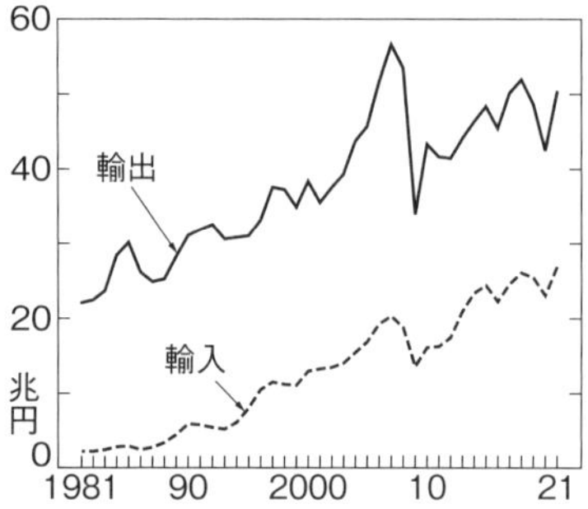

表17-3より作成。2021年は確々報。

表 17-1　機械工業の推移

	1990	2000	2010	2018	2019
事業所数・・・・・・・・ 1)	154 935	133 770	102 665	84 852	82 991
従業者数（千人）・ 1)	4 438.4	3 739.2	3 264.5	3 363.3	3 322.9
製造品出荷額等(億円)	1 409 261	1 389 882	1 295 546	1 539 311	1 475 429
はん用機械・・・・・・			101 563	124 453	122 580
生産用機械・・・・・・	393 096	349 591	138 214	223 586	211 499
業務用機械・・・・・・			69 053	69 547	68 335
電子部品・デバイス・電子回路・・・・・		212 356	166 467	161 712	141 515
電気機械・・・・・・・・	546 668	207 902	151 736	188 877	183 298
情報通信機械・・・・		175 559	125 903	69 177	67 194
輸送用機械・・・・・・	469 497	444 474	542 608	701 960	681 009
自動車・・・・・・・・	423 707	400 428	473 251	623 691	600 792
付加価値額(億円) 2)	489 762	459 437	394 768	481 783	446 799

経済産業省「工業統計調査」より作成。工業統計に関する注記は表15-1を参照。機械工業には武器を含む。2008年より時計、めがねを除く。同年より光ディスク等が電気機械から電子部品・デバイス・電子回路へ、ビデオ機器やデジタルカメラ等が電気機械から情報通信機械へ移行。1）2010年までは各年末現在、2018、19年は翌年6月1日現在。2）2010、18、19年は従業者4人以上の事業所。【☞府県別統計526ページ】

のほか新興国が生産に必要な産業機械や部品などを中心に、機械工業製品の輸出が現在も盛んで、機械工業の貿易黒字額は2021年で23兆円(確々報）と輸出産業の中核を担っている。

表 17-2　機械工業の構成（2019年）

	事業所数[1]	従業者数[1]（千人）	製造品出荷額等（億円）	付加[2][3]価値額（億円）
はん用機械器具…………	11 120	336.4	122 580	44 846
ボイラ・原動機………	401	42.2	24 912	8 205
ポンプ・圧縮機器………	1 878	67.5	24 733	9 292
一般産業用機械・装置…	3 291	105.4	40 815	15 284
生産用機械器具…………	32 680	650.1	211 499	75 706
建設機械・鉱山機械……	1 841	69.7	36 544	10 090
金属加工機械…………	11 313	173.1	48 112	18 541
金属工作機械………	823	49.1	18 420	6 019
半導体製造装置………	1 667	70.5	28 581	10 259
業務用機械器具…………	5 929	215.6	68 335	26 528
計量器・測定器等……4)	2 200	62.9	18 281	7 736
医療用機械・医療用品…	1 686	60.8	14 501	6 304
電子部品・デバイス・電子回路	5 206	413.3	141 515	50 788
電子デバイス…………	314	118.9	56 285	20 006
集積回路…………	106	60.2	2) 32 214	14 151
電子部品…………	1 153	79.7	25 909	9 326
電子回路…………	1 487	80.9	20 072	6 449
電気機械器具…………	12 289	510.9	183 298	62 258
発・送・配電用電気機械器具	5 809	185.6	53 177	18 065
産業用電気機械器具……	2 119	111.4	43 522	12 017
民生用電気機械器具……	1 276	62.2	31 584	13 720
空調・住宅関連機器…	573	28.4	15 973	8 015
電球・電気照明器具…	792	34.3	14 302	3 767
情報通信機械器具………	1 559	122.9	67 194	19 079
通信機械器具・関連機械器具	541	61.7	33 959	11 200
携帯電話機・PHS電話機	22	1.9	2 134	513
無線通信機械………	173	30.4	2) 17 790	5 992
ラジオ・テレビ受信機・	7	1.6	1 130	115
電子計算機・同附属装置・	528	38.8	25 718	6 430
輸送用機械器具…………	14 208	1 073.8	681 009	167 594
自動車・同附属品………	9 672	896.0	600 792	140 821
自動車(二輪自動車を含む)	93	198.6	242 902	50 027
自動車部分品・附属品・	9 337	676.1	350 628	88 475
船舶製造・修理業、舶用機関	2 493	69.3	33 434	9 905
航空機・同附属品………	415	49.4	26 076	10 616
計…………………	**82 991**	**3 322.9**	**1 475 429**	**446 799**

経済産業省「工業統計調査」(2020年)より作成。工業統計に関する注記は表15-1を参照。1）2020年６月１日現在。2）従業者４人以上の事業所。3）従業者29人以下の事業所は粗付加価値額（在庫の増減等を加味しない)。4）分析機器等を含む。

表 17-3　機械工業の貿易額（単位　億円）

		1990	2000	2010	2019	2020	2021*
輸出	一般機械	91 757	110 964	133 166	151 216	131 403	163 823
	電気機器	95 496	136 798	126 611	132 217	129 089	153 207
	輸送用機器	103 667	108 282	152 581	181 180	144 562	161 922
	自動車	73 587	69 301	91 741	119 712	95 796	107 222
	精密機器類	20 013	27 726	21 051	22 305	20 409	24 165
	輸出額計	**310 933**	**383 769**	**433 410**	**486 918**	**425 463**	**503 117**
輸入	一般機械	20 237	45 006	48 257	75 826	70 425	76 799
	電気機器	18 834	58 657	81 591	121 212	114 736	137 773
	輸送用機器	15 957	14 553	16 814	35 607	25 998	32 569
	精密機器類	4 329	11 432	14 622	21 835	19 764	21 892
	輸入額計	**59 357**	**129 648**	**161 284**	**254 481**	**230 923**	**269 032**

財務省「貿易統計」より作成。本表は貿易概況品分類を元に作成しており、機械工業に電線・ケーブル類を含むなど、統計範囲が表17-2と若干異なる。*2021年は確々報。

表 17-4　機械工業貿易額の内訳（単位　億円）

	2020	2021*		2020	2021*
輸出			**輸出（つづき）**		
一般機械	131 403	163 823	個別半導体	8 808	10 280
原動機	21 692	25 055	集積回路	29 054	33 461
内燃機関	17 645	20 654	電気計測機器	15 303	18 486
事務用機器	12 101	13 746	輸送用機器	144 562	161 922
電算機部分品	8 682	10 051	自動車	95 796	107 222
金属加工機械	7 771	9 817	乗用車	86 334	93 860
建設用機械 1)	8 965	13 094	バス・トラック	9 016	12 919
ポンプ 2)	11 732	13 966	自動車の部分品	29 124	36 000
半導体製造装置	13 811	21 642	船舶	11 420	10 498
電気機器	129 089	153 207	精密機器類	20 409	24 165
重電機器	9 923	12 252	科学光学機器	19 680	23 222
電気回路等機器	17 410	20 940	輸出額計	**425 463**	**503 117**
電子部品	41 553	48 995			
輸入			**輸入（つづき）**		
一般機械	70 425	76 799	集積回路	19 905	27 445
事務用機器	28 917	29 226	輸送用機器	25 998	32 569
電算機類 3)	24 062	23 915	自動車	11 653	13 704
電気機器	114 736	137 773	乗用車	10 832	12 704
音響・映像機器 4)	12 769	13 765	精密機器類	19 764	21 892
通信機	28 503	33 209	科学光学機器	17 117	18 869
電話機	16 036	19 825	輸入額計	**230 923**	**269 032**
電子部品	25 058	33 540			

上表の内訳。*2021年は確々報で、確定の際に修正される場合がある。1）鉱山用を含む。2）遠心分離機を含む。3）周辺機器を含む。4）部品を含む。

〔自動車〕 約３万点の部品を組み立てて生産する自動車は、多くの部品メーカーが下請けや孫請けとして自動車メーカーを支えている。自動車産業は雇用創出効果が大きいほか、鉄鋼やプラスチック、ガラスやゴムなど関連産業が広範で、日本経済の中で重要な地位を占める。

日本の自動車生産は、1960年に内需を中心に発展し、70年代には輸出産業としても成長した。貿易摩擦の原因ともなり、1982年より対米輸出自主規制を行ったほか、現地生産を始めた。その後、各国に生産拠点を拡大して、2007年以降は海外生産が国内を上回っている。しかし、国内

表 17-5 自動車の供給台数（単位 千台）

	1990	2000	2010	2019	2020	2021
生産	13 487	10 141	9 629	9 684	8 068	7 847
乗用車	9 948	8 359	8 310	8 329	6 960	6 619
普通車	1 751	3 376	4 846	5 317	4 193	4 166
小型四輪車	7 361	3 700	2 159	1 538	1 410	1 169
軽四輪車	836	1 283	1 305	1 473	1 358	1 284
トラック	3 499	1 727	1 209	1 233	1 038	1 154
普通トラック	1 250	649	521	506	405	517
小型トラック	1 263	483	239	293	254	262
軽トラック	986	594	450	434	378	375
バス	40	55	109	123	70	74
輸出 1)	5 831	4 455	4 841	4 818	3 741	3 819
国内販売 2)	7 777	5 963	4 956	5 195	4 599	4 448
輸入車販売	224	275	225	348	318	345
うち日本車	13	23	43	49	62	85
(参考)中古車販売	7 110	8 214	6 539	6 988	6 867	6 731

日本自動車工業会、日本自動車販売協会連合会、全国軽自動車協会連合会、日本自動車輸入組合の各ウェブサイトより作成。1）2017年12月より一部メーカーを含まず。2）新車登録台数と軽自動車販売台数。【☞長期統計512ページ】

表 17-6 ハイブリッド車の生産台数（単位 千台）

	2007	2010	2015	2019	2020	2021
乗用車 1)	432.0	817.8	1 294.7	1 837.4	1 740.4	1 772.8
普通自動車	…	…	673.2	1 200.4	1 101.4	1 185.3
小型自動車	…	…	621.5	637.0	639.0	587.5
トラック	…	…	1.7	17.1	17.3	17.0

経済産業省「生産動態統計」より作成。表17-5生産台数の内数。2007年からの調査。バスの生産台数は秘匿。1）2014年以降は軽自動車の数値が秘匿されており、これを含まない。

第17章 機械工業

生産も盛んで、2020年の生産台数は中国、アメリカに次ぐ第3位である。中国では先進国メーカーのほか、現地メーカーの生産が拡大しており、2020年の世界の生産台数の33%を占める。

表 17-7　ブランド別国内新車販売台数（2021年）（単位　千台）

自動車計		うち軽	乗用車		うち軽	トラック・バス		うち軽
トヨタ 1)	1 424	35	トヨタ 1)	1 234	21	トヨタ・・	191	15
スズキ・・	608	509	ホンダ・・	539	265	ダイハツ	152	152
ホンダ・・	580	305	スズキ・・	497	398	スズキ・・	111	111
ダイハツ	572	533	ダイハツ	420	381	日産・・・・	82	35
日産・・・・	452	177	日産・・・・	369	143	いすゞ・・	63	—
マツダ・・	157	31	マツダ・・	145	25	日野・・・・	60	—
スバル・・	101	18	スバル・・	93	10	ホンダ・・	41	41
計×・・	**4 448**	**1 653**	計×・・	**3 676**	**1 276**	計×・・	**773**	**377**

日本自動車工業会ウェブサイトより作成。海外生産車を含む。1）レクサス（乗用車販売51千台）を含まず。×その他とも。
参考　海外ブランド車のうちメルセデスベンツは52千台、BMW36千台（BMW MINIやBMWアルピナを含めると54千台）、フォルクスワーゲン35千台、アウディ23千台。

表 17-8　車名別乗用車国内販売台数（2021年）（単位　台）

	会社名	台数		会社名	台数
ヤリス・・・・・・・・	トヨタ	212 927	カローラ・・・・・・	トヨタ	110 865
N-BOX ・・・・・・*	ホンダ	188 940	ムーヴ・・・・・・・*	ダイハツ	95 840
ルーミー・・・・・・	トヨタ	134 801	アルファード・・	トヨタ	95 049
スペーシア・・・*	スズキ	128 881	ノート・・・・・・・・	日産	90 177
タント・・・・・・・*	ダイハツ	116 912	ルークス・・・・・*	日産	84 748

日本自動車販売協会連合会資料、全国軽自動車協会連合会資料より作成。*軽自動車。

表 17-9　次世代自動車（乗用車）の国内販売台数（単位　千台）

	2008	2010	2015	2019	2020
ハイブリッド車・・・・・・・・・・・・	108.5	481.2	1 074.9	1 472.3	1 324.8
プラグインハイブリッド車・・	—	—	14.2	17.6	14.7
電気自動車・・・・・・・・・・・・・・・	—	2.4	10.5	21.3	14.6
燃料電池車・・・・・・・・・・・・・・・	—	—	0.4	0.7	0.8
クリーンディーゼル車・・・・・・	—	8.9	153.8	175.1	147.1
計・・・・・・・・・・・・・・・・・・・・・・	**108.5**	**492.6**	**1 253.8**	**1 687.0**	**1 502.0**
割合（%）・・・・・・・・・・・ 1)	*2.6*	*11.7*	*29.7*	*39.2*	*39.4*

日本自動車工業会「日本の自動車工業」より作成。1）乗用車販売台数に占める割合。

各国の自動車メーカーにとって、自動運転や電気自動車（EV）の開発は重要な課題である。自動運転では、限られた条件下ではあるが運転の主体をシステムに委ねる「レベル３」自動運転車を、2021年に日本メーカーが初めて発売した。EVは、中国を中心に販売台数が拡大しているが、日本では日本メーカーが力を入れる水素燃料電池車を含めても販売台数が少ない(表17-16)。2050年までのカーボンニュートラルを目指す政府は、2035年までに乗用車新車販売での電動車100％実現を

図 17-2　自動車工場の所在地

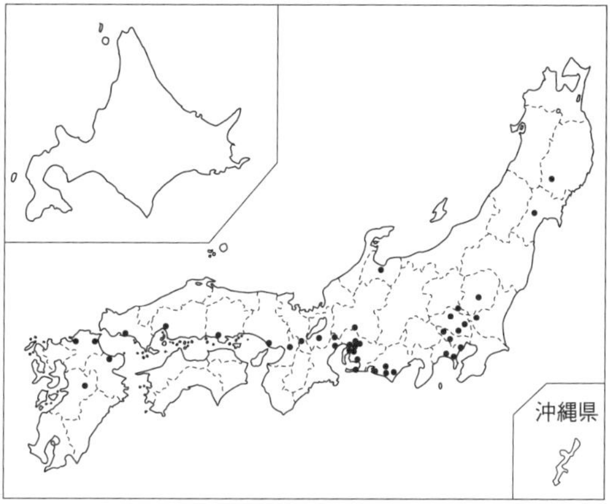

日本自動車工業会「日本の自動車工業」(2021年版）より作成。2021年３月31日現在。二輪車を含む組立工場(41工場)のみで、基本的には日本自動車工業会会員メーカーの工場であるが、一部はその関連メーカーの工場。

半導体不足とサプライチェーン強靭化

半導体は、2020年後半以降の世界的な経済回復に伴う自動車需要の増加で、車載用半導体の需給がひっ迫した。2021年には２月にアメリカで寒波による電力不足、３月に国内工場の火災、夏には東南アジアでのコロナ感染拡大により半導体工場が生産を停止して、世界的に半導体不足が深刻化した。自動車ではさらに、東南アジアからの部品調達が停滞したことも加わり、国内メーカーは減産を余儀なくされた。自動車生産は製造業全体への波及効果が大きく、半導体不足は日本経済に大きな影響を与えている。

近年の日本の製造業の多くは、部品の供給や製品の組み立てを分業化し、各工程を中国や東南アジア等に分けてサプライチェーンを構築している。しかし、特定の国への過度な集中や、一部の海外製造受託企業への依存がみられ、感染症や米中対立などの環境変化によって、サプライチェーンが寸断されて生産活動が制限されるリスクが高まっている。このため、経済安全保障の観点から、生産活動に重要な素材や製品を自国生産に戻して、サプライチェーンを強靭化する動きが強まっている。

表明しているが、2020年の乗用車販売のEV率は0.6%である。

自動車需要が2020年秋より急速に高まっているが、半導体不足で生産調整を余儀なくされる事態が続いている。この影響で、世界経済が正常

表 17-10　日本の自動車メーカーの海外生産（単位　千台）

	1990	2000	2010	2019	2020	2021
アジア	952	1 674	7 127	10 847	9 169	10 049
中近東	—	4	—	—	—	—
ヨーロッパ 1)	227	953	1 356	1 638	1 237	1 232
EU	223	838	1 250	2) 620	2) 435	2) 463
北アメリカ	1 570	2 992	3 390	4 407	3 499	3 443
アメリカ合衆国	1 299	2 481	2 653	3 531	2 716	2 724
中南アメリカ 3)	161	388	982	1 746	1 319	1 533
アフリカ	186	146	206	212	153	205
オセアニア	169	131	119	—	—	—
計	**3 265**	**6 288**	**13 182**	**18 850**	**15 377**	**16 462**

日本自動車工業会ウェブサイトより作成。原則として日本ブランド車のみ。2017年11月より一部メーカーを含まず。基本的に2007年以降は現地工場の生産台数で、2006年以前は海外生産用部品の輸出台数。1）トルコを含む。2）イギリスを除く。3）メキシコを含む。

表 17-11　日本の自動車メーカーの海外組立工場数（四輪自動車）

中国	26	アメリカ合衆国	14	メキシコ	9
インドネシア	16	マレーシア	12	世界計×	**194**
タイ	16	インド	10		

日本自動車工業会「日本の自動車工業」(2021年版) より作成。2021年３月時点。×その他とも。二輪自動車（67工場、うち４工場が四輪車も製造）を含めると248工場。

表 17-12　二輪自動車の生産と輸出入（単位　千台）

	1990	2000	2010	2019	2020	2021
生産	2 807	2 415	664	567	485	647
原付第一種 1)	1 343	637	88	131	122	142
原付第二種 2)	687	630	81	48	39	54
軽二輪車 3)	270	297	109	55	54	58
小型二輪車 4)	507	851	387	334	270	392
輸出	1 184	1 641	493	396	312	437
輸入 5)	29	75	353	586	707	* 874
海外生産	…	…	…	26 850	20 162	23 750

日本自動車工業会ウェブサイトより作成。1）排気量50cc以下。2）51～125cc。3）126～250cc。4）251cc以上。5）財務省「貿易統計」より作成。中古品を含む。*確々報。

化に向かう中で、国内の自動車生産はコロナ禍で急減した前年をさらに下回っている。新車を購入しても納車に時間がかかる状況で、購入してすぐに使用できる中古車に人気が集まり、中古車価格が上昇した。

図 17-3　主要国の自動車生産の推移

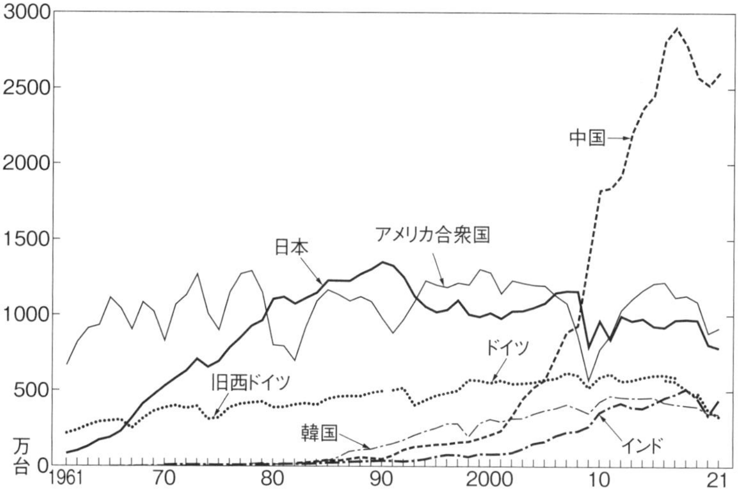

資料は下表に同じ。ドイツは2011年以降重トラック、バスを除く。2016～18年は乗用車のみ。この他の国でも、年によって統計範囲が異なる場合がある。

表 17-13　世界の自動車生産（単位　千台）

	2010	2019	2020	2021	乗用車	トラック・バス
中国	18 265	25 751	25 225	26 082	21 408	4 674
アメリカ合衆国	7 743	10 893	8 821	9 167	1 563	7 604
日本	9 629	9 685	8 068	7 847	6 619	1 228
インド	3 557	1) 4 524	1) 3 382	1) 4 399	1) 3 631	1) 768
韓国	4 272	3 951	3 507	3 462	3 163	300
ドイツ	5 906	2) 4 947	2) 3 743	2) 3 309	2) 3 096	2) 213
メキシコ	2 342	4 013	3 177	3 146	708	2 437
ブラジル	3) 3 382	2 945	2 014	2 248	1 708	540
スペイン	2 388	2 823	2 268	2 098	1 662	436
世界計×	**77 584**	4) **92 183**	4) **77 712**	4) **80 146**	**57 054**	4) **23 092**

OICA（国際自動車工業連合会）ウェブサイト（2022年4月7日閲覧）より作成。一部の国でノックダウンなど他国との重複分を含む（世界計からは除外）。1）一部の欧州メーカーを除く。2）重トラック、バスを除く。3）第一四半期のみノックダウン車両を含まず。4）乗用車のみ集計された国などもそのまま集計。×その他とも。

表 17-14　主要国の自動車輸出台数（単位　千台）

	2018	乗用車	トラック・バス	2019	乗用車	トラック・バス
フランス	6 376	5 303	1 073	5 738	4 674	1 064
日本	4 817	4 358	460	4 818	4 373	445
ドイツ	4 212	3 993	219	3 699	3 487	212
アメリカ合衆国	2 880	2 345	535	3 192	2 600	592
韓国	2 450	2 342	107	2 401	2 313	88
スペイン	2 304	1 873	431	2 310	1 867	443
イギリス	1 288	1 238	50	1 102	1 056	46
中国	1 041	758	283	1 024	725	299

日本自動車工業会「日本の自動車工業」(2021年版) より作成。原資料に記載は無いが、本書2020/21年版で引用していた日本自動車工業会「世界自動車統計年報」(2019年版で終了）では、フランスはフランスメーカーの国外からの出荷台数を含んでいるとしていた。

表 17-15　世界の自動車販売台数（単位　千台）

	2019	乗用車	トラック・バス1)	2020	乗用車	トラック・バス1)
中国	25 797	21 472	4 325	25 311	20 178	5 133
アメリカ合衆国	17 037	4 720	12 317	14 453	3 402	11 051
日本	5 195	4 301	894	4 599	3 810	789
ドイツ	4 017	3 607	410	3 268	2 918	351
インド	3 817	2 962	855	2 939	2 433	505
フランス	2 756	2 214	541	2 100	1 650	450
ブラジル	2 788	2 262	526	2 058	1 616	442
世界計×	**90 424**	**63 730**	**26 693**	**77 971**	**53 599**	**24 372**

OICA（国際自動車工業連合会）ウェブサイト（2022年4月7日閲覧）より作成。1）一部の国で重トラック、バスを除く。×その他とも。

表 17-16　電気自動車（EV）の販売台数（2020年）（単位　千台）

	乗用車	BEV	PHEV	乗用車販売シェア(%)1)	トラック・バス	自動車計
中国	1 160.8	931.3	228.3	*5.7*	124.8	1 285.6
ドイツ	395.3	194.5	200.5	*13.5*	9.8	405.1
アメリカ合衆国	296.3	231.1	64.3	*2.0*	—	296.3
フランス	184.8	110.0	74.6	*11.3*	9.0	193.8
イギリス	176.1	108.3	67.7	*11.3*	6.1	182.2
（参考）日本	30.1	14.6	14.7	*0.6*	1.3	31.4
世界計×	**2 986.7**	**2 008.0**	**969.0**	*4.6*	**186.3**	**3 172.9**

IEA "Global EV Outlook 2021" より作成。本表の電気自動車（EV）はバッテリー式（BEV）とプラグインハイブリッド（PHEV）のほかに、FCEV（燃料電池車、乗用車で韓国5.8千台、日本0.8千台、世界計9.6千台）を含む。1）EVが占める割合。×その他とも。

〔造船〕 日本の造船業は、1956年に竣工量世界一となり、1960年代中盤から90年代はおおむね世界の竣工量の4割以上を占めた。90年代から韓国が、2000年代より中国が成長して、造船量が拡大し供給過剰状態となる。環境規制前の駆け込み受注の反動から、2016年に世界的に受注が

図 17-4 主要造船国の受注量と竣工量

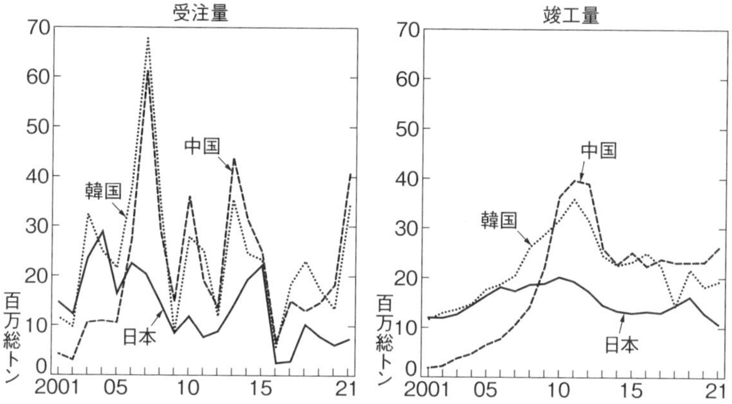

資料は表17-18に同じ。100総トン以上の鋼船。

表 17-17 国内鋼船竣工実績

		1980	1990	2000	2010	2019	2020
総トン数(千総トン)	国内船……	2 778	1 353	426	805	1 278	615
	貨物船……	983	550	77	751	1 038	302
	油送船……	1 648	526	310	38	183	207
	輸出船……	3 411	5 123	11 220	18 821	14 803	12 203
	貨物船……	1 859	2 688	6 843	13 347	9 898	9 626
	油送船……	1 485	2 413	4 330	5 455	4 901	2 572
	計……	**6 189**	**6 476**	**11 646**	**19 626**	**16 080**	**12 818**
隻数(隻)	国内船……	1 319	838	245	164	254	253
	貨物船……	254	195	32	44	74	53
	油送船……	227	120	32	30	39	49
	輸出船……	273	213	303	477	324	305
	貨物船……	132	133	220	327	215	225
	油送船……	58	63	77	136	105	76
	計……	**1 592**	**1 051**	**548**	**641**	**578**	**558**

国土交通省「造船造機統計月報」より作成。**総トン**は船の容積を表す単位。輸出船には便宜置籍船を含む。国内船や輸送船には、貨物船や油送船のほか貨客船や漁船などを含む。

激減して経営環境が悪化すると、中国では国営造船所の統合が進み、韓国では公的資金の導入や造船会社同士の統合により競争力が高められた。日本でも事業再編が進んでいるが、日本勢は中韓両国より造船設備が小さく、政府は2021年の海事産業強化法による更なる業界再編の後押しを図るなど、競争力強化を目指している。一方、2021年は中韓両国の受注量が急増している。特に韓国では、高い技術力を要するLNG（液化天然ガス）運搬船の受注が集中している。2022年に入ると、LNG運搬船は２月からのロシアによるウクライナ侵攻をきっかけに、欧州勢から韓国へ注文が増えており、受注量がさらに増加している。

表 17-18　主要国の造船実績（100総トン以上の鋼船）（単位　千総トン）

受注量	2000	2010	2019	2020	2021	〃 %
中国	2 531	36 118	14 743	18 314	40 723	*47.9*
韓国	20 686	27 912	17 370	13 471	34 191	*40.2*
日本	12 866	11 921	7 815	6 142	7 335	*8.6*
フィリピン	152	2 256	615	415	1 038	*1.2*
ベトナム	…	570	199	262	683	*0.8*
ロシア	29	160	878	1 563	256	*0.3*
（台湾）	437	246	0	62	132	*0.2*
世界計×	**46 093**	**82 008**	**44 038**	**41 333**	**85 051**	*100.0*

竣工量	2000	2010	2019	2020	2021	（参考）手持ち工事量1)
中国	1 484	36 487	23 195	23 261	26 188	71 562
韓国	12 218	31 698	21 744	18 264	19 311	52 715
日本	12 001	20 222	16 216	12 937	10 776	18 397
フィリピン	144	1 161	806	608	634	1 618
イタリア	537	634	529	518	501	2 996
ドイツ	975	950	469	291	382	1 538
ベトナム	1	583	559	579	368	931
世界計×	**31 696**	**96 441**	**66 363**	**58 317**	**60 000**	**160 222**

IHS Markit "World Shipbuilding Statistics" および同 "World Fleet Statistics"（旧ロイド統計）より作成。1）2021年末現在。×その他とも。

注意　造船業では、船の受注から竣工までに数年かかることが少なくない。景気が悪化して受注量が減少しても、竣工量に影響が及ぶのは数年先となる。世界の造船受注量は、2007年の１億6641万総トン（主要国合計）をピークに増減を繰り返し、2016年には1861万総トンまで減少した。2018年に5049万総トンまで回復、その後減少したものの、2021年に中韓両国で急増している。世界の竣工量は2011年の１億194万総トンをピークに減少して、2014年以降は7000万総トンを下回る水準にある（図17-4参照）。

〔工作機械・ロボット〕 工作機械は機械をつくる機械である。工作機械の精度が生産物の品質を決定するため、工作機械の性能は工業力全体に影響を及ぼす。主な生産国は中国やドイツ、日本で、中国製品は低級品が中心であったが、近年性能が向上している。工作機械の国内生産は、コロナ禍で落ち込んだ2020年から回復傾向にある。また、世界的に電気自動車や半導体への投資が進み、部品製造用に受注が増えている。

半導体製造装置は近年、輸出製品として存在感を高めてきた。世界的に半導体の自国生産を進める流れの中で、2021年は輸出額が２兆円を超えている（確々報）。世界的には、半導体製造装置は日本とアメリカ、欧州勢が強いが、最先端の半導体製造に必要な「EUV（極端紫外線）露光装置」はオランダメーカーが市場を独占している。

産業用ロボットは、日本では自動車や電子機器の生産などに広く利用され、かつては稼働台数で世界一であった。しかし、国内生産拠点の閉鎖や海外移転が進む一方、主要国で産業用ロボットが増えて、2016年に

表 17-19　金属工作機械の生産と輸出入

	1990	2000	2010	2019	2020	2021
生産台数（台）･･･	196 131	90 916	67 607	62 240	45 569	67 601
うちNC工作機械1)	61 965	53 755	55 132	50 858	37 703	56 296
生産額（億円）･･･	13 034	8 146	8 130	10 725	7 240	8 954
うちNC工作機械1)	9 864	7 208	6 733	9 644	6 600	8 338
輸出額（億円）･･･	4 558	6 201	6 086	7 351	5 296	*7 126
輸入額（億円）･･･	686	856	306	860	555	*608

経済産業省「生産動態統計」および財務省「貿易統計」より作成。輸出入には中古機械や海外への工場移転を含む。また、半導体製造装置を一部含んでおり、生産統計と分類が若干異なる。1）数値制御工作機械。*確々報。【☞工作機械生産の長期統計513ページ】

表 17-20　半導体製造装置の生産と輸出入（単位　億円）

	2000	2010	2015	2019	2020	2021
生産額･････････	12 753	9 704	10 018	15 159	16 202	21 403
輸出額･････････	…	8 497	7 920	13 677	13 811	*21 642
輸入額･････････	…	1 057	2 961	2 178	2 974	*2 663

経済産業省「生産動態統計」および財務省「貿易統計」より作成。生産と輸出入で統計範囲が異なる場合があるほか、輸出入には中古を含むことに留意。*確々報。

第17章 機械工業

中国の稼働台数が日本を上回っている。ただし近年は日本も産業用ロボットが増加傾向にある。産業用ロボットの生産は、コロナ禍で一時的に生産が滞ったものの、2021年は中国向けなどが伸びて、生産台数は前年を30%以上上回っている（日本ロボット工業会会員ベースの実績）。

表 17-21　産業用ロボットの生産と輸出

		1980	1990	2000	2010	2019	2020
台数（台）	国内生産・・・・	19 873	79 096	89 399	93 587	192 820	192 974
	国内出荷・・・・	18 239	67 514	49 810	24 959	53 612	41 655
	輸出・・・・・・・・	1 170	12 587	40 758	67 453	143 011	154 946
	海外生産・・・・	…	…	…	…	32 516	46 366
金額（億円）	国内生産・・・・	784	5 443	6 475	5 564	7 783	7 665
	国内出荷・・・・	750	4 461	3 177	1 487	2 544	2 085
	輸出・・・・・・・・	20	1 078	3 226	4 076	5 493	5 728

日本ロボット工業会「ロボット産業需給動向（産業ロボット編）」(2021年版）より作成。**ロボット**とは、人間の手に似た装置をもつ3軸以上のもの（空間的な操作ができる）や、自らが知能や記憶を持ち、移動して作業する産業上の機械。本表はマニピュレータ（2軸以下で直線や平面的な動きのみ行う）を含む。

表 17-22　世界の産業用ロボット稼働台数（各年末現在）（単位　千台）

	2010	2020		2010	2020
中国・・・・・・・・・・・・	52.3	943.2	ドイツ・・・・・・・・・・	148.3	230.6
日本・・・・・・・・・・・・	307.7	374.0	イタリア・・・・・・・・	62.4	78.2
韓国・・・・・・・・・・・・	101.1	343.0	(台湾)・・・・・・・・・・	26.9	75.8
アメリカ合衆国・・	1) 173.2	314.2	世界計×・・・・・・	**1 059.2**	**3 014.9**

日本ロボット工業会資料より作成。1）カナダ、メキシコを含む。×その他とも。

表 17-23　世界のサービスロボット販売台数（単位　千台）

業務用	2019	2020	家庭用	2019	2020
輸送・物流・・・・	32.7	43.5	家事ロボット・・	17 400	18 455
掃除用（業務用）	17.9	34.4	掃除（屋内）・	16 345	17 232
医療用ロボット	6.5	17.9	ガーデニング	858	969
ホスピタリティ	13.2	14.9	社会交流、教育	1 104	617
農業用・・・・・・・・	7.0	7.3	接客等・・・・・・	949	123
調査・管理・・・・	4.5	5.7	教育・・・・・・・・	155	494
計×・・・・・・・・	**93.2**	**131.8**	計×・・・・・・・・	**18 507**	**19 076**

資料は上表に同じ。昨年版と分類が異なる。×その他とも。

〔**半導体・電子部品**〕 半導体はデジタル産業が成長する中で重要性が高まっている。日本の半導体メーカーは、DRAMを武器に1980年代に世界シェアの50%程度を占めていたものの、日米半導体協定で成長が抑えられたほか、90年代に半導体の中心がメモリー（DRAM）からロジック（CPU）に変わる潮流に乗り損ねた。さらに、世界的に半導体メーカーが設計と受託生産に分離し効率化する中で、日本メーカーの構造改革が遅れた上に、国内のデジタル市場の低迷で技術開発が停滞した。

表 17-24 半導体の日本メーカーと世界の総生産 （単位 億円）

	2005	2010	2015	2019	2020
日本メーカーの生産額	53 300	55 430	48 101	45 999	46 096
うち国内生産	43 400	39 779	31 929	24 807	24 831
国内生産割合（%）	*81.4*	*71.8*	*66.4*	*53.9*	*53.9*
世界の総生産額	**257 300**	**261 622**	**405 553**	**449 414**	**471 217**
日本メーカーの割合（%）	*20.7*	*21.2*	*11.9*	*10.2*	*9.8*

電子情報技術産業協会「電子情報産業の世界生産見通し」より作成。半導体素子と集積回路。表17-38の半導体と同じ。

表 17-25 集積回路の生産額 （単位 億円）

	1990	2000	2010	2019	2020	2021
半導体集積回路	26 728	40 703	26 340	12 888	12 740	14 292
線形回路 1)	4 128	6 820	3 296	1 417	1 400	1 643
マイクロコンピュータ 2)	3 393	7 763	3 933	896	…	…
MCU	…	7 070	3 765	887	740	810
ロジック 3)	6 928	13 661	8 752	1 514	1 349	1 306
メモリー	9 173	10 686	6 456	3 210	3 480	4 419
DRAM 4)	} 7 404	4 736	263	33	15	9) 3
SRAM		2 457	184	} 8) 3 177	} 8) 3 465	} 8)9) 4 416
フラッシュメモリー 5)	…	…	5 713			
CCD 6)	…	…	3 470	5 063	…	…
混成集積回路 7)	2 406	3 578	2 303	4 282	4 330	4 655
計×	**29 134**	**44 281**	**28 642**	**17 170**	**17 070**	**18 947**

経済産業省「生産動態統計」より作成。1）電気信号の増幅などを行う。2）MCU（家電や自動車などを制御）のほかMPU（パソコンのCPU）を含む。3）ディスプレイドライバーなど特定の機能を果たす論理回路。4）パソコンのメモリーなど。5）USBメモリーなど。6）撮像素子。7）配線や抵抗等と集積回路を組み合わせたもの。薄膜ICや厚膜ICなど。8）その他の記憶素子を含む。9）年間補正前の数値。

現在、国内には特定分野で一定のシェアを占める半導体もあるが、最先端のロジック半導体を製造する能力が無い。半導体需要はスマートフォンやデータセンターだけでなく、自動車や産業機器向けでも増加すると見られ、最先端の半導体製造は産業全般に関わる課題である。

近年はコロナ禍の影響による需給バランスの乱れなどにより、世界的に半導体不足になっている。自動車生産等にも支障が出ており、経済安全保障の観点から半導体の安定供給のために国内生産を増やすことが求められる（205ページ）。自動車向けに需要が高い半導体では、受託製造を行う台湾メーカーの国内誘致が決まった。

図 17-5　半導体工場の分布図（2021年）

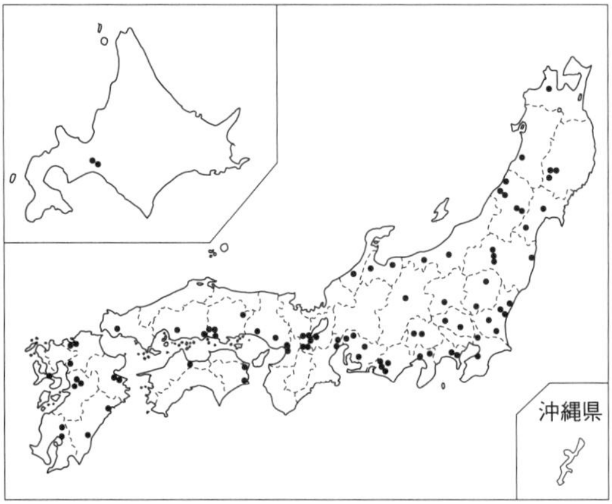

産業タイムズ社「半導体工場ハンドブック」(2021年版)により作成。半導体チップの製造を行う工場で、カバーや電線をつける工程のみの工場や研究開発工場を含まない。

表 17-26　半導体素子の生産額（単位　億円）

	1990	2000	2010	2019	2020	2021
シリコンダイオード……	809	982	237	149	156	164
整流素子（100mA以上）	829	1 109	658	452	416	490
トランジスター………	2 716	3 957	2 821	2 390	2 521	2 902
シリコントランジスター	2 438	2 044	665	198	169	206
電界効果型トランジスター	278	1 551	1 146	657	697	747
IGBT………………	…	362	1 010	1 535	1 655	1 949
光電変換素子…………	1 684	4 809	6 319	3 745	3 722	4 401
発光ダイオード……	954	944	1 784	1 998	1 901	2 228
レーザーダイオード…	…	2 020	478	385	594	727
太陽電池セル………	…	…	2 961	262	130	66
計×………………	**7 100**	**11 958**	**11 137**	**7 637**	**7 761**	**9 116**

経済産業省「生産動態統計」より作成。IGBTは、大電力のインバーター（直交変換）に用いられる素子で、電気自動車などに用いられる。×その他とも。

表 17-27 世界の半導体市場（単位 百万ドル）

	1990	2000	2010	2019	2020	2021
日本	19 563	46 749	46 561	35 993	36 471	43 687
南北アメリカ	14 445	64 071	53 675	78 619	95 366	121 481
ヨーロッパ	9 599	42 309	38 054	39 816	37 520	47 757
アジア・太平洋地域	6 912	51 264	160 025	257 879	271 032	342 967
うち中国	…	…	…	144 494	151 488	192 487
世界計	**50 519**	**204 394**	**298 315**	**412 307**	**440 389**	**555 893**

世界半導体市場統計（WSTS）資料より作成。WSTSに加盟する各半導体メーカーの地域別出荷額の合計。WSTSは、世界の主要半導体メーカーの大多数が加盟している。

表 17-28 世界の半導体メーカー売上高（単位 百万ドル）

	2020	2021	〃 %	20/21伸び率（%）
サムスン電子（韓）	57 181	73 197	*12.3*	*28.0*
インテル（米）	72 759	72 536	*12.2*	*-0.3*
SKハイニックス（韓）	25 854	36 352	*6.1*	*40.6*
マイクロン・テクノロジー（米）	21 780	28 624	*4.8*	*31.4*
クアルコム（米）	17 664	27 093	*4.6*	*53.4*
ブロードコム（米）	15 754	18 793	*3.2*	*19.3*
メディアテック（台）	10 998	17 617	*3.0*	*60.2*
テキサス・インスツルメンツ（米）	13 619	17 272	*2.9*	*26.8*
エヌビディア（米）	10 643	16 815	*2.8*	*58.0*
AMD（米）	9 665	16 299	*2.7*	*68.6*
その他	214 982	270 354	*45.4*	*25.8*
計	**470 899**	**594 952**	*100.0*	*26.3*

Gartner 2022年4月公表値より作成。

表 17-29 液晶素子、太陽電池モジュールの生産額（単位 億円）

	2000	2010	2015	2019	2020	2021
アクティブ型	10 175	15 025	21 609	12 062	10 266	10 727
4.5型未満	} 3 573	1) 1 833	2 291	912	786	954
4.5～7.7型未満		2) 4 659	13 382	6 689	5 355	3 642
7.7型以上	6 602	8 533	5 937	4 462	4 125	6 131
パッシブ型	4 362	432	201	20	17	3) 20
液晶素子計	**14 537**	**15 457**	**21 811**	**12 083**	**10 283**	3) **10 747**
太陽電池モジュール	…	3 220	2 994	719	317	189

経済産業省「生産動態統計」より作成。液晶のアクティブ型は画素にトランジスタなど能動素子を組み込んだもの。組み込んでいないパッシブ型より高精細であるなど機能が高い。1）3.0型未満。2）3.0型～7.7型未満。3）パッシブ型は年間補正前。

〔情報通信機器・家電産業〕 スマートフォンは2021年に世界で14億台販売され、途上国を含め世界中で需要があるが、3億台近く販売する韓国メーカー等と比べて、日本メーカーの存在感は薄い。国内市場ではア

表 17-30　主な通信機器の生産

		1990	2000	2010	2019	2020	2021
台数（千台）	電話機（固定式）	15 719	13 046	1 074	179	155	133
	ファクシミリ	4 350	3 212	96	…	…	…
	自動車電話	1 158	85	…	…	…	…
	携帯電話		55 272	23 907	7 091	6 039	1) 6 453
	PHS	—	4 918	1 204			
金額（億円）	電話機（固定式）	2 611	1 066	97	21	19	17
	ファクシミリ	4 453	1 382	82	…	…	…
	自動車電話	1 444	12	…	…	…	…
	携帯電話		14 919	7 106	1 123	1 041	1) 1 042
	PHS	—	805	241			

経済産業省「生産動態統計」より作成。1）年間補正前。

表 17-31　移動電話の輸出入

		2000	2010	2015	2019	2020	2021*
輸出	台数（千台）	7 960	162	171	1 537	813	730
	金額（億円）	1 243	19	25	234	154	169
輸入	台数（千台）1)	413	16 371	32 855	30 705	32 001	34 720
	金額（億円）1)	85	4 408	17 391	16 829	15 916	19 729

財務省「貿易統計」より作成。中古を含む。*確々報。1）2006年以前はセルラー方式のみ。

表 17-32　世界のメーカー別スマートフォン販売台数（単位　千台）

	2020	%	2021	%
サムスン電子（韓）	253 025	*18.7*	272 328	*19.0*
アップル（米）	199 847	*14.8*	239 239	*16.7*
シャオミ（中）	145 803	*10.8*	189 305	*13.2*
OPPO（中）	111 785	*8.3*	138 242	*9.6*
Vivo（中）	107 388	*7.9*	136 011	*9.5*
その他	533 988	*39.5*	458 734	*32.0*
計	**1 351 837**	*100.0*	**1 433 859**	*100.0*

Gartner 2022年3月公表値より作成。

メリカメーカー製が優位であり、貿易額は日本メーカーの逆輸入もあって、2021年は２兆円の赤字である（確々報）。パソコンは、2020年にコロナ禍によるテレワークの拡大や、「小中学生１人に１台の端末配布」をめざす文部科学省のGIGAスクール構想向けで需要が伸びたが、2021年は半導体不足による価格の上昇もあり、出荷台数が減少した。コンピュータ本体の貿易額は、2021年で1.5兆円の赤字である（確々報）。

表 17-33　パソコンの生産（本体のみ）

	1990	2000	2010	2019	2020	2021
台数（千台）						
サーバー用……	…	…	149	265	191	157
デスクトップ型…	…	…	2 974	3 026	1 803	1 272
ノートブック型 1)	…	…	4 389	5 072	4 051	4 091
計…………	**3 004**	**12 040**	**7 511**	**8 363**	**6 045**	**5 520**
金額（億円）						
サーバー用……	…	…	587	1 323	1 030	673
デスクトップ型…	…	…	2 659	2 305	1 431	1 083
ノートブック型 1)	…	…	4 216	5 118	3 906	4 171
計…………	**9 039**	**21 287**	**7 463**	**8 746**	**6 367**	**5 928**
(参考)						
コンピュータ計 2)	26 626	28 672	9 112	9 074	6 618	6 167

経済産業省「生産動態統計」より作成。1）タブレット型を含む。2）パソコンのほか、はん用コンピュータ、ミッドレンジコンピュータを含む。

表 17-34　コンピュータの輸出入（単位　億円）

		1990	2000	2010	2019	2020	2021*
輸出	本体…………	3 858	4 865	1 506	971	993	1 040
	周辺装置……	13 727	11 140	2 963	2 634	2 060	2 248
	部品・附属品…	9 650	13 698	12 753	9 667	8 682	10 051
	輸出額計……	**27 239**	**29 704**	**17 223**	**13 273**	**11 735**	**13 339**
輸入	本体…………	2 374	8 189	8 748	14 614	17 003	16 265
	周辺装置……	1 872	10 635	6 732	7 495	7 060	7 650
	部品・附属品…	2 952	9 757	5 698	5 240	4 130	4 573
	輸入額計……	**7 203**	**28 584**	**21 179**	**27 348**	**28 193**	**28 487**

財務省「貿易統計」より作成。周辺装置にはディスプレイやプリンターなどの入出力装置や、外部記憶装置などを含む。*確々報であり、確定の際に数値が修正されることがある。

家電製品は、高度経済成長以降の日本にとって、自動車に匹敵する輸出産業であった。しかし、1985年以降の円高で安価な労働力を求めて海外生産を増やしたことで、日本からの輸出が減っていった。その後、韓国や中国メーカーが成長し、液晶テレビなどの世界市場で日本メーカーのシェアを奪っていく。液晶テレビなど民生用電子機器で、国内生産は2010年までは年間２兆円を維持していたが、その後減少して2021年は4000億円を下回っている。エアコンや電気冷蔵庫

図 17-6　民生用電子機器の貿易額

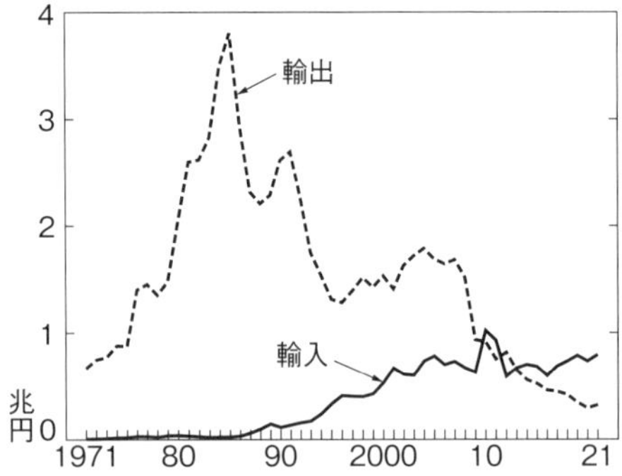

表17-36より作成。

表 17-35　民生用電子機器の生産

		1990	2000	2010	2019	2020	2021
生産台数（千台）	テレビ受像器……	15 132	3 382	13 549	[1] 273	[1] 154	[1] 98
	液晶テレビ……	1 889	1 000	12 111	…	…	…
	VTR ………… [2]	31 640	5 513	…	…	…	…
	DVD-ビデオ ……	…	4 517	1 843	…	…	…
	ビデオカメラ…… [2]	8 803	11 902	3 856	68	62	…
	デジタルカメラ……	…	9 657	24 253	2 424	1 868	1 946
	一眼レフタイプ‥	…	…	5 250	1 790	1 446	1 546
	カーオーディオ……	22 774	10 534	2 339	2 745	1 774	1 297
	カーナビゲーション	…	2 439	6 121	6 430	5 081	5 032
生産額（億円）	テレビ受像器……	9 031	2 971	11 362	[1] 289	[1] 178	[1] 83
	液晶テレビ……	285	518	9 910	…	…	…
	VTR ………… [2]	10 785	1 041	…	…	…	…
	DVD-ビデオ ……	…	1 225	907	…	…	…
	ビデオカメラ…… [2]	7 363	5 792	1 137	65	62	…
	デジタルカメラ……	…	3 239	4 363	1 089	1 026	1 038
	一眼レフタイプ‥	…	…	1 843	929	891	932
	カーオーディオ……	3 580	1 452	502	503	312	297
	カーナビゲーション	…	2 104	5 436	2 975	2 223	2 298
	計×…………	**41 540**	**22 214**	**23 957**	**5 013**	**3 891**	[3] **3 880**

経済産業省「生産動態統計」より作成。1）薄型テレビ。2）放送用を除く。3）年間補正前。×その他とも。2013年以降カーオーディオ以外のオーディオを、2014年以降DVD-ビデオを除く。【☞生産額の長期統計512ページ】

など民生用電気機器は一定の生産台数を維持しているが、逆輸入品も多く、貿易額は大幅に赤字である。経営が厳しい家電メーカーの中には、家電部門を中国メーカーなどに売却するほか、会社そのものが台湾メーカーに買収されたものもある。一方、近年は特徴ある高機能品や、低価格品で話題を集める新興の国内家電メーカーが登場している。

表 17-36　民生用電子機器の輸出入額（単位　億円）

		1990	2000	2010	2019	2020	2021*
輸出	カラーテレビ・・・・	2 517	526	263	108	57	35
	液晶テレビ・・ 1)	446	158	106	87	41	25
	VTR ・・・・・・・・・・・	8 884	1 058	127	0	0	0
	DVD-ビデオ ・・ 2)	337	905	101	40	28	29
	デジタルカメラ 3)	…	7 278	8 091	2 972	2 557	2 896
	録音・再生機器・・	…	…	189	60	39	39
	テープレコーダ 4)	2 852	387	6) 123	6) 48	6) 27	6) 27
	DADプレーヤー 5)	1 729	847				
	輸出額計×・・・・	**26 178**	**15 309**	**9 172**	**3 453**	**2 930**	**3 231**
輸入	カラーテレビ・・・・	227	1 871	4 558	2 233	2 538	2 844
	液晶テレビ・・・・	…	…	4 448	2 001	2 140	2 138
	VTR ・・・・・・・・・・・	75	526	7	0	0	0
	DVD-ビデオ ・・・・	3	81	1 869	796	690	660
	デジタルカメラ 2)	…	507	1 552	2 650	2 422	2 687
	録音・再生機器・・	…	…	863	298	221	211
	テープレコーダ 4)	454	1 311	6) 427	6) 121	6) 78	6) 78
	輸入額計×・・・・	**1 131**	**5 301**	**10 223**	**7 872**	**7 346**	**7 950**

財務省「貿易統計」より作成。貿易統計は中古を含む。*確々報。1）1990、2000年は液晶テレビ等。2）VTR以外の録画再生機。3）ビデオスチルカメラ等を含む。2010年以降はテレビカメラ（ビデオ一体型カメラ）を統合。4）カーステレオを除く。5）CDやMDなどのプレーヤー。6）テープ・ディスク・半導体等のプレーヤー・レコーダー。×その他とも。

表 17-37　民生用電子機器の日本と世界の総生産（単位　億円）

	2005	2010	2015	2019	2020
日本メーカーの生産額・・・・	72 500	86 687	47 364	38 522	34 191
うち国内生産 ・・・・・・・・・・・	25 600	23 957	6 806	5 013	3 891
国内生産割合（%）・・・・・	*35.3*	*27.6*	*14.4*	*13.0*	*11.4*
世界の総生産額・・・・・・・・・・	**149 800**	**188 214**	**160 354**	**147 413**	**135 124**
日本メーカーの割合（%）	*48.4*	*46.1*	*29.5*	*26.1*	*25.3*

電子情報技術産業協会「電子情報産業の世界生産見通し」より作成。

図 17-7　家電製品の輸入先（2020年）

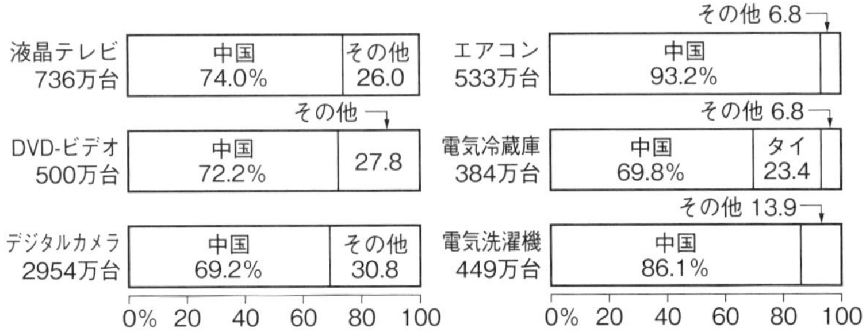

財務省「貿易統計」より作成。確定値。

図 17-8　薄型テレビの出荷台数世界シェア（2020年）

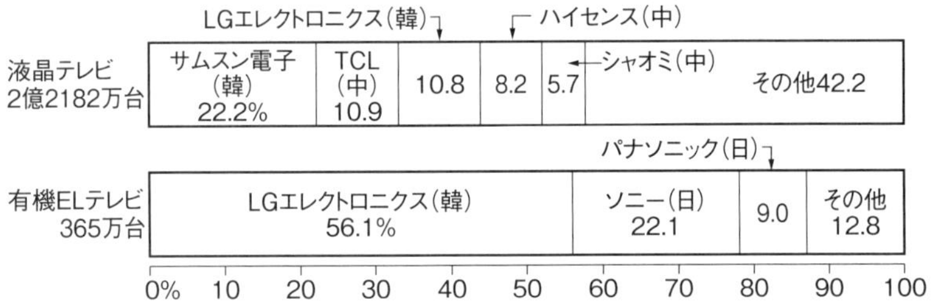

Omdia資料より作成。液晶テレビの日本企業による出荷台数シェアは、ソニー3.6%、シャープ2.7%など。

表 17-38　電子情報産業の世界生産額（単位　兆円）

	世界生産		日系企業生産		日本国内生産	
	2019	2020	2019	2020	2019	2020
民生用電子機器	14.7	13.5	3.9	3.4	0.5	0.4
通信機器	56.2	53.0	2.1	2.0	0.9	0.9
コンピュータ、情報端末	48.6	50.0	6.2	5.5	1.3	1.0
その他電子機器	15.1	13.7	2.4	2.2	1.3	1.3
電子部品	24.1	23.6	8.7	8.3	2.6	2.8
ディスプレイデバイス	13.7	15.4	1.6	1.3	1.3	1.1
半導体	44.9	47.1	4.6	4.6	2.5	2.5
電子工業計	217.3	216.4	29.3	27.3	10.3	9.9
ソリューションサービス	101.7	108.2	7.7	7.4	…	…
電子情報産業計	**319.0**	**324.6**	**37.0**	**34.7**	…	…

電子情報技術産業協会「電子情報産業の世界生産見通し」(2021年12月) より作成。

表 17-39　民生用電気機器の生産

		1990	2000	2010	2019	2020	2021
台数（千台）	エアコンディショナ・1)	7 813	7 318	4 920	5 227	4 713	4 321
	電気冷蔵庫	5 048	4 224	2 196	1 538	1 321	1 262
	換気扇	10 325	8 142	5 403	5 933	5 757	5 935
	自然冷媒ヒートポンプ式給湯機	…	…	500	529	522	624
	電気洗濯機	5 576	4 179	2 203	867	841	810
	電気掃除機	6 851	5 771	1 997	1 433	1 928	2 132
	温水洗浄便座	…	2 204	2 443	2 949	2 889	2 728
生産額（億円）	エアコンディショナ・1)	10 996	9 251	8 631	11 862	10 590	10 647
	電気冷蔵庫	4 577	4 351	2 727	2 247	2 235	2 294
	換気扇	1 181	1 177	1 029	951	944	1 016
	自然冷媒ヒートポンプ式給湯機	…	…	679	1 061	1 024	1 070
	電気洗濯機	1 903	1 708	1 079	744	735	735
	電気掃除機	1 008	898	358	310	382	394
	温水洗浄便座	…	697	729	862	850	827
	計×	**27 246**	**23 844**	**17 980**	**20 302**	**19 043**	**18 997**

経済産業省「生産動態統計」より作成。1）台数は室外機ベース。7.1kWを超える大型のもの（2021年は739千台、4863億円）を含む。2010年以前はウインド・ウォール形を含む。×その他とも。2017年以降は電子レンジを除く。2021年は電気かみそりを除く。

表 17-40　民生用電気機器の輸出入額（単位　億円）

		1990	2000	2010	2019	2020	2021*
輸出	エアコンディショナ・1)	1 444	926	94	104	108	106
	電気冷蔵庫	168	35	64	150	165	189
	電気洗濯機	173	58	20	7	6	5
	真空掃除機 2)	131	24	9	10	10	9
	輸出額計×	**2 924**	**1 344**	**491**	**681**	**715**	**827**
	（別掲）部分品 3)	791	1 247	2 459	2 406	2 130	2 540
輸入	エアコンディショナ・4)	59	160	1 073	1 402	1 382	1 618
	電気冷蔵庫	67	234	674	874	973	1 044
	電気洗濯機	16	109	665	860	801	881
	真空掃除機 2)	53	122	421	1 051	1 097	1 018
	電子レンジ	15	100	326	427	434	492
	空気清浄機	…	…	360	469	550	730
	輸入額計×	**611**	**1 751**	**5 366**	**8 188**	**8 470**	**9 646**
	（別掲）部分品 3)	144	293	1 239	1 920	1 982	2 458

財務省「貿易統計」より作成。中古品を含む。*確々報。1）パッケージ型及び自動車用を含む。2）電動装置自蔵出力1500W以下。3）電熱用抵抗体を含む。×その他とも。

表 17-41　その他の主な機械製品の生産（単位　千台、千個、*印は百万個）

	2020	2021
内燃機関 1)	3 205	3 844
一般用ボイラー	7.1	7.6
建設用クレーン	2.4	2.5
掘削機械	181	222
プラスチック加工機械	11	15
印刷機械	17	19
ポンプ 2)	2 313	2 427
クレーン	18	19
コンベヤ	361	380
歯車 3)	167 991	199 602
動力耕うん機 4)	94	110
装輪式トラクター	124	162
田植え機	21	20
刈払機 5)	738	856
コンバイン 6)	13	14
食料品加工機械 7)	40	44
複写機 8)	91	89
ミシン	99	143
家庭用	49	57
工業用	50	86
除湿機	245	248
製氷機	63	69
自動販売機	202	165
飲料用	190	…
軸受 *	2 286	2 841
金型（千組）	483	484
ガスメーター	4 981	4 313
水道メーター	3 041	3 327
カメラ	74	81
カメラ用交換レンズ	1 650	1 859
時計 9)	135 524	169 946
完成品	3 229	3 331
交流発電機 10)	192	123
交流電動機 10)	8 344	9 496
小形電動機 10)11)	232 792	248 555
電動工具	2 355	2 931

	2020	2021
白熱電球	337 562	367 037
蛍光ランプ	64 345	57 503
LEDランプ	6 028	5 359
白熱灯器具	1 498	1 516
蛍光灯器具	354	247
LED器具 12)	57 016	58 205
プリンター	1 979	2 352
レーザープリンター	397	470
モニター	1 338	1 228
電力量計	10 250	10 452
ガス警報器	4 135	4 248
X線装置 13)	15.3	17.5
医用CT装置	3.9	4.9
放射線測定器	76	155
乾電池 *	2 150	2 578
アルカリマンガン乾電池 *	987	1 042
リチウム電池 *	687	834
鉛蓄電池 *	28	29
アルカリ蓄電池 *	430	479
ニッケル・水素電池 *	401	454
リチウムイオン蓄電池 *	876	1 229
車載用 *	561	896
完成自転車	869	843
電動アシスト車	609	658
車いす	87	107
産業車両	123	137
フォークリフトトラック	108	119
ショベルトラック	8	11
航空機 14)（億円）	1 155	1 403
同機体部品・付属装置 14)（億円）	5 217	3 183

経済産業省「生産動態統計」より作成。1）自動車用、二輪自動車用、鉄道車両用及び航空機用を除く。2）手動式及び消防ポンプ、真空ポンプを除く。3）粉末や金製品を除く。自己消費を除く。4）歩行用トラクターを含む。5）芝刈機を除く。6）刈取脱穀結合機。7）手動のものを除く。8）ジアゾ式等を除く。9）ムーブメントを含む（自己消費を除く）。10）航空機用を除く。11）70W未満。12）自動車用を除く。13）医科・歯科用。14）生産額。機体部品や発動機、機器類等を合わせると9092億円、航空機生産台数は25機（2021年）。

第18章　化学工業

化学工業は、化学薬品やプラスチックといった産業向け素材を提供するほか、医薬品や化粧品等の消費者向け製品も製造している。高度な技術力と大規模な生産設備が必要な装置産業で、日本メーカーは機械工業

表 18-1　化学工業の構成（2019年）

	事業所数[1]	従業者数[1]（千人）	製造品出荷額等（億円）	付加[2][3]価値額（億円）
化学肥料	164	3.9	2 795	711
無機化学工業製品	919	37.0	24 057	7 686
圧縮ガス・液化ガス	264	6.0	4 158	1 221
有機化学工業製品	810	99.4	101 795	27 798
石油化学系基礎製品[4]	10	5.5	19 801	2 282
脂肪族系中間物[5]	64	11.5[2]	13 996	5 026
合成染料・有機顔料[6]	142	13.8	13 308	3 305
プラスチック	264	35.0	33 607	9 817
合成ゴム	17	6.8	5 107	1 858
油脂加工製品等	1 063	40.9	27 281	11 294
石けん・合成洗剤	235	9.7	8 497	4 515
塗料	448	17.3	10 737	4 188
医薬品	786	101.2	84 828	44 457
医薬品原薬	104	9.4[2]	3 832	1 425
医薬品製剤	521	80.6	74 818	39 281
化粧品・歯磨等	601	47.1	22 126	11 813
仕上用・皮膚用化粧品[7]	371	33.9	16 311	8 672
農薬	79	4.9[2]	3 527	1 415
ゼラチン・接着剤	158	6.5	3 815	1 183
写真感光材料	43	8.1[2]	4 426	1 960
化学工業計×	**5 339**	**382.7**	**293 105**	**115 156**
石油精製	29	12.2	126 174	6 330
舗装材料	828	7.4	4 848	1 465
石油製品・石炭製品計×	**1 086**	**27.4**	**138 699**	**9 367**
計	**6 425**	**410.1**	**431 805**	**124 523**
（別掲）プラスチック製品[8]	17 887	463.6	130 781	46 549

経済産業省「工業統計調査」(2020年）より作成。本書では化学工業に石油・石炭製品製造業（ガソリン等を生産）を含み、プラスチック製品製造業（プラスチック素材を加工してポリバケツ等を生産）を含まない。工業統計に関する注記は表15-1参照。1）2020年6月1日現在。2）従業者4人以上の事業所。3）従業者29人以下の事業所は粗付加価値額（在庫の増減を考慮しない)。4）一貫生産される誘導品を含む。5）脂肪族系溶剤を含む。6）環式中間物を含む。7）香水等を含む。8）家具等を除く。×その他とも。

などからの高い要求に応えて、技術力を高めてきた。

無機化学工業は、硫酸などのはん用品から、半導体用材料といった特定用途向けの少量品まで幅広い。原料には鉱石や塩のほか、硫酸では金属精錬や石油精製で生じる回収硫黄も利用されている。電解ソーダ産業は、塩水の電気分解でか性ソーダと塩素が常に一定の割合で生産される。日本では塩素需要に対してか性ソーダが過剰で、アルミナ生産でか性ソーダ需要があるオーストラリアに主に輸出している。

石油化学工業は、日本では石油精製の副産物であるナフサを主原料に、エチレンプラントでエチレンやプロピレン等の基礎素材を生産し、有機薬品やプラスチック、合成ゴムや化学繊維などを生産している。各工程

表 18-2　化学工業の規模

	1990	2000	2010	2018	2019
化学工業					
事業所数・・・・・・・・・1)	6 030	5 943	5 421	5 360	5 339
従業者数（千人）・・1)	402.6	367.5	346.5	376.3	382.7
製造品出荷額等(億円)	235 510	237 994	262 478	298 538	293 105
化学肥料・・・・・・・・	3 245	2 848	3 056	2 863	2 795
化学繊維・・・・・・・・	10 442	7 304	(4 014)	(3 569)	(3 202)
無機化学工業製品	13 973	14 444	18 209	23 338	24 057
有機化学工業製品	89 094	83 348	104 211	109 326	101 795
医薬品・・・・・・・・・・	51 547	64 258	73 563	84 779	84 828
付加価値額（億円）2)	112 891	115 095	101 796	115 031	115 156
石油製品・石炭製品3)					
事業所数・・・・・・・・・1)	1 253	1 312	1 115	1 091	1 086
従業者数（千人）・・1)	33.7	27.6	25.8	26.5	27.4
製造品出荷額等(億円)	83 183	94 568	150 087	150 416	138 699
付加価値額（億円）2)	7 481	7 144	11 750	12 576	9 367

経済産業省「工業統計調査」より作成。2008年より化学繊維が化学工業の分類から除外。このほか、工業統計に関する注記は表15-1を参照。1）2010年までは各年末現在、2018、19年は翌年6月1日現在。2）2010、18、19年は従業者3人以下の事業所を除く。3）2010年に一部企業が製販合併して製造品出荷額等や付加価値額が増大した。【☞府県別統計524、525ページ】

有機化合物・無機化合物　有機化合物とは炭素の化合物（二酸化炭素や炭酸塩など少数のものを除く）を指し、無機化合物と区別される。有機化学工業には石油化学工業、発酵工業などがあり、無機化学工業には酸・アルカリ工業や化学肥料工業、鉱物や塩から各種無機薬品を生産する無機薬品工業などがある。

を担う工場同士は主にパイプでつながれて密集し、コンビナートを形成しており、これらは海外から原油を調達するため海に面している。

日本の石油化学工業は、1970年代の石油危機で構造調整を行ったが、その後バブル景気とともに生産を拡大し、バブル崩壊以降も中国を中心

図 18-1　硫酸・か性ソーダの内需（2021年）

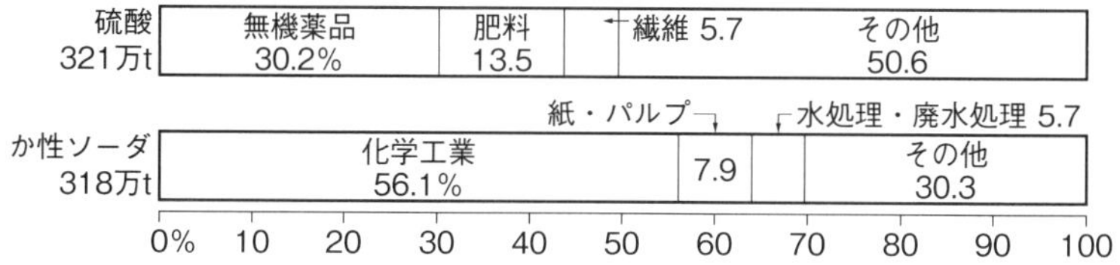

硫酸協会ウェブサイトおよび日本ソーダ工業会ウェブサイトにより作成。

表 18-3　主要無機化学工業製品の生産（単位　千t）

	1990	2000	2010	2019	2020	2021
アンモニア・・・・・1)	1 831	1 715	1 178	846	784	843
硝酸・・・・・・・・・・・2)	697	654	500	378	297	296
硫酸・・・・・・・・・・・1)	6 887	7 059	7 037	6 226	6 460	6 118
か性ソーダ・・・・・3)	3 917	4 471	4 217	4 020	3 928	4 163
塩酸・・・・・・・・・・・4)	2 283	2 494	2 272	1 598	1 556	1 631

経済産業省「生産動態統計」より作成。1）100%換算。2）98%換算。3）液状（97%換算）と固形（実数値）の合計。4）35%換算。【☞硫酸の長期統計は513ページ】

表 18-4　その他の主な無機化学工業製品の生産（単位　千t）

	2020	2021		2020	2021
生石灰・・・・・・・・・・・・	5 821	6 653	酸化第二鉄・・・・・・・・	112	137
消石灰・・・・・・・・・・・・	1 253	1 291	酸化チタン・・・・・・・3)	156	187
軽質炭酸カルシウム	202	213	カーボンブラック・・	472	576
塩素ガス・・・・・・・・・・	3 499	3 694	活性炭・・・・・・・・・・・・	36	36
液体塩素・・・・・・・・・・	450	480	硫酸アルミニウム・4)	512	524
次亜塩素酸 ナトリウム溶液・1)	850	859	ポリ塩化 アルミニウム・・・5)	591	598
ふっ化水素酸・・・・・2)	55	66	よう素・・・・・・・・・・・・	9	9
りん酸・・・・・・・・・・・・	61	68	けい酸ナトリウム・・	315	339
水酸化カリウム・・・・	116	124	過酸化水素・・・・・・・6)	165	179
酸化亜鉛・・・・・・・・・・	48	58	化学石こう・・・・・・・7)	3 988	4 029

経済産業省「生産動態統計」より作成。1）12%換算。2）50%換算。3）アナタース型とルチル型の合計。4）14%固形換算。5）アルミナ10%換算。6）100%重量換算。7）2水塩換算。

に輸出を拡大して成長してきた。しかし、アメリカでは安価なシェールガスを、中国では石油に加えて国内で豊富な石炭を原料に石油化学工業製品の生産を大幅に拡大している。国内メーカーは、過剰設備を抱えて

図 18-2　エチレン生産能力と需給

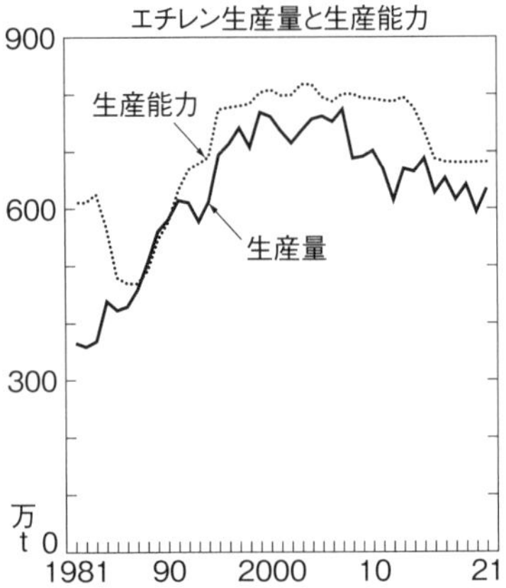

経済産業省「生産動態統計」および石油化学工業協会「石油化学工業の現状」より作成。生産能力は標準状態での月間生産能力の年計。需給の輸出入はエチレンや主要エチレン製品を原単位でエチレン換算したもの。需給の内需は生産＋輸入－輸出。

図 18-3　エチレン系製品の輸出先（エチレン換算、上図の輸出量内訳）

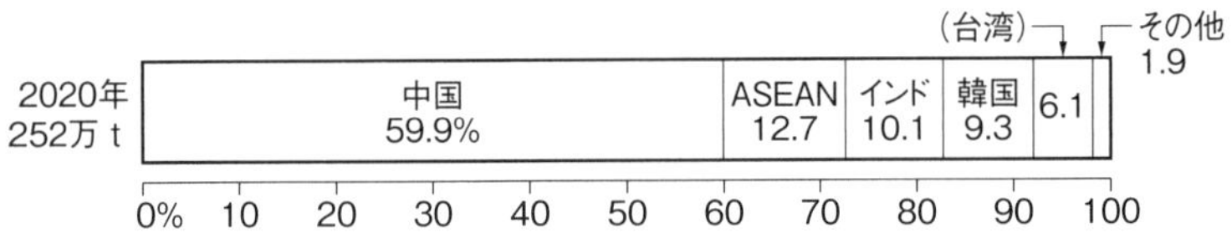

表 18-5　主な石油化学工業製品の生産（単位　千ｔ）

	1990	2000	2010	2019	2020	2021
エチレン……	5 810	7 614	7 018	6 418	5 943	6 349
プロピレン……	4 214	5 453	5 986	5 504	4 998	5 235
ブタン・ブチレン	2 243	2 977	3 035	2 790	2 596	2 694
ベンゼン……	3 012	4 425	4 764	3 690	3 245	3 425
トルエン……	1 111	1 489	1 393	1 706	1 451	1 530
キシレン……	1) 2 652	4 681	5 935	6 597	5 195	4 983

経済産業省「生産動態統計」より作成。石油化学工業以外の生産を含む。1）非石油系を含まず。

2010年代に設備を縮小した一方、欧米や中国、産油国には日本の全生産能力を上回るメーカーが複数存在しており、規模において劣る。

半導体用材料など特定用途の機能性化学品の多くは、個々の市場規模

図 18-4 石油化学コンビナート所在地（2021年7月現在）

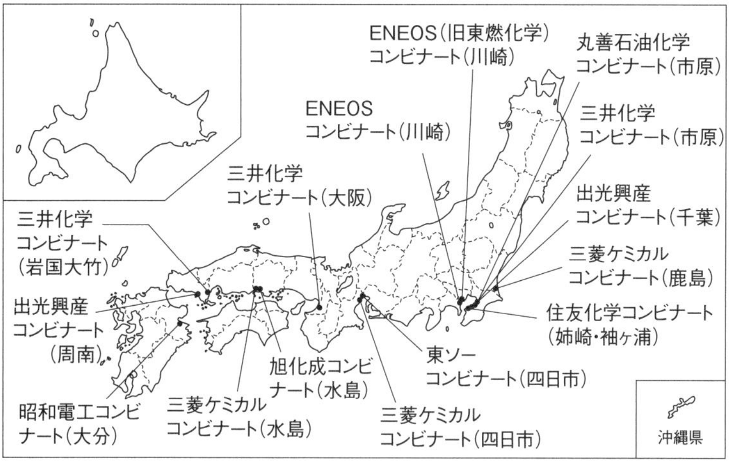

石油化学工業協会「石油化学工業の現状」（2021年）より作成。コンビナートの地名は原資料に従った。一部のコンビナートではエチレン生産を停止しており、ほかのコンビナートからエチレンを輸送するほか、近隣のコンビナート同士でエチレンプラントを共有することで石油化学製品の生産を継続している。

表 18-6 その他の主な有機化学工業製品の生産（単位 千t、*印は千kL）

	2020	2021		2020	2021
ホルマリン········	823	915	合成ブタノール····	446	526
酸化エチレン······	807	837	メチルエチルケトン	232	276
エチレングリコール	588	535	ブタジエン········	783	853
アセトアルデヒド··	77	95	コールタール······	1 254	1 242
二塩化エチレン····	3 258	3 430	パラキシレン······	2 330	2 328
エタノール(95%換算)*	496	452	クレオソート油····	644	678
酸化プロピレン····	347	419	ナフタリン········	144	153
ポリプロピレングリコール	243	278	スチレン(モノマー)	1 875	1 949
イソプロピルアルコール	215	220	シクロヘキサン····	197	217
合成アセトン······	398	444	フェノール········	552	618
アクリロニトリル··	415	449	ビスフェノールA··	417	447
アクリル酸エステル	229	284	無水フタル酸······	138	151
合成オクタノール··	175	212	カプロラクタム····	184	214

経済産業省「生産動態統計」より作成。

が小さいが、日本メーカーが高い世界シェアを誇る。ただし、半導体メーカーは大半が海外勢で、素材等の上流産業に対し、現地への誘致を進めている。化学品の国内生産維持は重要な課題で、付加価値が低く海外に生産拠点を移した製品についても、供給不安が産業に広く影響するものは、経済安全保障の観点から機動的に対処することが求められる。

表 18-7　プラスチックの生産と輸出入（単位　千 t）

	1990	2000	2010	2019	2020	2021
生産・・・・・・・・・・・・・・・1)	12 630	14 736	12 320	10 505	9 639	10 453
はん用プラスチック	8 971	10 497	8 806	7 793	7 177	7 742
ポリエチレン・・・・	2 888	3 342	2 964	2 448	2 246	2 452
ポリスチレン・・・・	2 092	2 024	1 385	1 173	1 057	1 202
ポリプロピレン・・	1 942	2 721	2 709	2 440	2 247	2 463
塩化ビニール樹脂	2 049	2 410	1 749	1 733	1 627	1 625
輸出・・・・・・・・・・・・・・・・	1 776	4 313	6 083	5 160	5 170	5 281
輸入・・・・・・・・・・・・・・・・	582	1 185	1 999	3 110	2 742	2 946
国内消費・・・・・・・・・・・・	11 435	11 609	8 236	8 455	7 212	8 119
1人あたり消費（kg）	92.5	91.5	64.3	66.8	57.2	64.7

経済産業省「生産動態統計」および財務省「貿易統計」より作成。国内消費は生産＋輸入－輸出により算出。1人あたり消費は国勢調査人口や推計人口から編者算出。1）個々のプラスチック原材料の合計で、調査項目の変更等により年次によっては接続しない。2021年は、生産で一部に年間補正前の数値を含むほか、輸出入は確々報。【☞プラスチック生産の長期統計513ページ】

表 18-8　その他の主なプラスチックの生産（単位　千 t）

	2020	2021		2020	2021
フェノール樹脂・・	258	296	発泡スチロール・1)	108	…
ユリア樹脂・・・・・・	49	49	AS樹脂・・・・・・・・・1)	54	…
メラミン樹脂・・・・	65	70	ABS樹脂・・・・・・1)	279	349
不飽和ポリ			ポリカーボネート2)	270	281
エステル樹脂・・	108	113	PET・・・・・・・・・・3)	342	354
アルキド樹脂・・・・	57	60	メタクリル樹脂・4)	129	139
エポキシ樹脂・・・・	108	130	ふっ素樹脂・・・・・・	25	33
ウレタンフォーム	175	178	PPS・・・・・・・・・・・5)	34	45

経済産業省「生産動態統計」より作成。上表の生産の内数。1）上表ポリスチレンの内数。2）**エンジニアリングプラスチック**（エンプラ、強度や耐熱性などに優れた樹脂で、耐熱性や機械的強度などに優れる）の一つ。DVD等に利用。3）ポリエチレンテレフタレート。ペットボトルに利用。繊維用（ポリエステル）を含まず。4）アクリル樹脂。透明でメガネ等に利用。5）ポリフェニレンサルファイド。スーパーエンプラ（特に優れた性能を持つエンプラ）の一つで、強度や耐摩耗性などが高い。

環境問題が重要視される中、プラスチックはリサイクルが進められている。産業での排プラスチックはこれまで熱源として利用されることが多かったが、最近は石油化学の原料への再利用も始まっている。

図 18-5　プラスチック製品の用途別生産

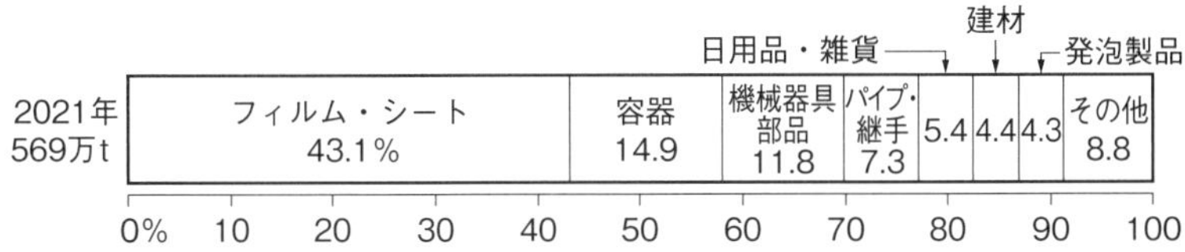

経済産業省「生産動態統計」より作成。成型加工機で直接加工された一次製品のみ。ウレタンフォーム等を含まない。

表 18-9　化粧品の販売額（単位　億円）

	1990	2000	2010	2019	2020	2021
香水・オーデコロン	210	85	48	49	44	47
頭髪用化粧品…1)	4 134	4 472	4 113	3 934	3 699	3 640
皮膚用化粧品…2)	5 010	5 577	6 382	8 876	7 718	6 897
仕上用化粧品…3)	2 957	3 622	3 018	3 730	2 457	2 183
特殊用途化粧品・4)	337	510	658	1 022	866	763
計…………	**12 649**	**14 266**	**14 220**	**17 611**	**14 784**	**13 529**

経済産業省「生産動態統計」より作成。1）シャンプーやヘアスプレーなど。2）洗顔クリームや乳液、化粧水など。3）ファンデーションや口紅、マニキュアなど。4）日焼けクリームやひげそり用化粧品など。

表 18-10　その他の主な化学工業製品の生産（単位　千 t）

	2020	2021		2020	2021
精製グリセリン‥1)	35	35	合成染料………	13	15
石けん…………	171	127	塗料…………	1 486	1 528
合成洗剤………	1 156	1 195	合成樹脂塗料…	984	1 009
洗濯用………	760	784	印刷インキ……	279	281
台所用………	260	264	火薬及び爆薬……	29	27
柔軟仕上げ剤……	356	397	触媒…………	91	98
漂白剤…………	283	274	自動車用……3)	9	10
クレンザー……	3	3	炭酸ガス……4)	932	974
界面活性剤……	1 102	1 259	酸素（百万m^3）…	9 713	11 645
シャンプー……2)	123	112	窒素（百万m^3）…	14 115	14 905
ヘアリンス……2)	54	48	うち液化(百万m^3)	1 852	1 982

経済産業省「生産動態統計」より作成。1）98.5%換算。2）上表の頭髪用化粧品に含まれる。3）自動車排気ガス浄化用。4）肥料、清涼飲料製造用等の自家使用分を除く。

表 18-11　世界のエチレン生産（単位　千t）

	2010	2017		2010	2017
アジア……… 1)2)	43 584	57 025	中東…………	19 467	28 182
中国………3)	14 918	22 283	サウジアラビア	12 501	14 927
韓国………	7 396	8 793	ヨーロッパ…… 1)	22 853	22 083
日本………	7 018	6 530	西ヨーロッパ‥	20 793	20 194
インド……	3 052	4 750	中南アメリカ…	5 441	6 691
タイ………	2 880	4 252	CIS …………	2 777	3 627
北アメリカ……	28 548	32 273	アフリカ………	1 500	1 650
アメリカ合衆国	23 900	27 462	オセアニア…… 4)	430	380
カナダ……	4 648	4 811	世界計………	**124 600**	**151 911**

経済産業省「世界の石油化学製品の今後の需給動向」より作成。新たなデータの公表がないが、同省によると今後も調査を継続する予定。トルコは2010年は西ヨーロッパに含み、2017年は中東に含む。1）CIS（旧ソ連のうちバルト３国を除く国々）を除く。2）中東を除く。3）香港を含む。4）2010年はニュージーランドを除く。

表 18-12　世界のはん用プラスチック生産（単位　千t）

	2010	2017		2010	2017
アジア……… 1)2)	75 491	106 963	ヨーロッパ…… 1)	33 210	31 303
中国………3)	34 079	58 038	西ヨーロッパ‥	29 523	27 542
韓国………	10 298	11 975	中東…………	17 695	28 937
インド……	7 069	9 310	サウジアラビア	…	14 520
日本………	8 062	7 556	中南アメリカ…	9 113	11 070
タイ………	4 751	6 274	ブラジル……	4 887	5 419
北アメリカ……	32 862	36 853	CIS …………	3 473	5 525
アメリカ合衆国	29 441	32 981	世界計×……	**174 692**	**224 031**

資料は上表に同じ。ポリエチレン、ポリプロピレン、ポリスチレン、ポリ塩化ビニールの合計。トルコは2010年は西ヨーロッパに含み、2017年は中東に含む。1）CISを除く。2）中東を除く。3）香港を含む。×その他とも。

表 18-13　世界の化学肥料生産（2019年）（単位　千t）

窒素肥料（N含有量）		りん酸肥料（P_2O_5含有量）		カリ肥料（K_2O含有量）	
中国………	32 396	中国………	13 238	カナダ……	12 179
インド……	13 722	インド ……	4 791	ロシア……	8 675
アメリカ合衆国	13 262	アメリカ合衆国	4 600	ベラルーシ‥	7 348
ロシア……	10 913	ロシア……	4 115	中国………	6 146
エジプト…	4 200	モロッコ…	3 715	ドイツ……	2 414
(参考)日本‥	524	(参考)日本‥	189	イスラエル‥	2 081
世界計×‥	**122 972**	世界計×‥	**42 856**	世界計×‥	**43 643**

FAOSTAT（2022年４月７日閲覧）より作成。日本のカリ肥料生産は無し。×その他とも。

〔医薬品〕 厚生労働省の薬事工業生産動態統計は、2019年より調査方法が大きく変更された。これに伴い、調査票の回収率が向上して生産額が大幅に押し上げられており、データの扱いには注意されたい。

日本は、世界的に通用する医薬品の開発を行う数少ない国の一つである。しかし、製薬会社の規模が欧米と比べて小さく、研究開発に要する費用が増大する中で不利な競争を強いられている。欧米ではバイオベンチャーによる研究開発も盛んで、日本の研究開発力向上は大きな課題である。近年は、腫瘍用薬を中心に欧米メーカーの高額なバイオ医薬品が登場し、輸入額が増大している。2021年は、貿易分類で医薬品に分類される新型コロナウイルスのワクチン輸入で、輸入額がさらに増加した。

新薬は一定期間特許によって市場を独占できるが、特許が切れた薬剤

表 18-14 医薬品の生産額と輸出入額 (単位 億円)

	2000	2010	2018	2019	2020	2021
生産	59 273	67 791	69 077	*94 860	*93 054	…
医療用	51 278	61 489	61 726	*86 628	*85 195	…
要指導・一般用	7 995	6 302	7 352	*8 232	*7 859	…
うち配置用家庭薬	541	280	142	*27	*25	…
輸出	2 944	3 787	6 487	7 331	8 360	1) 8 611
輸入	5 149	15 226	29 622	30 919	31 973	1) 41 867
(参考) 海外売上	9 228	22 167	38 582	52 889	43 909	…

厚生労働省「薬事工業生産動態統計」および財務省「貿易統計」より作成。生産には輸入原料から製造されたものを含む。本表の輸出入は貿易概況品分類により、ガーゼなど医療用品やワクチン等を含む。貿易額で日本は大幅な赤字であるが、国内製薬会社による海外生産の逆輸入分があることや、海外市場向けを海外生産でも対応していることに留意。参考に示した海外売上は、日本製薬工業協会「DATA BOOK 2022」(原資料は製薬協活動概況調査)による同協会会員企業(国内資本比率50%以上)で会計年度。有効回答会社数は年次によって異なる(2020年度は25社合計の数値)。*2019年以降は生産額が大きく増加しているが、厚生労働省によると、同年より調査方法が変更されて調査の回収率が向上したことによる。1) 確々報であり、今後数値が修正される場合がある。

表 18-15 医薬品薬効別生産額 (2020年) (単位 億円)

その他の代謝性医薬品	12 436	循環器官用薬	9 394
うち糖尿病用剤	4 256	血圧降下剤	3 372
腫瘍用薬	12 160	血液・体液用薬	6 413
中枢神経系用薬	10 570	計×	**93 054**

厚生労働省「薬事工業生産動態統計年報」(2020年) より作成。×その他とも。

第18章 化学工業

は他の製薬会社でも製造が可能である。これらはジェネリック医薬品と呼ばれ、先発品より安価である。医療費の増大に悩む政府は、これまでジェネリック医薬品の利用拡大を進めており、ジェネリック医薬品が提供される分野での数量シェアは2021年９月時点で79.0%である。

2020年に、ジェネリック医薬品メーカーが不適切な手順で製造した薬剤で、別の成分が混入したために健康被害が生じた。その後の調査で、複数のメーカーによる製造工程の不正が発覚して、多くの薬剤が出荷停止になっている。これをきっかけに、他のメーカー品も品不足となり、安定供給のための出荷調整が続いている。医薬品不足は長期化しており、2021年12月時点でも3000品目以上の薬剤の供給に影響が出ている。

表 18-16　製薬会社の医薬品売上高と研究開発費（2020年）（単位　億円）

世　界	医薬品売上高	研究開発費	日　本	医薬品売上高	研究開発費
ノバルティス(スイス)	51 955	9 588	武田薬品工業･･	31 978	4 558
ロシュ（スイス）････	50 646	14 795	アステラス製薬	12 047	2 245
アッヴィ（米）･･････	48 907	7 001	第一三共･･････	9 625	2 274
ジョンソン&ジョンソン(米)	48 659	12 983	中外製薬････ 1)	6 333	1 179
メルク（米）････････	45 935	14 476	エーザイ･･････	5 861	1 503

日本製薬工業協会「DATA BOOK 2022」より作成。原資料は製薬協活動概況調査（2021年11月時点の会員会社へのアンケート調査）、各社有価証券報告書、決算短信、決算公告、SPEEDA（株式会社ユーザベース）、アニュアルレポート、フィナンシャルレポート。日本は会計年度。世界は各社のドル換算および現地通貨の数値をIMF為替年平均レート（1ドル＝106.77円）で編者換算。1）ロシュ（スイス）の子会社。

表 18-17　医薬部外品の生産額（単位　億円）

	1990	2000	2010	2018	2019*	2020*
薬用化粧品･･････	1 997	2 170	2 832	4 318	5 684	5 729
毛髪用剤････････	1 010	1 134	1 569	1 460	2 016	2 155
薬用歯みがき剤･･	605	592	1 023	1 561	1 397	1 392
ビタミン含有保健剤	—	1 416	1 106	1 027	1 224	1 035
外皮消毒剤･･････	—	—	65	112	135	894
生理処理用品････	—	—	—	—	708	700
計×･････････････	**4 961**	**6 481**	**8 092**	**9 997**	**13 434**	**14 050**

厚生労働省「薬事工業生産動態統計年報」より作成。医薬部外品は、1999年にビタミン含有保健剤や健胃清涼剤など、2004年に手指消毒剤などが含まれるようになった。*2019年以降の生産額の大幅な増加の理由は表18-14に同じ。また、従来は本表に含まれなかった衛生材料のうち医薬部外品脱脂綿および生理処理用品を同年より含む。×その他とも。

第19章　食料品工業

食料品工業は製造品出荷額等が工業全体の12％（2019年）を占め、金属工業や化学工業に匹敵する規模を持つ。ただし、他の工業と異なり、大都市だけでなく、原材料となる食品の産地のほか、全国各地で生産が盛んである。これは、各地域で嗜好や習慣が異なるほか、消費期限の問題から、比較的狭い地域で流通する商品が多いためである。このため、生産の中心は中規模事業所で、大企業はビールなど一部に限られる。

食料品工業では、国内市場の成熟化によって厳しい競争を強いられており、消費者の求める商品を次々と開発してきた。インスタント食品や

図 19-1　事業所規模別でみた従業者数と製造品出荷額等（2019年）

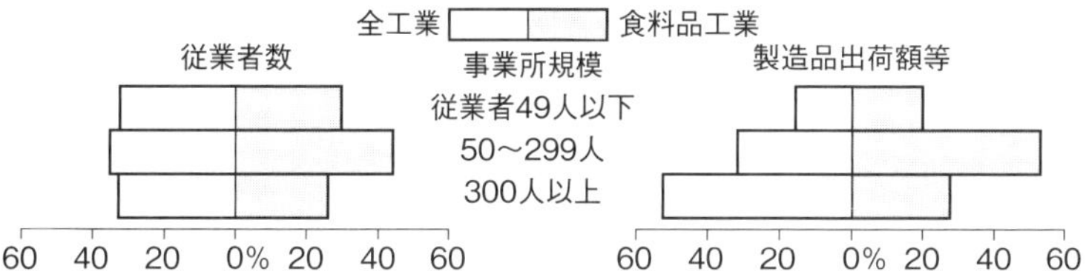

経済産業省「工業統計調査」より作成。従業者は2020年6月1日現在。

表 19-1　食料品工業の推移

	1990	2000	2010	2018	2019
事業所数・・・・・・・・・1)	75 594	64 771	53 217	44 898	43 504
従業者数（千人）・・1)	1 277	1 284	1 265	1 285	1 274
製造品出荷額等(億円)	334 230	351 146	339 171	398 920	397 884
畜産食料品・・・・・・	49 215	48 417	52 532	68 877	68 631
水産食料品・・・・・・	40 148	38 686	31 451	34 217	34 115
パン・菓子・・・・・・	41 295	41 027	46 118	54 777	55 109
酒類・・・・・・・・・・・・	43 340	41 865	35 225	33 461	32 818
付加価値額(億円)・2)	108 580	127 125	116 320	130 344	131 080

経済産業省「工業統計調査」より作成。工業統計中分類の食料品製造業に飲料・たばこ・飼料製造業を加えたもの。1985年以降たばこ製造業を含む。2002年以降もやし製造業を除く。また、製造小売（自家製造と小売を兼ねた店舗）は小売業扱いで工業統計には含まれないことに留意。このほか工業統計に関する注記は表15-1を参照。1）各年末現在。2018、19年は翌年6月1日現在。2）2010、18、19年は従業者3人以下の事業所を除く。【☞府県別統計524ページ】

レトルト食品といった簡便化食品は、家事労働の低減に寄与したほか、特定保健用食品など健康志向に対応した食品は国民の健康に一定の役割を果たしている。一方、日本人の食生活の多様さを反映して加工食品の

表 19-2　食料品工業の主な業種（2019年）

	事業所数1)	従業者数1)（千人）	製造品出荷額等（億円）	付加2)3)価値額（億円）
畜産食料品	2 838	163.8	68 631	17 591
部分肉・冷凍肉	941	45.5	20 632	3 351
肉加工品	515	34.8	9 205	2 910
処理牛乳・乳飲料	254	18.1	12 325	3 208
乳製品4)	332	24.5	16 218	5 653
水産食料品	6 808	142.3	34 115	9 385
海藻加工	958	17.3	3 926	1 273
水産練製品	889	22.8	3 902	1 427
冷凍水産物	481	13.9	5 240	1 072
冷凍水産食品	706	19.5	6 743	1 581
野菜・果実缶詰5)	816	20.2	4 375	1 417
野菜漬物	1 395	25.4	3 998	1 537
調味料	2 409	56.1	20 878	8 416
砂糖類	161	6.9	5 315	1 398
精米・精麦業	578	8.2	9 273	1 287
小麦粉	87	3.8	4 358	720
パン・菓子	7 569	259.4	55 109	26 886
パン	1 300	82.1	17 756	8 285
生菓子	3 729	85.3	11 687	5 724
ビスケット類・干菓子	792	23.1	4 343	2 243
米菓	623	18.4	3 860	2 054
動植物油脂	222	10.3	10 027	2 148
めん類	3 504	55.1	11 066	4 424
冷凍調理食品	749	53.4	12 984	4 492
そう（惣）菜	1 119	72.6	11 471	4 427
すし・弁当・調理パン	1 305	135.8	17 118	6 936
清涼飲料	712	31.3	24 649	8 845
酒類	1 939	35.7	32 818	11 484
ビール類	103	4.1	14 586	4 498
清酒	1 254	17.9	4 205	1 845
蒸留酒・混成酒	425	11.1	13 225	4 813
たばこ	6	1.4	19 000	3 224
飼料・有機質肥料	1 133	16.3	13 535	2 469
食料品工業計×	**43 504**	**1 274.3**	**397 884**	**131 080**

経済産業省「工業統計調査」（2020年）より作成。製造小売（表19-1脚注参照）を含まない。その他の注記は表15-1参照。1）2020年6月1日現在。2）従業者4人以上の事業所。3）従業者29人以下の事業所は粗付加価値額（在庫の増減等を加味しない）。4）処理牛乳、乳飲料を除く。5）野菜漬物以外の農産保存食料品を含む。×その他とも。

貿易額は赤字であるが、近年はしょうゆなどの海外展開が盛んである。

2020年に深刻化したコロナ禍では、当初巣ごもり需要を背景に家庭向け加工食品の需要が急に高まった。その反面、飲食店向けなど業務用食

表 19-3　主な加工食品の生産（単位　千 t 、*印は千kL、#印は百万枚）

	2020	2021		2020	2021
畜産食料品			**農産加工品**		
ハム類	112	110	野菜・果実漬物	777	817
プレス類	21	20	果実缶・びん詰	47	42
ベーコン類	98	98	野菜缶・びん詰	43	39
ソーセージ類	318	317	ジャム類	31	30
食肉調理品	78	85	乾燥野菜 3)	5	5
食肉缶・びん詰	6	5	トマトケチャップ	92	88
			小麦粉 4)5)	4 879	…
飲用牛乳 *	3 574	3 575	プレミックス 6)	361	358
牛乳 *	3 180	3 193	米穀粉	91	85
加工乳 *	394	382	パン 7)	1 265	1 242
乳飲料 *	1 108	1 052	食パン 7)	607	578
乳酸菌飲料類 *	505	508	菓子パン 7)	415	416
はっ酵乳類 *	1 291	1 264	パン粉	155	159
粉乳	177	190	めん類 7)	1 516	1 505
練乳	34	34	生めん類 7)	740	759
バター	72	73	乾めん類 7)	197	190
チーズ	160	165	即席めん類 7)	412	397
クリーム	110	120	カップ麺 7)	205	203
アイスクリーム *	132	137	マカロニ類 7)8)	167	159
水産食料品 1)					
ちくわ・かまぼこ	411	453	植物油脂	1 630	1 675
魚肉ソーセージ 2)	63	…	マーガリン 9)	211	203
素干し品	6	…	みそ	475	462
塩干品	121	…	しょうゆ 4) *	702	704
煮干し品	53	…	たれ類 4) *	76	78
塩蔵品	156	…	食酢 10) *	406	…
くん製品	7	…	ドレッシング類	400	412
節製品	72	…	マヨネーズ	217	218
かつお節	27	…	米菓	219	215
かつおけずり節	14	…	ビスケット	253	258
いか塩辛	13	…	加工米飯	405	409
水産物漬物	45	…	調理缶・レトルト	433	426
こんぶつくだ煮	30	…	カレー	168	174
焼・味付のり #	6 013	…	包装もち	66	66
水産缶・びん詰	101	94	植物油かす	3 414	3 568

農林水産省「食品産業動態調査」(2021年度）および同「水産物流通調査」(2020年）より作成。1）陸上加工品。2）魚肉ハムを含む。3）熱風乾燥されたもの。4）出荷量。5）経済産業省「工業統計調査」による、2019年の従業者４人以上の事業所での数値。6）ホットケーキミックスやお好み焼き粉など。7）小麦粉使用量。8）スパゲッティを含む。9）ファットスプレッドを含む。10）全国食酢協会中央会資料による。会計年度で推定値。

品の需要が低迷している。2021年に入ると、家庭向け需要が落ち着いた上に、天候不順やコロナ禍による労働力不足、中国の需要増を背景に小麦粉や植物油など原材料価格が上昇した。こうした状況を受けて、商品の値上げに踏み切るメーカーが続出している。さらに、2022年２月にはロシアがウクライナに侵攻し、小麦価格が急騰している。

表 19-4　主な加工食品等の輸出入額（単位　億円）

		2019	2020		2019	2020
輸出	菓子類	592	571	清酒	234	241
	緑茶	146	162	清涼飲料水等	304	342
	調味料[1]	480	505	たばこ	164	142
	ソース混合調味料	337	365	水産物調製品	687	591
	アルコール飲料	661	710	なまこ調整品	208	181
輸入	食肉調製品	3 741	3 500	ぶどう酒	1 957	1 680
	鶏肉調製品	2 638	2 379	ウイスキー	527	447
	ナチュラルチーズ	1 385	1 307	オリーブ油	353	299
	果実・缶びん詰[2]	1 218	1 187	パーム油	424	523
	果汁	631	565	たばこ	5 987	5 810
	野菜缶・びん詰[3]	1 259	1 224	水産調製品	3 533	3 077
	冷凍野菜	2 015	1 871	水産缶詰等	487	420
	砂糖類	657	637	うなぎ調製品	349	299
	菓子類	1 174	1 135	えび調製品	744	684
	アルコール飲料	3 056	2 562	魚粉	317	295

農林水産省「農林水産物輸出入概況」(2020年）より作成。原資料は財務省「貿易統計」(確定値)。1）砂糖類を除く。2）調整品。3）野菜ジュース等を含む。

表 19-5　砂糖等の生産と輸入（砂糖年度）（単位　千ｔ）

	1980	1990	2000	2010	2019	2020
国内産糖生産量	765	865	730	655	788	783
てん菜糖	535	644	569	490	650	630
甘しゃ糖	223	212	153	156	127	142
異性化糖需要量	432	725	741	806	785	750
輸入糖	1 548	1 693	1 483	1 431	1 030	1 025
加糖調製品輸入量	…	104	362	469	505	470

農林水産省「2021砂糖年度における砂糖及び異性化糖の需給見通し（第３回）」(2022年３月）より作成。分蜜糖は精製糖、含蜜糖は製品ベース。砂糖年度は当該年の10月から翌年９月まで。**異性化糖**はデンプンを分解、異性化してブドウ糖と果糖との混合液にしたもの。果糖55％の固形ベースで換算。**加糖調製品**は砂糖にココアなどを混合したもので、輸入品の関税が砂糖より安い。また、近年は高甘味度人工甘味料（甘味度200倍のアスパルテームや600倍のスクラロースなど）の輸入が増えており、輸入量は2020砂糖年度で709ｔ。

〔酒類〕 酒類の国内需要は、高齢化の進展や若者のアルコール離れなどで減少傾向にある。特にコロナ禍で2020年度以降は業務用販売が大きく落ち込んでいる。近年はビール販売が減少する中で税率の低い新ジャンル等に消費が移っていたが、2020年10月に新ジャンルの税率が上がると売上が伸び悩んでおり、各メーカーは糖質オフや低アルコール飲料など多様な商品を開発している。最近では、清涼飲料メーカーのチューハイが人気となっている。一方、清酒やウイスキーは近年輸出量が増加傾向にあり、2021年は前年よりそれぞれ47%、36%上回った（確々報）。

表 19-6 酒類の生産（製成数量）（会計年度）（単位 千kL）

	1980	1990	2000	2010	2019	2020
清酒・・・・・・・・・・・1)	1 193	1 060	720	447	366	312
焼酎・・・・・・・・・・・・	257	592	757	912	746	688
うち単式蒸留 ・・2)	116	250	385	494	415	380
みりん・・・・・・・・・・	65	113	127	102	93	89
ビール・・・・・・・・・・	4 559	6 564	5 464	2 954	2 418	1 839
果実酒類・・・・・・・3)	46	58	97	78	102	109
ウイスキー類・・・4)	364	202	136	85	157	139
発泡酒・・・・・・・・・・	0	—	1 715	948	400	391
その他の醸造酒・5)	…	…	…	718	391	338
スピリッツ・・・・・6)	10	42	39	274	854	952
リキュール・・・・・5)	25	112	327	1 714	2 346	2 568
計×・・・・・・・・・・	**6 538**	**8 765**	**9 424**	**8 278**	**7 900**	**7 446**

国税庁「国税庁統計年報書」(2020年度）及び同ウェブサイトより作成。アルコール等の混和や用途変更などを差し引いた合計。1）合成清酒を除く。2）芋焼酎や麦焼酎、泡盛などのいわゆる本格焼酎。3）甘味果実酒を含む。4）ブランデーを含む。5）ビール類飲料の新ジャンル（第3のビール）を含む。6）原料用アルコールスピリッツ。×その他とも。

表 19-7 世界のビールとワインの生産（単位 千t）

ビール1)	2018	2019	ワイン	2018	2019
中国・・・・・・・・・・・	38 120	37 653	イタリア・・・・・・・	5 415	4 923
アメリカ合衆国・	21 449	21 088	フランス・・・・・・・	4 889	4 166
ブラジル・・・・・・・	15 320	17 144	スペイン・・・・・・・	4 440	3 370
メキシコ・・・・・・・	12 163	12 450	アメリカ合衆国・	2 384	2 583
(参考)日本・・・・・	2 746	2 800	(参考)日本・・・・・	80	83
世界計×・・・・・	**188 027**	**189 059**	世界計×・・・・・	**29 157**	**27 025**

FAOSTAT（2022年4月8日閲覧）より作成。1）ノンアルコールを含む。×その他とも。

〔たばこ〕 2020年4月に施行された改正健康増進法により、受動喫煙対策が強化されたことで、国内では禁煙に対する意識が一段と高まっている。たばこの国内販売量は減り続けており、2020年度は前年を10%下回った。日本たばこ産業（JT）には、たばこの国内製造を独占する代わりに国産葉たばこを全量買い取る義務があるが、葉たばこの国内生産は輸入とともに減少している。たばこの国内市場が縮小する中で、JTは国内外のたばこ事業を一本化し、経営の効率化を進めている。

最近は、紙巻たばこより有害物質の発生が少ないとされる加熱式たばこに代える喫煙者が増えている。たばこ全体の国内販売が減る中で、加熱式たばこ販売量が増えており、2020年度は全体の3割を占めた。

表 19-8　たばこ需給（会計年度）

	1990	2000	2010	2018	2019	2020
葉たばこ（t）						
生産量	80 544	60 803	29 297	16 998	16 798	13 748
輸出量 1)	8	322	6 924	3 518	2 385	4 647
輸入量 1)	80 092	93 928	63 016	32 301	31 499	26 894
たばこ（億本）						
国内販売量 2)	3 220	3 245	2 102	1 653	1 557	1 401
紙巻きたばこ	3 220	3 245	2 102	1 300	1 181	988
国産	2 709	2 431	1 346	804	720	…
輸入	511	814	755	496	460	…
加熱式たばこ	—	—	—	354	376	413
加熱式シェア(%)	—	—	—	*21*	*24*	*29*

全国たばこ耕作組合中央会資料、日本たばこ協会資料および財務省資料より作成。加熱式たばこは1箱で紙巻きたばこ20本換算。加熱式シェアはたばこ国内販売量に占める加熱式の割合。1）暦年。財務省「貿易統計」による。2）紙巻きと加熱式の合計。

表 19-9　喫煙者率（%）

	2010	2018	2019
男	*32.2*	*29.0*	*27.1*
女	*8.4*	*8.1*	*7.6*
総数	*19.5*	*17.8*	*16.7*

厚生労働省「国民健康・栄養調査」より作成。20歳以上で習慣的に喫煙する人の割合。2020、2021年は新型コロナウイルス感染症の影響により調査中止。

表 19-10　葉たばこ生産（単位　千t）

	2019	2020
中国	2 612	2 134
インド	758	761
ブラジル	770	702
（参考）日本	17	14
世界計×	**6 458**	**5 886**

FAOSTAT（2022年4月8日閲覧）より作成。未加工のたばこ。×その他とも。

第20章　その他の工業

本章では、これまで述べてきた金属工業、機械工業、化学工業、食料品工業以外の工業について取り扱う。特に、繊維工業、窯業、紙・パルプ工業、ゴム工業については節を設けて詳しく解説する。

表 20-1　その他の主な工業（2019年）

	事業所数[1]	従業者数[1]（千人）	製造品出荷額等（億円）	付加[2]価値額（億円）
繊維工業	28 401	273.0	38 740	14 548
製糸、紡績、化学繊維[3]	1 643	21.3	5 481	2 086
織物	4 820	24.4	3 461	1 275
外衣・シャツ[4]	7 782	85.4	6 825	3 026
窯業・土石製品	16 467	251.4	77 862	31 639
ガラス・同製品	1 319	46.0	15 097	6 516
板ガラス製造	9	3.5	2 239	1 077
板ガラス加工	362	13.7	3 797	1 518
セメント・同製品	4 788	86.2	30 810	11 624
セメント	82	5.0	5 143	1 437
生コンクリート	2 671	38.7	13 345	4 851
コンクリート製品	1 754	33.2	8 430	3 670
陶磁器・同関連製品	4 584	43.0	8 556	3 523
パルプ・紙・紙加工品	8 166	193.7	77 420	23 947
紙	493	30.7	27 256	7 776
加工紙[5]	401	12.0	5 112	1 547
紙製品	1 176	18.4	4 692	1 853
紙製容器	4 664	92.6	26 589	8 108
段ボール箱	2 313	53.5	18 532	5 283
ゴム製品	3 736	120.4	33 618	14 061
タイヤ・チューブ	41	22.4	13 129	6 430
工業用ゴム製品等[6]	2 592	81.2	17 241	6 347
プラスチック製品[7]	17 887	463.6	130 781	46 549
印刷・同関連業	20 642	273.5	49 981	21 291
木材・木製品（家具を除く）	10 575	99.0	29 169	8 739
家具・装備品	17 143	111.0	21 570	7 289
なめし革・同製品・毛皮	3 383	24.0	3 545	1 143

経済産業省「工業統計調査」(2020年）より作成。工業統計に関する注記は表15-1参照。1）2020年６月１日現在。2）従業者４人以上の事業所。従業者29人以下の事業所は粗付加価値額（在庫の増減等を加味しない)。3）ねん糸を含む。4）和式を除く。5）段ボール製造業（段ボールそのものを製造）を含む。6）ゴムベルト、ゴムホースを含む。7）家具など他の産業に含まれるものを除く。【☞府県別統計524、525ページ】

〔繊維工業〕 繊維工業は戦前、生糸や綿織物を中心に日本の産業の中核を担った。しかし、戦後は重化学工業が発展する中で地位が低下し、1990年代以降は東南アジアや中国へ生産拠点の移転が進んだ。さらに、現地メーカーが技術力を高めて急成長する。高級品市場で存在感がある欧米のアパレルと異なり、日本メーカーには国際的に通用するブランドが少なく、新興国メーカーとの価格競争で市場を奪われていった。2020年の国内アパレル市場における衣類の輸入浸透率は数量ベースで97.9%であり、ほぼ輸入品で占められている。繊維工業の事業所数や従業者数は大きく減少して、国内の繊維産地が疲弊している。

図 20-1　繊維製品の輸出入額

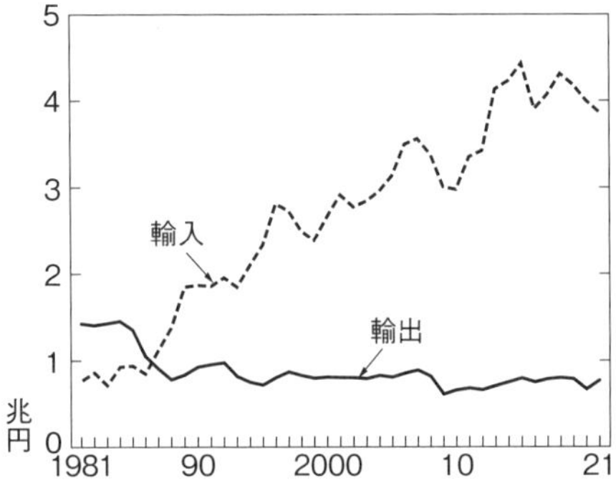

財務省「貿易統計」より作成。

表 20-2　繊維工業の推移（全事業所）

	1990	2000	2010	2018	2019
事業所数……… 1)	129 944	80 278	44 447	30 100	28 401
従業者数（千人） 1)	1 245.4	662.4	352.9	284.2	273.0
製造品出荷額等(億円)	129 081	68 364	39 296	39 743	38 740
化学繊維製造…	…	…	4 014	3 569	3 202
炭素繊維製造…	…	…	2) 922	2) 816	2) 794
紡績…………	8 945	2 630	870	693	608
織物…………	17 830	7 384	3 545	3 368	3 461
外衣・シャツ・ 3)	28 029	19 287	7 774	7 038	6 825
下着類………	2 523	3 274	1 229	1 223	1 290
付加価値額（億円）	56 401	31 676	2) 15 311	2) 14 705	2) 14 548

経済産業省「工業統計調査」より作成。工業統計に関する注記は表15-1を参照。2008年より化学繊維、炭素繊維製造業を含む。1）2010年までは各年末現在、2018、19年は翌年6月1日現在。2）従業者4人以上の事業所。3）和式を除く。【☞府県別統計524ページ】

参考　**化学繊維**のうち、**再生繊維**は木材パルプのセルロースを再生させたレーヨンなど。**半合成繊維**はセルロースなどを化学変化させたもの。**合成繊維**は石油化学工業などで繊維を合成したもの。産業分類上では、化学繊維には炭素繊維やガラス繊維、金属繊維といった無機繊維を含むが、繊維工業の各表ではこれらを含んでいない。

繊維素材をみると、はん用品では世界市場で中国のシェアが高いが、日本メーカー品は高品質で世界の高級ブランドにも採用されている。また、吸湿発熱素材や吸水速乾素材など高機能品で評価されており、これ

表 20-3 天然繊維の国内供給（単位 千t）

	1990	2000	2010	2019	2020	2021
綿花輸入量……	679.81	299.92	106.59	90.40	64.44	*65.18
羊毛輸入量……	137.57	44.76	14.13	9.87	7.12	*5.70
生糸生産量……	5.72	0.56	0.05	0.02	0.01	0.01
生糸輸入量……	2.12	2.30	0.73	0.29	0.15	*0.18

財務省「貿易統計」および大日本蚕糸会資料より作成。脂付き羊毛は60%で洗い上げ換算した。生糸生産量は1俵＝60kgで編者換算。*確々報。

表 20-4 繊維の生産（糸ベース）（単位 千t）

	1990	2000	2010	2019	2020	2021
天然繊維糸………	543	194	1) 55	39	27	32
綿糸…………	426	159	45	31	21	26
毛糸…………	105	34	9	7	6	5
絹糸…………	8	1	2) 0	2) 0	2) 0	2) 0
化学繊維糸………	1 289	895	3) 506	413	333	4) 354
再生・半合成繊維糸	187	80	3) 31	25	17	4) 1
合成繊維糸……	1 103	815	475	387	316	353
計……………	**1 832**	**1 089**	**561**	**452**	**360**	4) **386**

経済産業省「生産動態統計」より作成。短繊維の紡績糸と長繊維の合計。1) 絹紡糸を除く。2) 生糸のみ。表20-3による。3) 絹紡糸を含む。4) 再生・半合成繊維長繊維を除く。

表 20-5 織物の生産（単位 百万m^2）

	1990	2000	2010	2019	2020	2021
天然繊維織物……	2 199	799	161	136	109	107
綿織物………	1 765	664	124	109	88	92
毛織物………	335	98	32	24	19	14
絹・絹紡織物……	84	33	4	2	1	1
化学繊維織物……	3 376	1 846	822	929	749	769
再生・半合成繊維織物	708	273	92	88	73	74
合成繊維織物……	2 668	1 573	730	840	676	695
計×…………	**5 587**	**2 645**	**983**	**1 064**	**858**	**876**

資料は上表に同じ。2013年以降は麻織物を除外。×その他とも。【☞長期統計513ページ】

を生かした製品が近年人気になっている。

繊維製品の国内生産は減少傾向が続いているが、2020年にコロナ禍で大きく減少した。2021年も回復が弱く、衣類はさらに減少している。

表 20-6　繊維製品の生産

	1990	2000	2010	2019	2020	2021
タオル（千 t）	61.9	36.9	11.7	11.2	9.0	8.3
敷物（百万m²） 1)	103.6	92.6	57.5	50.6	46.4	45.7
不織布（千 t） 2)	124.5	296.7	317.3	320.4	301.6	300.3
ニット生地（千 t）	168.4	111.3	66.9	51.5	46.6	50.0
縫製品（百万点）						
外衣	623.8	313.7	87.6	50.5	49.6	43.4
ニット製	271.0	146.5	44.3	19.6	18.5	18.5
織物製	352.8	167.2	43.3	30.9	31.1	24.8
下着・寝着類 3)	415.5	234.2	78.4	36.9	31.2	25.5
ニット製靴下	1 530.4	757.9	250.6	159.2	126.1	98.0
製綿（千 t）	39.7	18.3	11.3	4.7	3.1	3.1
漁網・陸上網（千 t）	25.7	11.9	7.7	8.2	7.9	7.7
綱（千 t） 4)	39.7	23.7	14.2	12.8	11.8	11.2

経済産業省「生産動態統計」より作成。1）2011年以降はタフテッドカーペットのみ。2）1996年以降はそれ以前と接続せず。3）補整着を含む。4）2002年以降は合成繊維製のみ。

表 20-7　衣類の輸出入（単位　千ダース）

		1990	2000	2010	2019	2020	2021*
輸出	衣類	…	398	151	188	223	232
	男子用洋服	358	85	29	50	42	54
	ブラウス	45	64	16	24	26	28
	女子用洋服 1)	369	167	72	81	76	108
	下着類	66	25	11	4	5	4
	メリヤス編み衣類 2)						
	シャツ・下着類	3 654	820	713	567	484	513
	セーター類等 3)	148	260	76	115	114	144
輸入	衣類	31 069	94 236	95 316	105 306	93 659	92 961
	男子用衣類	8 843	34 128	28 928	32 045	26 345	24 843
	女子用衣類 1)	12 253	43 892	49 927	50 341	42 695	43 800
	下着類	9 656	14 582	9 340	5 901	5 528	5 557
	メリヤス編み衣類 2)						
	下着類	25 922	87 958	117 053	112 740	96 959	97 141
	セーター類	11 830	46 247	49 911	49 198	45 231	47 827

財務省「貿易統計」より作成。1）乳幼児用を含む。2）クロセ編み衣類を含む。3）その他の外衣類を含む。*確々報。

図 20-2 繊維・織物生産の推移

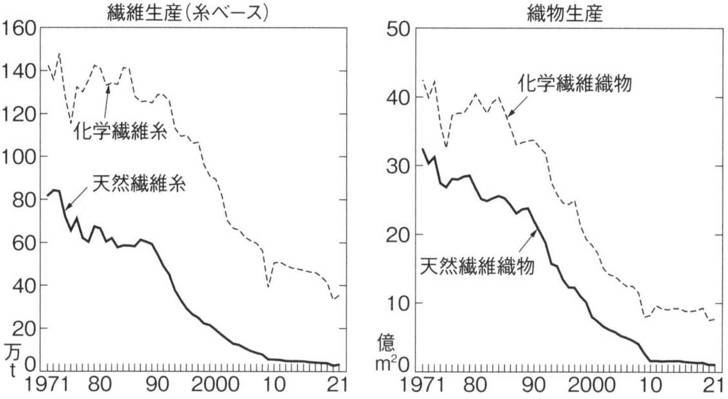

表20-4、20-5より作成。

表 20-8 世界の天然繊維生産（単位 千t）

綿花（2019年）		羊毛1)（2020年）		生糸（2019年）	
インド……	6 033	中国………	200	中国………	136.0
中国………	4 892	オーストラリア	170	インド……	30.0
アメリカ合衆国	4 335	ニュージーランド	91	ベトナム……	1.8
ブラジル……	2 688	トルコ……	48	タイ………	1.6
パキスタン…	1 556	イギリス……	43	ウズベキスタン	1.5
トルコ……	814	モロッコ……	35	イラン……	0.9
世界計×…	**25 515**	世界計×…	**1 071**	世界計×…	**173.2**

FAOSTAT（2022年4月8日閲覧）より作成。1）元データは脂付羊毛で、60%で洗上換算した。×その他とも。

表 20-9 主要国の化学繊維生産（2020年）（単位 千t）

	合成繊維				セルロース	化学繊維計2)
	ポリエステル	ナイロン	アクリル	計1)		
中国…………	49 228	3 843	550	56 338	3) 3 955	61 679
(台湾)…………	1 000	4) 182	5) —	…	…	1 212
韓国…………	945	4) 47	5) 31	1 022	…	…
日本……… 6)	169	4) 54	5) 84	545	160	705
ヨーロッパ… 7)	1 105	4)8) 113	…	…	…	…

日本化学繊維協会「内外の化繊工業の動向」(2020年年間回顧）より作成。原資料掲載国・地域のみ。短繊維と長繊維の合計(表20-4は短繊維の紡績糸と長繊維の集計で一致しない)。1）その他とも。2）ポリプロピレンなどを含む。3）レーヨンの数値。4）長繊維。5）短繊維。6）経済産業省「生産動態統計」より作成。7）2019年。8）産業用資材。

〔窯業〕 板ガラス産業は大規模な窯で生産を行う装置産業で、国内では3社による寡占状態にある。建築向けを中心に国内需要が縮小する一方、世界的にははん用品で中国メーカーが台頭するなど、以前から国内メーカーの供給過剰が指摘されてきた。2020年にはコロナ禍による建築

表 20-10　窯業・土石製品製造業の推移

	1990	2000	2010	2018	2019
事業所数…………1)	31 276	26 768	19 947	16 886	16 467
従業者数（千人）…1)	481.5	383.6	267.0	254.5	251.4
製造品出荷額等(億円)2)	108 577	89 787	71 779	79 523	77 862
ガラス・同製品…3)	21 304	18 472	21 096	15 471	15 097
セメント・同製品‥	49 246	40 646	24 798	31 043	30 810
陶磁器・同関連製品	10 942	9 362	6 868	9 416	8 556
付加価値額（億円）‥4)	51 742	43 679	31 003	32 592	31 639

経済産業省「工業統計調査」より作成。2008年より炭素繊維製造業を除く。工業統計に関する注記は表15-1を参照。1）2010年までは各年末、2018、19年は翌年6月1日現在。2）1993年以前は光ファイバーケーブル製造業を一部含む。3）1985年以降は人造宝石製造業を含まず。4）2010、18、19年は従業者4人以上の事業所。【☞府県別統計525ページ】

表 20-11　ガラス、主なガラス製品の生産

	1990	2000	2010	2019	2020	2021
板ガラス（千換算箱）	37 417	25 965	22 954	25 370	19 762	21 392
安全ガラス（千m²）1)	55 648	45 230	45 776	45 864	37 989	37 104
合わせガラス……	15 314	12 123	15 140	17 560	14 924	14 864
自動車・鉄道用・	…	…	12 636	14 997	12 556	12 413
強化ガラス………	40 334	33 107	30 636	28 304	23 064	22 240
複層ガラス（千m²）1)	2 113	8 968	14 124	15 006	13 519	13 430
ガラス繊維製品（千t）	608	674	493	392	348	377
ガラス短繊維製品2)	205	223	203	204	189	192
ガラス長繊維製品3)	403	451	290	188	159	186
ガラス製品（千t）						
ガラス基礎製品‥4)	766	878	53	16	15	16
無アルカリガラス基板（千m²）‥5)	…	6) 12 277	43 388	28 141	28 374	29 072
ガラス製容器類…	2 610	1 819	1 337	1 075	961	1 000
台所・食卓用品‥7)	142	92	53	28	19	19

経済産業省「生産動態統計」より作成。**換算箱**は厚さ2mm、面積9.29m²（100平方フィート）を基準した単位で、重量では約45キログラムに相当。1）ガラスの厚さは問わない。2）グラスウール。住宅用断熱材等に利用。3）FRP（繊維強化プラスチック）等に利用。4）電球やブラウン管などに利用。5）液晶画面などに利用。6）2002年。7）コップなど。

需要の低迷で、板ガラス生産が大きく落ち込んだ。2021年も回復が弱く、メーカーでは窯を休止するなど生産体制の効率化を進めている。

セメントは主原料の石灰石が国内で自給可能である。また、廃棄物を原料やエネルギー源として活用しており、リサイクルの観点からも重要な産業である。セメントの国内生産は、公共事業の抑制や建築工法の変化による需要減が続いたことで、1996年をピークに減少している。最近はコロナ禍や慢性的な工事現場の人手不足の影響で需要が減少してお

表 20-12　ガラスの輸出入

	輸出			輸入		
	2019	2020	2021*	2019	2020	2021*
板ガラス（千m^2）·	115 793	110 875	127 661	18 418	16 725	16 479
安全ガラス（t）··	11 184	8 082	10 083	89 244	67 173	69 823
強化ガラス·····	3 964	2 684	2 995	67 953	51 419	51 612
合わせガラス···	7 221	5 398	7 088	21 292	15 755	18 211
複層ガラス（t）··	111	96	59	1 359	1 388	1 548

財務省「貿易統計」より作成。*確々報。

表 20-13　セメントの生産（単位　千 t）

	1990	2000	2010	2019	2020	2021
セメント············	84 445	81 097	51 526	53 462	50 905	50 083
ポルトランドセメント	69 615	62 549	38 775	40 614	38 484	38 315
クリンカ············	75 288	75 499	47 842	49 442	48 628	47 235

経済産業省「生産動態統計」より作成。**ポルトランドセメント**は通常のセメントを指す（白色セメントを含まない）。セメントにはこのほか、高炉セメントやフライアッシュ（火力発電所などで回収された微細な石炭灰）セメントなどがある。**クリンカ**は、セメント原料の調合物を高温で半溶融状に焼成し、かたまり状に焼き固めたもの。これを粉砕すればセメントとなる。【☞セメント生産量の長期統計513ページ】

表 20-14　セメントの輸出入（単位　千 t）

	輸出			輸入		
	2019	2020	2021*	2019	2020	2021*
セメント············	5 850	4 946	6 084	87	79	85
クリンカ············	4 472	6 008	5 370	3	1	3

財務省「貿易統計」より作成。クリンカについては上表を参照。*確々報。

り、メーカー同士が事業統合するなど、業界再編が起きている。

陶磁器のうち伝統的な焼き物は、地場の小規模事業者が集積して産地を形成しており、地域の基盤産業となっているものも多い。衛生陶器は少数の大規模事業者によって大量生産されている。2020年以降、衛生陶器の生産量はコロナ禍による住宅着工減少で低迷している。

図 20-3　セメント工場所在地

セメント協会「セメントハンドブック」(2021年度版) により編者作成。2021年 4 月 1 日現在。

ファインセラミックスは、製品の組成などを精密に制御して製造する焼き物であり、さまざまな物性を持つ製品を製造することができる。2021年は、半導体向けファインセラミックスを中心に、販売額が一気に増えた。

表 20-15　主なセメント製品の生産 (単位　千 t)

	2000	2010	2019	2020	2021
遠心力鉄筋コンクリート製品1)	6 019	3 131	1 836	1 990	1 918
護岸用コンクリートブロック	3 278	1 275	615	516	473
道路用コンクリート製品‥‥	8 062	3 778	2 277	2 254	1 954
気泡コンクリート製品(千m^3)2)	2 789	1 433	1 538	1 338	1 227

経済産業省「生産動態統計」より作成。1) 強固な杭や管など。2) 建物の外壁等に利用。

表 20-16　世界のセメント生産 (単位　百万 t)

	2018	2019		2018	2019
中国‥‥‥‥‥	2 208	2 280	インドネシア‥‥	75	70
インド‥‥‥‥	298	338	イラン‥‥‥‥	58	60
ベトナム‥‥‥	89	97	(参考) 日本‥‥	55	53
アメリカ合衆国1)	88	89	世界計×‥‥‥	**4 050**	**4 130**

USGS (アメリカ地質調査所) "Minerals Yearbook" (2022年 4 月 7 日閲覧) より作成。1) プエルトリコを含む。ポルトランドセメントとメーソンリーセメント。×その他とも。

表 20-17 陶磁器の生産（単位 千t）

	1990	2000	2010	2019	2020	2021
タイル・・・・・・・・	1 309.7	1) 54 049	1) 21 100	1) 17 879	1) 14 669	1) 13 517
衛生用品・・・・・ 2)	188.7	3) 7 877	3) 4 739	3) 4 427	3) 4 123	3) 4 290
電気用品・・・・・ 4)	111.2	73.4	46.0	36.9	34.6	29.5
台所・食卓用品	414.3	198.2	71.3	46.0	47.1	48.8
玩具・置物・・・・	53.7	16.7	5.4	0.8	0.7	0.7

経済産業省「生産動態統計」より作成。1）1993年以降は面積（千m^2）の値。2）便器や洗面器等のこと。3）1993年以降は個数（千個）の値。4）ほとんどが碍子（がいし）。

表 20-18 その他の主な窯業製品の生産（単位 千t）

	1990	2000	2010	2019	2020	2021
耐火れんが・・・・・・・・	933	546	379	339	280	321
不定形耐火物・・・・・・	860	806	724	684	583	652
炭素製品・・・・・・・・ 1)	271	239	264	194	130	155
炭素繊維・・・・・・ 2)	5	8	13	19	18	20
ほうろう鉄器製品・・	132	64	37	38	38	39

経済産業省「生産動態統計」より作成。1）鉄鋼業の電炉などに使用される黒鉛電極など。2）2007年産業分類の改定により、産業分類上は繊維工業に含まれる。炭素繊維は軽くて強く、プラスチック等との複合材料は航空機の材料など幅広く利用されている。

表 20-19 ファインセラミックスの販売額（単位 億円）

	1990	2000	2010	2019	2020	2021
機能材・・・・・・・・・・・・	2 450	4 847	4 019	4 725	4 723	5 946
パッケージ・・・・・・	1 014	1 816	1 285	1 316	1 462	1 917
基板（白基板）・・・	154	234	165	198	182	285
圧電機能素子・・・・	663	1 570	1 106	1 430	1 444	1 635
ガスセンサ素子・・	141	658	1 220	1 439	1 206	1 504
生体用部材・・・・・・	…	…	…	58	70	75
触媒担体・・・・・・・・ 1)	172	233	482	552	444	402
構造材・・・・・・・・・・・・	816	1 236	1 068	1 793	1 844	2 150
耐熱材・・・・・・・・・・	227	299	201	336	328	355
工具材・・・・・・・・・・	253	263	232	375	291	433
耐摩耗・耐食材・・	290	524	426	610	598	732
計・・・・・・・・・・・・・・	**3 438**	**6 315**	**5 570**	**7 070**	**7 011**	**8 499**

経済産業省「生産動態統計」より作成。**パッケージ**は、精密な集積回路等を物理的、化学的浸食などから守りつつ、他の部品と電気的に接続させるもの。**基板（白基板）**は、高絶縁性などの優れた特性をもつセラミックスを、電子回路の基板として利用したもの。**圧電機能素子**は、電圧を加えると素子が振動し、素子を振動させる（歪ませる）と電圧が生じるもので、携帯電話のスピーカーなどに用いられる。1）セラミックフィルターを含む。

〔紙・パルプ〕　紙・パルプ産業は、人々に情報を伝える新聞紙や印刷用紙などを提供するほか、トイレットペーパーやティッシュペーパーなど衛生用紙は日常生活に必要である。また、段ボールは物流や包装に不可欠で、このほか絶縁紙などは工業製品にも利用される。

紙の生産量は2007年以降減少傾向にあり、特に2020年以降はコロナ禍でオフィス需要の減少や広告の減少などで生産量が減った。一方、板紙はネット通販の拡大もあり、生産量を維持している。

製紙工場での大規模生産の原料には、木材パルプと古紙が用いられる。これらは、求められる品質によって配合が異なるが、日本は古紙の回収率や利用率が高く、板紙ではほとんどが古紙を原料とするほか、近年は

表 20-20　紙・パルプ工業の推移

	1990	2000	2010	2018	2019
事業所数 1)	15 999	13 902	10 502	8 342	8 166
従業者数（千人） 1)	294.0	252.5	198.0	193.3	193.7
製造品出荷額等（億円）	88 732	79 858	71 430	76 057	77 420
紙	34 773	31 425	27 444	27 313	27 256
加工紙 2)	9 178	7 460	5 491	5 262	5 112
紙製品	5 623	6 120	4 676	4 459	4 692
紙製容器 3)	28 092	24 726	23 507	25 797	26 589
段ボール箱	17 335	15 144	15 443	17 937	18 532
付加価値額（億円） 4)	31 169	30 088	22 891	22 652	23 947

経済産業省「工業統計調査」より作成。工業統計に関する注記は表15-1を参照。1）2010年までは各年末、2018、19年は翌年6月1日現在。2）段ボール製造業を含む。3）段ボール箱製造業を含む。2001年以前はソリッドファイバー・バルカナイズドファイバー製品を含む。4）2010、18、19年は従業者4人以上の事業所。【☞府県別統計524ページ】

表 20-21　パルプ生産量と原材料（単位　千t）

	1980	1990	2000	2010	2019	2020
パルプ生産量	9 788	11 328	11 399	9 480	8 565	7 224
製紙パルプ	9 488	11 141	11 319	9 393	8 390	7 071
溶解パルプ 1)	300	187	80	87	175	153
パルプ原材料 2)	32 737	38 139	37 601	30 675	28 667	24 361
国産材	17 902	18 012	11 433	9 536	8 764	8 158
輸入材	14 835	20 127	26 169	21 139	19 903	16 203

日本製紙連合会「パルプ統計」および経済産業省「生産動態統計」より作成。1）主にセルロース原料（再生・半合成繊維や食品添加剤など）に利用。2）消費量。

紙でも古紙の利用が増えている。ただし、紙の品質維持の点で古紙の利用には限界があり、余剰の古紙を輸出している。輸出先は、以前は中国が中心であったが、中国は段階的に古紙輸入を規制しており、2021年より全面的に輸入を禁止にした。このため、現在は主に東南アジアに古紙を輸出している。

コロナ禍で紙の消費が減ったことで、古紙不足が生じている。最近は中国への段ボール原紙輸出が

図 20-4　製紙工場所在地（2021年7月）

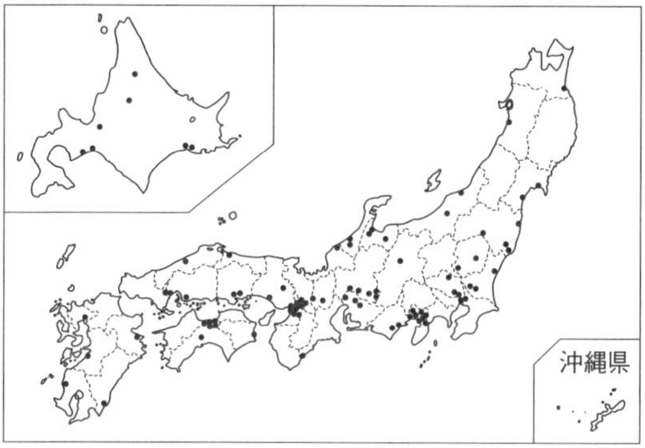

日本製紙連合会ウェブサイトより作成。

表 20-22　紙と板紙の生産（単位　千t）

		2000	2010	2019	2020	2021
紙	新聞巻取紙	3 419	3 349	2 422	2 061	1 978
	印刷用紙	10 004	8 069	6 098	4 751	5 154
	情報用紙	1 737	1 478	1 413	1 127	1 160
	PPC用紙[1]	816	831	836	672	683
	包装用紙	1 049	904	899	759	831
	衛生用紙	1 735	1 792	1 831	1 833	1 797
	ティッシュペーパー	566	472	439	403	407
	トイレットペーパー	936	1 054	1 093	1 100	1 048
	紙×	**19 037**	**16 387**	**13 502**	**11 212**	**11 681**
板紙	段ボール原紙	9 676	8 647	9 658	9 701	10 131
	紙器用板紙	2 097	1 673	1 599	1 378	1 501
	板紙×	**12 791**	**10 977**	**11 899**	**11 657**	**12 258**
紙・板紙計		**31 828**	**27 363**	**25 401**	**22 869**	**23 939**
(参考)段ボール（百万m^2）		13 459	13 062	12 471	12 357	12 745
紙おむつ（百万枚）		…	…	22 909	21 022	19 948
うち大人用		…	…	8 655	8 659	8 864

経済産業省「生産動態統計」より作成。1）普通紙コピー機などに使用。×その他とも。
【☞紙・板紙の長期統計513ページ】

好調であったが、原料不足からメーカーは国内優先に切り替えた。デジタル化の進展に伴う紙需要の減少を見据えて、各国メーカーは板紙への転換を進めており、古紙の需要は今後世界的に高まるとみられる。

表 20-23　紙・板紙と古紙の需給（単位　千 t）

		1990	2000	2010	2019	2020	2021
紙・板紙	出荷	28 095	31 721	27 422	25 146	23 086	23 890
	輸入	1 035	1 470	1 791	1 368	1 018	1 042
	輸出	904	1 432	1 461	1 613	1 879	2 180
	国内消費 1)	28 226	31 758	27 752	24 901	22 224	22 752
古紙	入荷 2)	14 634	18 238	17 385	16 700	15 721	16 107
	輸入	634	278	44	47	30	16
	輸出	22	372	4 374	3 141	3 188	2 366
古紙回収量 3)		14 021	18 332	21 715	19 794	18 879	18 457
古紙回収率（%）4)		*49.7*	*57.7*	*78.2*	*79.5*	*84.9*	*81.1*

古紙再生促進センター「古紙需給統計」より作成。1）出荷量＋輸入量－輸出量。2）古紙パルプ入荷量を含む。3）古紙入荷量＋古紙パルプ入荷量－古紙輸入量＋古紙輸出量。4）紙・板紙国内消費量に対する古紙回収量の割合。

表 20-24　紙と板紙の古紙利用率（%）

	1990	2000	2010	2019	2020	2021
紙	*25.2*	*32.1*	*40.5*	*36.6*	*37.4*	*34.7*
板紙	*85.8*	*89.5*	*92.8*	*93.5*	*94.2*	*93.8*
紙・板紙計	*51.5*	*57.0*	*62.5*	*64.3*	*67.2*	*66.0*

経済産業省「生産動態統計」および古紙再生促進センターウェブサイトより作成。パルプやその他繊維材料と古紙消費量の合計に対する古紙の割合。古紙には古紙パルプを含む。

表 20-25　世界の製紙パルプと紙・板紙の生産（単位　千 t）

製紙パルプ	2019	2020	紙・板紙	2019	2020
アメリカ合衆国	50 956	49 903	中国	107 650	113 100
ブラジル	19 755	21 016	アメリカ合衆国	68 157	66 239
中国	18 557	17 905	日本	25 376	22 702
カナダ	16 235	14 843	ドイツ	22 080	21 339
スウェーデン	11 595	11 567	インド	17 284	17 284
（参考）日本	8 390	7 071	韓国	11 579	11 984
世界計×	**193 072**	**188 946**	世界計×	**405 115**	**400 904**

FAOSTAT（2022年 4 月 7 日閲覧）より作成。×その他とも。

〔ゴム工業〕 ゴムには、ゴムの木の樹液から作られる天然ゴムと、石油化学工業で作られる合成ゴムがある。天然ゴムはタイ、インドネシア、ベトナムの3か国で世界全体の生産量の63%を占め（2020年、FAOによる）、地域的な偏在が大きい。日本は全量を輸入に頼っており、ほとんどがインドネシアとタイからである（2020年）。一方、合成ゴムは石油化学工業で生産が行われており、国内生産が盛んである。国産品は国内向けに加えて、中国やタイなどに輸出される。合成ゴムは原料の配合を変えることで多様な特性を持つ素材を製造できるが、天然ゴムには弾力性や耐久性、内部発熱の低さといった優れた特性があり、ゴム製品は用途に応じてこれらを練り合わせて生産している。

表 20-26 ゴム製品製造業の推移

	1990	2000	2010	2018	2019
事業所数・・・・・・・・・・・ 1)	8 756	6 763	4 873	3 876	3 736
従業者数（千人）・・・・ 1)	178.8	136.9	121.5	122.9	120.4
製造品出荷額等（億円）	36 925	31 382	30 471	33 596	33 618
タイヤ・チューブ・・・	10 487	8 978	11 748	12 963	13 129
工業用ゴム製品等・ 2)	18 995	17 968	15 300	17 330	17 241
付加価値額（億円）・・ 3)	16 517	14 625	11 579	14 045	14 061

経済産業省「工業統計調査」より作成。ゴム素材からタイヤなどゴム製品を作る事業所の統計。合成ゴム製造は化学工業に分類。工業統計に関する注記は表15-1を参照。1）2010年までは各年末現在。2018、19年は翌年6月1日現在。2）ゴムベルト、ゴムホースを含む。3）2010、18、19年は従業者3人以下の事業所を除く。【☞府県別統計525ページ】

表 20-27 新ゴムの国内供給（単位 千t）

	1990	2000	2010	2019	2020	2021
天然ゴム輸入・・ 1)	663	804	747	731	558	*696
生ゴム・・・・・・・・	648	795	731	728	554	*692
合成ゴム国内供給	1 502	1 746	1 768	1 689	1 340	1 648
国内生産・・・・・・	1 426	1 582	1 595	1 531	1 204	1 481
輸入・・・・・・・・・・	76	164	172	158	136	*167
国内供給量計・・	**2 165**	**2 550**	**2 515**	**2 420**	**1 897**	**2 343**
（参考）再生ゴム 2)	45	25	22	24	21	…

日本ゴム工業会「ゴム工業の現況」、経済産業省「生産動態統計」および財務省「貿易統計」より作成。1）ラテックスの輸入量を60%で換算して生ゴムに加算している。2）国内生産と輸入の計。*確々報。

タイヤ製造業は国内新ゴム消費量の69％を占める（2020年）。自動車産業の発展とともに成長し、世界市場ではアメリカや欧州勢とともに日本メーカーのシェアが高い。一方、近年はアジア勢が台頭している。はん用品では中国メーカーなどとの価格競争が厳しいほか、2020年にはコロナ禍の影響もあってメーカーの収益が悪化している。さらに、タイヤ

図 20-5　天然ゴムの輸入先（2020年）

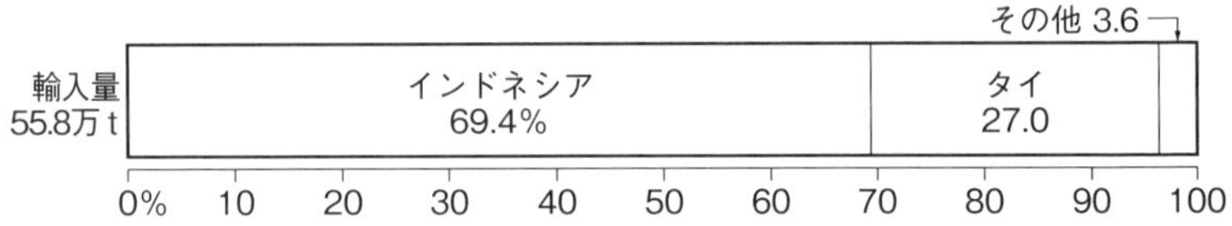

財務省「貿易統計」より作成。確定値。ラテックスは60％で換算。

表 20-28　新ゴムの国内消費と輸出（単位　千 t）

	1980	1990	2000	2010	2019	2020
ゴム国内消費	1 312	1 810	1 840	1 767	1 550	1 276
天然ゴム	427	677	720	763	714	581
合成ゴム	885	1 133	1 120	1 004	836	696
合成ゴム輸出	230	299	523	753	779	716
(参考)再生ゴム 1)	68	44	24	22	24	20

日本ゴム工業会「ゴム工業の現況」および財務省「貿易統計」より作成。1）需要量で国内消費と輸出の合計。

表 20-29　ゴム製品の生産

	2000	2010	2019	2020	2021
自動車用タイヤ(千本)	174 645	169 950	147 090	121 297	138 057
乗用車用	121 726	130 529	109 326	89 016	100 327
小型トラック用	30 892	22 169	22 084	19 162	22 068
トラック・バス用	11 803	11 205	10 615	8 615	10 160
二輪自動車用	7 936	4 771	3 679	3 394	4 160
特殊車両用	2 288	1 276	1 389	1 109	1 342
ゴムベルト（千 t）	28.7	25.5	19.4	16.8	19.0
ゴムホース（千 t）	30.0	36.2	34.3	29.0	32.4
工業用ゴム製品(千 t)	193.7	181.0	176.5	149.3	161.6
(参考)再生ゴム(千 t)	19.0	16.6	16.0	13.7	15.4

経済産業省「生産動態統計」より作成。重量は再生ゴムを除き新ゴム量ベース。

メーカーには今後、電気自動車や自動運転などへの対応や、環境問題への取り組み強化などが求められており、課題が多い。原料の原油価格の高騰の影響も強く受けている中、各メーカーは大胆なリストラを含めた事業再編に乗り出し、収益性の強化に取り組んでいる。

図 20-6　新ゴムの消費割合（2020年）

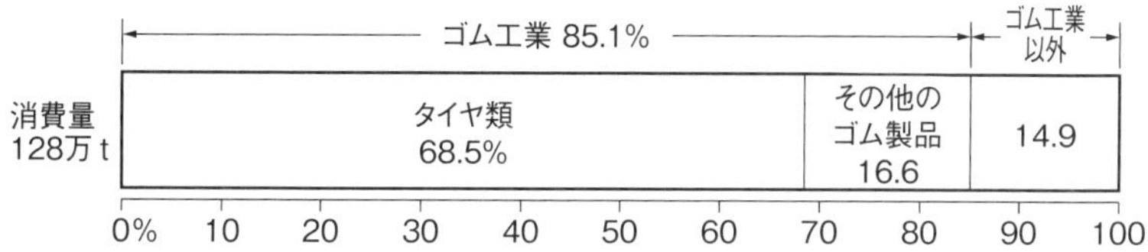

日本ゴム工業会「ゴム工業の現況」(2021年) より作成。天然ゴムと合成ゴムの合計。タイヤ類にはタイヤチューブを含む。ゴム工業以外は、紙加工、合成樹脂製造ブレンド、接着剤および繊維処理等に消費される分。

表 20-30　タイヤの輸出入（単位　千本）

	輸出			輸入		
	2019	2020	2021*	2019	2020	2021*
新生タイヤ……	45 788	36 700	44 212	37 798	31 769	34 617
乗用車用……	34 469	27 442	32 723	24 199	19 939	21 439
バス·トラック用	8 086	6 205	7 685	2 918	2 451	2 574
バイク用……	2 314	2 162	2 657	2 802	2 664	2 960
自転車用……	345	489	649	6 543	5 641	6 199
更生タイヤ……	22	13	3	9	5	9
中古タイヤ……	10 154	8 889	8 299	19	7	4
その他のタイヤ 1)	202	171	240	2 757	2 519	2 682

財務省「貿易統計」より作成。*確々報。1) ソリッドタイヤやクッションタイヤなど。

表 20-31　天然ゴムの生産量（単位　千 t）

	2019	2020		2019	2020
タイ…………	4 840	4 703	中国…………	840	688
インドネシア…	3 449	3 366	マレーシア……	640	515
ベトナム………	1 182	1 226	グアテマラ……	397	436
インド…………	960	963	フィリピン……	432	422
コートジボワール	780	936	世界計×……	**14 964**	**14 845**

FAOSTAT (2022年4月7日閲覧) より作成。×その他とも。

第21章　建　設　業

建設業は、建築工事や土木工事を受注し、完成を請け負う産業である。全建設活動の実績を出来高ベースで把握する建設投資（2015年度より建築補修の投資額を含む）をみると、2021年度の見通しは前年度比2.9%増の62兆6500億円で、内訳は政府投資が24兆5300億円、民間投資が38兆1200億円と推計されている。建築・土木別では、建築投資が38兆3500億円、土木が24兆3000億円である。

建設投資は、1992年度の84兆円をピークに減少に転じ、2010年度には42兆円とピークの半分程度となった。その後は東日本大震災からの復興や建築物の耐震化などで回復基調を続けてきたが、2020年度は新型コロナ感染症拡大による経済低迷で、住宅着工など民間投資が減少した。2021年度の見通しは、経済活動の持ち直しにより民間建設投資が増えると予測されている。

図 21-1　建設業許可業者数
（2021年３月末現在）

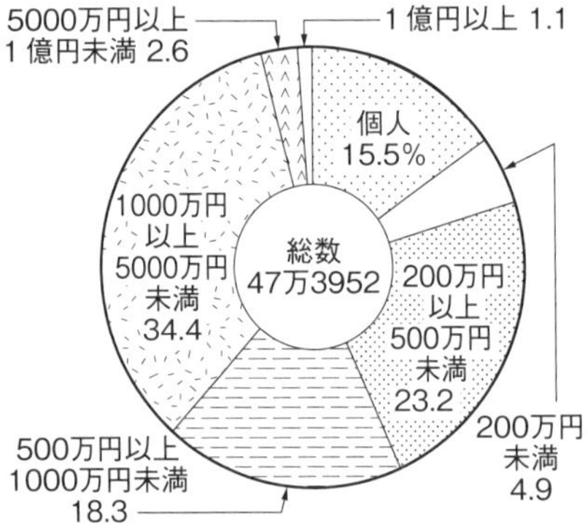

国土交通省「建設業許可業者数調査の結果について」より作成。資本金階層別。

表 21-1　建設業の地位

	2017	2018	2019	2020	2021
国内総生産（十億円）	553 073	556 294	558 491	538 155	*541 904
建設業………	30 123	29 846	30 457	31 862	…
〃割合（%）…	*5.4*	*5.4*	*5.5*	*5.9*	…
就業者数（万人）·	6 530	6 664	6 724	6 676	6 667
建設業………	498	503	499	492	482
〃割合（%）…	*7.6*	*7.5*	*7.4*	*7.4*	*7.2*

内閣府「国民経済計算」および総務省「労働力調査」より作成。国内総生産は名目値。就業者数は、基準人口の切り替えにより接続用に補正された時系列数値。*速報。

図 21-2 建設投資の推移（会計年度）

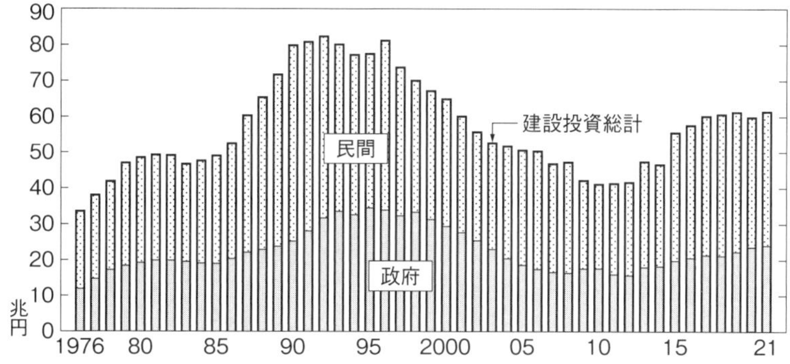

国土交通省「建設投資見通し」より作成。注記は表21-2を参照。

図 21-3 建設投資の構成（2021年度見通し）

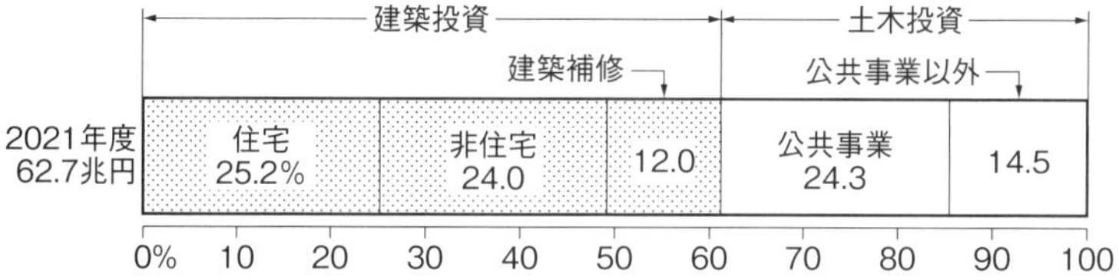

資料・注記は表21-2に同じ。

表 21-2 建設投資の概況（会計年度）（名目値）（単位 億円）

	2017	2018	2019（見込み）	2020（見込み）	2021（見通し）
建築投資	408 592	404 856	402 600	375 400	383 500
住宅	175 629	172 580	167 100	155 700	158 100
非住宅	156 860	153 994	156 500	146 800	150 500
建築補修	76 103	78 282	79 000	72 900	74 900
土木投資	204 659	213 415	222 300	233 600	243 000
政府	156 064	158 869	168 100	179 100	183 500
公共事業	133 094	135 472	142 800	148 300	152 000
民間	48 595	54 546	54 200	54 500	59 500
建設投資総計	**613 251**	**618 271**	**624 900**	**609 000**	**626 500**
（再掲）政府投資	217 800	215 910	227 200	239 500	245 300
（再掲）民間投資	395 451	402 361	397 700	369 500	381 200
（再掲）民間非住宅建設	163 122	169 762	170 100	159 700	167 400

国土交通省「2021年度建設投資見通し」より作成。建設投資とは、日本の全建設活動の実績を出来高ベースで把握したもので推計値。建築補修（以前の項目名はリフォーム・リニューアル）は既存建築物の改装・改修のことで、2015年度より建設投資に計上されるようになった。民間非住宅建設投資は、民間の非住宅建築と土木の計。

表 21-3　建設工事受注高（単位　億円）

	従来推計	新推計			
	2020	2020	2021	%	前年比（%）
元請受注高……	537 650	677 032	698 877	*65.3*	*3.2*
公共機関から・	174 699	219 751	215 568	*20.2*	*-1.9*
民間等から…	362 951	457 280	483 309	*45.2*	*5.7*
下請受注高……	258 928	357 894	370 619	*34.7*	*3.6*
受注高計……	**796 578**	**1 034 925**	**1 069 495**	*100.0*	*3.3*
（工事種類別）					
土木工事………	248 319	311 972	316 097	*29.6*	*1.3*
建築工事……1)	465 627	617 038	653 918	*61.1*	*6.0*
機械装置等工事・	82 632	105 915	99 480	*9.3*	*-6.1*

国土交通省「建設工事受注動態統計調査報告」より作成。建設業者が受注したすべての工事の総受注高の推計（抽出集計）。下の解説欄参照。1）建築設備工事を含む。

表 21-4　公共機関からの目的別受注工事（2021年）（単位　億円）

	国の機関		地方の機関			合計
	計	国	計	都道府県	市区町村	
道路…………	38 956	15 742	27 535	17 459	9 301	66 490
治山・治水……	10 704	10 220	16 841	14 059	2 686	27 545
教育・病院……	4 395	432	22 745	5 568	16 030	27 140
下水道………	1 590	—	11 676	1 892	5 928	13 266
上・工業水道…	101	—	11 238	779	4 259	11 339
農林水産………	2 939	2 705	7 227	5 908	1 082	10 166
庁舎…………	2 283	1 520	5 328	1 172	3 901	7 611
港湾・空港……	3 060	2 910	3 098	2 110	700	6 158
廃棄物処理……	45	—	6 085	57	3 390	6 130
計×………	**76 979**	**41 222**	**129 728**	**53 943**	**56 672**	**206 707**
割合（%）…	*37.2*	*19.9*	*62.8*	*26.1*	*27.4*	*100.0*

資料は表21-3に同じ。１件500万円以上の工事が対象。請負契約額。国の機関の計には、独立行政法人、政府関連企業等を含む。地方の機関の計は、地方公営企業等を含む。

建設工事受注動態統計の不正問題　国土交通省の建設工事受注動態統計は、政府が重要と位置付ける基幹統計の一つである。2020年12月、一部データの合算や二重計上が行われていたことが判明し、さらに省内で不正処理が認識されていたにもかかわらず、放置されていたことが大きな問題となった。現在、国交省は、2021年４月分より新しい推計方法を使用し、2020年１月～翌年３月は新推計による修正データを公表している。今回の不正は、国内総生産（GDP）に影響を及ぼすとみられ､公的統計全体の信頼性を揺るがす問題となっている。

〔着工建築物〕「建築着工統計調査」は、延べ床面積10平方メートルを超えるすべての建築物の新築、増築、改築の着工状況を集計し、建築物統計の基礎資料となっている。月次調査から得られる新設住宅着工戸数や床面積、工事費予定額などは景気の先行指標として利用され、特に、民間建築主の非居住建築物（工場、事務所、店舗など）は、企業の設備投資の動向を示す統計として重要視されている。

2020年はコロナ禍で建築着工が減少したが、2021年はその反動で増加

図 21-4　着工建築物の床面積と工事費予定額の推移

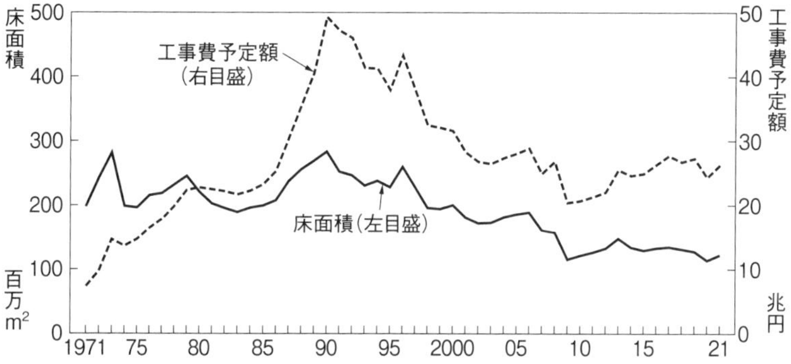

国土交通省「建築着工統計調査報告」より作成。表21-5の注記参照。被災者向け仮設住宅は含まず。

表 21-5　建築主別・用途別・構造別の着工建築物

	床面積（千m²）			工事費予定額（億円）		
	2020	2021	前年比（%）	2020	2021	前年比（%）
着工建築物計	113 744	122 239	*7.5*	243 066	262 607	*8.0*
建築主別						
公共……	5 381	5 372	*-0.2*	17 714	17 619	*-0.5*
民間……	108 363	116 866	*7.8*	225 352	244 988	*8.7*
個人……	41 254	44 007	*6.7*	80 895	87 164	*7.7*
用途別						
居住用……	69 508	73 779	*6.1*	140 472	149 543	*6.5*
非居住用…	44 236	48 460	*9.5*	102 594	113 064	*10.2*
構造別						
木造……	49 756	53 100	*6.7*	85 602	91 484	*6.9*
非木造……	63 987	69 138	*8.1*	157 464	171 123	*8.7*

国土交通省「建築着工統計調査報告」より作成。床面積10m²を超えるすべての建築物の着工状況をまとめたもので、増改築を含む。公共は国、都道府県、市町村の計。

に転じた。2021年調査によると、全建築物の着工床面積は1億2224万平方メートルで前年より7.5%増加し、特に民間による建築着工は大きな回復を見せている。民間の非居住建築物は、前年比10.5%増の4387万平方キロメートルであった。新設住宅の総戸数は前年比5.0%増の85万6484戸、床面積は前年比6.3%増の7067万平方メートルとなっている。利用関係別でみると、持家が前年比9.4%増の28万5575戸、分譲住宅は前年比1.5%増の24万3944戸と増加している。

表 21-6　着工建築物の使途別床面積の推移（単位　千m^2）

	1990	2000	2010	2019	2020	2021
居住用・・・・・・・1)	155 865	127 076	76 934	78 868	69 508	73 779
非居住用・・・・・・・	127 556	73 183	44 521	48 687	44 236	48 460
事務所・・・・・・・	24 381	9 001	6 350	6 414	6 177	7 926
店舗・・・・・・・・・	11 258	14 227	5 913	4 379	3 921	4 273
工場・作業場・	29 116	13 582	6 472	8 695	5 856	6 827
倉庫・・・・・・・・・	18 813	7 698	4 228	9 085	11 459	13 157
学校の校舎・・・	6 745	4 533	4 453	2 378	2 212	2 041
病院・診療所	2 852	4 279	2 771	2 038	1 756	2 283
その他・・・・・・・	34 390	19 863	14 335	15 699	12 854	11 952
計・・・・・・・・・・・	**283 421**	**200 259**	**121 455**	**127 555**	**113 744**	**122 239**
民間非居住用2)	111 289	62 128	37 653	43 581	39 688	43 874

国土交通省「建築着工統計調査報告」より作成。1）産業併用型などを含む。2）再掲。

表 21-7　利用関係別の新設住宅着工戸数（単位　千戸）

	1990	2000	2010	2019	2020	2021
持家・・・・・・・・・・・	487	452	305	289	261	286
貸家・・・・・・・・・・・	806	421	298	342	307	321
給与住宅・・・・・・・	35	12	8	6	7	6
分譲住宅・・・・・・・	380	345	202	268	240	244
マンション・・・	239	218	91	118	108	101
一戸建・・・・・・・	133	125	110	148	131	141
計・・・・・・・・・・・	**1 707**	**1 230**	**813**	**905**	**815**	**856**
床面積(千m^2)	137 490	119 879	72 910	74 876	66 454	70 666

国土交通省「建築着工統計調査報告（住宅着工統計）」より作成。**持家**は建築主が自分で居住する目的で建築するもの。**貸家**は建築主が賃貸する目的で建築するもの。**分譲住宅**は建て売りまたは分譲の目的で建築するもので、建て方はほかに長屋建がある。マンションは分譲住宅のうち、建て方が共同建（一つの建築物内に2戸以上の住宅があり、広間、廊下、階段等の全部または一部を共用するもの）で、構造が鉄骨鉄筋コンクリート・鉄筋コンクリート・鉄骨造のもの。【☞府県別統計520ページ】

第22章　サービス産業

サービス産業は、運輸業、商業、金融業、情報通信業など第３次産業の総称である。形のない財を提供するサービス産業は、製造業とは異なり、在庫による生産調整が利かない。また、その業種は多種多様で、それぞれの実態を統計で総括的に把握することは難しい。2021年は新型コロナ感染症の拡大が収まらず、緊急事態宣言やまん延防止等重点措置が発令されて、人々は引き続き不要不急の外出・移動自粛が求められた。2021年平均の第３次産業活動指数をみると、宿泊業と飲食店、飲食サービス業などが大きく低下している（表22-5参照）。特に、パブや居酒屋など酒類提供を制限された店では閉店が増加し、売り上げは大きく減少した。一般社団法人日本フードサービス協会による「外食産業市場動向調査」では、2021年の売上高はコロナ前の2019年と比較して、パブ・ビアホールが71.8％減、居酒屋が73.2％減と厳しい状況である。

近年、企業による消費者向けサービスではなく、消費者の間で遊休資産の賃借や売買、交換するシェアリングエコノミーが広がりつつある。インターネット上のプラットフォームで提供側と消費者をつなげて行うサービスで、空いている部屋を旅行者などに貸し出す民泊などがその代表である。2021年のシェアリングエコノミー市場は２兆4198億円と推計されており、今後も拡大すると予測されている（表22-6参照）。

表 22-1　第３次産業の地位

	2017	2018	2019	2020	2021
国内総生産（十億円）	553 073	556 294	558 491	538 155	541 904
第３次産業……	400 790	402 525	404 675	391 468	…
〃割合（％）……	*72.5*	*72.4*	*72.5*	*72.7*	…
就業者数（万人）…	6 530	6 664	6 724	6 676	6 667
第３次産業……	4 649	4 731	4 787	4 803	4 832
〃割合（％）……	*71.2*	*71.0*	*71.2*	*71.9*	*72.5*

国内総生産は内閣府「国民経済計算」（2015年基準・2008SNA）、2021年は「2021年10～12月期　２次速報値」より作成。暦年の名目値。就業者数は総務省「労働力調査」。

図 22-1　経済センサスによる第3次産業の内訳（2016年確報）

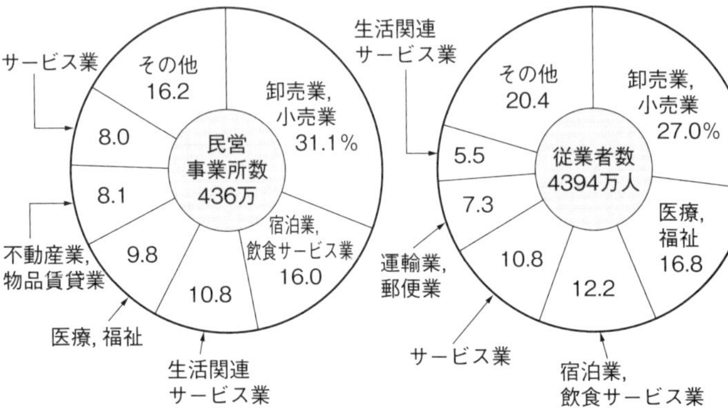

資料・注記は表22-2に同じ。2016年6月1日現在。

表 22-2　経済センサスによる第3次産業の民営事業所数（確報）

	民営事業所数			従業者数（千人）	
	2012	2016	増減率（%）	2012	2016
電気・ガス業 ････ 1)	3 935	4 654	*18.3*	201	188
情報通信業･･････････	67 204	63 574	*-5.4*	1 627	1 642
運輸業、郵便業････	135 468	130 459	*-3.7*	3 302	3 197
卸売業、小売業････	1 405 021	1 355 060	*-3.6*	11 746	11 844
金融業、保険業････	88 831	84 041	*-5.4*	1 589	1 530
不動産業、物品賃貸業･	379 719	353 155	*-7.0*	1 474	1 462
専門・技術サービス業 2)	219 470	223 439	*1.8*	1 664	1 843
宿泊業、飲食サービス業	711 733	696 396	*-2.2*	5 421	5 362
生活関連サービス業 3)	480 617	470 713	*-2.1*	2 546	2 421
教育、学習支援業･･	161 287	167 662	*4.0*	1 722	1 828
医療、福祉････････	358 997	429 173	*19.5*	6 179	7 375
複合サービス事業 4)	33 357	33 780	*1.3*	342	484
サービス業･･････ 5)	356 156	346 616	*-2.7*	4 522	4 760
第3次産業計････	**4 401 795**	**4 358 722**	*-1.0*	**42 335**	**43 935**
割合（%）･･･ 6)	*80.7*	*81.6*	—	*75.8*	*77.3*

総務省・経済産業省「2016年経済センサス－活動調査」（事業所に関する統計）より作成。産業横断的集計。2012年調査は2月1日現在、2016年調査は6月1日現在。日本における全事業所が対象（ただし、国・地方公共団体の事業所、農林漁業に属する個人経営の事業所、家事サービス業にに属する事業所、外国公務に属する事業所は調査対象から除く）。増減率は2016年の対2012年比。従業者は、調査日現在、当該事業所に所属して働いているすべての人をいい、別会社へ派遣されている人も含む。一方、別会社から派遣されている人は含まず。1）熱供給・水道業を含む。2）学術研究を含む。3）娯楽業を含む。4）郵便局、農業協同組合など。5）他に分類されないサービス業。6）全産業の合計に対する割合。事業内容等不詳は除く。

表 22-3　第３次産業の企業数、売上金額、付加価値額（2019年）

	企業数（2020年6月1日）	売上（収入）金額（十億円）	年間商品販売額	付加価値額（十億円）
電気・ガス業・・・・・・・1)	1 624	27 875	3 100	3 616
情報通信業・・・・・・・・・・	41 618	65 446	2 835	16 834
運輸業、郵便業・・・・・・	50 870	68 255	1 220	17 622
卸売業、小売業・・・・・・	401 310	487 058	461 378	44 834
金融業、保険業・・・・・2)	22 995	114 909	68	16 833
不動産業、物品賃貸業	158 559	51 787	1 314	10 484
専門・技術サービス業3)	91 606	43 623	808	16 060
宿泊業、飲食サービス業	87 103	22 146	710	7 638
生活関連サービス業・4)	59 118	36 074	660	6 159
教育、学習支援業・・・・	28 510	15 628	83	7 470
医療、福祉・・・・・・・・・・	121 644	118 856	67	18 621
複合サービス事業・・・5)	2 314	8 771	2 739	3 438
サービス業・・・・・・・・・6)	86 832	37 488	1 001	15 736
第３次産業計・・・・・7)	**1 154 103**	**1 097 915**	**475 982**	**185 343**
（参考）製造業・・・・・・・	200 334	401 018	23 336	70 397

総務省・経済産業省「2020年経済構造実態調査」（二次集計、甲調査）より作成。調査対象は法人企業。売上金額および付加価値額は2019年１年間の数値で、必要な事項の数値が得られた企業のみ対象。原則消費税込み。1）熱供給・水道業を含む。国際統計では第２次産業に含まれる。2）売上（収入）金額は経常収益。3）学術研究を含む。4）娯楽業を含む。5）郵便局、農業協同組合など。6）他に分類されないサービス業。7）編者算出。

表 22-4　企業向けサービス価格指数（2015年平均＝100.0）

	ウエイト	2018	2019	2020	2021	〃 前年比（%）
金融・保険・・・・	48.3	101.2	101.8	102.8	103.2	*0.4*
金融・・・・・・・・	34.7	100.3	101.4	102.8	102.3	*−0.5*
保険・・・・・・・・	13.6	103.3	103.1	102.7	105.6	*2.8*
不動産・・・・・・・・	94.5	103.6	104.9	105.6	107.0	*1.3*
運輸・郵便・・・1)	158.0	102.7	104.4	105.6	106.9	*1.2*
情報通信・・・・・・	228.3	100.9	101.3	102.5	102.7	*0.2*
情報サービス	129.1	102.1	103.2	105.3	105.4	*0.1*
リース・レンタル	79.2	99.2	99.5	100.4	100.4	*0.0*
広告・・・・・・・・・・	49.2	102.9	103.6	97.3	104.1	*7.0*
諸サービス・・・・	342.5	103.1	104.7	106.4	106.8	*0.4*
機械修理・・・2)	66.2	101.0	101.8	103.4	103.2	*−0.2*
労働者派遣・3)	46.7	105.9	109.0	114.7	115.4	*0.6*
総平均・・・・・・	1 000.0	102.2	103.3	104.2	105.1	*0.9*

日本銀行「企業向けサービス価格指数」より作成。企業間で取引されるサービス対象。1）倉庫・運輸附帯サービスを含む。2）自動車整備を含む。3）職業紹介を含む。

第22章 サービス産業

表 22-5　第 3 次産業活動指数 (2015年平均＝100.0)

	ウエイト	2018	2019	2020	2021	〃前年比 (%)
電気・ガス・水道業[1]	378.3	101.2	99.5	97.5	98.7	*1.2*
情報通信業	946.9	104.6	105.6	102.8	104.0	*1.2*
運輸業、郵便業	968.8	103.9	103.7	90.5	91.6	*1.2*
卸売業	1 350.5	102.0	101.3	91.3	91.9	*0.7*
金融業、保険業	878.5	100.9	100.3	100.9	104.9	*4.0*
金融業	512.6	107.4	107.6	112.8	119.0	*5.5*
保険業	365.9	91.9	89.9	84.2	85.1	*1.1*
物品賃貸業[2]	249.1	106.4	107.5	105.3	104.1	*-1.1*
事業者向け関連サービス	881.7	106.7	107.5	102.4	101.9	*-0.5*
職業紹介・労働者派遣業	217.6	108.9	107.8	95.4	92.6	*-2.9*
小売業	1 182.6	101.7	101.4	97.5	98.1	*0.6*
不動産業	809.2	101.8	102.1	101.4	101.3	*-0.1*
医療、福祉	1 238.9	105.9	107.8	104.7	108.4	*3.5*
生活娯楽関連サービス	1 115.5	97.4	98.7	74.1	73.4	*-0.9*
宿泊業	90.3	99.6	105.2	59.5	60.6	*1.8*
飲食店、飲食サービス業	408.2	99.6	99.6	73.6	67.7	*-8.0*
娯楽業	234.3	94.0	95.6	70.2	74.3	*5.8*
第 3 次産業総合[3]	10 000.0	102.8	103.1	96.0	97.1	*1.1*
(広義)						
対個人サービス業	4 887.5	101.7	102.2	93.9	95.0	*1.2*
非選択的	2 611.7	102.0	102.4	100.1	102.2	*2.1*
し好的	2 275.8	101.3	102.0	86.7	86.7	*0.0*
対事業所サービス業	5 112.5	103.8	103.9	98.0	99.0	*1.0*
製造業依存型	1 409.3	103.2	102.6	94.6	95.8	*1.3*
非製造業依存型	3 703.2	104.0	104.3	99.3	100.3	*1.0*

経済産業省「第 3 次産業活動指数」より作成。基準年は2015年平均。1) 熱供給業を含む。2) 自動車賃貸業を含む。3) 公務を含まない。

表 22-6　シェアリングエコノミー市場規模 (単位　億円) (推計値)

	市場規模合計	カテゴリ別				
		スペース	モノ	移動	スキル	お金
2018	18 874	5 039	5 201	1 935	2 111	4 587
2020	21 004	3 249	9 577	2 313	2 425	3 439
2021	24 198	3 564	11 882	2 432	2 579	3 741

株式会社情報通信総合研究所および一般社団法人シェアリングエコノミー協会「シェアリングエコノミー関連調査 (2021年度調査)」より作成。資産・サービス提供者と利用者の間の取引金額。スペースは民泊、駐車場など。モノは売買とレンタル。移動はカーシェア、サイクルシェア、その他 (料理の運搬など)。スキルは家事や育児などの対面型とその他の非対面型がある。お金は購入型と寄付、貸付、株式購入など。

表 22-7 サービス産業動向調査（2020年平均確報）

	月間売上高（億円）	事業従事者数1)（万人）		
		総数	正社員・正職員	〃割合2)（%）
情報通信業	49 126	197.3	144.5	*73.2*
通信業	16 119	19.6	13.3	*68.0*
放送業	2 904	8.2	5.0	*61.2*
情報サービス業	22 090	131.7	100.4	*76.2*
インターネット附随サービス業	3 130	12.4	8.6	*69.6*
映像・音声・文字情報制作業	4 882	25.3	17.1	*67.4*
運輸業、郵便業	47 291	359.2	237.2	*66.0*
鉄道業	4 089	26.0	22.8	*87.7*
道路旅客運送業	1 862	51.4	35.3	*68.8*
道路貨物運送業	20 377	201.3	129.2	*64.2*
水運業	4 336	5.9	4.3	*72.7*
倉庫業	3 326	18.4	9.1	*49.5*
運輸に附帯するサービス業	11 823	50.4	31.6	*62.7*
不動産業、物品賃貸業	39 785	163.2	67.5	*41.4*
不動産取引業	10 785	34.1	18.5	*54.2*
不動産賃貸業・管理業	18 215	94.6	29.1	*30.8*
物品賃貸業	10 786	34.5	19.9	*57.7*
学術研究、専門・技術サービス業	26 514	180.1	111.3	*61.8*
専門サービス業	7 956	73.3	40.2	*54.9*
広告業	6 834	14.4	10.2	*70.5*
技術サービス業	11 725	92.4	60.9	*65.9*
宿泊業、飲食サービス業	17 379	520.2	101.3	*19.5*
宿泊業	2 819	65.8	25.4	*38.6*
飲食店	12 452	402.5	64.0	*15.9*
持ち帰り・配達飲食サービス	2 108	51.9	11.8	*22.8*
生活関連サービス業、娯楽業	27 168	248.4	81.9	*33.0*
洗濯・理容・美容・浴場業	3 961	116.3	36.5	*31.4*
その他の生活関連サービス業	4 241	42.9	18.8	*43.8*
娯楽業	18 966	89.2	26.6	*29.8*
教育、学習支援業3)	2 816	104.5	29.1	*27.8*
医療、福祉	45 232	822.7	457.4	*55.6*
医療業	32 384	422.5	262.9	*62.2*
保健衛生	470	12.0	6.2	*51.5*
社会保険・社会福祉・介護事業	12 378	388.3	188.4	*48.5*
サービス業（他に分類されないもの）	32 055	375.7	167.2	*44.5*
廃棄物処理業	3 813	33.8	23.0	*68.1*
自動車整備業	2 502	27.7	15.4	*55.6*
機械等修理業（別掲を除く）	3 567	26.6	18.5	*69.7*
職業紹介・労働者派遣業	5 792	40.9	20.1	*49.1*
その他の事業サービス業	16 109	241.2	87.7	*36.4*
サービス産業計4)	**287 367**	**2 971.2**	**1 397.4**	*47.0*

総務省統計局「サービス産業動向調査」（2020年）より作成。管理、補助的経済活動を行う事業所を除く。月次調査の年平均。1）臨時雇用者、別会社からの出向・派遣を含む。2）正社員・正職員の割合。3）学校教育を含まず。4）当調査の対象サービス産業の計。

表 22-8　対事業所サービス業、対個人サービス業（2019年）

		事業所数（2020年6月1日）	従業者数（百人）	年間売上高（億円）	うち主業（%）
対事業所サービス	ソフトウェア業	25 977	8 376	188 541	*84.8*
	情報処理・提供サービス業	5 998	1 924	49 252	*77.9*
	インターネット附随サービス業	4 802	953	32 011	*91.7*
	映像情報制作・配給業 1)	3 274	553	16 267	*80.2*
	音声情報制作業 1)	328	42	2 794	*80.0*
	新聞業 1)	698	504	18 583	*80.7*
	出版業 1)	2 908	501	18 223	*89.1*
	映像等制作附帯サービス業 1)2)	1 366	177	2 348	*87.8*
	クレジットカード業、割賦金融業 1)3)	186	515	887 744	*75.6*
	各種物品賃貸業	969	184	44 222	*85.7*
	産業用機械器具賃貸業	8 051	724	38 666	*81.5*
	事務用機械器具賃貸業	325	44	7 178	*91.5*
	自動車賃貸業	5 276	471	23 263	*90.3*
	スポーツ・娯楽用品賃貸業	303	14	70	*86.5*
	その他の物品賃貸業	8 147	758	11 014	*78.8*
	デザイン業	7 572	342	3 844	*92.5*
	広告業	8 639	1 266	99 695	*97.6*
	機械設計業	5 888	623	7 084	*92.9*
	計量証明業	805	231	2 919	*86.5*
	機械修理業(電気機械器具を除く)	13 286	1 203	26 626	*76.3*
	電気機械器具修理業	5 182	534	11 519	*73.0*
対個人サービス	結婚式場業	1 014	437	5 378	*89.2*
	葬儀業	8 545	832	14 205	*97.8*
	冠婚葬祭互助会	104	14	131	*81.3*
	映画館	442	180	3 024	*76.5*
	興行場、興行団	2 649	283	13 264	*89.2*
	ゴルフ場	1 992	1 126	9 105	*80.2*
	ゴルフ練習場	2 271	265	1 586	*87.8*
	ボウリング場	488	116	827	*60.7*
	フィットネスクラブ	4 840	824	5 899	*89.3*
	その他のスポーツ施設提供業	4 429	458	2 622	*91.5*
	公園、遊園地・テーマパーク	155	496	7 302	*48.3*
	学習塾	52 070	3 987	12 043	*99.1*
	外国語会話教授業	9 704	345	1 835	*96.9*
	教養・技能教授業 4)	67 925	2 259	8 776	*91.7*

総務省・経済産業省「経済構造実態調査（二次集計結果、乙調査）」(2020年）より作成。2018年調査を最後に廃止された「特定サービス業実態調査」を引き継ぐ調査。売上高は2019年の年間。母集団名簿は「2016年経済センサス－活動調査」。標本調査で数値は拡大推計をして集計したもの（母集団が少ない業種は全数調査)。1）事業所数は企業数。2）音声や文字情報の制作附帯サービスを含む。3）売上高は取扱高で、信用供与額、手数料収入等の収入額及びその他の売上高。4）外国語会話教授業を除く。

第23章　卸売業・小売業

2020年以降、新型コロナウイルス感染拡大により人やモノの流れが大幅に制限され、卸売業・小売業は低迷した。2021年には休業要請などが少し緩和されて、業績は持ち直しを見せたが、売上高が増えた背景には原材料価格の高騰により物価が上昇したことが一因となっている。

卸売業は食料品やその他の生活必需品の流通を担っており、コロナ禍でも市場に品不足を生み出さないよう、業務を継続することが重要であった。近年は、人手不足による物流コストの高騰が課題で、納品伝票や荷台の規格統一など全体の物流システムの標準化を図り、IoTを導入して作業の効率化を高める努力が行われている。

小売業では、営業時間の短縮やインバウンド需要の激減により、特に百貨店が打撃を受けた。コロナ禍以前から消費者の百貨店離れは加速していたが、コロナ禍で多くの百貨店が閉店した。山形県や徳島県は2020年に地元の百貨店が閉店し、百貨店空白県となった。

図 23-1　商業販売額指数

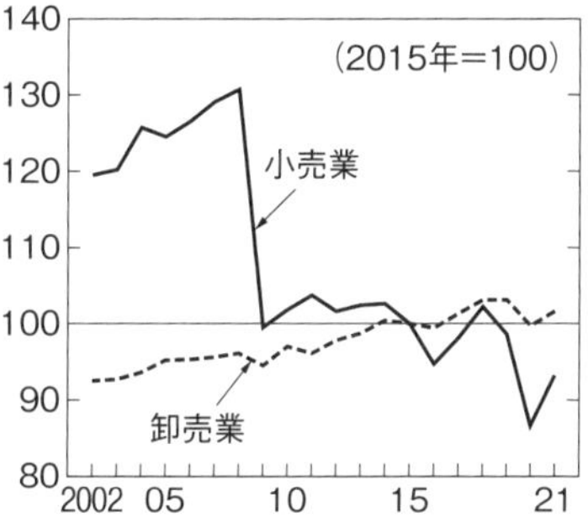

経済産業省「商業動態統計調査」より作成。

表 23-1　経済センサスによる卸売業、小売業（2016年）

	事業所数（千）			従業者数（千人）	年間商品販売額[1]（十億円）	売場面積[1]（千m²）
		法人	個人			
合　計……	1 355	923	433	11 596	581 626	135 344
卸売業……	365	323	42	3 942	436 523	—
小売業……	990	600	391	7 654	145 104	135 344

総務省統計局、経済産業省「2016年経済センサス－活動調査　産業別集計」(卸売業、小売業に関する集計）より作成。産業大分類「I－卸売業、小売業」に格付けられたすべての事業所が調査対象。調査日は6月1日。年間商品販売額は、調査前年の1年間の販売額。1）数値が得られた事業所のみの集計。

一方、スーパーは「巣ごもり需要」の拡大により追い風を受け、食材を中心に売上げが増加している。

政府は、2019年10月の消費税率引き上げに伴い、キャッシュレス決済を推進するために2020年6月末までキャッシュレス・ポイント還元事業を実施した。その効果もあって、2020年のキャッシュレス決済比率（民間最終消費支出に占めるキャッシュレス決済の割合）は約30％に上昇している。また、コロナ禍で外出自粛が続くなか、ネットを介した販売が拡大している。2020年の電子商取引（EC）市場規模は、企業間（BtoB）取引が334兆9106億円、企業から消費者向け（BtoC）が19兆2779億円、個人間（CtoC）取引が1兆9586億円であった（表23-7参照）。消費者向けでは、食品や酒類、生活家電、生活雑貨などが前年よりも増加し、旅行

表 23-2　年間商品販売額と売場面積（2019年）

	年間商品販売額（十億円）				売場面積（千m²）
	計	卸売販売額	本支店間移動	小売販売額	
卸売業計	309 336	306 888	5 555	2 448	—
各種商品	22 327	22 316	3	11	—
繊維・衣服等	10 239	10 115	281	124	—
飲食料品	67 258	66 627	1 558	631	—
建築材料 1)	82 274	81 746	230	528	—
機械器具	73 270	72 616	1 774	654	—
その他	53 902	53 403	1 710	498	—
代理商、仲立業	419	418	0	0	—
小売業計	139 001	1 380	—	137 621	130 680
各種商品	12 257	1	—	12 257	16 197
百貨店、総合スーパー	11 939	0	—	11 939	15 763
織物・衣服 2)	8 914	37	—	8 877	18 406
飲食料品	36 150	123	—	36 027	32 980
機械器具	28 518	561	—	27 957	12 936
その他	43 009	373	—	42 636	50 161
医薬品・化粧品	14 474	14	—	14 460	12 066
燃料	12 033	208	—	11 824	447
無店舗	10 076	283	—	9 794	—
自動販売機	920	67	—	854	—
計	**448 337**	**308 267**	—	**140 070**	—

総務省・経済産業省「2020年経済構造実態調査（三次集計、甲調査）」より作成。卸売業、小売業に属する企業の傘下事業所が調査対象。年間商品販売額のうち、卸売販売額は別の業者に販売したもので、小売販売額は個人や家庭に販売したもの。1）鉱物・金属材料等を含む。2）身の回り品を含む。【☞府県別統計519ページ】

や飲食サービスは大きく減少した。新しく調査項目に加えられたフードデリバリーサービス市場規模は3487億円であった。このほか、デジタル分野では、電子書籍や有料音楽･動画配信などが市場規模を広げている。

表 23-3　商業動態統計による年間商品販売額（2021年）（単位　十億円）

	商品販売額	前年比（%）		商品販売額	前年比（%）
卸売業…………	401 448	*7.7*	家具・建具…3)	4 460	*-2.3*
各種商品……1)	22 324	*8.0*	医薬品・化粧品	30 698	*6.0*
繊維品………2)	2 069	*-0.8*	その他………	35 658	*10.5*
衣服・身の回り品	3 990	*-4.5*	小売業…………	150 462	*1.9*
農畜産物・水産物	34 773	*-1.7*	各種商品……1)	10 346	*0.8*
食料・飲料……	53 433	*-0.8*	織物・衣服…4)	8 610	*0.9*
建築材料……	21 465	*-1.8*	飲食料品……	45 328	*0.7*
化学製品……	24 654	*8.7*	自動車………	17 001	*2.5*
鉱物・金属材料	61 510	*25.2*	機械器具……	10 035	*0.7*
機械器具……	106 414	*9.3*	燃料…………	13 839	*15.8*
産業機械器具	20 576	*0.1*	医薬品・化粧品	15 026	*0.5*
自動車……	16 385	*5.5*	その他………	18 862	*-1.6*
電気機械器具	60 323	*15.0*	無店舗………	11 416	*1.2*
その他の機械器具	9 131	*3.4*	商業計………	**551 910**	*6.0*

経済産業省「商業動態統計調査」より作成。「経済センサス－活動調査」の対象事業所を母集団名簿とした標本調査。1）各種の商品を扱っているため主たる業種の判別ができない事業所で、卸売業は従業者が常時100人以上、小売業は従業者が常時50人以上。2）衣服・身の回り品を除く。3）じゅう器を含む。4）身の回り品小売業を含む。

表 23-4　キャッシュレス決済の動向（単位　億円）

	クレジットカード	デビット*カード	電子マネー	コード決済	クレジットカードからの利用
2018	666 877	14 131	54 790	1 650	82
2019	734 311	18 287	57 506	11 206	1 598
2020	744 576	22 665	60 342	42 003	10 300
2021	810 173	…	59 696	73 487	20 753

クレジットカードは、一般社団法人日本クレジット協会「日本のクレジット統計」のクレジットカードショッピング信用供与額（推計値）。デビットカードおよび電子マネーは、日本銀行「決済動向」による決済金額（調査提供先からの集計データ）。コード決済は、一般社団法人キャッシュレス推進協議会「コード決済利用動向調査」の店舗利用金額（調査提供先からの集計データ）。コード決済の一部は、バーコードやQRコードを介さない利用実績（オンライン、カード媒体等での利用分）も含む。コード決済とは、スマートフォンやタブレットでQRコードやバーコードを表示し、利用店舗の端末で読み取ることで決済を行うサービス。*会計年度。

図 23-2　百貨店、大型スーパー、コンビニ、通信販売の販売額推移

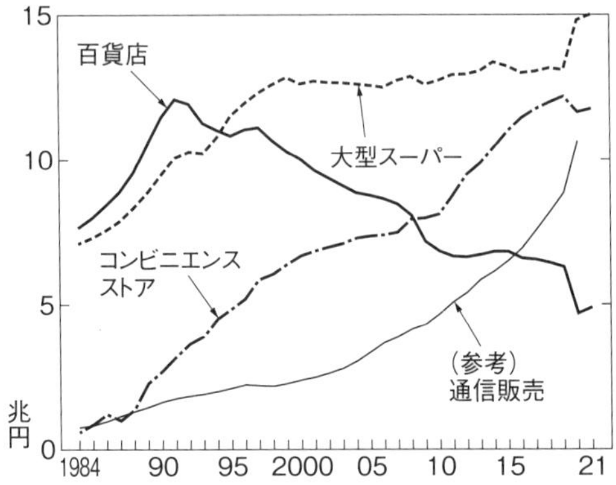

資料・注記は表23-5に同じ。ただし、1997年までのコンビニエンスストア売上高は一般社団法人日本フランチャイズチェーン協会資料で会計年度。通信販売（参考値）は、公益財団法人日本通信販売協会「通販市場売上高調査」より作成、会計年度。百貨店、大型スーパー、コンビニエンスストアの販売額には通信販売の売上高を含む。

表 23-5　大型小売店とコンビニエンスストアの販売額（単位　億円）

	2018	2019	2020	2021	〃 前年比 (%)
大型小売店計	196 044	193 962	195 050	199 071	*0.9*
百貨店	64 434	62 979	46 938	49 030	*4.5*
衣料品	27 807	26 699	18 687	19 571	*4.7*
飲食料品	18 116	17 756	14 899	15 353	*3.0*
その他	18 511	18 524	13 352	14 107	*5.7*
スーパー	131 609	130 983	148 112	150 041	*-0.3*
衣料品	11 352	10 842	8 939	8 251	*-7.9*
飲食料品	98 302	98 469	116 268	119 405	*0.9*
その他	21 956	21 672	22 905	22 385	*-3.6*
コンビニエンスストア	119 780	121 841	116 423	117 601	*1.3*
商品販売額	113 263	115 034	110 291	111 536	*1.4*
ファストフード[1)]	45 392	46 028	43 081	43 005	*0.0*
加工食品	32 302	32 494	30 883	30 765	*-0.1*
非食品	35 569	36 513	36 327	37 766	*4.2*
サービス売上高	6 518	6 807	6 132	6 065	*-0.7*
（参考）店舗数[2)]					
百貨店	225	213	201	196	*-5.6*
大型スーパー	4 997	5 036	5 806	5 849	*1.1*
コンビニエンスストア	56 574	56 502	56 542	56 352	*0.1*

経済産業省「商業動態統計調査」より作成。この表での大型小売店とは、従業者50人以上の百貨店・総合スーパーをいう。百貨店は売場面積が政令都市で3000m²以上、その他の地域で1500m²以上。スーパーは売場面積の50%以上についてセルフサービス方式を採用している商店で、売場面積が1500m²以上。コンビニエンスストアは一定規模以上（直営店やフランチャイズ店などの形態に関係なく）を有するチェーン企業本部の集計で、調査は1998年から開始。前年比は調査対象店舗の見直しに伴うギャップを調整するリンク係数で処理したものである。1）日配食品を含む。2）調査対象店舗数。

表 23-6　家電大型専門店、ドラッグストア、ホームセンターの販売額（単位　億円）

	2018	2019	2020	2021	〃 前年比 (%)
家電大型専門店	43 912	45 454	47 928	46 867	-2.3
AV家電	6 099	6 527	7 175	6 680	-7.0
情報家電 1)	9 472	9 876	11 118	10 528	-5.3
通信家電	3 536	3 338	2 945	3 283	11.5
カメラ類	1 823	1 636	1 158	1 106	-4.5
生活家電	18 492	19 377	20 896	20 193	-3.4
その他 2)	4 489	4 700	4 635	5 076	9.4
ドラッグストア	63 644	68 356	72 841	73 066	0.3
調剤医薬品	3 894	5 525	5 955	6 292	5.7
OTC医薬品 3)	8 807	9 002	8 906	8 682	-2.5
ヘルスケア用品 4)	4 240	4 330	5 487	5 062	-7.7
健康食品	2 177	2 218	2 264	2 310	2.0
ビューティケア 5)	9 637	10 082	9 036	9 057	0.2
トイレタリー	6 036	6 287	6 546	6 540	-0.1
家庭用品など 6)	9 674	10 275	11 472	11 400	-0.6
食品	18 061	19 420	21 834	22 338	2.3
その他	1 118	1 218	1 342	1 384	3.2
ホームセンター	32 853	32 748	34 964	33 905	-3.0
DIY用具・素材	7 113	7 195	7 871	7 837	-0.4
電気	2 239	2 201	2 422	2 311	-4.6
インテリア	2 322	2 253	2 436	2 259	-7.3
家庭用品・日用品	7 090	7 127	7 676	7 146	-6.9
園芸・エクステリア	4 795	4 762	5 260	5 373	2.1
ペット・ペット用品 7)	2 508	2 556	2 767	2 847	2.9
カー用品・アウトドア	1 699	1 674	1 683	1 647	-2.1
オフィス・カルチャー	1 685	1 627	1 483	1 444	-2.6
その他 8)	3 402	3 352	3 366	3 041	-9.7
（参考）店舗数 9)					
家電大型専門店	2 498	2 547	2 566	2 633	2.6
ドラッグストア	15 660	16 422	17 000	17 622	3.7
ホームセンター	4 346	4 357	4 420	4 377	-1.0

経済産業省「商業動態統計調査」より作成。この表での対象範囲は、家電大型専門店が電気機械器具小売業に属する事業所（売場面積500m²以上）を10店舗以上持つ企業。ドラッグストアは、ドラッグストアに属する事業所を50店舗以上有する企業、もしくはドラッグストアの年間販売額が100円以上の企業。ホームセンターは、ホームセンターに属する事業所を10店舗以上有する企業、もしくはドラッグストアの年間販売額が200億円以上の企業。調査は2014年から開始。前年比は調査対象店舗の見直しに伴うギャップを調整するリンク係数で処理したもの。1）パソコン・パソコン周辺機器、ゲーム関連機器など。2）温水洗浄便座、24時間風呂、モニタ付ドアホン、火災警報器など、ほかの分類に含まれないもの。3）医師の処方箋によらない一般用の医薬品、漢方薬、生薬など。OTCとは“Over The Counter”の略。4）介護・ベビー用品を含む。5）化粧品・小物。6）日用消耗品・ペット用品を含む。7）生体（犬、猫、鳥、観賞魚、昆虫等）を含む。8）衣料品、食品、飲料、酒類、薬品、灯油、タバコなど。9）調査対象店舗数。

表 23-7　国内電子商取引（EC）の市場規模の推移（単位　億円）

	2017	2018	2019	2020
企業間（BtoB）……	3 181 610	3 442 300	3 529 620	3 349 106
ＥＣ化率（%）……1)	*29.4*	*30.2*	*31.7*	*33.5*
消費者向け（BtoC）‥	165 054	179 845	193 609	192 779
物販系分野…………	86 008	92 992	100 515	122 333
ＥＣ化率（%）……2)	*5.79*	*6.22*	*6.76*	*8.08*
食品、飲料、酒類‥	15 579	16 919	18 233	22 086
生活家電、AV機器	15 332	16 467	18 239	23 489
書籍、映像ソフト‥	11 136	12 070	13 015	16 238
化粧品、医薬品……	5 670	6 136	6 611	7 787
生活雑貨、家具……	14 817	16 083	17 428	21 322
衣類・服装雑貨等‥	16 454	17 728	19 100	22 203
自転車、自動二輪車	2 192	2 348	2 396	2 784
その他…………	4 827	5 241	5 492	6 423
サービス分野………	59 568	66 471	71 672	45 832
旅行サービス……	33 724	37 186	38 971	15 494
飲食サービス……	4 502	6 375	7 290	5 975
チケット販売……	4 595	4 887	5 583	1 922
金融サービス……	6 073	6 025	5 911	6 689
理美容サービス……	4 188	4 928	6 212	6 229
フードデリバリー‥	—	—	—	3 487
その他…………	6 486	7 070	7 706	6 036
デジタル分野………	19 478	20 382	21 422	24 614
電子出版…………	2 587	2 783	3 355	4 569
有料音楽配信……	573	645	706	783
有料動画配信……	1 319	1 477	2 404	3 200
オンラインゲーム‥	14 072	14 494	13 914	14 957
その他…………	928	984	1 043	1 105
個人間（CtoC）……	…	15 891	17 407	19 586

経済産業省「2020年度電子商取引に関する市場調査」より作成。この調査における電子商取引（ＥＣ）の定義は、コンピュータネットワークシステムを介して商取引（受発注）が行われ、かつ、その成約金額が捕捉されるもの。電子商取引化率（ＥＣ化率）とは、すべての商取引金額（商取引市場規模）に対する電子商取引市場規模の割合。1）小売、その他のサービス業を含まず。2）物販系分野のみを対象。

表 23-8　日本・アメリカ合衆国・中国3か国間の越境電子商取引（EC）市場規模（単位　億円）

購入国	3か国間越境市場規模	対前年比（%）	購入経由先（from）日本	アメリカ合衆国	中国
日本……………	3 416	*7.6*	—	3 076	340
アメリカ合衆国……	17 108	*9.9*	9 727	—	7 382
中国……………	42 617	*16.3*	19 499	23 119	—

資料・注記は表23-7に同じ。

第24章　日本の貿易

財務省が発表した2020年の日本の貿易は輸出が前年比11.1％減の68兆3991億円、輸入は同13.5％減の68兆108億円であった。新型コロナの世界的感染拡大で年初から貿易活動が停滞し、年央にかけて輸出入とも大きく落ち込んだ。輸出より輸入の減少幅が大きかったことから、貿易収支は3883億円と３年ぶりに黒字となった。なお、2021年確々報による同年の輸出は83兆914億円、輸入は84兆7607億円で、前年に比べ輸出入ともに増加した。貿易収支は１兆6694億円の赤字となっている（表24-1参照）。

図 24-1　貿易額の推移

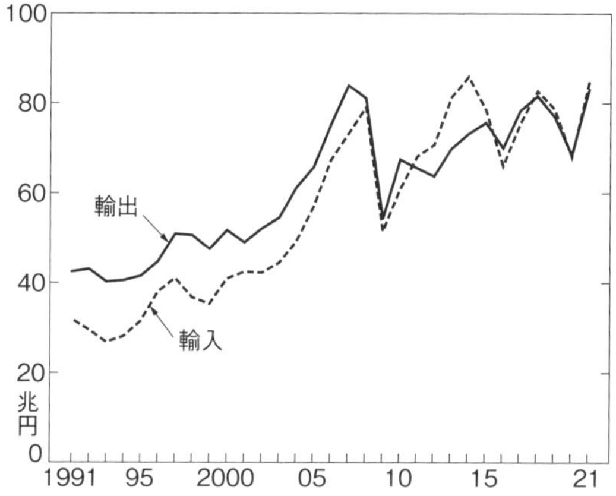

財務省「貿易統計」より作成。

表 24-1　貿易額、入出超額の推移

	億円			百万ドル		
	輸出	輸入	入出超	輸出	輸入	入出超
1990	414 569	338 552	76 017	286 948	234 799	52 149
2000	516 542	409 384	107 158	479 284	379 718	99 565
2010	673 996	607 650	66 347	769 772	692 435	77 337
2019	769 317	785 995	-16 678	705 672	721 078	-15 406
2020	683 991	680 108	3 883	641 341	634 431	6 910
2021	830 914	847 607	-16 694	…	…	…

財務省「貿易統計」より作成。円表示の2020年までは確定値、2021年は2022年３月公表の確々報（273ページ下欄参照）。ドル表示は2000年まで経済産業省「通商白書」、2010年から国連「貿易統計年鑑2015vol.Ⅱ」、同“Monthly Bulletin of Statistics, Online”（2022年３月７日閲覧）より作成。【☞長期統計514ページ】

表 24-2　最近の貿易額（四半期別）

	2020		2021[1]			
	Ⅲ	Ⅳ	Ⅰ	Ⅱ	Ⅲ	Ⅳ
輸出（億円）……	166 549	193 843	191 954	206 646	208 000	224 314
前年同期比（%）‥	*87.0*	*99.2*	*106.0*	*145.0*	*124.9*	*115.7*
輸入（億円）……	158 193	175 093	187 714	202 814	216 558	240 522
前年同期比（%）‥	*80.4*	*88.6*	*102.5*	*123.9*	*136.9*	*137.4*

資料は前表に同じ。1）確々報（273ページ下欄参照）。

図 24-2　貿易数量指数と工業生産指数の対比（2015年=100）

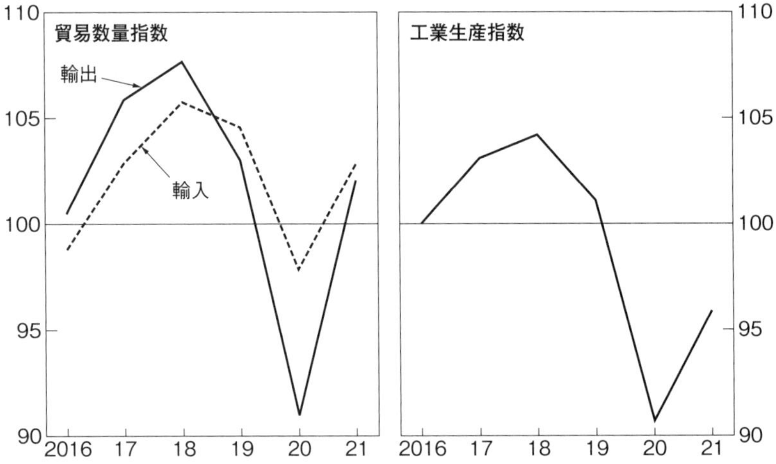

財務省および経済産業省資料より作成。貿易数量指数は金額指数と価格指数の比。工業生産指数（速報値）は製造工業、総合原指数、付加価値額生産。

表 24-3　貿易指数（2015年=100）

	輸出			輸入			交易[2]条件指数
	金額指数	価格指数	数量指数	金額指数	価格指数	数量指数	
2016	92.6	92.2	100.5	84.2	85.3	98.8	108.1
2017	103.5	97.8	105.9	96.1	93.4	102.9	104.7
2018	107.8	100.1	107.7	105.5	99.7	105.8	100.4
2019	101.7	98.8	103.0	100.2	95.9	104.6	103.0
2020	90.5	99.4	91.0	86.7	88.6	97.9	112.2
2021[1]	109.9	107.7	102.1	108.1	105.1	102.8	102.4

資料は前表に同じ。1）確々報（273ページ下欄参照）。2）輸出価格指数と輸入価格指数の比。

図 24-3　主要輸出入品

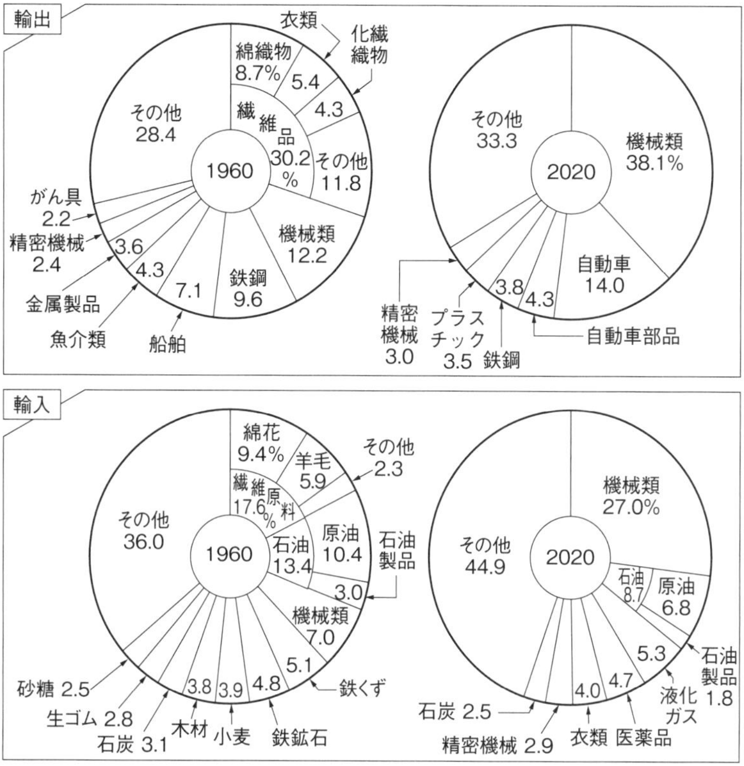

表24-4、-5より作成。

貿易統計「確々報」と「確定値」

貿易統計は税関への輸出入の申告をもとに作成されているが、修正申告などで輸出入情報に修正等が生じることがある。そのため、速報公表後の修正等を反映したものが、輸出は対象月の１か月後、輸入は２か月後に確報として公表される。また、確報公表後に生じた修正等を反映させたものが「確々報」として、さらに、確々報公表後に生じた修正等を反映させたものが「確定値」として公表される。確定値はその後修正等を生じない。

2020年分の貿易統計から翌年３月に「確々報」が公表されるようになり、「確定値」の公表が11月に先延ばしとなった。このため、本章では単年度表記や順位付けのある統計表・図を「確定値」で作成し、それ以外は掲載年次の最新性を考慮して「確々報」で作成することとした。

表 24-4　主要輸出品（単位　億円）

1960			2018	2019	2020
繊維品	4 404	機械類 1)	306 498	283 293	260 384
うち綿織物	1 265	うち集積回路	29 040	28 361	29 054
衣類	794	半導体等製造装置 5)	27 286	24 670	25 172
化繊織物	631	内燃機関	24 537	23 000	17 645
機械類 1)	1 784	自動車 4)	123 072	119 712	95 796
うちラジオ受信機	521	自動車部品	39 909	36 017	29 124
鉄鋼	1 397	鉄鋼	34 412	30 740	25 737
船舶 2)	1 037	プラスチック	25 574	24 297	24 198
魚介類	629	精密機械 3)	24 176	22 305	20 409
金属製品	532	有機化合物 6)	20 513	19 071	15 556
精密機械 3)	346	船舶 2)	13 679	14 928	11 420
がん具	324	金属製品	13 031	12 166	10 407
自動車 4)	281	金（非貨幣用）	6 938	6 994	8 887
はきもの	260	銅・同合金	8 241	6 998	8 421
計×	**14 596**	計×	**814 788**	**769 317**	**683 991**

財務省「貿易統計」より作成。2020年の輸出額の多い品目。2021年は表24-6参照。1960年は経済産業省「通商白書」(1961年各論）によるドル建てを360円で編者換算。1）一般機械と電気機械の合計で輸送用機械を含まず。2）娯楽・スポーツ用船舶、浮き構造物などを含まず。3）科学光学機器、時計など。4）部品を含まず。5）フラットパネルディスプレイを製造するための装置を含む。6）224ページ下欄および226ページ表18-5、227ページ表18-6中に掲げる品目参照。×その他とも。

表 24-5　主要輸入品（単位　億円）

1960			2018	2019	2020
繊維原料	2 843	機械類 1)	202 879	195 746	183 969
うち綿花	1 512	うち通信機	30 868	28 463	28 503
羊毛	955	コンピュータ 4)	20 290	22 108	24 062
石油	2 161	石油	109 802	95 063	58 916
うち原油	1 674	原油	89 063	79 690	46 464
機械類 1)	1 137	石油製品	20 740	15 373	12 452
鉄くず	827	液化ガス	54 298	48 826	36 356
鉄鉱石	769	医薬品	29 622	30 919	31 973
小麦	637	衣類	33 067	32 045	27 237
木材	613	精密機械 3)	21 734	21 835	19 764
石炭	508	石炭	28 121	25 282	17 076
生ゴム	453	有機化合物 6)	19 379	16 911	16 688
砂糖	400	肉類	15 162	15 401	14 311
大豆	387	魚介類	16 629	16 092	13 686
鉄鋼	315	自動車 4)	14 284	14 084	11 653
計×	**16 168**	計×	**827 033**	**785 995**	**680 108**

資料、脚注前表を参照。2020年の輸入額の多い品目。2021年は表24-8参照。液化ガスは液化天然ガス、液化石油ガスなど。×その他とも。

表 24-6　主要輸出品の輸出額の推移（単位　億円）

	2000	2010	2020	%	2021（確々報）
石油製品	1 378	10 664	6 395	0.9	8 701
有機化合物 1)	11 927	18 728	15 556	2.3	19 819
医薬品	2 944	3 787	8 360	1.2	8 611
プラスチック	10 575	23 360	24 198	3.5	29 765
タイヤ・チューブ	3 582	6 187	4 437	0.6	5 625
鉄鋼	16 003	36 754	25 737	3.8	38 143
銅・同合金	2 611	6 943	8 421	1.2	11 269
金属製品	6 940	9 818	10 407	1.5	12 770
内燃機関 2)	13 539	17 955	17 645	2.6	20 654
コンピュータ 3)	16 006	4 469	3 054	0.4	3 288
コンピュータ部品	13 698	12 753	8 682	1.3	10 051
金属加工機械	8 769	9 060	7 771	1.1	9 817
建設・鉱山用機械	3 744	8 753	8 965	1.3	13 094
加熱・冷却用機械	4 281	4 467	3 700	0.5	4 257
ポンプ、遠心分離機	7 068	11 606	11 732	1.7	13 966
荷役機械	3 858	5 955	4 979	0.7	5 984
半導体等製造装置 4)	…	16 709	25 172	3.7	33 529
うち半導体製造装置 3)	…	8 497	13 811	2.0	21 642
重電機器	6 335	7 604	9 923	1.5	12 252
電気回路用品 5)	14 364	17 480	17 410	2.5	20 940
映像記録・再生機器 3)6)	9 241	8 318	2 585	0.4	2 924
音響・映像機器部品	6 236	5 527	1 893	0.3	2 381
通信機 7)	9 203	6 120	3 769	0.6	4 137
家庭用電気機器	734	678	1 106	0.2	1 308
電池	4 606	3 390	5 191	0.8	6 639
半導体等電子部品 8)	45 758	41 528	41 553	6.1	48 995
うち集積回路	29 338	27 368	29 054	4.2	33 461
電気計測機器	8 563	11 236	15 303	2.2	18 486
自動車 3)	69 301	91 741	95 796	14.0	107 222
自動車部品	18 642	30 833	29 124	4.3	36 000
二輪自動車 3)9)	5 625	2 743	2 246	0.3	3 074
船舶 10)	10 517	22 423	11 420	1.7	10 498
精密機械	27 726	21 051	20 409	3.0	24 165
うち科学光学機器 11)	26 257	20 135	19 680	2.9	23 222
写真・映画用材料	4 289	4 105	4 997	0.7	5 962
金（非貨幣用）	704	5 214	8 887	1.3	8 387

財務省「貿易統計」より作成。割合（%）は全輸出額に占める割合。2021年は確々報。273ページ下欄参照。1）224ページ下欄および226・227ページ表18-5、-6の品目参照。2）航空機用を含まず。3）部品を含まず。4）フラットパネルディスプレイを製造するための装置を含む。5）配電・制御盤、電気回路の開閉用・保護用機器など。6）2004年にVTR類から品名変更。2001年からデジタルカメラ、デジタルビデオカメラ、DVDプレーヤーなどを含む。7）電話、ファクシミリなど。8）トランジスタ、集積回路（IC）、ダイオードなど。9）ノックダウン（組立完成型二輪自動車）を含む。10）娯楽・スポーツ用、浮き構造物などを含まず。11）光ファイバー、メガネ、写真機用レンズ、偏光材料性のシート、液晶デバイスなどの光学機器。

表 24-7　主要輸出品の輸出先（2020年）（%）

石油製品	韓国26.2　オーストラリア15.1　シンガポール12.3　中国11.0　マレーシア8.1　アメリカ7.1
有機化合物 1)	中国29.3　韓国15.0　アメリカ10.3　台湾8.7　ドイツ6.7
医薬品	アメリカ32.1　中国18.9　スイス14.7　イギリス5.4　韓国4.3
プラスチック	中国36.6　韓国12.2　台湾11.2　アメリカ6.8　香港4.3
タイヤ・チューブ	アメリカ25.6　オーストラリア11.4　ロシア6.8　アラブ首長国4.1　インドネシア3.7
鉄鋼	中国19.5　韓国12.7　タイ11.4　台湾6.5　ベトナム5.4　アメリカ5.0　インドネシア4.8　メキシコ4.5
銅・同合金	中国35.1　台湾16.4　インド11.4　タイ10.8　韓国7.0
金属製品	中国23.8　アメリカ19.8　タイ8.1　韓国6.3　台湾4.2
内燃機関 2)	アメリカ34.3　中国22.8　タイ5.2　イギリス3.7　メキシコ2.4　インドネシア2.4　シンガポール2.3
コンピュータ 3)	アメリカ31.7　ドイツ20.4　オランダ9.8　中国8.6
コンピュータ部品	アメリカ24.1　中国19.3　オランダ16.8　ベトナム7.3
金属加工機械	中国30.2　アメリカ20.5　韓国6.1　タイ5.7　台湾4.9
建設・鉱山用機械	アメリカ36.8　オランダ9.3　オーストラリア5.8　ロシア3.4
加熱・冷却用機械	アメリカ23.9　中国19.1　韓国6.4　台湾4.7　タイ4.6
ポンプ、遠心分離機	中国22.6　アメリカ18.8　韓国9.3　タイ6.7　ドイツ4.6
荷役機械	アメリカ23.8　中国15.2　オーストラリア5.6　タイ4.7
半導体等製造装置 4)	中国38.1　台湾20.6　韓国19.3　アメリカ13.0　シンガポール2.7　イスラエル1.3　ドイツ1.1
重電機器	中国25.7　アメリカ21.9　韓国6.3　台湾5.4　香港4.9
電気回路用品 5)	中国31.1　香港11.6　アメリカ10.8　韓国7.7　ベトナム5.7
映像記録・再生機器 3)6)	アメリカ33.3　中国23.7　オランダ13.4　シンガポール3.8
音響・映像機器部品	中国38.5　アメリカ11.7　香港7.6　タイ6.9　メキシコ5.1
通信機 7)	アメリカ22.4　中国22.3　ベトナム7.5　台湾7.0　香港6.5
家庭用電気機器	アメリカ19.3　台湾17.6　中国16.6　韓国11.4　香港7.8
電池	アメリカ34.8　中国16.4　イギリス6.5　シンガポール6.5
半導体等電子部品 8)	中国25.9　台湾19.8　香港15.3　韓国6.5　マレーシア5.9
うち集積回路	中国25.9　台湾24.8　香港14.9　韓国7.5　ベトナム6.6　シンガポール4.1　マレーシア3.9　タイ3.8
電気計測機器	中国25.7　アメリカ17.4　韓国10.2　台湾7.8　ドイツ7.6
自動車 3)	アメリカ36.2　中国9.5　オーストラリア7.5　カナダ3.1　アラブ首長国2.9　台湾2.8　ロシア2.7　サウジアラビア2.7
自動車部品	アメリカ24.0　中国22.1　タイ7.3　ベルギー6.3　メキシコ5.1　カナダ3.7　オランダ2.8　インドネシア2.8
二輪自動車 3)9)	アメリカ22.4　オランダ11.0　フランス10.5　イタリア9.0　スペイン3.7　カナダ3.7　オーストラリア3.5　ベルギー3.4
船舶 10)	パナマ39.9　リベリア19.6　シンガポール13.2　マーシャル諸島11.7　香港2.8　イギリス1.6　バハマ1.6
精密機械	中国34.1　アメリカ15.0　韓国9.5　台湾7.3　香港6.4
うち科学光学機器 11)	中国34.8　アメリカ15.3　韓国9.8　台湾7.5　香港4.8　ドイツ4.5　タイ3.3　ベトナム3.2
写真・映画用材料	中国23.6　台湾22.4　韓国15.6　アメリカ14.6　イギリス3.8
金（非貨幣用）	香港27.6　イギリス20.7　シンガポール18.5　スイス14.8

資料・脚注前表に同じ。金額円による百分比。前表の日本の輸出品がどの国へ輸出されたかを示したもの。

表 24-8 主要輸入品の輸入額の推移（単位 億円）

	2000	2010	2020	%	2021（確々報）
肉類	9 213	9 663	14 311	*2.1*	15 569
魚介類 1)	16 501	12 602	13 686	*2.0*	15 146
小麦 2)	1 111	1 460	1 628	*0.2*	1 958
とうもろこし 2)	2 033	3 464	3 517	*0.5*	5 201
果実	3 408	3 507	5 369	*0.8*	5 574
野菜	3 582	3 683	5 040	*0.7*	5 319
アルコール飲料	1 891	1 756	2 562	*0.4*	2 782
たばこ	3 128	3 474	5 810	*0.9*	5 967
大豆	1 319	1 606	1 592	*0.2*	2 277
木材	6 445	3 268	2 789	*0.4*	4 067
鉄鉱石	3 478	13 566	10 344	*1.5*	19 733
銅鉱	2 647	10 579	11 052	*1.6*	14 312
石炭	5 833	21 107	17 076	*2.5*	27 616
原油	48 189	94 059	46 464	*6.8*	69 288
石油製品	9 532	15 929	12 452	*1.8*	21 418
液化石油ガス（ＬＰＧ）	5 292	7 797	4 305	*0.6*	7 336
液化天然ガス（ＬＮＧ）	14 055	34 718	32 051	*4.7*	42 779
有機化合物 3)	7 993	13 496	16 688	*2.5*	18 085
医薬品	5 149	15 226	31 973	*4.7*	41 867
プラスチック	3 476	6 542	8 814	*1.3*	11 319
ダイヤモンド	1 304	632	493	*0.1*	678
鉄鋼	3 943	7 618	7 060	*1.0*	10 622
銅 4)	811	1 123	1 097	*0.2*	1 793
アルミニウム 4)	5 270	5 839	4 952	*0.7*	8 192
金属製品	3 884	7 614	11 358	*1.7*	13 169
コンピュータ 5)	18 826	15 480	24 062	*3.5*	23 915
コンピュータ部品	9 757	5 698	4 130	*0.6*	4 573
音響・映像機器	8 791	16 270	12 769	*1.9*	13 765
通信機 6)	5 733	12 529	28 503	*4.2*	33 209
家庭用電気機器	1 708	4 164	6 836	*1.0*	7 633
半導体等電子部品 7)	21 399	21 360	25 058	*3.7*	33 540
うち集積回路	19 185	17 732	19 905	*2.9*	27 445
電気計測機器	3 828	4 159	6 382	*0.9*	7 213
自動車 5)	7 679	5 958	11 653	*1.7*	13 704
自動車部品	2 200	4 879	6 747	*1.0*	8 252
航空機類	3 210	3 671	4 413	*0.6*	6 192
家具	4 054	4 875	7 480	*1.1*	8 498
バッグ類	3 231	4 042	5 063	*0.7*	5 317
衣類	21 154	23 283	27 237	*4.0*	28 328
はきもの	3 214	4 191	4 734	*0.7*	4 988
精密機械	11 432	14 622	19 764	*2.9*	21 892

財務省「貿易統計」より作成。割合（%）は全輸入額に占める割合。2021年は確々報。273ページ下欄参照。1）カン詰めを含む。2）飼料用を含む。3）224ページ下欄、226・227ページ表18-5、-6の品目参照。4）合金を含む。5）部品を含まず。6）電話、ファクシミリなど。7）トランジスタ、集積回路（IC）、ダイオードなど。

表 24-9　主要輸入品の輸入先（2020年）（％）

肉類	アメリカ28.6　タイ14.6　オーストラリア13.6　カナダ10.8　中国6.4　ブラジル6.1　メキシコ4.7　スペイン4.1
魚介類[1]	中国18.0　チリ10.2　アメリカ8.3　ベトナム7.8　ロシア7.5　ノルウェー6.8　タイ6.7　インドネシア4.6
小麦[2]	アメリカ46.9　カナダ36.5　オーストラリア16.2
とうもろこし[2]	アメリカ63.9　ブラジル34.3　南ア共和国0.9　ロシア0.5
果実	アメリカ19.6　フィリピン18.7　中国14.1　ニュージーランド9.3
野菜	中国48.3　アメリカ15.6　韓国6.0　タイ4.3　イタリア3.0
アルコール飲料	フランス39.0　イギリス12.2　アメリカ11.5　イタリア8.0
たばこ	イタリア33.3　韓国18.1　セルビア10.7　ウクライナ7.8　ギリシャ7.4
大豆	アメリカ72.8　カナダ13.9　ブラジル11.6　中国1.5
木材	アメリカ20.9　カナダ19.7　ロシア14.1　フィンランド8.5
鉄鉱石	オーストラリア52.3　ブラジル29.6　カナダ7.1　南ア共和国3.6　インド2.0　アメリカ1.8
銅鉱	チリ38.4　オーストラリア18.9　ペルー12.0　カナダ9.3　インドネシア6.1　パプアニューギニア5.0
石炭	オーストラリア60.2　インドネシア13.3　ロシア11.4　カナダ6.7　アメリカ6.5　中国0.7
原油	サウジアラビア39.5　アラブ首長国31.5　クウェート8.9　カタール8.6　ロシア4.1　アメリカ1.7
石油製品	韓国24.9　カタール15.5　アラブ首長国11.2　アメリカ9.4　インド5.3　クウェート4.7　中国3.6　ロシア3.5
液化石油ガス	アメリカ67.1　オーストラリア10.1　カナダ7.8　アラブ首長国4.4
液化天然ガス	オーストラリア40.2　マレーシア13.2　カタール11.3　ロシア7.8　アメリカ6.9　ブルネイ5.3
有機化合物[3]	中国19.7　アメリカ15.8　ドイツ8.7　韓国6.7　ベルギー6.0
医薬品	アメリカ17.7　ドイツ15.3　スイス10.1　アイルランド10.1
プラスチック	アメリカ17.5　中国17.2　韓国13.1　台湾12.6　タイ9.8
ダイヤモンド	インド53.5　ベルギー15.0　イスラエル10.9　香港6.4　タイ6.1
鉄鋼	韓国37.3　中国18.1　台湾10.2　カザフスタン5.5　ブラジル3.4
銅[4]	中国27.1　台湾18.5　タイ14.6　韓国13.9　チリ5.7
アルミニウム[4]	中国15.5　ロシア14.7　オーストラリア12.8　アラブ首長国10.6
コンピュータ[5]	中国78.5　アメリカ4.2　タイ3.9　台湾2.9　シンガポール2.5
コンピュータ部品	中国65.2　台湾7.1　タイ4.2　韓国3.9　ベトナム3.5
音響・映像機器	中国59.2　タイ7.4　マレーシア7.3　アメリカ6.4　台湾3.2
通信機[6]	中国68.4　ベトナム7.7　タイ6.4　マレーシア3.4　アメリカ2.7
集積回路	台湾57.5　アメリカ10.6　中国9.4　韓国5.3　シンガポール3.5
自動車[5]	ドイツ31.7　アメリカ9.6　タイ8.9　イギリス8.7　イタリア7.2　オーストリア5.4　ハンガリー3.8
自動車部品	中国37.7　タイ11.9　ドイツ8.1　ベトナム6.5　韓国6.4　アメリカ5.4　メキシコ4.3　インドネシア3.7
家具	中国60.5　ベトナム13.6　台湾4.3　マレーシア3.0　タイ2.8
バッグ類	中国40.5　イタリア19.9　フランス12.3　ベトナム10.9　スペイン3.4
衣類	中国54.1　ベトナム16.0　バングラデシュ4.1　カンボジア4.1　ミャンマー3.8　インドネシア3.5　イタリア3.1
はきもの	中国45.7　ベトナム24.9　インドネシア8.3　イタリア7.1　カンボジア4.0
精密機械	アメリカ20.1　中国19.2　スイス12.3　アイルランド7.8　ドイツ5.8

前表の貿易品の輸入先内訳。金額円による百分比。前表の脚注を参照のこと。南ア共和国は南アフリカ共和国。

〔地域別・国別貿易〕 日本の貿易は、わが国企業の生産拠点の海外移転やアジア地域の経済成長を背景として、対アジア貿易が中心となっている。かつては欧米諸国との貿易が盛んであったが、今では中国を筆頭に対アジア貿易が上位を占める（表24-11参照）。2018年12月発効のTPP（284ページ解説欄）および2022年１月に発効したRCEP（304ページ解説欄）では、アジア太平洋地域間の貿易拡大が期待される。また、2019年２月発効の日EU・EPAは、対欧州貿易の再浮上への足掛かりとみられている。2020年１月には日米貿易協定もスタートした。世界貿易が広がりを見せつつある中、新型コロナの感染拡大が各国・地域間の貿易を停滞させた。また、2022年２月のロシアによるウクライナ侵攻は、通商関係の地政学リスクの存在と深刻さを改めて浮き彫りにさせている。

図 24-4　大陸別輸出入先

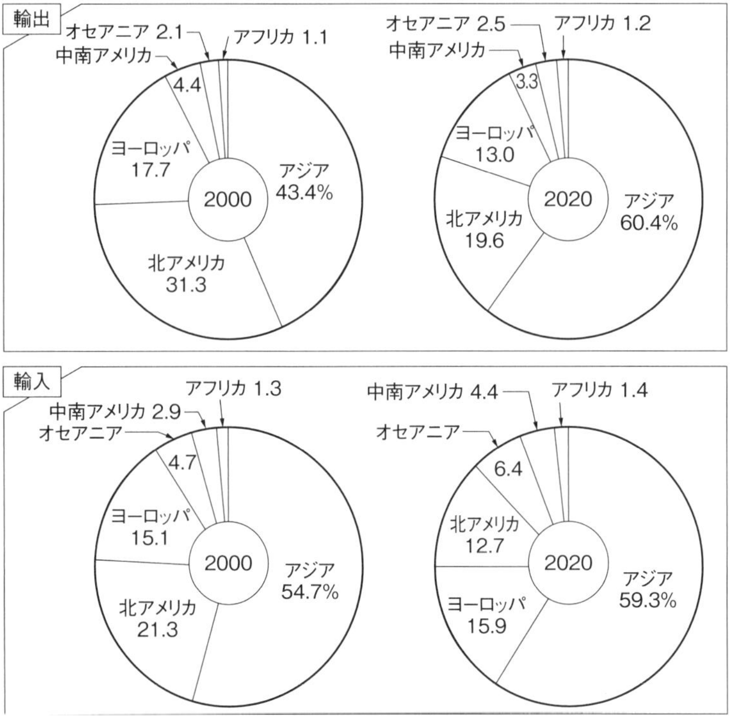

表24-10より作成。内訳の計が100％となるよう調整していない。

表 24-10　大陸別貿易

	十億円			%		
	2000	2020	2021（確々報）	2000	2020	2021（確々報）
輸出						
アジア……	22 431	41 313	50 559	*43.4*	*60.4*	*60.8*
中国……	3 274	15 082	17 984	*6.3*	*22.1*	*21.6*
北アメリカ…	16 162	13 384	15 748	*31.3*	*19.6*	*19.0*
アメリカ合衆国	15 356	12 611	14 831	*29.7*	*18.4*	*17.8*
中南アメリカ・	2 265	2 285	3 086	*4.4*	*3.3*	*3.7*
ヨーロッパ・1)	9 141	8 881	10 448	*17.7*	*13.0*	*12.6*
アフリカ……	544	848	1 055	*1.1*	*1.2*	*1.3*
オセアニア…	1 110	1 688	2 194	*2.1*	*2.5*	*2.6*
計×……	**51 654**	**68 399**	**83 091**	*100.0*	*100.0*	*100.0*
輸入						
アジア……	22 391	40 310	49 638	*54.7*	*59.3*	*58.6*
中国……	5 941	17 508	20 377	*14.5*	*25.7*	*24.0*
北アメリカ…	8 728	8 631	10 410	*21.3*	*12.7*	*12.3*
アメリカ合衆国	7 779	7 454	8 903	*19.0*	*11.0*	*10.5*
中南アメリカ・	1 183	2 998	3 673	*2.9*	*4.4*	*4.3*
ヨーロッパ・1)	6 172	10 790	13 098	*15.1*	*15.9*	*15.5*
アフリカ……	535	922	1 529	*1.3*	*1.4*	*1.8*
オセアニア…	1 929	4 359	6 412	*4.7*	*6.4*	*7.6*
計×……	**40 938**	**68 011**	**84 761**	*100.0*	*100.0*	*100.0*

財務省「貿易統計」より作成。2021年は確々報（273ページ下欄参照）。1）旧ソ連・東欧諸国を含む。×2020年と2021年の輸出を除き、地域別不明分を含む。

EPA締結国		発効年月
1.	シンガポール	2002年11月
2.	メキシコ	2005年4月
3.	マレーシア	2006年7月
4.	チリ	2007年9月
5.	タイ	〃 年11月
6.	インドネシア	2008年7月
7.	ブルネイ	〃 年〃月
8.	ASEAN(順次)	〃 年12月
9.	フィリピン	〃 年〃月
10.	スイス	2009年9月
11.	ベトナム	〃 年10月
12.	インド	2011年8月
13.	ペルー	2012年3月
14.	オーストラリア	2015年1月
15.	モンゴル	2016年6月
16.	EU	2019年2月
17.	イギリス	2021年1月

TPPは2018年12月に発効。
RCEPは2022年1月に発効。

日本のEPA（経済連携協定）締結国・地域

貿易の自由化に加えて、投資や人の移動など幅広い経済関係を結ぶのがEPA。日本は2002年11月のシンガポールをはじめとして、これまで17のEPAを発効させている。なかでも2015年1月に発効したオーストラリアとのEPAでは、外国産の安い農畜産物の国内受け入れに一歩踏み出すかたちとなった。2016年6月にモンゴルとのEPAが発効、2019年2月にはEUとのEPAが発効となり、日本で人気の欧州産ワインやチーズなどが割安で輸入されるようになった。最近では2021年1月にEUを離脱したイギリスとのEPAを発効させている（左表は外務省資料より作成。2022年3月末日現在）。

図 24-5　主な貿易相手国（2020年）

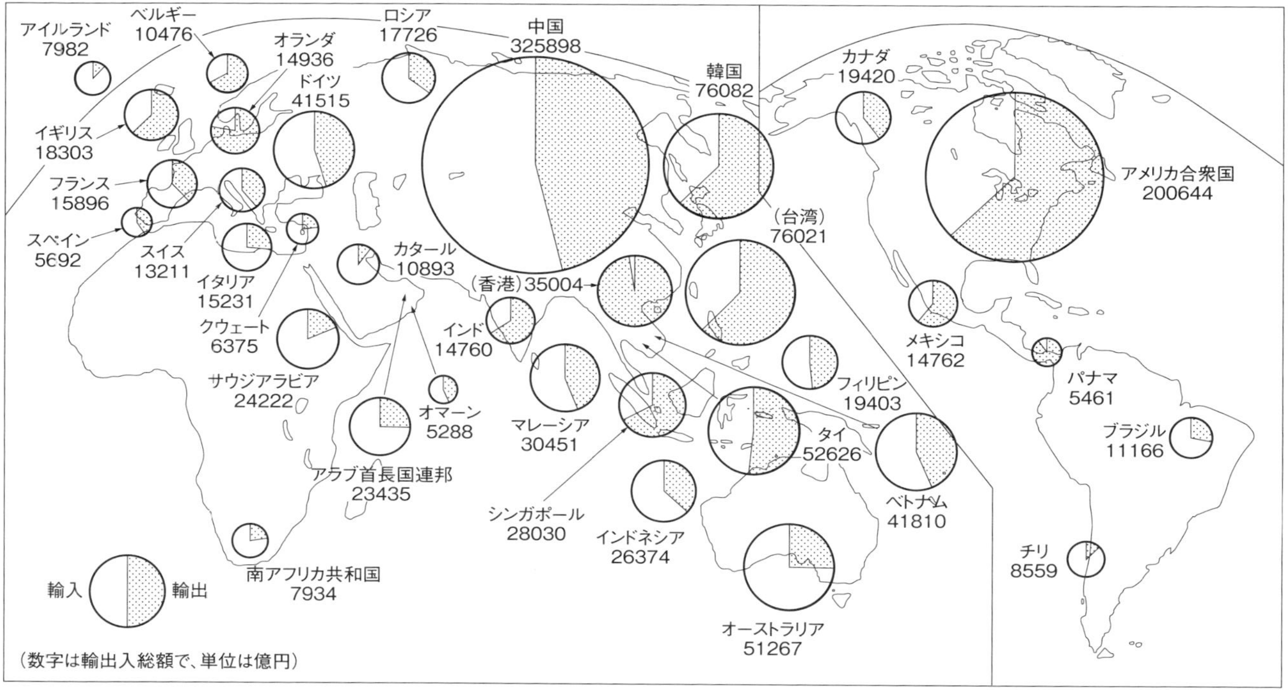

財務省「貿易統計」より作成。日本との輸出入合計が5000億円以上の相手国。

表 24-11　貿易主要相手国（Ｉ）（単位　億円）

	輸出			輸入		
	2019	2020	2020 (%)	2019	2020	2020 (%)
中国	146 819	150 820	*22.1*	184 537	175 077	*25.7*
アメリカ合衆国	152 545	126 108	*18.4*	86 402	74 536	*11.0*
韓国	50 438	47 665	*7.0*	32 271	28 416	*4.2*
(台湾)	46 885	47 391	*6.9*	29 276	28 629	*4.2*
タイ	32 906	27 226	*4.0*	27 651	25 401	*3.7*
オーストラリア	15 798	12 954	*1.9*	49 576	38 313	*5.6*
ベトナム	17 971	18 258	*2.7*	24 509	23 551	*3.5*
ドイツ	22 051	18 752	*2.7*	27 226	22 763	*3.3*
(香港)	36 654	34 146	*5.0*	2 251	859	*0.1*
マレーシア	14 490	13 435	*2.0*	19 263	17 016	*2.5*
シンガポール	21 988	18 876	*2.8*	8 512	9 154	*1.3*
インドネシア	15 243	9 809	*1.4*	19 820	16 564	*2.4*
サウジアラビア	5 567	4 526	*0.7*	30 158	19 696	*2.9*
アラブ首長国連邦	7 827	5 933	*0.9*	28 555	17 502	*2.6*
カナダ	9 677	7 727	*1.1*	12 864	11 693	*1.7*
フィリピン	11 613	9 396	*1.4*	11 561	10 007	*1.5*
イギリス	15 132	11 453	*1.7*	8 876	6 851	*1.0*
ロシア	7 826	6 278	*0.9*	15 606	11 448	*1.7*
フランス	7 435	6 026	*0.9*	13 127	9 870	*1.5*
イタリア	5 014	4 032	*0.6*	12 648	11 199	*1.6*
オランダ	12 987	11 639	*1.7*	3 432	3 297	*0.5*
メキシコ	11 577	8 948	*1.3*	6 440	5 814	*0.9*
インド	11 965	9 710	*1.4*	5 855	5 050	*0.7*
スイス	4 466	5 140	*0.8*	8 925	8 071	*1.2*
ブラジル	4 102	3 154	*0.5*	8 723	8 012	*1.2*
カタール	1 222	1 086	*0.2*	14 334	9 807	*1.4*
ベルギー	8 119	6 992	*1.0*	3 511	3 484	*0.5*
チリ	2 233	1 080	*0.2*	7 253	7 479	*1.1*
アイルランド	991	951	*0.1*	7 482	7 031	*1.0*
南アフリカ共和国	2 633	1 783	*0.3*	5 591	6 152	*0.9*
クウェート	1 872	1 504	*0.2*	7 508	4 870	*0.7*
スペイン	3 675	2 310	*0.3*	3 714	3 382	*0.5*
パナマ	6 647	4 919	*0.7*	147	543	*0.1*
ニュージーランド	2 540	1 966	*0.3*	2 918	2 671	*0.4*
スウェーデン	1 593	1 335	*0.2*	3 161	3 024	*0.4*
ポーランド	3 134	3 047	*0.4*	1 133	1 005	*0.1*
トルコ	2 740	2 843	*0.4*	837	738	*0.1*
オーストリア	1 331	1 132	*0.2*	2 319	2 108	*0.3*
バングラデシュ	1 550	1 604	*0.2*	1 607	1 403	*0.2*
ペルー	764	500	*0.1*	2 683	2 484	*0.4*
デンマーク	604	488	*0.1*	2 518	2 483	*0.4*
オマーン	2 307	1 378	*0.2*	2 981	1 566	*0.2*
イスラエル	1 816	1 616	*0.2*	1 327	1 317	*0.2*

貿易主要相手国（Ⅱ）（単位　億円）

	輸出			輸入		
	2019	2020	2020 (%)	2019	2020	2020 (%)
プエルトリコ・・・・・1)	624	585	*0.1*	2 349	2 259	*0.3*
ハンガリー・・・・・・・・	1 850	1 692	*0.2*	1 011	1 140	*0.2*
チェコ・・・・・・・・・・・	1 743	1 595	*0.2*	1 223	1 212	*0.2*
ノルウェー・・・・・・・・	1 069	1 079	*0.2*	2 052	1 570	*0.2*
パプアニューギニア	159	168	*0.0*	2 873	2 238	*0.3*
リベリア・・・・・・・・・・	2 209	2 302	*0.3*	149	0	*0.0*
カンボジア・・・・・・・・	613	518	*0.1*	1 886	1 731	*0.3*
フィンランド・・・・・・	507	417	*0.1*	1 956	1 713	*0.3*
ミャンマー・・・・・・・・	711	644	*0.1*	1 542	1 394	*0.2*
ブルネイ・・・・・・・・・・	145	110	*0.0*	2 649	1 822	*0.3*
ルーマニア・・・・・・・・	459	427	*0.1*	1 022	1 077	*0.2*
パキスタン・・・・・・・・	1 351	1 243	*0.2*	331	242	*0.0*
マーシャル諸島・・・・	1 434	1 377	*0.2*	5	7	*0.0*
エジプト・・・・・・・・・・	993	1 039	*0.2*	153	332	*0.0*
コロンビア・・・・・・・・	1 226	857	*0.1*	685	497	*0.1*
エクアドル・・・・・・・・	535	246	*0.0*	1 249	962	*0.1*
カザフスタン・・・・・・	455	387	*0.1*	1 139	798	*0.1*
バーレーン・・・・・・・・	677	636	*0.1*	1 277	528	*0.1*
アルゼンチン・・・・・・	724	578	*0.1*	629	552	*0.1*
ウクライナ・・・・・・・・	600	542	*0.1*	774	569	*0.1*
ギリシャ・・・・・・・・・・	623	261	*0.0*	586	813	*0.1*
ナイジェリア・・・・・・	428	305	*0.0*	556	737	*0.1*
ポルトガル・・・・・・・・	513	524	*0.1*	401	457	*0.1*
ケニア・・・・・・・・・・・	932	768	*0.1*	78	73	*0.0*
セルビア・・・・・・・・・・	24	21	*0.0*	380	651	*0.1*
コスタリカ・・・・・・・・	273	223	*0.0*	459	449	*0.1*
スリランカ・・・・・・・・	689	395	*0.1*	363	262	*0.0*
ヨルダン・・・・・・・・・・	552	603	*0.1*	39	33	*0.0*
イラク・・・・・・・・・・・	819	392	*0.1*	1 046	193	*0.0*
モロッコ・・・・・・・・・・	217	239	*0.0*	294	320	*0.0*
スロバキア・・・・・・・・	243	183	*0.0*	350	349	*0.1*
ルクセンブルク・・・・	511	405	*0.1*	97	88	*0.0*
アルジェリア・・・・・・	262	214	*0.0*	410	272	*0.0*
グアテマラ・・・・・・・・	276	234	*0.0*	164	182	*0.0*
モンゴル・・・・・・・・・・	636	363	*0.1*	24	16	*0.0*
タンザニア・・・・・・・・	347	271	*0.0*	96	87	*0.0*
リトアニア・・・・・・・・	71	61	*0.0*	508	289	*0.0*
スロベニア・・・・・・・・	183	172	*0.0*	144	162	*0.0*
総額×・・・・・・・・・・	**769 317**	**683 991**	*100.0*	**785 995**	**680 108**	*100.0*

財務省「貿易統計」より作成。2020年の貿易額（輸出と輸入を合計したもの）の多い順に配列したもの。中国には香港、マカオを含まず。1)アメリカ合衆国領。×その他の国とも。

第24章 日本の貿易

TPP

2018年12月30日、太平洋を取り囲む国々による経済の自由化を目的としたTPP（環太平洋経済連携協定）が、国内の手続きを完了した日本、シンガポール、メキシコ、カナダ、オーストラリア、ニュージーランド、ベトナムの７か国の間で発効した。TPPは、2006年にシンガポール、ニュージーランド、チリ、ブルネイを原加盟国としてスタートし、その後、アメリカ合衆国、メキシコ、日本など交渉参加国は12か国に及んだ。

会合では、関税の撤廃・削減、サービス貿易の取り決めにとどまらず、投資や競争政策、知的財産、政府調達といった非関税分野のほか、労働、環境など新しい分野を含む包括的なルールづくりが協議されてきた。自国の利益を守ろうとする参加各国の思惑などから交渉は難航したが、自由貿易推進のための歩みよりもあって、2015年10月に大筋で合意に至り、2016年２月には署名を済ませた。2017年１月には米国のトランプ大統領（当時）がTPPからの離脱を表明したことで、一時は発効が暗礁に乗り上げたものの、残る11か国で2018年３月にはチリで新協定の署名式を行い、同年12月に発効した。米国のバイデン大統領は、新型コロナ対策をはじめ国内政策を優先させており、早期復帰は見込めない。しかしTPPは拡大の方向にあり、2021年６月からイギリスが加盟交渉に入ったほか、同年９月には中国と台湾、同年12月にはエクアドルが加入を申請した。中国の申請はアジア太平洋地域での影響力向上が狙いとみられるが、加入実現のためには国営企業の優遇廃止や知的財産権の保護などクリアすべき課題が多く、交渉には曲折が予想される。

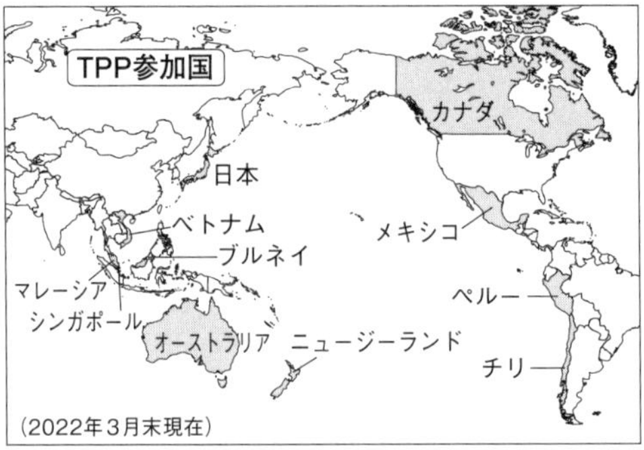

日本とTPP参加国との貿易（2020年）（単位　億円）

	輸出	輸入	輸出-輸入
ベトナム	18 258	23 551	−5 293
シンガポール	18 876	9 154	9 722
マレーシア	13 435	17 016	−3 582
ブルネイ	110	1 822	−1 711
カナダ	7 727	11 693	−3 966
メキシコ	8 948	5 814	3 133
ペルー	500	2 484	−1 984
チリ	1 080	7 479	−6 399
オーストラリア	12 954	38 313	−25 358
ニュージーランド	1 966	2 671	− 705
計	**83 854**	**119 997**	**−36 144**
（アメリカ合衆国）	126 108	74 536	51 573

表24-12～39は財務省「貿易統計」により、2020年中の日本との輸出入合計額が多い国・地域を大陸別に配列したものである。機械類は一般機械と電気機械の合計で輸送用機械を含まず。表24-6、-8の脚注を参照。

表 24-12　中国との貿易（2020年）

中国への輸出	百万円	%	中国からの輸入	百万円	%
機械類・・・・・・・・	6 683 884	*44.3*	機械類・・・・・・・・	8 517 148	*48.6*
うち半導体等製造装置	958 059	*6.4*	うち通信機 ・・・・・	1 950 393	*11.1*
集積回路 ・・・	753 789	*5.0*	コンピュータ	1 889 803	*10.8*
電気回路用品	541 739	*3.6*	音響・映像機器	755 785	*4.3*
内燃機関 ・・・	402 139	*2.7*	家庭用電気機器	471 287	*2.7*
電気計測機器	393 794	*2.6*	重電機器 ・・・	327 455	*1.9*
ポンプ、遠心分離機	264 620	*1.8*	衣類・・・・・・・・・	1 474 615	*8.4*
個別半導体 ・	257 486	*1.7*	金属製品・・・・・・	614 694	*3.5*
重電機器 ・・・	255 256	*1.7*	家具・・・・・・・・・	452 280	*2.6*
自動車・・・・・・・・	911 114	*6.0*	プラスチック製品	385 070	*2.2*
プラスチック・・	886 282	*5.9*	がん具・・・・・・・・	360 331	*2.1*
科学光学機器・・	684 708	*4.5*	有機化合物・・・・	328 413	*1.9*
自動車部品・・・・	644 996	*4.3*	科学光学機器・・	326 075	*1.9*
鉄鋼・・・・・・・・・	502 442	*3.3*	自動車部品・・・・	254 257	*1.5*
有機化合物・・・・	455 042	*3.0*	魚介類・・・・・・・・	245 913	*1.4*
化粧品・・・・・・・・	349 995	*2.3*	野菜・・・・・・・・・	243 624	*1.4*
銅・同合金・・・・	295 395	*2.0*	はきもの・・・・・・	216 149	*1.2*
金属製品・・・・・・	248 211	*1.6*	無機化合物・・・・	206 202	*1.2*
医薬品・・・・・・・・	158 014	*1.0*	バッグ類・・・・・・	205 067	*1.2*
写真・映画用材料	117 745	*0.8*	プラスチック・・	151 638	*0.9*
計×・・・・・・・・	**15 082 039**	*100.0*	計×・・・・・・・・	**17 507 743**	*100.0*

表 24-13　韓国との貿易（2020年）

韓国への輸出	百万円	%	韓国からの輸入	百万円	%
機械類・・・・・・・・	1 890 252	*39.7*	機械類・・・・・・・・	743 125	*26.2*
うち半導体等製造装置	486 259	*10.2*	うち集積回路 ・・・	106 218	*3.7*
集積回路 ・・・	217 147	*4.6*	石油製品・・・・・・	310 148	*10.9*
鉄鋼・・・・・・・・・	326 059	*6.8*	鉄鋼・・・・・・・・・	263 516	*9.3*
プラスチック・・	294 534	*6.2*	プラスチック・・	115 467	*4.1*
有機化合物・・・・	233 227	*4.9*	有機化合物・・・・	111 280	*3.9*
科学光学機器・・	193 425	*4.1*	たばこ・・・・・・・・	105 333	*3.7*
石油製品・・・・・・	167 322	*3.5*	銀・・・・・・・・・・・	102 171	*3.6*
鉄鋼くず・・・・・・	90 612	*1.9*	金属製品・・・・・・	89 077	*3.1*
写真・映画用材料	77 821	*1.6*	医薬品・・・・・・・・	58 286	*2.1*
計×・・・・・・・・	**4 766 546**	*100.0*	計×・・・・・・・・	**2 841 607**	*100.0*

表 24-14 （台湾）との貿易 (2020年)

（台湾）への輸出	百万円	%	（台湾）からの輸入	百万円	%
機械類……	2 140 174	*45.2*	機械類……	1 658 414	*57.9*
うち集積回路 …	720 477	*15.2*	うち集積回路 …	1 145 409	*40.0*
半導体等製造装置	518 816	*10.9*	プラスチック…	111 335	*3.9*
プラスチック…	270 977	*5.7*	鉄鋼……	71 740	*2.5*
自動車……	270 292	*5.7*	金属製品……	71 279	*2.5*
鉄鋼……	167 529	*3.5*	科学光学機器…	68 175	*2.4*
科学光学機器…	147 097	*3.1*	記録媒体……	46 805	*1.6*
銅・同合金……	138 012	*2.9*	魚介類……	42 822	*1.5*
有機化合物……	135 134	*2.9*	無機化合物……	33 317	*1.2*
写真・映画用材料	111 961	*2.4*	プラスチック製品	32 910	*1.1*
計×……	**4 739 146**	*100.0*	計×……	**2 862 922**	*100.0*

表 24-15 タイとの貿易 (2020年)

タイへの輸出	百万円	%	タイからの輸入	百万円	%
機械類……	1 134 783	*41.7*	機械類……	976 634	*38.4*
うち集積回路 …	111 226	*4.1*	うち通信機 ……	183 384	*7.2*
電気回路用品	96 031	*3.5*	音響・映像機器	94 500	*3.7*
鉄鋼……	292 657	*10.7*	肉類……	208 399	*8.2*
自動車部品……	213 781	*7.9*	自動車……	103 204	*4.1*
プラスチック…	99 862	*3.7*	科学光学機器…	91 574	*3.6*
銅・同合金……	91 284	*3.4*	魚介類……	91 210	*3.6*
金属製品……	84 746	*3.1*	プラスチック…	86 347	*3.4*
科学光学機器…	64 406	*2.4*	自動車部品……	80 232	*3.2*
無機化合物……	63 395	*2.3*	金属製品……	79 192	*3.1*
計×……	**2 722 588**	*100.0*	計×……	**2 540 056**	*100.0*

表 24-16 ベトナムとの貿易 (2020年)

ベトナムへの輸出	百万円	%	ベトナムからの輸入	百万円	%
機械類……	788 560	*43.2*	機械類……	761 168	*32.3*
うち集積回路 …	190 800	*10.5*	うち絶縁電線・ケーブル	222 701	*9.5*
電気回路用品	99 156	*5.4*	通信機 ……	220 070	*9.3*
鉄鋼……	138 637	*7.6*	衣類……	436 821	*18.5*
プラスチック…	94 227	*5.2*	はきもの……	118 088	*5.0*
鉄鋼くず……	93 487	*5.1*	魚介類……	107 362	*4.6*
科学光学機器…	63 248	*3.5*	家具……	101 428	*4.3*
織物類……	58 233	*3.2*	プラスチック製品	73 722	*3.1*
自動車……	41 203	*2.3*	金属製品……	59 763	*2.5*
銅・同合金……	27 758	*1.5*	ウッドチップ…	56 172	*2.4*
計×……	**1 825 831**	*100.0*	計×……	**2 355 139**	*100.0*

表 24-17 （香港）との貿易（2020年）

（香港）への輸出	百万円	%	（香港）からの輸入	百万円	%
機械類	1 493 135	*43.7*	機械類	8 260	*9.6*
うち集積回路	431 951	*12.7*	うちコンピュータ部品	1 507	*1.8*
電気回路用品	201 654	*5.9*	魚介類	6 071	*7.1*
金（非貨幣用）	245 453	*7.2*	うちうなぎの稚魚	5 986	*7.0*
化粧品	130 603	*3.8*	ダイヤモンド	3 153	*3.7*
プラスチック	104 877	*3.1*	科学光学機器	2 421	*2.8*
科学光学機器	94 961	*2.8*	時計・同部品	2 179	*2.5*
自動車	53 920	*1.6*	記録媒体	1 963	*2.3*
魚介類	46 307	*1.4*	銅くず	901	*1.0*
時計・同部品	36 285	*1.1*	貴石・半貴石	795	*0.9*
計×	**3 414 559**	*100.0*	計×	**85 874**	*100.0*

表 24-18 マレーシアとの貿易（2020年）

マレーシアへの輸出	百万円	%	マレーシアからの輸入	百万円	%
機械類	566 321	*42.2*	機械類	567 715	*33.4*
うち集積回路	112 965	*8.4*	うち通信機	97 027	*5.7*
自動車	83 888	*6.2*	音響・映像機器	93 673	*5.5*
鉄鋼	72 267	*5.4*	液化天然ガス	421 663	*24.8*
プラスチック	64 882	*4.8*	衣類	66 397	*3.9*
自動車部品	52 308	*3.9*	プラスチック	48 667	*2.9*
石油製品	51 794	*3.9*	合板	40 263	*2.4*
銅・同合金	37 910	*2.8*	科学光学機器	39 450	*2.3*
金（非貨幣用）	34 154	*2.5*	パーム油	34 470	*2.0*
鉄鋼くず	21 250	*1.6*	石油製品	24 448	*1.4*
計×	**1 343 461**	*100.0*	計×	**1 701 636**	*100.0*

表 24-19 シンガポールとの貿易（2020年）

シンガポールへの輸出	百万円	%	シンガポールからの輸入	百万円	%
機械類	668 957	*35.4*	機械類	329 287	*36.0*
うち集積回路	118 373	*6.3*	うち半導体等製造装置	116 015	*12.7*
半導体等製造装置	69 117	*3.7*	集積回路	69 175	*7.6*
金（非貨幣用）	164 573	*8.7*	コンピュータ	59 329	*6.5*
船舶	150 666	*8.0*	医薬品	135 436	*14.8*
石油製品	78 740	*4.2*	科学光学機器	76 642	*8.4*
化粧品	49 657	*2.6*	有機化合物	75 766	*8.3*
自動車	43 387	*2.3*	プラスチック	21 002	*2.3*
鉄鋼	36 400	*1.9*	石油製品	17 686	*1.9*
科学光学機器	31 208	*1.7*	ガラス・同製品	12 373	*1.4*
計×	**1 887 604**	*100.0*	計×	**915 384**	*100.0*

表 24-20　インドネシアとの貿易（2020年）

インドネシアへの輸出	百万円	%	インドネシアからの輸入	百万円	%
機械類……………	363 945	*37.1*	機械類……………	238 133	*14.4*
うち内燃機関 …	41 495	*4.2*	石炭……………	227 090	*13.7*
鉄鋼……………	122 604	*12.5*	液化天然ガス…	97 401	*5.9*
自動車部品……	81 451	*8.3*	衣類……………	95 250	*5.8*
プラスチック…	38 939	*4.0*	銅鉱……………	66 894	*4.0*
自動車…………	36 314	*3.7*	魚介類…………	63 566	*3.8*
金属製品………	30 030	*3.1*	天然ゴム………	58 703	*3.5*
無機化合物……	28 066	*2.9*	合板……………	50 474	*3.0*
有機化合物……	24 407	*2.5*	はきもの………	39 114	*2.4*
銅・同合金……	19 835	*2.0*	紙・板紙………	32 331	*2.0*
計×…………	**980 916**	*100.0*	計×…………	**1 656 435**	*100.0*

表 24-21　サウジアラビアとの貿易（2020年）

サウジアラビアへの輸出	百万円	%	サウジアラビアからの輸入	百万円	%
自動車…………	260 276	*57.5*	原油……………	1 836 396	*93.2*
機械類…………	67 005	*14.8*	石油製品………	41 065	*2.1*
うちポンプ、遠心分離機	17 521	*3.9*	有機化合物……	22 873	*1.2*
鉄鋼……………	39 099	*8.6*	アルミニウム…	18 641	*0.9*
自動車部品……	18 900	*4.2*	銅鉱……………	11 297	*0.6*
タイヤ・チューブ	15 064	*3.3*			
織物類…………	8 677	*1.9*			
金属製品………	3 917	*0.9*			
科学光学機器…	2 826	*0.6*			
有機化合物……	2 589	*0.6*			
計×…………	**452 596**	*100.0*	計×…………	**1 969 649**	*100.0*

表 24-22　アラブ首長国連邦との貿易（2020年）

アラブ首長国連邦への輸出	百万円	%	アラブ首長国連邦からの輸入	百万円	%
自動車…………	280 948	*47.4*	原油……………	1 465 320	*83.7*
機械類…………	132 971	*22.4*	石油製品………	139 560	*8.0*
うち内燃機関 …	38 243	*6.4*	アルミニウム…	52 731	*3.0*
ポンプ、遠心分離機	15 186	*2.6*	液化天然ガス…	45 866	*2.6*
建設・鉱山用機械	10 983	*1.9*	液化石油ガス…	19 132	*1.1*
自動車部品……	33 631	*5.7*			
鉄鋼……………	28 683	*4.8*			
タイヤ・チューブ	18 296	*3.1*			
織物類…………	9 105	*1.5*			
科学光学機器…	5 585	*0.9*			
計×…………	**593 255**	*100.0*	計×…………	**1 750 218**	*100.0*

表 24-23　フィリピンとの貿易（2020年）

フィリピンへの輸出	百万円	%	フィリピンからの輸入	百万円	%
機械類・・・・・・・・	417 747	*44.5*	機械類・・・・・・・・	448 885	*44.9*
うち集積回路 ・・・	73 291	*7.8*	うち絶縁電線・ケーブル	118 513	*11.8*
電気回路用品	62 628	*6.7*	通信機 ・・・・・	40 252	*4.0*
自動車・・・・・・・・	80 782	*8.6*	果実・・・・・・・・・	100 613	*10.1*
鉄鋼・・・・・・・・・・	51 314	*5.5*	うちバナナ(生鮮)	81 191	*8.1*
プラスチック・・	36 701	*3.9*	銅鉱・・・・・・・・・	26 528	*2.7*
自動車部品・・・・	21 248	*2.3*	科学光学機器・・	20 669	*2.1*
記録媒体・・・・・・	20 519	*2.2*	プラスチック製品	20 182	*2.0*
有機化合物・・・・	19 027	*2.0*	家具・・・・・・・・・	14 841	*1.5*
銅・同合金・・・・	18 507	*2.0*	魚介類・・・・・・・・	12 829	*1.3*
計×・・・・・・・・	**939 601**	*100.0*	計×・・・・・・・・	**1 000 683**	*100.0*

表 24-24　インドとの貿易（2020年）

インドへの輸出	百万円	%	インドからの輸入	百万円	%
機械類・・・・・・・・	351 546	*36.2*	有機化合物・・・・	82 613	*16.4*
うち金属加工機械	36 402	*3.7*	石油製品・・・・・・	66 091	*13.1*
銅・同合金・・・・	95 919	*9.9*	機械類・・・・・・・・	51 609	*10.2*
プラスチック・・	83 353	*8.6*	魚介類・・・・・・・・	42 442	*8.4*
無機化合物・・・・	73 642	*7.6*	ダイヤモンド・・	26 370	*5.2*
鉄鋼・・・・・・・・・・	69 224	*7.1*	衣類・・・・・・・・・・	25 236	*5.0*
有機化合物・・・・	49 588	*5.1*	鉄鉱石・・・・・・・・	20 831	*4.1*
自動車部品・・・・	32 900	*3.4*	鉄鋼・・・・・・・・・・	16 421	*3.3*
金属製品・・・・・・	26 057	*2.7*	医薬品・・・・・・・・	12 038	*2.4*
合成ゴム・・・・・・	13 635	*1.4*	アルミニウム・・	11 961	*2.4*
計×・・・・・・・・	**970 960**	*100.0*	計×・・・・・・・・	**505 020**	*100.0*

表 24-25　カタールとの貿易（2020年）

カタールへの輸出	百万円	%	カタールからの輸入	百万円	%
自動車・・・・・・・・	50 047	*46.1*	原油・・・・・・・・・・	397 947	*40.6*
機械類・・・・・・・・	16 590	*15.3*	液化天然ガス・・	361 369	*36.8*
うちポンプ、遠心分離機	4 475	*4.1*	石油製品・・・・・・	192 485	*19.6*
鉄道用車両・・・・	16 137	*14.9*	液化石油ガス・・	12 651	*1.3*
鉄鋼・・・・・・・・・・	11 338	*10.4*	アルミニウム・・	8 637	*0.9*
自動車部品・・・・	3 244	*3.0*			
タイヤ・チューブ	2 054	*1.9*			
織物類・・・・・・・・	1 283	*1.2*			
科学光学機器・・	532	*0.5*			
金属製品・・・・・・	459	*0.4*			
計×・・・・・・・・	**108 602**	*100.0*	計×・・・・・・・・	**980 736**	*100.0*

表 24-26　アメリカ合衆国との貿易（2020年）

アメリカ合衆国への輸出	百万円	%	アメリカ合衆国からの輸入	百万円	%
機械類	4 644 473	36.8	機械類	1 923 701	25.8
うち内燃機関	604 465	4.8	うち航空機用内燃機関	349 302	4.7
建設・鉱山用機械	329 840	2.6	集積回路	210 457	2.8
半導体等製造装置	328 477	2.6	半導体等製造装置	205 212	2.8
電気計測機器	266 798	2.1	医薬品	564 645	7.6
ポンプ、遠心分離機	220 357	1.7	肉類	409 594	5.5
重電機器	216 835	1.7	科学光学機器	396 975	5.3
コンピュータ部品	209 610	1.7	液化石油ガス	288 686	3.9
自動車	3 466 572	27.5	航空機類	266 258	3.6
自動車部品	699 260	5.5	有機化合物	263 537	3.5
科学光学機器	301 656	2.4	とうもろこし	224 556	3.0
航空機部品	280 153	2.2	液化天然ガス	222 360	3.0
医薬品	268 697	2.1	プラスチック	154 100	2.1
金属製品	205 833	1.6	飼料	119 719	1.6
プラスチック	165 077	1.3	石油製品	117 330	1.6
有機化合物	159 931	1.3	大豆	115 828	1.6
遊戯用具	155 541	1.2	魚介類	113 220	1.5
無機化合物	138 122	1.1	自動車	111 510	1.5
鉄鋼	129 004	1.0	石炭	110 266	1.5
計×	**12 610 824**	100.0	計×	**7 453 557**	100.0

表 24-27　カナダとの貿易（2020年）

カナダへの輸出	百万円	%	カナダからの輸入	百万円	%
自動車	295 324	38.2	肉類	154 332	13.2
機械類	193 054	25.0	医薬品	123 196	10.5
うち建設・鉱山用機械	24 672	3.2	石炭	113 970	9.7
自動車部品	108 000	14.0	銅鉱	102 266	8.7
金（非貨幣用）	29 876	3.9	なたね	99 758	8.5
鉄鋼	14 593	1.9	鉄鉱石	73 872	6.3
タイヤ・チューブ	13 105	1.7	小麦	59 455	5.1
金属製品	9 968	1.3	木材	55 067	4.7
二輪自動車	8 235	1.1	機械類	53 099	4.5
科学光学機器	8 183	1.1	魚介類	34 437	2.9
計×	**772 712**	100.0	計×	**1 169 328**	100.0

FTAとEPA　自由貿易協定（FTA:Free Trade Agreement）とは、特定の国・地域との間で、モノにかかる関税およびサービス貿易の障壁の撤廃を目的とした協定のこと。経済連携協定（EPA：Economic Partnership Agreement）は、FTAの内容に加え、投資規制の撤廃、紛争解決手続きの整備、人的交流の拡大、知的財産権の保護など、より幅広い経済関係の強化を目的とする協定。

表 24-28　メキシコとの貿易（2020年）

メキシコへの輸出	百万円	%	メキシコからの輸入	百万円	%
機械類	334 422	37.4	機械類	217 553	37.4
うち内燃機関	42 074	4.7	うち通信機	52 114	9.0
電気回路用品	27 827	3.1	肉類	67 128	11.5
金属加工機械	20 421	2.3	果実	39 670	6.8
自動車部品	148 209	16.6	科学光学機器	38 417	6.6
自動車	122 409	13.7	自動車	32 776	5.6
鉄鋼	116 642	13.0	自動車部品	28 781	5.0
金属製品	32 669	3.7	銀	15 822	2.7
プラスチック	18 249	2.0	医薬品	12 249	2.1
科学光学機器	14 723	1.6	亜鉛鉱	10 464	1.8
計×	**894 752**	100.0	計×	**581 421**	100.0

表 24-29　ブラジルとの貿易（2020年）

ブラジルへの輸出	百万円	%	ブラジルからの輸入	百万円	%
機械類	118 424	37.5	鉄鉱石	306 262	38.2
うち内燃機関	14 884	4.7	とうもろこし	120 493	15.0
自動車部品	66 009	20.9	肉類	87 417	10.9
有機化合物	30 819	9.8	有機化合物	50 685	6.3
鉄鋼	15 958	5.1	コーヒー	37 462	4.7
金属製品	9 509	3.0	鉄鋼	23 926	3.0
自動車	9 058	2.9	飼料	23 652	3.0
プラスチック	6 467	2.1	アルミニウム	22 874	2.9
タイヤ・チューブ	4 993	1.6	大豆	18 463	2.3
科学光学機器	4 431	1.4	パルプ	17 424	2.2
計×	**315 411**	100.0	計×	**801 151**	100.0

表 24-30　チリとの貿易（2020年）

チリへの輸出	百万円	%	チリからの輸入	百万円	%
自動車	41 653	38.6	銅鉱	424 376	56.7
機械類	14 717	13.6	魚介類	139 806	18.7
うち建設・鉱山用機械	3 648	3.4	ウッドチップ	32 775	4.4
荷役機械	2 441	2.3	モリブデン鉱	30 231	4.0
タイヤ・チューブ	12 110	11.2	ぶどう酒	19 657	2.6
石油製品	12 080	11.2	無機化合物	18 595	2.5
鉄鋼	8 040	7.4	果実	15 356	2.1
金属製品	3 100	2.9	肉類	14 576	1.9
自動車部品	1 411	1.3	飼料	7 712	1.0
プラスチック	937	0.9	銅・同合金	6 239	0.8
計×	**107 997**	100.0	計×	**747 943**	100.0

表 24-31　ドイツとの貿易（2020年）

ドイツへの輸出	百万円	%	ドイツからの輸入	百万円	%
機械類	857 528	*45.7*	機械類	624 383	*27.4*
うち電気計測機器	116 486	*6.2*	うち電気計測機器	70 412	*3.1*
コンピュータ	62 266	*3.3*	医薬品	488 486	*21.5*
コンデンサ	60 489	*3.2*	自動車	368 861	*16.2*
自動車	199 022	*10.6*	有機化合物	145 308	*6.4*
有機化合物	104 357	*5.6*	科学光学機器	112 413	*4.9*
科学光学機器	88 925	*4.7*	自動車部品	54 561	*2.4*
遊戯用具	81 816	*4.4*	プラスチック	37 179	*1.6*
プラスチック	47 272	*2.5*	金属製品	36 193	*1.6*
自動車部品	29 203	*1.6*	無機化合物	29 017	*1.3*
計×	**1 875 242**	*100.0*	計×	**2 276 259**	*100.0*

表 24-32　イギリスとの貿易（2020年）

イギリスへの輸出	百万円	%	イギリスからの輸入	百万円	%
機械類	331 270	*28.9*	機械類	189 686	*27.7*
うち内燃機関	64 445	*5.6*	うち航空機用内燃機関	44 224	*6.5*
電池	33 813	*3.0*	電気計測機器	30 574	*4.5*
自動車	220 815	*19.3*	医薬品	113 940	*16.6*
金（非貨幣用）	184 354	*16.1*	自動車	101 023	*14.7*
医薬品	45 516	*4.0*	科学光学機器	30 791	*4.5*
自動車部品	38 109	*3.3*	ウイスキー	28 841	*4.2*
写真·映画用材料	18 799	*1.6*	パラジウム	15 843	*2.3*
船舶	18 494	*1.6*	ロジウム	13 582	*2.0*
有機化合物	17 347	*1.5*	有機化合物	12 047	*1.8*
計×	**1 145 273**	*100.0*	計×	**685 058**	*100.0*

表 24-33　フランスとの貿易（2020年）

フランスへの輸出	百万円	%	フランスからの輸入	百万円	%
機械類	234 041	*38.8*	医薬品	154 713	*15.7*
うち内燃機関	32 384	*5.4*	機械類	134 105	*13.6*
自動車	89 069	*14.8*	ぶどう酒	91 332	*9.3*
自動車部品	27 127	*4.5*	航空機類	80 097	*8.1*
二輪自動車	23 547	*3.9*	バッグ類	62 122	*6.3*
医薬品	22 000	*3.7*	有機化合物	34 352	*3.5*
写真·映画用材料	15 901	*2.6*	自動車	27 262	*2.8*
有機化合物	12 606	*2.1*	科学光学機器	16 906	*1.7*
科学光学機器	11 754	*2.0*	美術・収集品等	15 950	*1.6*
金属製品	8 780	*1.5*	金属製品	14 414	*1.5*
計×	**602 600**	*100.0*	計×	**987 001**	*100.0*

表 24-34　イタリアとの貿易（2020年）

イタリアへの輸出	百万円	%	イタリアからの輸入	百万円	%
機械類	115 841	*28.7*	たばこ	193 326	*17.3*
うちポンプ、遠心分離機	12 792	*3.2*	機械類	146 929	*13.1*
自動車	93 305	*23.1*	バッグ類	100 725	*9.0*
有機化合物	29 373	*7.3*	医薬品	99 183	*8.9*
二輪自動車	20 123	*5.0*	衣類	85 009	*7.6*
医薬品	13 454	*3.3*	自動車	83 649	*7.5*
プラスチック	12 366	*3.1*	有機化合物	63 513	*5.7*
科学光学機器	11 452	*2.8*	はきもの	33 693	*3.0*
自動車部品	8 049	*2.0*	ぶどう酒	19 553	*1.7*
織物類	6 353	*1.6*	野菜	14 967	*1.3*
計×	**403 243**	*100.0*	計×	**1 119 894**	*100.0*

表 24-35　オランダとの貿易（2020年）

オランダへの輸出	百万円	%	オランダからの輸入	百万円	%
機械類	621 981	*53.4*	機械類	115 816	*35.1*
うちコンピュータ部品	145 548	*12.5*	うち半導体等製造装置	49 359	*15.0*
建設・鉱山用機械	83 075	*7.1*	医薬品	45 105	*13.7*
自動車部品	82 008	*7.0*	肉類	20 122	*6.1*
科学光学機器	53 292	*4.6*	チーズ	12 229	*3.7*
自動車	44 535	*3.8*	科学光学機器	11 761	*3.6*
プラスチック	32 952	*2.8*	プラスチック	8 843	*2.7*
有機化合物	32 609	*2.8*	有機化合物	8 613	*2.6*
二輪自動車	24 740	*2.1*	飼料	6 658	*2.0*
金属製品	17 240	*1.5*	野菜	5 399	*1.6*
計×	**1 163 870**	*100.0*	計×	**329 727**	*100.0*

表 24-36　スイスとの貿易（2020年）

スイスへの輸出	百万円	%	スイスからの輸入	百万円	%
金（非貨幣用）	131 428	*25.6*	医薬品	321 431	*39.8*
医薬品	122 555	*23.8*	時計・同部品	183 262	*22.7*
自動車	33 532	*6.5*	機械類	88 279	*10.9*
機械類	27 312	*5.3*	うち電気計測機器	12 243	*1.5*
有機化合物	15 519	*3.0*	科学光学機器	59 587	*7.4*
プラスチック	5 057	*1.0*	有機化合物	41 445	*5.1*
科学光学機器	4 263	*0.8*	たばこ	30 112	*3.7*
衣類	2 811	*0.5*	金属製品	5 799	*0.7*
金属製品	2 006	*0.4*	プラスチック	5 668	*0.7*
二輪自動車	1 947	*0.4*	金（非貨幣用）	4 990	*0.6*
計×	**513 970**	*100.0*	計×	**807 095**	*100.0*

表 24-37　ロシアとの貿易（2020年）

ロシアへの輸出	百万円	%	ロシアからの輸入	百万円	%
自動車・・・・・・・・	263 175	*41.9*	液化天然ガス・・	250 464	*21.9*
機械類・・・・・・・・	167 871	*26.7*	石炭・・・・・・・・・	194 786	*17.0*
うち建設・鉱山用機械	30 046	*4.8*	原油・・・・・・・・・	192 315	*16.8*
内燃機関 ・・・	26 130	*4.2*	パラジウム・・・・	160 697	*14.0*
ポンプ、遠心分離機	14 174	*2.3*	魚介類・・・・・・・	102 721	*9.0*
自動車部品・・・・	68 878	*11.0*	アルミニウム・・	72 848	*6.4*
タイヤ・チューブ	30 080	*4.8*	石油製品・・・・・・	43 158	*3.8*
金属製品・・・・・・	8 185	*1.3*	木材・・・・・・・・・	39 230	*3.4*
科学光学機器・・	5 817	*0.9*	鉄鋼・・・・・・・・・	20 382	*1.8*
プラスチック・・	5 685	*0.9*	有機化合物・・・・	10 769	*0.9*
計×・・・・・・・・	**627 817**	*100.0*	計×・・・・・・・・	**1 144 783**	*100.0*

表 24-38　南アフリカ共和国との貿易（2020年）

南アフリカ共和国への輸出	百万円	%	南アフリカ共和国からの輸入	百万円	%
自動車・・・・・・・・	69 559	*39.0*	ロジウム・・・・・・	176 496	*28.7*
機械類・・・・・・・・	43 551	*24.4*	パラジウム・・・・	157 871	*25.7*
うち建設・鉱山用機械	6 874	*3.9*	白金・・・・・・・・・	76 733	*12.5*
電気計測機器	4 992	*2.8*	鉄鉱石・・・・・・・	37 119	*6.0*
自動車部品・・・・	20 993	*11.8*	自動車・・・・・・・・	35 826	*5.8*
鉄鋼・・・・・・・・・	5 489	*3.1*	鉄鋼・・・・・・・・・	19 301	*3.1*
タイヤ・チューブ	4 691	*2.6*	ウッドチップ・・	16 084	*2.6*
石油製品・・・・・・	2 935	*1.6*	マンガン鉱・・・・	11 643	*1.9*
金属製品・・・・・・	2 879	*1.6*	アルミニウム・・	8 653	*1.4*
プラスチック・・	2 623	*1.5*	果実・・・・・・・・・	7 723	*1.3*
計×・・・・・・・・	**178 252**	*100.0*	計×・・・・・・・・	**615 192**	*100.0*

表 24-39　オーストラリアとの貿易（2020年）

オーストラリアへの輸出	百万円	%	オーストラリアからの輸入	百万円	%
自動車・・・・・・・・	720 769	*55.6*	液化天然ガス・・	1 289 875	*33.7*
機械類・・・・・・・・	203 435	*15.7*	石炭・・・・・・・・・	1 027 736	*26.8*
うち建設・鉱山用機械	52 406	*4.0*	鉄鉱石・・・・・・・	540 654	*14.1*
石油製品・・・・・・	96 431	*7.4*	銅鉱・・・・・・・・・	209 034	*5.5*
タイヤ・チューブ	50 483	*3.9*	肉類・・・・・・・・・	194 676	*5.1*
自動車部品・・・・	29 045	*2.2*	アルミニウム・・	63 555	*1.7*
鉄鋼・・・・・・・・・	20 167	*1.6*	液化石油ガス・・	43 639	*1.1*
無機化合物・・・・	12 284	*0.9*	粗糖・・・・・・・・・	35 429	*0.9*
科学光学機器・・	11 334	*0.9*	ウッドチップ・・	33 312	*0.9*
遊戯用具・・・・・・	9 133	*0.7*	チーズ・・・・・・・	31 382	*0.8*
計×・・・・・・・・	**1 295 449**	*100.0*	計×・・・・・・・・	**3 831 259**	*100.0*

〔対中国貿易〕 2020年の日本と中国との貿易は、輸出が前年比2.7%増の15兆820億円、輸入は同5.1%減の17兆5077億円で、2兆4257億円の赤字となった（表24-40参照）。中国との貿易では1988年以降日本の輸入超過が続いている。2020年は新型コロナウイルスの感染拡大で世界貿易が停滞した。ほとんどの貿易相手国が輸出入とも減少した中にあって、中国への輸出は増加した。中国が他の国に比べて、いち早く新型コロナの感染拡大を抑え、経済を回復させたことが要因である。

なお、2021年確々報による対中国貿易をみると、輸出が18.0兆円、輸入は20.4兆円で、2.4兆円の輸入超過となっている。

図 24-6　日中・日米貿易総額の推移

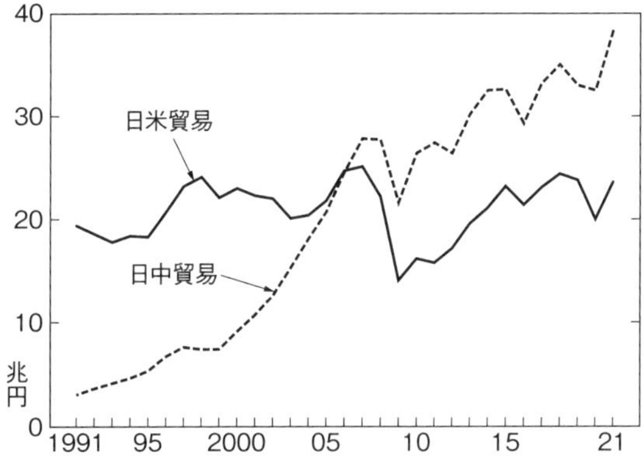

財務省「貿易統計」より作成。輸出入額の合計。

表 24-40　対中国貿易の推移

	輸出		輸入		対中国入出超（百万円）
	中国への輸出（百万円）	輸出総額に対する比率（%）	中国からの輸入（百万円）	輸入総額に対する比率（%）	
1990	2) 883 510	*2.1*	1 729 858	*5.1*	-846 349
1995	2 061 960	*5.0*	3 380 882	*10.7*	-1 318 922
2000	3 274 448	*6.3*	5 941 358	*14.5*	-2 666 910
2005	8 836 853	*13.5*	11 975 449	*21.0*	-3 138 596
2010	13 085 565	*19.4*	13 412 960	*22.1*	-327 395
2018	15 897 740	*19.5*	19 193 653	*23.2*	-3 295 912
2019	14 681 945	*19.1*	18 453 731	*23.5*	-3 771 786
2020	15 082 039	*22.1*	17 507 743	*25.7*	-2 425 704
2021 1)	17 984 389	*21.6*	20 377 498	*24.0*	-2 393 109

財務省「貿易統計」より作成。香港、マカオを含まず。1）確々報（273ページ下欄参照）。2）輸出が減少した要因として、通商産業省（現経済産業省）「通商白書」（1991年版）は、1989年天安門事件の影響による対外経済関係の悪化、中国の輸入抑制策の強化、1989年12月の21.2%の人民元為替レートの切り下げ等によると指摘。

〔対米貿易〕 2020年の日本からアメリカへの輸出は前年比17.3％減の12兆6108億円、輸入は同13.7％減の 7 兆4536億円で、対米貿易黒字は前年比22.0％減の 5 兆1573億円であった（表24-41参照）。アメリカはトランプ前政権時代に保護主義の姿勢を強め、通商政策において多国間交渉から二国間交渉へと軸足を移してきた。対米貿易赤字を抱える日本に対しても通商交渉を行い、2020年 1 月に日米貿易協定を発効させた。ほとんどの品目で関税撤廃となったが、日本の主要輸出品目である自動車と

図 24-7　日本からみた日中間の主要貿易品に占める中国の割合
（2020年）（カッコ内の数字は中国の順位）

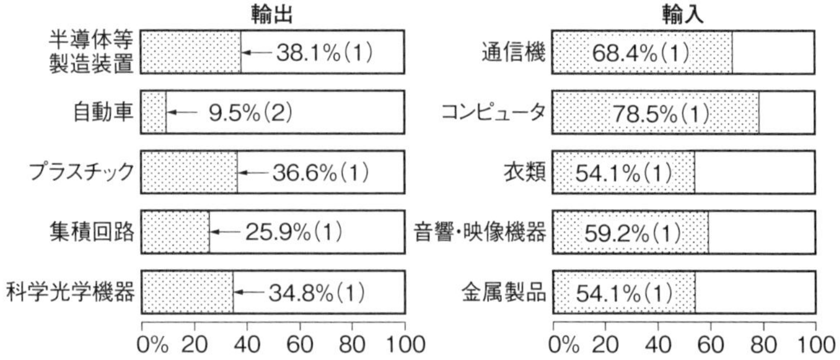

掲載品目は日中間の輸出入品目のうち金額の多い順。表24-12参照。

表 24-41　対アメリカ合衆国貿易の推移

	輸出		輸入		対米入出超（百万円）
	アメリカへの輸出（百万円）	輸出総額に対する比率（％）	アメリカからの輸入（百万円）	輸入総額に対する比率（％）	
1990	13 056 598	*31.5*	7 585 904	*22.4*	5 470 693
1995	11 332 952	*27.3*	7 076 404	*22.4*	4 256 548
2000	15 355 867	*29.7*	7 778 861	*19.0*	7 577 006
2005	14 805 465	*22.5*	7 074 270	*12.4*	7 731 196
2010	10 373 980	*15.4*	5 911 421	*9.7*	4 462 558
2018	15 470 237	*19.0*	9 014 902	*10.9*	6 455 335
2019	15 254 513	*19.8*	8 640 165	*11.0*	6 614 347
2020	12 610 824	*18.4*	7 453 557	*11.0*	5 157 268
2021[1)]	14 831 414	*17.8*	8 903 114	*10.5*	5 928 300

財務省「貿易統計」より作成。1）確々報（273ページ下欄参照）。

同部品は交渉継続となった。2021年1月に誕生したバイデン政権は国際協調路線の意向を示しており、TPPへの復帰も期待されている。しかし、新型コロナ対策や国内経済を優先させており、同年9月に中国がTPP加盟を申請した際にも、復帰の動きは見られなかった。2022年2月のロシアによるウクライナ侵攻など国際情勢が混迷する中、交渉の進展は見通しにくい。なお、2021年の対米貿易は、確々報で輸出が14.8兆円、輸入は8.9兆円といずれも前年に比べ増加している。

図 24-8　日本からみた日米間の主要貿易品に占める米国の割合
（2020年）（カッコ内の数字は米国の順位）

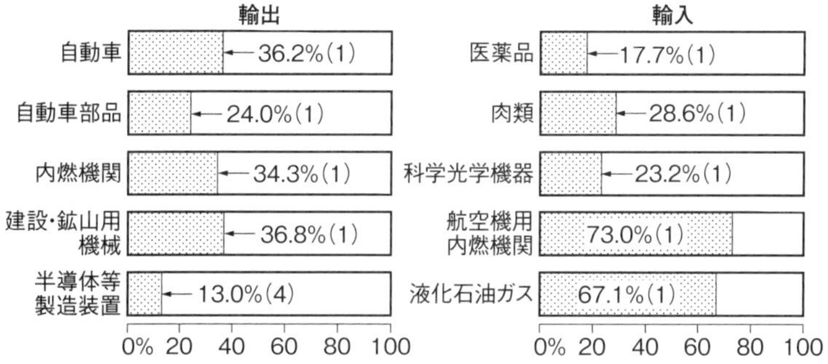

掲載品目は日米間の輸出入品目のうち金額の多い順。表24-26参照。

日本とウクライナとの貿易

2020年の日本とウクライナとの貿易は輸出入総額で1000億円を超え、ギリシャ、アルゼンチンと肩を並べる（表24-11）。日本からウクライナへの輸出は自動車、一方、ウクライナから日本への輸入はたばこがトップで、いずれも占有率が高い（下表）。輸入たばこのうち7.8%はウクライナからであり、輸入先国として第4位の地位を占める（表24-9）。JT（日本たばこ産業）は、ロシアとウクライナの両国で有力なたばこメーカーとして名が知られている。ウクライナでは中部で日本向けの「キャメル」ブランドを製造しているが、2022年2月、ロシアのウクライナ侵攻で、たばこ工場の操業を一時休止している。

ウクライナへの輸出	百万円	%	ウクライナからの輸入	百万円	%
自動車	42 970	*79.3*	たばこ	45 104	*79.3*
タイヤ・チューブ	2 205	*4.1*	鉄鉱石	4 973	*8.7*
二輪自動車	1 641	*3.0*	アルミニウム	1 346	*2.4*
計×	**54 181**	*100.0*	計×	**56 878**	*100.0*

〔対ASEAN・アジアNIEs貿易〕 2020年の日本とASEAN（東南アジア諸国連合）10か国との貿易は輸出が前年比15.0％減の9兆8430億円、輸入が同9.2％減の10兆6778億円であった（表24-42)。一方、アジアNIEs 4か国・地域との貿易は輸出が前年比5.1％減の14兆8079億円、輸入が同7.3％減の6兆7058億円であった（表24-43)。日本とアジア各国・地域との貿易は、製造業を中心に生産拠点としての相互依存関係が確立している。日本から各生産拠点へ向けて資本財などを輸出する一方、日本は各生産拠点から製品輸入を行っている。2020年は新型コロナ感染拡大の影響で両地域間の供給網に混乱を生じさせ、貿易が停滞した。

ASEANは2015年にAEC(ASEAN経済共同体）を発足させ、域内の貿易、投資が活性化している。TPPに加盟している国や、2022年1月発効のRCEP協定にはASEAN全加盟国がメンバー入りしていることもあって、アジア地域の通商関係の深化が期待される。

表 24-42　対ASEAN貿易の推移

	輸出		輸入	
	ASEANへの輸出（百万円）	輸出総額に対する比率（％）	ASEANからの輸入（百万円）	輸入総額に対する比率（％）
1990	4 754 381	*11.5*	4 206 886	*12.4*
2000	7 381 211	*14.3*	6 423 810	*15.7*
2010	9 881 694	*14.7*	8 844 436	*14.6*
2019	11 578 266	*15.1*	11 756 655	*15.0*
2020	9 842 963	*14.4*	10 677 797	*15.7*
2021 1)	12 460 957	*15.0*	12 468 801	*14.7*

財務省「貿易統計」より作成。ASEANは、1990年がタイ、シンガポール、マレーシア、フィリピン、インドネシア、ブルネイ（1984年加盟）の6か国、2000年からベトナム（1995年加盟)、ラオス、ミャンマー（ともに1997年加盟)、カンボジア（1999年加盟）を加えた10か国。1）確々報（273ページ下欄参照)。

表 24-43　対アジアNIEs貿易の推移

	輸出		輸入	
	アジアNIEsへの輸出（百万円）	輸出総額に対する比率（％）	アジアNIEsからの輸入（百万円）	輸入総額に対する比率（％）
1990	8 186 635	*19.7*	3 747 644	*11.1*
2000	12 356 404	*23.9*	5 008 202	*12.2*
2010	15 968 308	*23.7*	5 377 165	*8.8*
2019	15 596 522	*20.3*	7 231 078	*9.2*
2020	14 807 855	*21.6*	6 705 786	*9.9*
2021 1)	17 848 699	*21.5*	8 295 142	*9.8*

資料、脚注前表に同じ。アジアNIEsは韓国、台湾、香港、シンガポールの4か国・地域。1）確々報（273ページ下欄参照)。

〔対ＥＵ貿易〕 2020年の対EU（欧州連合）貿易は、輸出が６兆4603億円、輸入は７兆8317億円で、１兆3713億円の貿易赤字となった（下表参照）。2019年２月に日本とEUとのEPAが発効したものの、コロナ禍の影響で輸出入とも大きく減少した。なお、2021年の確々報によると、輸出が7.7兆円、輸入は9.4兆円となり、輸出入ともに前年比21.4％増となっている（貿易額､伸び率とも2020年１月に脱退したイギリスを除く、現在の加盟国に基づく数値）。

表 24-44 対EU貿易の推移

	輸出		輸入		対EU入出超（百万円）
	EUへの輸出（百万円）	輸出総額に対する比率（%）	EUからの輸入（百万円）	輸入総額に対する比率（%）	
1990	7 733 880	*18.7*	5 070 705	*15.0*	2 663 175
2000	8 431 938	*16.3*	5 042 937	*12.3*	3 389 001
2010	7 615 809	*11.3*	5 821 018	*9.6*	1 794 791
2019	8 955 277	*11.6*	9 722 197	*12.4*	−766 920
2020	6 460 307	*9.4*	7 831 652	*11.5*	−1 371 345
2021 1)	7 668 101	*9.2*	9 421 822	*11.1*	−1 753 721

財務省「貿易統計」より作成。1990年はEC12か国（1990年11月分から旧東独を含む)、2000年はEU15か国、2010年はEU27か国、2019・20年はEU28か国（ただし、2020年１月31日にイギリスがEUを脱退したため、2020年のイギリスは１月分のみ計上)。2021年は27か国。1）確々報（273ページ下欄参照)。

表 24-45 対EU貿易の主要貿易品目（2020年）

EUへの輸出	百万円	%	EUからの輸入	百万円	%
機械類・・・・・・・	2 608 617	*40.4*	医薬品・・・・・・・	1 559 878	*19.9*
うち電気計測機器	233 934	*3.6*	機械類・・・・・・・	1 486 199	*19.0*
自動車・・・・・・・	941 532	*14.6*	自動車・・・・・・・	758 778	*9.7*
自動車部品・・・	392 324	*6.1*	有機化合物・・・	499 503	*6.4*
有機化合物・・・	259 421	*4.0*	科学光学機器・	360 262	*4.6*
科学光学機器・	234 333	*3.6*	バッグ類・・・・・	188 064	*2.4*
プラスチック・	158 549	*2.5*	肉類・・・・・・・・・	171 047	*2.2*
医薬品・・・・・・・	100 242	*1.6*	アルコール飲料	147 081	*1.9*
二輪自動車・・・	95 989	*1.5*	衣類・・・・・・・・・	137 367	*1.8*
金属製品・・・・・	91 995	*1.4*	航空機類・・・・・	115 563	*1.5*
鉄鋼・・・・・・・・・	53 314	*0.8*	自動車部品・・・	99 161	*1.3*
計×・・・・・・・	**6 460 307**	*100.0*	計×・・・・・・・・	**7 831 652**	*100.0*

財務省「報道発表 2020年分（確定)」より作成。

〔港別貿易〕 表24-46に港別の輸出入額を示し、表24-47には主要港の輸出入品目を掲げた。日本の自動車の輸出港といえば、名古屋、三河、横浜であり、完成車のみならず、部品の輸出も多い。成田国際空港、関西国際空港は科学光学機器、集積回路など付加価値の高い製品を輸出している。輸入では、東京、大阪など大消費地に近い港は食料品、衣類の輸入が多く、工業地帯に位置する千葉、川崎などの港では、石油、液化ガスなどエネルギー資源の輸入比率が高い。港別貿易をみると、その地域の産業の成り立ちを知ることができる。

表 24-46　主要港別貿易額（単位　億円）

	2019		2020			
	輸出	輸入	輸出	輸入	計	計(%)
成田国際空港 1)	105 256	129 560	101 588	128 030	229 619	*16.8*
東京	58 237	114 913	52 331	109 947	162 278	*11.9*
名古屋	123 068	50 849	104 137	43 160	147 297	*10.8*
横浜	69 461	48 920	58 200	40 545	98 744	*7.2*
関西国際空港	51 872	39 695	49 899	37 464	87 362	*6.4*
大阪	37 742	47 781	38 087	45 168	83 255	*6.1*
神戸	55 571	33 103	49 017	30 033	79 050	*5.8*
博多	29 773	10 465	28 109	9 950	38 059	*2.8*
千葉	7 180	32 682	5 903	24 782	30 685	*2.2*
川崎	11 167	23 571	8 941	18 215	27 156	*2.0*
三河 2)	25 424	8 267	20 576	6 532	27 108	*2.0*
清水	18 239	10 220	16 684	9 184	25 868	*1.9*
四日市	8 361	15 869	7 252	10 753	18 005	*1.3*
水島	8 550	12 717	7 332	9 555	16 887	*1.2*
中部国際空港 3)	9 342	11 169	8 050	8 241	16 290	*1.2*
門司	8 453	8 851	8 748	6 861	15 609	*1.1*
大分	6 901	11 543	5 596	9 877	15 473	*1.1*
広島	14 436	4 386	11 789	3 447	15 236	*1.1*
堺	4 398	14 073	3 692	9 701	13 393	*1.0*
日立	7 492	3 980	7 481	3 388	10 869	*0.8*
鹿島	4 605	11 494	2 889	7 704	10 593	*0.8*
木更津	2 401	9 249	1 893	6 762	8 655	*0.6*
羽田	3 453	12 163	2 430	5 494	7 925	*0.6*
計×	**769 317**	**785 995**	**683 991**	**680 108**	**1 364 100**	*100.0*

財務省「貿易統計」より作成。1）2004年４月、民営化に伴い名称変更。2）1999年１月、豊橋と蒲郡が統合し三河となった。3）2005年２月、中部国際空港開港に伴い名古屋空港税関支署が廃止され、中部空港税関支署が設置された。×その他とも。

図 24-9 主な港の貿易額（2020年）

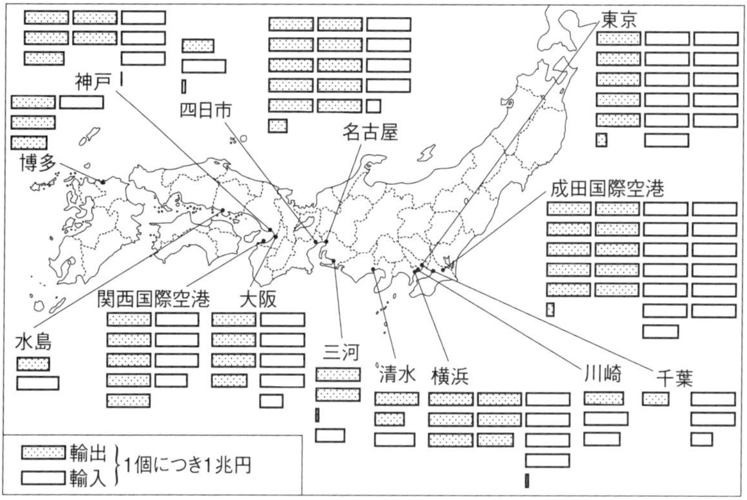

表24-47は財務省「貿易統計」により、2020年中の輸出入合計額の多い順に港別の主要な貿易品目を掲載したものである。輸入品目の石油は原油と石油製品の合計、液化ガスは液化天然ガス、液化石油ガスなど。表24-6、-8の脚注も参照のこと。×その他の品目とも。

表 24-47 港別の主要貿易品目（Ⅰ）（2020年）

成田国際空港					
輸出品目	百万円	%	輸入品目	百万円	%
半導体等製造装置	849 806	*8.4*	通信機…………	1 799 723	*14.1*
金（非貨幣用）…	769 528	*7.6*	医薬品…………	1 726 958	*13.5*
科学光学機器……	556 860	*5.5*	コンピュータ……	1 260 572	*9.8*
電気計測機器……	391 020	*3.8*	集積回路………	1 020 803	*8.0*
集積回路………	385 059	*3.8*	科学光学機器……	807 352	*6.3*
計×…………	**10 158 849**	*100.0*	計×…………	**12 803 024**	*100.0*

東京					
輸出品目	百万円	%	輸入品目	百万円	%
自動車部品……	303 338	*5.8*	衣類…………	908 623	*8.3*
半導体等製造装置	269 913	*5.2*	コンピュータ……	680 631	*6.2*
コンピュータ部品	266 919	*5.1*	肉類…………	489 432	*4.5*
プラスチック……	244 391	*4.7*	魚介類………	443 353	*4.0*
内燃機関………	232 552	*4.4*	音響・映像機器…	400 821	*3.6*
計×…………	**5 233 124**	*100.0*	計×…………	**10 994 662**	*100.0*

港別の主要貿易品目（Ⅱ）（2020年）

名古屋

輸出品目	百万円	%	輸入品目	百万円	%
自動車…………	2 557 072	*24.6*	液化ガス………	321 222	*7.4*
自動車部品……	1 733 298	*16.6*	衣類…………	295 904	*6.9*
内燃機関………	431 768	*4.1*	石油…………	250 993	*5.8*
電気計測機器…	356 317	*3.4*	絶縁電線･ケーブル	220 920	*5.1*
金属加工機械…	334 174	*3.2*	アルミニウム…	169 665	*3.9*
計×…………	**10 413 661**	*100.0*	計×…………	**4 316 005**	*100.0*

横浜

輸出品目	百万円	%	輸入品目	百万円	%
自動車…………	927 475	*15.9*	石油…………	255 394	*6.3*
プラスチック…	271 828	*4.7*	有機化合物……	139 093	*3.4*
内燃機関………	258 556	*4.4*	液化ガス………	136 264	*3.4*
自動車部品……	247 779	*4.3*	衣類…………	118 179	*2.9*
ポンプ､遠心分離機	170 051	*2.9*	アルミニウム…	113 446	*2.8*
計×…………	**5 819 977**	*100.0*	計×…………	**4 054 454**	*100.0*

関西国際空港

輸出品目	百万円	%	輸入品目	百万円	%
集積回路………	1 113 947	*22.3*	医薬品………	905 195	*24.2*
科学光学機器…	311 482	*6.2*	通信機………	467 599	*12.5*
電気回路用品…	309 116	*6.2*	集積回路……	299 471	*8.0*
個別半導体……	247 719	*5.0*	科学光学機器…	168 368	*4.5*
半導体等製造装置	239 885	*4.8*	コンピュータ…	143 544	*3.8*
計×…………	**4 989 856**	*100.0*	計×…………	**3 746 375**	*100.0*

大阪

輸出品目	百万円	%	輸入品目	百万円	%
集積回路………	394 920	*10.4*	衣類…………	619 333	*13.7*
コンデンサー…	326 460	*8.6*	肉類…………	301 038	*6.7*
プラスチック…	200 781	*5.3*	家庭用電気機器‥	161 374	*3.6*
個別半導体……	149 648	*3.9*	音響・映像機器‥	159 949	*3.5*
電気回路用品…	147 900	*3.9*	金属製品………	143 288	*3.2*
計×…………	**3 808 736**	*100.0*	計×…………	**4 516 784**	*100.0*

神戸

輸出品目	百万円	%	輸入品目	百万円	%
プラスチック…	362 000	*7.4*	たばこ………	274 132	*9.1*
建設・鉱山用機械	243 778	*5.0*	衣類…………	203 059	*6.8*
無機化合物……	195 540	*4.0*	無機化合物……	111 499	*3.7*
有機化合物……	148 878	*3.0*	有機化合物……	108 831	*3.6*
内燃機関………	136 241	*2.8*	果実…………	91 009	*3.0*
計×…………	**4 901 725**	*100.0*	計×…………	**3 003 275**	*100.0*

港別の主要貿易品目（Ⅲ）（2020年）

博多

輸出品目	百万円	%	輸入品目	百万円	%
自動車	806 267	*28.7*	魚介類	73 611	*7.4*
集積回路	755 922	*26.9*	家具	57 084	*5.7*
タイヤ・チューブ	99 880	*3.6*	衣類	48 202	*4.8*
半導体等製造装置	98 591	*3.5*	絶縁電線・ケーブル	44 893	*4.5*
プラスチック	93 369	*3.3*	肉類	38 803	*3.9*
計×	**2 810 876**	*100.0*	計×	**994 994**	*100.0*

千葉

輸出品目	百万円	%	輸入品目	百万円	%
石油製品	122 598	*20.8*	石油	1 280 862	*51.7*
鉄鋼	122 158	*20.7*	液化ガス	388 127	*15.7*
有機化合物	108 505	*18.4*	自動車	220 092	*8.9*
プラスチック	45 163	*7.7*	鉄鋼	94 571	*3.8*
鉄鋼くず	36 708	*6.2*	肉類	69 247	*2.8*
計×	**590 280**	*100.0*	計×	**2 478 209**	*100.0*

川崎

輸出品目	百万円	%	輸入品目	百万円	%
自動車	349 529	*39.1*	液化ガス	532 892	*29.3*
有機化合物	93 343	*10.4*	石油	387 955	*21.3*
鉄鋼	63 376	*7.1*	肉類	327 686	*18.0*
石油製品	47 480	*5.3*	魚介類	104 425	*5.7*
鉄鋼くず	37 464	*4.2*	鉄鉱石	59 556	*3.3*
計×	**894 102**	*100.0*	計×	**1 821 534**	*100.0*

三河

輸出品目	百万円	%	輸入品目	百万円	%
自動車	1 956 705	*95.1*	自動車	572 293	*87.6*
鉄鋼	25 522	*1.2*	鉄鋼	21 987	*3.4*
船舶	13 925	*0.7*	果実	6 908	*1.1*
石油製品	8 748	*0.4*	航空機類	3 778	*0.6*
鉄鋼くず	7 712	*0.4*	魚介類	3 697	*0.6*
計×	**2 057 577**	*100.0*	計×	**653 174**	*100.0*

清水

輸出品目	百万円	%	輸入品目	百万円	%
内燃機関	183 722	*11.0*	魚介類	143 759	*15.7*
自動車部品	146 889	*8.8*	うちまぐろ	106 622	*11.6*
科学光学機器	123 309	*7.4*	液化ガス	51 542	*5.6*
二輪自動車	83 986	*5.0*	有機化合物	34 432	*3.7*
重電機器	59 271	*3.6*	パルプ	30 377	*3.3*
計×	**1 668 437**	*100.0*	計×	**918 357**	*100.0*

RCEP(地域的な包括的経済連携)協定

RCEP協定は、アジアから太平洋にかけての国々がお互いの貿易、サービスの動きを自由化する取り決めのことで「アールセップ」と呼ばれている。参加国は、日本、中国、韓国およびASEAN10、それにオーストラリアとニュージーランドの15か国である。2022年1月1日に日本、中国、オーストラリアなど10か国について発効した。その後、同年2月1日に韓国、同年3月18日にはマレーシアが発効している。RCEPでは関税撤廃のほか、サプライチェーン効率化に向けての市場アクセスの円滑化、知的財産、電子商取引など幅広い分野のルールが整備された。ただ、経済発展段階が異なる国の参加で高い水準での貿易自由化が実現できるのか、あるいは、域内での中国の影響力増大といった懸念などが指摘されている。RCEPは人口、GDP、貿易額ともに世界全体の約3割を占める巨大な経済圏を構築する。日本にとって最大の相手国である中国と韓国の参加により、輸出入の半分近くがRCEPで占められる。日本は輸出品目ベースで約92%の関税撤廃を獲得、対中国では無税品目の割合が8%から86%へと拡大した。一方、輸入品目は相手国により81%から88%が関税撤廃となったが、コメ、牛肉など重要5品目は除外された。当初交渉に参加していたインドは貿易赤字の拡大を警戒し、2019年11月以降交渉から離脱している。しかし、インドの復帰に向け、関連会合へのオブザーバー参加が容認されている。人口増大が続き、高い経済成長が見込まれるインドがRCEPに加入することの意義は大きく、そのための環境を整えたものといえる。

日本とRCEP参加国との貿易(2020年)(単位　億円)

	輸出	輸入	輸出-輸入
中国	150 820	175 077	-24 257
韓国	47 665	28 416	19 249
ASEAN(10か国)	98 430	106 778	-8 348
オーストラリア	12 954	38 313	-25 358
ニュージーランド	1 966	2 671	-705
計	**311 836**	**351 255**	-39 419
(インド)	9 710	5 050	4 659

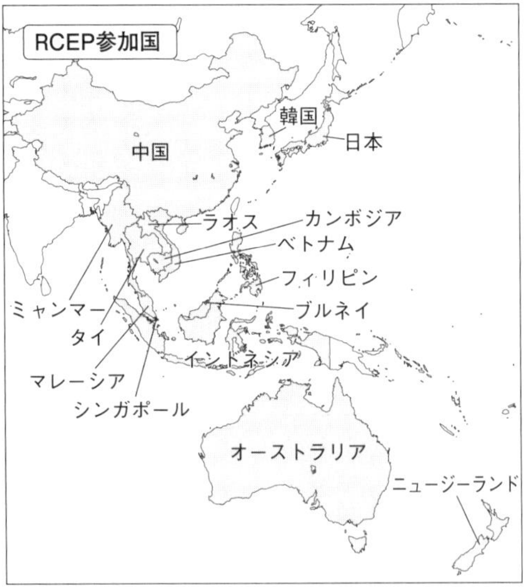

第25章　世界の貿易

新型コロナウイルスの全世界規模での感染拡大が2020年初頭より始まり、世界の貿易は大きな打撃を受けた。とは言え、2021年は回復傾向が強まり、世界貿易機関（WTO）が2021年10月に公表した見通しでは、2021年の世界の貿易額を前年比10.8%の増加と予測している。3月末時点の見込み（8.0%増）より増加幅が大きく、世界の貿易はコロナ禍以前のピークであった2018年を上回る回復になる。世界の貿易額の見通しを上方修正した背景には、欧米など先進国ではワクチン接種が進み、経済活動の再開が本格化したことなどがあげられる。一方、ワクチン接種が進んでいない発展途上国では貿易額の回復が遅れている。

2022年の世界の貿易額は4.7%増の見通しである。ただし、この見通しはコロナの感染状況次第で大きく左右され、2022年に入って世界的に

表 25-1　主要国の輸出貿易額の推移（単位　百万ドル）

	2017	2018	2019	2020	〃 %
中国	2 270 166	2 499 379	2 499 481	2 590 646	*14.7*
アメリカ合衆国	1 547 200	1 665 700	1 643 100	1 434 117	*8.2*
ドイツ	1 448 171	1 560 534	1 489 425	1 380 379	*7.9*
日本	698 132	738 196	705 672	641 341	*3.6*
オランダ	527 908	587 894	576 784	551 303	*3.1*
韓国	573 694	604 689	542 209	509 347	*2.9*
(香港)	497 688	531 163	509 641	507 069	*2.9*
イタリア	511 737	550 264	539 694	494 934	*2.8*
フランス	525 888	570 733	559 148	478 333	*2.7*
ベルギー	429 638	468 637	446 899	419 365	*2.4*
世界計× 1)	**17 336 635**	**19 039 335**	**18 664 610**	**17 584 213**	*100.0*
先進国 2)	8 984 568	9 754 735	9 530 941	8 749 455	*49.8*
EU 3)	5 317 108	5 821 866	5 663 812	5 305 994	*30.2*
USMCA 4)	2 379 719	2 568 445	2 553 501	2 242 481	*12.8*

国連、Monthly Bulletin of Statistics, Online（2022年4月4日閲覧）より作成。輸出額の上位10か国。1）再輸出を含む。2）アメリカ、カナダ、日本、オーストラリア、ニュージーランド、EU24か国（キプロス、ブルガリア、ルーマニアは除く）、イギリス、ノルウェー、スイス、アイスランド、アンドラ（以上のほかジブラルタルなどの地域がある）。3）欧州連合。27か国(24ページ参照)。元資料はイギリスを含み、編者がイギリスを除き算出。4）米国・メキシコ・カナダ協定。北米自由貿易協定を改訂して2020年7月に発効。

感染が急拡大しているオミクロン株の影響が心配されている。

2021年1月から、統計が得られる9月までの商品別貿易をみると、貿易総額が回復する中で、特に鉄鋼（前年同期比73％増)、電子部品（26％増)、医薬品（22％増）など一部の商品が大幅な増加を示した。一方、世界的なサプライチェーンの混乱によって、世界的に品不足となった半導体を多く使用する自動車部品（0％増）や通信機器（5％増)、外出機会の減少によって需要が減少した衣類（5％増）や繊維製品（7％増）などは、貿易額の回復が鈍く、2020年に続いて低迷している。

新型コロナウイルスの感染拡大が始まってから、各国ではコロナの感染対策として、計117件の輸出制限措置を実施した。2021年12月時点で72件は撤廃されたが、45件が継続している。WTOは、医薬品や医療用品、個人用保護具などの輸出制限について、各国の感染対策の妨げになりかねないと問題視しており、制限措置の撤廃を求めている。

国連貿易統計（2022年4月4日閲覧）によると、2020年の世界全体の輸出額は前年比5.8％減の17兆5842億ドルであった。同年の輸入額は同6.9％減の17兆5948億ドルで、コロナ禍に翻弄されて一部の国を除き大幅減となった2020年の世界の貿易の現状を示している。

表 25-2　主要国の輸入貿易額の推移（単位　百万ドル）

	2017	2018	2019	2020	〃 %
アメリカ合衆国	2 339 600	2 537 700	2 497 500	2 334 330	*13.3*
中国	1 840 492	2 132 776	2 078 409	2 055 612	*11.7*
ドイツ	1 162 892	1 284 349	1 233 989	1 170 726	*6.7*
日本	671 921	748 526	721 078	634 431	*3.6*
フランス	612 133	667 875	647 359	572 028	*3.3*
(香港)	559 580	602 876	563 808	550 827	*3.1*
イギリス	603 263	644 472	622 621	543 961	*3.1*
オランダ	461 903	521 036	514 849	484 785	*2.8*
韓国	478 478	535 052	503 324	471 115	*2.7*
イタリア	457 374	503 925	476 014	421 945	*2.4*
世界計×[1]	**17 589 640**	**19 401 886**	**18 890 824**	**17 594 834**	*100.0*
先進国[2]	9 575 182	10 494 930	10 182 848	9 405 393	*53.5*
EU[3]	5 026 911	5 596 198	5 395 553	4 994 415	*28.4*
USMCA[4]	3 192 015	3 460 374	3 405 059	3 121 350	*17.7*

資料・脚注は前表に同じ。輸入額の上位10か国。

図 25-1　世界と主要国（地域）の貿易量の推移（2010年平均＝100）

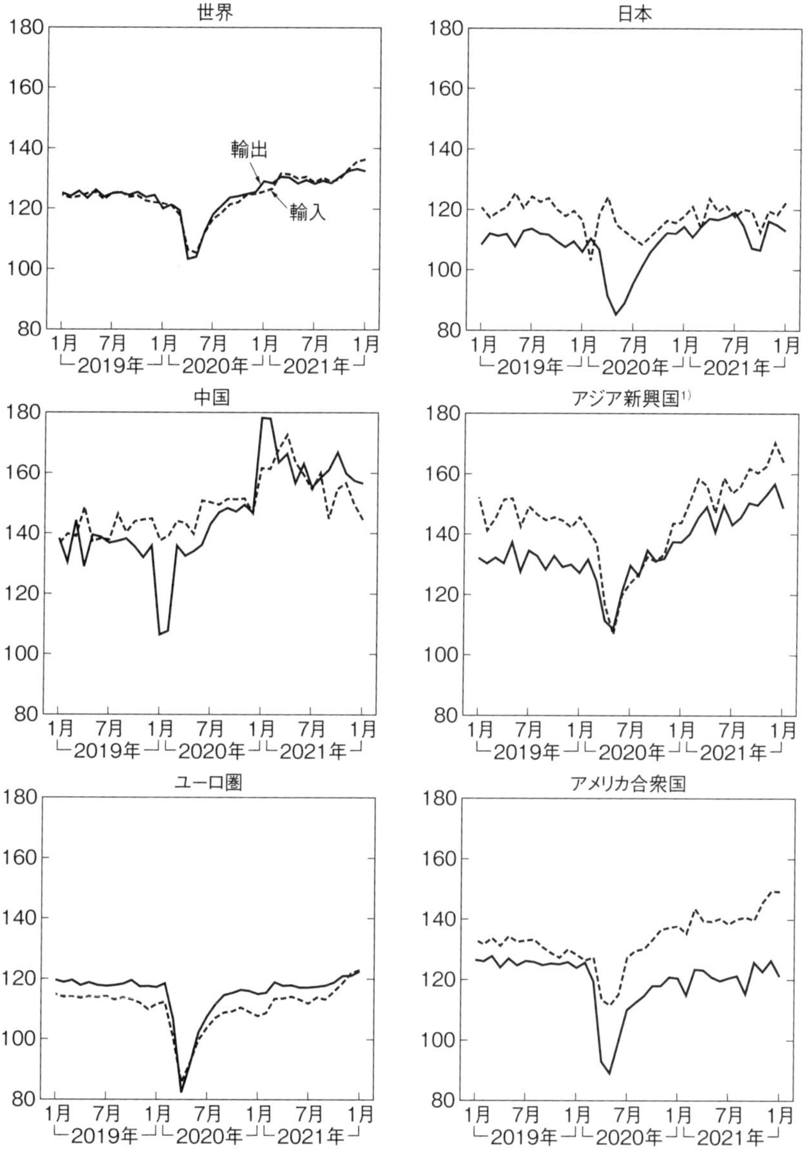

CPB「世界貿易モニター」より作成。1）構成国（地域）はインド、インドネシア、韓国、シンガポール、タイ、(台湾)、パキスタン、フィリピン、ベトナム、(香港)、マレーシア。

表 25-3　各国の貿易額の推移（Ⅰ）（単位　百万ドル）

		2016	2017	2018	2019	2020
日本	輸出・・・	644 899	698 132	738 196	705 672	641 341
	輸入・・・	607 602	671 921	748 526	721 078	634 431
	入出超・	37 297	26 210	-10 331	-15 406	6 910
中国	輸出・・・	2 098 249	2 270 166	2 499 379	2 499 481	2 590 646
	輸入・・・	1 585 465	1 840 492	2 132 776	2 078 409	2 055 612
	入出超・	512 784	429 674	366 603	421 072	535 034
韓国	輸出・・・	495 237	573 694	604 689	542 209	509 347
	輸入・・・	406 049	478 478	535 052	503 324	471 115
	入出超・	89 188	95 216	69 637	38 885	38 232
(香港)	輸出・・・	462 516	497 688	531 163	509 641	507 069
	輸入・・・	516 929	559 580	602 876	563 808	550 827
	入出超・	-54 413	-61 892	-71 714	-54 167	-43 758
(台湾)	輸出・・・	279 175	315 487	334 007	329 157	345 126
	輸入・・・	229 199	257 200	284 792	285 651	286 148
	入出超・	49 976	58 287	49 215	43 506	58 978
シンガポール	輸出・・・	338 082	373 238	411 759	390 764	363 330
	輸入・・・	291 909	327 691	370 504	359 266	329 299
	入出超・	46 174	45 548	41 256	31 499	34 031
タイ	輸出・・・	213 986	235 502	250 930	244 797	229 511
	輸入・・・	195 195	223 825	249 490	239 904	208 769
	入出超・	18 791	11 677	1 440	4 893	20 742
マレーシア	輸出・・・	189 660	217 715	247 365	238 207	234 158
	輸入・・・	168 430	194 743	217 471	205 012	189 902
	入出超・	21 230	22 972	29 895	33 195	44 256
ベトナム	輸出・・・	176 581	215 119	243 699	264 341	282 529
	輸入・・・	174 978	213 215	236 869	254 093	262 673
	入出超・	1 602	1 903	6 830	10 248	19 855
インドネシア	輸出・・・	145 186	168 828	180 013	167 683	163 308
	輸入・・・	135 653	156 986	188 711	171 276	141 568
	入出超・	9 533	11 843	-8 699	-3 593	21 739
フィリピン	輸出・・・	57 406	68 713	69 307	70 927	63 902
	輸入・・・	89 435	101 900	119 330	117 374	90 791
	入出超・	-32 029	-33 188	-50 022	-46 447	-26 889
インド	輸出・・・	264 533	299 143	324 698	324 205	276 214
	輸入・・・	361 593	449 784	513 702	485 927	372 318
	入出超・	-97 060	-150 641	-189 004	-161 723	-96 104
トルコ	輸出・・・	149 390	164 671	177 328	181 021	169 835
	輸入・・・	202 089	238 662	230 447	210 261	219 758
	入出超・	-52 700	-73 991	-53 119	-29 239	-49 923
サウジアラビア	輸出・・・	183 608	221 835	294 374	261 534	175 349
	輸入・・・	140 170	134 519	137 065	144 335	131 354
	入出超・	43 438	87 316	157 309	117 200	43 994

各国の貿易額の推移（II）（単位　百万ドル）

		2016	2017	2018	2019	2020
南アフリカ共和国[1)]	輸出…	76 784	89 132	94 255	89 944	…
	輸入…	75 121	83 088	93 361	88 162	…
	入出超・	1 662	6 044	894	1 782	…
エジプト	輸出…	22 087	25 108	…	…	…
	輸入…	59 942	57 857	…	…	…
	入出超・	-37 855	-32 749	…	…	…
ドイツ	輸出…	1 334 355	1 448 171	1 560 534	1 489 425	1 380 379
	輸入…	1 055 326	1 162 892	1 284 349	1 233 989	1 170 726
	入出超・	279 029	285 280	276 185	255 435	209 653
フランス	輸出…	488 936	525 888	570 733	559 148	478 333
	輸入…	559 220	612 133	667 875	647 359	572 028
	入出超・	-70 284	-86 245	-97 141	-88 210	-93 695
イギリス	輸出…	394 727	422 361	453 806	443 702	381 130
	輸入…	576 610	603 263	644 472	622 621	543 961
	入出超・	-181 884	-180 901	-190 666	-178 919	-162 832
オランダ	輸出…	468 177	527 908	587 894	576 784	551 303
	輸入…	408 052	461 903	521 036	514 849	484 785
	入出超・	60 124	66 005	66 858	61 935	66 517
イタリア	輸出…	462 407	511 737	550 264	539 694	494 934
	輸入…	408 236	457 374	503 925	476 014	421 945
	入出超・	54 171	54 363	46 339	63 680	72 989
ベルギー	輸出…	398 395	429 638	468 637	446 899	419 365
	輸入…	379 432	409 208	454 967	427 844	394 703
	入出超・	18 963	20 430	13 671	19 056	24 662
スペイン	輸出…	287 215	319 440	345 314	332 963	306 752
	輸入…	310 618	351 021	388 720	372 423	325 193
	入出超・	-23 404	-31 581	-43 406	-39 460	-18 441
スイス	輸出…	302 842	299 508	310 830	313 917	319 174
	輸入…	270 062	269 751	279 594	277 813	291 672
	入出超・	32 780	29 756	31 235	36 104	27 502
ポーランド	輸出…	203 936	234 253	263 495	266 574	270 939
	輸入…	199 623	233 704	268 880	265 261	257 064
	入出超・	4 313	549	-5 386	1 313	13 875
ロシア	輸出…	285 491	357 083	449 585	422 777	324 477
	輸入…	182 265	226 966	238 494	243 780	236 593
	入出超・	103 226	130 117	211 091	178 997	87 884
アメリカ合衆国	輸出…	1 451 500	1 547 200	1 665 700	1 643 100	1 434 117
	輸入…	2 186 800	2 339 600	2 537 700	2 497 500	2 334 330
	入出超・	-735 300	-792 400	-872 000	-854 400	-900 213
カナダ	輸出…	394 086	424 218	453 524	450 805	392 129
	輸入…	402 895	433 172	459 900	453 356	405 169
	入出超・	-8 809	-8 954	-6 375	-2 551	-13 039

各国の貿易額の推移（Ⅲ）（単位　百万ドル）

		2016	2017	2018	2019	2020
メキシコ[1]	輸出…	373 175	408 301	449 221	459 596	416 235
	輸入…	386 283	419 244	462 774	454 202	381 851
	入出超·	-13 108	-10 943	-13 553	5 394	34 384
ブラジル	輸出…	185 185	217 826	239 284	225 401	209 891
	輸入…	143 411	157 543	188 564	184 370	166 280
	入出超·	41 774	60 283	50 720	41 031	43 611
チリ	輸出…	60 733	69 230	75 452	69 853	…
	輸入…	58 830	65 162	75 003	69 476	…
	入出超·	1 903	4 068	448	377	…
アルゼンチン	輸出…	57 910	58 650	61 790	65 130	54 884
	輸入…	55 850	66 940	65 480	49 130	42 354
	入出超·	2 060	-8 290	-3 690	16 000	12 530
オーストラリア[1]	輸出…	192 489	231 072	257 172	271 006	250 419
	輸入…	189 291	221 305	227 068	213 747	202 927
	入出超·	3 198	9 767	30 104	57 259	47 492
ニュージーランド	輸出…	33 740	38 062	39 673	39 516	38 897
	輸入…	36 063	40 114	43 790	42 362	37 135
	入出超·	-2 322	-2 052	-4 117	-2 846	1 762

国連、Monthly Bulletin of Statistics, Online（2022年 4 月 4 日閲覧）より作成。ただし、台湾は内閣府「海外経済データ」による。輸出はf.o.b.（本船渡し）価格、輸入はc.i.f.（保険料・運賃込）価格。1）輸入はf.o.b.価格。

図 25-2　世界の輸出貿易に占める主要国の割合

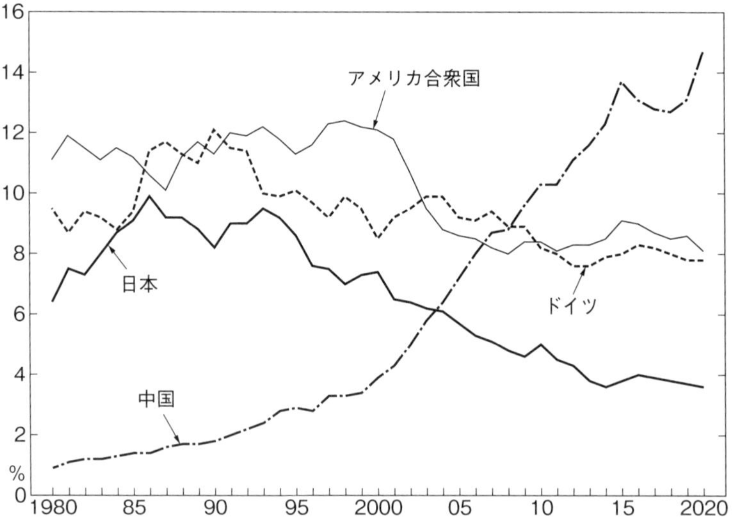

WTO Stat（2022年 4 月 4 日閲覧）より作成。貿易総額上位 4 か国。

図 25-3　各国の１人あたり貿易額と貿易依存度（2020年）

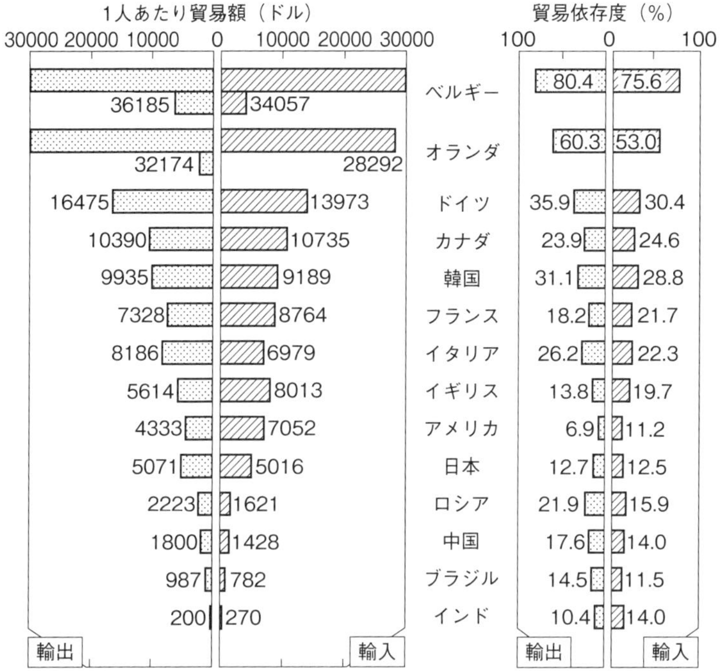

表25-3の資料および国連資料より編者算出。貿易依存度はGDPに対する輸出入額の割合。１人あたり貿易額の多い順ではなく、主要国のみを取り上げた。

長引く世界貿易の混乱

　コロナ禍でもたらされた世界貿易の混乱が続いている。コロナ禍以降の経済の正常化に伴って、アメリカを中心に中国などからの輸入品が集中したが、コロナに端を発した港湾労働者の不足も加わり、港湾の処理能力を超えたため、大量のコンテナが滞留した。このため、コンテナが世界的に不足し、アジア各国などにコンテナが回らず、輸出入の遅れや輸送費の高騰などを招いている。コンテナ不足は2020年11月頃に顕在化したが、編集時点（2022年３月）でも解消する見通しが立っていない。

　さらに、各国で電子機器や自動車などの需要が高まる一方、半導体など部品の供給不足が深刻で、国際的なサプライチェーンが停滞して貿易を押し下げている。コロナ禍以降の資源価格の高騰も世界貿易に影響を与えているが、2022年２月のロシアによるウクライナ侵攻によってエネルギー需給のひっ迫が懸念されて、編集時点で資源価格は一段高となっている。

表 25-4　主要国の相手先別貿易（Ⅰ）（2020年）

	輸出	百万ドル	%	輸入	百万ドル	%
日本	中国	140 544	*22.0*	中国	163 920	*26.0*
	アメリカ合衆国	118 293	*18.5*	アメリカ合衆国	71 642	*11.4*
	韓国	44 392	*7.0*	オーストラリア	35 623	*5.6*
	(台湾)	44 185	*6.9*	(台湾)	26 749	*4.2*
	(香港)	31 879	*5.0*	韓国	26 569	*4.2*
	計×	**638 167**	*100.0*	計×	**631 195**	*100.0*
	EU	58 824	*9.2*	EU	72 047	*11.4*
中国	アメリカ合衆国	452 832	*17.4*	(台湾)	202 055	*9.8*
	(香港)	275 463	*10.6*	日本	176 089	*8.5*
	日本	142 722	*5.5*	韓国	173 501	*8.4*
	ベトナム	114 157	*4.4*	アメリカ合衆国	136 123	*6.6*
	韓国	113 029	*4.4*	オーストラリア	114 767	*5.6*
	ドイツ	86 998	*3.3*	ドイツ	105 282	*5.1*
	計×	**2 598 024**	*100.0*	計×	**2 060 258**	*100.0*
	EU	392 802	*15.1*	EU	259 302	*12.6*
韓国	中国	132 580	*25.9*	中国	108 855	*23.3*
	アメリカ合衆国	74 531	*14.5*	アメリカ合衆国	57 763	*12.4*
	ベトナム	48 517	*9.5*	日本	46 023	*9.8*
	(香港)	30 662	*6.0*	ドイツ	20 656	*4.4*
	日本	25 086	*4.9*	ベトナム	20 577	*4.4*
	計×	**512 647**	*100.0*	計×	**467 645**	*100.0*
	EU	47 516	*9.3*	EU	55 112	*11.8*
(香港)	中国	304 902	*55.2*	中国	251 385	*43.8*
	アメリカ合衆国	40 353	*7.3*	(台湾)	53 980	*9.4*
	イギリス	18 494	*3.3*	シンガポール	41 301	*7.2*
	スイス	15 072	*2.7*	日本	33 527	*5.8*
	日本	14 117	*2.6*	韓国	32 842	*5.7*
	計×	**552 773**	*100.0*	計×	**573 785**	*100.0*
	EU	36 650	*6.6*	EU	25 333	*4.4*
シンガポール	中国	41 290	*14.3*	中国	37 802	*14.5*
	(香港)	35 490	*12.3*	マレーシア	33 448	*12.8*
	アメリカ合衆国	31 640	*11.0*	(台湾)	29 091	*11.1*
	マレーシア	26 454	*9.2*	アメリカ合衆国	27 685	*10.6*
	インドネシア	16 988	*5.9*	日本	14 386	*5.5*
	計×	**287 889**	*100.0*	計×	**261 352**	*100.0*
	EU	23 393	*8.1*	EU	27 125	*10.4*

IMF Data, "Direction of Trade Statistics"（2022年4月4日閲覧）より作成。二国間（例えば日中間）の輸出入の数値に大きな開きがあるのは、主に第三国経由の貿易があるためである。EUはイギリスを除いた27か国。×その他とも。

主要国の相手先別貿易（Ⅱ）（2020年）

	輸出	百万ドル	%	輸入	百万ドル	%
タイ	アメリカ合衆国	34 103	*14.9*	中国	50 160	*24.2*
	中国	29 601	*12.9*	日本	27 824	*13.4*
	日本	22 619	*9.9*	アメリカ合衆国	14 833	*7.2*
	(香港)	11 187	*4.9*	マレーシア	10 203	*4.9*
	ベトナム	11 076	*4.8*	(台湾)	8 288	*4.0*
	計×	**229 256**	*100.0*	計×	**207 092**	*100.0*
	EU	17 302	*7.5*	EU	15 430	*7.5*
マレーシア	中国	37 774	*16.1*	中国	40 924	*21.5*
	シンガポール	33 941	*14.5*	シンガポール	17 615	*9.3*
	アメリカ合衆国	26 003	*11.1*	アメリカ合衆国	16 652	*8.7*
	(香港)	16 236	*6.9*	日本	14 589	*7.7*
	日本	14 718	*6.3*	(台湾)	13 735	*7.2*
	計×	**233 959**	*100.0*	計×	**190 321**	*100.0*
	EU	20 068	*8.6*	EU	14 041	*7.4*
インドネシア	中国	31 776	*19.4*	中国	39 635	*27.5*
	アメリカ合衆国	18 667	*11.4*	シンガポール	12 341	*8.6*
	日本	13 663	*8.3*	日本	10 672	*7.4*
	シンガポール	10 712	*6.5*	アメリカ合衆国	8 642	*6.0*
	インド	10 414	*6.4*	マレーシア	6 933	*4.8*
	計×	**163 998**	*100.0*	計×	**144 053**	*100.0*
	EU	13 127	*8.0*	EU	10 186	*7.1*
インド	アメリカ合衆国	49 340	*17.9*	中国	58 701	*15.9*
	中国	18 922	*6.9*	アメリカ合衆国	26 592	*7.2*
	アラブ首長国連邦	18 074	*6.6*	アラブ首長国連邦	23 956	*6.5*
	(香港)	9 585	*3.5*	サウジアラビア	17 756	*4.8*
	シンガポール	8 274	*3.0*	イラク	16 229	*4.4*
	バングラデシュ	7 851	*2.8*	(香港)	14 563	*4.0*
	計×	**275 600**	*100.0*	計×	**368 031**	*100.0*
	EU	38 472	*14.0*	EU	33 414	*9.1*
ドイツ	アメリカ合衆国	118 688	*8.6*	オランダ	160 776	*13.7*
	中国	110 373	*8.0*	中国	93 725	*8.0*
	フランス	103 870	*7.5*	ポーランド	75 617	*6.5*
	オランダ	96 644	*7.0*	フランス	67 834	*5.8*
	イギリス	76 777	*5.6*	ベルギー	66 255	*5.7*
	ポーランド	74 406	*5.4*	イタリア	63 008	*5.4*
	計×	**1 382 533**	*100.0*	計×	**1 171 782**	*100.0*
	EU	726 678	*52.6*	EU	739 748	*63.1*

資料は表（Ⅰ）に同じ。

主要国の相手先別貿易（Ⅲ）（2020年）

	輸出	百万ドル	%	輸入	百万ドル	%
フランス	ドイツ	71 073	*14.5*	ドイツ	101 435	*17.4*
	アメリカ合衆国	37 402	*7.7*	ベルギー	56 035	*9.6*
	イタリア	37 277	*7.6*	オランダ	50 146	*8.6*
	ベルギー	36 218	*7.4*	イタリア	48 862	*8.4*
	スペイン	35 886	*7.3*	スペイン	46 256	*8.0*
	イギリス	31 261	*6.4*	中国	41 112	*7.1*
	計×	**488 637**	*100.0*	計×	**581 297**	*100.0*
	EU	261 327	*53.5*	EU	384 717	*66.2*
イギリス	アメリカ合衆国	57 305	*14.5*	中国	75 520	*12.0*
	ドイツ	40 403	*10.2*	ドイツ	72 229	*11.5*
	アイルランド	26 925	*6.8*	アメリカ合衆国	58 329	*9.3*
	オランダ	24 011	*6.1*	オランダ	44 880	*7.1*
	フランス	23 062	*5.8*	フランス	28 874	*4.6*
	スイス	19 689	*5.0*	ベルギー	28 303	*4.5*
	計×	**395 389**	*100.0*	計×	**628 179**	*100.0*
	EU	180 944	*45.8*	EU	288 263	*45.9*
イタリア	ドイツ	64 090	*12.8*	ドイツ	70 117	*16.4*
	フランス	51 700	*10.3*	中国	36 816	*8.6*
	アメリカ合衆国	48 540	*9.7*	フランス	35 777	*8.4*
	スイス	28 922	*5.8*	オランダ	25 504	*6.0*
	イギリス	25 858	*5.2*	スペイン	23 350	*5.5*
	計×	**499 792**	*100.0*	計×	**426 867**	*100.0*
	EU	256 225	*51.3*	EU	249 205	*58.4*
オランダ	ドイツ	157 991	*23.4*	中国	105 091	*17.7*
	ベルギー	69 770	*10.3*	ドイツ	90 167	*15.2*
	フランス	57 858	*8.6*	ベルギー	47 742	*8.0*
	イギリス	51 285	*7.6*	アメリカ合衆国	45 208	*7.6*
	アメリカ合衆国	30 075	*4.5*	イギリス	25 360	*4.3*
	計×	**674 602**	*100.0*	計×	**595 122**	*100.0*
	EU	442 497	*65.6*	EU	247 008	*41.5*
ロシア	中国	49 583	*14.7*	中国	54 908	*23.7*
	オランダ	25 345	*7.5*	ドイツ	23 418	*10.1*
	イギリス	23 067	*6.8*	アメリカ合衆国	13 222	*5.7*
	ドイツ	18 638	*5.5*	ベラルーシ	12 585	*5.4*
	ベラルーシ	16 029	*4.7*	イタリア	10 213	*4.4*
	計×	**337 885**	*100.0*	計×	**231 430**	*100.0*
	EU	113 868	*33.7*	EU	78 468	*33.9*

資料は表（Ⅰ）に同じ。

主要国の相手先別貿易（Ⅳ）（2020年）

	輸出			輸入	
	百万ドル	%		百万ドル	%
アメリカ合衆国					
カナダ	255 328	*17.8*	中国	435 449	*18.6*
メキシコ	212 672	*14.9*	メキシコ	325 394	*13.9*
中国	124 649	*8.7*	カナダ	270 382	*11.6*
日本	64 098	*4.5*	日本	119 512	*5.1*
イギリス	59 010	*4.1*	ドイツ	115 120	*4.9*
ドイツ	57 795	*4.0*	ベトナム	79 645	*3.4*
韓国	51 218	*3.6*	韓国	76 020	*3.3*
計×	**1 431 584**	*100.0*	計×	**2 336 579**	*100.0*
EU	232 976	*16.3*	EU	415 536	*17.8*
カナダ					
アメリカ合衆国	287 076	*73.6*	アメリカ合衆国	209 356	*48.9*
中国	18 765	*4.8*	中国	60 277	*14.1*
イギリス	14 943	*3.8*	メキシコ	23 559	*5.5*
日本	9 191	*2.4*	ドイツ	13 607	*3.2*
ドイツ	4 741	*1.2*	日本	10 720	*2.5*
計×	**390 144**	*100.0*	計×	**428 467**	*100.0*
EU	20 538	*5.3*	EU	47 160	*11.0*
メキシコ					
アメリカ合衆国	338 701	*81.2*	アメリカ合衆国	177 828	*43.8*
カナダ	11 139	*2.7*	中国	77 916	*19.2*
中国	7 891	*1.9*	韓国	15 592	*3.8*
ドイツ	6 585	*1.6*	日本	14 730	*3.6*
韓国	5 361	*1.3*	ドイツ	14 703	*3.6*
計×	**416 999**	*100.0*	計×	**405 965**	*100.0*
EU	18 148	*4.4*	EU	42 448	*10.5*
ブラジル					
中国	68 377	*32.4*	中国	36 076	*21.4*
アメリカ合衆国	21 677	*10.3*	アメリカ合衆国	25 925	*15.4*
アルゼンチン	8 498	*4.0*	ドイツ	9 114	*5.4*
オランダ	7 455	*3.5*	アルゼンチン	8 256	*4.9*
カナダ	4 221	*2.0*	韓国	4 332	*2.6*
計×	**211 261**	*100.0*	計×	**168 469**	*100.0*
EU	28 514	*13.5*	EU	28 431	*16.9*
オーストラリア					
中国	100 542	*39.9*	中国	62 014	*28.9*
日本	30 992	*12.3*	アメリカ合衆国	25 367	*11.8*
韓国	15 723	*6.2*	日本	12 889	*6.0*
アメリカ合衆国	13 165	*5.2*	タイ	10 439	*4.9*
(台湾)	11 284	*4.5*	ドイツ	9 957	*4.6*
計×	**251 923**	*100.0*	計×	**214 735**	*100.0*
EU	8 079	*3.2*	EU	33 972	*15.8*

資料は表（Ⅰ）に同じ。

図 25-4　各国の輸出額に占める対EU、対米、対中国の割合（2020年）

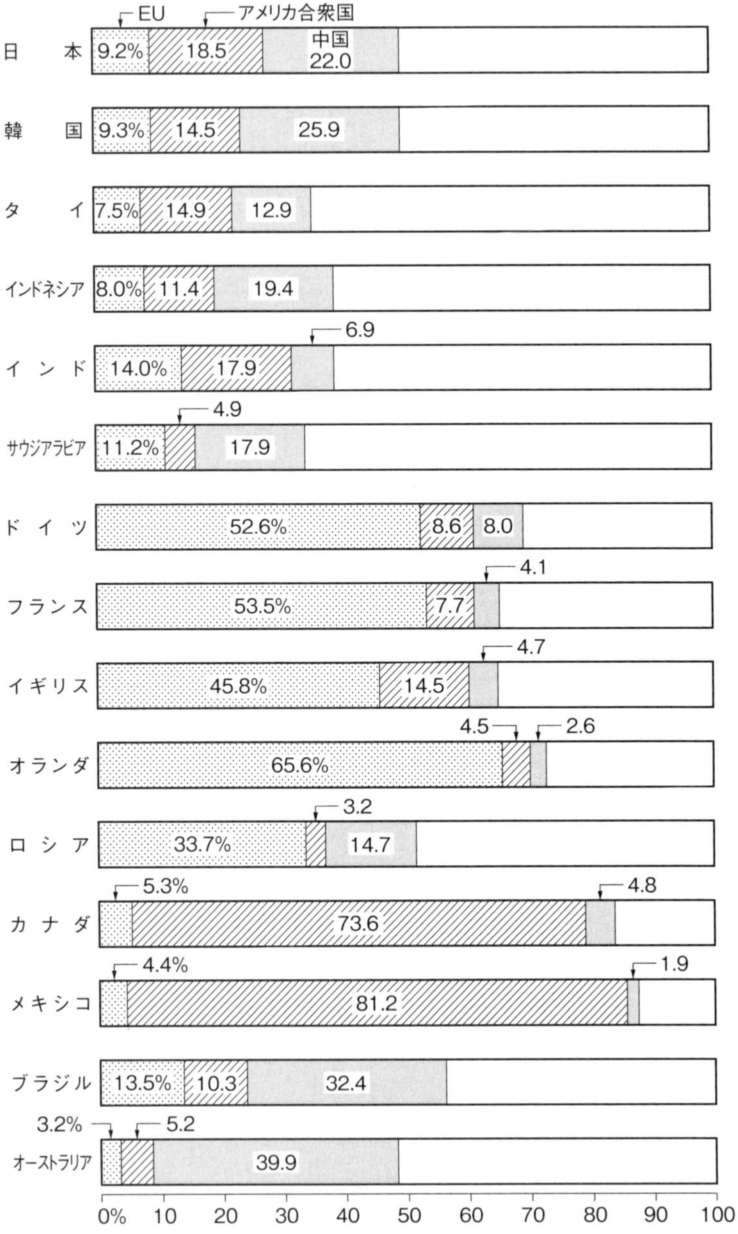

表25-4の資料より作成。EUはイギリスを除く27か国。

〔主な国の商品別貿易〕 表25-5～27は国連"Comtrade Database"より作成。商品の分類は標準国際貿易分類（SITC）Rev.4を採用。この商品分類は、財務省や世界税関機構（WCO）が定めた品目番号とは異なる。輸出額はf.o.b（本船渡し）価格、輸入額はc.i.f（保険料・運賃込み）価格。ただし、f印がついた輸入はf.o.b価格。繊維品には衣類を含まない。有機化合物とは石油化学工業などでつくられる薬品類の総称（主な品目については表18-5、18-6参照）。機械類は一般機械と電気機械の合計で、自動車や航空機などの輸送用機械および精密機械を含まないので注意が必要。自動車は部品、二輪自動車およびその他の道路走行車両を含む。×その他とも。

表 25-5 日本 （2020年）

輸出	百万ドル	%	輸入	百万ドル	%
機械類	228 703	*35.7*	機械類	164 791	*25.9*
うち集積回路	26 506	*4.1*	うち通信機器	34 440	*5.4*
半導体等製造装置	23 598	*3.7*	原油	43 495	*6.8*
自動車	120 961	*18.9*	液化天然ガス	30 057	*4.7*
うち乗用車	80 962	*12.6*	医薬品	29 528	*4.6*
精密機械	33 993	*5.3*	衣類	26 265	*4.1*
鉄鋼	24 129	*3.8*	精密機械	23 080	*3.6*
プラスチック	22 661	*3.5*	自動車	19 637	*3.1*
有機化合物	14 879	*2.3*	石炭	16 145	*2.5*
船舶	10 866	*1.7*	有機化合物	15 788	*2.5*
計×	**641 283**	*100.0*	計×	**635 402**	*100.0*

表 25-6 中国 （2020年）

輸出	百万ドル	%	輸入	百万ドル	%
機械類	1 150 463	*44.4*	機械類	742 303	*36.1*
うち通信機器	270 848	*10.5*	うち集積回路	350 036	*17.0*
コンピュータ	170 176	*6.6*	原油	176 321	*8.6*
繊維品	154 146	*6.0*	鉄鉱石	118 944	*5.8*
衣類	141 587	*5.5*	精密機械	93 322	*4.5*
金属製品	107 093	*4.1*	自動車	73 900	*3.6*
自動車	81 746	*3.2*	プラスチック	65 703	*3.2*
精密機械	78 644	*3.0*	有機化合物	45 411	*2.2*
家具	69 075	*2.7*	銅	43 171	*2.1*
有機化合物	48 813	*1.9*	大豆	39 528	*1.9*
計×	**2 590 601**	*100.0*	計×	**2 055 591**	*100.0*

表 25-7 （台湾） （2020年）

輸出	百万ドル	%	輸入	百万ドル	%
機械類	210 231	*60.6*	機械類	134 507	*46.8*
うち集積回路	123 060	*35.4*	うち集積回路	62 300	*21.7*
精密機械	16 854	*4.9*	半導体等製造装置	18 203	*6.3*
プラスチック	15 014	*4.3*	精密機械	13 653	*4.8*
金属製品	12 018	*3.5*	原油	12 637	*4.4*
自動車	10 057	*2.9*	自動車	9 544	*3.3*
記録用媒体	9 295	*2.7*	有機化合物	7 168	*2.5*
鉄鋼	8 269	*2.4*	鉄鋼	6 601	*2.3*
有機化合物	7 140	*2.1*	プラスチック	6 374	*2.2*
計×	**347 195**	*100.0*	計×	**287 429**	*100.0*

原資料ではその他アジアであるが、国連によると国籍不明を除き台湾のみ該当。

表 25-8 韓国 （2020年）

輸出	百万ドル	%	輸入	百万ドル	%
機械類	218 896	*42.7*	機械類	150 399	*32.2*
うち集積回路	82 604	*16.1*	うち集積回路	40 233	*8.6*
自動車	53 462	*10.4*	原油	44 462	*9.5*
うち乗用車	35 639	*7.0*	精密機械	18 400	*3.9*
プラスチック	27 655	*5.4*	自動車	18 132	*3.9*
石油製品	24 943	*4.9*	液化天然ガス	15 718	*3.4*
鉄鋼	22 246	*4.3*	石油製品	13 580	*2.9*
船舶	18 731	*3.7*	有機化合物	12 329	*2.6*
精密機械	18 098	*3.5*	鉄鋼	10 849	*2.3*
有機化合物	15 137	*3.0*	衣類	9 733	*2.1*
計×	**512 710**	*100.0*	計×	**467 498**	*100.0*

表 25-9 シンガポール （2020年）

輸出	百万ドル	%	輸入	百万ドル	%
機械類	186 084	*49.8*	機械類	160 405	*48.8*
うち集積回路	84 744	*22.7*	うち集積回路	69 238	*21.1*
通信機器	14 056	*3.8*	通信機器	13 692	*4.2*
半導体等製造装置	11 250	*3.0*	石油製品	31 465	*9.6*
石油製品	29 869	*8.0*	金（非貨幣用）	17 908	*5.4*
精密機械	18 808	*5.0*	原油	14 376	*4.4*
金（非貨幣用）	16 618	*4.4*	精密機械	13 036	*4.0*
プラスチック	11 873	*3.2*	有機化合物	7 236	*2.2*
有機化合物	10 727	*2.9*	航空機	6 502	*2.0*
医薬品	9 820	*2.6*	プラスチック	5 428	*1.7*
計×	**373 684**	*100.0*	計×	**328 624**	*100.0*

表 25-10 マレーシア (2020年)

輸出	百万ドル	%	輸入	百万ドル	%
機械類	101 487	*43.4*	機械類	74 460	*39.3*
うち集積回路	45 138	*19.3*	うち集積回路	25 465	*13.4*
石油製品	14 199	*6.1*	石油製品	13 938	*7.3*
パーム油	9 809	*4.2*	プラスチック	6 542	*3.4*
衣類	9 789	*4.2*	精密機械	5 443	*2.9*
精密機械	9 771	*4.2*	鉄鋼	4 883	*2.6*
液化天然ガス	6 869	*2.9*	原油	4 607	*2.4*
プラスチック	6 399	*2.7*	自動車	4 453	*2.3*
鉄鋼	5 400	*2.3*	アルミニウム	3 853	*2.0*
有機化合物	5 150	*2.2*	有機化合物	3 533	*1.9*
計×	**233 931**	*100.0*	計×	**189 702**	*100.0*

表 25-11 タイ (2020年)

輸出	百万ドル	%	輸入	百万ドル	%
機械類	72 542	*31.4*	機械類	66 510	*32.0*
うちコンピュータ	11 795	*5.1*	うち集積回路	8 799	*4.2*
自動車	22 860	*9.9*	原油	17 636	*8.5*
金（非貨幣用）	13 464	*5.8*	鉄鋼	9 977	*4.8*
プラスチック	9 404	*4.1*	自動車	7 830	*3.8*
ゴム製品	7 302	*3.2*	金属製品	7 390	*3.6*
野菜・果実	7 156	*3.1*	プラスチック	5 706	*2.7*
金属製品	5 801	*2.5*	精密機械	5 468	*2.6*
魚介類	5 467	*2.4*	金（非貨幣用）	5 045	*2.4*
石油製品	5 423	*2.3*	有機化合物	3 953	*1.9*
計×	**231 388**	*100.0*	計×	**207 696**	*100.0*

表 25-12 インドネシア (2020年)

輸出	百万ドル	%	輸入	百万ドル	%
パーム油	17 365	*10.6*	機械類	41 107	*29.0*
石炭	16 542	*10.1*	石油製品	8 596	*6.1*
機械類	14 514	*8.9*	鉄鋼	7 754	*5.5*
鉄鋼	11 207	*6.9*	プラスチック	5 977	*4.2*
衣類	7 552	*4.6*	繊維品	5 325	*3.8*
自動車	6 537	*4.0*	有機化合物	4 815	*3.4*
金（非貨幣用）	5 616	*3.4*	自動車	3 926	*2.8*
有機化合物	5 453	*3.3*	原油	3 392	*2.4*
魚介類	4 823	*3.0*	金属製品	2 911	*2.1*
はきもの	4 805	*2.9*	精密機械	2 708	*1.9*
計×	**163 306**	*100.0*	計×	**141 569**	*100.0*

表 25-13　ベトナム　(2020年)

輸出	百万ドル	%	輸入	百万ドル	%
機械類	129 607	*46.1*	機械類	117 182	*44.8*
うち通信機器	72 172	*25.6*	うち集積回路	37 993	*14.5*
集積回路	13 836	*4.9*	通信機器	25 054	*9.6*
衣類	28 065	*10.0*	繊維品	15 476	*5.9*
はきもの	17 254	*6.1*	プラスチック	12 281	*4.7*
家具	11 301	*4.0*	鉄鋼	9 087	*3.5*
繊維品	9 798	*3.5*	精密機械	8 033	*3.1*
魚介類	8 253	*2.9*	金属製品	6 677	*2.6*
野菜・果実	6 515	*2.3*	自動車	5 265	*2.0*
鉄鋼	6 113	*2.2*	石油製品	4 238	*1.6*
計×	**281 441**	*100.0*	計×	**261 309**	*100.0*

表 25-14　インド　(2020年)

輸出	百万ドル	%	輸入	百万ドル	%
機械類	32 506	*11.8*	機械類	78 505	*21.3*
石油製品	26 805	*9.7*	原油	64 580	*17.5*
医薬品	20 099	*7.3*	金（非貨幣用）	21 922	*6.0*
有機化合物	16 093	*5.8*	有機化合物	17 102	*4.6*
ダイヤモンド	15 209	*5.5*	石炭	16 499	*4.5*
繊維品	15 042	*5.5*	ダイヤモンド	15 849	*4.3*
衣類	12 973	*4.7*	プラスチック	10 642	*2.9*
鉄鋼	12 562	*4.6*	石油製品	8 030	*2.2*
自動車	12 298	*4.5*	液化天然ガス	7 909	*2.1*
米	7 980	*2.9*	液化石油ガス	7 298	*2.0*
計×	**275 489**	*100.0*	計×	**367 980**	*100.0*

表 25-15　南アフリカ共和国　(2020年)

輸出	百万ドル	%	輸入[f]	百万ドル	%
白金族	10 741	*12.6*	機械類	16 319	*23.7*
自動車	8 395	*9.8*	原油	5 088	*7.4*
うち乗用車	4 611	*5.4*	自動車	4 215	*6.1*
金（非貨幣用）	6 727	*7.9*	石油製品	3 693	*5.4*
機械類	6 505	*7.6*	医薬品	2 531	*3.7*
鉄鉱石	6 118	*7.2*	衣類	1 646	*2.4*
野菜・果実	4 662	*5.5*	精密機械	1 640	*2.4*
鉄鋼	4 093	*4.8*	プラスチック	1 540	*2.2*
石炭	3 943	*4.6*	繊維品	1 498	*2.2*
マンガン鉱	2 478	*2.9*	金属製品	1 336	*1.9*
計×	**85 227**	*100.0*	計×	**68 943**	*100.0*

表 25-16　ドイツ　(2020年)

輸出	百万ドル	%	輸入	百万ドル	%
機械類	397 637	*28.7*	機械類	294 892	*25.1*
自動車	205 139	*14.8*	自動車	119 836	*10.2*
うち乗用車	122 814	*8.9*	うち乗用車	65 982	*5.6*
部分品	55 623	*4.0*	医薬品	69 841	*6.0*
医薬品	100 829	*7.3*	衣類	40 080	*3.4*
精密機械	61 593	*4.4*	有機化合物	36 715	*3.1*
金属製品	43 373	*3.1*	精密機械	34 737	*3.0*
プラスチック	39 032	*2.8*	金属製品	31 157	*2.7*
航空機	28 669	*2.1*	原油	27 496	*2.3*
有機化合物	24 727	*1.8*	野菜・果実	26 378	*2.2*
計×	**1 385 852**	*100.0*	計×	**1 173 167**	*100.0*

表 25-17　フランス　(2020年)

輸出	百万ドル	%	輸入	百万ドル	%
機械類	93 951	*19.2*	機械類	125 824	*21.6*
自動車	42 597	*8.7*	自動車	63 319	*10.9*
医薬品	38 766	*7.9*	医薬品	33 228	*5.7*
航空機	29 051	*5.9*	衣類	23 674	*4.1*
精密機械	14 106	*2.9*	石油製品	17 613	*3.0*
衣類	11 885	*2.4*	精密機械	17 049	*2.9*
プラスチック	11 644	*2.4*	金属製品	16 030	*2.8*
鉄鋼	10 234	*2.1*	野菜・果実	14 461	*2.5*
ワイン	10 064	*2.1*	プラスチック	13 595	*2.3*
金属製品	9 647	*2.0*	航空機	13 056	*2.2*
計×	**488 562**	*100.0*	計×	**582 775**	*100.0*

表 25-18　イギリス　(2020年)

輸出	百万ドル	%	輸入	百万ドル	%
機械類	87 351	*22.1*	機械類	127 075	*20.0*
自動車	34 881	*8.8*	金（非貨幣用）	89 819	*14.2*
うち乗用車	26 555	*6.7*	自動車	56 943	*9.0*
医薬品	26 173	*6.6*	うち乗用車	34 729	*5.5*
金（非貨幣用）	22 014	*5.6*	医薬品	26 961	*4.3*
原油	16 097	*4.1*	衣類	26 318	*4.1*
精密機械	14 989	*3.8*	精密機械	17 180	*2.7*
航空機	12 315	*3.1*	原油	15 624	*2.5*
白金族	11 616	*2.9*	野菜・果実	14 899	*2.3*
有機化合物	11 532	*2.9*	金属製品	13 029	*2.1*
計×	**395 692**	*100.0*	計×	**634 175**	100.0

表 25-19　イタリア　（2020年）

輸出	百万ドル	%	輸入	百万ドル	%
機械類	122 390	*24.7*	機械類	78 659	*18.6*
医薬品	37 791	*7.6*	自動車	36 423	*8.6*
自動車	36 164	*7.3*	うち乗用車	22 703	*5.4*
衣類	22 505	*4.5*	医薬品	31 989	*7.6*
金属製品	18 228	*3.7*	原油	16 165	*3.8*
鉄鋼	16 739	*3.4*	衣類	15 736	*3.7*
プラスチック	13 947	*2.8*	鉄鋼	14 582	*3.5*
精密機械	11 354	*2.3*	プラスチック	14 372	*3.4*
はきもの	10 644	*2.1*	有機化合物	13 868	*3.3*
家具	10 435	*2.1*	精密機械	11 091	*2.6*
計×	**495 977**	*100.0*	計×	**422 648**	*100.0*

表 25-20　ベルギー　（2020年）

輸出	百万ドル	%	輸入	百万ドル	%
医薬品	48 360	*16.3*	機械類	45 138	*15.3*
自動車	34 099	*11.5*	医薬品	38 542	*13.1*
うち乗用車	22 101	*7.5*	自動車	36 108	*12.3*
機械類	32 982	*11.1*	うち乗用車	22 397	*7.6*
有機化合物	18 841	*6.4*	有機化合物	16 816	*5.7*
プラスチック	14 536	*4.9*	石油製品	8 962	*3.0*
石油製品	11 968	*4.0*	原油	8 877	*3.0*
鉄鋼	10 423	*3.5*	ダイヤモンド	7 916	*2.7*
ダイヤモンド	8 170	*2.8*	プラスチック	7 592	*2.6*
野菜・果実	7 045	*2.4*	精密機械	6 340	*2.2*
計×	**296 131**	*100.0*	計×	**294 179**	*100.0*

表 25-21　ロシア　（2020年）

輸出	百万ドル	%	輸入	百万ドル	%
原油	72 564	*21.5*	機械類	74 546	*32.2*
石油製品	47 665	*14.1*	うち通信機器	12 193	*5.3*
金（非貨幣用）	18 537	*5.5*	自動車	18 041	*7.8*
鉄鋼	16 828	*5.0*	医薬品	11 465	*4.9*
石炭	13 358	*4.0*	金属製品	8 173	*3.5*
機械類	12 473	*3.7*	野菜・果実	7 912	*3.4*
小麦	7 918	*2.3*	衣類	7 727	*3.3*
白金族	7 842	*2.3*	プラスチック	6 697	*2.9*
化学肥料	6 989	*2.1*	精密機械	6 444	*2.8*
計×	**337 104**	*100.0*	計×	**231 664**	*100.0*

ロシアの輸出天然ガスは特殊取扱品に含められ不詳（325ページ参照）。

表 25-22 アメリカ合衆国 (2020年)

輸出	百万ドル	%	輸入	百万ドル	%
機械類	351 431	*24.6*	機械類	702 513	*29.2*
自動車	101 941	*7.1*	うちコンピュータ	104 948	*4.4*
精密機械	66 617	*4.7*	自動車	250 208	*10.4*
石油製品	64 826	*4.5*	うち乗用車	145 659	*6.1*
医薬品	57 850	*4.0*	医薬品	147 418	*6.1*
原油	50 286	*3.5*	衣類	82 417	*3.4*
プラスチック	46 615	*3.3*	原油	81 630	*3.4*
有機化合物	33 690	*2.4*	精密機械	75 121	*3.1*
大豆	25 851	*1.8*	金属製品	59 194	*2.5*
金属製品	25 682	*1.8*	家具	53 998	*2.2*
計×	**1 430 254**	*100.0*	計×	**2 405 382**	*100.0*

アメリカの航空機輸出額は9288百万ドルだが、米商務省資料では81225百万ドル。

表 25-23 カナダ (2020年)

輸出	百万ドル	%	輸入[f]	百万ドル	%
原油	47 577	*12.3*	機械類	101 711	*25.1*
自動車	44 692	*11.5*	自動車	54 192	*13.4*
うち乗用車	32 007	*8.2*	うち乗用車	21 803	*5.4*
機械類	40 216	*10.4*	医薬品	15 330	*3.8*
金（非貨幣用）	16 566	*4.3*	金属製品	11 861	*2.9*
航空機	9 658	*2.5*	金（非貨幣用）	11 169	*2.8*
野菜・果実	8 404	*2.2*	野菜・果実	10 896	*2.7*
石油製品	8 390	*2.2*	衣類	10 313	*2.5*
プラスチック	8 361	*2.2*	精密機械	9 869	*2.4*
医薬品	8 321	*2.1*	プラスチック	9 607	*2.4*
計×	**388 252**	*100.0*	計×	**404 486**	*100.0*

表 25-24 メキシコ (2020年)

輸出	百万ドル	%	輸入[f]	百万ドル	%
機械類	150 401	*36.1*	機械類	146 870	*38.3*
うちコンピュータ	31 997	*7.7*	自動車	31 355	*8.2*
自動車	99 741	*23.9*	うち部分品	22 007	*5.7*
うち乗用車	40 247	*9.7*	石油製品	17 778	*4.6*
野菜・果実	17 017	*4.1*	精密機械	14 821	*3.9*
精密機械	16 439	*3.9*	プラスチック	14 453	*3.8*
原油	14 684	*3.5*	金属製品	12 532	*3.3*
金属製品	9 091	*2.2*	鉄鋼	9 279	*2.4*
アルコール飲料	7 115	*1.7*	有機化合物	7 285	*1.9*
計×	**416 982**	*100.0*	計×	**382 980**	*100.0*

表 25-25　ブラジル　(2020年)

輸出	百万ドル	%	輸入	百万ドル	%
大豆	28 564	*13.7*	機械類	47 523	*28.6*
鉄鉱石	25 789	*12.3*	有機化合物	10 594	*6.4*
原油	19 614	*9.4*	自動車	9 978	*6.0*
肉類	16 855	*8.1*	化学肥料	8 688	*5.2*
機械類	11 480	*5.5*	石油製品	8 372	*5.0*
鉄鋼	9 066	*4.3*	医薬品	8 281	*5.0*
砂糖	8 744	*4.2*	プラスチック	5 770	*3.5*
自動車	6 588	*3.1*	精密機械	4 461	*2.7*
パルプ・古紙	5 987	*2.9*	金属製品	4 137	*2.5*
計×	**209 180**	*100.0*	計×	**166 336**	*100.0*

表 25-26　アルゼンチン　(2020年)

輸出	百万ドル	%	輸入	百万ドル	%
植物性油かす	7 576	*13.8*	機械類	11 297	*26.7*
とうもろこし	6 047	*11.0*	自動車	4 535	*10.7*
大豆油	3 740	*6.8*	有機化合物	2 427	*5.7*
肉類	3 305	*6.0*	医薬品	2 332	*5.5*
自動車	2 767	*5.0*	大豆	1 982	*4.7*
大豆	2 186	*4.0*	プラスチック	1 712	*4.0*
野菜・果実	2 152	*3.9*	化学肥料	1 115	*2.6*
小麦	2 029	*3.7*	精密機械	974	*2.3*
魚介類	1 704	*3.1*	天然ガス	969	*2.3*
計×	**54 884**	*100.0*	計×	**42 356**	*100.0*

表 25-27　オーストラリア　(2020年)

輸出	百万ドル	%	輸入[f]	百万ドル	%
鉄鉱石	80 234	*32.7*	機械類	57 203	*27.0*
石炭	30 098	*12.3*	自動車	24 019	*11.3*
金（非貨幣用）	17 591	*7.2*	うち乗用車	13 344	*6.3*
肉類	10 144	*4.1*	石油製品	12 273	*5.8*
うち牛肉	6 615	*2.7*	医薬品	9 763	*4.6*
機械類	7 370	*3.0*	衣類	7 337	*3.5*
医薬品	3 826	*1.6*	精密機械	6 832	*3.2*
銅鉱	3 208	*1.3*	金属製品	6 448	*3.0*
野菜・果実	2 864	*1.2*	金（非貨幣用）	6 388	*3.0*
精密機械	2 719	*1.1*	原油	4 647	*2.2*
計×	**245 046**	*100.0*	計×	**211 973**	*100.0*

オーストラリアの輸出液化天然ガスは特殊取扱品に含まれるが（325ページ参照）、国際貿易センター（ITC）資料では輸出額は25944百万ドル。

図 25-4　開発途上国の輸出品目割合（2020年）

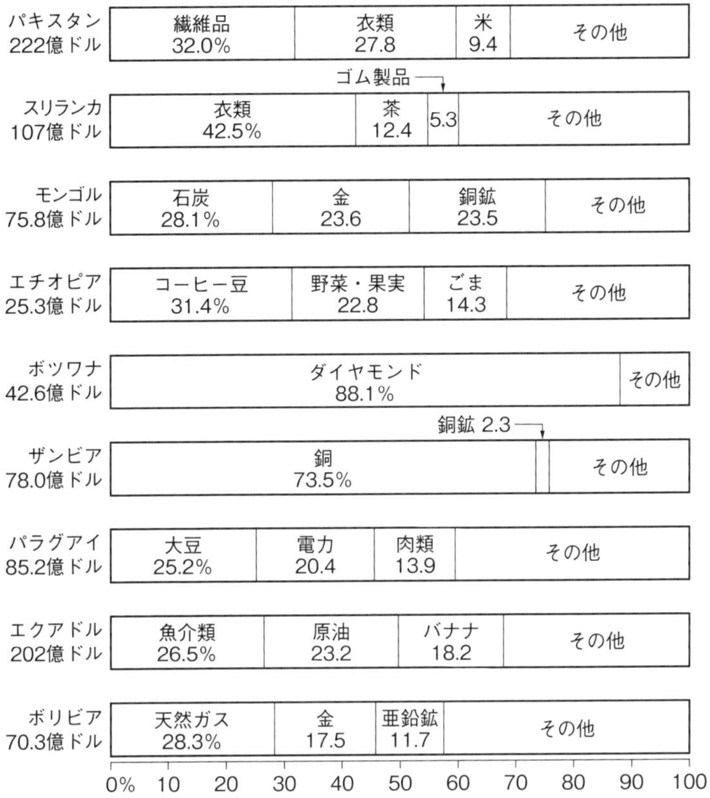

国連“Commodity Trade Statistics Database”より作成。

特殊取扱品と貿易統計

貿易統計に「特殊取扱品」という品目がある。これは、SITCなど貿易統計における商品分類にある項目の１つで、狭義には再輸出品など、広義には郵便小包や貨幣、非貨幣用の金などが含まれる。しかし、近年は一部の国で特定の品目の輸出額や数量を非公表にして、特殊取扱品に含めることが増えている。国連統計では、ロシアやオーストラリアの天然ガス、アメリカ合衆国の航空機、サウジアラビアの原油などが特殊取扱品に含まれており、個々の数値が分からない。これらは、各国政府などが公表する統計では数値が明らかな場合もあり、本書ではこれらを注記に掲載している。

表 25-28　主要国のサービス貿易（Ⅰ）（単位　百万ドル）

日本	2019			2020		
	輸出（受取）	輸入（支払）	輸出－輸入	輸出（受取）	輸入（支払）	輸出－輸入
輸送…………	26 203	34 227	-8 025	20 861	28 002	-7 141
旅行…………	46 054	21 277	24 777	10 597	5 448	5 150
維持修理サービス	1 108	8 389	-7 281	1 225	6 890	-5 665
建設…………	10 586	7 351	3 234	7 435	5 475	1 959
保険・年金サービス	2 306	8 219	-5 913	2 175	10 405	-8 230
金融サービス…	14 289	8 540	5 749	15 751	10 707	5 044
知的財産権等使用料	47 150	26 774	20 376	43 038	28 218	14 820
情報等サービス1)	7 455	22 251	-14 796	10 294	22 263	-11 969
その他業務サービス	46 722	74 571	-27 849	43 810	71 510	-27 700
個人向けサービス2)	2 089	1 738	350	1 398	983	415
公的サービス等·	4 529	1 889	2 641	3 936	1 816	2 120
計×………	**209 453**	**219 430**	**-9 977**	**161 844**	**196 851**	**-35 006**

韓国	2019			2020		
	輸出（受取）	輸入（支払）	輸出－輸入	輸出（受取）	輸入（支払）	輸出－輸入
輸送…………	27 065	28 800	-1 734	23 931	22 835	1 097
旅行…………	20 867	32 739	-11 872	10 276	16 092	-5 816
維持修理サービス	641	989	-348	408	1 299	-890
建設…………	9 653	2 877	6 776	7 251	1 394	5 857
保険・年金サービス	646	902	-256	627	871	-244
金融サービス…	3 205	2 285	921	3 912	2 228	1 684
知的財産権等使用料	7 752	9 909	-2 157	6 895	9 888	-2 993
情報等サービス1)	7 669	5 208	2 461	8 159	6 117	2 042
その他業務サービス	22 289	34 679	-12 391	23 604	33 348	-9 744
個人向けサービス2)	1 267	996	271	1 126	944	183
公的サービス等·	868	1 773	-905	752	1 338	-586
計×………	**103 839**	**130 684**	**-26 845**	**89 596**	**104 266**	**-14 670**

中国	2019			2020		
	輸出（受取）	輸入（支払）	輸出－輸入	輸出（受取）	輸入（支払）	輸出－輸入
輸送…………	46 173	105 154	-58 981	56 641	94 702	-38 060
旅行…………	35 832	254 621	-218 789	14 233	130 504	-116 271
維持修理サービス	10 178	3 704	6 473	7 666	3 366	4 300
建設…………	14 432	9 331	5 100	12 647	8 059	4 588
保険・年金サービス	4 800	11 023	-6 223	5 381	12 343	-6 961
金融サービス…	3 907	2 399	1 508	4 273	3 312	962
知的財産権等使用料	6 605	34 370	-27 766	8 554	37 782	-29 227
情報等サービス1)	34 948	26 956	7 992	38 865	32 962	5 904
その他業務サービス	69 201	49 797	19 404	70 224	50 442	19 782
個人向けサービス2)	955	4 091	-3 136	1 009	3 006	-1 997
公的サービス等·	1 587	3 681	-2 094	2 507	3 560	-1 053
計×………	**244 359**	**505 508**	**-261 149**	**235 209**	**380 536**	**-145 327**

主要国のサービス貿易（II）（単位　百万ドル）

インド	2019 輸出（受取）	2019 輸入（支払）	2019 輸出－輸入	2020 輸出（受取）	2020 輸入（支払）	2020 輸出－輸入
輸送	21 125	23 959	-2 834	20 791	19 883	908
旅行	30 720	22 915	7 805	13 036	12 574	462
維持修理サービス	194	1 231	-1 037	146	933	-787
建設	2 912	2 662	250	2 799	2 601	198
保険・年金サービス	2 527	1 916	611	2 352	1 918	434
金融サービス	4 821	2 281	2 540	4 105	4 617	-512
知的財産権等使用料	872	7 890	-7 018	1 254	7 241	-5 987
情報等サービス1)	94 405	9 603	84 802	99 471	11 007	88 464
その他業務サービス	44 532	46 062	-1 531	47 310	48 604	-1 294
個人向けサービス2)	2 069	2 961	-891	2 197	2 751	-554
公的サービス等	634	1 108	-474	653	1 064	-412
計×	**214 762**	**130 535**	**84 226**	**203 145**	**116 037**	**87 108**

ドイツ	2019 輸出（受取）	2019 輸入（支払）	2019 輸出－輸入	2020 輸出（受取）	2020 輸入（支払）	2020 輸出－輸入
輸送	69 747	69 758	-11	54 279	61 253	-6 974
旅行	41 779	93 097	-51 319	22 049	38 752	-16 703
維持修理サービス	12 819	12 579	240	12 093	11 622	471
建設	2 334	2 043	292	2 047	1 870	177
保険・年金サービス	12 793	7 973	4 819	12 797	7 959	4 838
金融サービス	26 270	14 649	11 621	29 154	18 357	10 796
知的財産権等使用料	36 237	16 389	19 848	35 863	16 026	19 837
情報等サービス1)	33 641	44 336	-10 695	34 664	42 420	-7 755
その他業務サービス	98 005	101 287	-3 282	89 360	94 826	-5 466
個人向けサービス2)	2 705	5 448	-2 743	2 855	6 085	-3 230
公的サービス等	5 549	1 637	3 912	5 487	1 676	3 811
計×	**352 277**	**375 286**	**-23 009**	**310 624**	**306 620**	**4 004**

フランス	2019 輸出（受取）	2019 輸入（支払）	2019 輸出－輸入	2020 輸出（受取）	2020 輸入（支払）	2020 輸出－輸入
輸送	47 780	52 314	-4 533	43 670	46 629	-2 959
旅行	63 424	50 507	12 917	32 646	27 758	4 888
維持修理サービス	11 227	9 548	1 679	10 628	8 262	2 367
建設	2 367	1 599	768	2 452	2 007	445
保険・年金サービス	11 645	10 587	1 058	10 655	11 408	-753
金融サービス	15 699	7 666	8 033	17 095	8 933	8 161
知的財産権等使用料	15 521	12 191	3 330	14 668	12 273	2 395
情報等サービス1)	19 996	24 338	-4 343	20 011	24 517	-4 506
その他業務サービス	92 000	84 346	7 654	87 235	78 793	8 442
個人向けサービス2)	4 519	5 062	-542	4 163	4 787	-625
公的サービス等	570	177	393	603	164	439
計×	**296 165**	**269 367**	**26 798**	**254 909**	**235 730**	**19 179**

主要国のサービス貿易（Ⅲ）（単位　百万ドル）

イギリス	2019 輸出(受取)	2019 輸入(支払)	2019 輸出−輸入	2020 輸出(受取)	2020 輸入(支払)	2020 輸出−輸入
輸送	33 524	32 646	879	22 714	18 918	3 796
旅行	52 546	70 257	-17 712	18 843	21 653	-2 809
維持修理サービス	4 624	1 810	2 813	3 400	1 123	2 276
建設	3 852	3 482	371	4 634	4 941	-307
保険・年金サービス	24 516	3 765	20 751	26 486	3 568	22 918
金融サービス	80 036	21 459	58 577	82 298	20 870	61 428
知的財産権等使用料	26 355	17 488	8 867	23 901	16 043	7 858
情報等サービス1)	31 784	14 182	17 602	37 350	15 700	21 650
その他業務サービス	145 746	89 982	55 764	149 693	95 160	54 533
個人向けサービス2)	6 984	5 963	1 021	4 633	5 977	-1 343
公的サービス等	4 122	4 794	-672	3 252	4 768	-1 515
計×	**417 623**	**267 349**	**150 274**	**380 500**	**210 605**	**169 895**

アメリカ合衆国	2019 輸出(受取)	2019 輸入(支払)	2019 輸出−輸入	2020 輸出(受取)	2020 輸入(支払)	2020 輸出−輸入
輸送	91 017	112 799	-21 782	56 705	72 410	-15 705
旅行	199 365	133 285	66 080	72 812	35 806	37 006
維持修理サービス	27 698	8 866	18 832	13 279	6 090	7 189
建設	3 126	1 378	1 748	2 349	1 130	1 219
保険・年金サービス	18 528	51 633	-33 105	20 432	55 617	-35 185
金融サービス	136 047	41 209	94 838	144 342	42 256	102 086
知的財産権等使用料	115 529	41 730	73 799	113 779	42 984	70 795
情報等サービス1)	54 767	42 959	11 808	56 684	38 595	18 089
その他業務サービス	185 574	112 775	72 799	183 180	117 674	65 506
個人向けサービス2)	22 193	20 487	1 706	20 443	23 185	-2 742
公的サービス等	22 453	24 000	-1 547	21 642	24 553	-2 911
計×	**876 297**	**591 121**	**285 176**	**705 647**	**460 300**	**245 347**

IMF（国際通貨基金）Data, "Balance of Payments Statistics"（2022年4月4日閲覧）より作成。**輸送**は旅客や貨物の輸送および輸送に付随するサービスの取引を計上したもの。**旅行**は旅行者が滞在先で取得した財貨やサービスの取引を計上したもの。**維持修理サービス**は各種の修理、点検、アフターサービスなどを計上したもの。**建設**は自国外で行った建設・据え付け工事にかかる取引を計上したもの。**保険・年金サービス**は様々な形態の保険や年金を提供するサービスを計上したもの。**金融サービス**は、金融仲介およびこれに付随するサービスの取引を計上したもの。**知的財産権等使用料**は、研究開発やマーケティングによって生じた財産権の使用料のほか、著作物の複製・頒布権料、上映・放映権料などを計上したもの。**通信・コンピュータ・情報サービス**は、ITや情報に関連した取引を計上したもの。**その他業務サービス**は上記以外の幅広い事業者向けサービスの取引を計上したもので、特許権など産業財産権の売買なども含まれる。**個人・文化・娯楽サービス**は、個人向けサービスや文化・娯楽に関連したサービスの取引を計上したもの。**公的サービス等**は、在外公館や駐留軍の経費のほか、政府や国際機関が行うサービス取引のうち他の項目に該当しないものを計上。1）原資料では、通信・コンピュータ・情報サービス。2）原資料では個人・文化・娯楽サービス。×その他とも。

第26章　国際収支・国際協力

〔国際収支〕 財務省が４月に発表した国際収支統計によると、2021年の日本の経常収支は、15兆4877億円で、前年から1900億円ほど黒字幅が縮小した。このうち貿易収支は、資源価格の高騰や、円安による輸入額の増加によって、黒字幅が前年比39.9％縮小し、１兆6701億円の黒字に

表 26-1　国際収支総括表（単位　億円）

	2017	2018	2019	2020	2021
経常収支…………	227 779	195 047	192 513	156 739	154 877
貿易・サービス収支	42 206	1 052	-9 318	-8 773	-25 615
貿易収支……… 1)	49 113	11 265	1 503	27 779	16 701
輸出…………	772 535	812 263	757 753	672 629	822 837
輸入…………	723 422	800 998	756 250	644 851	806 136
サービス収支……	-6 907	-10 213	-10 821	-36 552	-42 316
第一次所得収支……	206 843	214 026	215 531	191 209	204 781
第二次所得収支……	-21 271	-20 031	-13 700	-25 697	-24 289
資本移転等収支……	-2 800	-2 105	-4 131	-2 072	-4 197
金融収支…………	188 113	201 361	248 624	138 073	107 527
直接投資…………	174 118	149 093	238 591	90 720	134 043
証券投資…………	-56 513	100 528	93 666	43 916	-220 234
金融派生商品……	34 523	1 239	3 700	7 999	24 141
その他投資………	9 467	-76 127	-115 372	-16 541	100 677
外貨準備…………	26 518	26 628	28 039	11 980	68 899
誤差脱漏…………	-36 866	8 419	60 242	-16 594	-43 153

財務省「国際収支状況」(2022年４月15日閲覧) より作成。2014年1月分から国際収支統計は「国際収支マニュアル第6版」に準拠する。符号表示は、金融収支のプラスは純資産の増加、マイナスは純資産の減少を示す。1) 貿易統計の輸出がF.O.B.(輸出国での船積み価格)、輸入がC.I.F.(船積み価格に仕向地までの運賃、保険料を含む) であるのに対し、国際収支統計は輸出入ともにF.O.B.であることなどから、両者間で差が生じる。

国際収支はフロー統計で、国の一年間の国際取引の受け取りと支払い勘定の記録

【経常収支】財（モノ）やサービスの取引

貿易・サービス収支：貿易収支はモノの輸出入の収支、サービス収支は旅行、運輸、通信、文化的活動、特許権使用料などのサービス取引の収支

第一次所得収支（旧名は所得収支）：海外での資産から生じる収支

第二次所得収支（旧名は経常移転収支）：対価を伴わない資産の提供に係る収支（政府・民間による無償資金援助、海外で働く人の本国への送金など）

【資本移転等収支】対価を伴わない固定資産の提供（債務免除など）

【金融収支】債券・債務の移動を伴う金融取引上の収支で、日本企業が海外で工場を建てるなどの直接投資、外国の証券を買うなどの証券投資、外貨準備など

留まった。サービス収支は、多くの分野でコロナ禍の影響が継続しており、さらに旅行収支の黒字幅が前年から62%縮小したことなどが影響し、4兆2316億円の赤字となった。政府などによる無償資金協力や、寄付などの第二次所得収支も、2兆4289億円の赤字となった。一方、利子や配当といった投資収益のやり取りを示す第一次所得収支は、20兆4781億円の黒字となっている。低金利が影響して利子所得等の伸びが抑えられた

表 26-2　経常収支（単位　億円）

	2018	2019	2020	2021
貿易・サービス収支	1 052	-9 318	-8 773	-25 615
貿易収支	11 265	1 503	27 779	16 701
サービス収支	-10 213	-10 821	-36 552	-42 316
輸送	-10 769	-8 749	-7 120	-7 280
旅行	24 160	27 023	5 552	2 084
その他サービス	-23 603	-29 095	-34 984	-37 120
委託加工	-4 782	-3 535	-4 251	-4 460
維持修理	-4 970	-7 934	-6 251	-4 979
建設	1 076	3 522	2 099	3 023
保険・年金	-5 042	-6 441	-8 793	-10 342
金融サービス	3 405	6 267	5 372	3 866
知的財産権等使用料	25 981	22 254	15 791	20 443
通信・情報・コンピュータ	-13 680	-16 140	-13 178	-16 812
その他業務	-28 570	-30 340	-28 557	-29 549
個人・文化・娯楽	- 29	379	451	- 272
公的サービス等	3 008	2 874	2 333	1 961
第一次所得収支	214 026	215 531	191 209	204 781
雇用者報酬	- 129	- 214	- 231	- 246
投資収益	214 931	216 406	192 026	205 647
直接投資収益	105 321	112 322	94 418	107 248
配当金等	47 819	51 926	51 581	68 169
再投資収益	56 184	58 842	41 974	38 455
利子所得等	1 318	1 554	863	624
証券投資収益	99 054	97 355	90 573	85 408
配当金	8 400	3 120	1 973	3 260
債券利子	90 654	94 235	88 599	82 148
その他投資収益	10 556	6 729	7 035	12 991
その他第一次所得収支	- 776	- 661	- 585	- 620
第二次所得収支	-20 031	-13 700	-25 697	-24 289
計	**195 047**	**192 513**	**156 739**	**154 877**

財務省「国際収支状況」(2022年4月15日閲覧) より作成。【☞長期統計514ページ】

一方で、海外子会社からの配当金等の黒字額が拡大しており、直接投資収益は前年から13.6%の増加となった。近年、日本の経常収支は、貿易収支に代わって第一次所得収支が黒字を支える構造となっており、2021年の経常黒字も、そのほとんどが第一次所得収支による。

2022年1月の国際収支統計（速報）によると、日本の経常収支は、原

表 26-3　金融収支（単位　億円）

	2018	2019	2020	2021
直接投資	149 093	238 591	90 720	134 043
株式資本	63 579	187 304	85 699	72 521
収益の再投資	56 184	58 842	41 974	38 455
負債性資本	29 329	-7 555	-36 953	23 068
証券投資	100 528	93 666	43 916	-220 234
株式	92 785	-32 081	29 712	-93 696
投資ファンド持分	53 718	26 940	15 093	51 408
中長期債	31 418	62 535	201 190	-162 320
短期債	-77 393	36 272	-202 080	-15 626
金融派生商品	1 239	3 700	7 999	24 141
その他投資	-76 127	-115 372	-16 541	100 677
外貨準備	26 628	28 039	11 980	68 899
計	**201 361**	**248 624**	**138 073**	**107 527**

財務省「国際収支状況」(2022年4月15日閲覧）より作成。【☞長期統計514ページ】

図 26-1　経常収支の推移

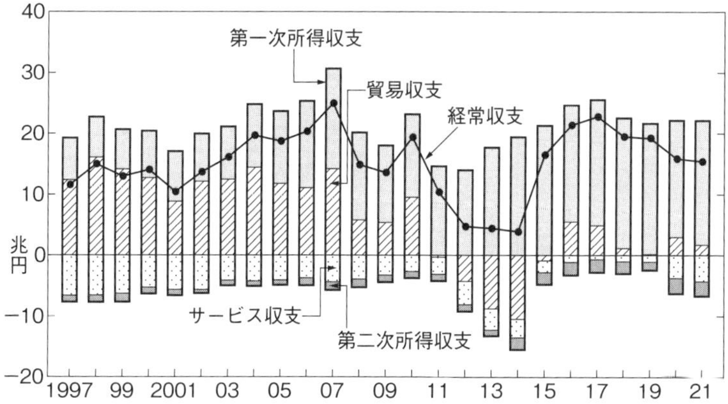

資料・注記は表26-1参照。

油などエネルギー価格の高騰で貿易赤字が拡大し、1兆1964億円の赤字となった。2月には、経常収支は1兆6483億円（速報値）の黒字に転じているが、ロシアのウクライナ侵攻を背景とした原油高や、日米の金利差の拡大によって円安が進んでいる。今後、貿易赤字が拡大し、経常赤字が定着する可能性が指摘されている。

図 26-2　サービス収支の推移

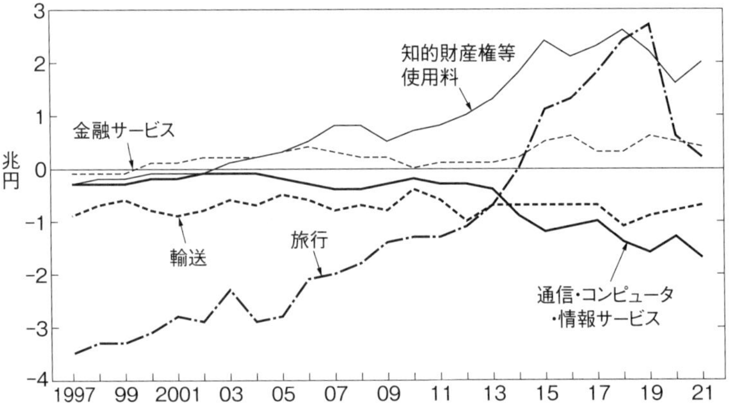

資料・注記は表26-1参照。

図 26-3　金融収支の推移

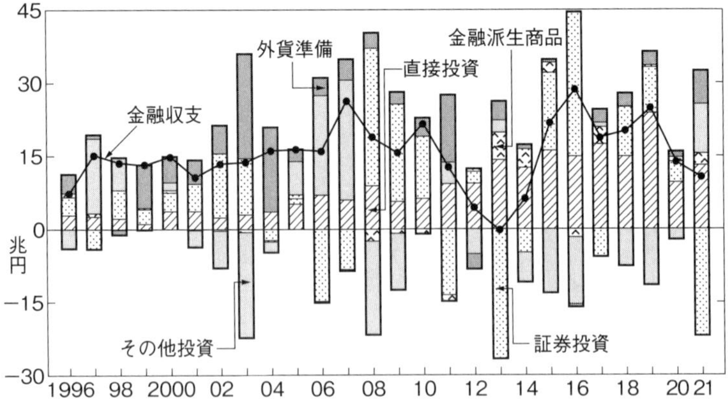

資料・注記は表26-1参照。

表 26-4　地域別の対外・対内直接投資（単位　億円）

日本の相手先	対外直接投資（資産）		対内直接投資（負債）	
	2020	2021	2020	2021
アジア……………	39 609	53 440	11 035	21 907
中国……………	11 801	11 039	1 544	880
シンガポール……	8 222	19 583	4 826	6 451
インドネシア……	1 798	1 496	-8	37
インド…………	1 688	3 033	5	0
北アメリカ…………	72 809	68 472	16 827	9 855
アメリカ合衆国……	70 846	67 713	16 737	9 354
中南米……………	13 904	8 063	-1 344	5 143
ケイマン諸島……	1 939	2 132	-734	4 711
オセアニア…………	15 514	-140	-1 503	3 815
ヨーロッパ…………	20 378	33 166	40 781	-11 233
ドイツ…………	2 950	7 756	1 545	1 928
イギリス…………	9 220	16 415	32 766	-3 311
フランス…………	815	1 190	101	-9
中東………………	-630	-324	86	57
アフリカ…………	-4 988	1 006	-6	96
合計……………	**156 597**	**163 684**	**65 877**	**29 640**
ASEAN（再掲）…	19 419	31 901	5 763	6 445
EU（再掲）………	-10 734	16 743	-277	-3 960

財務省「国際収支状況（対外·対内直接投資）」（国際収支マニュアル第６版準拠）より作成。対外直接投資は資産、対内直接投資は負債となる。国際収支マニュアル第５版では、資金の流出入に着目して流入をプラス（+）、流出をマイナス（−）としていたが、第６版では資産・負債の増減に着目して資産・負債の増加をプラス（+）、減少をマイナス（−）としている。そのため、対外直接投資のマイナス（−）は資産の減少、対内直接投資のマイナス（−）は負債の減少を示す。

表 26-5　対外・対内証券投資（単位　億円）

	対外証券投資（資産）		対内証券投資（負債）	
	2020	2021	2020	2021
株式・投資ファンド持分	-42 556	-21 577	-87 362	20 711
中長期債…………	204 753	18 987	3 562	181 307
短期債……………	10 266	-3 338	212 346	12 289
計………………	**172 462**	**-5 928**	**128 546**	**214 306**

財務省「国際収支状況（対外·対内証券投資）」（国際収支マニュアル第6版準拠）より作成。対外証券投資は居住者による非居住者発行証券への投資で、対内証券投資は非居住者による居住者発行証券への投資。資産・負債の増減に着目し、対外証券投資のプラス（+）は資産の増加（取得超：資金の流出）、マイナス（−）は資産の減少（処分超：資金の流入）を意味し、対外証券投資のプラス（+）負債の増加（取得超:資金の流入）、マイナス（−）は負債の減少（処分超：資金の流出）を意味する。

表 26-6　地域別・国別の経常収支（2020年）（単位　億円）

日本の相手先	経常収支計	貿易・サービス収支		第一次所得収支	第二次所得収支
		貿易	サービス		
アジア…………	76 495	34 278	323	48 839	−6 945
中国…………	7 385	−18 516	5 273	21 179	−551
(香港)………	45 262	41 015	611	3 192	444
(台湾)………	22 120	21 016	−1 215	2 460	−141
韓国…………	15 395	14 662	−1 399	2 513	−381
シンガポール……	2 610	13 204	−11 869	1 169	106
タイ…………	−425	−12 152	3 605	8 546	−424
インドネシア……	−7 288	−10 908	1 322	2 928	−630
マレーシア………	−4 345	−6 724	588	1 761	29
フィリピン………	−4 768	−4 388	−500	1 216	−1 097
ベトナム………	−6 339	−7 260	1 382	2 416	−2 876
インド………	6 675	5 065	391	1 423	−205
北アメリカ………	99 800	65 507	−17 975	58 984	−6 716
アメリカ合衆国‥	97 951	68 465	−18 258	54 125	−6 381
カナダ………	1 928	−2 879	283	4 859	−335
中南アメリカ……	10 232	−11 402	−7 868	32 790	−3 289
メキシコ………	3 946	1 370	955	1 634	−13
ブラジル………	−3 040	−4 734	132	1 845	−284
ケイマン諸島……	22 969	−986	861	23 073	21
オセアニア………	−17 035	−26 786	−298	10 367	−319
オーストラリア‥	−16 825	−25 595	−267	9 398	−360
ヨーロッパ………	35 369	10 364	−11 653	33 750	2 907
ドイツ………	8 324	7 480	−2 529	3 068	305
イギリス………	19 814	9 070	3 212	3 116	4 417
フランス………	1 370	−4 201	93	5 512	−35
オランダ………	23 549	16 213	−2 626	10 211	−249
イタリア………	−4 750	−6 220	−497	1 969	−2
ベルギー………	5 319	3 740	357	1 212	10
ルクセンブルク‥	3 606	303	−64	3 039	328
スイス………	−6 689	−2 754	866	−3 536	−1 265
スウェーデン……	−2 479	−1 566	−1 418	514	−9
スペイン………	559	−834	−489	1 894	−12
ロシア………	−5 366	−5 105	−426	644	−480
中東…………	−39 738	−40 236	397	212	−112
サウジアラビア‥	−15 593	−15 455	−27	−75	−36
アラブ首長国連邦	−13 307	−13 178	158	−272	−15
イラン………	83	92	−5	−3	0
アフリカ………	−6 605	−1 597	−377	1 012	−5 643
南アフリカ共和国	−9 705	−4 798	119	537	−5 562
計×…………	**158 790**	**30 106**	**−37 357**	**191 532**	**−25 492**

財務省「地域別国際収支の推移」より作成。ケイマン諸島はイギリス領で、法人税などの税率が無税もしくは著しく低い税しか課さないタックス・ヘイブン。×その他とも。

表 26-7 地域別・国別の金融収支 （単位 億円）

日本の相手先	2016	2017	2018	2019	2020
アジア	-123 957	168 821	41 884	-34 758	-75 331
中国	-100 924	67 093	-92 255	-137 004	-151 936
(香港)	-57 050	12 114	-152	-4 803	-4 511
(台湾)	-1 370	1 564	7 878	-4 320	477
韓国	-1 041	2 388	5 894	810	3 192
シンガポール	9 828	52 765	90 191	76 632	62 270
タイ	8 875	10 068	5 590	4 848	379
インドネシア	1 233	3 142	4 930	12 607	1 147
マレーシア	1 593	-461	1 400	3 200	3 340
フィリピン	1 226	3 506	3 353	3 105	182
ベトナム	4 137	3 805	4 169	2 340	1 072
インド	7 955	9 605	4 890	6 949	2 687
北アメリカ	307 106	14 719	96 986	263 610	192 486
アメリカ合衆国	296 572	10 606	89 478	260 784	163 289
カナダ	10 534	4 113	7 507	2 826	29 198
中南アメリカ	147 179	199 941	182 310	107 627	-10 753
メキシコ	6 058	1 831	4 039	813	906
ブラジル	1 212	865	758	853	1 162
ケイマン諸島	101 967	144 829	137 461	64 885	-55 900
オセアニア	74 635	68 221	60 800	45 810	99 088
オーストラリア	67 068	63 474	60 567	44 258	91 301
ニュージーランド	5 795	4 128	2 337	2 623	6 573
ヨーロッパ	-333 362	-357 194	-273 578	-238 098	-339 663
ドイツ	6 417	20 421	-14 198	-1 285	-4 316
イギリス	-1 063 472	-953 732	-951 514	-951 509	-975 739
フランス	-53 507	-122 422	-153 956	-153 642	-264 216
オランダ	6 434	22 788	29 650	-2 298	26 215
イタリア	4 295	-993	773	7 553	23 809
ベルギー	64 239	246 226	351 619	294 769	320 909
ルクセンブルク	641 762	378 365	331 315	418 287	447 373
スイス	12 331	1 647	5 115	63 763	43 688
スウェーデン	4 191	-5 438	3 304	-4 523	-535
スペイン	4 535	6 512	16 726	11 237	7 376
ロシア	600	1 064	2 477	315	2 595
中東	146 263	99 862	34 518	39 018	21 803
サウジアラビア	5 465	9 431	7 209	7 354	7 113
アラブ首長国連邦	131 263	74 670	10 716	925	2 543
イラン	-362	1 500	932	-243	277
アフリカ	-1 007	4 831	5 762	-1 335	-6 721
南アフリカ共和国	1 327	1 742	3 312	-963	-6 712
計×	**286 059**	**188 113**	**201 361**	**248 218**	**137 395**
ASEAN(再掲)	27 441	73 473	111 342	103 041	70 181
EU (再掲)	-355 973	-362 561	-305 444	-286 339	510 330

前表とも、改定前の数値であるため、表26-1及び2とは異なる。×その他とも。

〔対外資産負債残高〕 対外資産負債残高は、ある時点において居住者が保有する海外金融資産（対外資産）と、非居住者が保有する日本の金融資産（対外負債）の残高を表している。対外資産から対外負債を差し引いた金額が対外純資産（純負債）で、金額がプラスの場合は債権国、マイナスの場合は債務国となる。

2020年末現在、日本の対外純資産残高は356兆9700億円で、30年連続で世界最大の債権国となっている。内訳をみると、対外資産は前年より5.1％増の1146兆1260億円であった。直接投資や証券投資が増加したこ

表 26-8　対外資産負債残高（各年末）（単位　十億円）

	2016	2017	2018	2019	2020
資産残高	986 289	1 013 364	1 018 047	1 090 549	1 146 126
直接投資	158 885	175 141	181 882	204 168	205 971
株式	111 949	118 738	124 039	143 696	146 347
収益の再投資	33 750	41 429	39 828	42 351	39 648
負債性資本	13 186	14 974	18 015	18 121	19 976
証券投資	441 421	463 596	450 942	494 979	525 786
株式·投資ファンド	164 210	189 226	180 847	207 866	215 388
債券	277 212	274 370	270 095	287 113	310 398
金融派生商品	43 451	33 880	32 137	34 301	44 698
その他投資	199 971	198 340	212 809	212 579	225 458
外貨準備	142 560	142 406	140 276	144 521	144 214
貨幣用金	3 340	3 593	3 481	4 090	4 807
特別引出権(SDR)	2 118	2 162	2 041	2 093	2 088
IMFリザーブポジション	1 407	1 192	1 266	1 223	1 565
その他外貨準備	135 696	135 459	133 488	137 116	135 753
負債残高	649 982	684 062	676 597	733 534	789 156
直接投資	28 232	28 926	30 683	34 330	39 669
株式	16 145	16 467	16 651	18 339	18 605
収益の再投資	6 479	6 515	7 268	7 812	7 722
負債性資本	5 609	5 944	6 764	8 180	13 342
証券投資	325 214	376 721	351 191	396 243	426 022
株式·投資ファンド	181 530	219 841	176 300	209 923	219 657
債券	143 683	156 879	174 890	186 320	206 365
金融派生商品	45 471	33 971	30 698	33 305	42 349
その他投資	251 066	244 444	264 026	269 656	281 116
対外純資産残高	336 306	329 302	341 450	357 015	356 970
公的部門	32 943	16 567	-6 906	-17 894	-31 217
民間部門	303 363	312 735	348 356	374 909	388 186

財務省「本邦対外資産負債残高」および日本銀行（時系列統計データ）より作成。国際収支マニュアル第6版に準拠。符号の表示は国際収支に同じ。【☞対外純資産の長期統計514ページ】

とや、居住者が保有する外国証券の価格が上昇したことにより、12年連続の増加となった。ただし、対外負債も非居住者による日本への投資が増えたことなどにより、前年より7.6%増の789兆1560億円となっている。対外純資産残高を公的・民間の部門別でみると、民間部門が388兆円のプラスであるのに対し、公的部門（中央銀行、一般政府）は31兆円のマイナスと、3年連続で債務が大幅に拡大している。

図 26-4　対外資産負債残高の推移（各年末）

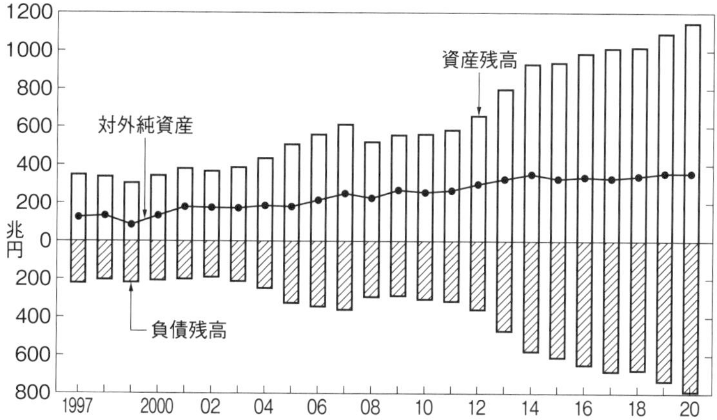

資料・注記は表26-8に同じ。

表 26-9　証券投資残高（2020年末）（単位　兆円）

日本の相手先	証券投資（資産）	株式等	債券	証券投資（負債）	株式等	債券
アジア…………	17.7	8.7	8.9	48.0	15.6	32.3
中国…………	3.6	1.5	2.1	17.1	1.1	16.0
北米…………	224.3	80.0	144.2	159.4	120.1	39.3
アメリカ合衆国·	214.8	77.4	137.4	150.6	113.5	37.1
中南米…………	110.2	84.3	26.0	12.8	2.0	10.8
ケイマン諸島…	102.6	80.6	22.0	8.9	1.5	7.3
オセアニア……	20.7	2.8	17.9	6.1	3.8	2.4
ヨーロッパ……	142.0	38.4	103.6	178.5	72.6	105.9
イギリス……	19.2	4.1	15.1	42.3	29.7	12.6
中東…………	1.6	0.5	1.1	7.5	5.0	2.5
アフリカ………	0.9	0.5	0.4	0.3	0.0	0.3
計×…………	**525.8**	**215.4**	**310.4**	**426.0**	**219.7**	**206.4**

財務省「本邦対外資産負債残高」(証券投資残高)(国際収支マニュアル第6版準拠）より作成。証券投資の「資産」には非居住者発行証券の取引を、「負債」には居住者発行証券の取引を計上する。符号の表示については、表26-4参照。×その他とも。

表 26-10　主要国・地域の対外純資産（各年末）（単位　兆円）

	2016	2017	2018	2019	2020
日本	336.3	329.3	341.5	357.0	357.0
ドイツ	209.9	261.2	260.3	299.8	323.5
(香港)	137.9	157.4	143.5	170.6	223.1
中国	210.3	204.8	236.1	231.8	222.8
カナダ	16.4	35.9	42.9	84.1	109.7
ロシア	26.5	30.2	41.1	38.9	52.3
イタリア	-27.7	-15.5	-8.8	-3.6	3.9
フランス	-43.2	-62.5	-34.0	-69.1	-77.4
イギリス	67.2	-39.7	-20.1	-79.9	-88.9
アメリカ合衆国	-947.2	-885.8	-1 077.0	-1 199.4	-1 460.4

財務省「本邦対外資産負債残高」より作成。各年末の為替レートによる円換算。

表 26-11　主な国・地域の外貨準備高（各年末）（単位　億ドル）

	2005	2010	2015	2019	2020	2021
中国	8 225	28 679	33 479	31 305	32 419	33 170
日本	8 469	10 962	12 332	13 238	13 947	14 058
スイス	384	2 253	5 686	8 056	10 219	10 506
インド	1 325	2 762	3 352	4 334	5 502	5 955
(台湾)	2 540	3 827	4 267	4 788	5 306	5 491
ロシア	1 765	4 450	3 220	4 475	4 607	5 012
(香港)	1 242	…	3 587	4 413	4 917	4 967
アメリカ合衆国	672	1 355	1 192	1 311	1 470	2 530
イギリス	545	845	1 380	1 589	1 617	1 765
世界計×	**44 390**	**97 019**	**113 453**	**122 480**	**131 790**	**140 093**

IMF Data “International Financial Statistics”（2022年４月18日閲覧）より作成。日本は財務省資料による。イギリスとアメリカ以外は外貨準備高の多い国・地域順。【☞長期統計514ページ】

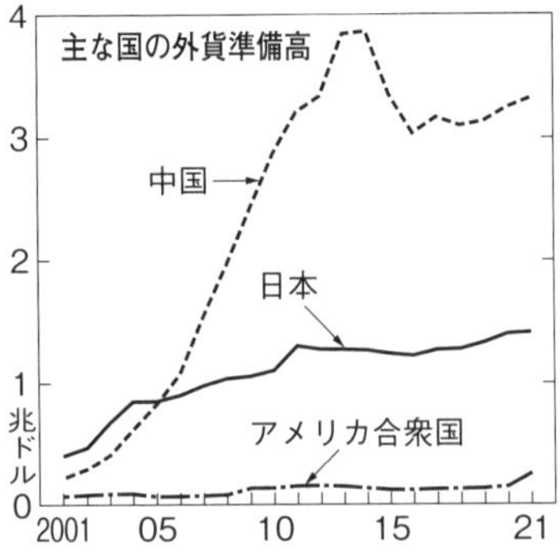

外貨準備　外貨準備とは、通貨当局（財務省と日本銀行）の管理下にあって直ちに利用できる公的な対外資産のことである。輸入代金の決済や対外債務の返済が困難な時や、急激な為替相場の変動を抑制するために行う為替市場介入等に用いられる。現在、日本の外貨準備高は中国に次いで世界第２位で、2021年末は１兆4058億ドル、その内訳は91.0％が外貨資産（証券81.4％、預金9.6％）、3.5％が金（ゴールド）となっている。

〔国際協力・ODA〕 国際協力とは、安定や発展を目指す開発途上国、地域に対して、国境を越えて支援を提供することである。国や公的機関が行う政府開発援助（ODA）は、二国間援助と国際機関向けへの出資・拠出で構成されており、二国間援助には返済義務のない贈与（無償資金協力と技術協力）と、政府への貸付等がある。

外務省の「開発協力白書」(2021年版）によると、2020年の日本の

表 26-12　政府開発援助（ODA）事業予算の内訳（会計年度）（単位　億円）

	2018	2019	2020	2021	2022	対前年増減額
贈与…………	7 945	7 970	8 604	9 053	8 623	-430
二国間………	4 858	4 925	4 890	4 860	4 777	-83
国際機関…[1]	3 087	3 045	3 714	4 192	3 846	-347
借款…………	13 705	14 092	14 096	15 071	14 268	-804
計（事業規模）	**21 650**	**22 062**	**22 700**	**24 124**	**22 890**	**-1 234**
純額……[2]	14 440	14 936	15 687	17 357	15 736	-1 621

外務省「開発協力白書」(2021年版)、ODA予算（政府全体）より作成。当初予算。ODA事業予算の財源には、一般会計以外に出資・拠出国債、財政投融資等がある。1）国際機関への出資・拠出。2）計より回収金を差し引いたもの。

表 26-13　ODA実績（卒業国向け援助を除く）（単位　百万ドル）

	2019			2020		
	総額	純額	贈与相当額	総額	純額	贈与相当額
二国間……………	14 680	7 477	11 794	16 886	10 242	13 180
贈与……………	5 278	5 278	—	5 469	5 469	—
無償資金協力……	1 396	1 396	—	1 275	1 275	—
技術協力………	2 722	2 722	—	2 401	2 401	—
政府貸付等………	9 402	2 199	6 516	11 417	4 774	7 712
国際機関………[1]	4 243	4 243	3 794	3 418	3 418	3 080
ODA計…………	**18 923**	**11 720**	**15 588**	**20 304**	**13 660**	**16 260**
対GNI比（%）	—	*0.22*	*0.29*	—	*0.26*	*0.31*

外務省「開発協力白書」(2021年版）より作成。総額ベースは当該年に実施した贈与と借款等の計、純額ベースは総額から過去の借款等の返済額を差し引いたもの、贈与相当額ベースは贈与に相当する借款等の額を計上したもの。OECD開発援助委員会（DAC）は、2018年実績から、ODA実績額の算出方法として従来の「純額方式」に代えて「贈与相当額計上方式」(GE方式）を導入した。**贈与相当額計上方式**は、有償資金協力がどれだけ緩やかな条件で供与されているかに着目し、有償資金で供与される総額のうち、贈与に相当する額をODAの実績額として計上するものである。卒業国は贈与相当額の算出が不可能なため除かれることに注意。1）国際機関向け拠出・出資等。

ODA実績は、GE方式（表26-13脚注参照）で約162億6025万ドル（約1兆7360億円）となり、開発援助委員会（DAC）において第5位の規模であった。日本のODAの約8割が二国間ODAで、相手国はアジアの国々が中心である。道路や鉄道、通信、電力といったインフラへの支援を多

表 26-14　二国間ODA地域別実績（2020年）（単位　百万ドル）

	贈与	無償資金協力	政府貸付等	貸付実行額	計（純額）	計（総額）
アジア・・・・・・・	1 185	441	3 592	9 021	4 777	10 206
東南アジア・	715	305	686	4 459	1 401	5 174
南西アジア・	330	96	2 650	4 135	2 979	4 464
中東・北アフリカ	559	76	593	1 377	1 151	1 936
サハラ以南アフリカ	965	426	243	374	1 207	1 338
中南アメリカ・	227	105	164	418	391	644
オセアニア・・・	167	123	151	162	318	329
ヨーロッパ・・・	23	7	-17	67	7	90
複数地域援助等1)	2 363	112	1	1	2 365	2 365
計・・・・・・・・・	**5 489**	**1 291**	**4 728**	**11 420**	**10 216**	**16 909**

外務省「開発協力白書」(2021年版）より作成。卒業国向け援助を含むため、表26-13の数値とは異なる。各地域の開発途上国への援助額。政府貸付等の計は、貸付実行額から回収額を差し引いたもの。1）地域分類が不可能なものを含む。

表 26-15　二国間ODA供与相手国（2020年）（単位　百万ドル）

	贈与	無償資金協力	政府貸付等	貸付実行額	計（純額）	計（総額）
バングラデシュ	74.71	17.33	1 935.50	2 056.12	2 010.21	2 130.83
インド・・・・・・・	94.06	6.58	597.77	1 713.68	691.82	1 807.74
インドネシア・	57.75	8.49	-206.84	1 312.02	-149.09	1 369.77
フィリピン・・・	118.86	32.07	530.54	1 032.28	649.41	1 151.14
ミャンマー・・・	150.39	71.89	943.13	943.13	1 093.52	1 093.52
イラク・・・・・・・	54.52	1.87	644.29	766.11	698.81	820.63
ベトナム・・・・・	74.10	25.25	1.09	546.33	75.18	620.42
ウズベキスタン	15.80	2.82	255.37	297.04	271.17	312.83
エジプト・・・・・	34.67	12.44	57.39	276.50	92.06	311.17
モンゴル・・・・・	37.02	19.19	226.10	261.54	263.12	298.56
スリランカ・・・	43.85	24.42	39.94	253.51	83.79	297.36
カンボジア・・・	120.19	87.29	139.94	151.04	260.13	271.23
ヨルダン・・・・・	53.54	26.93	119.93	203.35	173.46	256.89
ケニア・・・・・・・	71.11	10.95	67.99	150.61	139.10	221.72
タイ・・・・・・・・・	29.05	1.29	-13.21	191.50	15.84	220.55
ブラジル・・・・・	14.54	5.43	58.19	142.82	72.73	157.36

外務省「開発協力白書」(2021年版）より作成。表26-14の注記参照。

く実施しているほか、コロナ禍の現在は、ワクチン供与や、それに伴う物流網の整備など保健・医療体制構築に向けた支援を行っている。

近年、DACに参加していない国々や民間財団などによる開発途上国支援が増加している。非DAC諸国、団体による支援については、開発資金の流れが正確に把握できておらず、中には国際ルールに反した不公正な貸付もみられる。2021年に行われたG20やOECDなどの国際会議では、途上国支援が透明性を持って実施されるよう、国際社会が連携していくことが表明されている。

図 26-5　主要援助国のODA実績の推移（支出純額ベース）

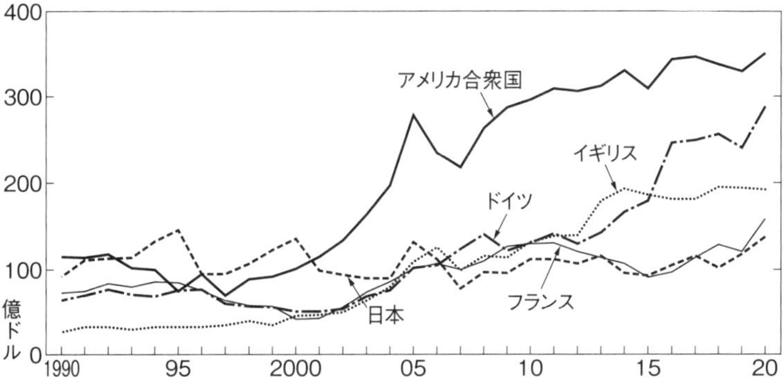

OECD資料より作成（2022年2月17日閲覧）。2018年以降は贈与相当額ベース。

表 26-16　DAC加盟国のODA実績（単位　百万ドル）

	2017	2018	2019	2020	2021（暫定値）	対GNI比（%）
アメリカ合衆国	34 732	33 787	32 981	35 396	41 872	*0.18*
ドイツ………	25 005	25 670	24 122	29 320	31 491	*0.72*
フランス……	11 331	12 840	11 984	16 013	16 700	*0.56*
イギリス……	18 103	19 462	19 354	19 253	16 379	*0.52*
日本…………	11 462	10 064	11 720	13 660	15 750	*0.31*
カナダ………	4 305	4 641	4 535	4 871	6 226	*0.32*
イタリア……	5 858	5 098	4 298	4 396	6 119	*0.29*
スウェーデン·	5 563	6 000	5 205	6 348	5 927	*0.92*
オランダ……	4 958	5 617	5 292	5 359	5 288	*0.52*
ノルウェー…	4 125	4 258	4 298	4 196	4 673	*0.93*
DAC加盟国計×	**147 168**	**150 057**	**146 520**	**162 586**	**177 637**	*0.33*

OECD資料より作成。純額ベース。卒業国向け援助を除く。2018年以降の実績額はGE方式。

第27章　物価・地価

〔**物価**〕　デフレを伴う景気悪化からの回復を目指し、日本銀行（日銀）は、中心的な物価指標である消費者物価を前年比２％上昇させることを「物価安定の目標」と定め、国債や上場投資信託（ETF）などの資産買入れや長短金利の操作を行う大規模な金融緩和政策を実施してきた。2016年末頃から物価は緩やかに上昇したが、2020年から消費者物価指数（生鮮食品を除く）は下落に転じ、2021年は前年から0.2％減となった。特に、携帯電話料金を含む「交通・通信」が前年から5.0％減となり、スマートフォンの低料金プランが開始された影響がみられる。一方で、宿泊料などの「教養娯楽」は前年から1.6％増、電気代などの「光熱・水道」は1.3％増となった。食料品についても、2020年末から産地の天

図 27-1　企業物価指数と消費者物価指数の構成

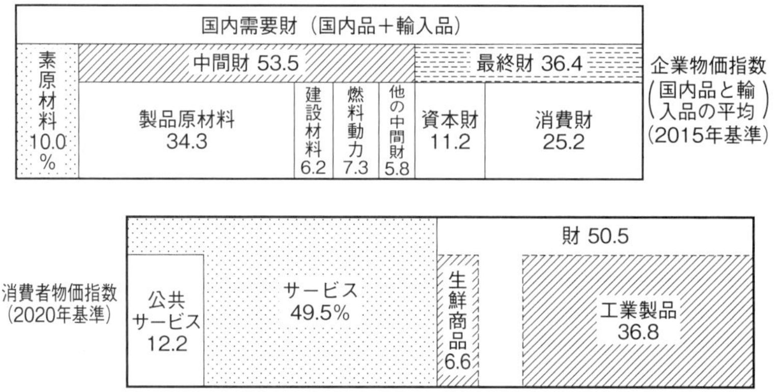

日本銀行「日本銀行統計」および総務省「消費者物価指数」より作成。ウエイトによる構成比。消費者物価指数は、消費者が毎日の生活で接する小売段階での商品やサービスの価格動向を表しているのに対して、企業物価指数は企業間で取引される商品の価格動向を示している。採用品目をみると、企業物価指数の国内需要財（国内品と輸入品の平均）のうち、消費者物価の対象となっている一般商品が含まれている消費財のウエイトは全体の25.2％しかなく、その他の分類中には消費者物価と共通の品目はほとんど含まれていない。一方、消費者物価では大きなウエイトを占める生鮮食品やサービスなどは企業物価の対象とはならない。以上のように両者の採用品目とウエイトに大きな違いがあるために、それぞれの動きに大きな違いがでる。

候不順や海上運賃の上昇などの影響で、価格上昇が続いている。

日銀が目指す消費者物価の安定した上昇は、賃金が合わせて上昇する好循環の実現が重要で、アメリカやイギリスでは物価とともに賃金が急速に伸びている。日本では、2022年２月にロシアがウクライナに侵攻し

図 27-2　企業物価指数の推移（2015年＝100）

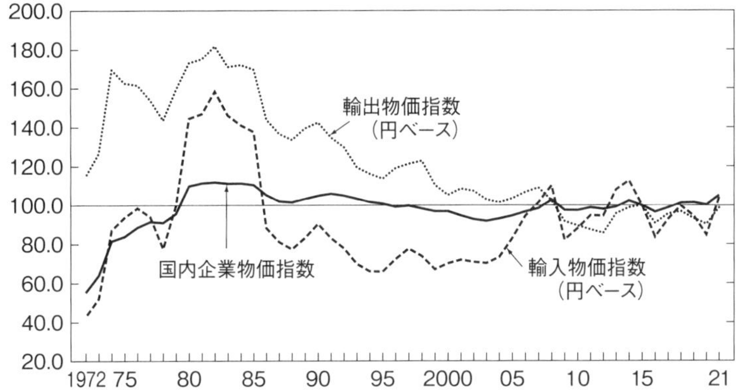

資料・注記は表27-1を参照。

表 27-1　企業物価指数（2015年＝100）

	ウエイト	2018	2019	2020	2021	前年比（%）
国内企業物価指数 1)	1 000.0	101.3	101.5	100.3	105.1	*4.8*
工業製品･･･････	888.3	101.1	101.2	100.4	105.4	*5.0*
飲食料品･････	141.6	100.5	101.6	102.3	104.5	*2.1*
化学製品･････	89.2	97.5	94.5	90.4	98.2	*8.6*
石油・石炭製品	59.5	115.6	110.1	92.2	117.8	*27.7*
プラスチック製品	38.2	97.1	98.6	98.2	98.1	*-0.1*
鉄鋼･････････	51.7	108.3	110.6	109.9	123.8	*12.7*
金属製品･････	40.0	104.2	106.9	108.9	110.5	*1.5*
生産用機器･･･	41.1	100.8	102.4	103.5	103.4	*-0.0*
電気機器･････	52.7	95.4	94.7	95.7	95.8	*0.1*
情報通信機器･･	20.8	96.8	95.3	95.7	94.3	*-1.4*
輸送用機器･･･	140.7	98.5	98.5	99.8	99.9	*0.1*
農林水産物･････	35.8	109.8	108.9	107.9	107.7	*-0.2*
電力･都市ガス･水道	67.1	96.4	100.5	94.8	95.0	*0.1*
輸出物価指数･･･ 2)	—	96.8	93.1	90.2	98.6	*9.4*
輸入物価指数･･･ 2)	—	99.7	94.4	84.7	104.0	*22.8*

日本銀行「企業物価指数」(2015年基準）より作成（2022年４月11日閲覧)。1）国内市場向けの国内生産品を対象とし、主として生産者出荷段階、一部を卸売出荷段階で調査している。2）通関段階における船積み・荷降ろし時点の価格を調査している。円ベース。

たことで、エネルギーをはじめさまざまな価格が高騰しており、消費者物価は今後、目標の２％増が続くという見方がある。しかし、賃金がそれに伴っておらず、国民生活への悪影響が懸念される。

企業間で取引する物品の価格水準を数値化した企業物価指数（2015年基準）は、2021年平均で前年から4.8％上昇した。また、輸出物価指数（円ベース）は9.4％増加し、輸入物価指数（円ベース）は22.8％増加した。2020年は、コロナ禍の影響で原油等のエネルギーや資源価格が低下した

表 27-2　企業物価指数の需要段階・用途別指数（2015年＝100）

	ウエイト	2018	2019	2020	2021	前年比（％）
国内需要財	1 000.0	100.9	99.4	95.2	103.6	*8.9*
国内品	744.7	101.3	101.1	98.8	103.5	*4.7*
輸入品	255.3	99.7	94.4	84.7	104.0	*22.8*
素原材料	100.2	109.5	103.8	86.4	118.9	*37.6*
加工用素原材料	82.3	110.6	104.6	87.7	120.6	*37.5*
燃料	14.3	106.3	100.3	76.3	113.6	*48.9*
中間財	535.5	101.6	100.6	97.1	105.3	*8.4*
製品原材料	342.9	100.7	98.7	96.3	104.6	*8.6*
建設用材料	61.8	104.3	105.6	104.5	114.1	*9.1*
最終財	364.4	97.5	96.4	94.7	96.8	*2.3*
資本財	112.2	97.9	97.5	96.9	98.3	*1.5*
消費財	252.1	97.3	95.9	93.7	96.2	*2.6*
輸出品	—	96.8	93.1	90.2	98.6	*9.4*

日本銀行「企業物価指数」（2015年基準）より作成（2022年４月11日閲覧）。企業物価指数を商品の需要段階（素原材料、最終財等）や用途（資本財、消費財等）に着目した分類に組替えて再分類した指数。

表 27-3　企業向けサービス価格指数（2015年＝100）

	ウエイト	2018	2019	2020	2021	前年比（％）
総平均	1 000.0	102.2	103.3	104.2	105.1	*0.9*
国際運輸を除く	989.5	102.2	103.3	104.3	105.0	*0.7*
金融・保険	48.3	101.2	101.8	102.8	103.2	*0.4*
不動産	94.5	103.6	104.9	105.6	107.0	*1.4*
運輸・郵便	158.0	102.7	104.4	105.6	106.9	*1.3*
情報通信	228.3	100.9	101.3	102.5	102.7	*0.2*
リース・レンタル	79.2	99.2	99.5	100.4	100.4	*0.0*
広告	49.2	102.9	103.6	97.3	104.1	7.0
諸サービス	342.5	103.1	104.7	106.4	106.8	*0.4*

日本銀行「企業向けサービス価格指数」（2015年基準）より作成（2022年４月11日閲覧）。

が、2021年は多くの商品でコロナ禍前を上回っている。また、国内企業物価と輸入物価では共に金属関連が上昇している。電気自動車や再生エネルギーなどの脱炭素化を推進する流れを受けて、鉱物資源への需要が増加して、国際価格が大幅に上昇しており、ウクライナ侵攻の影響でアルミやパラジウムなどの価格がさらに暴騰している。

ウクライナ侵攻前の2022年1月に公表された日銀の「経済・物価情勢の展望（展望リポート）」によると、日本経済の先行きは、コロナ禍に

図 27-3　消費者物価指数の推移（2020年＝100）

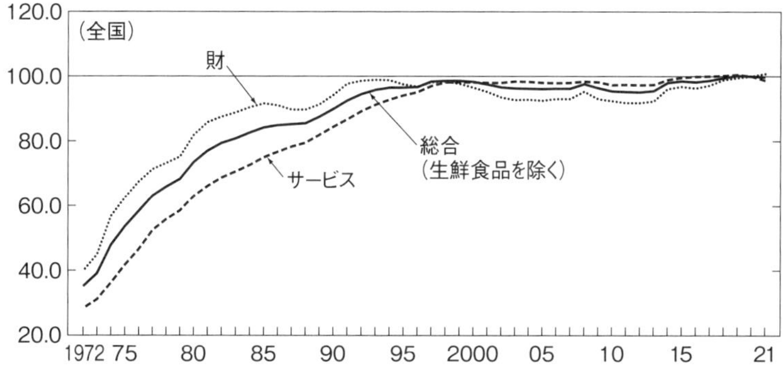

総務省統計局「消費者物価指数」より作成。表27-4を参照。

図 27-4　主な費目別の消費者物価指数の推移（2020年＝100）

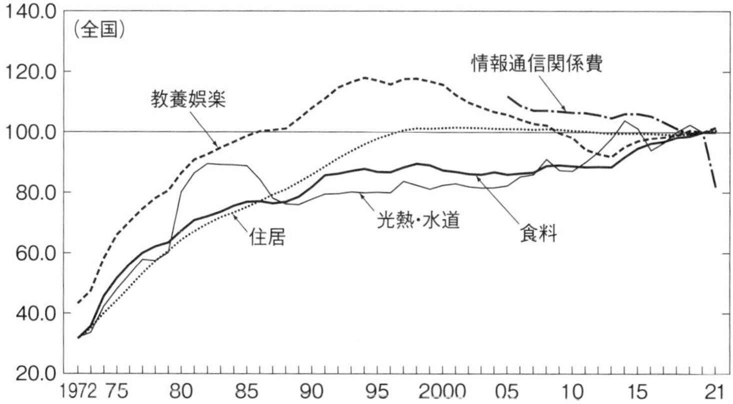

資料は図27-3に同じ。表27-4を参照。10大費目指数のうち、食料、住居、光熱・水道、教養娯楽を使用。

第27章　物価・地価

よる影響が徐々に和らぎ、政府の経済対策などの効果に支えられて回復していくと分析している。2022年度の大勢見通しは、実質GDPの対前年度比が2.9%上昇（中央値）、消費者物価指数（生鮮食品を除く）は0.9%上昇（中央値）としている。物価の先行きは、エネルギー価格の上昇や原材料費の上昇による価格転嫁の影響が強まり、消費者物価は振れを伴いつつも上昇幅を拡大していくと予測している。

表 27-4　消費者物価指数（全国）（2020年＝100）

	ウエイト	2018	2019	2020	2021	前年比（%）
総合	10 000	99.5	100.0	100.0	99.8	*-0.2*
生鮮食品を除く	9 604	99.5	100.2	100.0	99.8	*-0.2*
持家の帰属家賃を除く	8 420	99.5	100.0	100.0	99.7	*-0.3*
生鮮食品とエネルギーを除く	8 892	99.2	99.8	100.0	99.5	*-0.5*
10大費目指数						
食料	2 626	98.2	98.7	100.0	100.0	*0.0*
住居	2 149	99.2	99.4	100.0	100.6	*0.6*
光熱・水道	693	100.2	102.5	100.0	101.3	*1.3*
家具・家事用品	387	95.7	97.7	100.0	101.7	*1.7*
被服・はき物	353	98.5	98.9	100.0	100.4	*0.4*
保健医療	477	99.0	99.7	100.0	99.6	*-0.4*
交通・通信	1 493	100.9	100.2	100.0	95.0	*-5.0*
教育	304	110.1	108.4	100.0	100.0	*0.0*
教養娯楽	911	99.0	100.6	100.0	101.6	*1.6*
諸雑費	607	102.1	102.1	100.0	101.1	*1.1*
（別掲）						
エネルギー 1)	712	103.0	104.4	100.0	103.9	*3.9*
教育関係費	378	107.2	106.2	100.0	100.1	*0.1*
教養娯楽関係費	968	99.1	100.6	100.0	101.5	*1.5*
情報通信関係費	500	101.2	99.4	100.0	81.8	*-18.2*
財・サービス分類						
財	5 046	98.9	99.5	100.0	100.8	*0.8*
サービス	4 954	100.2	100.5	100.0	98.7	*-1.3*
公共サービス	1 219	102.5	102.5	100.0	100.5	*0.5*
一般サービス	3 735	99.4	99.8	100.0	98.2	*-1.8*
（別掲）						
耐久消費財	673	97.8	98.7	100.0	99.7	*-0.3*
半耐久消費財	696	98.1	98.5	100.0	100.2	*0.2*
非耐久消費財	3 677	99.2	99.9	100.0	101.1	*1.1*
公共料金	1 793	101.5	102.4	100.0	100.6	*0.6*

総務省統計局「消費者物価指数」（2021年平均）より作成。1）電気代、都市ガス代、プロパンガス、灯油およびガソリン。

〔**地価**〕 2022年地価公示によると、全国の住宅地、商業地における地価の平均はいずれも２年ぶりに上昇した。コロナ禍の影響が徐々に緩和されたことによる全体的な回復傾向がみられる。住宅地では、低金利の継続や住宅ローン控除等の住宅取得支援施策により、住宅需要が回復している。商業地では、再開発事業の期待や店舗需要が高まっている地域などで上昇がみられる。一方で、国内外の来訪客の減少が続く地域や飲食店舗等が集積する地域、オフィス需要が弱まる都心の一部地域では、地価が下落している。地方４市（札幌、仙台、広島、福岡）の地価は、上昇率が拡大して周辺地域にも波及している。地方圏の主要都市では、下落から上昇に転じる傾向や下落率の縮小などがみられる。

表 27-5　圏域別の地価変動率（％）

	住宅地			商業地		
	2020	2021	2022	2020	2021	2022
三大都市圏	*1.1*	*-0.6*	*0.5*	*5.4*	*-1.3*	*0.7*
東京圏	*1.4*	*-0.5*	*0.6*	*5.2*	*-1.0*	*0.7*
大阪圏	*0.4*	*-0.5*	*0.1*	*6.9*	*-1.8*	*0.0*
名古屋圏	*1.1*	*-1.0*	*1.0*	*4.1*	*-1.7*	*1.7*
地方圏	*0.5*	*-0.3*	*0.5*	*1.5*	*-0.5*	*0.2*
地方４市 1)	*5.9*	*2.7*	*5.8*	*11.3*	*3.1*	*5.7*
全国	*0.8*	*-0.4*	*0.5*	*3.1*	*-0.8*	*0.4*

国土交通省「令和４年地価公示」より作成。各年１月１日時点。前年に対する地価変動率。地価の内容は、国土交通省土地鑑定委員会が都市計画区域等で標準地を選定して、毎年１月１日時点の1m²あたりの正常価格（市場に即した適正な価格）を公表するもの。1）札幌市、仙台市、広島市、福岡市の地方４市。

表 27-6　新築分譲マンション平均価格推移（単位　万円）

	2016	2017	2018	2019	2020	2021
首都圏 1)	5 490	5 908	5 871	5 980	6 083	6 260
東京23区 1)	6 629	7 089	7 142	7 286	7 712	8 293
近畿圏 2)	3 919	3 836	3 844	3 866	4 181	4 562
大阪府 2)	3 699	3 668	3 742	3 820	4 250	4 757
全国 2)	4 560	4 739	4 759	4 787	4 971	5 115

株式会社不動産経済研究所「全国　新築分譲マンション市場動向」（2021年版）より作成。1）ファミリータイプを対象とし、投資用物件を含まず。2）投資用物件を含む。

第28章　財　　　政

日本の財政は、歳出の4割ほどを特例国債の発行に依存する状態が続いている。一般会計歳出について、主要経費別の推移をみると、社会保障費は1990年度には11.5兆円であったが、2022年度には36.3兆円と大幅に増加しているほか、債務残高の増加に伴い国債費も増加している。一方、公共事業費や文教科学振興費などは、水準に大きな変化はない（図28-2）。歳出に占める社会保障費や国債費の割合が増えることで、政策の自由度が低下しており（財政の硬直化）、インフラや教育といった将来への投資に予算を振り分けることが難しい構造となっている。令和4年度一般会計予算によると、国債の利払費は8.2兆円で、債務残高の増加率と比べて低く抑えられている（図28-4）。金融緩和政策により国債

図 28-1　一般会計歳出と税収および国債発行額の推移（会計年度）

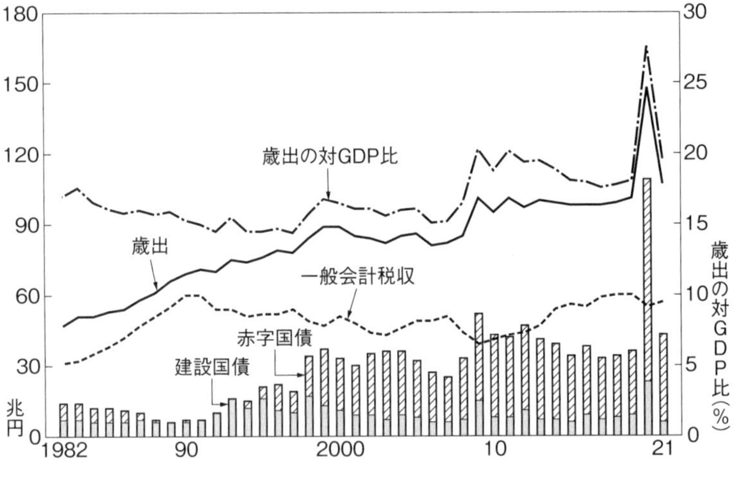

財務省「財政統計」及び「日本の財政関係資料」、内閣府「国民経済計算」などより作成。国債発行額は実績ベースで、2021年度は国債発行計画（当初）の値。歳出と、一般会計税収は決算額で、2021年度は当初予算。GDPは名目で、2020年度までは実績値、2021年度は実績見込み。【☞一般会計歳出の長期統計515ページ】

上図の説明　日本の財政は税収不足を補うための国債発行が続いている。2020年度にはコロナ対策に伴う財政出動により、歳出と国債発行額が大幅に増加し、歳出の対GDP比は27.6%となった。

金利が低水準で推移していることの影響を受けたものだが、金利が上昇した場合の利払費の大幅な増加を懸念する声もある。社会保障制度の見直しと、国債発行に頼る財政からの脱却が求められている。

表 28-1　一般会計、特別会計等の純計（決算）（単位　十億円）

		2018	2019	2020	2021[2]	2022[2]
歳入	一般会計総額‥	105 697	109 162	184 579	106 610	107 596
	特別会計総額‥	381 177	386 552	417 561	495 726	…
	純計[1] ‥‥‥	**243 868**	**251 292**	**353 277**	…	…
歳出	一般会計‥‥‥	98 975	101 366	147 597	106 610	107 596
	特別会計‥‥‥	368 936	374 170	404 519	493 699	467 282
	純計[1] ‥‥‥	**226 661**	**232 905**	**305 846**	…	…

財務省資料より作成。1）一般会計、特別会計間の繰入関係、特別会計相互間の繰入関係、特別会計勘定間の繰入関係のほか財政融資資金の運用による利子の支払、受取等の重複額および国債整理基金特別会計における借換償還額を差し引いたもの。2）当初予算。

表 28-2　一般会計歳出の所管別内訳（決算）（会計年度）（単位　十億円）

	2018	2019	2020	2021	2022	21/22増減率（%）
皇室費‥‥‥	10	8	9	12	7	*-41.7*
国会‥‥‥‥	137	147	121	131	128	*-2.3*
裁判所‥‥‥	319	317	312	325	323	*-0.6*
会計検査院‥	17	17	15	17	17	*0.0*
内閣‥‥‥‥	120	127	140	380	107	*-71.8*
内閣府‥‥‥	2 922	3 198	3 535	3 967	3 943	*-0.6*
デジタル庁‥	…	…	…	37	472	*1175.7*
総務省‥‥‥	16 598	16 661	32 631	16 595	16 462	*-0.8*
法務省‥‥‥	765	819	821	743	744	*0.1*
外務省‥‥‥	844	858	887	696	690	*-0.9*
財務省‥‥‥	24 342	23 747	26 929	30 525	31 169	*2.1*
文部科学省‥	5 635	5 720	7 169	5 298	5 282	*-0.3*
厚生労働省‥	30 756	31 532	40 375	33 138	33 516	*1.1*
農林水産省‥	2 683	2 826	3 273	2 123	2 104	*-0.9*
経済産業省‥	1 322	1 992	17 114	917	902	*-1.6*
国土交通省‥	6 614	7 343	8 269	6 058	6 031	*-0.4*
環境省‥‥‥	411	425	490	323	329	*1.9*
防衛省‥‥‥	5 479	5 631	5 508	5 324	5 369	*0.8*
計‥‥‥‥	**98 975**	**101 366**	**147 597**	**106 610**	**107 596**	*0.9*

財務省資料より作成。2021年度及び2022年度は当初予算。

〔2022年度予算〕 2022年３月に成立した2022年度予算の一般会計総額は107兆5964億円で、10年連続で過去最大を更新した。2021年度補正予算と合わせた「16ヵ月予算」では、その総額は143兆円を超える。

22年度一般会計歳出の内訳をみると、社会保障費が36.3兆円で歳出全

表 28-3　一般会計歳出の主要経費別内訳（会計年度）（単位　億円）

	2021 当初予算	2022 当初予算	2022 (%)	増減	増減率 (%)
社会保障関係費	358 343	362 735	*33.7*	4 393	*1.2*
年金給付費	127 005	127 641	*11.9*	636	*0.5*
医療給付費	119 821	120 925	*11.2*	1 104	*0.9*
介護給付費	34 662	35 803	*3.3*	1 141	*3.3*
少子化対策費	30 458	31 094	*2.9*	636	*2.1*
生活扶助等社会福祉費	40 665	41 759	*3.9*	1 093	*2.7*
保健衛生対策費	4 741	4 756	*0.4*	15	*0.3*
雇用労災対策費	991	758	*0.1*	-233	*-23.5*
文教及び科学振興費	53 925	53 901	*5.0*	-24	*0.0*
義務教育費国庫負担金	15 164	15 015	*1.4*	-149	*-1.0*
科学技術振興費	13 638	13 788	*1.3*	150	*1.1*
国債費	237 585	243 393	*22.6*	5 808	*2.4*
恩給関係費	1 450	1 221	*0.1*	-228	*-15.8*
地方交付税交付金	155 912	156 558	*14.6*	646	*0.4*
地方特例交付金	3 577	2 267	*0.2*	-1 310	*-36.6*
防衛関係費	53 145	53 687	*5.0*	542	*1.0*
公共事業関係費	60 549	60 575	*5.6*	26	*0.0*
治山治水対策	9 261	9 507	*0.9*	246	*2.7*
道路整備	16 577	16 660	*1.5*	83	*0.5*
港湾空港鉄道等整備	3 965	3 988	*0.4*	23	*0.6*
住宅都市環境整備	6 865	7 299	*0.7*	435	*6.3*
公園水道廃棄物処理等施設整備	1 411	1 619	*0.2*	208	*14.7*
農林水産基盤整備	6 097	6 081	*0.6*	-16	*-0.3*
社会資本総合整備	14 851	13 973	*1.3*	-878	*-5.9*
推進費等	760	676	*0.1*	-84	*-11.1*
小計	59 787	59 803	*5.6*	16	*0.0*
災害復旧等事業費	762	772	*0.1*	10	*1.3*
経済協力費	5 108	5 105	*0.5*	-3	*-0.1*
中小企業対策費	1 726	1 713	*0.2*	-13	*-0.8*
エネルギー対策費	8 891	8 756	*0.8*	-135	*-1.5*
食料安定供給関係費	12 723	12 701	*1.2*	-21	*-0.2*
その他の事項経費	58 164	58 350	*5.4*	186	*0.3*
新型コロナウイルス感染症対策予備費	50 000	50 000	*4.6*	—	*0.0*
予備費	5 000	5 000	*0.5*	—	*0.0*
計	**1 066 097**	**1 075 964**	*100.0*	9 867	*0.9*

財務省「2022年度予算及び財政投融資計画の説明」より作成。各項目の内訳の調整は行っていない。2022年度との比較のため、2021年度は臨時・特別措置分が除かれている。

体の34％を占めるほか、国債の償還や利払いにあてる国債費は過去最高の24.3兆円で、全体の約23％となっている。また、防衛費も5.4兆円と過去最大の規模となった。科学技術振興費も、前年度比1.1％増の1.4兆円で過去最高を更新している。歳入は、経済が本格的に再開し法人税等の

図 28-2　一般会計歳出の主要経費別推移（会計年度）

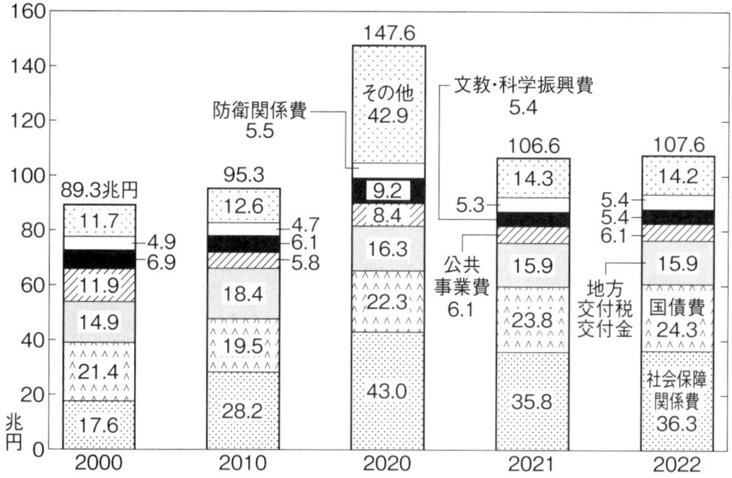

財務省「財政統計」などより作成。決算。2021年度以降は当初予算。地方交付税交付金には地方特例交付金を含む。

図 28-3　一般会計歳入の主要科目別推移（会計年度）

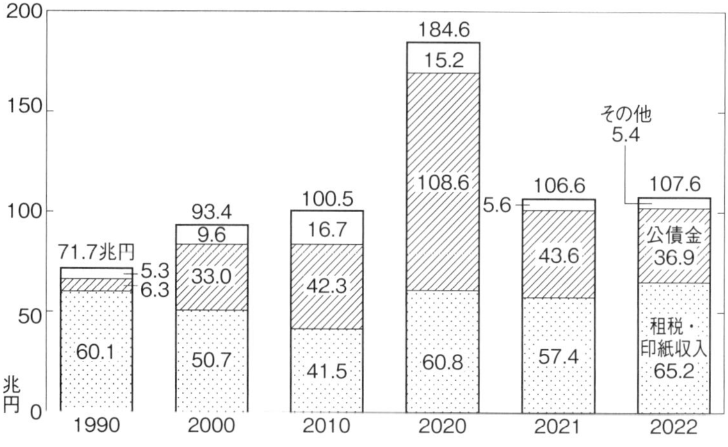

資料、脚注とも上図に同じ。

第28章　財政

収入が増加する見込みをもとに、税収が過去最高額の65.2兆円とされた一方、新規国債発行額は36.9兆円と２年ぶりの減少となった。歳出に対する国債発行額の割合である国債依存度は34.3%と、前年の40.9%（当初予算ベース）から低下した。

表 28-4　一般会計歳入の内訳（決算）（会計年度）（単位　十億円）

	2017	2018	2019	2020	2021	2022
租税・印紙収入·	58 787	60 356	58 442	60 822	57 448	65 235
官業益金・官業収入	50	51	51	46	52	51
政府資産整理収入	278	268	226	293	245	252
雑収入·········	5 741	5 098	7 139	7 068	5 267	5 080
公債金·········	33 555	34 395	36 582	108 554	43 597	36 926
前年度剰余金受入	5 232	5 528	6 723	7 796	—	53
計···········	**103 644**	**105 697**	**109 162**	**184 579**	**106 610**	**107 596**

財務省データおよび「財政金融統計月報」などより作成。2021年度および2022年度は当初予算。

図 28-4　普通国債残高と利払い費、金利の推移

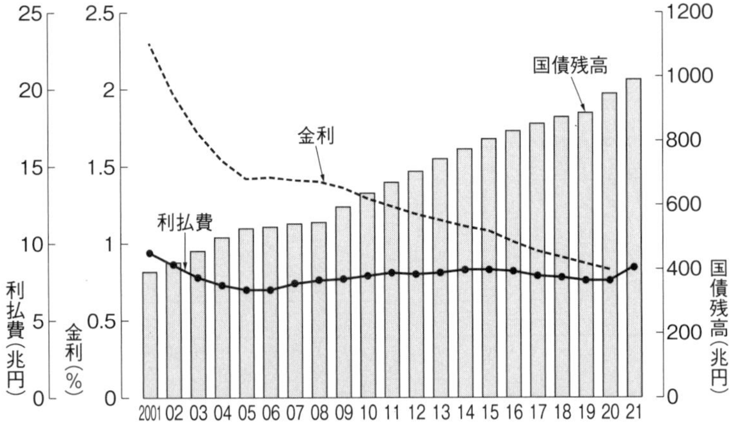

財務省資料より作成。金利は普通国債の利率加重平均の値。普通国債残高は年度末時点の額面ベース。2020年度までは実績、2021年度は当初予算ベースの見込み。利払費は2019年度までは決算、2020年度は第３次補正後予算、2021年度は予算による。
【☞普通国債残高の長期統計515ページ】

国債残高とは、償還されずに残っている国債の総額のことで、2022年度末には1026兆円に達する見込みとなっている。

図 28-5　国債発行額と国債依存度の推移（決算）（会計年度）

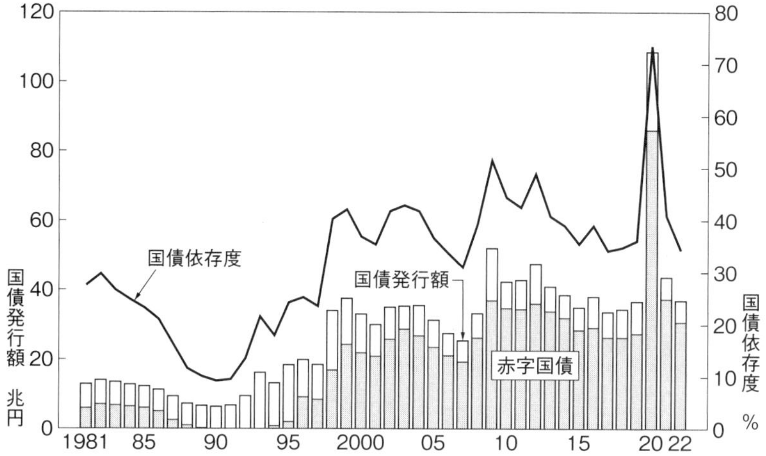

財務省資料より作成。実績ベース。国債発行額は、収入金ベース。2020年度までは実績、2021年度は国債発行計画（当初）の値。国債依存度は、（4条債＋特例債）／一般会計歳出額。2020年度までは実績、2021年度は当初予算。特別税の創設等によって償還財源が別途確保されている「つなぎ公債」を除いて算出。

国債依存度とは、一般会計に占める新規の公債（国債）発行割合のことである。日本の国債依存度の推移をみると、1990年以降、税収減や景気対策のための国債発行が増加して、国債依存度は急速に高まり2009年には50％を超えた。その後景気回復による税収増と歳出総額の抑制によって、概ね30％台で推移していたものの、新型コロナウイルスの感染拡大により歳出が大幅に増加したことで、2021年度の国債依存度は73.5％まで跳ね上がった。2022年度予算案では、新規国債発行額は減少し、国債依存度は34.3％に低下する見込みである。（一般会計総額107兆5964億円のうち、新規国債発行額は36兆9260億円。）【☞国債発行額、国債依存度の長期統計515ページ】

表 28-5　一般会計公債の推移（実績ベース）（会計年度）（単位　十億円）

	2017	2018	2019	2020	2021	2022
国債発行額‥	33 555	34 395	36 582	108 554	43 597	36 926
うち特例債 ·	26 273	26 298	27 438	85 958	37 256	30 675
国債依存度(％)	*34.2*	*34.8*	*36.1*	*73.5*	*40.9*	*34.3*
国債残高‥‥	853 179	874 043	886 695	946 647	990 307	1 026 490
対GDP比(％)	*153.5*	*157.0*	*158.4*	*176.6*	*177.0*	*181.8*
国債費‥‥‥	23 529	23 302	23 508	23 352	23 759	24 339
対一般会計比(％)	*24.1*	*23.8*	*23.2*	*22.7*	*22.3*	*22.6*

財務省「国債発行額の推移（実績ベース）」および「国債発行予定額」(2022年度）より作成。2021・22年度は当初予算。

表 28-6　国民の租税負担（会計年度）（単位　十億円）

	2010	2015	2018	2019	2020	2021
国税	43 707	59 969	64 224	62 175	58 917	61 067
地方税	34 316	39 099	40 751	41 212	40 068	39 042
計	**78 024**	**99 068**	**104 976**	**103 387**	**98 985**	**100 108**
国民一人当たり(円)	609 403	779 602	830 326	819 592	…	…
租税負担率(%)	*21.4*	*25.2*	*26.1*	*25.8*	*28.2*	*28.7*

財務省「財政金融統計月報」(830号) などより作成。国税は、特別会計分及び日本専売公社納付金を含む。2019年度以前は決算額、2020年度は補正後予算額、2021年度は予算額。地方税は2019年度以前は決算額、2020年度は実績見込額、2021年度は見込額である。地方分与税、地方交付税及び地方譲与税を含まない。租税負担率は国民所得に対する割合。
【☞租税負担率の長期統計515ページ】

図の説明　国税と地方税の国民所得に対する割合を租税負担率といい、租税負担率に社会保障負担を加えたものが国民負担率である。わが国の国民負担率はアメリカより高く、概してヨーロッパ各国より低い。国民負担率に財政赤字分を加えたものが潜在的国民負担率で、2022年度のわが国の潜在的国民負担率は56.9％の見通しとなっている。

図 28-6　国民負担率の国際比較（2019年）

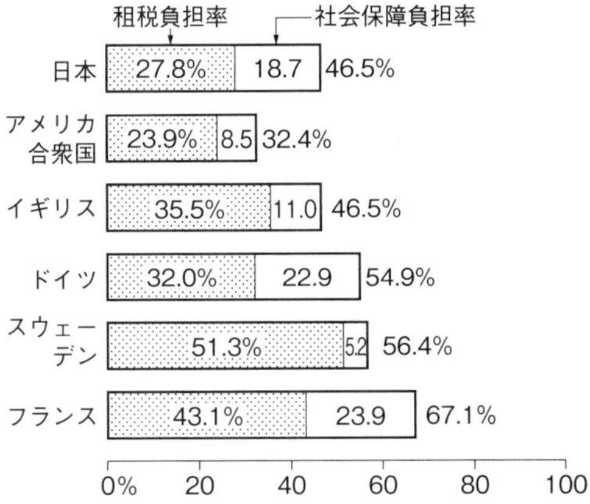

財務省資料より作成。日本は2022年度見通し、他は実績。
【☞国民負担率の長期統計515ページ】

プライマリーバランス（基礎的財政収支）　税収･税外収入（公債金を除く）と、国債費を除く歳出との収支のことを表し、公共事業や社会保障などの政策のために使われる経費について、借金（国債発行）に頼ることなく賄えているかを示す指標である。

2022年度の一般会計政府予算案によるプライマリーバランスは、13兆円のマイナスとなる見込みとなっている。当初予算ベースで20.4兆円のマイナスだった2021年度と比較すると改善がみられる。経済対策などの効果で法人税収が増えるとの見込みから、政府は、2022年１月に国と地方のプライマリーバランスの黒字化の時期を、2027年度から2026年度に１年前倒しした。

表 28-7　一般会計税収の内訳（2021年度当初予算）

	億円	%		億円	%
直接税・・・・・・ 1)	328 638	*53.8*	（間接税等続き）		
所得税・・・・・・	186 670	*30.6*	航空機燃料税	370	*0.1*
源泉分・・・・	157 440	*25.8*	石油石炭税・・	6 060	*1.0*
申告分・・・・	29 230	*4.8*	電源開発促進税	3 050	*0.5*
法人税・・・・・・	89 970	*14.7*	自動車重量税 3)	3 820	*0.6*
相続税・・・・・・	22 290	*3.7*	国際観光旅客税	300	*0.0*
間接税等・・・・ 2)	282 029	*46.2*	関税・・・・・・・・	8 460	*1.4*
消費税・・・・・・	202 840	*33.2*	とん税・・・・・・	90	*0.0*
酒税・・・・・・・・	11 760	*1.9*	印紙収入・・・・	8 940	*1.5*
たばこ税・・・・	9 120	*1.5*	地方揮発油税 4)	2 214	*0.4*
揮発油税・・・・	20 700	*3.4*			
石油ガス税・・	40	*0.0*	計・・・・・・ 5)	**610 667**	*100.0*

財務省資料より作成。1）地方法人税 1 兆3232億円、特別法人事業税 1 兆2556億円、復興特別所得税3920億円を含む。2）その他の間接税等4265億円を含む。3）譲与分。4）2008年までは地方道路税。5）特別会計の特定財源分を含むため、表28-4の租税・印紙収入の数値とは相違する。

図 28-7　国民負担率の推移

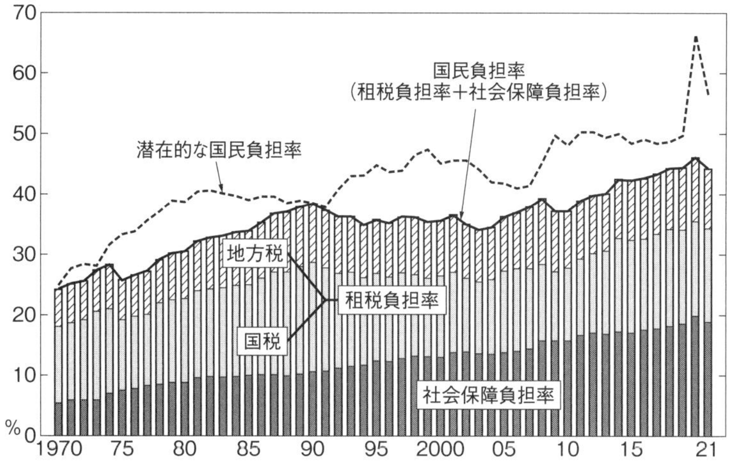

2019年度までは実績、2020年度は実績見込み、2021年度は見通し。1994年度以降は08SNA、1980年度以降は93SNA、1979年度以前は68SNAに基づく計数。租税負担の計数は租税収入ベースで、SNAベースとは異なる。国税は特別会計及び日本専売公社納付金を含む。地方法人特別税は国税に含める。2009年度以降の社会保障負担の計数は、2008年度以前の実績値との整合性を図るための調整等を行っている。

潜在的な国民負担率　租税負担と社会保障負担に、将来世代の潜在的な負担として財政赤字を加えた額が、国民所得に占める割合。

〔**特別会計**〕 特別会計は、特定の事業や資金運用の状況を明確化するために、一般会計とは別に設けられている会計を指す。2022年度予算では、国債整理基金、財政投融資、エネルギー対策、年金、食料安全需給など13の特別会計が設けられており、歳出総額は467.3兆円となっている。一般会計や特別会計の他の勘定間でのやりとりや、国債の借換費を除いた純計は218.5兆円となっている。さらに純計から、国債の償還や利子支払いに必要となる償還費（92.9兆円）や、年金や健康保険給付費などの社会保障給費（73.6兆円）、東日本大震災の復興経費（0.7兆円）などを差し引いた額は6.6兆円となり、それらの約5割が雇用安定事業などの保険事業、2割が石油備蓄や省エネ導入支援といったエネルギー対策などに充てられている。

表 28-8　特別会計歳出（会計年度）（単位　十億円）

	2018	2019	2020	2021	2022（予算案）
交付税及び譲与税配付金	51 711	51 140	51 587	51 805	49 955
地震再保険	187	201	124	107	110
国債整理基金	191 221	190 715	193 024	246 789	245 791
外国為替資金	971	1 047	985	1 079	1 147
財政投融資	26 939	27 586	25 082	72 624	48 594
うち財政融資資金勘定	26 083	26 575	24 339	71 933	…
投資勘定	828	987	727	673	…
エネルギー対策	14 871	14 584	14 338	14 054	13 776
原子力損害賠償支援勘定	12 297	12 020	11 762	11 505	…
労働保険	6 138	6 419	6 761	7 609	7 858
雇用勘定	2 539	2 695	2 918	3 820	…
年金	91 836	93 331	95 269	96 512	96 912
うち基礎年金勘定	25 187	25 696	26 457	27 087	…
国民年金勘定	3 909	3 688	3 744	3 829	…
厚生年金勘定	48 120	48 514	48 890	49 498	…
健康勘定	11 603	12 112	12 517	12 421	…
子ども･子育て支援勘定	2 614	2 910	3 239	3 245	…
食料安定供給	1 274	1 294	1 268	1 216	1 341
国有林野事業債務管理	350	358	365	362	355
特許	155	164	165	156	154
自動車安全	484	484	718	453	448
東日本大震災復興	2 359	2 135	2 074	932	841
計	**388 496**	**389 457**	**391 759**	**493 699**	**467 282**

財務省「特別会計ガイドブック」(2021年版) などより作成。当初予算。

表 28-9　特別会計歳出の内訳（2021年度当初予算）（単位　十億円）

	歳出総額	一般会計繰入	他会計・他勘定へ繰入	借換債償還	歳出純計額(A)	Aから国債償還費等を除いた額
交付税及び譲与税配付金	51 805	—	31 974	—	19 831	3
地震再保険	107	—	—	—	107	107
国債整理基金	246 789	—	106	147 193	99 491	0
外国為替資金	1 079	0	507	—	572	572
財政投融資	72 624	0	26 992	—	45 632	458
エネルギー対策	14 054	2	12 942	—	1 110	1 110
労働保険	7 609	0	2 689	—	4 920	1 855
年金	96 512	1	25 226	—	71 286	1 004
食料安定供給	1 216	11	214	—	992	992
国有林野事業債務管理	362	—	362	—	—	—
特許	156	0	—	—	156	156
自動車安全	453	29	36	—	389	389
東日本大震災復興	932	0	160	—	772	772
計	**493 699**	**43**	**101 206**	**147 193**	**245 257**	**7 418**

資料は前表と同じ。

表 28-10　特別会計歳入の内訳（2021年度当初予算）（単位　十億円）

	歳入総額1)	一般会計より受入	うち特定財源	他特会・他勘定より受入	借入金等	その他
交付税及び譲与税配付金	51 982	16 002	53	373	30 962	4 626
地震再保険	107	—	—	—	—	28
国債整理基金	246 789	23 758	—	74 046	147 193	1 680
外国為替資金	2 465	—	—	—	—	2 465
財政投融資	72 898	—	—	0	45 000	27 898
エネルギー対策	14 054	847	847	—	12 968	239
労働保険	7 686	74	—	2 682	—	2 293
年金	96 512	14 699	—	23 774	1 452	12 773
食料安定供給	1 225	272	—	89	317	541
国有林野事業債務管理	362	23	22	—	339	—
特許	184	0	—	—	—	184
自動車安全	530	41	36	1	118	370
東日本大震災復興	932	4	—	—	218	317
計	**495 726**	**55 720**	**958**	**100 965**	**238 568**	**53 412**

資料は前表と同じ。1）特定財源直入分、保険料及び再保険収入を含んだ総額。

〔財政投融資〕 財政投融資とは、税金を財源とせず、国債の一種である財投債の発行によって調達した資金によって行われる、国の投融資活動を指す。民間では実施が難しい社会資本整備などについて、後で資金を回収することを前提に、財政融資、産業投資、政府保証といった手法を用いて実施される。財政融資は、財投債により調達された資金などを活用し、特別会計や地方公共団体、政府関係機関、独立行政法人等に対して、長期・固定・低利で資金を融資するものである。産業投資は、国が保有するNTT株やJT株の配当や、国際協力銀行からの国庫納付金を

表 28-11　財政投融資の原資（会計年度）（単位　億円）

	2020（当初計画）	2021（当初計画）	2022（予算案）	21/22増減率（%）
財政融資……………	111 864	383 027	164 488	*-57.1*
財政融資資金………	111 864	383 027	164 488	*-57.1*
産業投資……………	4 510	3 626	3 262	*-10.0*
財政投融資特別会計投資勘定……	4 510	3 626	3 262	*-10.0*
政府保証……………	15 821	22 403	21 105	*-5.8*
政府保証国内債……	4 134	10 648	6 525	*-38.7*
政府保証外債………	11 085	11 340	14 180	*25.0*
政府保証外貨借入金‥	602	415	400	*-3.6*
計………………	**132 195**	**409 056**	**188 855**	*-53.8*

財務省「2022年度予算及び財政投融資計画の説明」より作成。

表 28-12　財政投融資の対象別金額（会計年度）（単位　億円）

	2020（当初計画）	2021（当初計画）	2022（予算案）	21/22増減率（%）
特別会計……………	107	1 300	1 757	*35.2*
政府関係機関………	56 096	275 900	72 836	*-73.6*
独立行政法人等……	27 310	83 455	78 053	*-6.5*
地方公共団体………	29 346	36 847	26 264	*-28.7*
特殊会社等…………	19 336	11 554	9 945	*-13.9*
計………………	**132 195**	**409 056**	**188 855**	*-53.8*

資料は前表と同じ。

もとに行う投資で、産業の開発と貿易の振興を目的として実施される。政府保証は、政府関係機関や独立行政法人などが金融市場で発行する債券や借入金に対して、政府が保証することで、事業に必要な資金を調達しやすくするものである。

2022年度の財政投融資計画は18.9兆円となっている。20～21年度は、コロナ対策の資金繰り支援策により金額が膨らんでいたが、企業の資金確保の動きが落ち着き、計画額はコロナ以前の水準に近づいている。

表 28-13　財政投融資の規模の推移（会計年度）（単位　億円）

	2018	2019	2020	2021	2022
財政投融資（A）	1) 124 082	1) 125 736	2) 270 813	3) 409 056	3) 188 855
一般会計歳出・・	989 747	1 013 665	1 475 974	1 066 097	1 075 964
国内総生産（B）	5 568 279	5 596 988	5 361 000	5 595 000	5 646 000
A／B（%）・・・	*2.2*	*2.2*	*5.1*	*7.3*	*3.3*

財務省「財政金融統計月報・財政投融資特集」および同「2022年度予算及び財政投融資計画の説明」、内閣府「国民経済計算年次推計」、同「2022年度経済見通し」より作成。一般会計歳出は、2018年度～2020年度は決算、2021年度以降は当初予算。国内総生産は2020年度までは実績、2021・22年度は見通し。1）実績。2）実績見込み。3）当初計画。

表 28-14　財政投融資の使途別分類の推移（会計年度）（単位　億円）

	2019（当初計画）	2020（当初計画）	2021（当初計画）	2022（予算案）	21/22 増減率（%）
中小零細企業・・・・・・・	29 968	29 025	145 207	35 667	*-75.4*
農林水産業・・・・・・・・・	6 035	5 901	7 593	6 988	*-8.0*
教育・・・・・・・・・・・・・・	9 302	8 981	48 594	56 706	*16.7*
福祉・医療・・・・・・・・・	5 410	4 769	20 422	10 440	*-48.9*
環境・・・・・・・・・・・・・・	330	539	571	927	*62.3*
産業・イノベーション	10 185	11 655	12 134	10 086	*-16.9*
住宅・・・・・・・・・・・・・・	5 464	5 206	7 920	8 148	*2.9*
社会資本・・・・・・・・・・・	37 450	37 518	30 647	26 341	*-14.1*
海外投融資等・・・・・・・	18 567	20 387	20 293	24 718	*21.8*
その他・・・・・・・・・・・・	8 485	8 213	115 675	8 836	*-92.4*
計・・・・・・・・・・・・・・	**131 194**	**132 195**	**409 056**	**188 855**	*-53.8*

資料は表28-11と同じ。

〔地方財政〕 地方財政は、都道府県と市区町村の財政活動のことで、学校教育や社会福祉、警察、消防など、生活に身近な行政サービスを提供している。地方財政は、財源の調達能力の地域格差などもあり、地方

図 28-8　地方財政の歳入・歳出の構成（2022年度）

総務省「地方財政計画の概要」(2022年度) より作成。

表 28-15　地方財政歳出計画（会計年度）（単位　億円）

	2020	2021	2022	21/22 増減率 (%)
給与関係経費	202 947	201 605	199 702	*-0.9*
退職手当以外	187 624	186 881	185 341	*-0.8*
退職手当	15 323	14 724	14 361	*-2.5*
一般行政経費	405 465	410 510	415 851	*1.3*
補助	228 230	230 419	235 499	*2.2*
単独	148 154	148 979	149 164	*0.1*
国民健康保険・後期高齢者医療制度関係事業費	14 881	14 912	14 988	*0.5*
まち・ひと・しごと創生事業費	10 000	10 000	10 000	*0.0*
地域社会再生事業費	4 200	4 200	4 200	*0.0*
地域デジタル社会推進費	—	2 000	2 000	*0.0*
公債費	118 146	118 968	115 365	*-3.0*
維持補修費	14 469	14 694	14 948	*1.7*
投資的経費	134 689	120 770	121 213	*0.4*
直轄・補助	73 418	58 546	58 074	*-0.8*
単独	61 271	62 224	63 139	*1.5*
うち緊急防災・減災事業費	5 000	5 000	5 000	*0.0*
公共施設等適正管理推進事業費	4 800	4 800	5 800	*20.8*
緊急自然災害防止対策事業費	3 000	4 000	4 000	*0.0*
公営企業繰出金	24 957	24 431	24 349	*-0.3*
不交付団体水準超経費	16 800	11 500	18 500	*60.9*
歳出総額	**917 473**	**902 478**	**909 928**	*0.8*

総務省「地方財政計画歳入歳出一覧」より作成。通常収支分と東日本大震災分の合計。

公共団体それぞれで状況が異なる。そのため、国は国民の租税負担の公平化や行政水準を一定に維持することを目的に、地方交付税などの交付によって、地域ごとの財政力格差の調整や財源保障を行っている。地方財政を総体的に捉えた「地方財政計画」は、全国の地方公共団体の歳入・歳出の見込み総額を示しており、国と地方の財政運営の指針となる。地方交付税の総額は、地方財政計画の歳入と歳出の差額を補てんする中で決定され、財政力指数（表28-18脚注参照）の低い自治体には交付税の比重が大きくなるよう、調整が行われる。2022年度の地方財政計画によると、地方交付税の総額は18.1兆円で、コロナ対策や脱炭素事業の支援交付金の創設などにより4年連続の増加となった。

表 28-16　地方財政歳入計画（会計年度）（単位　億円）

	2020	2021	2022	21/22 増減率（%）
地方税	410 122	383 448	413 073	*7.7*
地方譲与税	26 086	18 462	25 978	*40.7*
地方特例交付金等	2 007	3 577	2 267	*-36.6*
地方交付税	169 624	175 711	181 607	*3.4*
うち震災復興特別交付税	3 742	1 326	1 069	*-19.4*
国庫支出金	157 222	149 544	150 648	*0.7*
地方債	92 798	112 415	76 086	*-32.3*
使用料・手数料	15 761	15 487	15 729	*1.6*
雑収入	43 853	43 834	44 540	*1.6*
歳入総額	**917 473**	**902 478**	**909 928**	*0.8*

資料は前表と同じ。通常収支分と東日本大震災分の合計。

表 28-17　地方財政計画の伸び率等の推移
（対前年度増減率）（会計年度）（%）

	2000	2010	2015	2020	2021	2022
地方財政計画	*0.5*	*-0.5*	*2.3*	*1.3*	*-1.0*	*0.9*
地方一般歳出	*-0.9*	*0.2*	*2.3*	*2.3*	*-0.6*	*0.6*
地方税	*-0.7*	*-10.2*	*7.1*	*1.9*	*-7.0*	*8.3*
地方交付税	*2.6*	*6.8*	*-0.8*	*2.5*	*5.1*	*3.5*

総務省「地方財政計画の概要」(2022年度）より作成。通常収支分が対象。

第28章 財政

表 28-18　都道府県の財政構造（決算）（2020年度）

	財政力指数	経常収支比率（%）	実質公債費比率（%）
北海道	0.46217	98.2	19.6
青森	0.35801	95.8	12.3
岩手	0.37248	94.9	13.7
宮城	0.62649	96.3	12.0
秋田	0.32157	93.4	13.8
山形	0.37896	94.5	11.9
福島	0.54482	95.0	7.7
茨城	0.65584	94.3	9.5
栃木	0.64821	95.1	9.7
群馬	0.63796	95.6	10.0
埼玉	0.77024	94.7	10.9
千葉	0.77845	98.2	8.6
東京	1.15019	84.9	1.4
神奈川	0.88898	98.4	9.8
新潟	0.47506	94.7	17.2
富山	0.48457	95.3	13.3
石川	0.51759	94.3	12.7
福井	0.42058	96.0	12.5
山梨	0.40857	93.2	12.5
長野	0.52762	93.7	9.8
岐阜	0.55930	92.4	5.9
静岡	0.72648	96.1	13.5
愛知	0.91216	100.0	13.6
三重	0.60941	96.3	12.7
滋賀	0.57552	95.2	10.5
京都	0.59466	94.5	15.5
大阪	0.79157	100.8	13.7
兵庫	0.64914	96.7	14.7
奈良	0.43666	92.6	8.5
和歌山	0.33779	95.2	7.6
鳥取	0.28689	89.2	10.3
島根	0.26570	90.0	5.5
岡山	0.53481	97.2	11.3
広島	0.61848	93.5	13.1
山口	0.45738	91.2	8.7
徳島	0.32716	93.1	11.3
香川	0.48747	96.0	9.5
愛媛	0.44767	88.9	9.9
高知	0.27382	96.1	10.6
福岡	0.65820	97.1	11.5
佐賀	0.35551	93.8	8.4
長崎	0.34825	96.6	10.8
熊本	0.42692	92.7	7.7
大分	0.39540	94.5	8.6
宮崎	0.35767	92.5	10.6
鹿児島	0.35338	97.6	11.5
沖縄	0.37469	96.4	7.3
全国	0.52320	94.4	10.2

総務省「全都道府県の主要財政指標」より作成。財政力指数および実質公債費比率は2018～20年度の平均値。全国は財政力指数が単純平均、経常収支比率、実質公債費比率は加重平均。財政力指数、経常収支比率の平均を求めるにあたり東京都特別区を含まず。

財政力指数　基準財政収入額（自治体が標準的に収入しうるものとして算定された税収入の額）を、基準財政需要額（一定水準の行政を実施するのに必要な一般財源額）で除して得た数値のこと。この指数が高いほど、自主財源の割合が高く、財政力が強いとされる。

経常収支比率　その使途について制限がなく、地方税、普通交付税などのように毎年経常的に入ってくる財源（これを一般財源という。対して、国庫支出金や地方債などのように一定の使途のみに使用できる財源を特定財源という）のうち、人件費や公債費のように、毎年度経常的に支出される経費に充当されたものが占める割合のこと。この比率が高いほど財政の弾力性が失われつつあるとされる。

実質公債費比率　地方債の発行が許可制から協議制に移行したことに伴い、起債にあたり自治体財政の健全度を判断するために導入された指標。毎年度経常的に入ってくる財源のうち、公債費や公営企業債に対する繰出金などの公債費に準ずるものを含めた実質的な公債費負担額が占める割合のこと。この比率が18%以上の自治体は起債に許可が必要となり、25%以上の自治体は起債が制限される。

第29章　金　　融

〔金融〕　金融政策とは、日銀が公開市場操作などの手段で、政策金利や経済全体の資金量を調節し、景気を下支えする政策のことである。昨今の金融政策は「金融緩和」が中心となっており、日銀は「物価安定の目標」として消費者物価の前年比上昇率２％を目指し、政策を実施している。「異次元の金融緩和」が決定された2013年以降、日銀による国債やETF（上場投資信託)、REIT（不動産投資信託）の買入れや、長短金利の操作、日銀当座預金へのマイナス金利適用などが次々に導入された。2021年には、ETFやREITの買入れ上限（それぞれ年12兆円、年1800億円）が継続となったほか、長期金利の上昇抑制のために、特定の年限の国債を固定金利で無制限に連続して買い入れる「連続指値オペ制度」が導入されるなど、金融緩和の長期化を見据えた政策修正が行われている。

金融緩和政策により、日銀が保有する国債等の残高は大幅に増加している（図29-1)。マネタリーベースも、2012年末の138兆円から、2021年末には670兆円（前年比8.6％増）に増加しているものの、目標とされる

図 29-1　国債・財投債の保有者内訳の推移

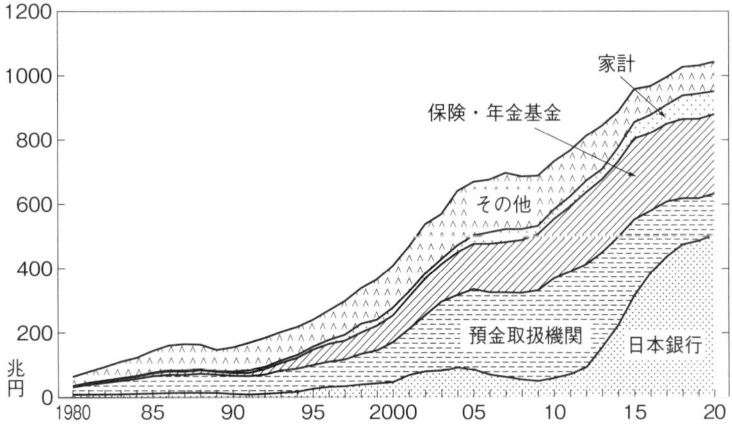

日本銀行データ（2022年２月17日閲覧）より作成。

安定した２％の物価上昇には至っておらず､2021年の消費者物価指数(生鮮食品を除く）の上昇率は前年比マイナス0.2%となっている。2022年３月に行われた金融政策決定会合では、今後も長短金利操作と資産買入れを中心とした金融緩和政策を継続し、物価の安定的な上昇を目指すことが表明されている。

2022年以降の日本経済の見通しは、コロナウイルスやウクライナ情勢などの影響で不透明感が強まっている。２月の消費者物価指数は前月比0.5%の上昇となったが、これは、コロナ禍からの回復による原油需要の増加とロシアのウクライナ侵攻によって、エネルギー価格が高騰したことが原因である。今後、消費者物価はさらに上昇する可能性があるとみられているが、家計の購買力が高まらないままで

図 29-2　ETF・REITの買入額

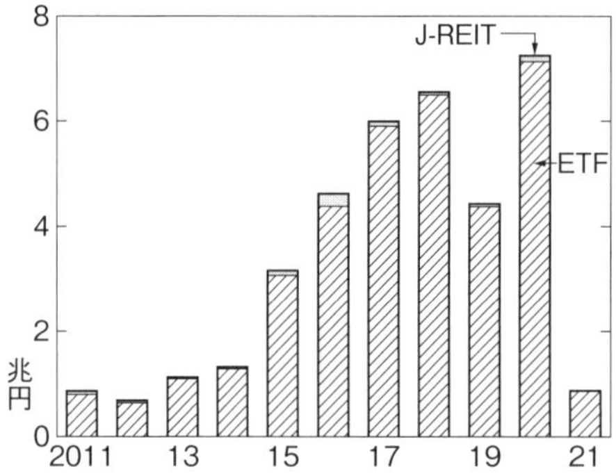

日本銀行資料より作成。

表 29-1　種類別通貨流通高

	兆円	%
日本銀行券*·	122.0	*96.1*
一万円····	113.5	*89.4*
五千円····	3.6	*2.8*
二千円····	0.2	*0.2*
千円······	4.5	*3.5*
貨幣*········	5.1	*4.0*
五百円····	2.5	*2.0*
百円······	1.1	*0.9*
五十円····	0.2	*0.2*
十円······	0.2	*0.2*
五円······	0.1	*0.1*
一円······	0.0	*0.0*
計······	**127.0**	*100.0*

日本銀行データより作成。2021年末現在。*その他、記念貨などを含む。

図 29-3　現金流通高と対GDP比の推移

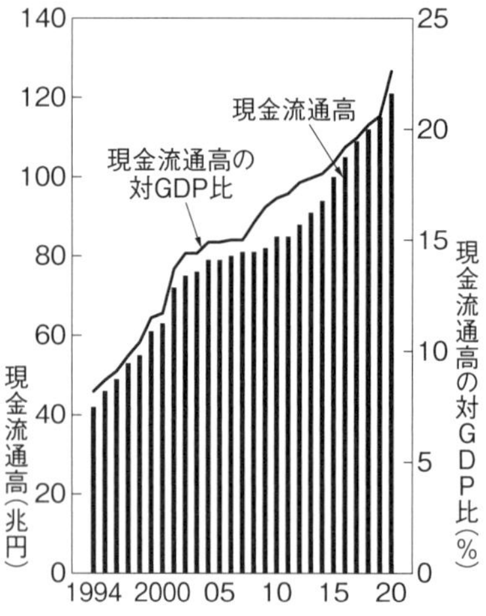

財務省資料より作成。会計年度末。

は物価上昇は一時的なものに留まるため、賃上げによる家計の購買力の引き上げが必要であると指摘されている。

また、日米の金利差の拡大などにより円安が進んでいる。日本が金融緩和を継続し、長期金利の変動幅を±0.25%とする一方で、アメリカは量的緩和の終了と利上げの実施を決定している。これにより日本国債を売る動きが出たことで、長期金利は金融政策で定められた上限である

表 29-2　マネーストック（各年平均残高）（単位　兆円）

	2016	2017	2018	2019	2020	2021
M_2 …………	936.9	974.0	1 002.5	1 026.2	1 092.6	1 162.7
M_3 …………	1 257.3	1 299.6	1 332.5	1 359.5	1 432.4	1 511.7
M_1 …………	659.8	711.9	755.6	795.7	882.3	969.0
現金通貨…	91.7	95.9	99.7	102.3	106.5	111.1
預金通貨…	568.1	616.0	655.9	693.4	775.8	857.9
準通貨………	564.8	556.3	546.7	534.9	521.7	508.4
CD（譲渡性預金）	32.8	31.5	30.2	28.9	28.5	34.3
広義流動性……	1 684.3	1 735.5	1 773.0	1 802.5	1 875.9	1 981.1

日本銀行データ（2022年3月29日閲覧）より作成。各項目については下の解説欄参照。【☞長期統計516ページ】

マネーストック　通貨保有主体が保有する通貨量の残高（金融機関や中央政府が保有する預金などは含まない）。通貨保有主体の範囲は、居住者のうち、一般法人、個人、地方公共団体・地方公営企業が含まれる（一般法人は預金取扱機関、保険会社、証券会社などを除く）。

M_1　現金通貨＋預金通貨。対象金融機関は、M_2対象金融機関（下記参照）、ゆうちょ銀行、農業協同組合、信用組合など（すなわち全預金取扱機関）。

現金通貨　銀行券発行高＋貨幣流通高。

預金通貨　要求払預金（当座、普通、貯蓄預金など）－対象金融機関が保有する小切手・手形。

M_2　現金通貨＋国内銀行等に預けられた預金。対象金融機関は、日本銀行、国内銀行（ゆうちょ銀行を除く）、外国銀行在日支店、信金中央金庫、信用金庫、農林中央金庫、商工組合中央金庫。

M_3　M_1＋準通貨＋CD。すなわち、現金通貨＋全預金取扱機関に預けられた預金。なお、準通貨は定期性預金、外貨預金、定期積金など。CDは譲渡性預金で、銀行が発行する無記名の預金証書。対象金融機関は、M_1に同じ。

広義流動性　M_3に金銭信託、投資信託、金融債、銀行発行普通社債、国債、外債などを加えたもの。対象金融機関は、M_3対象金融機関、国内銀行信託勘定、中央政府、保険会社等、外債発行機関。

0.25％に達し、日銀は金利上昇を抑えるため「連続指値オペ」を実行した。一方、コロナ禍から回復しつつある各国の中央銀行は金融引き締めの姿勢を見せており、世界的に金利が上昇傾向にあるため、金利差が拡大することで、さらなる円安となることを懸念する声もある。

図 29-4　マネタリーベースの推移（各年末）

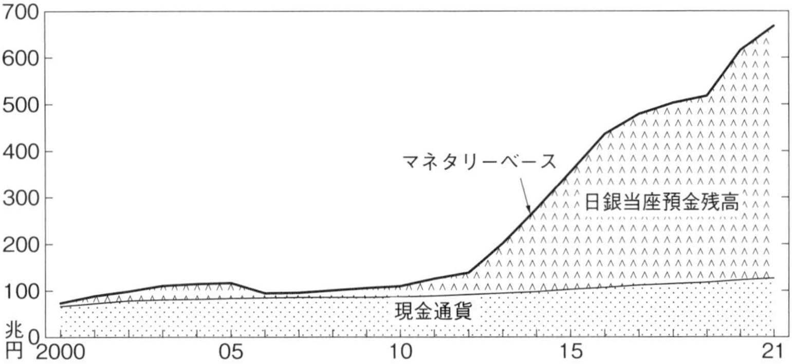

日本銀行データ（2022年３月29日閲覧）より作成。**マネタリーベース**とは、市中に出回る現金通貨と、金融機関が日銀に預けている当座預金の残高の合計。

表 29-3　マネタリーサーベイ（各年末現在）（単位　兆円）

	2018	2019	2020	2021
資産				
対外資産（純額）…………	81.0	79.7	92.9	104.2
国内信用………………	1 542.3	1 595.9	1 695.9	1 735.5
政府向け信用（純額）……	570.5	580.5	605.5	611.6
その他金融機関向け信用	296.1	319.4	352.0	376.5
地方公共団体向け信用…	75.1	78.3	82.4	86.1
その他部門向け信用……	600.6	617.7	655.9	661.2
負債				
通貨（M_1）……………	787.4	829.5	943.9	1 006.9
現金通貨……………	105.5	107.0	112.4	116.2
預金通貨……………	681.8	722.5	831.6	890.8
準通貨（定期性預金）＋CD·	570.0	555.3	547.2	533.4
その他（純額）…………	265.9	290.8	297.7	299.3

日本銀行データ（2022年３月29日閲覧）より作成。**マネタリーサーベイ**とは、IMF（国際通貨基金）が採用している国際基準に基づき、日本銀行と全預金取り扱い機関（ゆうちょ銀行、信用組合、農業協同組合、労働金庫などを含む）の諸勘定を統合・調整（金融機関預金など金融機関相互間の重複勘定を相殺）した貸借対照表である。

表 29-4 国内銀行の預金者別・種類別預金残高

（各年末）（単位 兆円）

	2017	2018	2019	2020	2021
一般法人・個人・公金	720.2	740.8	761.2	836.7	869.9
一般法人…………	237.4	247.5	253.3	296.4	306.0
個人……………	463.6	472.3	487.4	517.9	540.5
公金……………	19.2	21.0	20.5	22.5	23.4
再掲 2) 要求払預金… 1)	467.0	492.4	519.2	595.9	635.0
再掲 2) 定期性預金……	236.5	229.6	221.8	219.2	213.8
再掲 2) 非居住者円預金	2.0	2.1	2.4	2.5	2.6
再掲 2) 外貨預金……	14.7	16.7	17.8	19.1	18.5
金融機関預金………	39.8	34.5	34.5	35.9	33.9
政府関係預り金……	0.1	0.1	0.1	0.1	0.1
預金計……………	**760.0**	**775.4**	**795.8**	**872.7**	**903.8**

資料は前表に同じ。国内銀行銀行勘定。国内銀行とは銀行本体の設立根拠が国内法に準拠している銀行。都市銀行、地方銀行、第二地方銀行、信託銀行が該当する。ゆうちょ銀行は除く。1）当座、普通、貯蓄、通知、別段、納税準備の各預金。2）再掲は一般法人・個人・公金を種類別に分けたもの。

表 29-5 国内銀行の業種別貸出金残高（各年末）（単位 兆円）

	2017	2018	2019	2020	2021
製造業……………	56.3	56.5	58.3	67.4	61.9
非製造業…………	257.9	268.8	273.1	287.4	294.3
建設業…………	11.2	11.4	11.6	13.5	13.7
電気･ガス･熱供給･水道業	12.0	13.4	14.5	15.4	16.4
情報通信業………	6.6	6.7	7.0	6.7	6.8
運輸業・郵便業……	16.5	17.2	17.0	19.1	19.2
卸売業…………	26.5	26.7	26.2	27.3	28.0
小売業…………	15.7	15.7	15.9	16.9	17.0
金融・保険業……	42.8	44.5	43.2	41.8	45.2
うち貸金業等非預金信用機関	21.4	21.1	21.6	21.7	22.1
不動産業………	77.3	82.2	85.0	88.0	91.3
物品賃貸業………	13.7	14.3	15.4	17.7	16.4
宿泊業…………	2.2	2.3	2.3	2.8	2.8
飲食業…………	2.5	2.6	2.6	3.5	3.3
医療・福祉………	11.4	11.6	11.7	12.4	12.3
地方公共団体………	28.1	28.1	28.4	29.4	30.0
個人………………	136.2	138.1	141.2	144.5	149.1
計×……………… 1)	**490.2**	**504.4**	**513.7**	**541.0**	**547.9**

資料は前表に同じ。国内銀行の銀行勘定、信託勘定、海外店勘定（国内向け）の合計。ゆうちょ銀行を除く。各業種とも当座貸越を含み、バンクカードなどによる貸出は個人に計上。1）中央政府向け貸出金を除く。×その他とも。

表 29-6　個人向け貸出金（消費財・サービス購入資金）（単位　兆円）

	1990	2000	2010	2015	2020	2021
国内銀行						
新規貸出	7.5	1.9	0.8	1.2	1.3	1.2
残高	65.1	44.8	29.4	34.7	38.3	37.1
うちカードローン等 1)	21.4	19.2	13.0	19.2	21.0	19.6
信用金庫						
新規貸出	1.4	0.5	0.4	0.5	0.5	0.5
残高	12.7	12.2	6.8	7.2	8.6	8.4
うちカードローン等 1)	2.6	4.2	2.3	2.3	2.2	2.0

日本銀行データより作成。個人（事業目的を除く）に対する消費財・サービス購入資金の貸出。割賦返済方式とカードローン等の合計。使途を指定しない一般消費資金を含む。1）カードローン（当座貸越方式）、応急ローン、キャッシング。

表 29-7　全国銀行の不良債権（金融再生法開示債権）**の推移**（単位　億円）

	2017年3月末	2018年3月末	2019年3月末	2020年3月末	2021年3月末
都銀・旧長信銀・信託					
金融再生法開示債権	28 990	21 910	19 630	20 550	26 430
破産更生等債権	3 680	3 120	2 670	2 830	3 540
危険債権	13 320	10 540	12 230	11 400	13 510
要管理債権	11 990	8 250	4 730	6 330	9 380
不良債権比率（%）1)	*0.9*	*0.7*	*0.6*	*0.6*	*0.7*
地域銀行 2)					
金融再生法開示債権	48 240	45 050	47 640	47 920	52 790
破産更生等債権	8 300	7 920	9 250	9 410	8 990
危険債権	31 800	29 580	29 480	28 420	32 690
要管理債権	8 130	7 540	8 920	10 090	11 110
不良債権比率（%）1)	*1.9*	*1.7*	*1.7*	*1.7*	*1.8*
全国銀行					
金融再生法開示債権	77 240	66 950	67 270	68 480	79 220
破産更生等債権	11 980	11 040	11 930	12 240	12 530
危険債権	45 130	40 130	41 700	39 820	46 200
要管理債権	20 130	15 790	13 650	16 420	20 490
不良債権比率（%）1)	*1.3*	*1.1*	*1.1*	*1.1*	*1.2*
（参考）信用金庫					
金融再生法開示債権	33 500	31 340	29 660	28 880	30 240
破産更生等債権	7 360	6 800	6 580	6 410	6 010
危険債権	23 310	21 890	20 610	20 070	21 770
要管理債権	2 820	2 650	2 480	2 400	2 470
不良債権比率（%）1)	*4.3*	*4.0*	*3.7*	*3.5*	*3.5*

金融庁資料より作成。**破産更生等債権**は、破産や会社更生などにより経営破たんに陥っている債務者に対する債権。**危険債権**は、経営が悪化し元本の回収および利息の受取ができない可能性の高い債権。**要管理債権**は、3か月以上延滞債権および貸出条件緩和債権。1）金融再生法開示債権÷総与信。2）地方銀行と第2地方銀行の合計。

図 29-5 家計の金融資産構成の比較（2021年3月末）（%）

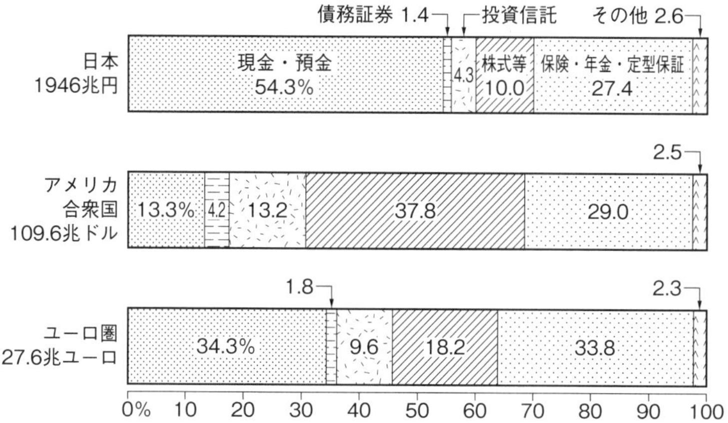

日本銀行「資産循環の日米欧比較」より作成。

表 29-8 家計の金融資産残高（各年末現在）（単位 兆円）

	2017	2018	2019	2020	2021*
現金・預金	969.7	985.2	1 007.4	1 056.6	1 091.7
現金	91.8	94.0	96.4	102.0	107.2
流動性預金	428.2	453.5	485.1	540.4	585.3
定期性預金	443.4	431.0	418.4	406.2	392.1
外貨預金	6.3	6.7	7.5	8.1	7.1
債務証券	24.6	24.5	25.8	26.4	25.7
国債・財投債	12.4	13.0	13.5	13.4	12.7
政府関係機関債	1.4	1.5	1.5	1.6	1.6
事業債	6.1	5.7	6.5	6.7	6.5
信託受益権	4.1	3.9	4.0	4.5	4.7
株式等・投資信託受益証券	294.0	246.3	266.8	261.5	305.9
株式等	217.8	179.8	192.9	183.2	211.6
上場株式	119.0	101.4	115.3	117.7	133.7
非上場株式	93.9	73.6	72.3	60.5	72.8
投資信託受益証券	76.2	66.4	73.9	78.3	94.3
保険・年金・定型保証	523.4	525.2	529.9	534.9	540.1
生命保険受給権	213.4	217.3	221.1	223.1	225.8
年金保険受給権	101.6	100.4	101.0	100.4	100.8
年金受給権 1)	151.3	151.6	152.8	156.9	159.1
計×	**1 867.1**	**1 838.7**	**1 889.7**	**1 936.1**	**2 023.0**

資料は表29-6と同じ。1）私的年金。*速報値。×その他とも。

表 29-9　キャッシュレス決済比率と決済手段の１人あたり保有枚数

（2018年）（単位　枚）

	キャッシュレス決済比率（%）1)	クレジットカード2)	デビットカード2)3)	電子マネー2)
韓国	*94.7*	2.0	3.2	0.5
中国	4) *77.3*	0.5	5.0	…
アメリカ	*47.0*	3.4	1.0	…
日本	*24.2*	2.3	3.5	3.2

キャッシュレス推進協議会「キャッシュレス・ロードマップ2021」より作成。原資料は世界銀行およびBIS資料。1）非現金手段による年間支払額より算出。2）カードに複数の機能がある場合は重複計上。国·地域により一部カードの計数が欠損していることに留意。3）ディレイデビットカードを含む。4）他の国と原資料が異なるため参考値。

表 29-10　コード決済の利用状況（年間）（単位　百万円）

	2018	2019	2020	2021
店舗利用金額	165 040	1 120 598	4 200 301	7 348 701
うちクレジットカードからの利用1)	8 164	159 804	1 029 985	2 075 295
店舗利用件数（千件）	51 994	815 938	2 717 888	4 895 317
送金金額	8 325	47 408	164 886	352 085
送金件数（千件）	2 573	12 647	44 329	96 725
チャージ残高2)	…	112 266	247 364	338 036
ユーザー数　（万人）3)	3 548	18 546	36 363	48 733

キャッシュレス推進協議会「コード決済利用動向調査」（2022年４月18日公表）より作成。QRコードなどによる決済。1）クレジットカード及びブランドデビットカード紐付け利用分、クレジットカード及びブランドデビットチャージ分。2）各年12月末時点。3）各年12月末時点。各サービスの月間アクティブユーザー数。

表 29-11　電子マネーの利用状況

	2008	2010	2015	2019	2020	2021
決済件数（百万件）	1 053	1 915	4 678	6 234	5 923	5 740
決済金額（億円）	7 581	16 363	46 443	57 506	60 342	59 696
１件あたり（円）	720	854	993	923	1 019	1 040
発行枚数1)（万枚）	9 885	14 647	29 453	42 371	44 786	47 007
うち携帯電話	1 137	1 672	2 887	4 007	4 440	4 970
端末台数1)2)（万台）	45	84	177	357	522	600
残高3)（億円）	831	1 196	2 311	3 233	3 656	3 846

日本銀行「決済動向」（2022年１月）より作成。2008年からの統計。プリペイド方式のうちIC型電子マネーが対象で、SuicaやICOCAなど交通系（乗車や乗車券購入への利用分を除く）、小売流通企業発行のWAON、nanaco、専業の楽天Edyから提供されたデータを集計したもの。1）各年末時点。2）2020年に集計方法を見直し。3）各年９月末時点。

〔証券・為替〕 2022年4月、東京証券取引所の市場再編が行われた。これまで、市場第一部、第二部、JASDAQ、マザーズの4市場だった区分は、「プライム市場」、「スタンダード市場」、「グロース市場」の3区分に再編された。各市場のコンセプトを明確にすることで投資家の利便性を高めるほか、上場会社に対して持続的な企業価値向上の動機付けを行うことが目的とされている。新市場区分では、コンセプトに応じて株式の流動性やコーポーレートガバナンスなどの上場基準がそれぞれ設けられている。特にプライム市場は、上場の際に設けられているコーポ

表 29-12 東証の市場別売買代金(年間および1日あたり平均)(単位 兆円)

	2005	2010	2015	2019	2020	2021
東証一部	459.14	354.60	696.51	598.21	671.67	765.25
1日平均	1.87	1.45	2.85	2.48	2.76	3.12
東証二部	12.06	0.87	8.27	6.19	10.66	8.51
1日平均	0.05	0.00	0.03	0.03	0.04	0.03
マザーズ	20.57	3.70	23.06	24.90	44.38	41.90
1日平均	0.08	0.02	0.09	0.10	0.18	0.17
JASDAQスタンダード	…	…	16.57	9.51	14.43	13.69
1日平均	…	…	0.07	0.04	0.06	0.06
JASDAQグロース	…	…	1.55	1.46	1.11	2.12
1日平均	…	…	0.01	0.01	0.00	0.01
TOKYO PRO MARKET[1)]	…	…	2.61	2.73	1.64	4.25
1日平均[1)]	…	…	0.01	0.01	0.01	0.02

日本取引所グループホームページより作成。1) 単位は十億円。特定投資家向けの市場。

表 29-13 東証再編に伴う新市場区分の選択状況(単位 社)

	グロース市場[1)]	スタンダード市場[1)]	プライム市場[1)]	計
市場第一部[1)]	…	338	1 839	2 177
市場第二部[1)]	…	475	…	475
マザーズ[1)]	431	1	…	432
JASDAQ スタンダード[1)]	…	652	…	652
JASDAQグロース	34	…	…	34
計	**465**	**1 466**	**1 839**	**3 770**

日本取引所グループホームページより作成(2022年4月8日閲覧)。1) 外国株を含む。

第29章 金融

レートガバナンスの基準が他の市場よりも多く、グローバルな投資家との対話が意識された制度となっている。一方、上場基準未達の場合でも経過措置として当面の間上場が可能であることや、上場に対する企業側

表 29-14　株式の所有者別分布（全上場会社）（会計年度末現在）

	株主数（千人）		株式数（千単元）		
	2019	2020	2019	2020	〃 %
政府・地方公共団体	1.3	1.4	6 135	6 031	*0.2*
金融機関	96.4	92.5	904 399	838 800	*26.8*
銀行・信託銀行	56.1	55.8	750 220	695 733	*0.0*
うち投資信託	10.7	10.7	240 995	240 885	*7.7*
年金信託	11.3	11.5	32 241	27 998	*0.9*
生命保険会社	20.1	17.7	98 902	93 526	*3.0*
損害保険会社	3.8	3.7	27 960	26 597	*0.9*
その他の金融機関	16.4	15.2	27 318	22 943	*0.7*
証券会社	87.4	91.7	83 848	89 364	*2.9*
事業法人等	759.1	774.5	788 710	736 746	*23.6*
外国法人等 1)	510.4	543.5	815 042	766 805	*24.5*
個人・その他	56 727.1	59 814.5	735 245	687 244	*22.0*
計	**58 181.8**	**61 318.0**	**3 333 380**	**3 124 989**	*100.0*

日本取引所グループホームページより作成。全上場会社は、東京、名古屋、福岡、札幌の4証券取引所に上場している会社で、東証マザーズやジャスダックなどの新興企業向け市場を含む。会社数は2019年度が3789社、20年度が3823社。株主数は延べ数。1）法人と個人の合計。

表 29-15　所有単元数別の分布状況（全上場会社）（会計年度末現在）

所有単元数	株主数（千人）			株式数（千単元）		
	2019	2020	〃 %	2019	2020	〃 %
1～4	38 837	42 136	*68.7*	62 899	67 579	*2.2*
5～9	6 458	6 688	*10.9*	38 765	40 127	*1.3*
10～49	10 305	10 173	*16.6*	176 350	172 601	*5.5*
50～99	1 218	1 111	*1.8*	77 454	70 754	*2.3*
100～499	1 037	906	*1.5*	190 606	166 562	*5.3*
500～999	125	112	*0.2*	84 567	76 189	*2.4*
1000～4999	139	131	*0.2*	294 513	279 789	*9.0*
5000単元以上	63	61	*0.1*	2 408 228	2 251 389	*72.0*
計	**58 182**	**61 318**	*100.0*	**3 333 380**	**3 124 989**	*100.0*

日本取引所グループホームページより作成。単元株とは、企業が株式の売買単位を自由に決められる制度。従来の単位株制度にかわり、2001年の改正商法で導入された。

の意識改革が進んでいないなど、再編の意義を問う声もあり、今後は市場再編の実効性を高める取り組みが重要となる。情報開示や投資家との対話が、企業経営の改善や市場で評価される企業づくりに繋がり、日本の株式市場が活性化することが期待されている。

2022年に入り、エネルギー価格の高騰に伴う貿易赤字、日米の金利差の拡大などにより円安が加速している。日本円の総合的な実力を示す実質実効為替レート（375ページの解説参照）は、1972年以来50年ぶりの低水準となっており、円の対外的な購買力が低下している。また、国際銀行間通信協会（SWIFT）によると、投資や貿易などに使用される決済通貨のうち日本円のシェアは減少傾向となっている。

図 29-6　株式時価総額のランキング（2021年末現在）

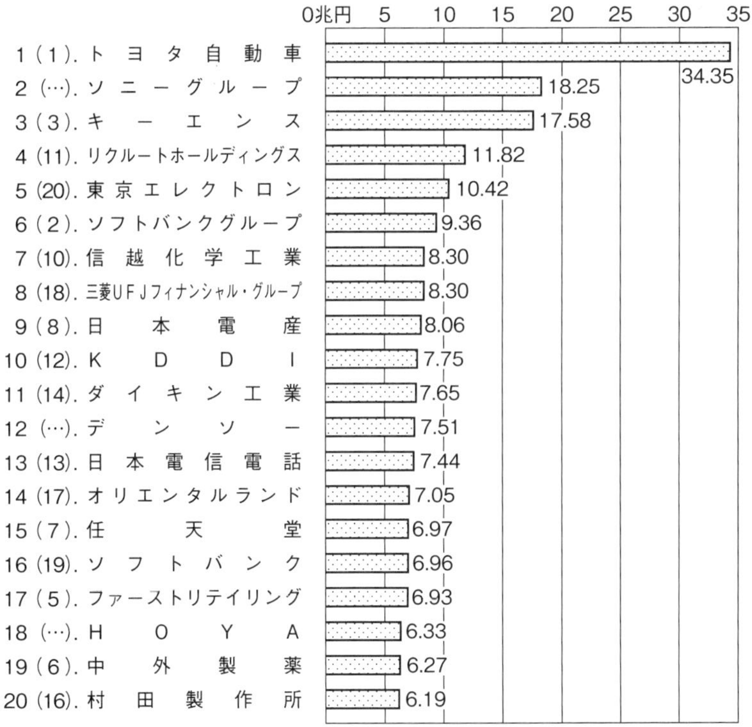

日本取引所グループホームページより作成。株式時価総額とは、当日の終値に上場株数を掛けて算出するもので、上場株式の財産価値を示す。カッコ内は前年の順位。

表 29-16　主要通貨の国際決済シェア（各年12月）（%）

	2016	2017	2018	2019	2020	2021
米ドル（USD）･･･	*42.1*	*39.9*	*41.6*	*42.2*	*38.7*	*40.5*
ユーロ（EUR）･･･	*31.3*	*35.7*	*33.0*	*31.7*	*36.7*	*36.7*
英ポンド（GBP）･･	*7.2*	*7.1*	*6.8*	*7.0*	*6.5*	*5.9*
日本円（JPY）････	*3.4*	*3.0*	*3.4*	*3.5*	*3.6*	*2.6*
中国人民元(CNY)	*1.7*	*1.6*	*2.1*	*1.9*	*1.9*	*2.7*
カナダドル(CAD)	*1.9*	*1.6*	*1.8*	*2.0*	*1.8*	*1.6*

国際銀行間通信協会（SWIFT）資料より作成。国際決済に占める各通貨の割合。

表 29-17　主要市場の外国為替取引高（1営業日平均）（単位　十億ドル）

	2004	2007	2010	2013	2016	2019
イギリス･････････	835	1 483	1 854	2 726	2 406	3 576
アメリカ合衆国･･･	499	745	904	1 263	1 272	1 370
シンガポール･････	134	242	266	383	517	640
(香港)･･･････････	106	181	238	275	437	632
日本････････････	207	250	312	374	399	376
計×･･･････････	**2 608**	**4 281**	**5 045**	**6 686**	**6 514**	**8 301**
日本の割合（%）	*8.0*	*5.8*	*6.2*	*5.6*	*6.1*	*4.5*

国際決済銀行（BIS）"Triennial Central Bank Survey of Foreign Exchange and Over-the-counter（OTC）Derivatives Markets in 2019" より作成。3年ごとの調査。各年4月の一日あたり平均取引高で、国内分の二重計上を調整した値。各国の係数は今後修正される可能性があることに留意。×その他とも。

図 29-7　主要市場の外国為替取引高（1営業日平均）（単位　十億ドル）

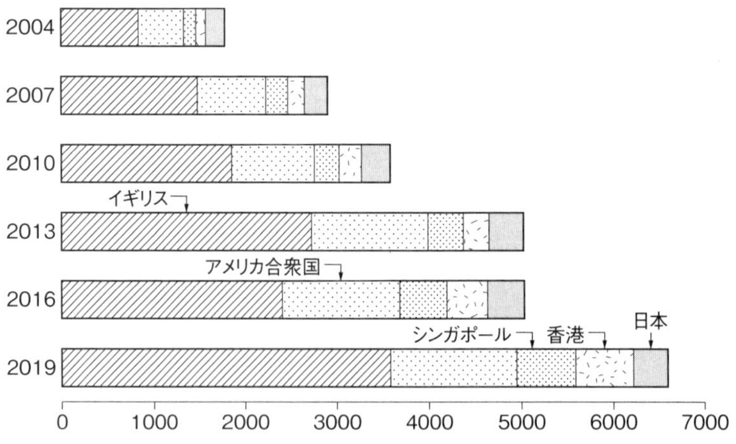

資料、注記は表29-17と同じ。

表 29-18　日本の外国為替市場における取引額（単位　億ドル）

	2007	2010	2013	2016	2019	対前回比（%）
スポット……	1 009	1 015	1 566	1 099	976	*-11.2*
フォワード……	256	316	352	627	611	*-2.5*
為替スワップ‥	1 119	1 683	1 696	2 057	1 953	*-5.1*
通貨スワップ‥	10	22	64	58	60	*4.1*
通貨オプション	108	87	64	149	154	*3.6*
計…………	**2 502**	**3 123**	**3 742**	**3 990**	**3 755**	*-5.9*

日本銀行「外国為替およびデリバティブに関する中央銀行サーベイ」より作成。日本の外国為替市場の1営業日あたりの平均取引高。原資料は、表29-17と同じ。対象は、本邦銀行等12行庫、外資系銀行15行、本邦証券会社2社、外資系証券会社7社。

表 29-19　主要通貨ペア別取引量の推移（単位　十億ドル）

	2004	2007	2010	2013	2016	2019	%
米ドル/ユーロ·	541.2	891.7	1 098.6	1 291.8	1 171.8	1 583.7	*24.0*
米ドル/日本円·	327.9	438.4	567.0	979.9	900.8	871.5	*13.2*
米ドル/英ポンド	259.1	384.1	359.9	472.6	469.7	630.4	*9.6*
ユーロ/英ポンド	47.1	69.2	108.9	101.8	99.8	130.7	*2.0*
ユーロ/日本円·	61.3	86.1	110.5	148.1	79.2	113.6	*1.7*
ユーロ/スイスフラン	30.2	61.6	70.8	71.2	44.0	72.7	*1.1*
日本円/豪ドル·	0.0	0.0	24.0	45.6	31.3	35.0	*0.5*
日本円/カナダドル	0.0	0.0	0.0	5.6	6.6	7.2	*0.1*
日本円/トルコリラ	0.0	0.0	0.0	1.0	3.4	5.7	*0.1*
計×………	**1 934.2**	**3 324.2**	**3 972.8**	**5 356.6**	**5 066.4**	**6 595.5**	*100.0*

国際決済銀行（BIS）データより作成。各年4月の1日あたりの平均取引量で、国内・海外分の二重計上を調整した値。×その他とも。

実質実効為替レート　ドル円など、特定の2通貨間のレートではとらえられない、相対的な通貨の実力を図るため、貿易量や物価水準をもとに算出される指標で、高いほど対外的な購買力がある。1970年代から1995年にかけては、貿易黒字の拡大や日米貿易摩擦などによりレートが上昇しているが、1995年以降は下落に転じている。2022年1月の指数は67.55で、1972年以来50年ぶりの低水準となっている。

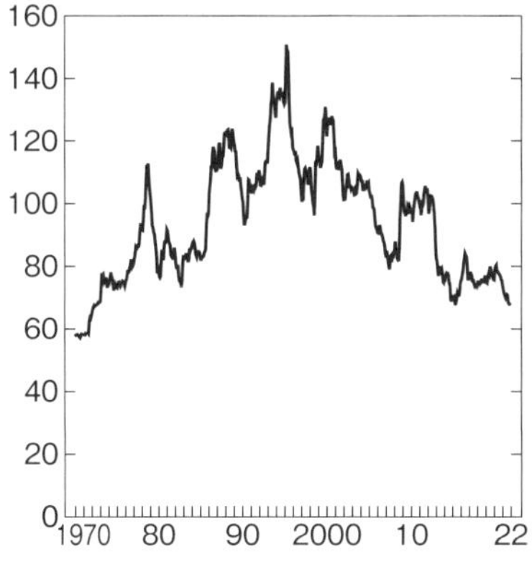

日銀及びBISデータより作成。2010年＝100。

〔保険〕 生命保険のうち、個人保険の保有契約数は2020年度末現在で1億9025万件（前年度比101.5%）となり、13年連続の増加となった。保有契約数が増加した一方、個人保険の保有契約高は、死亡保障を抑えて医療保障を充実させる傾向を反映して減少しており、前年度比1.7%減の815兆7631億円となった。保有契約件数の内訳は、医療保険が全体の22.0%で最も多く、次いで終身保険（19.8%）、定期保険（14.6%）、ガン保険（13.3%）と続いている。2020年度の個人保険の新規契約件数は1135万件、新規契約高は47兆円で、コロナ禍の影響で対面販売が難しくなったこともあり、2年連続で減少している。新規契約件数の内訳をみると、医療保険が全体の28.2%を占めており、次いで定期保険（16.2%）、終身保険（18.7%）、ガン保険（11.9%）の順となっている。契約高の内

表 29-20　生命保険の保有契約の推移（会計年度末）

	1990	2000	2010	2019	2020
契約金額(十億円)					
個人保険……	1 092 117	1 311 993	879 596	829 900	815 763
個人年金保険‥	41 791	74 096	95 710	102 509	101 796
団体保険……	471 430	415 986	371 519	398 120	404 837
計…………	**1 605 338**	**1 802 075**	**1 346 826**	**1 330 530**	**1 322 396**
契約件数(千件)					
個人保険……	118 013	112 718	121 912	187 481	190 250
個人年金保険‥	7 516	13 717	18 988	21 237	20 789

生命保険協会「生命保険事業概況」(2020年）より作成。本表は日本国内で営業している民間生命保険会社の生命保険事業に関する統計である。2010年度以降はかんぽ生命を含む。

保有契約高（金額） 生命保険会社が顧客に対して保障する金額の総合計額。

図 29-8　個人保険の保有契約件数の内訳（2020年度末現在）

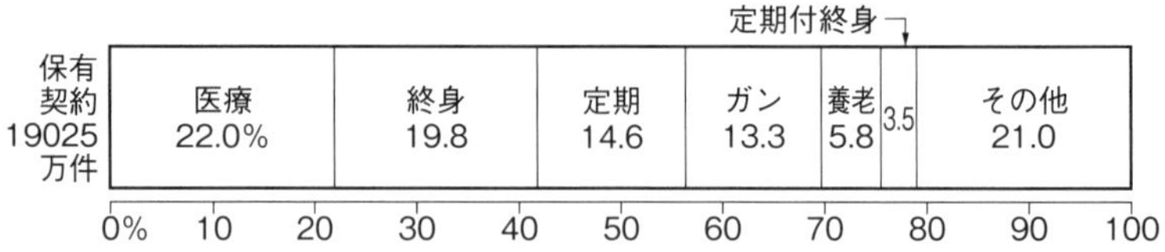

生命保険協会「生命保険事業概況」(2020年）より作成。本来、その他保険等に含まれる医療保険、ガン保険を個別に計上している。

訳では、定期保険が24兆9560億円で全体の53.2%を占めており、次いで終身保険、変額保険が続く。

保険会社の業績は従来、死亡保障金額の契約高で判断されていたが、近年は医療・ガン保険や、個人年金などの死亡保障金額が小さい、もしくは死亡保障が無い商品が販売されており、業績判断を補完する指標として「年換算保険料」が使われるようになった（表29-22脚注参照）。2020年度でみると、新規契約にかかる年換算保険料は、個人保険が1兆3334億円、個人年金保険が2610億円で、ともに前年度より減少している。

表 29-21　生命保険の新規契約の推移（会計年度）

	1990	2000	2010	2019	2020
契約金額(十億円)					
個人保険……	207 536	133 559	62 992	53 251	46 891
個人年金保険‥	13 077	3 606	6 894	5 262	3 994
団体保険……	23 176	7 055	2 483	4 557	4 458
計…………	**243 789**	**144 220**	**72 370**	**63 070**	**55 343**
契約件数（千件）					
個人保険……	16 687	12 430	15 861	13 717	11 355
個人年金保険‥	2 167	886	1 443	916	671

生命保険協会「生命保険事業概況」(2020年）より作成。個人保険および個人年金保険には転換後の契約分を含む。2010年度以降は、かんぽ生命を含む。

新規契約高（金額）　保険会社が事業年度において新たに契約した保障額の合計。

表 29-22　生命保険保有契約の年換算保険料（会計年度末）（単位　億円）

	2016	2017	2018	2019	2020
個人保険……	207 432	214 665	222 780	220 762	218 660
個人年金保険‥	67 095	63 761	63 635	61 601	60 989
計…………	274 527	278 426	286 415	282 363	279 650
うち第三分野1)	62 253	65 286	68 499	69 722	70 342

生命保険協会「生命保険事業概況」(2020年）より作成。1）生命保険（第一分野）と損害保険（第二分野）の中間に位置する保険のことで、医療保険、がん保険、介護保険、就業不能保険などさまざま種類がある。

年換算保険料　年払いや一括払いなど商品による支払い方法の違いを調整し、生保会社が保険契約から1年間に得る保険料。契約高は死亡保障額が小さい医療保険や介護保険などの伸びが反映されにくいため、これを補完する指標として用いられるようになった。

保有契約にかかる年換算保険料も減少しており、個人保険が21兆8660億円、個人年金保険は6兆989億円であった。一方、医療保険や就業不能保険などの第三分野の年換算保険料は、新規契約は4829億円で前年度より減少したが、保有契約は7兆342億円と、6年連続で増加している。

損害保険の2020年度の正味収入保険料は、火災保険や自動車保険の増加によって8兆6927億円となった。一方、支払い保険料は前年度から9.2％減の4兆5637億円となっている。コロナ禍の影響による外出自粛

表 29-23　生命保険の保険金等支払状況（会計年度）（単位　億円）

	2016	2017	2018	2019	2020
保険金…………	110 531	104 069	102 898	95 989	93 445
死亡保険金……	28 987	30 054	30 860	32 008	33 259
満期保険金……	14 063	19 383	28 175	26 830	27 013
年金……………	48 432	47 546	46 037	48 984	46 007
給付金…………	39 048	38 626	38 981	40 067	39 892
入院給付金……	6 937	7 039	7 159	7 330	7 022
手術給付金……	4 124	4 282	4 450	4 684	4 402
計……………	**198 011**	**190 241**	**187 916**	**185 041**	**179 345**

生命保険協会「生命保険事業概況」(2020年）より作成。

表 29-24　損害保険の種目別保険料の推移（Ⅰ）（元受正味保険料）
（会計年度）（単位　億円）

	1990	2000	2010	2019	2020
任意保険					
火災……………	17 351	15 836	13 159	17 043	17 772
自動車…………	24 618	36 500	34 314	41 853	42 756
傷害……………	24 950	18 313	10 403	9 819	8 936
新種…………… 1)	7 193	7 586	8 966	15 490	15 973
海上・運送………	3 081	2 505	2 573	2 856	2 740
小計…………	77 192	80 739	69 414	87 060	88 177
強制保険					
自動車賠償責任保険·	12 051	9 878	8 063	9 653	8 096
計……………	**89 243**	**90 617**	**77 478**	**96 714**	**96 273**

日本損害保険協会資料より作成。1）賠償責任保険、動産総合保険、労働者災害補償責任保険、航空保険、盗難保険、建設工事保険、ペット保険など。

元受正味保険料　保険契約者との直接の保険契約に係る収入を表すもので、元受保険料－諸返戻金（満期返戻金は除く）で算出。

で事故件数が減り、自動車保険の支払いが減少したほか、大規模な自然災害が比較的少なく、火災保険の支払いが減少したことなどが影響したとみられる。ただし、2018、2019年度は自然災害による保険金支払いが１兆円を超えており、損保会社の収益が悪化している。このため、2022年４月より、住宅向けの火災保険料が全国平均で11％～13％ほど引き上げられた。保険料の引き上げ幅は2000年以降で最大となっており、今後も建築資材の高騰などの影響を受け、火災保険料は上昇する可能性があるとみられる。

損害保険の種目別保険料の推移（Ⅱ）（正味収入保険料）
（会計年度）（単位　億円）

	1990	2000	2010	2019	2020
任意保険					
火災……………	9 735	10 537	10 073	12 807	14 693
自動車…………	24 781	36 501	34 564	41 089	41 881
傷害……………	6 670	6 766	6 477	6 750	6 205
新種……………	6 014	6 923	8 189	13 035	13 331
海上・運送………	2 941	2 315	2 324	2 622	2 426
小計……………	50 140	63 043	61 627	76 303	78 536
強制保険					
自動車賠償責任保険‥	6 147	5 698	8 083	9 791	8 390
計………………	**56 287**	**68 741**	**69 710**	**86 094**	**86 927**

日本損害保険協会資料より作成。
正味収入保険料　元受正味保険料に再保険に係る収支を加味し、収入積立保険料を控除したもの。

表 29-25　損害保険の保険金・満期金支払額（会計年度）（単位　億円）

	2016	2017	2018	2019	2020
正味支払保険金………	47 675	47 023	53 242	50 268	45 637
火災……………	8 454	6 924	12 408	9 360	8 075
自動車…………	21 082	21 837	22 415	22 411	20 243
傷害……………	3 214	3 243	3 204	3 192	2 859
新種……………	5 919	6 192	6 410	6 953	6 896
海上・運送………	1 387	1 413	1 600	1 608	1 386
自賠責…………	7 619	7 415	7 204	6 744	6 177
満期金…………… 1)	7 806	7 594	6 754	6 614	6 633

日本損害保険協会資料より作成。1）満期返戻金＋契約者配当金。正味支払保険金とは支払った保険金から再保険により回収した再保険金を控除したもの。

表 29-26　地震保険契約の推移（会計年度）

	2001	2005	2010	2015	2019	2020
世帯加入率（%）1)	*16.2*	*20.1*	*23.7*	*29.5*	*33.1*	*33.9*
付帯率（%）・・・・2)	*33.5*	*40.3*	*48.1*	*60.2*	*66.7*	*68.3*
保有契約件数(万件)	788	1 025	1 275	1 694	1 974	2 036

日本損害保険協会資料より作成。1）年度末の契約件数を住民基本台帳に基づく世帯数で除した数値。2015年以降は、12月末の数値。2）年度中に契約された火災保険契約に地震保険契約が付帯されている割合。

地震保険　火災保険では補償されない地震・噴火や津波を原因とした損害を補償する地震災害専用の保険。対象は居住用の建物と家財で、主に火災保険に付帯する方式で契約する。

図 29-9　保険会社の総資産の内訳（2020年度末）

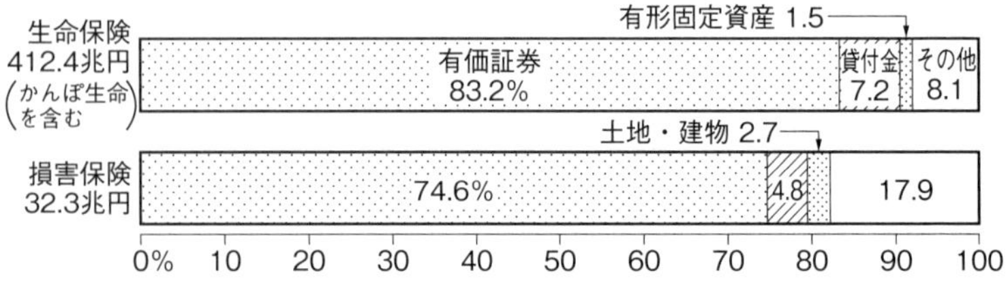

生命保険協会および日本損害保険協会資料より作成。

表 29-27　少額短期保険の推移（会計年度末）

	2016	2017	2018	2019	2020
会社数（社）・・・・・・・・・・・・	88	97	101	103	110
募集人資格 　取得者数（千人）・・・・・	189	205	220	237	261
保有契約件数（万件）・・・	685	753	831	883	957
収入保険料（億円）・・・・・	814	923	1032	1074	1178

日本少額短期保険協会資料より作成。以下内訳は2020年度決算概況。

契約件数の内訳　家財83%、生保系5%、ペット6%、その他6%

保険料収入の内訳　家財68%、生保系12%、ペット14%、その他6%

少額短期保険　少額の保険料でペット保険をはじめとした日常の様々なトラブルに備える保険であり、通称ミニ保険と呼ばれている。以前は無認可共済として販売されていたが、少額短期保険として保険業法が適用された。2020年度末の保有契約件数は前年度比108.4%の957万件となった。また保険会社に比べ参入障壁が低いため、異業種などの新規参入も多く、少額短期保険を扱う会社数は2015年度末の84社から2020年度末には110社に増えている。

第30章　運輸・観光

日本では、1960年代以降、新幹線や高速道路が整備され、輸送量が急速に増えた。しかし、1990年代初頭にバブル経済が崩壊して景気が低迷すると、大都市と地方では輸送需要の格差が広がっていった。人口が減り、輸送需要が落ち込んだ地域では、一定の人口規模のもとで採算が成り立つ鉄道を中心とした交通網を維持することは難しく、都市機能を中心地に集約し（コンパクトシティ化）、鉄道の代わりに路線バスを軸にするなど、町づくりと一体になった交通網の整備が進められている。一方、東京など大都市圏には人口が集中し、道路の渋滞や鉄道のラッシュが慢性的に発生してきた。2020年以降、コロナ禍により、移動の自粛やテレワークの普及から大都市でも輸送量は減少し、輸送業は大きな打撃を受けた。しかし、コロナ以前に比べて混雑の緩和が見られるものの、道路や鉄道では依然として渋滞やラッシュが発生している。また、コロ

表 30-1　国内貨物輸送量（会計年度）

	1990		2019		2020	
	百万トン	百万トンキロ	百万トン	百万トンキロ	百万トン	百万トンキロ
鉄道	87	27 196	43	19 993	39	18 340
自動車	6 114	274 244	* 4 238	* 253 082	* 3 900	* 214 938
内航海運	575	244 546	341	169 680	306	153 824
航空 1)	0.9	799	0.9	933	0.5	576

国土交通省資料より作成。自動車輸送は、2010年度に統計調査方法が変わった。そのため、自動車の数値は、1990年度と2019・20年度では連続性がない。*推計値。1）定期輸送と不定期輸送の合計。超過手荷物や郵便物を含む。

輸送トンキロ（ton-kilometer）＝貨物の輸送トン数と同時に輸送した距離をあわせて考えるもので、各輸送貨物のトン数にその輸送した距離を乗じたものを全部合計して表す。これによって貨物の輸送総量が示される。
輸送人キロ（passenger-kilometer）＝旅客の数と同時にその乗車した距離をあわせて考えるもので、旅客数に各旅客の乗車した距離を乗じたものを全部合計して表す。これによって旅客の輸送総量が示される。

ナによる巣ごもり需要の増加からインターネット通販市場が拡大して、宅配貨物数は大幅に増えており、再配達の削減など輸送の効率化が急務となっている。

2021年6月、5年間の物流政策を決める新しい総合物流施策大綱(2021～25年度）が閣議決定された。物流業界では、ネット通販の急成長のほかドライバー不足などさまざまな課題があるが、新型コロナの流行で非接触・非対面型物流が求められるなど、新たな課題が登場している。新しい大綱では、物流DX（デジタルトランスフォーメーション）や標準化を推し進めることで、デジタル化による物流の効率化や、トラックの隊列（自動）走行、倉庫作業のロボット支援などによる省力化等を図る。また、働きやすい環境を整えるために労働環境の整備や流通の合理化を進めるほか、感染症や災害時でも機能する物流ネットワークの構築を目指している。

表 30-2　国内旅客輸送量（会計年度）

	1990		2019		2020	
	百万人	百万人キロ	百万人	百万人キロ	百万人	百万人キロ
鉄道	21 939	387 478	25 190	435 063	17 670	263 211
ＪＲ	8 358	237 657	9 503	271 936	6 707	152 084
新幹線	260	72 173	370	99 332	156	34 936
民鉄	13 581	149 821	15 687	163 126	10 963	111 127
自動車	55 767	853 060	*69 697	*905 343	*60 666	*769 440
営業用	9 979	92 980	5 800	61 301	4 000	25 593
バス	6 756	77 341	4 532	55 815	3 262	22 546
自家用	45 788	760 080	*63 897	*844 042	*56 666	*743 847
軽自動車	9 685	115 618	*26 491	*268 588	*24 038	*244 048
旅客船 1)	163	6 275	80	3 076	…	…
航空 1)	65	51 624	102	94 592	34	31 600

表30-1の資料に同じ。自動車輸送は、2010年度に統計調査方法が変わったため、1990年度と2019・20年度では数値に連続性がない。*推計値。1）定期輸送と不定期輸送の合計。

自動車の輸送量について　自動車の輸送量は、2010年度より統計調査方法および集計方法が大きく変わった。そのため、2009年度までと10年度以降はデータを比較することができない。なお、2010年度以降、調査対象から除外された、貨物輸送における自家用軽自動車、旅客輸送における自家用車については推計値が公表されており、これらを足し合わせて自動車の輸送量とした。388ページの表30-12も参照のこと。

図 30-1　輸送機関別輸送量とエネルギー消費の割合（2018年度）

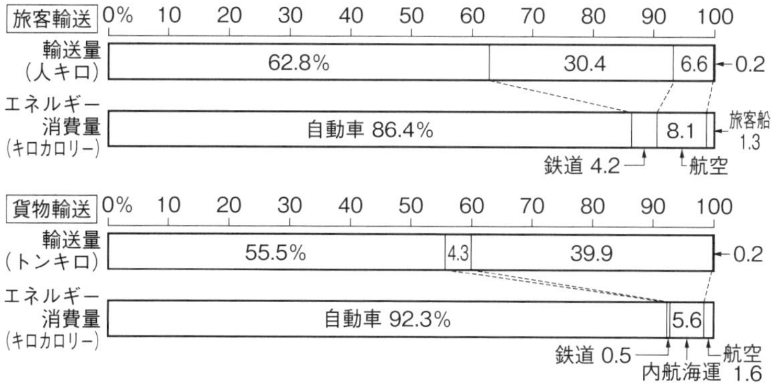

理工図書「EDMCエネルギー・経済統計要覧」（2021年版）などより作成。国内輸送。輸送量は国土交通省、エネルギー消費量は日本エネルギー経済研究所計量分析ユニット（EDMC）による推計値。内訳の合計が100%になるように調整していない。

表 30-3　国際輸送量

	2000	2005	2010	2015	2019	2020
旅客（千人）						
出国者総数・・	23 085	24 896	26 225	35 842	51 230	7 911
入国者総数1)	23 046	24 908	26 201	36 101	51 409	8 045
貨物（千ｔ）						
海上貿易量・・	889 737	949 992	915 449	946 713	897 581	815 654
わが国商船隊2)	573 835	574 643	510 656	605 504	566 688	*493 430

出入国在留管理庁「出入国管理統計年報」などより作成。1）一時上陸客、通過観光客を含み、永住の目的で入国した者を除く。2）わが国商船隊による輸送量。*暫定値。

表 30-4　輸送機関別の平均輸送距離（国内輸送）（会計年度）（単位　km）

	2019	2020		2019	2020
旅客輸送			貨物輸送		
鉄道・・・・・・・・	17.3	14.9	鉄道・・・・・・・・	468.7	468.8
ＪＲ・・・・・・	28.6	22.7	自動車・・・・・・	59.7	55.1
民鉄・・・・・・	10.4	10.1	内航海運・・・・	496.9	502.6
自動車・・・・・・	13.0	12.7	航空・・・・・・・・	1 063.6	1 082.9
旅客船・・・・・・	38.4	…			
航空・・・・・・・・	927.7	933.8			

資料・注記は表30-1、2に同じ。旅客１人・貨物１ｔあたりの距離。

〔鉄道〕 大都市圏では鉄道の混雑が激しく、複々線化による輸送力の増強や時差出勤などが推進されてきたが、これまで混雑の緩和は進まなかった。しかし、2020年以降は、コロナ禍による移動の自粛やテレワークの普及により、利用者が減少した。その結果、JRと大手私鉄の2020年度の決算は全社で最終赤字となった。地方路線では、コロナ禍以前から鉄道利用者が減り、路線を維持･管理することが難しくなっていたが、コロナ禍がそれに追い打ちをかけている。そうしたなか、2021年は小田急線や京王線の車内で無差別刺傷事件が発生した。各社には、さらに安全対策の強化も求められており、負担が増している。

新幹線は1964年の開業以来、ネットワークが広がり続けており、現在も新幹線の延伸は続いている（386ページ解説欄参照）。また、リニア中央新幹線の建設工事も進んでいる。

鉄道貨物は、トラック輸送の拡大に伴って、1970年代以降は輸送量が減った。しかし、鉄道貨物はトラック輸送よりもエネルギー効率が良いほか、深刻なドライバー不足もあり、近年、注目されている。

表 30-5　鉄道旅客営業キロ数と旅客輸送量（2020年度）

	旅客営業キロ（km）	旅客輸送人数（万人）			旅客輸送人キロ（百万人キロ）
		定期	定期外	合計	
ＪＲ……………	19 901.2	460 795	209 866	670 660	152 084
新幹線 ……	2 997.1	*4 182	*11 448	*15 630	34 936
北海道線 ·	148.8	1	52	53	79
東北線 ···	713.7	1 407	2 379	3 786	5 356
上越線 ···	303.6	616	1 184	1 800	1 775
東海道線 ·	552.6	1 250	5 309	6 559	18 344
北陸線 ···	345.5	257	951	1 208	1 326
山陽線 ···	644.0	776	2 430	3 206	7 212
九州線 ···	288.9	235	473	707	844
民鉄 ………	7 839.5	664 399	431 905	1 096 306	111 127
大手 ………	2 912.1	458 944	273 561	732 506	85 757
中小 ………	4 437.6	98 068	85 065	183 134	13 407
公営 ………	489.8	107 387	73 279	180 665	11 963
計 ………	**27 740.7**	**1 125 193**	**641 771**	**1 766 966**	**263 211**

国土交通省資料より作成。旅客営業キロは旅客営業線の長さで､2021年３月末現在の数値。
*新幹線の各路線間の重複分があるため、各路線の輸送人数を合計しても新幹線全体の輸送人数とは一致しない。

表 30-6　新幹線の路線別輸送量（会計年度）（単位　百万人キロ）

	2000	2005	2010	2015	2019	2020
東海道線・・・・	39 670	43 777	43 741	52 167	54 027	18 344
山陽線・・・・・・	13 805	14 849	15 547	18 960	19 325	7 212
東北線・・・・・・	12 297	13 484	12 594	15 536	15 490	5 356
上越線・・・・・・	4 575	4 590	4 303	4 913	4 825	1 775
北陸線・・・・・・	806	800	753	3 888	3 495	1 326
九州線・・・・・・	—	409	493	1 919	1 917	844
北海道線・・・・	—	—	—	14	253	79
計・・・・・・・・	**71 154**	**77 908**	**77 431**	**97 398**	**99 332**	**34 936**

国土交通省「鉄道輸送統計年報」より作成。

表 30-7　大手民鉄の輸送人員（会計年度）（単位　百万人）

	2019	2020		2019	2020
東京メトロ・・	2 765	1 819	京急・・・・・・・・	482	335
東急・・・・・・・・	1 187	806	名鉄・・・・・・・・	394	296
東武・・・・・・・・	921	677	京成・・・・・・・・	293	209
小田急・・・・・・	765	525	京阪・・・・・・・・	293	208
阪急・・・・・・・・	655	485	阪神・・・・・・・・	246	184
西武・・・・・・・・	662	472	南海・・・・・・・・	239	178
京王・・・・・・・・	673	451	相鉄・・・・・・・・	234	175
近鉄・・・・・・・・	572	426	西鉄・・・・・・・・	106	79

日本民営鉄道協会「大手民鉄の素顔」(2021年版）より作成。2020年の輸送人員の多い順に掲載。

表 30-8　主な国の鉄道輸送量（2018年）

	旅客（億人キロ）	貨物（億トンキロ）		旅客（億人キロ）	貨物（億トンキロ）
日本・・・・・・・・・1)	4 351	200	イギリス・・・・・・	805	172
イラン・・・・・・・・	152	349	イタリア・・・・・・	555	3) 213
インド・・・・・・・2)	11 613	6 543	ウクライナ・・・・	287	3) 1 818
インドネシア・3)	291	156	スペイン・・・・・・	284	108
カザフスタン・2)	191	2 199	ドイツ・・・・・・・・	980	3) 1 131
中国・・・・・・・・・*	2) 13 457	28 821	フランス・・・・・・	1 079	3) 318
アメリカ合衆国*	320	3) 23 641	ロシア・・・・・・・・	1 295	3) 26 025
カナダ・・・・・・・・	16	3) 4 331	オーストラリア	176	4) 4 135

世界銀行“World Bank Open Data”（2022年2月15日更新）より作成。国有鉄道や旧国有鉄道など主に全国的なネットワークを持つ鉄道が対象。ただし、日本は国土交通省資料による国内すべての鉄道。*過去にさかのぼってデータが大きく改訂されている。1）2019年度。2）2017年。3）2019年。4）2016年。

〔**道路**〕 高速自動車国道は、1963年に名神高速道路の尼崎－栗東間で開通して以降、65年に名神、69年には東名が全線開通するなど拡大していった。現在、名神、東名の渋滞緩和や災害時の代替補完機能を担うため、並行するルートで新東名、新名神の整備が進んでいる。

物流の中心である首都圏では、コロナ禍においても依然として渋滞が頻発し、環状道路の整備が急務となっている。首都圏の三つの環状道路のうち、中央環状線は2015年に全線開通し、外環道と圏央道の工事が続けられている。今後のトラック輸送の自動運転化を見据え、新東名や新名神では、トラックの後続車無人隊列走行システムを実現するための車線拡大（6車線化）や、サービスエリア等で隊列形成や分離を行うことができるスペースの整備が進められている。

表 30-9　道路実延長（2020年3月31日現在）（単位　km）

	実延長（A）	車道幅5.5m以上		自動車交通不能	舗装道[1]（C）	C／A（%）
		延長（B）	B／A（%）			
高速自動車国道	9 050	9 050	*100.0*	—	9 050	*100.0*
一般国道	55 826	52 243	*93.6*	138	55 543	*99.5*
都道府県道	129 757	94 009	*72.4*	1 654	125 723	*96.9*
市町村道	1 032 790	200 281	*19.4*	138 945	823 792	*79.8*
合計	**1 227 422**	**355 583**	*29.0*	**140 737**	**1 014 109**	*82.6*

国土交通省「道路統計年報」(2021年)より作成。自動車交通不能とは幅員・勾配・曲線などの関係で最大積載量4トンの普通貨物自動車が通行できない区間。1）簡易舗装道を含む。

西九州新幹線、2022年9月23日開業

2022年2月、JR九州は、2008年に着工した九州新幹線長崎ルートの武雄温泉－長崎間（西九州新幹線）を2022年9月23日に開業すると発表した。武雄温泉－長崎間は延長約66キロメートルで、駅数は5駅、武雄温泉駅で在来線特急と新幹線を同一ホームで乗り継ぐ「対面乗り換え方式」で運行される。武雄温泉－長崎間はフリーゲージトレイン（軌間可変電車、FGT）導入を前提にフル規格で整備されたが、その後、FGT導入は断念された。博多駅につながる新鳥栖－武雄温泉間の整備方式については、現時点（2022年3月）では検討中である。今後、新鳥栖－武雄温泉間がフル規格で整備されれば、長崎駅から博多駅まで乗り換え不要となり、時間短縮効果が高いが、在来線の利便性低下や財政負担などから反発もある。

〔自動車〕 自動車は国内輸送のうち、旅客、貨物ともに最も輸送量が多く、特に少量物品輸送では圧倒的に利用されている。1970年代後半に始まった宅配便事業は、インターネット通販の市場拡大により、貨物数が急増した。コロナ禍以降も、巣ごもり需要の増大によって貨物数は増え続けている。一方で、トラック輸送はドライバーが慢性的に不足している。2021年は燃料費の高騰に加えて、ディーゼル車の浄化に必要な尿素水不足なども輸送業者に打撃を与えた。2024年４月以降、働き方改革関連法によって、自動車運転業務の年間時間外労働が上限960時間に制限されるが、輸送業者にはこの「2024年問題」への対応も急がれる。

表 30-10 自動車保有台数（単位 千台）

	1980	1990	2000	2010	2020	2021
四輪車・・・・・・・・ 1)	37 067	56 491	70 898	73 859	76 703	76 680
乗用車・・・・・・・・	23 660	34 924	52 437	58 347	62 194	62 164
うち軽四輪車 ・・・	2 176	2 585	9 901	17 987	22 858	22 988
トラック・・・・・・	13 177	21 321	18 226	15 285	14 283	14 298
バス・・・・・・・・・・	230	246	235	227	225	218
三輪車・・・・・・・・ 2)	16	3	3	3	3	3
二輪車・・・・・・・・ 3)	1 008	2 862	3 078	3 566	3 802	3 899

自動車検査登録情報協会「自動車保有車両数月報」より作成。各年12月末現在。外国人所有を含み、被けん引車・特種（殊）用途自動車などを除く。1）四輪以上を含む。2）貨物、乗用とも。3）エンジン総排気量126cc以上で原動機付自転車を含まず。
【☞長期統計516ページ】【☞府県別統計520ページ】

表 30-11 次世代自動車保有台数（単位 千台）

	2015	2016	2017	2018	2019	2020
EV・・・・・・・・・・・・ 1)	81	90	104	114	124	130
うち乗用車 ・・・・・・・	62	73	91	106	117	124
軽自動車 ・・・・・	17	15	11	6	5	5
PHV ・・・・・・・・・・ 2)	57	70	103	122	136	151
FCV ・・・・・・・・・・ 3)	0.6	1.8	2.4	3.0	3.7	5.2
HEV ・・・・・・・・・・ 4)	5 764	6 971	8 207	9 465	10 685	11 666
うち乗用車 ・・・・・・・	5 502	6 474	7 410	8 331	9 145	9 712
軽自動車 ・・・・・	240	472	772	1 102	1 494	1 896

次世代自動車振興センター資料より作成。各年度末時点の推定値。1）電気自動車。2）プラグインハイブリッド自動車。3）燃料電池自動車。4）ハイブリッド自動車。

自動車メーカー各社は完全に無人の自動運転を目指し、技術開発を競っている。自動運転は運転手不足対策のほか、AI（人工知能）を活用して交通状況を踏まえた効率的で安全な走行を実現し、渋滞の解消や交通事故の削減をもたらす。このほか、環境を重視する世界的な流れのなかで、ガソリン車から電気自動車への転換（EVシフト）が進んでいる。

表 30-12　自動車の輸送量（会計年度）

	1990	2000	2010	2019	2020
貨物（億トンキロ）	2 742	3 131	*2 917	*2 531	*2 149
営業用	1 942	2 555	2 597	2 240	1 870
自家用1)	784	560	304	275	264
自家用軽自動車	17	16	*16	*16	*15
旅客（億人キロ）	8 531	9 513	*8 782	*9 053	*7 694
営業用	930	816	790	613	256
自家用	7 601	8 697	*7 992	*8 440	*7 438

国土交通省「自動車輸送統計年報」より作成。2000年度までと2010年度以降は、数値に連続性がない。1）軽自動車を含まない。*推計値。なお、推計値は標本調査に基づいておらず、統計精度は担保されていない。

表 30-13　小量物品の輸送量（会計年度）（単位　万個）

	宅配便計	トラック輸送	利用運送	メール便（万冊）	郵便小包*	旧国鉄
1980	1) 10 682	1) 10 682	—	—	18 392	4 152
1985	49 303	49 303	—	—	15 098	1 230
1990	110 050	110 050	—	—	35 143	2) 688
1995	143 403	141 933	1 470	—	40 018	—
2000	257 379	254 027	3 352	…	31 048	—
2005	292 784	289 714	3 070	206 823	207 498	—
2010	321 983	319 329	2 654	524 264	(296 840)	—
2015	374 493	370 447	4 047	526 394	(405 243)	—
2019	432 349	429 063	3 286	470 192	(454 307)	—
2020	483 647	478 494	5 153	423 870	(439 010)	—

国土交通省資料および日本郵政グループ資料より作成。宅配便は重量30kg以下の一口一個の貨物。メール便とは重量1kg（ゆうメールは3kg）以下の一口一冊の貨物で、1997年より始まる。利用運送とは、トラック輸送と鉄道、海上、航空輸送を組み合わせて利用する運送。*2007年10月の郵政民営化により、郵便小包は名称が「荷物」に変わった。2007年度以降は、ゆうパックは宅配便に、ゆうメールはメール便に含まれている。このため、2007年度以降は荷物の数値をカッコ内に記した。なお、2016年10月以降のゆうパックにはゆうパケットを含む。1）1981年度。2）1986年度（1987年度以降のＪＲの手荷物小荷物の扱いは廃止）。

図 30-2 各国の１人あたりGNIと自動車保有率

（GNI、保有率ともに2019年）

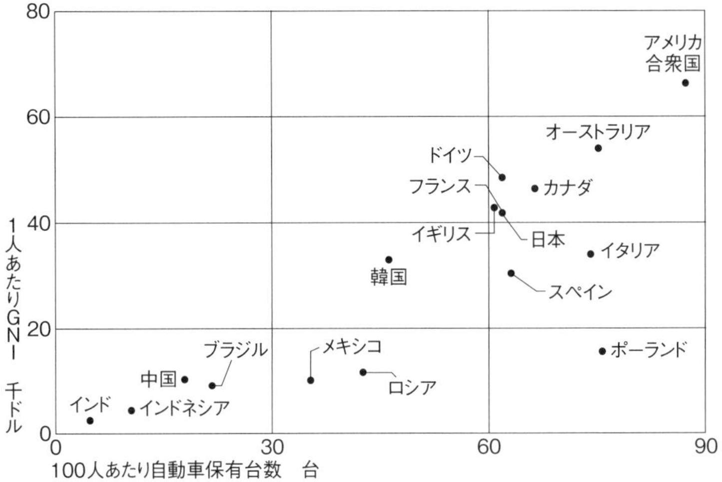

下表資料などより作成。GNIは名目。

表 30-14 各国の自動車保有台数（単位 千台）

	2000 合計 (A)	2019 乗用車	2019 トラック・バス	2019 合計 (B)	2019 100人あたり 台	B／A (倍)
アメリカ合衆国	221 475	121 231	165 653	286 884	87.2	1.3
中国[1]	16 089	224 743	29 021	253 764	17.7	15.8
日本	72 649	62 140	16 276	78 417	61.8	1.1
ロシア	25 394	52 956	8 968	61 924	42.5	2.4
インド	7 540	34 504	26 827	61 331	4.5	8.1
ドイツ	47 306	47 716	3 890	51 605	61.8	[2] …
ブラジル	15 468	37 720	7 759	45 479	21.5	2.9
メキシコ	14 850	33 008	11 860	44 867	35.2	3.0
イタリア	36 165	39 545	5 292	44 837	74.0	1.2
イギリス	31 463	35 732	5 277	41 009	60.7	1.3
フランス	33 813	32 125	8 127	40 252	61.8	1.2
スペイン	21 427	25 008	4 455	29 463	63.0	1.4
ポーランド	11 045	24 456	4 190	28 646	75.6	2.6
インドネシア	5 205	17 238	10 549	27 788	10.3	5.3

日本自動車工業会「世界自動車統計年報」(2005年)、同「日本の自動車工業」(2021年)、各国資料より作成。100人あたりは、国連「World Population Prospects; The 2019 Revision」の年央人口を用いて編者算出。中国はバスを乗用車に区分し、トラックにはその他の車を含む。日本は特種（殊）用途自動車を含み、被けん引車、三輪車を除く。1）台湾、香港、マカオを含まない。2）2000年と19年の数値に連続性がない。

〔**海運**〕 海外貿易を行う外航海運は、1970年代以降、海運会社が船籍を税金の安いパナマやリベリアなどの便宜置籍国に移した。さらに、人件費の安い外国人船員を雇うようになり、日本籍船や日本人船員の数が減っていった。日本は貿易貨物量の99%以上を船で運んでおり、安定的な国際海上輸送の確保は重要な課題で、日本籍船と日本人船員を増やしていくことが求められる。2020年以降、コロナ禍により、世界的に巣ご

表 30-15　日本の商船保有量の推移

	乾貨物船		タンカー		合　計*	
	隻	総トン数（千t）	隻	総トン数（千t）	隻	総トン数（千t）
1970	5 282	14 563	2 113	8 883	7 867	23 715
1980	4 808	19 593	2 466	18 138	8 825	39 015
1990	3 986	14 121	1 992	9 502	7 668	25 186
2000	2 779	5 924	1 540	7 332	5 880	14 874
2010	1 941	6 493	1 140	6 166	4 255	13 864
2019	1 910	16 653	1 043	9 265	4 039	27 108
2020	1 918	16 727	1 059	8 959	4 069	26 915

日本船主協会「海運統計要覧」より作成。日本籍船。1970年は3月末、80年以降は各年央の数値。100総トン以上の鋼船で、漁船、遊覧船などを含まず。タンカーは油送船、化学薬品船、液化ガス船の合計。*合計にはその他を含む。【☞長期統計516ページ】

表 30-16　日本の貿易貨物輸送状況

	1970		2019		2020*	
	千t	積取比率（%）	千t	積取比率（%）	千t	積取比率（%）
輸出総量………	40 041	*100.0*	159 656	*100.0*	150 622	*100.0*
日本籍船輸送‥	15 441	*38.6*	2 474	*1.5*	2 310	*1.5*
外国用船輸送‥	6 436	*16.1*	62 135	*38.9*	56 101	*37.2*
外国船輸送……	18 164	*45.3*	95 047	*59.5*	92 211	*61.2*
輸入総量………	467 832	*100.0*	737 925	*100.0*	665 032	*100.0*
日本籍船輸送‥	208 501	*44.5*	140 562	*19.0*	107 847	*16.2*
外国用船輸送‥	86 349	*18.5*	361 517	*49.0*	327 172	*49.2*
外国船輸送……	172 982	*37.0*	235 846	*32.0*	230 013	*34.6*
三国間輸送量……	27 221	—	393 006	—	395 935	—
日本籍船輸送‥	19 644	—	45 076	—	51 273	—
外国用船輸送‥	7 577	—	347 930	—	344 662	—

国土交通省「海事レポート」より作成。外国用船とは、外国の船舶を借り上げて輸送を行うもの。三国間輸送とは、外国港相互間の輸送に従事すること。*暫定値。

もり需要が増え、外航コンテナの需要が急増した。しかし、コロナ禍による港湾の荷役労働者不足などから、ロサンゼルス港などアメリカ合衆国の港湾でコンテナの滞留や滞船がおこり、世界的にコンテナが不足して、コンテナ船の運賃が急激に上がった。2022年3月現在、コンテナ不足は依然として続いており、状況改善の見通しも立っておらず、輸入品

図 30-3　日本の海上輸送量の品目構成（2020年）

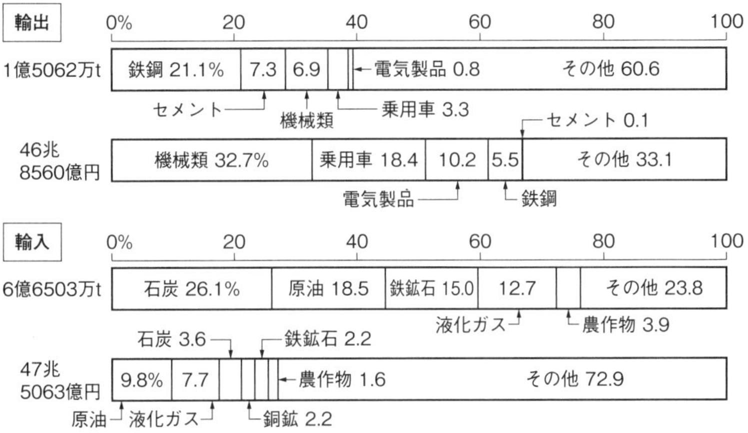

国土交通省「海事レポート」より作成。木材にはパルプ、チップを含む。農作物は米、小麦、大麦、裸麦、トウモロコシ、大豆の合計。

表 30-17　主な貨物の海上荷動き量（単位　百万 t）

	1990	2000	2010	2018	2019	2020*
世界総量	4 286	6 335	9 120	11 892	11 938	11 506
うち原油	1 133	1 682	1 889	2 028	2 006	1 852
鉄鉱石	356	447	990	1 476	1 456	1 503
石炭	331	509	926	1 264	1 287	1 165
石油製品	415	563	872	1 086	1 032	911
日本総量	770	890	915	920	898	816
うち石炭 1)	107	145	185	189	186	174
原油 1)	196	213	181	149	147	123
鉄鉱石 1)	125	132	134	124	120	99

日本海事広報協会「日本の海運　SHIPPING NOW 2021-2022」、国土交通省「海事レポート」より作成。日本向けは運輸省「日本海運の現況」、国土交通省「海事レポート」による。1）輸入量。*世界の海上荷動き量は推計値。

の価格上昇につながっている。

コンテナ船やタンカーは世界的に大型化しているが、日本には大型船に対応した港湾が少なく、アジアの巨大港に比べて国際競争力が低い。政府はアジアのハブ港を目指し、2010年に阪神港（神戸港、大阪港）と京浜港（東京港、川崎港、横浜港）を国際コンテナ戦略港湾に選定した。また、資源やエネルギーを安定して供給するため、貨物ごとに輸入拠点となる国際バルク戦略港湾を選び、集中的に整備を進めている。

表 30-18　主な港湾の入港船舶トン数（2020年）（単位　千総トン）

横浜	264 581	北九州	90 689	大分	62 588
名古屋	210 770	苫小牧	86 749	四日市	59 792
神戸	169 178	川崎	85 562	博多	55 983
東京	167 332	水島	78 556	仙台塩釜	55 690
千葉	130 856	堺泉北	75 978	鹿島	51 521
大阪	104 163	鹿児島	63 395	木更津	49 311

国土交通省「港湾調査年報」より作成。

表 30-19　世界の商船船腹量（100総トン以上の鋼船）（単位　千総トン）

	1990年央	2000年末	2010年末	2019年末	2020年末	うち油送船
パナマ	39 298	114 382	201 264	216 190	226 433	30 675
リベリア	54 700	51 451	106 708	174 842	187 533	47 227
マーシャル諸島	1 551	9 745	62 011	161 271	165 733	42 040
(香港)	6 565	10 242	55 543	127 602	128 909	21 790
シンガポール	7 928	21 491	44 870	92 492	88 218	13 452
マルタ	4 519	28 170	38 738	80 906	80 506	15 769
中国	13 899	16 499	34 705	58 400	62 028	9 493
バハマ	13 626	31 445	50 370	60 923	59 094	13 691
ギリシャ	20 522	26 402	40 795	39 578	37 160	20 650
日本	27 078	15 257	16 858	29 592	28 823	5 315
キプロス	18 336	23 206	20 732	23 297	23 301	2 413
イギリス*	6 742	11 093	28 169	24 723	23 163	2 189
デンマーク*	5 132	6 926	12 126	22 052	22 983	1 312
インドネシア	2 179	3 384	9 279	19 080	20 840	5 023
ノルウェー*	23 429	22 604	16 529	19 713	20 324	4 157
ポルトガル*	851	1 191	1 225	15 677	17 248	1 378
イタリア	7 991	9 049	17 044	14 670	14 357	1 023
世界計×	**423 627**	**558 054**	**957 982**	**1 398 245**	**1 429 630**	**289 732**

IHS Global Limited “IHS Maritime&Trade,World Fleet Statistics” より作成。1990年は7月1日現在の数値。100総トン以上の漁船・雑船を含む。*各国の海外自治領、第二船籍制度については本国の船籍に含めた。ただし、香港、マカオ、イギリスのバーミューダ、ジブラルタル、ケイマン諸島は本国とは別に集計。×その他とも。

〔航空〕 2020年以降、コロナ禍により各国は入国制限を行い、日本でも水際対策として海外からの入国者数を1日あたりの上限を設けて制限している（2022年3月末現在）。国内輸送でも、旅客需要が急減して航空路線の減便や廃止が相次いでいる。近年、無駄なコストを省き運賃を抑えた格安航空会社（LCC）が、路線網を広げて利用者を増やしていたが、2021年2月にエアアジア・ジャパンが倒産するなど、厳しい状況にある。コロナ以前は、航空機の利用増加に伴って世界的にパイロットが不足し、そのために路線が運休する事態まで発生していたが、コロナ後は一転して航空会社に余剰人員が発生している。一方、貨物については、

図 30-4 主な国内路線の旅客輸送量（定期輸送）（2020年度）

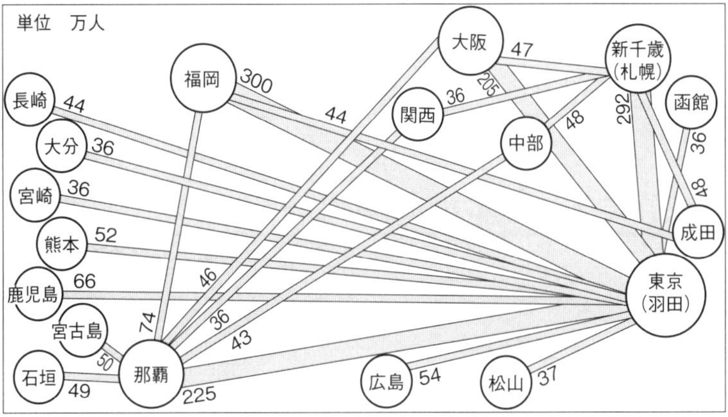

下表資料より作成。旅客数35万人以上の路線。

表 30-20 航空輸送状況（定期輸送）

	2019年度			2020年度		
	国内線	国際線	計	国内線	国際線	計
運航距離（千km）	701 456	650 404	1 351 860	397 540	307 631	705 171
旅客数（千人）・・・	101 873	21 434	123 307	33 768	813	34 580
旅客（百万人km）	94 490	98 602	193 092	31 543	5 260	36 804
貨物（千 t）・・・・・	781	1 459	2 240	428	1 367	1 795
貨物（百万t.km）・	835	8 208	9 042	464	7 747	8 211

国土交通省「航空輸送統計」より作成。貨物は超過手荷物、郵便物を含まず。国際線は本邦航空運送事業者によるもので、定期、不定期の区別はない。

コンテナ不足で海運の運賃が高騰していることから、これまで運賃が高く見送られてきた航空貨物の需要が増えている。

日本には多くの空港があるが、コロナ以前から地方空港の大半は利用者が少なく、厳しい経営状況にある。一方、首都圏の空港は、コロナ以前は利用者が多く、混雑していた。発着回数には限りがあり、滑走路の

表 30-21　国際線の運航状況（1週間の便数）（2020年）

	旅客便数（便）	日本[1)]（%）		旅客便数（便）	日本[1)]（%）
アジア線[2)]	123.5	*53.0*	オセアニア線	9	*88.9*
太平洋線	111.5	*58.7*	香港線	6	*50.0*
欧州線	61	*45.9*	中南米線	6	*100.0*
韓国線	26	*11.5*	アフリカ線	3	—
中国線	22	*31.8*			
中東線	22	—	計	**390**	*47.7*

日本航空協会「数字でみる航空」(2021年版) より作成。2020年10月25日～同年10月31日の1週間。日本発着旅客便往復ベース。自社運航便のみ。貨物専用便は含まず。1) 日本の航空会社の便数割合。2) 中国、韓国、香港、中東線を含まず。

表 30-22　航空会社別の国内線旅客輸送状況（会計年度）

	旅客数（千人）		旅客輸送量（百万人キロ）	
	2019	2020	2019	2020
全日本空輸[1)]	43 034	12 709	39 528	11 576
日本航空[2)]	29 702	10 440	26 855	9 516
スカイマーク	7 569	2 963	7 902	3 063
ジェットスター・ジャパン	5 274	1 452	5 396	1 557
Peach・Aviation	3 985	2 069	4 031	2 394
日本トランスオーシャン航空	2 918	1 261	2 796	1 191
ＡＩＲＤＯ	2 038	580	1 913	548
ソラシドエア	1 796	660	1 885	691
スターフライヤー	1 534	458	1 471	430
春秋航空日本	562	64	535	60
バニラ・エア[3)]	487	—	532	—
エアアジア・ジャパン	377	11	370	10
国内線計	**99 275**	**32 667**	**93 212**	**31 037**

国土交通省「航空輸送サービスに係る情報公開」より作成。特定本邦航空運送事業者（12社）の輸送実績。特定本邦航空運送事業者とは客席数が100、または最大離陸重量が5万kgを超える航空機を使用して航空運送事業を経営する事業者をいう。コードシェアを実施している場合は、自社販売分の合計。1) ANAウイングスを含む。2) ジェイエア、北海道エアシステムを含む。3) 2019年9月をもって運航終了。

新設や飛行経路を見直すことで発着回数を増やして、航空会社から増便の要求に応えてきた。2020年３月からは、都内上空を利用する新飛行経路の運用が本格的に始まり、羽田空港の増便が可能になっている。

表 30-23　主要航空貨物（単位　億円）

輸出			輸入		
	2020	2021		2020	2021
機械機器・・・・・・・	126 833	157 383	機械機器・・・・・・・	122 465	147 348
半導体等電子部品	39 753	47 000	半導体等電子部品	22 218	30 852
科学光学機器1)	11 668	14 609	事務用機器・・・	17 415	17 688
電気計測機器・	7 059	9 391	科学光学機器1)	13 065	14 470
事務用機器・・・	4 261	5 190	航空機・・・・・・・	3 782	5 731
映像機器・・・・・	2 079	2 633	電気計測機器・	4 531	5 543
航空機・・・・・・・	2 012	857	音響・映像機器	4 407	4 979
化学製品・・・・・・・	24 192	29 994	航空機用内燃機関	4 411	4 694
医薬品・・・・・・・	52	63	化学製品・・・・・・・	39 179	49 270
金属および同製品	7 737	9 923	医薬品・・・・・・・	140	147
計×・・・・・・・・・	**214 266**	**266 030**	計×・・・・・・・・・	**201 759**	**246 887**

財務省「貿易統計」より作成。20201年は確々報。映像機器はテレビ・VTR・テレビカメラなど。1）カメラ・レンズ・計測機器など。×その他とも。

表 30-24　各国の民間航空輸送量（定期輸送）

航空会社の所属国	旅客（百万人キロ）			貨物（百万トンキロ）		
	2019	2020	2020（%）	2019	2020	2020（%）
中国・・・・・・・・・・・1)	1 169 680	629 669	*21.1*	25 395	19 264	*10.1*
アメリカ合衆国・・・	1 698 805	608 724	*20.4*	42 498	40 793	*21.4*
ロシア・・・・・・・・・・	259 556	131 906	*4.4*	6 481	4 315	*2.3*
アラブ首長国連邦・	414 386	111 408	*3.7*	14 766	12 172	*6.4*
インド・・・・・・・・・・	220 200	85 619	*2.9*	1 938	875	*0.5*
アイルランド・・・・・	232 491	75 429	*2.5*	175	132	*0.1*
イギリス・・・・・・・・・	344 592	75 331	*2.5*	5 851	3 675	*1.9*
トルコ・・・・・・・・・・	202 496	73 686	*2.5*	6 816	6 870	*3.6*
フランス・・・・・・・・・	210 880	69 374	*2.3*	4 523	2 468	*1.3*
日本・・・・・・・・・・・・	204 188	66 233	*2.2*	8 919	7 842	*4.1*
カナダ・・・・・・・・・・	232 007	62 757	*2.1*	3 109	2 306	*1.2*
ブラジル・・・・・・・・・	135 078	58 124	*1.9*	1 521	1 210	*0.6*
世界計×・・・・・・・	**8 676 650**	**2 990 002**	*100.0*	**228 371**	**190 220**	*100.0*

ICAO“ANNUAL REPORT OF THE COUNCIL 2020”より作成。ICAOは国際民間航空機関の略称。国内線と国際線の合計。貨物には郵便物を含まず。旅客輸送量の多い順に掲載。1）香港、マカオおよび台湾を除く。×その他とも。

〔郵便〕 郵便の集配など生活に欠かせないサービスは、全国の人が均一の料金で同じサービスを受けられること(ユニバーサルサービス)が必要である。郵便事業は、2007年10月の民営化後もユニバーサルサービスの提供義務が課され、従来通り全国一律のサービスを維持している。国内の郵便物数は近年大きく減っているが、荷物数は急拡大している。荷物の急増や人手不足により、これまでのサービスを続けることは難しく、2021年10月2日から普通郵便物とゆうメールの土曜日配達が休止され、2022年2月末までに、平日の翌日配達も全国の郵便局で順次廃止された。

表 30-25　郵便局数と郵便ポスト数（会計年度末現在）

	1980	1990	2000	2010	2019	2020
郵便局数*（局）	23 001	24 103	24 774	24 529	24 341	24 311
普通郵便局	1 197	1 295	1 308	2) 20 233	2) 20 150	2) 20 148
特定郵便局	17 586	18 241	18 916	—	—	—
簡易郵便局 1)	4 218	4 567	4 550	4 296	4 191	4 163
郵便ポスト（本）	142 801	160 952	177 217	186 753	179 129	178 211

下表資料より作成。*2007年10月の郵政民営化により、普通郵便局、特定郵便局の分類はなくなり、郵便局は直営の郵便局と簡易郵便局とに分けられた。民営化以降、簡易郵便局などの一時閉鎖が相次ぎ、2020年度末現在は2万4311局のうち、一時閉鎖中の郵便局は直営78局、簡易421局となっている。1）委託により運営されるもの。2）直営。

表 30-26　郵便物数（会計年度）（単位　百万通、百万個）

	1980	1990	2000	2010	2019	2020
国内郵便物	15 491	22 338	26 114	19 758	16 309	15 221
うち年賀	2 883	3 510	3 615	2 812	1 726	1 557
国内荷物*	184	351	310	2 968	4 543	4 390
うちゆうメール1)	…	…	156	2 622	3 569	3 299
国際郵便差立2)	112	125	106	54	41	23
通常	109	120	96	44	25	13
小包	2.3	2.8	1.7	1.4	2.8	2.5
EMS 3)	—	2.5	8.4	8.9	13.5	7.2

旧日本郵政公社資料および日本郵政グループ資料より作成。*2007年10月の郵政民営化により、国内の小包は名称が「小包」から「荷物」に変わった。国内荷物は、ゆうパックとゆうメールからなる。2014年に始まったゆうパケットは、当初は事業者向けのサービスで事前契約が必要であったが、2016年よりサービスを拡充し、事前契約が不要となった。ゆうパケットはゆうパックに含まれている。1）1998年9月から2007年9月までは冊子小包。重量3kg以下の荷物。2）差立とは、郵便物を発送すること。3）express mail service：国際スピード郵便。

〔観光〕 観光業は観光施設や宿泊業のほか、飲食業や運輸業など他産業への波及効果が大きい。観光業が地域経済の中核を担うところもあり、地域の発展にとって重要である。日本は主要国と比べて外国人観光客が

表 30-27 日本国内居住者の旅行者数と旅行消費額

	延べ旅行者数（千人）			旅行消費額（億円）		
	2019	2020	2021[1)]	2019	2020	2021[1)]
国内旅行	587 103	293 408	267 113	219 312	99 738	91 215
宿泊旅行	311 624	160 703	141 476	171 560	77 723	69 148
日帰り旅行	275 478	132 705	125 637	47 752	22 015	22 067
海外旅行 2)	20 030	3 420	…	48 412	9 717	…

観光庁「旅行・観光消費動向調査」より作成。本表は抽出調査で、海外旅行延べ旅行者数が下表と一致しない。1）四半期計の合計で10～12月は速報値。2）2020年は１～３月のみで、2020年４月以降はコロナにより調査中止。

表 30-28 訪日外客数とその旅行消費額

	訪日外客数（千人）			訪日外国人の旅行消費額（億円）		
	2019	2020	2021	2019	2020[1)]	2021
中国	9 594	1 069	42	17 704	2 536	…
(台湾)	4 891	694	5	5 517	1 084	…
(香港)	2 291	346	1	3 525	576	…
アメリカ合衆国	1 724	219	20	3 228	456	…
韓国	5 585	488	19	4 247	429	…
計×	**31 882**	**4 116**	**246**	**48 135**	**7 446**	…
(参考)出国日本人	20 081	3 174	51	—	—	—

日本政府観光局ウェブサイト（2022年３月15日閲覧）および観光庁「訪日外国人消費動向調査」より作成。出国日本人は千人単位。訪日外客数と出国日本人は出入国在留管理庁の出入国管理統計による。1）４月以降は調査中止。本データは１～３月の結果と訪日外国人数から観光庁が試算。×その他とも。

表 30-29 宿泊施設の宿泊者数と客室稼働率

	2011	2015	2019	2020	2021[1)]
延べ宿泊者数（千人泊）	417 234	504 078	595 921	331 654	314 969
うち外国人宿泊者	18 416	65 615	115 656	20 345	4 212
客室稼働率（％）	*51.8*	*60.3*	*62.7*	*34.3*	*34.5*

観光庁「宿泊旅行統計調査」より作成。1）速報値。

少なかったが、政府は2003年からビジット・ジャパン・キャンペーンを開始し、観光地としての日本の認知度向上に取り組んだ。アニメなどを通じた日本への関心の高まりやアジアの人々の所得が増えたこともあって訪日外国人数は急増し、2003年の521万人から2016年には2404万人となり、2019年には過去最多の3188万人となった。しかし、2020年以降、コロナ禍によって日本への入国が制限され、ほとんどの外国人観光客は入国できなくなった。政府は、国内旅行の費用を補助する「GoToトラベル」を2020年７月より開始し、同年12月28日までに少なくとも約8781万人泊の利用があったが、コロナの感染が再拡大し、キャンペーンは2020年12月28日以降、全国で停止された。2021年に開催が延期された東京オリンピックでは、宿泊施設への投資が盛んに行われてきたが、直前の７月８日に無観客開催が決まり、宿泊業などは大打撃を受けた。訪日外国人数は2020年に412万人、21年は25万人と激減している。

図 30-5　訪日外国人と出国日本人

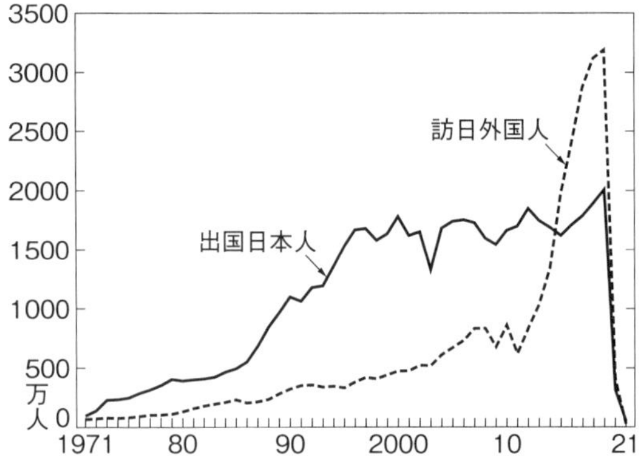

日本政府観光局（JNTO）ウェブサイトより作成。

表 30-30　旅券（パスポート）の発行冊数と保有者数（単位　千冊、千人）

	1990	2000	2010	2019	2020	2021
旅券計	4 805	5 994	4 315	4 514	1 339	628
一般旅券	4 774	5 954	4 284	4 485	1 324	613
国内	4 697	5 858	4 185	4 365	1 235	514
在外公館	77	96	99	120	89	99
公用旅券	31	40	30	28	15	15
一般旅券保有者 1)	…	…	…	30 225	27 672	24 367

外務省「旅券（パスポート）統計」より作成。公用旅券とは国の用務のため外国に渡航する者等へ発給される旅券（外交旅券を含む）。1）各年末現在の有効旅券数。

第31章 情報通信

情報通信産業は従業者176万人、売上高53兆円（2020年度）の規模を持つ産業である。技術革新により新たなサービスが続々と生まれており、新聞、放送などのマスコミや、映画、音楽などの文化産業といった長い歴史を持つ業界もその影響を大きく受けている。

表 31-1 情報通信業の概況 (2020年度)

	アクティビティベース			主要格付けベース		
	企業数	従業者数（千人）	当該事業売上高（億円）	企業数	従業者数（千人）	情報通信業売上高（億円）
電気通信業	392	214	178 321	157	149	179 563
民間放送業	377	43	20 177	341	28	21 678
有線放送業	197	25	5 414	134	12	6 277
ソフトウェア業	3 047	918	166 619	2 286	630	166 205
情報処理・提供サービス業	2 019	748	79 429	1 107	375	74 550
インターネット附随サービス業	733	241	46 939	355	99	34 837
映像情報制作・配給業	450	55	8 059	276	27	7 128
音声情報制作業	101	10	1 306	32	3	1 376
新聞業	128	39	11 505	111	38	12 128
出版業	349	75	9 542	208	23	9 313
広告制作業	179	29	3 312	65	5	1 260
映像・音声・文字情報制作に附帯するサービス業	214	32	1 703	97	11	1 485
(再掲)テレビ・ラジオ番組制作業	365	35	3 763	228	20	4 063
情報通信業以外の業種	—	—	—	818	356	18 697
計	**5 987**	**1 756**	**534 498**	**5 987**	**1 756**	**534 498**

総務省・経済産業省「情報通信業基本調査」(2021年) より作成。従業者数には受け入れ派遣従業者を含まない。調査対象は一部に全数調査を含むが、多くは資本金または出資金3000万円以上の企業。**アクティビティベース**は、副業を含めて情報通信業の各業種を行う企業の集計。兼業が多く、企業数と従業者数は重複がある。当該事業売上高は、個別の売上をその他として回答する企業があり､内訳の合計は計より少ない。**主要格付けベース**は、主業（売上高が最も多い業種）で集計したもので重複がない（計には分類不能の情報通信業を含む)。情報通信業売上高は、主業以外の情報通信業売上を含む。

注意 本調査は、回答企業からの集計で、調査内容によって回答企業が異なり本表以降の各表と数値が一致しない。

〔電話・インターネット〕 電気通信事業の売上高は15兆2405億円（2020年度）で、前年度より2.5％増加した（2カ年継続回答企業では2.3％の増加）。売上高の内訳は、固定系通信が全体の28.7％、移動系通信が53.8％となっている。また、売上高をサービス別にみると、音声伝送が全体の31.1％、データ伝送が51.4％となっている。

固定系通信のうち、固定電話は、通信技術の発達によってコミュニケーション手段が多様化したことで、年々契約数が減少している。また、

表 31-2　電気通信業のサービス別内訳（2020年度）

	企業数	売上高（億円）		企業数	売上高（億円）
データ伝送	256	78 292	音声伝送	140	47 429
固定データ伝送	233	24 870	国内固定音声伝送	120	18 845
インターネット[1]	178	17 740	うちIP電話	61	4 521
IP-VPN	21	154	国際固定音声伝送	11	65
広域イーサネット	23	836	うちIP電話	7	1
携帯またはPHSデータ伝送	38	52 141	携帯またはPHS音声伝送	48	28 518
BWAデータ伝送[2]	18	1 280	その他の電気通信	216	22 396
専用	39	2 640	計	**443**	**152 405**
公衆無線LAN	10	312	（再掲）固定通信	252	43 781
IDC[3]	62	1 336	移動通信	82	81 939

資料、脚注は表31-1参照。回答企業分のみで表31-1より売上高が少ない。1）インターネットプロバイダやADSLなどインターネットアクセス。2）BWAはWiMAXなど。3）インターネット・データ・センター。

表 31-3　固定電話契約数の推移（会計年度末現在）（単位　万件）

	1980	1990	2000	2010	2020	2021[1]
固定電話	3 905	5 456	6 196	5 747	5 284	5 213
加入電話	3 905	5 453	5 226	3 454	1 486	1 490（加入電話・ISDN計）
ISDN	—	3	970	503	230	
IP電話	—	—	—	2 580	4 467	4 518
0ABJ-IP電話	—	—	—	1 790	3 568	3 587
050-IP電話	—	—	—	790	899	930
公衆電話	88	83	71	25	15	…

総務省「電気通信サービスの契約数及びシェアに関する四半期データ」（令和3年度第3四半期（12月末））および同情報通信統計データベースより作成。IP電話のうち通話品質が加入電話と同等などの基準を満たすものは、東京03など0ABJの電話番号が付与される。近年は加入電話からIP電話への代替が進んでおり、固定電話には加入電話とISDNに加えて、0ABJ-IP電話を合算した。1）2021年12月末現在。

IP電話への移行が進んでおり、2024年には音声通信の提供設備をIP網へ切り替えることが予定されている。一方、固定系ブロードバンドサービスの契約数は増加している。特に、光ファイバーを利用したFTTHの

表 31-4 移動系通信の契約数（会計年度末現在）（単位 万件）

	1990	2000	2010	2015	2020	2021 6)
移動系通信……	87	6 678	12 410	16 175	19 510	20 056
携帯電話…… 1)	87	6 094	11 954	15 654	19 433	19 999
うち5G……	—	—	—	—	1 419	3 642
LTE ……	—	—	3	8 747	15 437	14 290
PHS…… 2)	—	584	375	400	66	42
BWA…… 3)	—	—	81	3 514	7 570	7 820
通信モジュール 4)	…	…	…	1 340	3 517	3 954
MVNO …… 5)	—	—	…	1 269	2 610	2 646
携帯電話・PHS	—	—	…	1 102	2 406	2 466
BWA……	—	—	…	167	204	180

資料は表31-3に同じ。1）2015年以降はショップの在庫等を除く。2）2021年1月末サービス終了（自販機との通信など法人向けテレメンタリングは2023年3月末までの予定）。3）WiMAXなど。4）移動系通信の内数。機械同士の通信などに利用するもので、LTEやBWAなど通信の種類を問わない。電波の占有免許を持つ携帯キャリア等が、最終利用者に提供した契約数。5）格安スマホなどの事業者で、携帯キャリア等から電波を借りて事業を行うもの。携帯キャリア等自身が他社の回線を利用してMVNOとして契約したものを除く。6）2021年12月末現在。

表 31-5 国内、国際電話の利用状況（会計年度）

		2000	2010	2015	2019	2020
国内電話	通信回数（億回）……	1 447.5	1 106.5	893.7	741.8	678.7
	固定系発信……	973.2	497.8	375.5	296.5	262.1
	移動系発信……	474.2	608.7	518.1	445.3	416.5
	通信時間（百万時間）·	7 027	4 123	3 372	2 925	3 032
	固定系発信……	5 573	1 705	1 142	831	778
	移動系発信……	1 453	2 418	2 231	2 094	2 254
国際電話	通信回数（億回）……	8.2	10.9	5.1	4.7	3.7
	発信……	4.5	6.1	2.5	1.4	0.5
	着信……	3.7	4.7	2.7	3.3	3.2
	通信時間（百万時間）·	63.4	87.9	31.4	19.3	13.1
	発信……	36.3	58.0	16.2	8.3	4.3
	着信……	27.0	29.9	15.3	11.0	8.8

総務省「通信量からみた我が国の音声通信利用状況」より作成。

契約が全国的に伸びており、2021年末現在の契約数は3637万件と、前年末と比べて5.3%増加した。新型コロナウイルスの影響で、テレワークやWeb会議が普及したことで自宅やオフィスへの導入が加速したとみられる。移動系通信の契約数は、2億56万件（2021年末現在）で、2011年に契約数が日本の人口を上回った以降も、年々件数が伸びている。WiMAXなどのBWAの契約数は7820万件と、前年末と比べて5.1%増となったほか、2020年に利用が開始された5Gの契約数も3642万件と大幅に増加した。5Gは、超高速通信に加えて低遅延かつ大量同時接続が可能であるため、携帯電話以外での活用も進んでおり、車や製品などに組み込む通信モジュールの契約数も増加傾向にある。5Gを活用したIoTの拡大が期待されるほか、企業内など限られた地域で5Gネットワークを構築するローカル5Gの導入も始まっている。携帯電話の利用料金は、政府による値下げ要請と、新たな携帯キャリアの参入によって、2020年末か

図 31-1　情報通信機器保有世帯割合

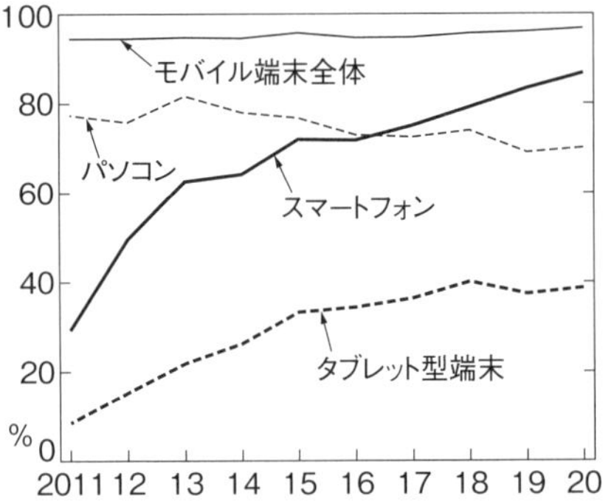

総務省「通信利用動向調査」(2020年) より作成。各年末（2016年以降は９月末）現在。モバイル端末全体は携帯電話、PHS、スマートフォンを含む。

表 31-6　ブロードバンドサービス契約数（会計年度末現在）（単位　万件）

	2005	2010	2015	2019	2020	2021[4)
固定系ブロードバンド	2 329	3 410	3 791	4 120	4 268	4 364
FTTH(光ファイバー)	545	2 022	2 797	3 308	3 502	3 637
DSL(主にADSL)	1 452	820	320	140	107	75
CATV(ケーブルテレビ)	331	567	673	671	658	652
固定系高速・・・・1)	…	2 179	3 140	3 707	3 960	4 097
移動系高速・・・・2)						
LTEと５Ｇ・・3)	—	3	8 747	15 264	16 856	17 932
BWA(WiMAXなど)3)	…	81	3 514	7 120	7 570	7 820

資料は表31-3と同じ。1）FTTHとCATV（下り30Mbps以上）。2）１端末でLTEとBWAを両方契約しているものは、それぞれに含む。3）表31-4と同じ。4）2021年12月末現在。

ら値下げ競争が激化していたが､料金値下げは一旦の打ち止めを迎えた。2021年末現在、日本の携帯利用料金は、アメリカ、イギリス、フランス、ドイツ、韓国と比較して最も安い水準でありながら、通信品質は6カ国

表 31-7 インターネット利用動向（各年末時点）

	2000年末	2005年末	2010年末	2015年末	2019 9月末	2020 8月末
人口普及率（%）·	*37.1*	*70.8*	*78.2*	*83.0*	*89.8*	*83.4*
利用者数（万人）·	4 708	8 529	9 462	10 046	…	…

総務省「通信利用動向調査」より作成。調査対象は6歳以上。ただし2000年末は15～79歳。2019年は調査票の設計が例年と異なっていたため、経年比較に際しては注意が必要。インターネット接続機器はパソコン、携帯電話、ゲーム機等（機器の保有は問わない)。無回答を除く。利用者数は2017年調査より公表していない。

表 31-8 日本のインターネットサービス利用割合（2021年）（%）

国内総利用者率1)（パソコンを含む）				スマートフォンアプリ国内利用時間シェア2)			
Yahoo Japan	*69*	Amazon ···	*42*	YouTube ··	*36*	Instagram ·	*2*
Google·····	*65*	Twitter ···	*41*	LINE······	*10*	Rakuten ···	*1*
LINE······	*57*	Instagram ·	*38*	Yahoo Japan	*9*	Amazon ···	*1*
YouTube ··	*57*	PayPay····	*30*	Google·····	*5*	Facebook ··	*1*
Rakuten ···	*49*	Facebook ··	*29*	Twitter ···	*3*	SmartNews	*1*

ニールセン デジタル“Nielsen Digital Content Rating”より作成。2021年1月～10月の月間利用者率や利用時間シェアの平均。PCは2歳以上、スマートフォンは18歳以上。ブランドレベルで集計。1）モバイルキャリア系サービスを除く。利用者率は2歳以上人口をベースに算出。2）利用時間はYouTubeはビデオのみ、他のサービスはテキストコンテンツのみを対象に算出。

表 31-9 年代別主なソーシャルメディア等利用率（2020年度）（%）

	10代	20代	30代	40代	50代	60代	全体
LINE············	*93.7*	*97.7*	*95.6*	*96.6*	*85.4*	*76.2*	*90.3*
Twitter ·········	*67.6*	*79.8*	*48.4*	*38.0*	*29.6*	*13.5*	*42.3*
Facebook ········	*19.0*	*33.8*	*48.0*	*39.0*	*26.8*	*19.9*	*31.9*
Instagram ·······	*69.0*	*68.1*	*55.6*	*38.7*	*30.3*	*13.8*	*42.3*
TikTok··········	*57.7*	*28.6*	*16.0*	*11.7*	*7.7*	*6.0*	*17.3*
YouTube ········	*96.5*	*97.2*	*94.0*	*92.0*	*81.2*	*58.9*	*85.2*
ニコニコ動画·····	*26.8*	*28.2*	*14.8*	*12.0*	*7.7*	*7.8*	*14.5*

総務省情報通信政策研究所「情報通信メディアの利用時間と情報行動に関する調査」(2020年度）より作成。調査対象は13歳～69歳。

の中で最も高くなっている（ICT総研調べ）。世界各国では、2030年に実用化が見込まれる6Gに向けた技術開発がすでに始まっており、日本も官民を挙げた取り組みを進めている。

図 31-2　インターネットの通信量

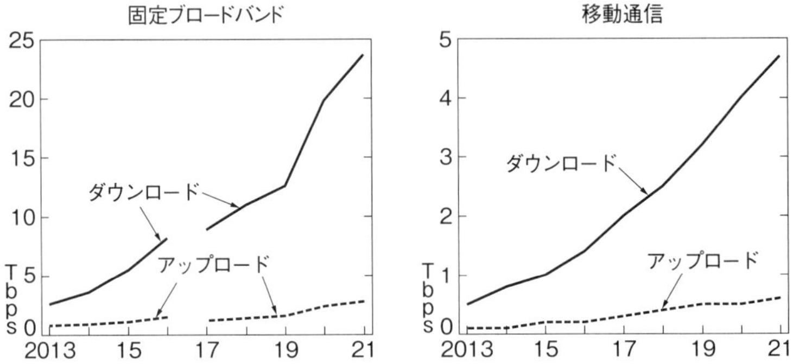

総務省「我が国のインターネットにおけるトラヒックの集計結果」および同「我が国の移動通信トラヒックの現状」より作成。固定ブロードバンドは2016年まではプロバイダ5社、17年以降は9社のトラヒック量とシェアから推定。各年11月現在。移動通信は音声や公衆無線LANの通信量を除く。各年12月（2021年は9月）の月間平均。

表 31-10　主要国のインターネット利用者率（2020年）（%）

日本・・・・・・・・ 1)	*83.4*	タイ・・・・・・・・・・	*77.8*	アメリカ合衆国	*91.0*
インド・・・・・・・	*43.0*	ナイジェリア・・	*35.5*	イギリス・・・・・	*94.8*
韓国・・・・・・・・・	*96.5*	メキシコ・・・・・	*72.0*	フランス・・・・・	*84.8*
中国・・・・・・・・・	*70.4*	ロシア・・・・・・・	*85.0*	ドイツ・・・・・・・	*89.8*

ITUウェブサイト（2022年4月4日閲覧）より作成。各国で調査対象が異なる場合がある。世界全体は2021年で、63%。1）資料は表31-7と同じ。

表 31-11　100人あたりブロードバンド契約数（2021年6月）（単位　件）

	日本	韓国	アメリカ合衆国	フランス	ドイツ
固定系・・・・・・・・・・・・	34.2	43.7	37.3	45.9	43.9
FTTH（光ファイバー）	28.2	37.5	6.4	18.3	2.8
DSL（主にADSL）	0.8	0.9	5.5	20.3	30.5
CATV（ケーブルテレビ）	5.2	5.3	24.0 1)	6.4	10.6
無線系・・・・・・・・・・・・	187.1	116.3	161.9	98.2	92.6
データと音声通話 2)	101.8	110.0	…	…	88.6
データ通信のみ・・ 3)	85.3	6.3	…	…	4.0

OECD "Broadband Portal"（2022年2月更新データ）より作成。1）VDSL2と固定4G回線を含む。2）携帯電話（スマートフォン）等。3）WiMAX等。

〔**情報サービス業・コンテンツ産業**〕 新型コロナウイルスの感染拡大によって、テレワークやウェブ会議などの導入が進み、情報サービスへの需要が拡大している。テレワークの普及を背景に、クラウドコンピューティングサービスを導入する企業が増加したほか、企業からの注文でソフトウェア開発や業務処理の合理化などを行う、受注ソフトウェア投資も増加傾向にある。コロナ後を見据えた企業のデジタル投資は今後も拡大するとみられている。

2020年のコンテンツ産業の市場規模は11兆6975億円で、東日本大震災のあった2011年以来のマイナス成長となった。コロナの感染対策の影響により映画館やコンサートなどの劇場・専用スペースが

表 31-12　情報サービス業の現況 (2020年度)

	企業数	売上高(億円)	うち海外売上
受託開発ソフトウェア	2 382	87 673	3 379
組込みソフトウェア・	253	3 452	15
パッケージソフトウェア	714	11 640	731
ゲームソフトウェア・	85	7 699	1 468
情報処理サービス・・・	1 098	45 805	1 659
情報提供サービス・・・	212	3 834	81
市場調査・世論調査等	98	1 698	40
その他の情報サービス	1 118	26 126	165
計・・・・・・・・・・・・・・・	**3 735**	**187 928**	**7 538**

資料、注記は表31-1参照。アクティビティベース。

表 31-13　インターネット付随サービス業の現況 (2020年度)

	企業数	売上高	広告収入割合1)(%)
ウェブ情報検索サービス・・・・・・・・・・・・・・・・	64	1 483	*88.2*
ショッピングサイト・オークションサイト運営	55	6 473	*13.9*
電子掲示板・ブログサービス・SNS運営・・	21	239	*59.3*
ウェブコンテンツ配信・・・・・・・・・・・・・・・・・	142	9 316	*18.8*
うちIPTV・・・・・・・・・・・・・・・・・・・・・・・・・・	10	360	—
クラウドコンピューティング・・・・・・・・・・・	117	2 223	—
電子認証・・・・・・・・・・・・・・・・・・・・・・・・・・・・	11	133	—
情報ネットワーク・セキュリティ・サービス	74	1 156	—
課金・決済代行・・・・・・・・・・・・・・・・・・・・・・・	29	2 653	—
サーバ管理受託・・・・・・・・・・・・・・・・・・・・・・・	70	313	—
その他のインターネット附随サービス・・・・	163	10 300	—
計・・・・・・・・・・・・・・・・・・・・・・・・・・・・・・・・・・・	**558**	**34 289**	…

資料、注記は表31-1を参照。アクティビティベース。インターネットサービスの利用割合は表31-8を参照。1) 売上高および広告収入額の両方に回答があった企業のみの集計。

前年比53.6％減と大幅に落ち込んだ一方、配信などのネットワークを活用したコンテンツ産業の市場規模は前年比11％増と成長し、コンテンツ市場のおよそ４割を占めることとなった。特に、映画やドラマ、音楽ライブなどの動画配信が大きく伸びている。そのほか、ダウンロード販売のゲームソフトが前年比62％増、電子書籍などのテキストも同29％増と、大幅な伸びをみせている。音楽配信も前年比10％増で、特にストリーミング配信の売上は音楽配信市場の75％を占めるまでに拡大している。（表

表 31-14　コンテンツ産業の市場規模の推移

（メディア別）（単位　億円）

	2011	2015	2018	2019	2020
パッケージ…………	51 103	43 429	37 379	35 587	32 869
動画ソフト………	4 575	3 469	2 725	2 437	2 051
音声・音楽ソフト…	4 162	3 595	3 265	3 076	2 766
ゲームソフト………	3 185	1 949	1 796	1 657	1 817
静止画・テキスト…	39 181	34 416	29 593	28 417	26 235
書籍…………	8 199	7 420	6 991	6 723	6 661
雑誌…………1)	12 386	10 244	7 771	7 312	6 799
新聞…………2)	16 047	14 450	12 810	12 272	11 236
ネットワーク	15 393	24 724	36 086	39 291	43 620
動画配信…………	650	1 397	2 194	2 766	3 708
音楽・音声配信……	231	744	1 055	1 148	1 263
ゲームソフト……3)	—	131	174	259	419
オンラインゲーム…	1 613	10 475	14 701	14 469	15 703
静止画・テキスト…4)	171	1 774	3 103	3 738	4 814
フィーチャーフォン向け	6 539	1 009	379	281	146
インターネット広告·	6 189	9 194	14 480	16 630	17 567
劇場・専用スペース…	14 319	16 108	17 377	18 415	8 536
動画……………	3 239	3 885	4 212	4 670	1 951
映画興行収入……	1 812	2 171	2 225	2 612	1 433
音楽・音声………	6 205	7 885	7 964	8 337	2 799
コンサート入場料·	1 634	3 405	3 875	4 237	589
放送………………	36 560	36 369	36 385	35 622	31 950
テレビ・関連サービス	35 164	34 970	35 014	34 285	30 808
ラジオ・関連サービス	1 396	1 399	1 371	1 337	1 142
計………………	**117 375**	**120 630**	**127 227**	**128 915**	**116 975**

デジタルコンテンツ協会「デジタルコンテンツ白書」（2021年）より作成。1）雑誌販売＋雑誌広告。2）新聞販売+新聞広告。3）ダウンロード販売。4）電子書籍および電子雑誌。電子書籍は、PC、電子書籍リーダーやマルチデバイスで閲覧可能な電子書籍配信サービス等を含む。

31-14、16)。一方、CDやDVD、書籍などのパッケージ販売の売上は、ゲームソフトを除いて前年から減少している。長期化するコロナ禍において、配信サービスが、それぞれのコンテンツの新たな楽しみ方として浸透したことが現れる結果となった。

通信技術の発達や、AmazonやNetflixなどの動画配信プラットフォームの浸透によって、国内外のコンテンツを気軽に楽しめる環境となった。コンテンツ産業の市場が世界的に拡大する中、日本国内の市場規模は、約11～12兆円で推移しており成長は横ばいとなっている。経済産業省によると、世界における日本のコンテンツの売上シェアは約8％（2018年時点）で、世界市場の拡大に伴って減少傾向となっている。5Gの利用開始によって、デジタルコンテンツの消費はより活発化すると期待され

表 31-15　メディア・ソフトの市場規模（単位　億円）

	2010	2015	2019	うち通信系1) 2010	2015	2019
映画ソフト	6 931	7 368	8 845	390	1 960	3 535
ビデオソフト	3 144	4 050	4 218	758	1 963	2 482
地上テレビ番組	28 402	27 964	27 492	290	688	1 452
衛星・CATV番組	8 329	9 211	8 612	267	594	671
ゲームソフト	7 406	11 849	16 005	2 982	9 204	13 497
ネットオリジナル	1 283	2 104	4 858	1 283	2 104	4 858
映像系計	55 495	62 547	70 032	5 972	16 513	26 496
音楽ソフト	6 246	5 341	6 145	3 294	2 865	4 008
ラジオ番組	1 928	2 020	1 950	…	79	77
ネットオリジナル	12	79	77	…	79	77
音声系計	8 185	7 440	8 172	3 318	3 023	4 162
新聞記事	17 115	16 326	13 959	687	1 769	1 606
コミック	5 088	4 750	4 428	538	1 117	1 825
雑誌ソフト	13 128	10 494	8 334	…	427	502
書籍ソフト	6 997	8 272	8 384	…	1 982	2 656
データベース情報	2 930	2 718	2 001	2 095	2 268	1 377
ネットオリジナル	3 993	2 534	4 243	3 993	2 534	4 243
テキスト系計	49 251	45 095	41 349	7 841	10 097	12 209
計	**112 931**	**115 081**	**119 552**	**17 131**	**29 633**	**42 868**

総務省情報通信政策研究所「メディア･ソフトの制作および流通の実態に関する調査研究」より作成。1）インターネットなど通信ネットワークで流通するもの。

ている。政府は、コンテンツの制作現場のデジタル経営改革や取引ガイドラインの整備、コンテンツのローカライズ（字幕、吹替等）やプロモーションに対する支援などを通して、日本のコンテンツの海外展開を後押ししている。

表 31-16　音楽配信売上実績の推移（単位　億円）

	2005	2010	2015	2019	2020	2021
Master ringtones 1)	207.7	133.0	7.9	2.2	1.5	0.9
Ringback tones 2)	12.3	100.8	29.8	12.1	10.2	7.8
シングル	85.5	538.9	189.9	—	—	—
アルバム	4.5	32.5	92.3	—	—	—
ダウンロード	—	—	—	224.5	179.1	141.2
ストリーミング	—	—	—	465.3	589.2	743.8
サブスクリプション／音楽	—	—	—	404.2	507.0	637.9
サブスクリプション／音楽ビデオ	—	—	—	13.1	19.2	28.9
広告収入／音楽	—	—	—	15.5	24.2	26.1
広告収入／音楽ビデオ	—	—	—	32.5	38.9	50.9
計×	**342.8**	**859.9**	**470.7**	**706.3**	**782.6**	**895.4**

日本レコード協会ウェブサイトより作成。×その他とも。2017年に統計区分が変更となっている。1）フィーチャーフォンで音楽をダウンロードできるサービス。2）電話で、相手に聞かせる呼び出し音を楽曲等に変更できるサービス。

表 31-17　モバイルコンテンツ関連市場（単位　億円）

	2005	2010	2015	2019	2020
モバイルコンテンツ市場 1)	3 150	6 465	15 632	23 378	26 295
スマートフォン等	…	(123)	14 623	23 097	26 149
フィーチャーフォン	3 150	6 465	1 009	281	146
(コンテンツ別)					
ゲーム・ソーシャルゲーム等 1)	589	2 211	9 877	14 011	15 288
電子書籍 1)	16	516	1 684	3 285	3 946
動画・エンターテイメント 1)	123	589	1 528	2 512	3 430
音楽コンテンツ 1)	1 623	1 598	1 059	1 403	1 467
モバイルコマース市場	4 074	10 085	28 596	45 493	44 863
物販系	1 542	4 392	14 632	22 898	27 849
サービス系 2)	1 646	4 109	10 970	17 003	9 519
トランザクション系 3)	886	1 584	2 994	5 592	7 495
計	**7 224**	**16 550**	**44 228**	**68 871**	**71 158**

モバイル・コンテンツ・フォーラム「モバイルコンテンツ関連市場規模」より作成。1）2010年以前はフィーチャーフォンのみ。2）興業、旅行券等。3）オークション手数料等。

表 31-18　家庭用ゲームの出荷額（単位　億円）

	2017	2018	2019	国内メーカー1)		
				2017	2018	2019
ハードウェア	15 537	15 097	12 799	12 846	12 580	11 258
国内出荷	1 934	1 770	1 655	1 929	1 764	1 652
海外出荷	13 604	13 328	11 144	10 917	10 816	9 606
ソフトウェア	11 927	13 743	12 984	2 730	2 398	2 166
国内出荷	1 634	1 439	1 309	1 543	1 361	1 221
海外出荷	10 293	12 304	11 676	1 187	1 037	945
計	**27 464**	**28 840**	**25 784**	**15 576**	**14 979**	**13 424**

コンピュータエンターテインメント協会(CESA)「CESAゲーム白書」(2020年版)より作成。メーカー出荷額ベース。ソフトウェアはパッケージ版のみ（国内ダウンロード販売額は2019年で259億円)。1）ハードウェア出荷額はXbox OneおよびXbox 360の海外法人を含まない。ソフトウェア出荷額は海外法人を含まない。

表 31-19　主要国のゲーム市場規模（単位　億円）

	2016	2017	2018	2019	ハードウェア	ソフトウェア
アメリカ合衆国	8 870	10 190	10 192	8 273	4 102	4 171
日本	3 147	3 867	3 506	3 330	1 673	1 657
ドイツ	1 780	2 154	2 024	1 762	727	1 035
フランス	1 641	1 954	2 055	1 633	747	886
イギリス	1 855	2 138	2 157	1 542	665	877
(参考) 中国	348	437	798	852	…	…
韓国	152	219	663	710	…	…

資料は上表に同じ。IDG CONSULTING調査による。家庭用ゲーム機およびゲームソフト、パソコン用ゲームソフトで、ダウンロード販売を除く。IMF年平均レートで編者換算。日本はCESAによる推計値で、家庭用ゲームの小売店等でのパッケージ販売ベース。

表 31-20　主要国のスマートデバイスゲームアプリ市場規模（単位　億円）

	2017	2018	2019	Android	iOS	1人あたり（円）
中国	21 798	21 585	1) 17 805	1) 8 640	1) 9 164	1) 1 240
アメリカ合衆国	14 146	14 465	16 343	8 348	7 995	49 970
日本	13 192	13 126	13 431	5 187	8 244	10 590
韓国	4 283	4 818	5 051	4 445	605	9 860
イギリス	1 599	2 059	2 333	1 171	1 162	3 460
計×	**67 299**	**69 568**	1) **71 805**	1) **38 446**	1) **33 359**	…

資料は上表と同じ。(株) インターアローズから提供されたAirnow：PRIORI DATAのデータを元に、コンピュータエンターテイメント協会が算出した推計値。1）中国の集計方法の変更により参考値扱い。×その他とも。調査対象の55の国や地域の計。

表 31-21　映像・音声・文字情報制作業（2020年度）

	企業数	売上高（億円）		企業数	売上高（億円）
映画・ビデオ制作・・	125	964	広告制作・・・・・・・・・・	172	3 224
アニメ制作・・・・・・・・	33	652	映画・番組配給・・・・	43	1 389
レコード制作・・・・・・	24	1 248	制作附帯サービス・・	236	1 796
新聞・・・・・・・・・・・・・・	115	8 281	ニュース供給・・・・・・	25	183
出版・・・・・・・・・・・・・・	317	8 449	計・・・・・・・・・・・・・・	**757**	**26 004**

資料、注記は表31-1参照。アクティビティベース。放送番組制作業は表31-24参照。

表 31-22　映画産業の概況

	1980	1990	2000	2010	2020	2021
映画館スクリーン数	2 364	1 836	2 524	3 412	3 616	3 648
公開本数・・・・・・・・・	529	704	644	716	1 017	959
邦画・・・・・・・・・・・	320	239	282	408	506	490
洋画・・・・・・・・・・・	209	465	362	308	511	469
興行収入（億円）・・	1 659	1 719	1 709	2 207	1 433	1 619
邦画・・・・・・・・・・・	…	…	543	1 182	1 093	1 283
洋画・・・・・・・・・・・	…	…	1 165	1 025	340	336
入場者数（万人）・・	16 442	14 600	13 539	17 436	10 614	11 482
平均料金（円）・・・・	1 009	1 177	1 262	1 266	1 350	1 410

日本映画製作者連盟ウェブサイトより作成。

表 31-23　主なメディアの１日あたり利用時間（2020年度）（単位　分）

年代別		10代	20代	30代	40代	50代	60代	全体
平日	テレビ・・・・・・・・・・・	73.1	88.0	135.4	151.0	195.6	271.4	163.2
	テレビ（録画）・・・・	12.2	14.6	19.3	20.3	23.4	25.7	20.2
	インターネット・・・	224.2	255.4	188.6	160.2	130.0	105.5	168.4
	ソーシャルメディア*	72.3	84.6	40.9	27.5	20.1	12.9	37.9
	投稿動画視聴・1)*	90.2	73.8	35.0	26.7	22.1	20.3	38.7
	新聞・・・・・・・・・・・・・	1.4	1.7	1.9	5.5	11.9	23.2	8.5
	ラジオ・・・・・・・・・・・	2.3	4.0	8.4	11.7	26.9	18.5	13.4
休日	テレビ・・・・・・・・・・・	93.9	132.3	198.1	232.7	256.5	334.7	223.3
	テレビ（録画）・・・・	29.8	26.5	45.0	41.5	49.8	37.2	39.6
	インターネット・・・	290.8	293.8	191.3	154.5	127.8	83.7	174.9
	ソーシャルメディア*	85.4	110.8	43.8	28.2	22.5	14.3	44.2
	投稿動画視聴・1)*	131.8	115.9	58.4	42.7	33.9	19.2	58.0
	新聞・・・・・・・・・・・・・	0.9	2.0	1.6	5.2	12.5	22.0	8.3
	ラジオ・・・・・・・・・・・	0.0	1.9	7.4	4.2	16.3	10.9	7.6

資料は表31-9と同じ。調査対象は13～69歳。並行利用がある。*ネット利用項目別利用時間で、項目別の合計はネット利用時間と一致しない。1）動画投稿・共有サービスの視聴。

〔放送〕 放送業は、不特定多数に一方的に情報を送信するため、社会的な影響が大きい。放送法では、表現の自由を保障しつつも、報道は事実を曲げないことなどを求めている。日本の放送事業には、受信料収入をもとに公共放送を行うNHKと、広告収入や有料放送の料金をもとに経営を行う民間放送事業者がある。2020年は、新型コロナの影響による広告収入の減少で、民間放送の売上高が大幅に減少したが、2021年はオリンピックなどのイベントや在宅需要が影響して広告費が回復し、増収増益が見込まれる。近年、スマホやPCなどの接触時間が増加している

表 31-24 放送業のサービス別内訳 (2020年度)

	企業数	売上高(億円)		企業数	売上高(億円)
NHK	1	7 138	有線テレビ放送	192	5 069
民間放送	373	20 115	ベーシック	175	2 903
地上テレビ放送	111	15 368	ペイサービス	135	214
地上ラジオ放送	245	943	(再掲) IPTV	12	14
地上文字・データ放送	—	—	難視聴用再放送	29	34
衛星放送	39	3 525	その他	115	1 917
BS	13	1 686	計 2)	**566**	**32 322**
東経110度CS	19	899			
その他CS 1)	20	940	(別掲)		
その他	30	279	放送番組制作	313	3 532

資料は表31-1と同じ。1) 東経110度CSの値を除いたもの。2) NHK、民間放送、有線テレビ放送の合計。

表 31-25 放送受信契約数 (会計年度末現在) (単位 千件)

	1990	2000	2010	2020	2021
NHK受信契約数	33 543	37 274	39 751	44 773	1) 44 659
うち衛星契約	2 358	10 621	15 672	22 742	1) 22 734
WOWOW	200	2 565	2 512	2 791	2 680
スカパー! 2)	—	2 220	3 725	3 102	2 395
ケーブルテレビ 3)	6 768	18 705	34 865	32 172	…
自主放送を行う施設 3)	1 019	10 476	26 933	31 171	…

日本放送協会「放送受信契約数統計要覧」、衛星放送協会資料、スカパーJSAT公表資料、および総務省「ケーブルテレビの現状」より作成。1) 2022年2月末現在。2) 視聴料の支払いが生じているICカード単位の加入件数。CS放送のプラットフォームは2000年度末以降はスカパー!のみ。本データは光ファイバーを利用した放送サービスを含む。3) 2005年度以降IPマルチキャスト方式を含む。2011年度以降は引込端子数501以上の施設。

一方、テレビの視聴時間は減少している。広告費についても、インターネット広告費がテレビ広告費を上回るなど、放送事業を取り巻く環境は変化している。放送事業者は、スマートフォンでの番組視聴を可能にするインターネット動画配信などの取り組みを進めており、NHKではテレビ番組のインターネット同時配信を行っている。

表 31-26　NHK総合テレビの1日あたり放送時間（会計年度）（単位　時間. 分）

	1980	1990	2000	2010	2019	2020
報道	6.33	9.24	10.32	12.14	10.40	10.51
教育	2.52	2.07	2.42	2.35	2.39	2.23
教養	4.08	4.31	7.05	5.18	5.39	6.04
娯楽	4.09	4.00	3.40	3.50	4.53	4.30
計	**17.41**	**20.02**	**24.00**	**23.56**	**23.51**	**23.48**

日本放送協会「NHK年鑑」より作成。東京での放送で、2010年以降はデジタル放送。

表 31-27　放送コンテンツの輸出額（2019年度）（単位　億円）

ジャンル別	輸出額	うち番組販売権	主要地域別	輸出額	うち番組販売権
アニメ	442.4	230.8	アジア	280.3	178.7
ドラマ	28.8	23.9	北米	134.2	58.3
バラエティ	45.4	25.4	ヨーロッパ	48.1	16.3
計×	**540.2**	**303.6**	中南米	23.6	13.2

総務省「放送コンテンツの海外展開に関する現状分析」(2019年度）より作成。国際交流基金事業で提供されたものを含む。番組販売権は放送権やネット配信権など。地域別は不明分が22.2億円（うち番組販売権20.3億円）で、数値の扱いに注意。×その他とも。

表 31-28　国内動画市場規模（単位　億円）

	2005	2010	2015	2019	2020	2021
動画配信市場規模 1)	306	762	1 410	2 770	3 710	…
動画広告市場規模 2)	…	…	535	2 592	2 954	4 205
パソコン向け	…	…	238	296	319	356
スマートフォン向け	…	…	297	2 296	2 635	3 533

動画配信市場規模はデジタルコンテンツ協会「動画配信市場調査レポート」(2021年版）より作成。動画広告市場規模はサイバーエージェント公表資料より作成。1）有料での動画配信で、ネット書店等の有料会員向けサービスの一環として行われる動画配信などは除く。2）動画コンテンツの間に挿入されるインストリーム広告（2021年は1586億円）や、サイト等のコンテンツの間に設置されるインフィード広告（同1547億円）、バナー広告など。

〔新聞〕 日本の新聞社は、大手新聞社による全国紙や、複数の県をまたいで販売されるブロック紙、個々の県で発行される県紙など多様で、特定の地域で高いシェアを占める地方紙も少なくない。新聞販売は、95.8%が戸別配達で（2021年)、地域の新聞販売所の配達網によって支えられているが、インターネットの普及によって、新聞を購読する人は減っている。1世帯当たりの発行部数は、2008年に1を下回ってから減少が続き、2021年には0.57となった。

2021年の新聞発行部数は前年比5.9%減と

表 31-29 新聞販売所の概況

	2000	2010	2021
販売序数（店）・・・	22 141	19 261	14 276
従業者数（人）・・・	468 876	391 832	247 480
うち少年 ・・・・・ 1)	43 812	6 382	628
戸別配達率（%）・	*93.5*	*94.9*	*95.8*

日本新聞協会「データブック 日本の新聞」及び同資料より作成。各年10月現在。1）18歳未満。

表 31-30 新聞発行部数と広告面比率（単位 千部）

	1980	1990	2000	2010	2020	2021
一般紙・・・・・・・・・・	40 495	46 060	47 402	44 907	32 455	30 657
スポーツ紙・・・・・・	5 446	5 848	6 307	4 415	2 637	2 370
朝夕刊セット・・・・	19 866	20 616	18 187	13 877	7 253	6 485
朝刊のみ・・・・・・・・	24 271	29 268	33 703	34 259	27 064	25 914
夕刊のみ・・・・・・・・	2 255	2 023	1 819	1 185	775	628
総数・・・・・・・・・・	**46 391**	**51 908**	**53 709**	**49 322**	**35 092**	**33 027**
1世帯あたり・・	1.29	1.26	1.13	0.92	0.61	0.57
広告面比率（%）・	*43.2*	*44.0*	*40.1*	*33.5*	*30.6*	*30.0*

日本新聞協会「データブック 日本の新聞」及び同資料より作成。各年10月現在。世帯数は住民基本台帳より、2014年以降は1月1日現在、2013年までは3月31日現在。広告面比率は、新聞の総段数に対する広告面段数の割合で、暦年の数値。

表 31-31 新聞社の売上高（会計年度）（単位 億円）

	1990	2000	2010	2015	2019	2020
販売収入・・・・・・・・	10 464	12 839	11 841	10 466	9 179	8 620
広告収入・・・・・・・・	9 969	9 012	4 505	3 984	3 092	2 546
その他収入・・・・・・	3 096	3 372	3 029	3 455	4 253	3 661
計・・・・・・・・・・・・	**23 529**	**25 223**	**19 375**	**17 906**	**16 524**	**14 827**

資料は上表に同じ。新聞協会加盟新聞社の推計合計。2001年以前は暦年。

なった。新聞広告費は、コロナによる影響がありながらも、オリンピックなどのイベントや衆議院議員総選挙によって、前年より3.4%増加した。電子版のデジタル広告も、オリンピック関連の記事の閲覧数の増加などに伴い、前年比23%増となった。しかし、発行部数の減少とともに、新聞広告の収入は減っている。広告費は、2005年度には総売上高の30%を占めていたが、2020年度は17%となっており、新聞社は電子版への移行などによる収益の確保を目指している。

表 31-32　新聞発行種類別企業数と発行紙（2020年6月1日現在）

	一般紙		スポーツ紙	専門・業界紙等	計
	全国紙	地方紙1)			
企業数（社）……	7	327	13	366	698
発行種類数（紙）·	7	352	14	438	810

総務省・経済産業省「経済構造実態調査　二次集計結果（乙調査）」（2020年）より作成。標本調査の拡大推計であり、内訳と計が一致しない場合がある。1）ブロック紙を含む。

表 31-33　新聞・通信社のデジタルメディア提供状況（2021年4月現在）

自社の総合ニュースサービス（82社が行う121サービスの内訳）		主なニュースサイト・アプリへの提供（回答83社のうち）			
ペイウォール型…· 1)2)	49	LINE·······	60	SmartNews ·	49
有料電子版・サービス1)	33	Yahoo······	59	ノアドット··	44
無料ニュースサイト···	36	NTT docomo	50	goo ········	37

資料は表31-29に同じ。ペイウォール型は一部記事が無料で、そのほか会員限定記事がある。有料電子版はサービス購入者のみが利用可能（本紙購読者は利用可能なものもある）。1）本紙購読者限定を含む。2）有料電子サービス会員限定を含む。

表 31-34　主要国の新聞発行部数（2020年）

	発行部数（千部）		発行部数（千部）		発行部数（千部）
中国·······	146 630	イギリス···	6 656	ロシア·····	5 051
インド·····	129 803	ブラジル···	6 240	インドネシア	4 598
アメリカ合衆国	28 262	メキシコ···	6 215	エジプト···	4 330
ドイツ·····	15 504	パキスタン·	6 080	トルコ·····	4 153
タイ·······	6 800	韓国·······	5 818	ベトナム···	3 866

日本新聞協会ウェブサイトより作成。世界ニュース発行者協会（WAN-IFRA）が外部委託した部数調査に基づくもの。電子版は含まない。

〔出版〕 2021年の出版市場（紙＋電子の推定販売金額）は、前年から3.6％増加して１兆6742億円となり、３年連続で成長した。紙の書籍の販売額が15年ぶりに増加し、電子出版の販売額も前年から18.6％増加した。特に、電子コミックの売上が大きく、前年比20％増となっている。出版市場において電子出版のシェアは年々拡大を続けており、2021年には全体の27.8％にまで成長している。

出版業には、出版社が出版物を書店に預け、売れ残りが返品される特殊な流通の仕組みがある。こうした物流を担うのが出版取次と呼ばれる卸業者で、同一基準の運賃コストで出版社と書店の間の流通を行う、独

表 31-35 出版業の概況（2020年６月１日現在）

	出版業務	書籍販売	雑誌販売	広告	ロイヤリティ	出版業全体1)
該当出版社数‥‥	2 908	2 472	1 140	1 019	237	2 908
年間売上高（億円）	16 244	10 022	3 275	1 609	788	18 223

総務省・経済産業省「経済構造実態調査　二次集計結果（乙調査）」（2020年）より作成。年間売上高は原則として2019年の１年間。1）年間売上高は出版業務以外のものを含む。

表 31-36 販売ルート別出版物販売額（会計年度）（単位　億円）

	1980	1990	2000	2010	2019	2020
書店‥‥‥‥‥‥	9 699	15 719	16 433	14 668	8 575	8 519
コンビニ‥‥‥‥	93	2 334	4 911	2 860	1 286	1 231
インターネット 1)	…	…	…	1 285	2 188	2 636
その他取次経由‥	2 758	1 961	1 548	1 052	471	425
出版社直販‥‥ 2)	…	…	…	2 383	1 965	1 810
計‥‥‥‥‥‥	**12 550**	**20 014**	**22 892**	**22 247**	**14 484**	**14 621**

日販 営業推進室 出版流通学院「出版物販売額の実態」（2021年）より作成。紙媒体の書籍や雑誌等。本調査は1982、2001、2006年度に算出方法を変更しており、数値が接続しない。1）インターネット書店で2007年度からの集計。2）2006年度からの集計。

表 31-37 書店数の推移（各年５月１日現在）

	2000	2005	2010	2015	2019	2020
書店数（店）‥‥‥	21 654	17 839	15 314	13 488	11 446	11 024

株式会社アルメディア資料より作成。

自の流通網を構築している。しかし、近年、電子出版の拡大やネット書店との競合によって書店数が減少しているため、取次会社同士で物流の一部を協業するなどの対策を進めている。一方、ネット書店大手のアマゾンは、取次会社を介さない直接取引を拡大している。直接取引では、消費者が注文してから手元に商品が届くまでの日数が短縮されるなどのメリットがあり、参加する出版社が増えている。

表 31-38　書籍・雑誌の出版状況（取次ルート）

		1990	2000	2010	2020	2021
書籍	出版点数（点）…………	…	67 522	74 714	68 608	69 052
	推定販売部数（万冊）…	91 131	77 364	70 233	53 164	52 832
	推定販売額（億円）……	8 660	9 706	8 213	6 661	6 804
	返品率（%）…………1)	*34.0*	*39.4*	*39.0*	*33.0*	*32.5*
雑誌	発行銘柄数（点）………	2 802	3 433	3 453	2 626	2 536
	推定販売部数（万冊）…	358 892	340 542	217 222	95 427	88 069
	月刊誌……………	202 435	210 401	146 094	71 170	66 794
	週刊誌……………	156 457	130 141	71 128	24 257	21 275
	推定販売額（億円）……	12 638	14 261	10 535	5 576	5 276
	返品率（%）…………1)	*20.7*	*28.9*	*35.5*	*40.0*	*41.2*
	推定販売額計（億円）…	**21 299**	**23 966**	**18 748**	**12 237**	**12 080**

全国出版協会・出版科学研究所「出版月報」(2022年1月号）および同「出版指標年報」(2021年版）より作成。取次ルートを経由した一般出版物で、直販ルート（一部の雑誌を除く）の出版物や検定教科書等を含まない。表31-36とは調査が異なる。1）金額ベース。

表 31-39　紙の出版と電子出版の市場規模（単位　億円）

	2016	2017	2018	2019	2020	2021
紙媒体…………	14 709	13 701	12 921	12 360	12 237	12 080
書籍…………	7 370	7 152	6 991	6 723	6 661	6 804
雑誌…………	7 339	6 548	5 930	5 637	5 576	5 276
電子出版………	1 909	2 215	2 479	3 072	3 931	4 662
電子コミック‥	1 491	1 747	2 002	2 593	3 420	4 114
電子書籍……	258	290	321	349	401	449
電子雑誌……	160	178	156	130	110	99
計…………	**16 618**	**15 916**	**15 400**	**15 432**	**16 168**	**16 742**

資料は表31-38と同じ。紙媒体の数値は表31-38と同じで取次ルートのみ。電子出版市場規模は読者が支払った金額を推計したもので、広告収入は含まない。電子コミック誌は、電子雑誌ではなく電子コミックに含む。

〔広告〕 2021年の日本の広告費は、新型コロナの影響で落ち込んだ前年から大きく回復し、前年比10%増の6兆7998億円であった。オリンピックなどのイベントが広告需要を押し上げたことに加え、動画広告を中心にインターネット広告費が伸びた。インターネット広告費は、コロナ禍で進んだ社会のデジタル化を背景に、総広告費の約40%を占めるまでに成長しており、2021年に初めてマスコミ四媒体広告費(新聞、雑誌、ラジオ、テレビ広告費の合算)を上回った。マスコミ四媒体広告費も前年の落ち込みから回復しており、特にテレビメディア広告費は前年比47%と大きく伸びている。

図 31-3 広告費の推移(下表より作成)

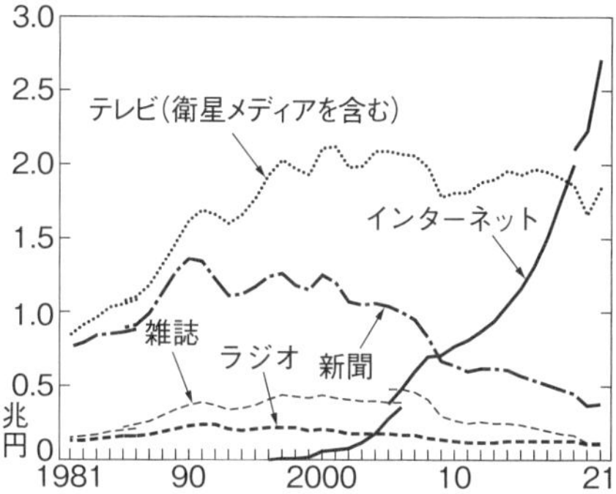

表 31-40 媒体別広告費(単位 億円)

	1980	1990	2000	2010	2020	2021
マスコミ4媒体	1)17 419	35 833	39 973	28 533	22 536	24 538
新聞	1)7 086	13 592	12 474	6 396	3 688	3 815
雑誌 2)	1)1 281	3 741	4 369	2 733	1 223	1 224
ラジオ	1)1 169	2 335	2 071	1 299	1 066	1 106
テレビ	1)7 883	16 165	21 059	18 105	16 559	18 393
地上波テレビ	1)7 883	16 046	20 793	17 321	15 386	17 184
衛星メディア	…	119	266	784	1 173	1 209
インターネット 3)	…	…	1)590	7 747	22 290	27 052
PM 4)	4 794	19 815	20 539	22 147	16 768	16 408
DM 5)	…	1 968	3 455	4 075	3 290	3 446
屋外広告 6)	…	3 815	3 110	3 095	2 715	2 740
折込 7)	…	3 286	4 546	5 279	2 525	2 631
計	8)**22 783**	**55 648**	**61 102**	**58 427**	**61 594**	**67 998**

電通「日本の広告費」より作成。1) 広告制作費を含まない。2) 2005年より専門誌や地方誌を含む。3) 2019年以降は物販系ECプラットフォーム(インターネットモール等に出店する物販事業者が、そのモール等に投下した広告費)を含む。4) プロモーションメディア。1985年より電話帳等を、2005年よりフリーペーパー等、2019年以降イベントを追加。5) 2005年より民間メール便配達料を計上。6) 2005年より屋外ビジョン等を追加。7) 2005年に折込料金を見直し。8) 輸出広告を含む。

第32章　科学技術

近年、アメリカと中国の研究開発費が急速に増大しており、OECDのデータで見ると両国の研究開発費の伸びが著しい。研究開発の成果である論文数でみると、自然科学分野で被引用度が高い（注目度が高く、重

図 32-1　主要国の研究開発費と自然科学系の注目度の高い論文数

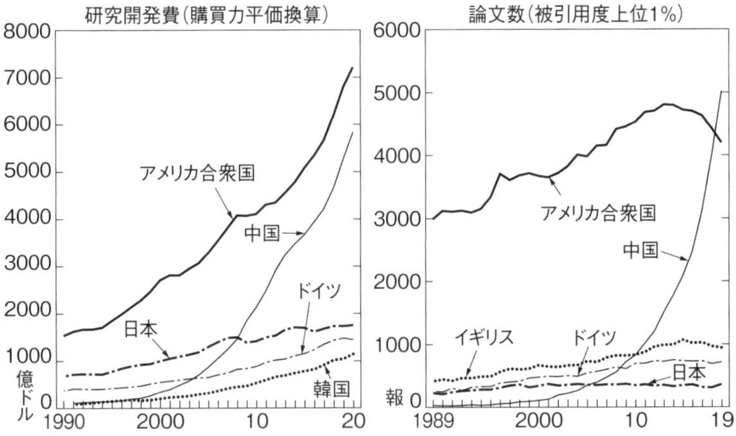

左図の研究開発費はOECD STAT（2022年４月８日閲覧）より作成。右図の論文数は、文部科学省 科学技術・学術政策研究所「科学技術指標」(2021年）より作成。22分野ごとに2020年末現在で被引用度の高い上位１％の論文を集計。国別集計で国際共著論文（欧米や日本で増加）は共著者の研究機関数で按分。論文数の拡大は、研究活動の量的拡大に加えて、分析されたジャーナルの増加も影響している。

表 32-1　研究費と研究者数（会計年度）（単位　億円）

	1980	1990	2000	2010	2019	2020
研究費総額……	52 462	130 783	162 893	171 100	195 757	192 365
企業…………	31 423	92 672	108 602	120 100	142 121	138 608
非営利･公的機関	7 639	15 142	22 207	16 659	16 435	16 997
大学等………	13 401	22 970	32 084	34 340	37 202	36 760
研究費対GDP比(%)	*2.11*	*2.90*	*3.03*	*3.39*	*3.51*	*3.59*
研究者数(千人)[1]	394.3	603.5	750.7	842.9	881.0	890.5

総務省「科学技術研究調査報告」(2021年）より作成。人文科学を含む。1996年度よりソフトウェア業を、2001年度より卸売業、金融・保険業等を含む。1）会計年度末現在。2000年度以前は文部科学省「科学技術要覧」による翌年４月１日現在の数値。

要な論文と考えられる）論文数でも両国が突出している。日本は、被引用度の高い論文数が2000年代以降は頭打ちで、近年は減少傾向にある。大学や研究機関の基礎研究を中心に、研究費が不足しているところが少なくないと指摘されるが、政府は経済安全保障の観点から、AIや量子

表 32-2　特定目的別研究費（2020年度）

	億円	%		億円	%
ライフサイエンス・	30 740	*16.0*	エネルギー・・・・・・・	9 955	*5.2*
情報通信・・・・・・・・・	25 375	*13.2*	宇宙開発・・・・・・・・・	2 643	*1.4*
ナノテクノロジー・材料	11 891	*6.2*	海洋開発・・・・・・・・・	1 187	*0.6*
環境・・・・・・・・・・・・	10 525	*5.5*	研究費総額×・・・	**192 365**	*100.0*

資料は表32-1に同じ。×その他とも。

表 32-3　企業の産業別研究費（社内使用研究費）（2020年度）

	億円	%		億円	%
製造業・・・・・・・・・・	124 566	*89.9*	生産用機械・・・	5 100	*3.7*
機械工業・・・・・・・	86 376	*62.3*	化学工業・・・・ 2)	22 980	*16.6*
輸送用機械・・・	38 796	*28.0*	医薬品・・・・・・・	13 216	*9.5*
自動車・・・・・	37 164	*26.8*	金属工業・・・・・・・	3 650	*2.6*
電子部品等・ 1)	11 557	*8.3*	食料品工業・・・・・	2 764	*2.0*
情報通信機械・	11 518	*8.3*	学術研究等・・・・ 3)	5 843	*4.2*
業務用機械・・・	8 865	*6.4*	情報通信業・・・・・・・	3 760	*2.7*
電気機械・・・・・	8 135	*5.9*	全産業計×・・・・・	**138 608**	*100.0*

資料は表32-1に同じ。1）電子部品・デバイス・電子回路。2）石油・石炭製品製造業を含まず。3）学術研究、専門・技術サービス業。×その他とも。

表 32-4　研究費の多い企業（2020年）（単位　百万ユーロ）

世界の企業	研究費	対売上高(%)	日本企業	研究費	対売上高(%)
アルファベット（米）・1)	22 470	*15.1*	トヨタ自動車	8 620	*4.0*
ファーウェイ（中）・・・・	17 460	*15.7*	ホンダ・・・・・・	6 225	*6.0*
マイクロソフト（米）・・	16 882	*12.3*	NTT・・・・・・・	5 567	*5.9*
サムスン電子（韓）・・・・	15 895	*9.0*	ソニー・・・・・・	4 130	*5.8*
アップル（米）・・・・・・・・	15 282	*6.8*	日産自動車・・	3 959	*6.4*
フェイスブック（米）・2)	15 033	*21.5*	デンソー・・・・	3 869	*10.0*

EU "EU Industrial R&D Investment Scoreboard"（2021年）より作成。アマゾン（米）は決算書で技術投資とコンテンツ投資を合算しており、研究費は不明。EUはアマゾンの研究費をアルファベットより少し大きいと推定している。1）グーグルの持ち株会社。2）2021年10月に、メタに社名変更。

などの先端的な重要技術について、開発を支援する方針である。また、文部科学省では、日本の学術研究の発展のため科学研究費という研究助成を設けている。2021年度の科学研究費の配分額は2213億円で、前年度から9億円増加した。新規採択率は、全体では27.9%、40歳未満研究者では35.0%である。一方、企業研究では、世界的には新興のIT企業の研

表 32-5　科学研究費の研究機関別採択状況（2021年度）

	東京大学	京都大学	大阪大学	東北大学	九州大学	総数×
採択件数（件）·	4 161	3 031	2 682	2 568	1 996	83 973
うち女性 ·····	675	404	460	375	301	…
うち40歳未満 ·	1 589	915	895	852	646	…
配分額（億円）·	214	145	103	103	73	2 213

文部科学省「科学研究費助成事業の配分について」(2021年度) より作成。新規採択分と継続分の合計。採択件数の上位5研究機関。×その他とも。

表 32-6　各国の業務におけるICT関連技術等の活用状況（%）

	AI	IoT	データ分析	クラウド	ロボット3)	RPA4)	5G
日本········· 1)	*24.3*	*27.9*	*42.0*	*54.2*	*10.2*	*13.6*	*6.7*
アメリカ合衆国2)	*35.1*	*34.9*	*62.7*	*60.5*	*26.8*	*17.9*	*32.1*
ドイツ······· 2)	*29.3*	*27.3*	*58.1*	*65.5*	*14.1*	*9.1*	*24.1*

総務省「情報通信白書」(2021年版) より作成。対象国に本社を置く、従業員数10名以上の企業の就業者を対象にしたアンケート調査。対象産業は製造業、情報通信業、インフラ、商業、サービス業等。1) 2021年2月調査。2) 2021年3月調査。3) ドローンを含む。4) パソコンで行う事務作業等を自動化するロボット技術。

経済安全保障による特許の非公開化

米中で技術覇権を争う対立が深まる中、日本政府は公開が原則の特許について、安全保障上重要で公にするべきではないと判断したものを非公開とする方針である。これにより、特許権者が得られるはずだった収入については、相当額を補償することで不利益が出ないようにする。非公開化で、他国で同一の特許が成立する可能性があるほか、経済活動や技術革新に影響を及ぼす可能性があるため、非公開化の対象となる発明は十分に絞り込む必要がある。なお、特許非公開化は、欧米や中国などで軍事技術にかかわるものなどに対してすでに実施されている。

究費が多いが、日本では創立して年数の長い製造業が中心で、技術系ベンチャーの存在感が薄い。

特許は、技術の独占的権利を認める代わりに技術を公開するもので、社会全体での研究開発の重複を防ぐことができる。日本企業は特許取得件数が多いものの、他社に技術を侵害されないように出願する防衛目的の取得が多いとされてきた。しかし、特許を経営資源の一つとして、特

表 32-7 産業財産権の出願・登録状況（単位 件）

	1980	1990	2000	2010	2019	2020
特許出願数……	191 020	367 590	436 865	344 598	307 969	288 472
〃 登録数……	46 106	59 401	125 880	222 693	179 910	179 383
うち外国人……	8 074	9 031	13 611	35 456	39 045	39 061
国際特許出願数 1)	334	1 742	9 447	31 524	51 652	49 314
実用新案出願数 2)	191 785	138 294	9 587	8 679	5 241	6 018
〃 登録数 2)	50 001	43 300	12 613	8 573	5 033	5 518
うち外国人……	533	367	1 731	1 816	1 498	1 597
意匠出願数……	55 631	44 290	38 496	31 756	31 489	31 798
〃 登録数……	31 289	33 773	40 037	27 438	27 556	26 417
うち外国人……	593	905	2 098	2 980	6 702	7 635
商標出願数……	127 151	171 726	145 668	113 519	190 773	181 072
〃 登録数……	65 739	117 219	94 493	97 780	109 859	135 313
うち外国人……	5 290	9 867	15 031	18 442	25 638	32 196

特許庁「特許行政年次報告書」より作成。**国際出願**は、1つの特許出願願書で特許協力条約加盟国すべてに同時に出願したのと同じ効果を持つもので（2003年以前は出願国を指定）、各国に対して実際に手続をするまでに出願日から原則30ヶ月の猶予期間を得られる。1）日本国特許庁での受理件数。2）旧実用新案と新実用新案の合計。

表 32-8 日本人の主要国・地域別特許出願数（単位 件）

	2000	2005	2010	2015	2019	2020
アメリカ合衆国‥	52 883	71 994	84 017	86 359	84 435	78 308
中国…………	8 300	30 976	33 882	40 078	48 867	47 862
欧州特許庁…… 1)	17 124	21 470	21 824	21 418	22 094	21 906
韓国…………	12 261	16 468	14 346	15 283	14 990	14 026
ドイツ………	3 632	3 449	2 970	6 425	7 956	7 247
インド………	787	1 555	4 215	4 857	4 853	4 826
インドネシア……	…	…	…	2 548	2 532	2 318

WIPO "IP Statistics Data Center" より作成。2021年11月更新データ。各国の特許庁に日本国籍を有する人が出願した件数。各国特許庁への直接出願のほか、国際出願件数を含む。1）ヨーロッパ各国は、欧州特許庁のほかに各国特許庁へ直接出願する分がある。

許を収益化するほか、他社の特許とのクロスライセンスに用いるといった動きが進んでいる。2021年の企業別の国際出願件数で、日系企業では三菱電機が5位、ソニーが9位であった。技術競争力を示す技術貿易額をみると、日本は大幅な黒字であるが海外子会社からの還流が多い。

表 32-9　国際特許出願件数（単位　件）

国籍別	2020	2021	企業別	2020	2021
中国	68 924	69 529	ファーウェイ（中）	5 464	6 952
アメリカ合衆国	58 475	59 313	クアルコム（米）	2 173	3 931
日本	50 579	50 261	サムスン電子（韓）	3 093	3 041
韓国	20 044	20 679	LGエレクトロニクス（韓）	2 759	2 885
ドイツ	18 499	17 308	三菱電機（日）	2 810	2 673
フランス	7 785	7 330	OPPO（中）	1 801	2 208
計×	**274 891**	**276 878**	BOE（中）	1 892	1 980

WIPOプレスリリース（2022年2月10日）および同データベース（2022年4月10日閲覧）より作成。×その他とも。

表 32-10　技術貿易額（企業分）（会計年度）（単位　億円）

	1990	2000	2010	2019	2020	うち親子会社
技術輸出額（受取額）	3 394	10 579	24 366	36 626	31 010	21 790
機械工業	2 077	8 433	17 724	26 378	20 958	16 339
自動車工業 1)	920	5 890	12 821	19 461	16 396	13 562
化学工業 2)	582	1 305	3 687	6 819	6 905	3 358
医薬品	…	…	3 128	6 258	6 341	2 931
技術輸入額（支払額）	3 719	4 433	5 301	5 436	5 598	2 056
化学工業 2)	540	652	706	1 812	2 031	161
機械工業	2 541	2 976	3 299	1 847	1 673	377

資料や調査範囲は表32-1に同じ。2020年度の国別割合は輸出がアメリカ合衆国38.1%、中国15.6%、イギリス9.7%、タイ8.7%など。輸入はアメリカ70.1%、スイス6.1%など。1）2000年度以前は他の輸送用機械を含む。2）石油・石炭製品製造業を含まず。

表 32-11　主要国の知的財産使用料収支（2020年）（単位　百万ドル）

	日本	韓国	中国	アメリカ合衆国	ドイツ	イギリス
受取額	43 038	6 895	8 554	113 779	35 863	23 901
支払額	28 218	9 888	37 782	42 984	16 026	16 043
収支 1)	14 820	-2 993	-29 227	70 795	19 837	7 858

IMFウェブサイト（2022年4月10日閲覧）より作成。1）受取額－支払額で編者算出。

第33章　国民の生活

〔家計〕 2021年は、前年に引き続き新型コロナウイルスの感染拡大や行動制限が続く中で、個人消費が徐々に持ち直しの動きをみせた。二人以上勤労者世帯の月平均消費支出は30万9469円となり、前年より1.2%の増加となっている。しかし、コロナ禍以前の2019年と比較すると4.4%の減少で、依然として家計消費の回復には至っていない。

消費支出のうち、住居費は前年から5.4%増、一昨年からみると2.9%増となった。外出自粛や在宅勤務などの影響により、住環境を重視する傾向がみられる。その中で、昨年は比較的単価の高い家具などの家事用品の消費が前年比10.6%増となったが、2021年は前年から4.8%減となっ

図 33-1　勤労者世帯の家計収支（2021年）

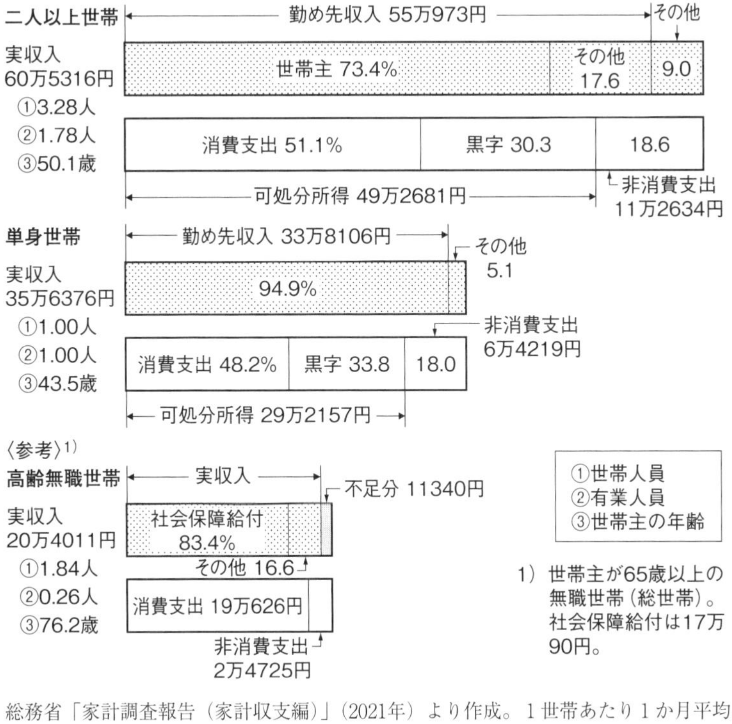

総務省「家計調査報告（家計収支編）」（2021年）より作成。1世帯あたり1か月平均。

た。2020年は一律10万円の特別定額給付金による消費の底上げがみられたが、2021年に入り、消費が一通り落ち着いた反動とみられる。教育費は、前年比16.0％増となり、特に授業料等は前年から19.9％増となった。自宅でのリモート学習の増加などが背景にあるとみられる。外食費は、コロナ禍以前の一昨年比で23.9％減、前年比でみても3.0％減で、落ち込みが続いている。2021年は秋頃からコロナ感染者数が減少し、人流が増

図 33-2　二人以上勤労者世帯の可処分所得と消費支出の増減率

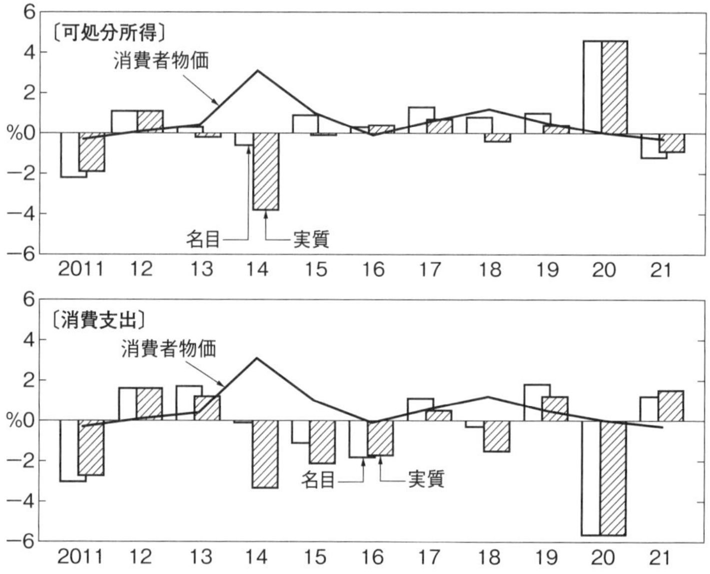

資料は図33-1に同じ。農林漁家世帯を含む。対前年増減率。消費者物価は帰属家賃を除く総合。2018年と2019年の増減率は家計簿改正の影響を調整した変動調整値。

図 33-3　家計調査の世帯区分

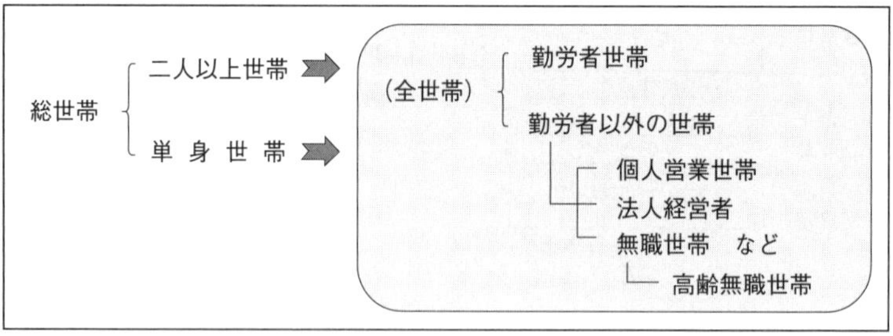

えて外食需要がある程度回復すると期待されたが、2022年初めのオミクロン株の急速な流行により、時短要請や酒類提供の制限などで外食を控える動きが続いており、外食産業が冷え込んでいる。

家計収入をみると、2021年の二人以上勤労者世帯の月平均実収入は、前年比0.7%減の60万5316円であった。昨年は特別定額給付金の給付により一時的に収入が増加していることを考慮すると、下落幅はそれほど大きくはでていないとみられる。また、家計の負担を補填する動きとして、在宅勤務手当や感染対策手当など、コロナ禍での働き方に柔軟に対応する企業側の新しい制度改革も行われ始めている。

表 33-1 二人以上世帯の消費支出の内訳（1世帯あたり、各年1か月平均）

用途分類	全世帯		勤労者世帯[1]		無職世帯	
	2020	2021	2020	2021	2020	2021
消費支出（円）	277 926	279 024	305 811	309 469	232 986	229 131
食料	76 440	75 761	79 496	78 576	69 892	69 057
外食[2]	9 587	9 380	12 657	12 282	4 726	4 459
住居	17 365	18 329	18 824	19 848	15 461	16 393
光熱・水道	21 836	21 530	21 696	21 448	21 350	20 944
家事用品[3]	12 538	11 932	13 364	12 720	10 806	10 466
被服・履物	8 799	8 709	10 654	10 463	5 111	5 247
保健医療	14 211	14 238	13 068	13 130	15 878	15 539
交通・通信	39 910	39 702	49 469	49 512	27 994	27 106
教育	10 290	11 902	16 548	19 197	559	466
教養娯楽	24 285	24 545	26 824	27 452	20 128	19 775
交際費	15 295	15 044	13 620	13 412	17 241	17 110
割合（%）	*100.0*	*100.0*	*100.0*	*100.0*	*100.0*	*100.0*
食料	*27.5*	*27.2*	*26.0*	*25.4*	*30.0*	*30.1*
外食[2]	*3.4*	*3.4*	*4.1*	*4.0*	*2.0*	*1.9*
住居	*6.2*	*6.6*	*6.2*	*6.4*	*6.6*	*7.2*
光熱・水道	*7.9*	*7.7*	*7.1*	*6.9*	*9.2*	*9.1*
家事用品[3]	*4.5*	*4.3*	*4.4*	*4.1*	*4.6*	*4.6*
被服・履物	*3.2*	*3.1*	*3.5*	*3.4*	*2.2*	*2.3*
保健医療	*5.1*	*5.1*	*4.3*	*4.2*	*6.8*	*6.8*
交通・通信	*14.4*	*14.2*	*16.2*	*16.0*	*12.0*	*11.8*
教育	*3.7*	*4.3*	*5.4*	*6.2*	*0.2*	*0.2*
教養娯楽	*8.7*	*8.8*	*8.8*	*8.9*	*8.6*	*8.6*
交際費	*5.5*	*5.4*	*4.5*	*4.3*	*7.4*	*7.5*

総務省「家計調査報告（家計収支編）」より作成。外国人世帯、料理飲食店、下宿屋などを除く。計にはその他の内訳を含む。1）世帯主が会社や官公庁で働くサラリーマン世帯。2）学校給食を含む。3）家具を含む。

図 33-4　1世帯あたり1か月間の消費支出の内訳（全世帯）

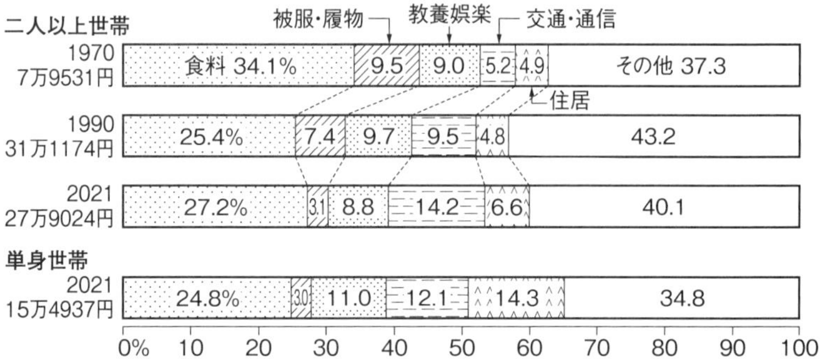

総務省「家計調査報告（家計収支編）」より作成。二人以上世帯は1990年まで農林漁家世帯を含まない。

表 33-2　単身世帯の消費支出の内訳（1世帯あたり、各年1か月平均）

用途分類	全世帯		勤労者世帯		高齢無職世帯1)	
	2020	2021	2020	2021	2020	2021
消費支出（円）	150 506	154 937	168 965	171 593	133 146	132 476
食料	38 257	38 410	40 235	39 884	36 581	36 322
外食	7 515	7 324	10 828	10 777	3 770	3 098
住居	20 948	22 117	30 525	29 638	12 392	13 090
光熱・水道	11 686	11 358	10 405	10 175	12 957	12 610
家事用品 2)	5 293	5 687	5 377	6 151	5 328	5 077
被服・履物	4 692	4 606	6 374	5 932	3 181	2 940
保健医療	7 029	7 625	5 714	6 540	8 246	8 429
交通・通信	18 217	18 819	23 337	23 658	12 002	12 213
教育	0	7	0	14	0	0
教養娯楽	15 452	17 082	17 921	19 662	12 910	12 609
交際費	12 934	12 948	11 564	11 418	15 253	15 394
割合（%）	*100.0*	*100.0*	*100.0*	*100.0*	*100.0*	*100.0*
食料	*25.4*	*24.8*	*23.8*	*23.2*	*27.5*	*27.4*
外食	*5.0*	*4.7*	*6.4*	*6.3*	*2.8*	*2.3*
住居	*13.9*	*14.3*	*18.1*	*17.3*	*9.3*	*9.9*
光熱・水道	*7.8*	*7.3*	*6.2*	*5.9*	*9.7*	*9.5*
家事用品 2)	*3.5*	*3.7*	*3.2*	*3.6*	*4.0*	*3.8*
被服・履物	*3.1*	*3.0*	*3.8*	*3.5*	*2.4*	*2.2*
保健医療	*4.7*	*4.9*	*3.4*	*3.8*	*6.2*	*6.4*
交通・通信	*12.1*	*12.1*	*13.8*	*13.8*	*9.0*	*9.2*
教育	*0.0*	*0.0*	*0.0*	*0.0*	*0.0*	*0.0*
教養娯楽	*10.3*	*11.0*	*10.6*	*11.5*	*9.7*	*9.5*
交際費	*8.6*	*8.4*	*6.8*	*6.7*	*11.5*	*11.6*

総務省「家計調査報告（家計収支編）」より作成。学生の世帯および外国人世帯を除く。消費支出計にはその他の内訳を含む。1）65歳以上の無職単身世帯。2）家具を含む。

図 33-5　世帯消費動向指数（2015年＝100）（二人以上の世帯）（各月平均）

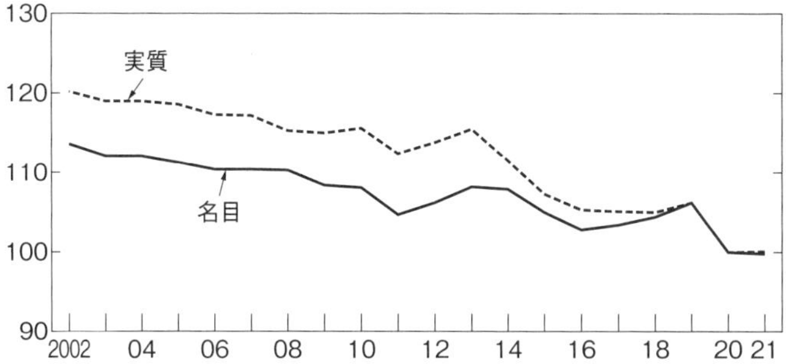

総務省「消費動向指数」より作成。調整系列原数値の名目値。**世帯消費動向指数**（CTIミクロ）とは、世帯の消費支出の平均額の推移を示す指数であり、家計調査、家計消費状況調査および家計消費単身モニター調査の結果を合成した支出金額より作成したもの。消費水準指数は2018年末で作成中止となった。

表 33-3　勤労者世帯の非消費支出の内訳（1世帯あたり、各年1か月平均）

	二人以上世帯			単身世帯		
	2019	2020	2021	2019	2020	2021
実収入	586 149	609 535	605 316	345 336	359 437	356 376
可処分所得	476 645	498 639	492 681	281 436	289 239	292 157
非消費支出 1)	109 504	110 896	112 634	63 900	70 198	64 219
直接税	45 487	46 155	47 242	24 885	28 931	25 287
勤労所得税	18 675	18 487	19 718	10 165	12 306	10 763
個人住民税	19 833	20 239	20 231	11 662	13 217	12 101
その他 2)	6 979	7 429	7 294	3 058	3 407	2 423
社会保険料	63 925	64 672	65 331	38 986	41 244	38 906
公的年金保険料	38 368	38 683	39 165	24 197	25 577	24 432
健康保険料	21 219	21 370	21 272	12 809	13 404	12 334
介護保険料	3 206	3 454	3 701	1 338	1 518	1 467
実収入割合（%）	*100.0*	*100.0*	*100.0*	*100.0*	*100.0*	*100.0*
可処分所得	*81.3*	*81.8*	*81.4*	*81.5*	*80.5*	*82.0*
非消費支出 1)	*18.7*	*18.2*	*18.6*	*18.5*	*19.5*	*18.0*
直接税	*7.8*	*7.6*	*7.8*	*7.2*	*8.0*	*7.1*
勤労所得税	*3.2*	*3.0*	*3.3*	*2.9*	*3.4*	*3.0*
個人住民税	*3.4*	*3.3*	*3.3*	*3.4*	*3.7*	*3.4*
その他 2)	*1.2*	*1.2*	*1.2*	*0.9*	*0.9*	*0.7*
社会保険料	*10.9*	*10.6*	*10.8*	*11.3*	*11.5*	*10.9*
公的年金保険料	*6.5*	*6.3*	*6.5*	*7.0*	*7.1*	*6.9*
健康保険料	*3.6*	*3.5*	*3.5*	*3.7*	*3.7*	*3.5*
介護保険料	*0.5*	*0.6*	*0.6*	*0.4*	*0.4*	*0.4*

総務省「家計調査報告（家計収支編）」より作成。外国人世帯、料理飲食店、下宿屋などを除く。1)罰金や示談金などほかに含まれない非消費支出を含む。2)贈与税、相続税など。

図 33-6　年間収入階級別の消費支出割合（2020年）

（二人以上勤労者世帯）（年間収入五分位階級別）

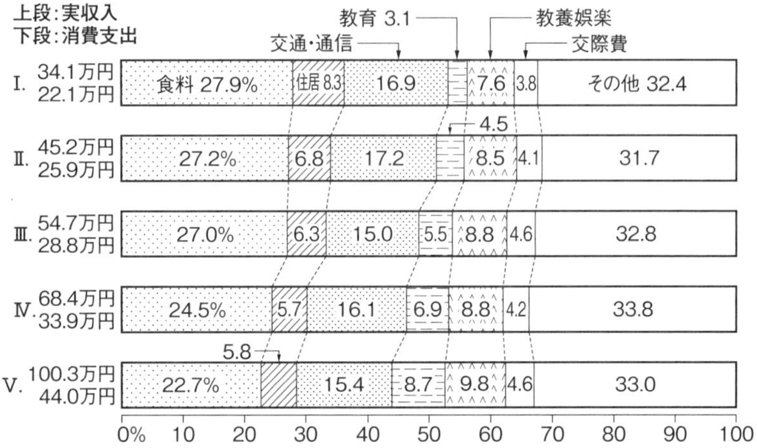

総務省「家計調査報告（家計収支編）」より作成。二人以上勤労者世帯。1世帯あたり1か月間平均の消費支出の割合。五分位階級は、年間の実収入の低い世帯から高い世帯へ順に並べて単純に五等分したもの（I～V）。

表 33-4　都市階級別・地方別の収入と支出（二人以上勤労者世帯）（2021年）

	実収入		可処分所得（円）	消費支出（円）	平均消費性向（%）5)
	実数（円）	格差（全国=100）			
全国	605 316	100.0	492 681	309 469	*62.8*
大都市 1)	640 444	105.8	520 256	321 664	*61.8*
中都市 2)	618 674	102.2	502 740	317 577	*63.2*
小都市A 3)	584 068	96.5	475 866	299 103	*62.9*
小都市Bと町村 4)	538 854	89.0	441 723	283 420	*64.2*
北海道	544 200	89.9	450 485	277 611	*61.6*
東北	533 743	88.2	443 516	276 346	*62.3*
関東	658 963	108.9	530 497	331 623	*62.5*
北陸	627 186	103.6	513 050	320 352	*62.4*
東海	608 237	100.5	494 557	320 332	*64.8*
近畿	591 297	97.7	482 781	300 294	*62.2*
中国	536 178	88.6	442 293	284 646	*64.4*
四国	582 207	96.2	478 637	285 062	*59.6*
九州	553 737	91.5	453 827	285 924	*63.0*
沖縄	435 357	71.9	369 786	253 374	*68.5*

総務省「家計調査報告（家計収支編）」（2021年）より作成。1世帯あたり1か月平均。2018年調査より人口5万人以上の市の項目は廃止された。1）政令指定都市と東京都区部。2）大都市を除く人口15万以上の市。3）人口5万以上15万未満の市。4）人口5万未満の市と町村。5）可処分所得に対する消費支出割合。

表 33-5 貯蓄・負債状況（二人以上世帯1世帯あたり）（2020年平均）（単位 万円）

	全世帯	勤労者世帯	持家世帯		負債保有世帯	
			全世帯	勤労者世帯	全世帯	勤労者世帯
集計世帯数	6 100	3 321	5 088	2 556	2 307	1 769
持家率（%）	*85.8*	*80.1*	*100.0*	*100.0*	*90.5*	*90.1*
年間収入	634	740	638	762	756	778
世帯人員（人）	2.96	3.30	2.95	3.35	3.38	3.49
有業人員（人）	1.35	1.79	1.34	1.84	1.75	1.85
世帯主年齢（歳）	59.5	49.7	61.2	51.2	51.2	47.4
貯蓄現在高	1 791	1 378	1 925	1 473	1 203	1 047
通貨性預貯金	556	472	582	488	403	368
定期性預貯金	607	393	664	428	305	247
生命保険など	357	305	387	335	312	273
有価証券	240	159	263	173	148	117
金融機関外	31	48	30	49	35	43
負債現在高 1)	572	851	648	1 036	1 486	1 569
住宅・土地 2)	518	791	593	971	1 346	1 458

総務省統計局「家計調査（貯蓄・負債編）」(2020年版）より作成。1世帯当たり。1）月賦・年賦およびその他の負債を含む。2）住宅・土地のための負債。

表 33-6 二人以上世帯の貯蓄現在高および負債残高の推移（単位 千円）

	2002	2006	2010	2014	2019	2020
全世帯						
年間収入	683	645	616	614	629	634
貯蓄現在高	1 688	1 722	1 657	1 798	1 755	1 791
負債現在高 1)	537	506	489	509	570	572
うち住宅・土地 2)	471	440	431	458	518	518
貯蓄年収比（%）	*247.1*	*267.0*	*269.0*	*292.8*	*279.0*	*282.5*
負債年収比（〃）	*78.6*	*78.4*	*79.4*	*82.9*	*90.6*	*90.2*
住宅・土地（〃）	*69.0*	*68.2*	*70.0*	*74.6*	*82.4*	*81.7*
勤労者世帯						
年間収入	748	713	697	702	736	740
貯蓄現在高	1 280	1 264	1 244	1 290	1 376	1 378
負債現在高 1)	607	624	679	756	855	851
うち住宅・土地 2)	562	577	629	710	798	791
貯蓄年収比（%）	*171.1*	*177.3*	*178.5*	*183.8*	*187.0*	*186.2*
負債年収比（〃）	*81.1*	*87.5*	*97.4*	*107.7*	*116.2*	*115.0*
住宅・土地（〃）	*75.1*	*80.9*	*90.2*	*101.1*	*108.4*	*106.9*

総務省統計局「家計調査（貯蓄・負債編）」(2020年版）より作成。二人以上世帯における1世帯あたりの貯蓄・負債状況。注記は表33-5に同じ。

図 33-7　年間収入階級別による貯蓄現在高の種類別割合（2020年）

（二人以上勤労者世帯）（年間収入五分位階級別）

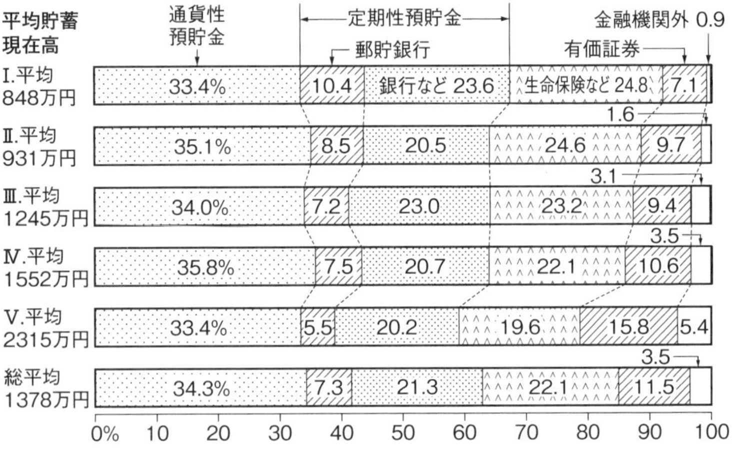

資料・注記は表33-7に同じ。1世帯あたり貯蓄現在高の年平均。五分位階級は、年間収入の低い世帯から高い世帯へ順に並べて単純に五等分したもの（Ⅰ～Ⅴ）。

表 33-7　住宅の所有関係別貯蓄・負債現在高

（二人以上勤労者世帯）（2020年平均）（単位　万円）

	平均	持家		借家		
		総数	うち住宅ローン返済世帯	民営	公営	給与住宅
貯蓄現在高‥‥‥	1 378	1 473	1 017	898	669	1 853
金融機関‥‥ 1)	1 330	1 425	974	862	635	1 734
通貨性預貯金	472	488	381	365	293	756
定期性預貯金	393	428	236	239	167	434
銀行など・	293	319	174	176	113	332
郵貯銀行・	100	109	63	63	53	102
生命保険など	305	335	252	173	136	274
有価証券‥‥	159	173	105	86	40	269
金融機関外‥‥	48	49	43	37	34	119
負債現在高‥‥ 2)	851	1 036	1 763	105	43	198
住宅・土地・ 3)	791	971	1 677	57	8	168
貯蓄年収比（%）	*186.2*	*193.3*	*127.1*	*140.1*	*129.2*	*224.9*
負債年収比（%）	*115.0*	*136.0*	*220.4*	*16.4*	*8.3*	*24.0*

総務省「家計調査（貯蓄・負債編）」（2020年版）より作成。1世帯あたり。二人以上勤労者世帯の平均持家率は80.1%。1）預貯金のほか、生命保険（掛捨を除く）、積立型損害保険に対する払込総額、有価証券の保有額の合計。2）金融機関からの借入金のほか、消費者金融や質屋などからの借り入れを含む。3）住宅・土地のための負債で、家賃は含まない。

〔食生活〕 コロナ禍で2021年も前年と同様に外出自粛や在宅勤務が続き、消費者の食生活は大きく影響を受けた。2021年家計調査によると、二人以上勤労者世帯では昨年同様に巣ごもり需要を反映して外食の消費支出が減少し、調理食品の消費支出が増えた。魚介類、肉類、乳卵類などの生鮮食品は、内食需要の高まりで2020年に支出が増加したが、2021年は自粛期間の長期化につれて沈静化を見せ、前年より減少している。

図 33-8 二人以上勤労者世帯の主な食料費の推移

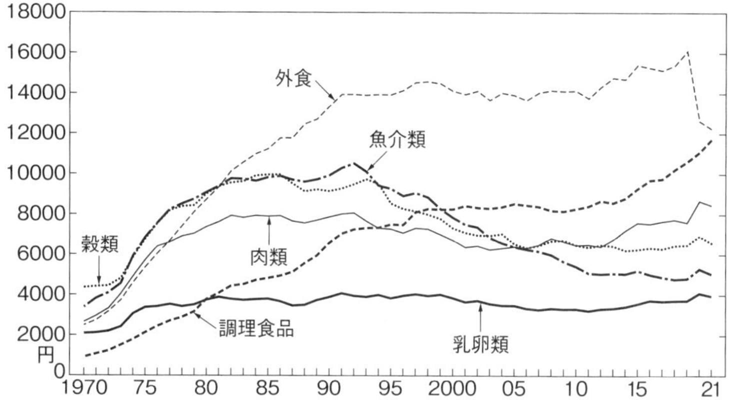

総務省「家計調査報告（家計収支編）」より作成。1世帯あたり1か月平均。2000年から農林漁家世帯を含む。外食には学校給食を含む。

表 33-8 二人以上世帯の年間食料品購入数量（全世帯）（単位 100g）

	1970	1980	1990	2000	2010	2020	2021
米（kg）…	256.9	174.9	125.8	99.2	83.0	64.5	60.8
生鮮魚介…	601.6	559.4	473.0	441.9	339.8	239.1	229.6
塩干魚介・・1)	110.8	139.7	141.6	111.8	94.1	72.4	66.2
牛肉………	67.8	91.5	108.2	101.3	69.2	71.9	67.4
豚肉………	140.0	208.7	172.9	162.2	185.0	229.9	225.5
鶏肉………	86.5	145.1	129.7	117.0	137.5	187.7	183.0
牛乳（L）・・	…	95.0	112.9	108.4	85.4	78.2	74.2
バター……	8.8	5.5	4.9	5.3	5.0	6.5	6.4
チーズ……	10.6	14.6	17.1	22.8	25.9	40.5	40.7
卵…………	449.1	418.2	385.5	343.1	311.9	340.0	328.6

総務省「家計調査報告（家計収支編）」より作成。料理・飲食店、旅館、下宿屋、4人以上の住込み雇用者がいる世帯、外国人世帯などを除く。2000年から農林漁家を含む。1) かつお節や塩辛などの加工品を除く。

小麦粉や食用油は産地の天候不順やコロナ禍の労働力不足で価格が上昇しており、食品メーカーによる値上げが相次いだ。また、2022年２月には、ロシアがウクライナに侵攻したことで、小麦の価格が急騰しており、家計への更なる影響が懸念される。

図 33-9　食料費の内訳（2021年）（１世帯あたり１か月平均）

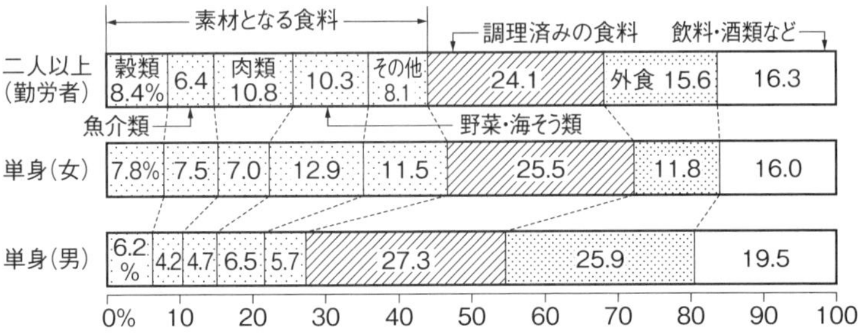

総務省「家計調査報告（家計収支編）」より作成。単身世帯は全世帯。

表 33-9　食料供給量（１人１日あたり）（会計年度）（単位　g）

	1970	1980	1990	2000	2010	2019	2020（概算）
穀類	351.4	309.3	283.5	269.9	255.9	238.1	229.8
米	260.4	216.2	191.9	177.0	163.0	145.4	139.0
小麦	84.3	88.3	86.9	89.2	89.5	88.3	86.9
大麦	2.0	1.4	0.5	0.8	0.5	0.5	0.5
その他	4.6	3.4	4.2	3.0	2.9	3.8	3.4
いも類・でん粉	66.3	79.1	100.1	105.5	96.5	101.3	93.9
豆類	27.7	23.3	25.2	24.8	23.1	24.3	24.4
野菜	316.2	309.4	297.0	280.6	241.5	244.7	242.6
果実	104.3	106.3	106.3	113.8	100.2	92.9	93.5
肉類	36.6	61.6	71.2	78.8	79.6	91.6	91.8
鶏卵	39.8	39.2	44.1	46.5	45.3	48.0	46.9
牛乳・乳製品	137.2	179.0	228.0	258.2	236.7	261.0	258.3
魚介類	86.5	95.3	102.8	101.8	80.6	69.1	64.2
海そう類	2.5	3.7	3.9	3.8	2.7	2.3	2.5
砂糖類	73.8	63.9	59.7	55.4	51.9	48.8	45.5
油脂類	24.5	34.5	38.9	41.5	36.9	39.7	39.4
みそ	20.1	16.5	13.4	11.9	9.9	10.0	9.9
しょうゆ	32.4	30.1	26.3	22.6	17.7	15.1	14.3
その他の食料	5.1	7.2	10.9	12.4	12.4	12.4	12.5

農林水産省「食料需給表」より作成。生産量に輸出入分の増減や在庫変動を含めた供給可能量から動物飼料や種子・加工用などに使われる量を差し引き、歩留り（可食部分の割合）を乗じて算出した純食料の供給量。1970年は沖縄県を含まず。

表 33-10　食品群別カロリー供給構成の推移（%）

	1970	1980	1990	2000	2010	2019	2020(概算)
穀類	49.8	43.4	38.6	36.8	37.7	34.9	34.8
いも類・でん粉	4.5	5.9	7.7	8.3	8.4	8.6	8.1
豆類 1)	6.8	5.7	5.7	5.4	5.3	5.4	5.6
野菜・果実	5.2	5.2	5.5	5.6	5.4	5.6	5.8
動物性食品 2)	13.0	17.3	19.3	20.5	20.4	21.4	21.6
（うち魚介類）	(4.0)	(5.2)	(5.4)	(5.1)	(4.5)	(3.9)	(3.7)
砂糖類	11.2	9.6	8.7	8.0	8.1	8.1	7.8
油脂類	9.0	12.5	13.6	14.5	13.9	15.0	15.4
その他の食料	0.5	0.4	0.9	0.9	0.8	0.9	0.9
総数	100.0	100.0	100.0	100.0	100.0	100.0	100.0
1人1日あたりkcal	2 530	2 563	2 640	2 643	2 447	2 340	2 269

農林水産省「食料需給表」より作成。会計年度。酒類を除く。1970年度は沖縄県を含まず。食料需給表における食料の量は、消費者に到達する食料の量を表すもので、個人が実際に消費する数量とは異なることに注意。1）みそ・しょうゆを含む。2）動物性油脂を除く。

図 33-10　主な国の食品群別カロリー供給構成（2019年）

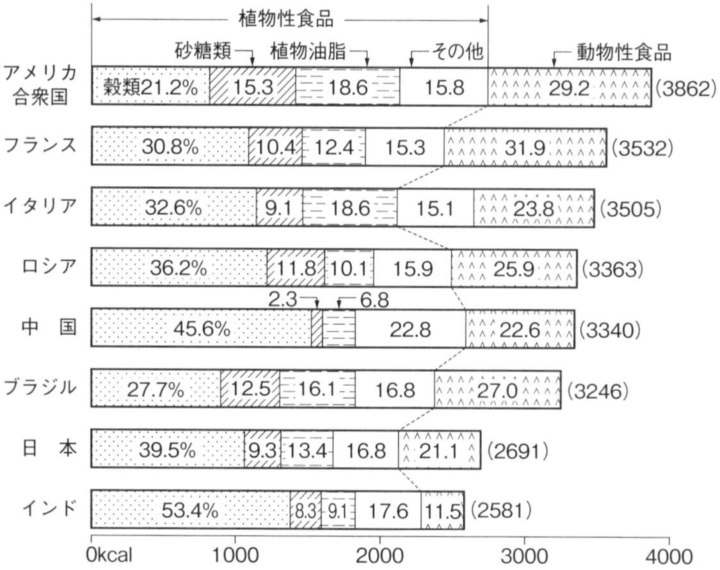

FAOSTATより作成（2022年3月31日ダウンロード）。1人1日あたり。酒類を含む。データの見直しが行われたため、以前の数値と接続しない。家畜の飼料や種子、非食料製造（せっけんなど）分を除いた人間の消費に向けられた量で、実際の消費量とは異なる。その他にはいも類、豆類、野菜、果物、酒類などが含まれる。（　）内の数値は1人1日あたりの総カロリー量。

〔住宅〕 2018年の「住宅・土地統計調査」(5年に一度の調査) によると、全国の総住宅戸数は6241万戸で前回調査より178万戸増加した。居住世帯のある住宅は5362万戸で、居住世帯のない住宅は879万戸である。居住世帯のある住宅のうち持ち家が3280万戸で、持ち家の取得方法別では、新築が30.2%、新築住宅の購入が22.5%、建て替えが17.2%で、中古住宅の購入は14.7%であった。

空き家は849万戸で、前回調査より約30万戸増えた。築50年以上の空き家は耐震基準を満たしていないものが多い。特に密集住宅地域の空き家は災害時の影響が懸念されている。政府は2017年に改正住宅セーフテ

表 33-11　総住宅数および世帯数（各年10月1日現在）

	総住宅数1)		総世帯数2)		世帯人員2)		1世帯あたり住宅数（戸）
	実数（千戸）	増減率（%）	実数（千世帯）	増減率（%）	実数（千人）	増減率（%）	
1993	45 879	*9.2*	41 159	*8.9*	124 607	*1.6*	1.11
1998	50 246	*9.5*	44 360	*7.8*	126 331	*1.4*	1.13
2003	53 891	*7.3*	47 255	*6.5*	127 458	*0.9*	1.14
2008	57 586	*6.9*	49 973	*5.8*	127 519	*0.0*	1.15
2013	60 629	*5.3*	52 453	*5.0*	127 129	*-0.3*	1.16
2018	62 407	*2.9*	54 001	*3.0*	126 308	*-0.6*	1.16

総務省統計局「住宅・土地統計調査」より作成。5年ごとの調査。増減率は前回調査との比較。1) 居住世帯なしの住宅を含む。2) 単身の下宿人・間借り人、寄宿舎などの住宅以外の建物に住む単身者や世帯および世帯人員を含む。

表 33-12　居住世帯の有無別・住宅の種類別住宅数（単位　千戸）

	居住世帯あり				居住世帯なし		
	総数	専用住宅	農林漁業併用住宅	その他の併用住宅	総数1)	空き家2)	建築中3)
1993	40 773	38 457	168	2 149	5 106	4 476	201
1998	43 922	41 744	124	2 054	6 324	5 764	166
2003	46 863	45 258	4) …	1 605	7 028	6 593	109
2008	49 598	48 281	4) …	1 317	7 988	7 568	93
2013	52 102	50 982	4) …	1 121	8 526	8 196	88
2018	53 616	52 642	4) …	974	8 791	8 489	86

資料は表33-11と同じ。各年10月1日現在。併用住宅とは業務に使用される設備と居住部分が結合している住宅のこと。1) ほかに、一時現在者のみの住宅がある。2) 別荘などの二次的住宅を含む。3) 棟上げ後の建築中の住宅。4) その他の併用住宅に含まれる。

ィネット法を施行した。これは、地方自治体に登録された空き家を活用して、低所得者など住宅の確保が難しい人々の居住支援を行うものである。また、2018年4月から一定の基準を満たした住宅に標章をつける「安心R住宅」制度が始まり、中古住宅の流通促進が進められている。

住宅ローン借入金の金利負担を軽減する住宅ローン減税制度が、2022年に改正となる。2021年の新築の住宅ローン減税の控除期間は、原則10年となっていたが、改正後は13年に延長される。一方で新築の控除率

図 33-11　建て方別・構造別の住宅割合

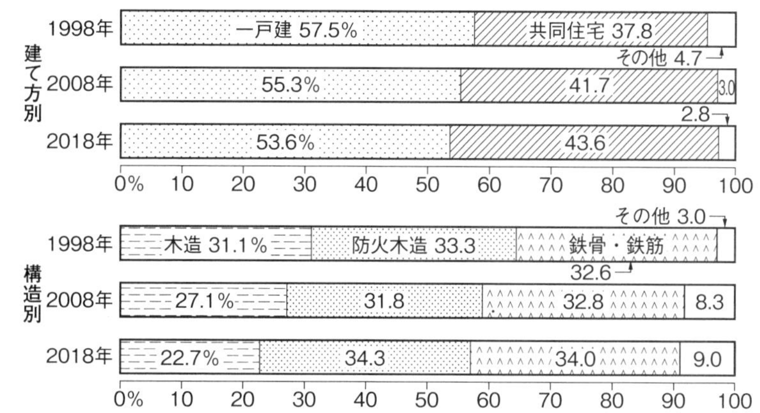

総務省統計局「住宅・土地統計調査」より作成。各年10月1日現在。5年ごとの調査。居住世帯あり住宅数に占める割合。鉄骨・鉄筋はコンクリート造のもの。

表 33-13　所有関係別住宅数と質的水準（専用住宅）（各年10月1日現在）

	持ち家				借家		
	総数（千戸）	居住室数（室）	居住室の畳数（畳）	延べ面積（m^2）	総数（千戸）	居住室数（室）	居住室の畳数（畳）
1993	24 376	6.08	40.60	118.45	15 691	2.90	16.83
1998	26 468	6.00	40.84	119.97	16 730	2.83	17.09
2003	28 666	5.91	41.45	121.67	17 166	2.84	17.74
2008	30 316	5.79	41.34	121.03	17 770	2.74	17.70
2013	32 166	5.68	41.24	120.93	18 519	2.67	17.83
2018	31 960	5.49	41.44	119.07	18 976	2.57	18.08

総務省統計局「住宅・土地統計調査」より作成。5年に1度の調査。居住室数および居住室の畳数は1住宅あたりのデータで、対象は専用住宅のみ。持ち家と借家の計と居住世帯あり住宅の総数が合わないのは、所有関係が不詳の住宅があるため。

は、2021年は年末の住宅ローン残高の１％であったが、2022年以降は0.7%に縮小される。所得要件は年間3000万円以下から2000万円以下に変更となり、中間所得層を対象にした内容となる。適用される床面積は50㎡以上であるが、所得が年間1000万円以下であれば40㎡以上の新築住宅も対象となり、単身や二人暮らし向け住宅の需要増に対応している。

図 33-12　住宅ローン返済世帯の返済額の推移（二人以上勤労者世帯）

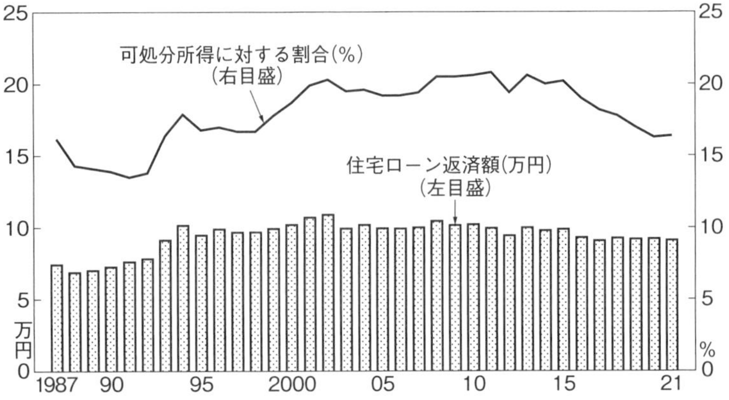

総務省「家計調査報告（家計収支編）」より作成。住宅ローン返済世帯の１世帯あたり１か月平均の土地家屋借金返済額。

表 33-14　住宅ローン返済世帯の家計（2021年、１か月平均）（単位　円）

	平均	世帯主の年間収入五分位階級別1)				
		I	II	III	IV	V
世帯人員（人）･･	3.58	3.31	3.61	3.59	3.67	3.61
世帯主の年齢（歳）	46.8	46.3	45.1	45.8	46.9	49.0
年間収入（万円）	797	385	539	677	845	1 267
可処分所得･････	556 998	345 286	425 105	491 436	575 798	807 885
消費支出････	318 577	215 835	262 662	278 387	337 795	431 111
黒字･･････････	238 421	129 451	162 443	213 049	238 002	376 774
土地家屋借金返済2)	91 071	73 547	80 264	83 914	90 936	115 316
対可処分所得(%)	*16.4*	*21.3*	*18.9*	*17.1*	*15.8*	*14.3*
平均消費性向3)（%）	*57.2*	*62.5*	*61.8*	*56.6*	*58.7*	*53.4*

総務省「家計調査報告（家計収支編）」(2021年）より作成。二人以上勤労者世帯。1）年間収入の低い世帯から高い世帯へ順に並べて単純に五等分したもの。2)住宅ローン返済。3)可処分所得（手取り収入）に占める消費支出の割合。

〔耐久消費財〕 内閣府の消費動向調査によると、2021年のスマートフォンの普及率は88.9%（前年比5.3%増）で、いわゆるガラケーからの移行が進んでいる。温水洗浄便座や食器洗い機は、持ち家世帯と民営賃貸住宅世帯では普及率に差があり、元々備え付けられている住宅設備や住民のニーズの違いがみられる。また、乗用車は持ち家世帯でも一戸建とマンション等で差があり、立地や駐車場の影響がみられる。

図 33-13 耐久消費財普及率の推移（二人以上の世帯）

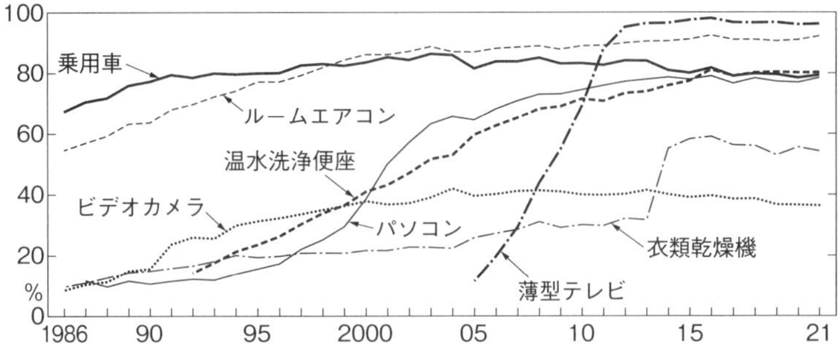

資料・注記は表33-15に同じ。保有世帯の割合。

表 33-15 耐久消費財の普及率・保有台数（2021年）（保有世帯の割合 %）

	普及率（%）				保有台数(台)
	全体	持ち家 一戸建	持ち家 マンション等	民営 賃貸住宅	全体
温水洗浄便座・・・・	*80.3*	*86.7*	*88.4*	*51.0*	113.2
衣類乾燥機・・・・・・	*54.3*	*57.0*	*59.1*	*41.7*	65.9
食器洗い機・・・・・・	*34.4*	*39.4*	*39.4*	*11.7*	34.9
ルームエアコン・・	*92.2*	*92.8*	*96.3*	*84.7*	282.7
空気清浄機・・・・・・	*45.2*	*45.1*	*49.9*	*42.6*	63.2
薄型カラーテレビ	*96.2*	*96.9*	*96.1*	*92.7*	207.6
ブルーレイ・・・・・・	*50.0*	*50.4*	*55.3*	*44.0*	65.0
ビデオカメラ・・・・	*36.4*	*38.7*	*37.7*	*25.2*	39.6
デジタルカメラ・・	*59.4*	*62.1*	*62.3*	*45.2*	83.3
パソコン・・・・・・・・	*78.5*	*79.2*	*84.3*	*72.6*	128.3
スマートフォン・・	*88.9*	*88.1*	*92.3*	*90.8*	208.9
乗用車・・・・・・・・・・	*79.4*	*85.6*	*68.5*	*66.8*	126.9

内閣府「消費動向調査」より作成。3月末現在。二人以上の世帯。約5000世帯の抽出調査のため、調査世帯の変更によってデータにばらつきが生じることがある。保有台数は100世帯あたりの台数。

〔生活時間と余暇活動〕 NHK放送文化研究所による2020年の「国民生活時間調査」によると、レジャー活動の行為者率で、娯楽等でのインターネット利用（動画除く）は37.0%、インターネット動画は19.9%であった。一方、雑誌・マンガ・本は13.7%、スポーツをする人は9.3%に留まった。インターネットは、手軽に自宅で情報検索や動画視聴等を行うことができるため、コロナ禍での巣ごもり生活になじみやすい。

表 33-16　1日の生活時間 (2020年) (単位　時間：分)

	平日			日曜日		
	行為者率(%)	行為者の平均	全員の平均	行為者率(%)	行為者の平均	全員の平均
睡眠	*99.5*	7:15	7:12	*99.3*	8:05	8:02
食事	*98.7*	1:37	1:36	*99.3*	1:52	1:51
身のまわりの用事	*97.4*	1:18	1:16	*95.7*	1:19	1:15
療養・静養	*7.8*	2:38	0:12	*2.1*	3:20	0:04
仕事関連	*53.6*	7:56	4:15	*19.9*	6:19	1:16
学業	*10.6*	7:57	0:51	*9.3*	4:06	0:23
家事	*67.8*	4:01	2:43	*77.1*	4:33	3:31
通勤	*44.5*	1:21	0:36	*13.4*	1:16	0:10
通学	*9.3*	1:07	0:06	*1.7*	1:03	0:01
社会参加	*4.6*	1:51	0:05	*7.4*	2:08	0:10
会話・交際	*15.5*	1:13	0:11	*18.1*	1:41	0:18
レジャー活動	*62.9*	2:50	1:47	*71.8*	4:22	3:08
スポーツ	*9.3*	1:35	0:09	*11.7*	2:01	0:14
趣味娯楽（ネット）1)2)	*37.0*	2:00	0:44	*37.3*	2:29	0:56
趣味娯楽（ネット動画）1)	*19.9*	2:00	0:24	*21.0*	2:31	0:32
マスメディア接触	*86.8*	4:40	4:03	*87.1*	5:34	4:51
テレビ	*78.7*	3:50	3:01	*78.5*	4:38	3:38
ラジオ	*9.8*	2:40	0:16	*8.4*	2:43	0:14
新聞	*29.8*	0:48	0:14	*26.2*	0:51	0:13
雑誌・マンガ・本	*13.7*	1:17	0:11	*15.8*	1:37	0:15
休息	*39.6*	1:08	0:27	*36.5*	1:22	0:30
その他・不明	*41.2*	1:40	0:41	*36.5*	1:40	0:36
行動分類						
必需行動 3)	*100.0*	10:14	10:14	*100.0*	11:10	11:10
拘束行動 4)	*95.7*	8:42	8:19	*89.2*	5:52	5:14
自由活動 5)	*95.3*	5:00	4:46	*96.5*	7:15	7:00

ＮＨＫ放送文化研究所「国民生活時間調査」(2020年）より作成。1995年から５年ごとの調査。全国の10歳以上で平日１日単位の平均。1）教養を含む。2）動画を含まず。3）睡眠や食事など生理的に必要な活動。4）仕事や家事など社会生活を営む上で義務のある活動。5）必需行動、拘束行動以外で、各人が自由に使える時間における活動。

表 33-17　余暇市場の推移（単位　十億円）

	2016	2017	2018	2019	2020
余暇市場……………	72 066	71 804	71 893	72 307	55 204
対国内総支出（%）……	*13.2*	*13.0*	*12.9*	*12.9*	*10.3*
対民間最終消費支出（%）·	*24.2*	*23.8*	*23.6*	*23.7*	*19.1*

日本生産性本部「レジャー白書」(2021年版）より作成。2015年版のレジャー白書から、「パチンコ・パチスロ」市場の推計方法が変更され、また「オンライン・ソーシャルゲーム」や「電子出版」などの新たな項目が加わった。そのため、余暇市場は過去に遡って変更されている。国内総支出および民間最終消費支出は、内閣府「国民経済計算」による名目値（2022年4月5日閲覧）を使用。

表 33-18　余暇活動の種類別行動者率（%）（10歳以上）

	1996	2001	2006	2011	2016
外国語学習……………	*9.4*	*10.7*	*10.3*	*10.8*	*12.9*
商業実務・ビジネス関係学習 1)	*5.9*	*19.3*	*15.7*	*15.3*	*16.2*
芸術・文化……………	*6.1*	*9.5*	*11.2*	*10.0*	*11.7*
野球（キャッチボールを含む）	*13.8*	*10.8*	*8.6*	*7.1*	*7.2*
サッカー・フットサル……	*7.4*	*5.8*	*6.0*	*5.6*	*6.0*
テニス……………	*9.1*	*6.2*	*5.6*	*4.2*	*5.0*
ゴルフ（練習を含む）……	*13.8*	*11.1*	*8.9*	*8.1*	*7.9*
水泳……………	*22.7*	*19.8*	*13.8*	*10.5*	*11.0*
映画鑑賞…………… 2)	*27.0*	*35.8*	*37.3*	*35.1*	*39.6*
パチンコ……………	*18.5*	*15.3*	*11.8*	*10.0*	*8.5*
カラオケ……………	*45.1*	*39.1*	*31.8*	*29.0*	*30.7*
ゲーム（テレビ・パソコンでの）3)	*27.4*	*29.1*	*33.0*	*33.3*	*35.8*
遊園地、動植物園、水族館など	*38.1*	…	*34.5*	*31.5*	*33.8*

総務省「社会生活基本調査（生活行動に関する結果）」より作成。対象は10歳以上のみ。行動者とは過去1年間に該当種類の活動を行った者。1）パソコンなどの情報処理関連学習を含含む総数。2）テレビ・DVDなどは除く。3）家庭で行うもの。携帯用を含む。

表 33-19　犬と猫の推定飼育頭数（単位　千頭）

	2016	2017	2018	2019	2020	2021
犬…………	8 008	7 682	7 616	7 579	7 341	7 106
猫…………	8 333	8 672	8 849	8 764	8 628	8 946

ペットフード協会「全国犬猫飼育実態調査」より作成。各年10月現在。20～79歳に対する調査で、世帯飼育率と飼育世帯の平均飼育頭数から推定したもの。2021年より調査方法を改定し、二人以上世帯と単身世帯の推計値を合計して算出。2020年以前にも改定内容を反映。

〔宗教〕 日本には多種多様な宗教文化が混在し、特に神道と仏教は神仏習合の考え方により、古くから日常生活に深く結びついてきた。

多くの人々は年中行事や冠婚葬祭など人生の節目において、神社と寺院、教会等に関わりを持って生活している。日本人は自分自身を無宗教と認識する人が多いといわれているが、文化庁の調査では、日本の宗教団体の信者総数は重複を含めて約1億8000万人となっている。

図 33-14　宗教団体と教師の系統別割合（2020年末現在）

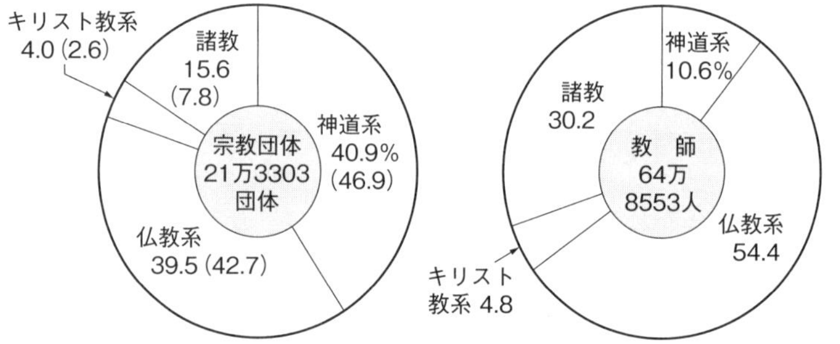

資料・注記は下表参照。宗教団体のうち（　）内のパーセントは宗教法人18万147法人における割合。教師は宗教団体が決める教師資格を有している者で、それぞれ基準が異なる。外国人教師を含む。

表 33-20　全国の宗教団体数と信者数（2020年末現在）

	宗教団体[1)]（非法人を含む）	宗教法人[2)]					信者[3)]（万人）
		神社	寺院	教会	布教所	計	
神道系……	87 195	80 691	13	3 360	149	84 444	8 792
仏教系……	84 193	20	75 432	939	90	76 887	8 397
キリスト教系	8 544	—	1	3 986	5	4 747	192
諸教……[4)]	33 371	53	49	13 596	40	14 069	734
総数……	**213 303**	**80 764**	**75 495**	**21 881**	**284**	**180 147**	**18 115**

文化庁「宗教統計調査」より作成。原則として宗教法人を対象とした統計調査であるため、非法人のみで存在する宗教団体は範囲に含まれていない。1）宗教法人が包括する非法人宗教団体、および宗教法人を包括する非法人宗教団体などを含む。2）それぞれの名称によって分類されている。布教所は、講義所、伝道所などの名称も含む。計にはその他を含む。3）各宗教団体が、それぞれ氏子、檀徒、教徒、信者、会員などと称するすべてを含む。定義や資格などはそれぞれの宗教団体が独自に定めている。信者の総数が日本の総人口を超えることからみて、重複してカウントされていると推測される。4）いずれの系統にも属さないと見なされるもの。

第34章　教　　育

2021年の日本の教育は、前年から続くコロナ禍の影響を引き続き受けることとなった。全国規模での一斉休校は実施されなかったが、2021年夏はデルタ株による「第5波」の影響で、夏休みの期間延長、短縮授業や分散登校を実施した学校が各地で見られた。2022年に入ってからは、オミクロン株の感染拡大による「第6波」が始まり、子どもたちに感染が広まっていることから、臨時休校や学級閉鎖などを行う学校が全国で1000校を超えている（22年1月26日時点）。政府はコロナ禍でも学校教育の継続を支えるべく「GIGAスクール構想」を前倒しして、タブレット端末等を2020年度中に小中学生全員へ配布し、オンライン授業の環境

表 34-1　学校・教員・在学者数の変化（各年5月1日現在）

	1980	1990	2000	2010	2020	2021
小学校						
学校数・・・・・・ 1)	24 945	24 827	24 106	22 000	19 525	19 336
教員数（千人）・	468	444	408	420	423	423
児童数（千人）・	11 827	9 373	7 366	6 993	6 301	6 223
中学校						
学校数・・・・・・ 1)	10 780	11 275	11 209	10 815	10 142	10 076
教員数（千人）・	251	286	258	251	247	248
生徒数（千人）・	5 094	5 369	4 104	3 558	3 211	3 230
高等学校						
学校数・・・・・・ 1)	5 208	5 506	5 478	5 116	4 874	4 856
教員数（千人）・	244	286	269	239	229	227
生徒数（千人）2)	4 622	5 623	4 165	3 369	3 092	3 008
うち定時制（千人）2)	149	147	109	116	79	75
大学						
学校数・・・・・・・・	446	507	649	778	795	803
教員数（千人）・	103	124	151	174	190	190
学生数（千人）2)3)4)	1 835	2 133	2 740	2 887	2 916	2 918
短期大学						
学校数・・・・・・・・	517	593	572	395	323	315
教員数（千人）・	16.4	20.5	16.8	9.7	7.2	7.0
学生数（千人）2)3)	371	479	328	155	108	102

文部科学省「学校基本調査」(2021年度）より作成。通信教育を含まず。教員数は本務者のみ。1）本校と分校の合計。2）専攻科、別科の学生を含む。3）聴講生などを含む。4）大学院生を含む。【☞府県別統計521ページ】

を整備した。しかし、教育現場でオンライン授業の運用方法が確立していないことから、オンライン授業を実施している公立学校は少数にとどまっている。一方、2020年度から感染対策としてにわかにオンライン授業が始まった大学では、学費を支払っているのに大学施設が利用できないといった学生の不満が見られた。2021年度からは、教育機会の提供と感染対策を両立すべく、従来型の対面授業とオンライン授業のバランスを取る併用型が主流となっている。

学校現場では2022年度から高校で新学習指導要領が実施され、学校教育は新しい指導要領に移行した。文科省は新しい指導要領に基づいて、2022年度から小学校の高学年で「外国語・理科・算数・体育」の各教科に中学・高校と同じ形である教科担任制を4年間かけて導入する。これにより、専門性の高い教員が授業を担当することで教育の質の向上や、教師の負担軽減が期待されている。高校の普通科では、学校の裁量で使える時間を活用して、特定の分野に特化した新学科を、2022年度より設置できるよう

表34-2　通信教育の現状（2021年5月1日現在）

		学校数	教員数（本務者）（人）	在学者数（人）
高等学校……	1)	260	5 558	218 389
大学…………	2)3)	45	558	214 011
大学院………	2)3)	27	132	7 468
短期大学……	2)	11	206	20 795

文部科学省「学校基本調査」(2021年度）より作成。表34-1や表34-4の外数。在学者は正規課程以外の者や併修者を含む。大学院の教員は大学院の専従者のみの数値で、大学の教員に含まれるものを除く。1）独立校119校、併置校141校の合計260校で、このほか高等学校の通信教育について協力する高等学校（協力校）が346校ある。2）通信教育部を置くもの。このうち通信教育のみを行う学校が、短大2校、大学のみ設置する学校3校、大学院のみ設置する学校1校、大学と大学院を併置する学校2校がある。3）大学と大学院の両方で通信教育を行う18校を含む。

表 34-3　大学・短期大学進学率（各年5月1日現在）（%）

	2000	2010	2020	2021
大学（学部）‥	*39.7*	*50.9*	*54.4*	*54.9*
男………	*47.5*	*56.4*	*57.7*	*58.1*
女………	*31.5*	*45.2*	*50.9*	*51.7*
短期大学(本科)	*9.4*	*5.9*	*4.2*	*4.0*
男………	*1.9*	*1.3*	*1.0*	*0.9*
女………	*17.2*	*10.8*	*7.6*	*7.2*

資料は上表に同じ。大学学部・短期大学本科入学者数（過年度高卒者等を含む）を3年前の中学校卒業者および中等教育学校前期課程修了者数で除した比率。

にする。特に、現代社会の課題や地域の課題解決を探る学習などを取り入れることで学習意欲を高め、課題発見・解決力といった能動的な学びの育成を目指す。高校の普通科は画一的な教育が一般的で、学校選びは主に偏差値のみが重視される傾向にあったが、それぞれの特色や魅力ある高校を増やすべく、改革が始まっている。

表 34-4　学校・教員・在学者数（2021年5月1日現在）

		学校数	教員数（千人）	在学者数（千人）	〃 %
幼稚園	計	9 420	90.2	1 009.0	*100.0*
	うち私立	6 268	74.4	875.5	*86.8*
幼保連携型認定こども園[1]	計[5]	6 268	129.1	796.9	*100.0*
	うち私立	5 406	115.2	700.4	*87.9*
小学校	計	19 336	422.9	6 223.4	*100.0*
	うち私立	241	5.4	79.5	*1.3*
中学校	計	10 076	248.3	3 229.7	*100.0*
	うち私立	778	15.7	245.2	*7.6*
義務教育学校[2]	計	151	5.4	58.6	*100.0*
	うち私立	1	0.02	0.2	*0.3*
高等学校	計[6]	4 856	226.7	3 008.2	*100.0*
	うち私立	1 320	62.6	1 010.6	*33.6*
中等教育学校[3]	計	56	2.7	32.8	*100.0*
	うち私立	18	0.7	6.9	*21.0*
特別支援学校[4]	計	1 160	86.1	146.3	*100.0*
	うち私立	15	0.3	0.9	*0.6*
専修学校	計	3 083	40.6	662.1	*100.0*
	うち私立	2 889	37.8	638.9	*96.5*
各種学校	計[5]	1 070	8.7	102.5	*100.0*
	うち私立	1 064	8.6	102.1	*99.6*
大学	計[6]	803	190.4[7]	2 918.0	*100.0*
	うち私立	619	112.2[7]	2 160.1	*74.0*
大学 大学院	計[6)8)]	652	…	257.1	*100.0*
	うち私立	480	…	87.9	*34.2*
短期大学	計[5)6)]	315	7.0	102.2	*100.0*
	うち私立	301	6.6	96.9	*94.8*
高等専門学校	計	57	4.1	56.9	*100.0*
	うち私立	3	0.2	1.8	*3.2*

資料は表34-2に同じ。教員は本務者のみ。在学者数は、専攻科、別科、その他（聴講生、研究生など）を含む。1）2015年度から設置された、就学前の子どもの教育と保育を一体的に行う施設。2）2016年度から設置された、義務教育を一貫して行う学校。3）中高一貫校。4）盲・ろう・養護の各学校の制度を一本化した学校。5）国立はない。6）通信教育のみ行う学校数は表34-2の脚注参照。7）大学院生を含む。8）教員数は大学に含まれる。

図 34-1　大学・短期大学進学率の推移（各年5月1日現在）

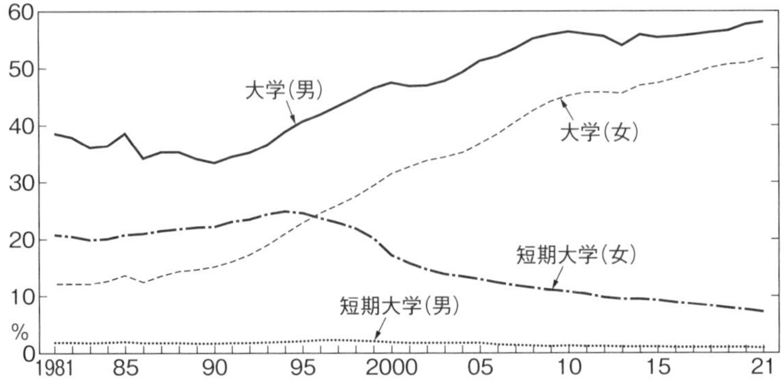

表34-1の資料より作成。脚注は表34-3に同じ。大学は学部、短期大学は本科。

表 34-5　子供の学習費調査（2018年度、1人あたり年額）（単位　円）

	幼稚園		小学校	
	公立	私立	公立	私立
学校教育費・・・・・1)	120 738	331 378	63 102	904 164
授業料・・・・・・・・・	66 206	211 076	—	485 337
学校給食費・・・・・・・	19 014	30 880	43 728	47 638
学校外活動費・・・・	83 895	165 658	214 451	646 889
補助学習費・・・2)	22 564	48 229	82 469	348 385
学習塾費・・・・	7 788	27 401	53 313	252 790
芸術文化活動・・	14 735	28 514	35 402	95 712
スポーツ活動・3)	25 849	49 120	55 002	82 902
学習費総額・・・・	**223 647**	**527 916**	**321 281**	**1 598 691**

	中学校		高等学校（全日制）	
	公立	私立	公立	私立
学校教育費・・・・・1)	138 961	1 071 438	280 487	719 051
授業料・・・・・・・・・	—	428 574	25 378	230 026
学校給食費・・・・・・・	42 945	3 731	—	—
学校外活動費・・・・	306 491	331 264	176 893	250 860
補助学習費・・・2)	243 589	220 346	147 875	193 945
学習塾費・・・・	202 965	153 365	106 884	129 313
芸術文化活動・・	15 865	45 181	8 507	14 596
スポーツ活動・3)	29 167	24 358	5 784	15 101
学習費総額・・・・	**488 397**	**1 406 433**	**457 380**	**969 911**

文部科学省「子供の学習費調査」(2018年度）より作成。隔年調査。1）学用品や制服等を含む。2）学習塾費のほか家庭教師費など。3）レクリエーション活動を含む。

表 34-6　不登校・中途退学・自殺の状況（会計年度）（単位　人）

	2000	2005	2010	2015	2019	2020
不登校者数1)						
小学校・・・・・・・・	26 373	22 709	22 463	27 583	53 350	63 350
不登校者率(%)2)	*0.36*	*0.32*	*0.32*	*0.42*	*0.83*	*1.00*
中学校・・・・・・・・	107 913	99 578	97 428	98 408	127 922	132 777
不登校者率(%)2)	*2.63*	*2.75*	*2.73*	*2.83*	*3.94*	*4.09*
中途退学者数3)						
全日制普通科・・	57 866	39 626	26 984	19 650	18 290	14 946
退学者率(%)2)	*1.9*	*1.6*	*1.1*	*0.8*	*0.8*	*0.7*
全日制専門学科	32 102	19 032	12 707	8 035	6 922	5 536
退学者率(%)2)	*3.2*	*2.3*	*1.7*	*1.1*	*1.0*	*0.9*
定時制高校・・・・	17 061	15 263	13 123	9 769	6 782	5 460
退学者率(%)2)	*15.8*	*13.9*	*11.3*	*10.0*	*8.3*	*6.9*
中途退学者計4)	**109 146**	**76 693**	**55 415**	**49 263**	**42 882**	**34 965**
自殺者数5)						
小学生・・・・・・・・	4	3	1	4	4	7
中学生・・・・・・・・	49	25	43	56	91	103
高校生・・・・・・・・	94	75	112	155	222	305

文部科学省「児童生徒の問題行動･不登校等生徒指導上の諸課題に関する調査」(2020年度)より作成。2006年度以降は中等教育学校を、16年度以降は義務教育学校を含む。小・中・高校には義務教育学校と中等教育学校の該当学年を含む。1）30日以上欠席した児童生徒のうち不登校を理由とする者。2）児童、生徒数に対する割合。3）2004年度までは公・私立高校を調査、05年度からは国立高校、13年度からは高校通信制課程も調査。4）全日制総合学科と、2013年度からは通信制を含む。5）2005年度までは公立校を調査、06年度からは国・私立校、13年度からは高校通信制課程も調査。学校が把握し、計上したもの。

表 34-7　暴力行為・いじめの状況（単位　件）

	2006年度		2019年度		2020年度	
	校内暴力発生件数	発生率(%)	校内暴力発生件数	発生率(%)	暴力行為発生件数3)	発生率(%)
小学校・・・・・・・・・	3 494	*4.9*	41 794	*29.4*	41 056	*30.0*
中学校・・・・・・・・・	27 540	*36.1*	27 388	*45.5*	21 293	*41.6*
高等学校・・・・・ 1)	8 985	*48.0*	6 245	*44.1*	3 852	*34.2*
	いじめ認知件数	発生率(%)	いじめ認知件数	発生率(%)	いじめ認知件数	発生率(%)
小学校・・・・・・・・・	60 897	*48.0*	484 545	*88.2*	420 897	*86.4*
中学校・・・・・・・・・	51 310	*71.1*	106 524	*86.3*	80 877	*82.2*
高等学校・・・・・ 1)	12 307	*59.1*	18 352	*64.1*	13 126	*54.5*
特別支援学校・ 2)	384	*15.0*	3 075	*45.5*	2 263	*40.5*

出典、校種は上表と同じ。発生率は、校内暴力が発生した学校数・いじめを認知した学校数の学校総数に対する割合。1）2013年度以降は通信制課程を含む。2）盲・ろう・養護学校の制度を一本化した学校。3）学校内と学校外の暴力行為の合計。

図 34-2　日本人学生の留学状況の推移（会計年度）

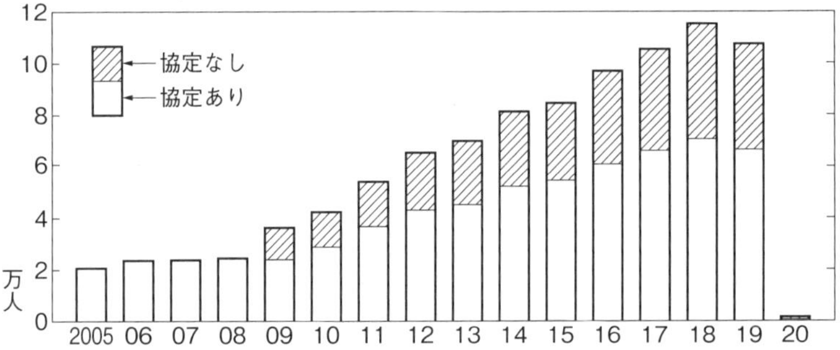

日本学生支援機構「日本人学生留学状況調査」(2020年度）より作成。教育や研究などを目的に、年度内に海外の大学などで留学を開始した日本人学生について調査したもの。2013年度調査より、高等専門学校と専修学校も対象としている。なお、この調査での留学には、単位取得が可能な学習活動や、語学の実地習得などを含む。協定とは、海外の大学と学生交流に関して取り交わした正式文書や、学生交流に関わる事務上の取り決めのこと。2020年度は1487人（韓国265人、米国240人、カナダ189人など)。

図 34-3　日本人学生の留学先と外国人留学生の出身国（地域）

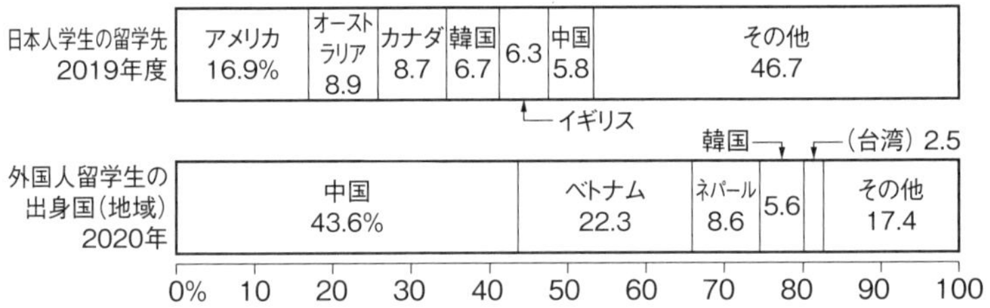

資料は上表と下表による。日本人学生の留学先は協定あり・なし合計の内訳。

表 34-8　校種別外国人留学生の推移（各年５月１日現在）（単位　人）

	1990	2000	2010	2019	2020	2021
大学院・・・・・・・・	12 383	23 585	39 097	53 089	53 056	52 759
大学・短大・高専	16 390	30 612	72 665	92 952	83 077	76 499
専修学校・・・・・・	12 574	8 815	27 872	78 844	79 598	70 268
準備教育機関・1)	…	999	2 140	3 518	3 052	2 351
日本語教育機関	…	…	…	83 811	60 814	40 567
計・・・・・・・・・・	**41 347**	**64 011**	**141 774**	**312 214**	**279 597**	**242 444**

日本学生支援機構「外国人留学生在籍状況調査結果」(2021年度）より作成。留学生とは留学の在留資格で日本の教育機関において教育を受ける外国人学生。2010年に留学と就学の在留資格が一本化され、2011年度より日本語教育機関を含む。1）中等教育修了に12年を要しない国の学生に対し、日本の大学入学資格を与えるために2000年に設けられた課程。

表 34-9　学習塾の状況

	2009	2015	2018	2019	2020
事業所数……………	49 682	48 572	46 734	52 699	52 070
うち会社以外の経営 …	35 873	32 734	30 543	31 809	31 230
従業者数（千人）………	323	312	328	387	399
うち正社員・正職員(千人)	46	43	40	49	51
うち会社以外の経営(千人)	136	117	111	119	117
受講生数（千人）………	4 004	3 734	3 122	3 726	3 698
うち会社以外の経営(千人)	1 939	1 814	1 306	1 435	1 330
年間売上高（億円）……	9 468	9 282	9 834	11 334	11 940
うち会社以外の経営(億円)	2 271	2 048	1 873	2 044	2 074

2018年までは経済産業省「特定サービス産業実態調査」、2019年以降は同「経済構造実態調査（乙調査）」より作成。調査対象は、小・中・高校生などを対象として、学習指導を行う学校で、予備校など専修・各種学校以外のもの。従業者数は講師以外の職員も含む。

表 34-10　社会教育施設数と利用者数

	施設数		利用者数（千人）	
	2008	2018	2007	2017
公民館（類似施設含む）・	16 566	14 281	236 617	166 517
図書館（同種施設を含む）	3 165	3 360	171 355	177 899
博物館………………	1 248	1 286	124 165	142 456
博物館類似施設………	4 527	4 452	155 706	160 613
青少年教育施設………	1 129	891	22 113	19 729
女性教育施設…………	380	358	10 675	11 310
社会体育施設…………	47 925	46 981	482 351	526 725
民間体育施設…………	17 323	16 397	148 380	107 939
劇場・音楽堂等………	1 893	1 827	…	…
生涯学習センター……	384	478	24 784	27 290
計………………	**94 540**	**90 311**	**1 376 146**	**1 340 477**

文部科学省「社会教育調査」より作成。施設数は各年10月1日現在、利用者数は会計年度。博物館および博物館類似施設には、動物園などがが含まれる。社会体育施設とは、地方自治体が設置した体育館やプールなどの施設。図書館と体育施設の利用者数はそれぞれ、図書の帯出者数、体育館などの利用者のみの人数。

表 34-11　社会教育関係施設などでの学級・講座の受講者数
（会計年度）（単位　千人）

	教育委員会	都道府県・市町村	公民館	青少年教育施設	女性教育施設	生涯学習センター	計×
2007	7 105	7 129	13 038	688	336	985	34 172
2017	5 679	8 680	9 518	951	345	740	32 241

資料は上表に同じ。×その他とも。

第35章　社会保障・社会福祉

〔社会保障〕　社会保障制度は、国民の安心や生活の安定を支えるセーフティネットである。社会保険や社会福祉、公的扶助（生活保護など）や保健医療･公衆衛生があり、人々の生活を生涯にわたりサポートする。

社会保障負担は増大し続けており、社会支出の対GDP比は1980年度の10.4%から、2019年度には22.9%まで拡大した。他方、社会保障費は国民に給付されて、租税負担とともに所得の再分配効果をもたらす。

表 35-1　社会保障給付費（会計年度）（単位　億円）

	1990	2000	2010	2018	2019
医療	186 254	266 049	336 440	397 480	407 226
年金	237 772	405 367	522 286	552 581	554 520
福祉その他	50 212	112 646	194 921	263 926	277 494
介護対策	—	32 806	75 082	103 885	107 361
計	**474 238**	**784 062**	**1 053 647**	**1 213 987**	**1 239 241**
対国民所得（%）	*13.7*	*20.1*	*28.9*	*30.2*	*30.9*
一人あたり（千円）	383.7	617.7	822.8	960.1	982.2

国立社会保障・人口問題研究所「社会保障費用統計」(2019年度) より作成。

表 35-2　政策分野別社会支出（2019年度）

	億円	対GDP比（%）		億円	対GDP比（%）
高齢	484 114	*8.6*	労働市場 2)	8 303	*0.1*
遺族	64 600	*1.2*	失業	8 964	*0.2*
障害、傷病 1)	62 392	*1.1*	住宅	6 028	*0.1*
保健	530 527	*9.5*	計×	**1 278 996**	*22.9*
家族	96 730	*1.7*			

資料は表35-1に同じ。社会支出は表35-1に示した社会保障給付のほか､施設整備等を含む。1）業務災害を含む。2）トレーニングなど積極的労働市場政策。×その他とも。

表 35-3　主要国の社会支出の対GDP比（2019年度）（%）

日本	*22.9*	イギリス 2)	*21.4*	フランス 1)	*31.8*
アメリカ合衆国 1)	*24.6*	ドイツ 2)	*27.6*	スウェーデン 2)	*26.4*

資料は表35-1に同じ。1）2018年度。2）2017年度。

コロナ禍の国民の生活を守ることに、社会保障は一定の役割を果たしている。2020年度には、特別定額給付金として辞退者を除く住民基本台帳記録者全員に一律10万円が給付（計12.67兆円）されたほか、21年度には子育て世帯への臨時特別給付として、児童1人あたり10万円相当が給付された。住民税非課税世帯等に対する給付なども実施されており、雇用政策での事業者への助成とともに大規模な支出が続いている。

図 35-1 部門別社会保障給付費の推移（会計年度）

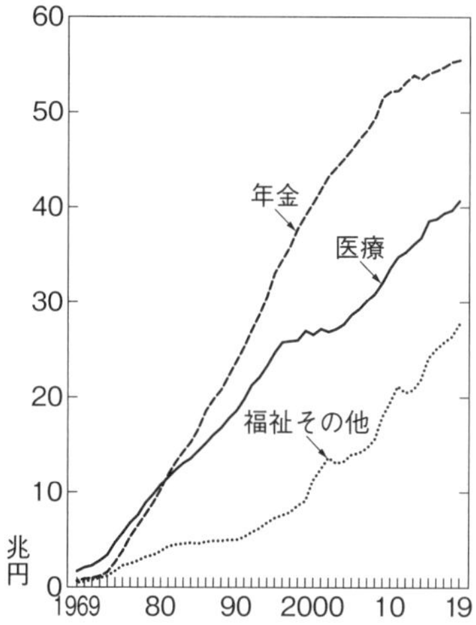

資料は表35-1に同じ。

図 35-2 所得再分配による所得階級別世帯分布（2017年）

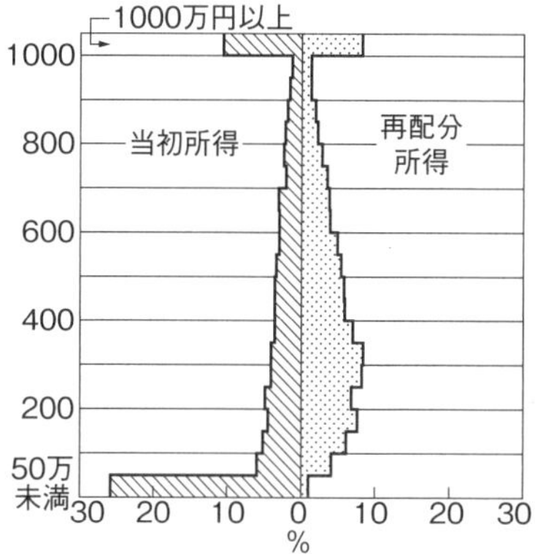

厚生労働省「所得再分配調査報告書」（2017年）より作成。税と社会保障による所得の再分配の動向。50万円ごとの所得階級別の世帯数割合。

表 35-4 社会保障の財源（会計年度）（単位 億円）

	1990	2000	2010	2018	2019	〃 %
社会保険料‥‥	395 154	549 637	584 822	725 926	740 082	*55.9*
被保険者拠出	184 966	266 560	303 291	383 382	389 665	*29.4*
事業主拠出‥	210 188	283 077	281 530	342 544	350 417	*26.5*
公費負担‥‥‥	161 908	251 644	407 983	503 913	519 137	*39.2*
国庫負担‥‥	134 936	198 006	295 287	335 997	344 067	*26.0*
他の公費負担	26 972	53 638	112 697	167 916	175 070	*13.2*
資産収入‥‥‥	83 580	64 976	8 388	44 286	15 944	*1.2*
その他‥‥‥‥	12 443	25 155	95 594	51 919	48 582	*3.7*
計‥‥‥‥‥	**653 086**	**891 411**	**1 096 787**	**1 326 043**	**1 323 746**	*100.0*

資料は表35-1に同じ。資産収入は公的年金制度等における運用実績により変動する。

〔**医療保険**〕 日本は世界最高レベルの平均寿命と保健医療水準を実現しているが、これは1961年に実現した国民皆保険が支えている。医療費の窓口負担は３割（義務教育就学前や、現役並み所得にない高齢者は２割。同じく75歳以上の後期高齢者は１割であるが、2022年10月よりその約20％が２割になる）で、さらに窓口負担には限度額がある。このため、国民医療費に占める患者負担割合は2019年度で11.7％に抑えられている。ただし、医療費が増大する中で、大企業を中心に設立される健康保険組合は財政が悪化しており、解散や合併によって減少傾向にある。

図 35-3　国民医療費

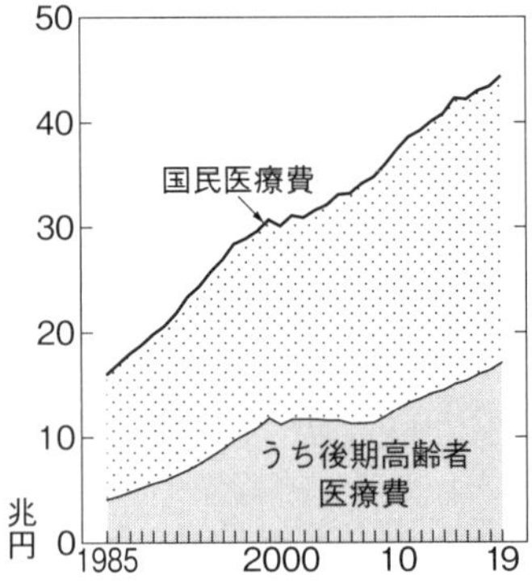

資料は下表に同じ。会計年度。

表 35-5　医療保障適用人口（2019年度末現在）（単位　千人）

	被用者	被扶養者	計	総人口比（％）
被用者保険・・・・・・・・・・・ 1)	45 778	32 180	77 957	*61.91*
全国健康保険協会管掌健康保険・・・・・・・・・ 2)	24 793	15 650	40 444	*32.12*
組合管掌健康保険・・・ 3)	16 353	12 485	28 838	*22.90*
共済組合・・・・・・・・・・・ 4)	4 562	3 980	8 542	*6.78*
国民健康保険・・・・・・・・・・・	29 324	—	29 324	*23.29*
市町村国民健康保険・・・	26 599	—	26 599	*21.12*
国民健康保険組合・・・ 5)	2 726	—	2 726	*2.16*
後期高齢者医療制度・・・ 6)	18 032	—	18 032	*14.32*
医療保険適用者計・・・・・	**93 134**	**32 180**	**125 314**	*99.51*
生活保護法適用者・・・・・・・	—	—	2 067	*1.64*

厚生労働省「医療保険に関する基礎資料」(2019年度) より作成。日本ではすべての人が医療保障の適用を受ける（国民皆保険)。総人口比は2020年４月１日現在の人口推計による総人口に対する割合。統計の不突合により、医療保険と生活保護法の適用者合計が人口と一致しない。1) 内訳に示したもののほか、船員保険や、臨時雇用・短期雇用者が被保険者のものがある。2) 通称、協会けんぽ。以前は国（社会保険庁）が保険者で、政府管掌健康保険と呼ばれていた。3) 大企業単独や、同業同種で共同設立するものもある。4) 国家公務員共済組合連合会、地方職員共済組合、日本私立学校振興・共済事業。5) 医師、薬剤師や建設業など特定の従事者で組織される国民健康保険の組合。6) 75歳以上が対象。

〔**公的年金**〕 公的年金は、現役世代が支払った保険料を高齢者の年金給付に充てるもので、国民年金は20歳以上60歳未満のすべてに加入義務がある。会社などに勤める人は、国民年金に加えて厚生年金に加入する「２階建て」になっている。保険料に国庫負担金（税金）を合わせて年金を給付する仕組みで、保険料未納者は年金を受給できないが、国民年金のみ加入者（第１号）の納付率は2018年度分で77.2％（過年度納付分を含む）である。なお、年金の給付水準は物価や賃金上昇とともに増加

表 35-6 公的年金の被保険者（加入者）（会計年度末現在）（単位 千人）

	国民年金第１号	国民年金第２号等1)	厚生年金第１号	厚生年金第２～４号	国民年金第３号	加入者総数	総人口比(％)
2010	19 382	38 829	34 411	4 418	10 046	68 258	*53.4*
2019	14 533	44 879	40 374	4 505	8 203	67 616	*53.7*
2020	14 490	45 130	40 470	4 660	7 930	67 560	…

厚生労働省「厚生年金保険・国民年金事業年報」より作成。ただし、2020年度末は同「厚生年金保険・国民年金事業の概況」による（万人単位で公表）。日本に住む20歳以上60歳未満は、すべて**国民年金**に加入し、将来老齢基礎年金を受ける。**国民年金第１号**は自営業者や学生など。**国民年金第２号**は会社員や公務員など、厚生年金や共済（2015年10月に厚生年金に統一）の加入者。これらは国民年金の上乗せ部分となる。なお、厚生年金第１号は民間企業の会社員など、第２～４号は国家、地方公務員や私立学校の教職員。**国民年金第３号**は第２号被保険者に扶養される20歳以上60歳未満の配偶者。1）国民年金第２号のほか、65歳以上で老齢又は退職を支給事由とする年金給付の受給権者を含む。

表 35-7 公的年金受給者数と受給者の年金総額（会計年度末現在）

		国民年金	厚生年金保険		福祉年金	計1)	実受給権者
			第１号	第２～４号			
受給者（千人）	2010	28 343	29 433	4 101	5	61 882	37 962
	2019	35 645	35 432	4 819	0	75 897	40 403
	2020	35 960	35 810	4 880	0	76 650	40 510
年金額（億円）	2010	185 352	258 761	67 199	21	511 332	(*14.1*)
	2019	239 742	254 965	61 554	0	556 262	(*13.9*)
	2020	243 212	255 715	61 151	0	560 078	(…)

資料および注記は上表に同じ。年金額は、各年度末現在の受給者で決定済の年金額（年額）合計。一部支給停止分を含む。福祉年金は国民年金制度が発足した1961年当時ですでに高齢で、拠出年金を受けるための受給資格期間を満たせない人を救済するための制度。年金額計のかっこは、国民所得に占める年金総額の割合。1）受給者計は重複を含む。

するが、現役の被保険者の減少や平均余命の伸びに応じて調整される。

公的年金に上乗せ受給される私的年金では、企業年金で従来の確定給付型に加えて、運用が加入者等の自己責任となる確定拠出型が増えている。税制の優遇措置があり、個人も確定拠出型（iDeCo）が増えている。

表 35-8　厚生年金保険（第１号）受給者の平均年金月額
（基礎年金月額を含む）（2020年度末現在）（単位　円）

老齢年金	146 145	通算老齢年金・25年未満	62 116
基礎または定額あり 1)	151 543	障害年金	102 477
基礎または定額なし	66 934	遺族年金 2)	82 947

資料は表35-6に同じ。新法老齢厚生年金のうち、旧法の老齢年金に相当するものは「老齢年金」に、それ以外のものは「通算老齢年金・25年未満」に計上。なお、老齢年金を受け取るために必要な保険料納付済等期間が、通算25年以上から2017年８月より10年以上となった。1）老齢基礎年金または特別支給の老齢厚生年金の定額部分を受給している者。2）通算遺族年金を含まない。

表 35-9　国民年金受給者の平均年金月額（2020年度末現在）（単位　円）

老齢年金・25年以上	56 358	通算老齢年金・25年未満	19 282
新規裁定 1)	54 410	障害年金	72 039
		遺族年金	84 173

資料は上表に同じ。新法基礎年金について、老齢基礎年金の受給資格期間を原則として25年以上有するものは「老齢年金・25年以上」に、それ以外のものは「通算老齢年金・25年未満」に計上。1）2020年度の新規裁定者の平均。

（参考）私的年金加入者数（2020年度末現在）（単位　千人）

確定給付企業年金(DB) 1)	9 291	国民年金第２号加入者	1 648
確定拠出年金（DC）		うち共済組合員	424
企業型 2)	7 502	国民年金第３号加入者	75
個人型（iDeCo）	1 939	厚生年金基金	126
国民年金第１号加入者	217	国民年金基金 3)	344

厚生労働省資料および国民年金基金連合会資料より作成。**私的年金**は、公的年金の上乗せの給付を保障する制度。**確定給付型**は、加入期間などに基づきあらかじめ給付額が定められている。**確定拠出型**は、拠出した掛金とその運用収益との合計を基に給付額が決定する。**厚生年金基金**は厚生年金の給付の一部を代行するとともに、企業の実情などに応じて上乗せ給付を行う。2014年４月以降は新規設立が認められていない。**国民年金基金**は、国民年金の第１号被保険者が任意で加入する制度。1）2019年度。事業年度末日が2019年度中のもの。運用方法が生命保険一般勘定に限定され、積立不足の生じない設計となっている受託保証型を除く。2）運営管理機関連絡協議会「確定拠出年金統計資料」（2021年３月末）による。裁定請求受付人数。3）厚生年金基金より提出された2020年度の決算書に基づく。

〔高齢者福祉〕 高齢化が進む中で、介護を社会全体で支える介護保険制度が2000年に創設された。40歳以上から徴収する保険料で5割、公費5割を財源に運営され、要介護・要支援認定を受けた人にサービスが受給される（このほか利用者負担分がある）。ただし、介護保険施設が不足しており、日常生活でほぼ全面的に介護が必要な要介護度3以上の認定者でも、施設に入所できる人が限られる。このため、政府は訪問介護

表 35-10 介護保険の要介護認定とサービス受給者（2019年度）（単位 千人）

	要介護要支援認定者	居宅介護サービス受給者1)	地域密着型サービス受給者1)	施設介護サービス受給者	介護老人福祉施設	介護老人保健施設
要支援1	934.3	295.0	5.5	0.0	0.0	0.0
要支援2	944.4	462.5	8.4	0.0	0.0	0.0
要介護1	1 351.7	1 022.4	254.2	50.1	7.2	42.1
要介護2	1 156.0	908.9	232.6	89.3	20.9	66.8
要介護3	879.6	541.7	176.6	223.8	134.0	86.2
要介護4	817.7	373.6	123.0	324.3	211.1	96.6
要介護5	602.5	236.7	81.9	262.4	176.5	62.8
総数	**6 686.3**	**3 840.8**	**882.1**	**949.8**	**549.7**	**354.7**

厚生労働省「介護保険事業状況報告」（2019年度）より作成。認定者数は2019年度末現在で、65歳未満を含む。65歳以上認定者は6558.3千人で、65歳以上介護保険被保険者全体（35548千人）の18.4%。受給者は、2019年3月から翌年2月サービス分の月平均。**居宅介護サービス**は、訪問介護や通所介護、短期入所介護など、要介護・要支援者が基本的に居宅で受けるサービスで、都道府県が指定・監督を行う。**地域密着型サービス**は、市町村が指定・監督を行う比較的小規模のもので、訪問介護などのほか、入所定員が29人以下の特別養護老人ホーム（地域密着型介護老人福祉施設）を含む。**施設介護サービス**は、介護保険施設（表35-13参照）でのサービス受給者。1）介護予防サービスを含む。

表 35-11 介護保険給付費（単位 億円）

	2000 1)	2010 2)	2015	2018	2019	〃 費用額
居宅サービス	10 956	35 456	46 874	45 184	46 722	52 109
地域密着型サービス	—	6 240	10 105	15 451	15 992	17 963
施設サービス	21 336	26 700	28 483	29 944	30 810	34 495
計×	**32 427**	**72 536**	**90 976**	**96 266**	**99 622**	**107 812**

資料は上表に同じ。各年3月から翌年2月まで。給付額は費用額から自己負担分を除いたもの。**介護保険**の財源は、40歳以上の人からの保険料（事業主負担を含む）が50%、国や地方自治体による公費負担が50%。1）4月サービス分から翌年2月までで、ほかの年次より集計期間が1か月短い。2）東日本大震災により、福島県内の5町1村を含まず。×高額介護サービス費、高額医療合算介護サービス費、特定入所者介護サービス費を含む。

など居宅介護サービスの充実をさらに進める方針である。また、今後増加が見込まれる要介護者が、住み慣れた地域で生活が継続できる、市町村指定の比較的小規模な地域密着型サービスが増えている。

高齢者はコロナ感染による重症化リスクが高い。介護サービス提供者は感染防止対策の徹底が求められており、負担が増大している。

表 35-12　居宅介護サービス利用者 (2020年9月中)（単位　千人）

	介護	介護予防		介護	介護予防
訪問介護・・・・・・・	1 155.1	—	短期入所生活介護2)	297.1	8.8
訪問入浴介護・・・	66.0	0.5	短期入所療養介護1)	41.9	1.0
訪問看護ステーション・	848.3	94.7	特定施設入居者生活介護・・・・・	215.3	33.8
通所介護・・・・・・・	1 237.5	—	福祉用具貸与・・・	2 066.6	632.4
通所リハビリ・1)	418.6	166.8	居宅介護支援・・・	2 757.6	1 190.3

厚生労働省「介護サービス施設・事業所調査」(2020年) より作成。1) 介護老人保健施設、介護医療院、医療施設の合計。2) 空床利用型を含まない。

(参考) 地域密着型介護サービスでの介護利用者は、通所介護（地域密着型）が440.4千人、同（認知症対応型）55.5千人、小規模多機能型居宅介護100.4千人、認知症対応型共同生活介護205.5千人など。

表 35-13　介護保険施設の概況 (2020年10月1日現在)

	施設数	定員（千人）	在所者数1)（千人）	平均1)要介護度	常勤換算従事者数1)（千人）
介護老人福祉施設・2)	8 306	576.4	552.8	3.95	378.1
介護老人保健施設・3)	4 304	373.3	330.8	3.17	230.3
介護医療院・・・・・・・4)	536	33.8	31.7	4.22	21.8
介護療養型医療施設5)	556	19.3	16.3	4.29	17.6

資料は上表に同じ。施設数、定員数は全数調査。**介護保険施設**は介護保険法による都道府県知事の認可を受けた施設。1) 9月末日の状況。2) 定員30人以上の特別養護老人ホーム。3) 老健施設。リハビリ等で在宅復帰を目指す。4) 医療の必要な要介護者の長期療養・生活施設。5) 長期療養を必要とする患者を入院させる医療施設。定員は介護指定病床数。2023年度末に廃止される予定で、介護医療院への移行が進んでいる。

(参考) 地域密着型介護サービスに含まれる地域密着型介護老人福祉施設（入所定員30人未満の特別養護老人ホーム）は、9月末日現在の在所者数が61.2千人。

(参考) 介護保険施設に含まれない老人福祉施設では、2020年10月1日現在の在所者数が、養護老人ホームで55.7千人、軽費老人ホーム88.7千人（うちケアハウス76.4千人）。有料老人ホーム（サービス付き高齢者向け住宅以外）は521.0千人、有料老人ホームのうちサービス付き高齢者向け住宅は在所者数が公表されていないが、定員数が194.9千人（厚生労働省「社会福祉施設等調査」(2020年) による)。

〔児童福祉〕 少子化が進む中で、社会全体で子どもと子育てを応援する環境づくりが進んでいる。金銭面では児童手当のほか、コロナ対策に関連して子育て世帯への臨時特別給付が実施されている。また、保育所に加えて認定こども園などの制度が改善され、利用児童数が増加している。2021年は保育所の待機児童数が大幅に減少したが、これは定員数の増加に加えてコロナ禍による希望者の減少が大きい。

児童相談所における児童虐待に関する相談対応件数は、2020年度で10年前の3.6倍である。子どもの生命が奪われるなどの事件が後を絶たず、児童虐待は社会全体で早急に取り組むべき重要な課題となっている。

表 35-14 児童手当の概況（会計年度）

	受給者[1)]（千人）		支給対象児童[1)]（千人）		支給額（億円）	
	2019	2020	2019	2020	2019	2020
一般受給資格者	9 898	9 754	16 373	16 115	20 635	20 297
児童手当	8 884	8 711	14 767	14 463	19 710	19 333
特例給付	1 014	1 043	1 606	1 652	925	964
施設等受給資格者	6	6	36	35	43	43
計	**9 904**	**9 760**	**16 410**	**16 150**	**20 678**	**20 340**

内閣府「児童手当事業年報」(2020年度）より作成。児童手当は１人あたり月額で、０～３歳未満は１万５千円、３歳～小学校修了前は１万円（第３子以降は１万５千円)、中学生は一律１万円。受給には所得制限が設けられている（前年の所得額と扶養親族等の数で設定される)。所得制限限度額以上の場合は、特例給付として児童１人につき月額５千円支給される。施設等受給資格者は、児童養護施設や里親など。1）各年度２月末現在。

(参考) 2021年度（一部は22年度）に、新型コロナウイルス感染症の影響を受けた子育て世帯を支援するために、18歳以下の子どもがいる世帯（児童手当特例給付となる世帯を除く）に臨時・特別の一時金として、子ども１人あたり10万円の現金等給付を実施。

表 35-15 児童扶養手当受給者数（会計年度末現在）（単位 千人）

	2019	2020		2019	2020
母子世帯	824	803	父子世帯	46	43
離婚	712	691	離婚	40	39
未婚の母子世帯	99	99	総数×	**901**	**878**

厚生労働省「福祉行政報告例」より作成。ひとり親世帯等の児童について手当を支給するもの。2010年度より父子家庭も支給対象となった。×その他とも。

表 35-16　保育所等の概況（各年 4 月 1 日現在）

	2000	2005	2010	2015	2020	2021
保育所等数(か所)	22 195	22 570	23 069	28 783	37 652	38 666
うち保育所				23 533	23 759	23 896
定員（千人）	1 923	2 053	2 158	2 507	2 967	3 017
うち保育所				2 263	2 219	2 215
利用児童数(千人)	1 788	1 994	2 080	2 374	2 737	2 742
うち保育所				2 159	2 039	2 004
利用率(%) 1)	…	*28.9*	*32.2*	*37.9*	*47.7*	…
待機児童数(千人)	2) 21.2	23.3	26.3	23.2	12.4	5.6

厚生労働省「保育所等関連状況取りまとめ」および同資料より作成。2010年以前は保育所のみ。保育所等は、保育所のほか幼保連携型認定こども園、幼稚園型認定こども園等や特定地域型保育事業。これらは、2015年度より子ども・子育て支援新制度が本格施行され、新たに位置づけられた。1）保育所等（2010年以前は保育所）の利用率。2）2001年。

表 35-17　放課後児童クラブ利用者数（単位　千人）

	2000	2005	2010	2015	2020	2021
クラブ数(か所)	10 994	15 184	19 946	22 608	26 625	26 925
登録児童数	393	655	814	1 025	1 311	1 348
待機児童数	…	11.4	8.0	16.9	16.0	13.4

厚生労働省「放課後児童健全育成事業（放課後児童クラブ）の実施状況」(2021年）より作成。各年 5 月 1 日（2020年のみ 7 月 1 日）現在。本表における待機児童数は、放課後児童クラブを利用できなかった児童。

表 35-18　児童養護施設等入所児童数（2018年 2 月 1 日現在）（単位　千人）

里親	5.4	児童自立支援施設	1.4	ファミリーホーム	1.5
児童養護施設	27.0	乳児院	3.0	自立援助ホーム	0.6
児童心理治療施設	1.4	母子生活支援施設	5.3		

厚生労働省「児童養護施設入所児童等調査の概要」より作成。中学 3 年生以上を含む。

表 35-19　児童虐待相談対応件数とその対応（会計年度）（単位　千件）

	身体的虐待	ネグレクト	心理的虐待	総数×	一時保護1)	施設入所等
2010	21.6	18.4	15.1	56.4	12.7	4.4
2019	49.2	33.3	109.1	193.8	30.3	5.0
2020	50.0	31.4	121.3	205.0	27.4	4.3

厚生労働省「福祉行政報告例」より作成。一時保護と施設入所等は集計が異なり、施設入所は一時保護の内数ではない。1）児童相談所のほか委託保護を含む。×性的虐待を含む。

〔障害者福祉〕 障害のある人も、障害のない人と同じように、地域の一員としてともに生きる社会づくりを目指して、障害福祉サービスが実施されている。2006年度より、サービス提供等が障害種類による縦割りではなく、それぞれの特性を踏まえたものになったほか、精神障害が対象となった。その後、難病患者等もサービスの対象に含まれている。

障害者の雇用促進のため、常時雇用する従業員に対して一定割合以上の障害者を雇うことが義務づけられている。2021年6月時点の民間企業の法定雇用率は2.3%以上（達成企業は全体の47.0%）である。

表 35-20 障害者数（推計）（単位 千人）

	在宅	65歳以上	〃 %	施設入所	計	人口千人あたり（人）
身体障害児・者‥	4 287	3 112	*72.6*	73	4 360	34
知的障害児・者‥	962	149	*15.5*	132	1 094	9
精神障害者‥‥‥	1) 3 891	1 447	*37.2*	2) 302	4 193	33

内閣府「障害者白書」(2021年版）より作成。原資料は厚生労働省で、身体障害、知的障害の在宅者は2016年、施設入所者は2018年（ただし高齢者関係施設入所者を含まず）。精神障害は2017年で、医療機関を利用したものであり、日常生活や社会生活上の相当な制限を継続的には有しない者が含まれている可能性がある。1）外来患者。2）入院患者。

表 35-21 障害者手帳交付数（2020年度末現在）（単位 千人）

身体障害者手帳‥‥‥‥‥	4 977	肢体不自由‥‥‥‥‥‥	2 532
視覚障害‥‥‥‥‥‥‥	325	内部障害‥‥‥‥‥‥‥	1 615
聴覚・平衡機能障害‥‥	444	療育手帳‥‥‥‥‥‥‥‥	1 179
音声・言語・咀嚼障害・	60	精神障害者保健福祉手帳・	1 255

厚生労働省「福祉行政報告例」および同「衛生行政報告例」より作成。それぞれの手帳の交付台帳登載数。

表 35-22 障害者の雇用状況（2018年度）

	身体障害者	知的障害者	精神障害者	発達障害者	障害者計
雇用者数（千人）‥‥‥‥	423	189	200	39	821
正社員の割合（%）‥‥	*52.5*	*19.8*	*25.5*	*22.7*	…
労働時間週30時間以上(%)	*79.8*	*65.5*	*47.2*	*59.8*	…
平均賃金（千円、1か月）・	215	117	125	127	…

厚生労働省「障害者雇用実態調査」(2018年度）より作成。常用雇用者5人以上の民営事業所。重複障害の人はそれぞれの障害ごとに集計されており、内訳と計が一致しない。

〔**公的扶助**〕 公的扶助は、被保険者等の事前の拠出を伴う社会保険と異なり、公的責任で国民の健康や生活を最終的に保障するものである。生活保護の被保護実世帯数（1か月平均）はバブル崩壊以降増加し続けて、1992年度の586.0千世帯から2017年度で1640.9千世帯となった。2018～20年度の被保護実世帯数は横ばいであるが、コロナ禍が長期化する中で、2021年後半より生活保護申請件数が増加している。

生活福祉資金貸付制度では、低所得世帯などの生活を支えるために、資金の貸し付けを行っている。さらに、コロナ禍で困窮する人々に対して、同制度による特例貸付や、特例貸付が終了した人などへの自立支援金給付、住居確保給付金があり、生活困窮者自立支援制度（表35-24参照）の相談件数が2020年度に急増している。

表 35-23　生活保護被保護実世帯数（会計年度）（単位　千世帯）

	1990	2000	2010	2019	2020
高齢者世帯	231.6	341.2	603.5	896.9	904.0
母子世帯	72.9	63.1	108.8	81.0	75.6
障害者・傷病者世帯	267.1	290.6	465.5	406.9	404.8
その他の世帯	50.6	55.2	227.4	242.8	245.1
計×	**623.8**	**751.3**	**1 410.0**	**1 635.7**	**1 637.0**
被保護実人員（千人）	1 014.8	1 072.2	1 952.1	2 073.1	2 052.1
保護率（千人あたり　人）	8.2	8.4	15.2	16.4	16.3

厚生労働省「被保護調査」より作成。月次調査の会計年度での1か月平均。×保護停止中（2020年度の1か月平均で7.4千世帯、被保護実人員9.8千人）を含む。

表 35-24　生活困窮者自立支援制度（会計年度）（単位　千件、千人）

	2015	2016	2017	2018	2019	2020
新規相談受付件数	226.4	222.4	229.7	237.7	248.4	786.2
就労支援対象者数	28.2	32.0	31.9	34.0	35.4	76.1
就労者数	21.5	25.6	25.3	25.0	25.2	20.7
増収者数	6.9	7.2	6.4	9.0	8.7	11.9
就労・増収率（%）1)	…	*71.0*	*70.1*	*63.0*	*61.0*	*26.8*

厚生労働省資料より作成。生活困窮者自立支援制度は2015年度より開始。同制度により、自立相談支援、住居確保給付金の支給、就労準備支援、家計改善支援、就労訓練、生活困窮世帯の子どもの学習・生活支援、一時生活支援が行われる。1）就労者・増収者のうち、就労支援対象プラン作成者に対する就労支援対象者の割合。

第36章　保健・衛生

2020年３月以降、日本では数次にわたり新型コロナウイルスの急激な感染拡大が発生している。感染拡大時には、コロナ病床のひっ迫度が増し、地域によっては、本来入院すべき患者が入院できないという状況に陥っている。また、医師・看護師の不足やECMO（人工心肺装置）を扱える人材の不足など、感染症急拡大時の医療提供体制における課題や問題点が浮き彫りとなった。医療施設の管理などを定める医療法では、これまで、都道府県の作成する医療計画には５疾病（がん、脳卒中、急性心筋梗塞、糖尿病、精神疾患）・５事業（救急医療、災害時医療、へ

表 36-1　各国の死亡率

	死亡率1)		乳児死亡率2)		5歳未満児死亡率3)	
	1990-95	2015-20	1990-95	2015-20	1990-95	2015-20
日本	6.9	10.4	4	2	6	2
中国	6.7	7.1	41	10	51	12
インド	10.2	7.2	82	32	116	39
イギリス	11.2	9.4	7	4	8	4
アメリカ合衆国	8.8	8.7	9	6	10	7
ブラジル	6.7	6.4	43	13	51	15

国連人口部「World Population Prospects; The 2019 Revision」（2022年３月24日閲覧）より作成。1）人口千人あたりの死亡者数。年間平均数。2）出生千人あたりの満１歳未満での死亡者数。年間の平均数。3）出生千人あたりの満５歳未満での死亡数。年間の平均数。

2020年度の概算医療費減少

概算医療費は、社会保険料や税金、患者の窓口負担分を集計したもので、全額自費の医療や労災などは含まず、国民医療費の約98パーセントに相当する。2020年度の概算医療費（速報値）は42兆1648億円となり、前年度に比べて１兆4129億円減少した。新型コロナウイルスの感染拡大で、マスクの着用や手洗いが定着し、インフルエンザなどの患者が減ったほか、コロナ感染を懸念した受診控えや手術の延期、コロナ患者対応に医療資源を集約化するために病床を一部閉鎖したことなどが影響した。概算医療費の減少額は過去最大で、コロナ禍により病院経営は厳しくなっている。

き地医療、周産期医療、小児医療）および在宅医療ごとに必要となる医療機能や医療機関を定めることとされ、「感染症対策」は規定されていなかった。今後、新型コロナウイルスに限らず、感染症の感染急拡大時により効果的な対応をするため、政府は2021年６月に医療法の一部を改正し、医療計画の記載事項に新興感染症対策を追加した。

感染症対応にあたっては、保健所が重要な役割を果たしているが、感染者の急増により深刻な人手不足に陥っている。政府は、感染症対応に従事する保健師を、2022年度に2020年度比で1.5倍となる2700人に増員することを決めるなど、保健所体制の強化を進めている。

表 36-2　乳児死亡

	1980	1990	2000	2010	2019	2020
乳児死亡（人）…	11 841	5 616	3 830	2 450	1 654	1 512
出生千あたり（人）	7.5	4.6	3.2	2.3	1.9	1.8
総死亡者中（%）·	*1.6*	*0.7*	*0.4*	*0.2*	*0.1*	*0.1*

厚生労働省「人口動態統計」より作成。生後１年未満の死亡。【☞長期統計509ページ】

表 36-3　主要傷病別総患者数（単位　千人）

	1996	2002	2008	2014	2017
悪性新生物（がん）……	1 363	1 280	1 518	1 626	1 782
うち胃 ………………	305	222	213	185	196
結腸および直腸 ……	256	221	235	261	288
肺・気管（支）……	90	99	131	146	169
乳房 ……………	194	162	179	208	232
糖尿病………………	2 175	2 284	2 371	3 166	3 289
脂質異常症…………	…	…	…	…	2 205
統合失調症……… 1)	721	734	795	773	792
気分（感情）障害…… 2)	433	711	1 041	1 116	1 276
アルツハイマー病……	20	89	240	534	562
高血圧性疾患………	7 492	6 985	7 967	10 108	9 937
心疾患…………… 3)	2 039	1 667	1 542	1 729	1 732
脳血管疾患…………	1 729	1 374	1 339	1 179	1 115
ぜん息………………	1 146	1 069	888	1 177	1 117

厚生労働省「患者調査」より作成。３年ごとの調査。調査期日は各年10月における１日。傷病は、世界保健機関の「国際疾病、傷害および死因統計分類（ICD-10）」の分類による。総患者数とは、調査日現在において継続的に医療を受けている者の推計数で、調査日に医療施設で受療していない者も含む。1）統合失調症型障害および妄想性障害を含む。2）躁うつ病を含む。3）高血圧性のものを除く。

図 36-1　都道府県別の人口10万あたり一般病床数（2019年10月1日）

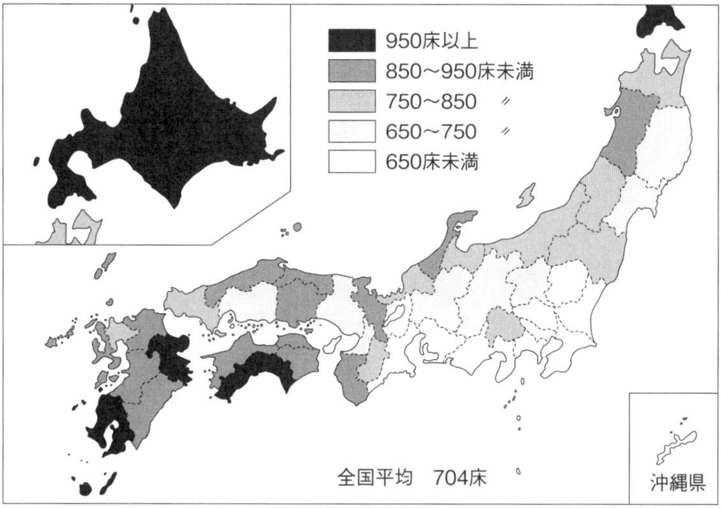

表36-4の資料より作成。一般病床には精神病床、感染症病床、結核病床、療養病床は含まない。表36-4参照。

表 36-4　医療施設（2019年10月1日現在）

	施設数	人口10万あたり		病床数	人口10万あたり
病院	8 300	6.6	病院	1 529 215	1 212.1
精神科病院	1 054	0.8	精神病床	326 666	258.9
一般病院	7 246	5.7	感染症病床	1 888	1.5
うち療養1)	3 662	2.9	結核病床	4 370	3.5
地域医療2)	618	0.5	療養病床*	308 444	244.5
感染症3)	368	0.3	一般病床	887 847	703.7
一般診療所	102 616	81.3	一般診療所	90 825	72.0
うち療養1)	780	0.6	うち療養病床*	7 882	6.2
歯科診療所	68 500	54.3	歯科診療所	57	0.0
総数	**179 416**	142.2	総数	**1 620 097**	1 284.1

厚生労働省「医療施設調査・病院報告の概況」(2019年）より作成。病院は患者20人以上の収容施設を有するもので、診療所は患者19人以下の収容施設を有するもの。一般病院は、一般病床のほかに精神病床・感染症病床・結核病床も有する。なお、「感染症の予防及び感染症の患者に対する医療に関する法律」が1999年4月から施行されたことにより、伝染病院は廃止され、伝染病床は感染症病床に改められた。*精神病床、感染症病床、結核病床以外の病床で、長期にわたり療養を必要とする患者を入院させるための病床。1）療養病床を有する施設。2）地域医療支援病院。3）感染症病床を有する病院。

【☞府県別統計521ページ】

表 36-5　医療関係者数

	実数（人）			人口10万あたり（人）		
	2000	2010	2020	2000	2010	2020
医師	255 792	295 049	339 623	201.5	230.4	269.2
歯科医師	90 857	101 576	107 443	71.6	79.3	85.2
薬剤師	217 477	276 517	321 982	171.3	215.9	255.2
保健師	36 781	45 028	55 595	29.0	35.2	44.1
助産師	24 511	29 672	37 940	19.3	23.2	30.1
看護師	653 617	952 723	1 280 911	515.0	744.0	1 015.4
旧看護婦（女）	631 428	898 975	1 176 546	497.5	702.0	932.7
旧看護士（男）	22 189	53 748	104 365	17.5	42.0	82.7
准看護師	388 851	368 148	284 589	306.4	287.5	225.6
旧准看護婦(女)	367 582	344 952	263 863	289.6	269.4	209.2
旧准看護士(男)	21 269	23 196	20 726	16.8	18.1	16.4

厚生労働省「医師・歯科医師・薬剤師調査」、同「衛生行政報告例」などより作成。各年末現在。調査は2年ごとに行われる。人口10万あたりは、各年10月1日現在の人口で算出した。2002年3月より看護婦（士）は看護師、准看護婦（士）は准看護師、保健婦（士）は保健師、助産婦は助産師に名称が統一された。2020年、医師のうち医療施設の従事者は32万3700人である。

表 36-6　主要国の医師数・病床数（2020年）（人口1万あたり）

	医師数（人）	病床数（床）		医師数（人）	病床数（床）
日本	25.9	1) 128.4	アルジェリア	2) 17.2	4) 19.0
韓国	1) 24.8	2) 124.3	エジプト	1) 7.5	3) 14.3
中国	1) 22.3	3) 43.1	エチオピア	1.1	5) 3.3
インド	7.4	3) 5.3	南アフリカ共和国	1) 7.9	…
インドネシア	6.2	3) 10.4	イギリス	30.0	1) 24.6
シンガポール	1) 24.6	3) 24.9	イタリア	39.5	2) 31.4
アラブ首長国連邦	1) 26.0	3) 13.8	オーストリア	52.9	2) 72.7
イラン	2) 15.8	3) 15.6	スイス	43.8	2) 46.3
サウジアラビア	27.4	3) 22.4	スペイン	1) 44.4	2) 29.7
アメリカ合衆国	2) 26.1	3) 28.7	ドイツ	44.4	3) 80.0
カナダ	1) 24.4	1) 25.2	フランス	1) 32.7	2) 59.1
メキシコ	1) 24.3	2) 9.8	ポーランド	37.7	2) 65.4
アルゼンチン	40.6	3) 49.9	ロシア	38.2	2) 71.2
ブラジル	1) 23.1	3) 20.9	オーストラリア	41.3	5) 38.4
ペルー	2) 13.7	3) 15.9	ニュージーランド	36.2	1) 25.7

WHO（世界保健機関）"Global Health Observatory（GHO）data"（2022年3月4日閲覧）より作成。ただし、日本は表36-4、表36-5の資料による。歯科医師は含まず。国により医師の定義および調査方法が異なる。日本の人口あたり医師数は、医療施設の従事者32万3700人と介護老人保健施設の従事者3405人の合計を、2020年10月1日現在の国勢調査人口を用いて編者算出。1）2019年。2）2018年。3）2017年。4）2015年。5）2016年。

図 36-2　年齢別の国民医療費（2019年度）

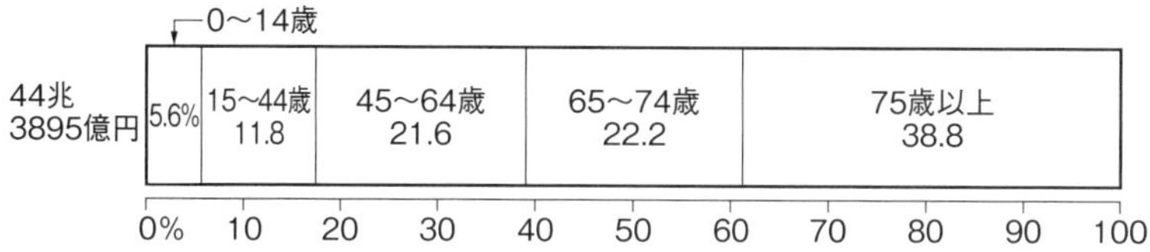

下表資料より作成。四捨五入のため、内訳の合計が100%にならない場合がある。**国民医療費**は国民が1年間に医療機関などで病気やけがの治療に使った費用の合計で、自己負担分や医療保険等給付分、後期高齢者医療給付分などを合わせたもの。

表 36-7　国民医療費の推移（会計年度）

	1990	2000	2010	2018	2019
医療費（億円）	206 074	301 418	374 202	433 949	443 895
うち公費負担医療給付分	11 001	18 514	26 447	31 751	32 301
医療保険等給付分	112 543	140 214	178 950	197 291	200 457
医療保険	109 217	137 073	176 132	194 066	197 263
被用者保険	66 440	77 603	84 348	103 110	106 624
国民健康保険	42 778	59 470	91 784	90 957	90 639
その他	3 326	3 141	2 818	3 224	3 194
後期高齢者医療給付分1)	57 646	102 399	116 876	150 576	156 596
患者等負担分	24 884	40 291	50 103	54 047	54 540
国民1人あたり（千円）	166.7	237.5	292.2	343.2	351.8
国民所得に対する割合(%)	*5.94*	*7.73*	*10.26*	*10.79*	*11.06*

厚生労働省「国民医療費」より作成。買い薬・マッサージ等は含まず。2000年4月からの介護保険制度施行に伴い、従来、国民医療費の対象となっていた費用のうち介護保険の費用に移行したものがあるが、これらは2000年度以降、国民医療費に含まれていない。国民医療費については上図の脚注を参照のこと。1）2000年までは老人保険給付分。

表 36-8　診療種類別国民医療費（会計年度）（単位　億円）

	2000	2010	2017	2018	2019
医科診療	1)237 960	272 228	308 335	313 251	319 583
うち入院	113 019	140 908	162 116	165 535	168 992
歯科診療	25 569	26 020	29 003	29 579	30 150
薬局調剤	27 605	61 412	78 108	75 687	78 411
入院時食事・生活	10 003	8 297	7 954	7 917	7 901
訪問看護	282	740	2 023	2 355	2 727
療養費等2)	…	5 505	5 287	5 158	5 124
計	**301 418**	**374 202**	**430 710**	**433 949**	**443 895**

資料・注記は上表に同じ。1）一般診療医療費で療養費等を含む。2）健康保険等の給付対象となる柔道整復師・はり師等による治療費、移送費、補装具等の費用。

図 36-3　都道府県別の１人あたり国民医療費（2019年度）

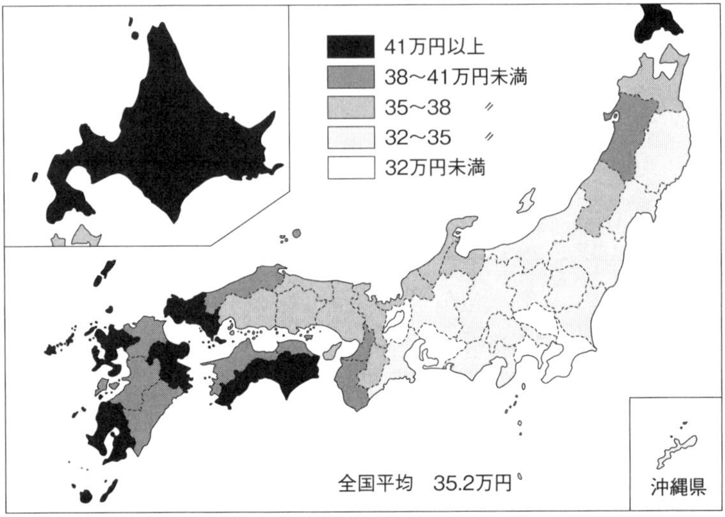

厚生労働省「国民医療費」(2019年度）より作成。国民医療費を患者の住所地に基づいて推計したもの。国民医療費については、図36-2の脚注を参照のこと。
2019年度、１人あたり国民医療費が最も多いのは高知県の46.4万円、最も少ないのは千葉県の30.9万円であった。なお、前回2018年度の調査では、１人あたり国民医療費が最も多いのは高知県の45.5万円、最も少ないのは千葉県の30.1万円であった。

表 36-9　あん摩マッサージ指圧師等数（単位　人）

	2012	2014	2016	2018	2020
あん摩マッサージ指圧師	109 309	113 215	116 280	118 916	118 103
はり師…………	100 881	108 537	116 007	121 757	126 798
きゅう師………	99 118	106 642	114 048	119 796	124 956
柔道整復師……	58 573	63 873	68 120	73 017	75 786

厚生労働省「衛生行政報告例」より作成。免許を取得している者のうち就業している者。各年末現在。

表 36-10　保健所数の推移

	1990	2000	2010	2019	2020	2021
都道府県………	634	460	374	359	355	354
市・特別区…… 1)	216	134	120	113	114	116
計…………	**850**	**594**	**494**	**472**	**469**	**470**

厚生労働省「厚生労働白書」より作成。各年４月１日現在の数。1）保健所設置市および特別区。

〔死因別死亡〕　日本人の死因の変化をみると、戦後すぐは結核で亡くなる人が多かった。1951年に結核にかわって脳血管疾患が死因の1位になると、それ以降30年ほど続いた。1981年には脳血管疾患にかわってがんが1位となり、その後は現在まで続いている。近年は高齢化を背景に、老衰や肺炎による死亡者が増えている。

2020年は全体の死亡者が前年を下回り、心疾患や脳血管疾患、肺炎なども前年より死亡者が減少するなかで、がんの死亡者は前年を上回った。がんの死亡者数を部位別にみると、肺・気管（支）が最も多く、大腸がそれに続く。1990年代後半までは胃がんの死亡者が最も多かったが、胃がんの原因となるピロリ菌の除菌治療が2000年に胃・十二指腸潰瘍の治療で保険適用となったほか、13年にはより症状の軽い慢性胃炎の治療にも適用されて普及し、胃がんで亡くなる人が減っている。がんの実態を把握してがん対策に役立てるため、がんと診断されたすべての人のデータを一つにまとめる全国がん登録制度が2016年より始まっている。

図 36-4　死因別死亡率の推移

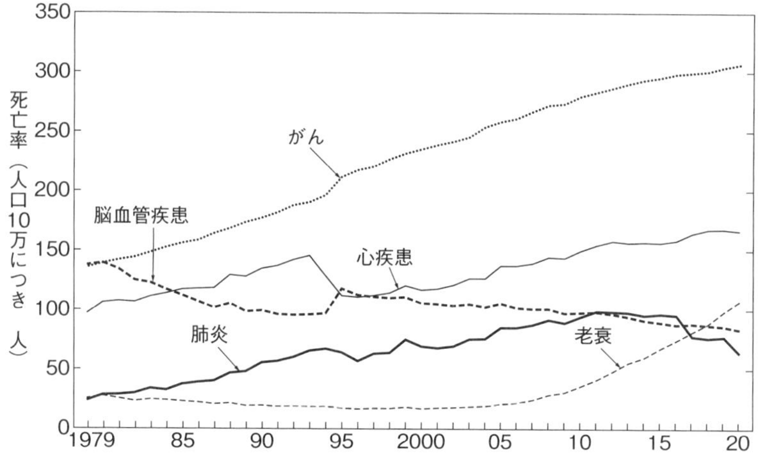

厚生労働省「人口動態統計」より作成。1994・95年の心疾患死亡率の低下は、新しい死亡診断書（1995年1月施行）における「死亡の原因欄には、疾患の終末期の状態としての心不全、呼吸不全等は書かないでください」という注意書きの、施行前からの周知の影響によるもの、95年の脳血管疾患死亡率の上昇と2017年の肺炎死亡率の低下は、死因分類の変更による原死因選択ルールの明確化によるものとみられる。

表 36-11　主要死因別死亡数

死因	実数（人）			人口10万あたり（人）		
	2010	2019	2020	2010	2019	2020
結核…………	2 129	2 087	1 909	1.7	1.7	1.5
悪性新生物(がん)	353 499	376 425	378 385	279.7	304.2	306.6
糖尿病………	14 422	13 846	13 902	11.4	11.2	11.3
アルツハイマー病	4 166	20 730	20 852	3.3	16.8	16.9
高血圧性疾患……	6 760	9 549	10 003	5.3	7.7	8.1
心疾患………	189 361	207 714	205 596	149.8	167.9	166.6
脳血管疾患……	123 461	106 552	102 978	97.7	86.1	83.5
肺炎…………	118 888	95 518	78 450	94.1	77.2	63.6
慢性閉塞性肺疾患	16 293	17 836	16 125	12.9	14.4	13.1
誤嚥性肺炎[1] ……	22 066	40 385	42 746	17.5	32.6	34.6
胃・十二指腸潰瘍	3 233	2 499	2 265	2.6	2.0	1.8
肝疾患………	16 216	17 273	17 688	12.8	14.0	14.3
腎不全………	23 725	26 644	26 948	18.8	21.5	21.8
老衰…………	45 342	121 863	132 440	35.9	98.5	107.3
不慮の事故……	40 732	39 184	38 133	32.2	31.7	30.9
うち交通事故 ……	7 222	4 279	3 718	5.7	3.5	3.0
自殺…………	29 554	19 425	20 243	23.4	15.7	16.4
計×………	**1 197 014**	**1 381 093**	**1 372 755**	947.1	1 116.2	1 112.5

厚生労働省「人口動態統計」より作成。死因分類は2010年は「ICD(国際疾病分類)-10(2003年版)」(2006年適用) により、18年以降は「ICD-10 (2013年版)」(2017年適用) による。2017年以降、肺炎による死亡数が低下したが、その主な要因はICD-10 (2013年版) による原死因選択ルールの明確化によるものと考えられる。心疾患とは急性心筋梗塞や心不全など、脳血管疾患とは、くも膜下出血や脳内出血、脳梗塞などのこと。1) 2017年より追加された分類項目で、10年は「固形物及び液状物による肺臓炎」の数値。×その他とも。

表 36-12　がん死亡者数（単位　人）

	1980	1990	2000	2010	2019	2020
肺・気管（支）‥	21 294	36 486	53 724	69 813	75 394	75 585
大腸………1)	14 739	24 632	35 948	44 238	51 420	51 788
胃…………	50 443	47 471	50 650	50 136	42 931	42 319
すい臓………	7 835	13 318	19 094	28 017	36 356	37 677
肝臓………2)	13 968	24 233	33 981	32 765	25 264	24 839
胆のう・胆道…	6 599	11 871	15 153	17 585	17 924	17 773
乳房………	4 185	5 882	9 248	12 545	14 935	14 779
悪性リンパ腫…	…	…	7 918	10 172	13 235	13 998
前立腺………	1 736	3 460	7 514	10 722	12 544	12 759
食道…………	5 733	7 274	10 256	11 867	11 619	10 981
計×………	**161 764**	**217 413**	**295 484**	**353 499**	**376 425**	**378 385**

厚生労働省「人口動態統計」より作成。表36-11の注記参照。1) 結腸と直腸S状結腸移行部および直腸。2) 肝および肝内胆管。×その他とも。

表 36-13　主要死因の男女別死亡数（2020年）

死因	男		女		人口10万あたり（人）	
	人	%	人	%	男	女
全死因	706 834	*100.0*	665 921	*100.0*	1 178.0	1 050.4
悪性新生物（がん）	220 989	*31.3*	157 396	*23.6*	368.3	248.3
心疾患	99 304	*14.0*	106 292	*16.0*	165.5	167.7
老衰	35 779	*5.1*	96 661	*14.5*	59.6	152.5
脳血管疾患	50 390	*7.1*	52 588	*7.9*	84.0	83.0
肺炎	44 902	*6.4*	33 548	*5.0*	74.8	52.9

厚生労働省「人口動態統計」より作成。男女を合わせた死因の上位５位までを掲載。「肺炎」の死亡数が2017年以降、低下した要因は「ICD（国際疾病分類）-10（2013年版）」による原死因選択ルールの明確化によるものと考えられる。表36-11の注記参照。なお、2020年の死因を男女別にみると、男性は①がん②心疾患③脳血管疾患④肺炎⑤老衰、女性は①がん②心疾患③老衰④脳血管疾患⑤肺炎となっている（○内の数字は死因順位）。

表 36-14　年齢階級別死因（2020年）

	1位	人口10万あたり（人）	2位	人口10万あたり（人）	3位	人口10万あたり（人）
0歳	先天異常2)	1) 64.7	呼吸障害等3)	1) 27.6	突然死4)	1) 10.9
1～4歳	先天異常2)	2.4	がん	1.7	不慮の事故	1.6
5～9〃	がん	1.5	不慮の事故	1.0	先天異常2)	0.6
10～14〃	自殺	2.3	がん	1.5	不慮の事故	1.0
15～19〃	自殺	11.4	不慮の事故	4.1	がん	2.0
20～24〃	自殺	21.0	不慮の事故	4.8	がん	2.6
25～29〃	自殺	19.7	がん	3.9	不慮の事故	3.6
30～34〃	自殺	18.7	がん	7.8	不慮の事故	3.9
35～39〃	自殺	18.3	がん	14.0	心疾患	5.1
40～44〃	がん	25.9	自殺	19.1	心疾患	10.4
45～49〃	がん	47.0	自殺	19.1	心疾患	17.9
50～54〃	がん	84.8	心疾患	30.1	自殺	20.4
55～59〃	がん	146.7	心疾患	46.0	脳血管疾患	25.7
60～64〃	がん	248.3	心疾患	67.8	脳血管疾患	37.9
65～69〃	がん	420.1	心疾患	107.8	脳血管疾患	58.2
70～74〃	がん	613.1	心疾患	166.1	脳血管疾患	91.9
75～79〃	がん	891.6	心疾患	298.6	脳血管疾患	168.6
80～84〃	がん	1 229.3	心疾患	571.5	脳血管疾患	316.5
85～89〃	がん	1 693.6	心疾患	1 192.3	老衰	721.3
90～94〃	心疾患	2 422.9	老衰	2 410.3	がん	2 080.4
95～99〃	老衰	6 733.9	心疾患	4 402.7	がん	2 218.4
100歳以上	老衰	16 242.5	心疾患	6 104.5	肺炎	2 455.3
総数	がん	306.6	心疾患	166.6	老衰	107.3

厚生労働省「人口動態統計」より作成。1）出生10万あたり。2）先天奇形、変形および染色体異常。3）周産期に特異的な呼吸障害等。4）乳幼児突然死症候群。

〔平均寿命〕 平均寿命を算出する生命表には、完全生命表と簡易生命表の2種類がある。完全生命表は、国勢調査人口と人口動態統計による死亡数、出生数を基に5年ごとに作成され、簡易生命表は、推計人口と人口動態統計（概数）による死亡数、出生数を基に毎年作成される。日本人の平均寿命は、生活水準の向上や医療技術の発達によって延び続けている。1947年の調査では男性50.06年、女性53.96年であったが、2020年には男性81.56年、女性87.71年となり、男女とも過去最長を更新した。

近年は、「健康寿命」が注目されている。これは、寝たきりにならないなど日常生活に制限のない期間の平均値のことで、3年に一度公表される。最新の2019年の健康寿命は男性72.68年、女性75.38年であった。2020年の平均寿命と比べ、男性は8.88年、女性は12.33年の差がある。平均寿命を延ばすだけでなく、健康寿命との差を縮めていくことが求められている。

表 36-15　平均余命（2020年）（単位　年）

年齢	男	2015～20年の延び	女	2015～20年の延び
0	81.56	0.81	87.71	0.72
5	76.76	0.78	82.90	0.70
10	71.78	0.76	77.93	0.70
15	66.81	0.76	72.95	0.69
20	61.90	0.77	68.01	0.70
25	57.05	0.77	63.09	0.72
30	52.18	0.75	58.17	0.72
35	47.33	0.75	53.25	0.70
40	42.50	0.73	48.37	0.70
45	37.72	0.71	43.52	0.69
50	33.04	0.68	38.75	0.68
55	28.50	0.65	34.06	0.68
60	24.12	0.61	29.42	0.65
65	19.97	0.56	24.88	0.64
70	16.09	0.50	20.45	0.60
75	12.54	0.51	16.22	0.58
80	9.34	0.51	12.25	0.54
85	6.59	0.37	8.73	0.43
90	4.49	0.22	5.85	0.29
95	3.06	0.08	3.78	0.15
100	2.21	0.03	2.53	0.03

厚生労働省「完全生命表」より作成。

平均余命　ある年の男女別にみた年齢別死亡率が将来もそのまま続くと仮定し、各年齢に達した人たちが、その後平均して何年生きのびるか示す年数を、平均余命という（表36-15参照）。

平均寿命　同時に生まれた人たちが、生まれた瞬間から平均して何年生きのびるかという年数、すなわち出生時の平均余命のことを平均寿命という。一般的には、平均寿命のほうが広く用いられている。

表 36-16　平均寿命の推移（単位　年）

	調査年次	公表年次	男	女
第１回生命表	1891～1898	1902	42.8	44.3
第２回　〃	1899～1903	1911	43.97	44.85
第３回　〃	1909～1913	1918	44.25	44.73
第４回　〃	1921～1925	1931	42.06	43.20
第５回　〃	1926～1930	1936	44.82	46.54
第６回　〃	1935～1936	1941	46.92	49.63
第８回　〃	1947	1950	50.06	53.96
第９回　〃　（修正表）	1950～1952	1955	59.57	62.97
第10回　〃	1955	1960	63.60	67.75
第11回　〃	1960	1966	65.32	70.19
第12回　〃	1965	1969	67.74	72.92
第13回　〃	1970	1976	69.31	74.66
第14回　〃	1975	1979	71.73	76.89
第15回　〃	1980	1982	73.35	78.76
第16回　〃	1985	1987	74.78	80.48
第17回　〃	1990	1992	75.92	81.90
第18回　〃	1995	1997	76.38 （76.46）	82.85 （82.96）
第19回　〃	2000	2002	77.72	84.60
第20回　〃	2005	2007	78.56	85.52
第21回　〃	2010	2012	79.55	86.30
第22回　〃	2015	2017	80.75	86.99
第23回　〃	2020	2022	81.56	87.71

厚生労働省「完全生命表」より作成。第７回は資料焼失のため発表されなかった。1947～～70年は沖縄を除く。第18回の（　）内は阪神・淡路大震災の影響を除去した値。
【☞長期統計510ページ】【☞府県別統計521ページ】

表 36-17　平均寿命の国際比較（単位　年）

	男	女		男	女
日本（2020）	81.56	87.71	スウェーデン（2020）	80.60	84.29
インド（2014～18）	68.2	70.7	スペイン（2020）	79.60	85.07
韓国（2019）	80.3	86.3	ドイツ（2018～20）	78.64	83.40
シンガポール（2020）	81.5	86.1	フランス（2020）	79.10	85.12
タイ（2019）	73.0	80.1	ロシア（2018）	67.75	77.82
中国（2015）	73.64	79.43	アメリカ合衆国（2020）	74.5	80.2
（香港）（2020）	82.71	88.14	カナダ（2018～20）	79.82	84.11
マレーシア（2020）	72.6	77.6	ブラジル（2019）	73.1	80.1
イギリス（2018～20）	79.04	82.86	エジプト（2020）	74.3	75.5
イタリア（2020）	79.67	84.40	チュニジア（2019）	74.5	78.1
スイス（2020）	81.0	85.1	オーストラリア（2017～19）	80.85	85.04

厚生労働省「完全生命表」などより作成。

第37章　環境問題

〔地球温暖化〕　IPCC（気候変動に関する政府間パネル）の2021年報告書は、人為起源の地球温暖化により、世界中で多くの異常気象が発生し、将来さらに極端な高温、大雨、干ばつ、北極域の海氷や永久凍土の縮小などが起きる可能性が高いと警鐘を鳴らしている。

2020年に本格運用が開始した地球温暖化対策の国際的な枠組み「パリ協定」は、長期目標として、地球の平均気温の上昇を産業革命前に比べて２度未満（できれば1.5度）に抑えることを掲げた。しかし、気温上昇幅２度未満では不十分であるとして、2021年に開催された国連気候変動枠組条約第26回締約国会議（COP26）では、1.5度以下に抑えるための努力を行うことが正式に明記された。1.5度以下を目指すためには、さらに厳しい削減目標を設定し、実行していくことが重要である。しかし、各国の具体的な削減目標や取り組み姿勢には差があり、温室効果ガス排出の「実質ゼロ」(温室効果ガスの人為的な排出量から、植林、森林管理などによる吸収量を差し引いて、合計を実質的にゼロにすること：カーボンニュートラルとも呼ばれる）の期限については、日本や欧米諸

図 37-1　世界の温室効果ガス排出量の推移

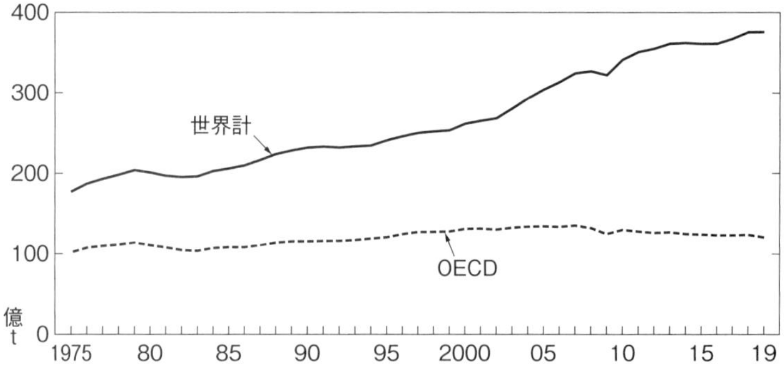

IEA "Greenhouse Gas Emissions from Energy"（2021年版）より作成。二酸化炭素換算。世界計にはOECD以外の国々と国際航空、国際船舶からの排出量を含む。

国をはじめとする120か国以上が2050年までとする一方で、中国やロシアは2060年と主張している。また、二酸化炭素（CO_2）排出量が多い石炭火力発電については、石炭火力の依存度が高い日本、中国、アメリカ合衆国などが同意せず、廃止する期限の設定が見送られた。

国際エネルギー機関（IEA）によると、2019年の世界の温室効果ガス排出量は376億トンで、1990年より144億トン増加した。最も排出量が多いのは中国で、世界全体の28.2％を占める。次いでアメリカ合衆国が13.9％を占め、日本は2.8％である（図37-2、表37-1参照）。

環境省による日本の2020年度（速報）温室効果ガス排出量は、コロナ禍の影響で減少し、前年度比5.1％減の11億4900万トンとなった。現在、

図 37-2　世界の温室効果ガス排出量の割合

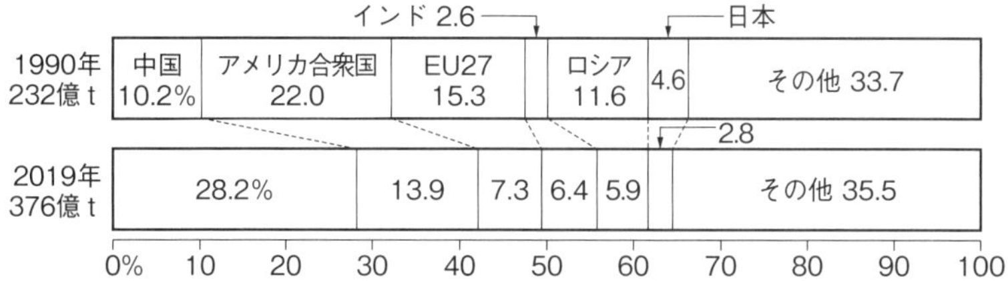

資料・注記は表37-1を参照。二酸化炭素換算。

表 37-1　主な国の温室効果ガス排出量（CO_2換算）

	温室効果ガス総排出量（百万 t）			二酸化炭素（CO_2）排出量（2019）	
	1990	2010	2019	1人あたり（t）	GDPあたり1)（kg）
中国	2 361	8 485	10 619	7.07	0.69
アメリカ合衆国	5 112	5 701	5 246	14.44	0.24
EU27か国 2)	3 550	3 221	2 730	5.92	0.18
インド	602	1 668	2 422	1.69	0.85
ロシア	2 685	2 046	2 209	11.36	1.14
日本	1 064	1 147	1 071	8.37	0.23
世界計×	**23 242**	**34 187**	**37 630**	4.39	0.40
（再掲）					
OECD 3)	11 616	13 055	12 117	8.34	0.22
OECD以外	10 989	20 000	24 195	3.33	0.64

IEA "Greenhouse Gas Emissions from Energy"（2021年版）より作成。1）2015年価格1米ドルGDP（国内総生産）あたり。2）イギリスを含まず。3）2018年7月加盟のリトアニアを含む36か国で遡及されている。×その他を含む。

日本は2030年度までの削減目標を2013年度比46％減とし、2050年までにカーボンニュートラルを実現する目標を掲げている。しかし、現状のままで推移しても目標の達成は難しく、国は、再生可能エネルギー利用促進のための各種支援を拡大している。また、現時点で削減量取引の国際ルールは確定していないが、将来的に途上国などの削減量の一部を日本の削減量として算入することを見込んで、日本の脱炭素技術を相手国（主に途上国）に提供する「２国間クレジット制度（JCM）」の活用を増やしていく構えである。

2021年５月に「地球温暖化対策の推進に関する法律（温対法）」が改正され、2050年までにカーボンニュートラルを実現することが明記された。この改正により、自治体に対して、太陽光発電所や風力発電所などの再生可能エネルギー導入目標の提示が義務化され、そのための環境アセスメントの手続きが加速化される。民間企業に対しては、投資先を選ぶ目安であるESG（環境、社会、ガバナンス）に配慮することが重要として、脱炭素経営の取り組みなどを明確化することを促進している。

表 37-2　日本の温室効果ガス排出量（会計年度）（単位　百万 t -CO_2換算）

	1990	2005	2013	2019	2020（速報）
二酸化炭素（CO_2）	1 164	1 294	1 318	1 108	1 044
エネルギー起源	1 068	1 201	1 235	1 029	967
産業部門（工場等）	503	467	463	385	353
運輸部門（自動車等）	208	244	224	206	185
業務その他部門 1)	131	220	238	192	184
家庭部門	129	171	208	160	167
エネルギー転換部門 2)	96	98	103	86	78
非エネルギー起源 3)	96.0	93.1	82.3	78.9	76.6
メタン（CH_4）	43.8	34.6	30.0	28.4	28.2
一酸化二窒素（N_2O）	31.8	25.0	21.4	19.7	19.3
代替フロン等４ガス	35.4	27.9	39.1	55.4	57.7
ハイドロフルオロカーボン類 4)	15.9	12.8	32.1	49.7	51.9
パーフルオロカーボン類 5)	6.5	8.6	3.3	3.4	3.5
六ふっ化硫黄（SF_6）	12.9	5.0	2.1	2.0	2.0
三ふっ化窒素（NF_3）	0.03	1.5	1.6	0.26	0.29
計	**1 275**	**1 381**	**1 408**	**1 211**	**1 149**

環境省「2020年度の温室効果ガス排出量」（速報値）より作成。地球温暖化係数（GWP）を用いてCO_2の当該程度に換算したもの。1）商業・サービス・事業所等。2）製油所、発電所等。3）工業プロセスや製品の使用、廃棄物の焼却等。4）HFCs。5）PFCs。

表 37-3　PM2.5の環境基準達成状況（会計年度）（単位　局）

	一般環境大気測定局			自動車排出ガス測定局		
	環境基準達成	環境基準非達成	うち黄砂の影響	環境基準達成	環境基準非達成	うち黄砂の影響
2016	696	89	8	197	26	2
2017	732	82	16	193	31	6
2018	765	53	9	216	16	2
2019	824	11	2	234	4	0
2020	830	14	10	233	4	2

環境省「大気汚染状況」(2020年度）より作成。有効測定局（2020年度の一般局844、自排局237）のデータ。PM2.5は微小粒子状物質で、粒径が2.5マイクロメートル以下と小さく、肺の奥深くまで入りやすいため肺がん等のリスク上昇が懸念される。黄砂の影響は各自治体の報告によるもの。

図 37-3　公共用水域の環境基準達成率の推移（会計年度）

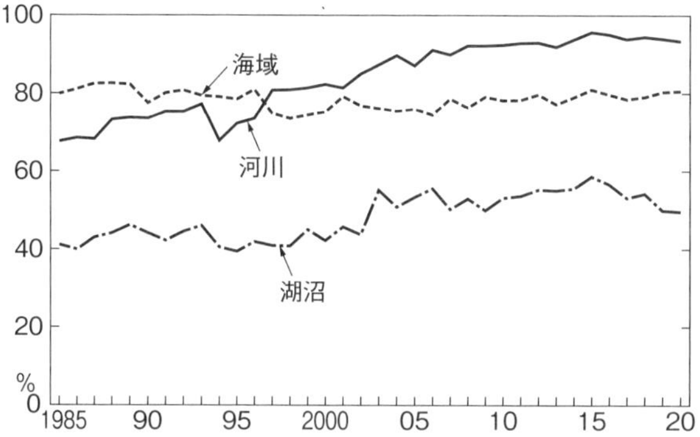

環境省「公共用水域水質測定結果」より作成。河川はBOD（生物化学的酸素要求量）、湖沼と海域はCOD（化学的酸素要求量）における環境基準の達成率。

表 37-4　農用地土壌汚染地域の進捗状況（2020年度末）（単位　ha）

	基準値以上の検出地域	対策地域[1)]指定地域			県単独事業完了地域	未指定地域
			事業完了	事業実施中		
カドミウム････	6 709	6 119	5 944	90	394	196
	(97)	(64)	(64)	(12)	(53)	(17)
銅････････････	1 405	1 225	1 219	6	171	9
	(37)	(12)	(12)	(1)	(25)	(1)
ヒ素･･････････	391	164	164	—	162	65
	(14)	(7)	(7)	(—)	(7)	(5)
計（重複除く）	7 592	6 609	6 431	93	713	269
	(134)	(73)	(73)	(12)	(81)	(22)

環境省「農用地土壌汚染防止法の施行状況」(2020年度）より作成。カッコ内は検出または指定地域数で重複を含むもの。1）対策計画策定中地域を含む。

図 37-4　公害病の現存被認定者数（2020年12月末現在）

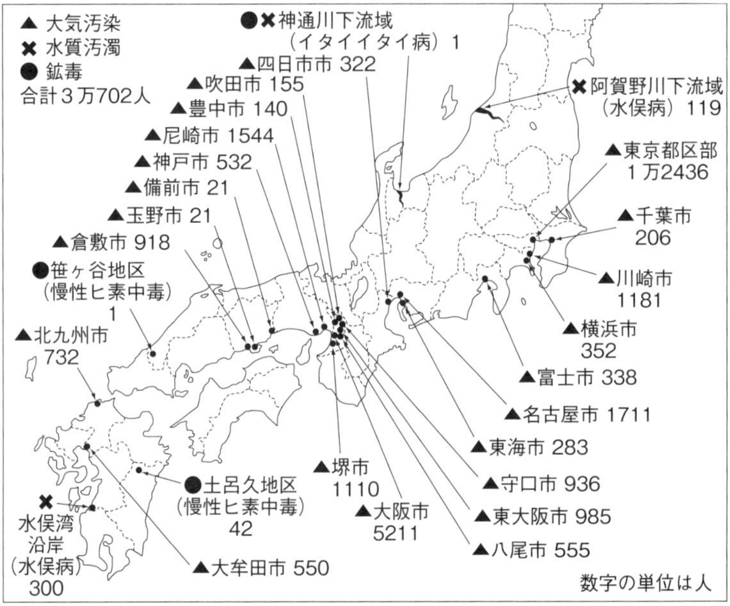

環境省「環境白書」(2021年版）より作成。公害健康被害補償法の被認定者数で、地方自治体による認定数を含んでいない。同法の改正により1988年３月１日で第一種地域（大気汚染）の指定が解除され、新たな患者の認定は以降なされていない。特異的疾患の被認定者の総数は、水俣病が2998人（熊本県1790人、鹿児島県493人、新潟県715人、2020年10月末まで)、イタイイタイ病が200人（2021年３月末まで)、慢性ヒ素中毒症が土呂久地区で211人、笹ヶ谷地区で21人（2021年３月末まで)。

表 37-5　公害苦情受付件数の推移（会計年度）（単位　件）

	2016	2017	2018	2019	2020	〃 %
典型７公害‥‥	48 840	47 437	47 656	46 555	56 123	*68.8*
大気汚染‥‥	14 710	14 450	14 481	14 317	17 099	*21.0*
水質汚濁‥‥	6 442	6 161	5 841	5 505	5 631	*6.9*
土壌汚染‥‥	167	166	168	186	194	*0.2*
騒音‥‥‥‥	16 016	15 743	15 665	15 434	19 769	*24.2*
振動‥‥‥‥	1 866	1 831	1 931	1 743	2 174	*2.7*
地盤沈下‥‥	19	23	27	21	20	*0.0*
悪臭‥‥‥‥	9 620	9 063	9 543	9 349	11 236	*13.8*
その他の公害‥	21 207	20 678	19 147	23 903	25 434	*31.2*
廃棄物投棄‥	9 216	9 076	8 602	10 421	11 978	*14.7*
計‥‥‥‥‥	**70 047**	**68 115**	**66 803**	**70 458**	**81 557**	*100.0*

公害等調整委員会「公害苦情調査」(2020年度）より作成。

〔廃棄物・リサイクル〕「大量生産・大量消費・大量廃棄」型の経済社会から脱却し、環境への負荷が少ない「循環型社会」を形成するために、リデュース（発生抑制）、リユース（再利用）、リサイクル（再生利用）の「３Ｒ（スリーアール）」が重要となっている。個別リサイクル法（容器包装、家電、食品、建設、自動車、小型家電など）が制定され、人々の分別収集や減量化への意識が高まったことで、廃棄物は減少してきた。天然資源の消費を抑えることになる廃棄物のリユースやリサイクルも増えており、2018年度の物質フロー（図37-6、表37-8）をみると、

表 37-6　一般廃棄物処理の概況（会計年度）（単位　千ｔ）

	2005	2010	2015	2018	2019
ごみ総排出量……	52 720	45 359	43 981	42 727	42 737
計画収集量……	44 633	38 827	37 867	36 929	37 020
直接搬入量……	5 090	3 803	3 720	3 743	3 808
集団回収量……	2 996	2 729	2 394	2 056	1 909
１日１人あたり（g）	1 131	976	939	919	918
ごみ総処理量……	49 754	42 791	41 699	40 777	40 949
直接焼却量……	38 486	33 799	33 423	32 654	32 947
直接最終処分量‥	1 444	662	468	439	398
焼却以外の中間処理量	7 283	6 161	5 777	5 796	5 721
粗大ごみ……	2 588	2 002	1 795	1 814	1 848
ごみ堆肥化…．	99	165	176	212	183
ごみ飼料化…．	0	5	8	13	10
メタン化……	21	22	59	78	89
ごみ燃料化…．	755	676	639	645	569
その他の資源化等	3 618	3 198	3 027	2 979	2 953
その他の施設‥	202	93	73	56	68
直接資源化量…．	2 541	2 170	2 031	1 888	1 884
中間処理後再生利用量	4 488	4 547	4 576	4 598	4 605
リサイクル率（%）・1)	*19.0*	*20.8*	*20.4*	*19.9*	*19.6*
最終処分量………	7 328	4 837	4 165	3 840	3 798
ごみ焼却施設					
施設数…………	1 318	1 221	1 141	1 082	1 067
処理能力（トン/日）	189 458	185 372	181 891	178 336	176 707
最終処分場					
残余容量（千m^3）	132 976	114 458	104 044	101 341	99 507
残余年数（年）‥2)	14.8	19.3	20.4	21.6	21.4

環境省「一般廃棄物処理実態調査結果」より作成。災害廃棄物は除く。1)（直接資源化量＋中間処理後再生利用量＋集団回収量）÷（ごみ総処理量＋集団回収量）×100。2) 埋立てごみの比重を１m^3＝0.8163 t で換算。

出口側で廃棄物として発生した量（5億4600万トン）の43.6%（2億3800万トン）が資源として循環利用（再使用・再生利用）されている。これは入口側で総物質投入量（15億4900万トン）の15.4%を占めているが、「第四次循環基本計画」の2025年度の目標である18%には届いていない。また、資源生産性（表37-8の注記参照）は42.3万円/トンで、2025年度の目標49万円/トンには届かず、さらに循環利用を推進する必要がある。ごみとして最終処分される量をみると、2005年度の3110万トンから2018年度は1310万トンに大きく減少している。

近年、循環型社会に向けた取り組みの一つとして、使用済み製品を原料として同一種類の製品を製造する「水平リサイクル」が広がっている。

図 37-5　産業廃棄物の業種別・種類別排出量（2019年度）

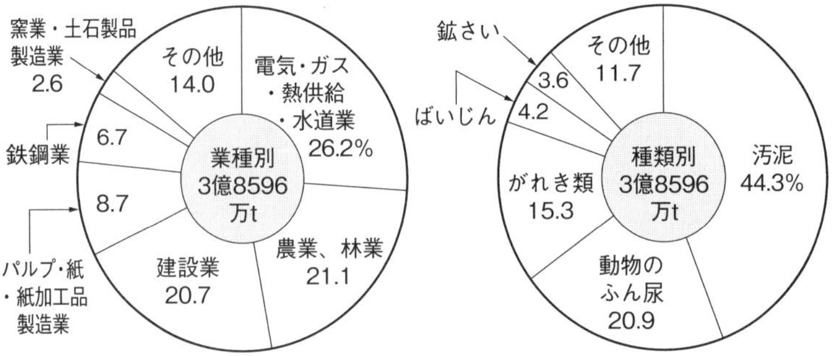

下表の2019年度排出量の内訳。

表 37-7　産業廃棄物処理の概況（会計年度）（単位　千t）

	2000	2010	2017	2018	2019
排出量	406 037	385 988	383 544	378 832	385 955
再生利用量	184 237	204 733	200 217	199 008	203 569
減量化量	176 933	167 000	173 630	170 698	173 228
最終処分量	44 868	14 255	9 697	9 126	9 157
最終処分場1)					
残余容量（千m³）	176 089	194 528	159 255	158 650	…
残余年数（年）2)	3.9	13.6	16.4	17.4	…

環境省「産業廃棄物の排出及び処理状況等」および同「産業廃棄物処理施設の設置、産業廃棄物処理業の許認可に関する状況」より作成。排出量などは推計値。1）次年4月1日現在。2）最終処分される産業廃棄物の比重を1 m³＝1 tとしている。

ガラスびんやアルミ缶は水平リサイクルの比率が高く、プラスチックによる海洋汚染が問題になっている中、飲料容器をプラスチックからアルミ缶に変更する動きも出ている。2022年４月、新しい「プラスチック資源循環法」が施行された。製品設計から廃棄物処理に至るすべての流れにおいて、プラスチック資源の循環等の取組を促進することになる。

図 37-6　物質フロー（2018年度）（単位　百万ｔ）

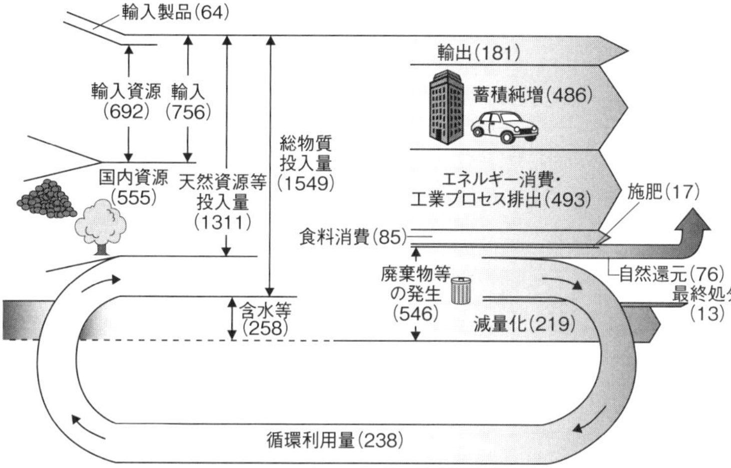

環境省「環境白書」(2021年版）より作成。含水等とは、汚泥や家畜のふん尿などの廃棄物に含まれる水のほか、経済活動に伴う土砂等に付随して投入される水分を含む。

表 37-8　資源生産性、循環利用率、最終処分量の推移（会計年度）

	1995	2005	2015	2018	2025（目標）
資源生産性（万円／ｔ）･･･	23.0	31.3	39.7	42.3	49
循環利用率（％）					
入口側･････････････････	*8.7*	*12.2*	*15.6*	*15.4*	*18*
出口側･････････････････	*32.3*	*39.5*	*44.4*	*43.6*	*47*
最終処分量（百万ｔ）･････	81.6	31.1	14.3	13.1	13

環境省「第四次循環型社会形成推進基本計画」より作成。資源生産性とは１トンあたりの天然資源等投入量（国産・輸入天然資源および輸入製品の量）から生じる実質国内総生産（ＧＤＰ）で、より少ない資源でどれだけ大きな豊かさを生み出しているかを総合的に表す指標。入口側の循環利用率は、社会に投入される資源のうち、どれだけ循環利用された資源が投入されているかを表す指標。出口側の循環利用率は、廃棄物等として発生した量のうち、どれだけ循環利用されたかを表す指標。最終処分量は廃棄物の埋め立て量。

表 37-9　国の環境保全予算 (会計年度) (単位　億円)

	2018	2019	2020	2021	2022
地球環境の保全	4 844	5 816	5 841	5 403	5 647
生物多様性の保全 1)	1 552	1 805	1 768	1 545	1 591
循環型社会の形成	1 018	1 024	1 120	674	722
水・土壌・地盤環境の保全	791	952	1 106	1 175	1 352
大気環境の保全	1 777	1 887	1 750	1 737	1 565
化学物質対策 2)	49	52	50	57	51
放射性物質 3)	6 641	5 652	6 758	3 945	3 746
各種施策の基盤となる施策等	1 325	1 484	1 508	1 504	1 557
環境保全経費	**17 997**	**18 671**	**19 902**	**16 040**	**16 230**
一般会計	7 098	7 813	7 811	7 469	7 850
特別会計	10 899	10 858	12 091	8 571	8 380

財務省各年度の「予算及び財政投融資計画の説明」(付表) より作成。当初予算額。一般会計と特別会計の計で、特別会計にはエネルギー対策や東日本大震災復興などを含む。1) 生物多様性の持続可能な利用を含む。2) 包括的な化学物質対策。3) 放射性物質による環境汚染の防止。

表 37-10　日本における絶滅のおそれのある野生生物数 (2020年)

分類群	絶滅	野生絶滅	絶滅危惧	準絶滅危惧	情報不足 1)	絶滅のおそれのある地域個体群 2)
動物	49	1	1 446	943	349	63
ほ乳類	7	—	34	17	5	26
鳥類	15	—	98	22	17	2
は虫類	—	—	37	17	3	5
両生類	—	—	47	19	1	—
汽水・淡水魚類	3	1	169	35	37	15
昆虫類	4	—	367	351	153	2
貝類 3)	19	—	629	440	89	13
その他無脊椎動物 4)	1	—	65	42	44	—
植物等	61	13	2 270	421	195	—
維管束植物 5)	28	11	1 790	297	37	—
蘚苔類 6)	—	—	240	21	21	—
藻類	4	1	116	41	40	—
地衣類 7)	4	—	63	41	46	—
菌類	25	1	61	21	51	—
合計	**110**	**14**	**3 716**	**1 364**	**544**	**63**

環境省「レッドリスト2020」より作成。今回は13分類群のうち11分類群の合計74種についてカテゴリーを再検討した結果、絶滅危惧種が40種増加し(哺乳類のシベリアイタチなど)、3716種となった。1) 絶滅危惧のカテゴリーに移行し得る属性を有するもので、評価するだけの情報が不足している種。2) 地域的に孤立している個体群で、絶滅のおそれが高いもの。3) 汽水域の貝類も対象。4) くも類、甲殻類など。5) シダ植物と種子植物。6) コケ類。7) 菌類の仲間で、必ず藻類と共生しているもの。

第38章　災害と事故

〔災害〕 日本の国土は自然災害を受けやすい。2021年７月には、静岡県熱海市で大雨により土石流の被害が発生した。違法な盛り土が被害を拡大させて、同市の死者・行方不明者は28名に達した。2022年２月には北海道で記録的な大雪となり、鉄道等の運行が長期間停止した。2022年３月には福島県沖でマグニチュード7.4の地震が発生し、東北新幹線が脱線するなどの被害に見舞われた。また、地震の影響から火力発電所が停止し、東北電力と東京電力管内で電力需給が逼迫する事態となった。

表 38-1　2021年の主な自然災害

	死者・行方不明者（人）	負傷者（人）	住家被害（棟）		
			全壊	半壊	床上浸水
2020～21年冬の大雪・・・1)2)	110	1 705	17	21	5
2021年７月大雨・・・・・・・・3)	29	12	59	119	499
2021年８月大雨・・・・・・・・4)	13	17	45	1 234	796
2021～22年冬の大雪・・・1)5)	97	1 594	7	12	1

消防庁資料（2022年４月14日閲覧）より作成。1）除雪作業中以外の交通事故や転倒は含まない。2）2020年11月～21年４月。3）静岡県熱海市など。土石流等による被害を含む。4）九州北部、広島、長野など。5）2021年11月～22年３月まで。

表 38-2　自然災害による被害状況

	2015	2016	2017	2018	2019	2020
死者・行方不明者（人）	65	297	129	452	159	128
負傷者（人）・・・・・	1 146	3 840	1 509	4 573	1 350	993
住家被害（棟）						
全壊・・・・・・・・・・	123	9 286	366	7 441	3 705	1 640
半壊・・・・・・・・・・	7 264	36 709	2 294	14 852	34 479	4 600
床上浸水・・・・・・	2 930	2 375	5 632	8 566	8 776	1 956
耕地被害（千ha）1)	7.9	11.8	17.2	14.2	13.2	8.4
り災世帯数（世帯）2)	10 422	85 190	7 338	29 926	48 343	9 087
り災者数（人）・・2)	23 857	60 880	14 892	62 548	86 419	19 321
被害総額（億円）・	2 810	17 553	5 994	11 719	12 417	7 081

消防庁「消防白書」各年版より作成。暴風、豪雨、洪水、高潮、地震、津波、火山噴火、その他異常な自然現象などによる被害。1）冠水を含む。2）住家の全壊、半壊、床上浸水により日常生活を営めないもの。各都道府県で把握したもののみ。

〔**交通事故**〕 2021年は、引き続きコロナ禍による外出自粛等の影響で交通量が減少し、交通事故件数はコロナ禍以前の2019年と比べて20%減となる30万5196件であった。前年と比べても、1.3%減少している。死者数は前年から203人減の2636人であった。高齢者（65歳以上）の死者数は1520人で前年より76人減少したが、死者数全体に占める割合は1.4%増加した。状態別では、昨年から減少したものの歩行中（941人）

図 38-1　交通事故件数と死者数

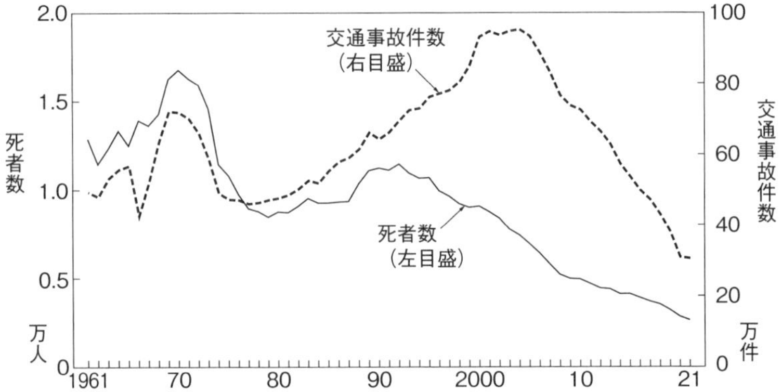

下表より作成。

表 38-3　道路交通事故（単位　人）

	1990	2000	2010	2019	2020	2021
交通事故件数（件）	643 097	931 950	725 924	381 237	309 178	305 196
うち死亡事故・・・	10 651	8 713	4 808	3 133	2 784	2 583
死者数(24時間以内)1)	11 227	9 073	4 948	3 215	2 839	2 636
30日以内死者数・2)	…	10 410	5 828	3 920	3 416	3 205
負傷者数・・・・・・・・	790 295	1 155 707	896 297	461 775	369 476	362 131
うち重傷者・・・・・	79 126	80 105	51 536	32 025	27 774	27 204
人口10万人あたり3)						
死者数・・・・・・・・	9.1	7.1	3.9	2.5	2.3	2.1
負傷者数・・・・・・	639.3	910.5	699.9	364.9	292.9	288.5

警察庁資料より作成。表36-11における交通事故死者数は、交通事故を原死因とする死者数で、本表とは定義が異なる。1）交通事故発生から24時間以内に死亡した者。2）交通事故発生から30日以内に死亡した者。3）人口10万人あたりは、総務省統計局「国勢調査」または同「人口推計」による各年10月1日現在人口を用いて編者算出。

が最も多く、次いで自動車乗車中（860人)、二輪車乗車中（463人）と続く。また、最も多い歩行中では高齢者の割合が増えており、高齢者の歩行中死者数のうち８割近くが横断中であった。

児童の交通事故死者·重傷者数は､709人と前年から72人増加している。歩行中が最も多く、その約４割が登下校中であった。また、特に低学年が多く、死亡事故の時間帯は学校・学童保育・習い事などの帰宅時間とみられる14時～17時台に集中している。

飲酒運転の死亡事故率は、飲酒運転以外と比較して9.1倍高い。特に、運転操作のミスや前方不注意によるものが多かった。

表 38-4 状態別交通事故死者数（単位 人）

	1990	2000	2010	2019	2020	2021
自動車乗車中	4 501	3 953	1 637	1 083	882	860
二輪車乗車中	2 492	1 575	881	510	526	463
自転車乗車中	1 161	984	668	433	419	361
歩行中	3 042	2 540	1 744	1 176	1 002	941
計×	**11 227**	**9 066**	**4 948**	**3 215**	**2 839**	**2 636**
うち19歳以下	2 285	899	310	163	149	124
65歳以上	2 673	3 166	2 489	1 782	1 596	1 520
(参考)75歳以上	1 367	1 698	1 564	1 192	1 072	1 029

警察庁資料より作成。死者数について、遡及訂正が一部反映されていないため、2000年の数値が表38-3と一致しない。×その他とも。

表 38-5 運転免許保有者数（単位 千人）

	1970年末			2020年末		
	男	女	計	男	女	計
16～19歳	1 670	269	1 939	496	359	854
20～24〃	3 995	1 195	5 190	2 527	2 135	4 662
25～34〃	6 566	1 777	8 344	5 992	5 321	11 313
35～44〃	5 397	1 207	6 604	7 729	7 103	14 832
45～54〃	2 675	294	2 970	9 038	8 350	17 388
55～64〃	1 168	22	1 190	7 285	6 577	13 863
65歳以上	213	1	214	11 530	7 548	19 078
うち75歳以上	…	…	…	4 087	1 817	5 905
計	**21 684**	**4 766**	**26 449**	**44 597**	**37 393**	**81 990**
高齢者割合(％)	*1.0*	*0.0*	*0.8*	*25.9*	*20.2*	*23.3*

警察庁「運転免許統計」(2020年）より作成。高齢者割合は65歳以上。

〔火災〕 2020年の出火件数は前年から2992件減の3万4691件で、死者数は前年から160人減の1326人であった。この10年間の出火件数と火災による死者数は、おおむね減少傾向にある。出火件数のうち、たばこによる火災が3104件で、出火原因の第1位である。近年、二酸化炭素消火設備に係る死亡事故が相次いでいることから、ガイドラインの再周知や注意喚起といった再発防止対策が行われている。

表 38-6　火災被害の状況

	1980	1990	2000	2010	2019	2020
出火件数（件）･･･	59 885	56 505	62 454	46 620	37 683	34 691
建物火災･･････	38 014	34 768	34 028	27 137	21 003	19 365
林野火災･･････	4 120	2 858	2 805	1 392	1 391	1 239
車両火災･･････	3 773	6 173	8 303	5 042	3 585	3 466
焼損面積						
建物火災（千m^2）1)	2 128	1 674	1 594	1 187	1 103	1 015
林野火災（a）･･	530 685	133 325	145 451	75 549	83 651	44 885
損害額（百万円）･	150 707	148 458	150 426	101 762	90 800	103 739
建物損害額･･･2)	144 991	142 088	139 988	94 195	84 186	97 378
林野損害額････	2 081	467	708	71	269	201
車両損害額････	1 419	3 291	4 032	3 533	2 259	2 134
り災世帯数（世帯）	37 948	32 853	30 999	23 865	18 364	17 931
死者（人）･･････3)	1 947	1 828	2 034	1 738	1 486	1 326
負傷者（人）･････	8 049	7 097	8 281	7 305	5 865	5 583

消防庁「消防白書」(2021年版）より作成。1995年より爆発のみの火災を含む。1）床面積。2）収容物の損害額を含む。3）火災により48時間以内に死亡したもの。

表 38-7　出火原因別火災損害状況（2020年）

	出火件数（件）	建物焼損床面積（千m^2）	林野焼損面積（a）	り災世帯数（世帯）	損害額（百万円）
たばこ･･････････	3 104	51.5	2 882	2 361	3 729
たき火･･････････	2 824	29.7	7 208	177	871
こんろ･･････････	2 792	29.7	7	2 499	2 188
放火･･･････････	2 497	22.7	595	915	2 244
火入れ･･････････	1 684	8.1	9 019	35	248
電気機器････････	1 611	19.3	4	727	2 252
放火の疑い･･････	1 555	23.1	886	433	1 533
電灯電話等の配線	1 398	78.6	171	895	6 002
計×･･････････	**34 691**	**1 015.1**	**44 885**	**17 931**	**103 739**

消防庁「消防白書」(2021年版）より作成。×その他とも。

第39章　犯罪・司法

〔犯罪〕 2021年の刑法犯の認知件数は全国で57万件と、前年から5万件減って戦後最低を更新した。認知件数は2002年以降、19年連続で減少している。

刑法犯は、1980年ごろから窃盗犯を中心に増えた。1980年に136万件であった認知件数は、2002年には戦後最多となる285万件まで増加した。同年の刑法犯のうち、最も認知件数が多かったのは窃盗犯の238万件で、

表 39-1　刑法犯の状況

	1990	2000	2010	2020	2021	〃 %
認知件数（千件）·	1 636.6	2 443.5	1 604.0	614.2	568.1	*100.0*
凶悪犯（〃）···	5.9	10.6	7.6	4.4	4.1	*0.7*
殺人（〃）···	1.2	1.4	1.1	0.9	0.9	*0.2*
強盗（〃）···	1.7	5.2	4.1	1.4	1.1	*0.2*
粗暴犯（〃）···	37.9	64.4	63.8	51.8	49.7	*8.8*
傷害（〃）···	19.4	30.2	26.6	19.0	18.1	*3.2*
窃盗犯（〃）···	1 444.1	2 131.2	1 229.1	417.3	381.8	*67.2*
知能犯（〃）···	64.4	55.2	44.5	34.1	36.7	*6.5*
風俗犯（〃）···	5.8	9.8	10.9	7.7	7.9	*1.4*
その他（〃）···	78.5	172.3	248.0	98.9	87.9	*15.5*
発生率········ 1)	1 324	1 925	1 253	487	453	—
検挙件数（千件）·	692.6	576.8	497.4	279.2	264.5	—
検挙率（%）·····	*42.3*	*23.6*	*31.0*	*45.5*	*46.6*	—
検挙人員（千人）·	293.3	309.6	322.6	182.6	175.0	*100.0*
凶悪犯（〃）···	4.7	7.5	5.0	4.3	4.1	*2.3*
殺人（〃）···	1.2	1.4	1.0	0.9	0.8	*0.5*
強盗（〃）···	1.6	3.8	2.6	1.7	1.5	*0.8*
粗暴犯（〃）···	42.0	50.4	49.5	48.1	45.7	*26.1*
傷害（〃）···	24.2	29.4	22.0	18.8	17.5	*10.0*
窃盗犯（〃）···	175.6	162.6	175.2	88.5	84.4	*48.2*
知能犯（〃）···	10.3	11.3	14.1	10.5	12.5	*7.1*
風俗犯（〃）···	9.6	6.1	6.0	5.2	5.4	*3.1*
その他（〃）···	51.0	71.7	72.7	26.0	23.0	*13.1*

警察庁「犯罪統計資料」より作成。一般刑法犯の状況。発生率は、総務省統計局による各年10月1日現在の総人口を用いて編者算出。1）人口10万人あたり犯罪認知件数。

一般刑法犯には交通関係の業務上過失致死傷罪と重過失致死傷罪、自動車運転過失致死傷罪、危険運転致死傷罪を含まない。凶悪犯は殺人、強盗、放火、強制性交等（2017年に強姦から変更）、粗暴犯は暴行、傷害、脅迫、恐喝、凶器準備集合、知能犯は詐欺、横領（占有離脱物横領を除く）、偽造、汚職、背任、風俗犯は賭博、わいせつ。

全体の83％を占めている。国民が不安を感じる中で防犯意識が高まって、その後は防犯カメラなど防犯対策が進んだことで犯罪が全体的に減少する。2021年は、前年からコロナ禍による外出自粛が続き、路上強盗や自転車盗などの街頭犯罪が前年比で12.1％減、コロナ禍前の一昨年比で36％減と大幅に減った。

2021年の刑法犯の検挙率は46.6％となり、前年よりも1.1ポイント上昇した。検挙率は1983年から87年にかけて60％を超えていたが、それ以降は犯罪の急増とともに落ち込んで、2001年には19.8％と初めて20％を割り込んだ。その後は、認知件数の減少とともに検挙率は上昇傾向にある。

14歳から19歳の刑法犯少年の検挙件数は、2021年で1万4818人となり、前年か

図 39-1　成人・少年別刑法犯検挙人員の人口比（各人口千あたり検挙人員）

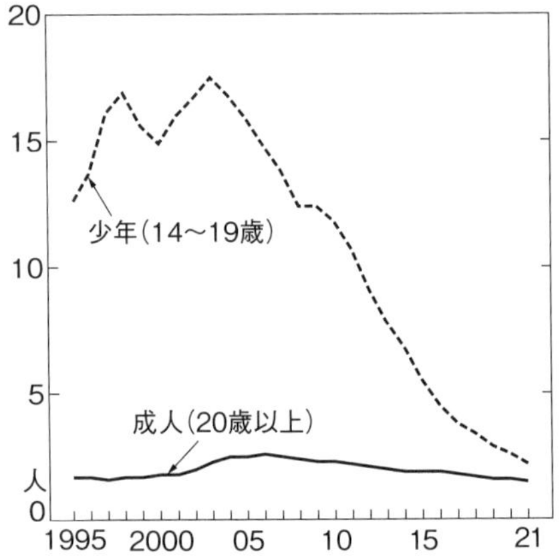

警察庁および総務省資料より作成。交通関係の犯罪を除く。

図 39-2　刑法犯の認知件数および検挙率の推移

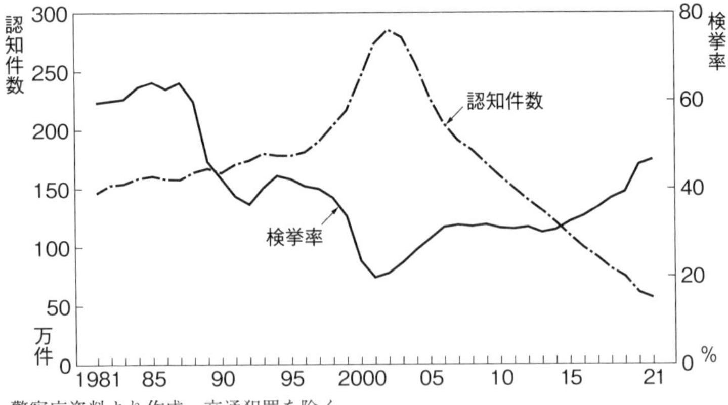

警察庁資料より作成。交通犯罪を除く。

ら2648人減少した。刑法犯少年の検挙人員数は、1980年には16万人を超えていたが、年々減少して2019年に初めて２万人を下回った。刑法犯少年の減少は、少子化で少年人口が減っていることもあるが、人口比（少年千人あたりの刑法犯少年数）でみても刑法犯少年は戦後最少である。成人も含めた総検挙人員に占める少年の割合は、2000年の42.7%から、21年には8.5%にまで低下している。なお、2022年４月から民法上の成年年齢が18歳に引き下げられる。刑事手続き上は20歳未満を現行通り「少年」と扱うが、18歳から19歳は「特定少年」と規定し、起訴された場合は実名報道が解禁される。

表 39-2　少年（14～19歳）犯罪の検挙人員の推移（単位　人）

	1980	1990	2000	2010	2020	2021
凶悪犯……	1 930	1 078	2 120	783	522	410
殺人……	45	71	105	43	50	35
強盗……	761	574	1 638	565	323	214
粗暴犯……	21 434	16 729	19 691	7 729	3 060	2 815
傷害……	8 718	8 759	10 687	4 895	1 748	1 614
窃盗犯……	126 254	108 565	77 903	52 435	9 222	7 421
刑法犯総数×	**166 073**	**154 168**	**132 336**	**85 846**	**17 466**	**14 818**

表39-1の資料より作成。交通犯罪を除く。×その他とも。表39-1の脚注参照。

表 39-3　特別法犯の状況

	検挙件数（件）			検挙人員（人）		
	2000	2020	2021	2000	2020	2021
覚せい剤取締法‥	25 875	11 825	11 299	18 903	8 245	7 631
迷惑防止条例……	4 974	7 694	8 765	4 836	6 291	6 702
軽犯罪法……	7 836	9 123	8 431	7 897	9 193	8 455
大麻取締法……	1 723	5 865	6 733	1 140	4 904	5 339
廃棄物処理法……	2 318	5 999	6 183	2 630	6 680	6 651
銃刀法……	4 253	5 458	5 252	3 055	4 819	4 521
入管法……	6 186	6 846	4 831	5 298	5 005	3 528
特別法犯総数×	**75 917**	**72 913**	**71 005**	**64 622**	**61 345**	**58 156**

警察庁「犯罪統計資料」より作成。自動車の運転により人を死傷させる行為等の処罰に関する法律および交通法令違反を除く。検挙件数、検挙人員は2016年までは送致件数、送致人員として公表されていた。×その他とも。

近年はサイバー犯罪が増えており、海外からのサイバー攻撃事例も多数確認されている。2021年中のサイバー犯罪による検挙件数は12275件と過去最多を記録した。コロナ禍を機にテレワークが増加する中で、セキュリティの脆弱性を突いたウイルス等のマルウェアに感染して、情報漏洩等の被害を受ける危険性が高まっている。また、2022年２月のロシアのウクライナ侵攻以降、企業へのサイバー攻撃が頻発しており、日本企業では工場が操業を停止するなどの被害が広がっている。

図 39-3　銃器使用犯罪とけん銃押収数の推移

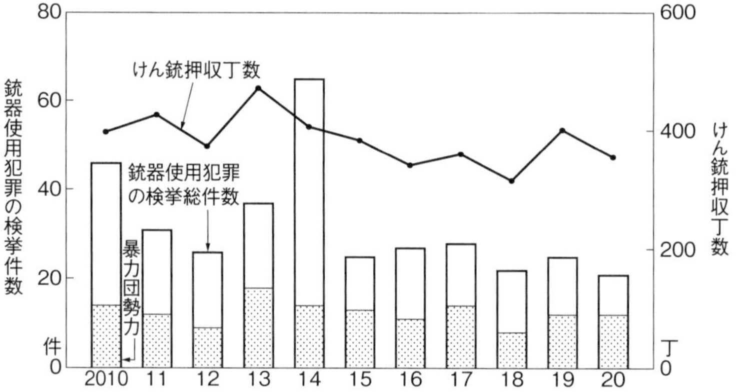

表39-6の資料などより作成。模造けん銃などは含まない。

表 39-4　サイバー犯罪の検挙件数等の推移（単位　件）

	2017	2018	2019	2020	2021 1)
検挙件数…………	9 014	9 040	9 519	9 875	12 275
うち不正送金………	425	322	1 872	1 734	585
1日あたり脆弱性探索件数 2)	1 893	2 753	4 192	6 506	7 335
国内から……… 3)	32	44	67	62	33
海外から……… 4)	1 861	2 709	4 125	6 445	7 302

警察庁資料より作成。サイバー犯罪とは、コンピュータ技術および電気通信技術を悪用した犯罪。1）暫定値。2）インターネット上に警察庁がセンサーを設置して、攻撃者からの通信が観測された件数。3）国内の送信元から観測された件数。4）海外の送信元から観測された件数。

表 39-5 暴力団犯罪の検挙件数と検挙人員

	検挙件数（件）			検挙人員（人）		
	2020	2021	暴力団の割合(%)(〃)1)	2020	2021	暴力団の割合(%)(〃)1)
刑法犯	13 257	12 236	*4.6*	7 533	6875	*3.9*
殺人	63	58	*6.6*	97	91	*10.7*
強盗	110	105	*9.3*	175	217	*14.9*
暴行	851	709	*3.0*	829	676	*2.8*
傷害	1 366	1 119	*7.2*	1 629	1353	*7.7*
恐喝	434	391	*36.5*	575	456	*37.1*
窃盗	6 712	6 012	*3.7*	1 157	1008	*1.2*
詐欺	1 545	1 933	*11.7*	1 249	1555	*15.0*
特別法犯	7 793	7 189	*10.1*	5 656	4860	*8.4*
風営適正化法	117	87	*9.3*	127	79	*8.5*
売春防止法	50	36	*8.5*	71	19	*5.0*
銃刀法	173	121	*2.3*	133	90	*2.0*
麻薬等取締法	177	158	*16.8*	58	51	*9.7*
大麻取締法	1 099	1 205	*17.9*	732	764	*14.3*
覚せい剤取締法	5 088	4 512	*39.9*	3 510	2985	*39.1*
総数	**21 050**	**19 425**	*5.8*	**13 189**	**11 735**	*5.0*

警察庁「犯罪統計資料」より作成。交通関係の犯罪を除く。1）各犯罪全体に占める割合。

表 39-6 外国人による犯罪の検挙件数と検挙人員

	検挙件数（件）			検挙人員（人）		
	2000	2019	2020	2000	2019	2020
来日外国人 1)	30 971	17 260	17 865	12 711	11 655	11 756
刑法犯	22 947	9 148	9 512	6 329	5 563	5 634
特別法犯	8 024	8 112	8 353	6 382	6 092	6 122
その他の外国人	10 765	7 313	6 571	5 832	5 486	5 105
刑法犯	9 351	5 641	5 024	4 634	4 040	3 895
特別法犯	1 414	1 672	1 547	1 198	1 446	1 210
総数	**41 736**	**24 573**	**24 436**	**18 543**	**17 141**	**16 861**
刑法犯	32 298	14 789	14 536	10 963	9 603	9 529
特別法犯	9 438	9 784	9 900	7 580	7 538	7 332

法務省「犯罪白書」(2021年版）より作成。交通犯罪を除く。刑法犯と特別法犯については表39-1、39-3を参照のこと。1）わが国にいる外国人から定着居住者（永住権を有する者など)、在日米軍関係者および在留資格不明の者を除いた者。
2020年の来日外国人の刑法犯9512件を罪名別にみると、最も多いのは窃盗犯の5809件で、刑法犯全体の61.1%を占めている。同様に特別法犯8353件のうち、最も多いのは入管法違反の6534件で全体の78.2%を占めている。なお、警察庁「犯罪統計資料」によると、2021年の来日外国人犯罪の検挙件数は1万5893件、検挙人員は1万677人である。

〔司法〕 全国の裁判所で、2020年に受け付けられた裁判件数（刑事事件、少年事件は被告人や少年の数）は336万件であった。裁判件数は2003年に612万件となって以降、犯罪の減少に伴って急速に減っている。事件別に2003年から20年の推移をみると、民事は352万件から135万件、刑事は164万人から85万人、少年は27万人から５万人と大幅に減っている。一方、家事は68万件から111万件へと1.6倍に増えた。家庭裁判所が扱う家事事件は、離婚に伴う争いや相続に関する手続きの増加によって拡大しており、2016年以降は100万件を超え、刑事事件を上回っている。

国民に十分な司法サービスを提供するため、裁判の迅速化や法曹人口の拡充など司法制度改革が進められている。2009年から始まった裁判員制度もその一つである。2021年の裁判員裁判は904人の被告に対して実施され、5226人の裁判員が選任された（速報値）。裁判員裁判では、裁判員の多数決を中心とした公平な判決が期待されている。一方で裁判員

表 39-7　全裁判所の新受事件数の推移

	1980	1990	2000	2010	2018	2019	2020
民事（万件）・・・・	147.0	171.5	305.2	217.9	155.3	152.3	135.0
刑事（万人）・・・・	269.7	169.4	163.8	115.8	93.7	88.5	85.2
家事（万件）・・・・	35.0	34.3	56.1	81.5	106.6	109.2	110.5
少年（万人）・・・・	58.8	48.3	28.6	16.5	6.6	5.8	5.3

法曹会「裁判所データブック2021」より作成。当該年次に全国の裁判所において受け付けられた事件数。ただし、刑事および少年は被告人および少年の人員。控訴、上告等を含む。民事には行政事件を含む。少年には家庭裁判所で受理した成人の刑事事件を含む。全国の裁判所の数　最高裁１、高等裁14、地方裁253、家庭裁330、簡易裁438（2021年７月１日現在、いずれも支部、出張所を含む）。

成年年齢の引き下げ

2022年４月１日より、成年年齢を20歳から18歳に引き下げる民法の改正が施行された。施行後は、18歳でクレジットカードの発行やローン契約など様々な契約を自分の意思で行うことができる。ただし、女性の結婚可能な最低年齢は16歳から18歳に引き上げられる。飲酒、喫煙、競馬などは、青少年の健康と安全のため現状維持の20歳で解禁となる。

個人の法律的な知識等の差による判決の揺れや、判決を下す責任感から裁判員に精神的な負担が生じるなど、裁判員裁判に伴う課題もあらわれている。

表 39-8　刑務所・拘置所・少年院等の収容人員（2020年）（単位　人）

	死刑確定者	懲役		禁錮	少年院	総数×
		無期	有期			
男……	102	1 647	34 713	94	1 442	42 526
女……	7	96	3 251	12	141	3 998
計…	**109**	**1 743**	**37 964**	**106**	**1 583**	**46 524**

法務省「矯正統計調査」より作成。2020年末の収容人数。×その他とも。

表 39-9　弁護士数（2021年4月1日現在）

	弁護士（人）	女性	人口10万あたり（人）		弁護士（人）	女性	人口10万あたり（人）
北海道	1 041	160	19.9	滋賀	157	36	11.1
青森	112	14	9.0	京都	824	178	32.0
岩手	101	10	8.3	大阪	4 790	882	54.2
宮城	483	74	21.0	兵庫	999	205	18.3
秋田	75	13	7.8	奈良	184	30	13.9
山形	104	15	9.7	和歌山	146	21	15.8
福島	195	28	10.6	鳥取	66	11	11.9
茨城	302	47	10.5	島根	81	19	12.1
栃木	227	34	11.7	岡山	407	91	21.6
群馬	314	41	16.2	広島	613	106	21.9
埼玉	926	158	12.6	山口	182	24	13.6
千葉	842	152	13.4	徳島	85	6	11.8
東京	20 938	4 416	149.1	香川	188	28	19.8
神奈川	1 738	339	18.8	愛媛	163	22	12.2
新潟	284	47	12.9	高知	91	13	13.2
富山	121	14	11.7	福岡	1 414	258	27.5
石川	186	32	16.4	佐賀	107	14	13.2
福井	124	17	16.2	長崎	163	19	12.4
山梨	126	18	15.6	熊本	283	43	16.3
長野	259	46	12.6	大分	160	22	14.2
岐阜	208	33	10.5	宮崎	138	15	12.9
静岡	519	92	14.3	鹿児島	219	29	13.8
愛知	2 076	406	27.5	沖縄	276	41	18.8
三重	193	30	10.9	全国	**43 230**	**8 349**	34.3

日本弁護士連合会の資料より作成。人口10万あたりは、2020年10月1日現在の国勢調査人口（確定値）を用いて編者算出。

第40章　国防と自衛隊

中国の軍事力強化や北朝鮮のミサイル開発が急速に進む中、日本周辺の安全保障環境は緊迫した状況が続いている。中国は、南シナ海の領有権や海洋権益を主張し、東シナ海を含む広い範囲で海洋進出を活発化している。台湾問題に関しては、2021年版「防衛白書」で初めて、台湾をめぐる情勢の安定が日本の安全保障にとって非常に重要であることが明記された。しかし、中国は「一つの中国」を主張し、台湾の独立を阻止するために他国からのすべての介入を排除する姿勢を変えていない。北朝鮮は、弾道ミサイルの発射を2022年１月から３月24日までに10回行っており、使用ミサイルは、新型の極超音波ミサイル、短距離弾道ミサイル、大陸間弾道ミサイル（ICBM）などと分析されている。

日本とアメリカ合衆国は「自由で開かれたインド太平洋」を重視し、経済面および安全保障面でインド洋と太平洋における航行の自由が重要であることを訴えて、南シナ海での軍事拠点化を進める中国をけん制している。日本、アメリカ合衆国、オーストラリア、インドの４か国によるクアッド（日米豪印４か国の協力体制）は、「自由で開かれたインド太平洋」の維持・強化への取り組みを共有し、中国の影響力拡大に対抗

図 40-1　2022年度（令和４年度）の防衛関係費（当初予算）

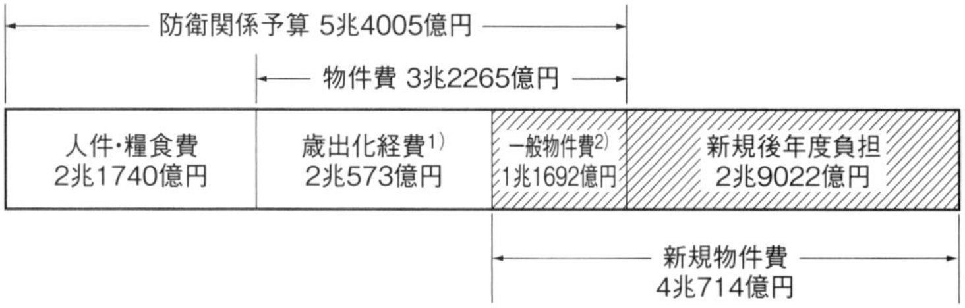

防衛省「我が国の防衛と予算　令和４年度予算の概要」より作成。SACO関係経費や米軍再編関係経費のうち地元負担軽減分（表40-1）などを含む。防衛力整備は艦船や航空機の調達など複数年を要するものが多い。このため調達費用等を複数年度にわたって支払うよう契約し、後年度に支払う分を後年度負担と呼ぶ。1）2021年度以前に契約された後年度負担の2022年度支払分。2）当年度の契約に基づき支払われた分。

するための協力関係を強化している。また、アメリカ合衆国はこれまで台湾への武器売却を実施しているが、バイデン政権もその方針を継続しており、南シナ海をめぐる米中間の対立は激しさを増している。

2022年度（令和４年度）の防衛関係予算（当初）の総額は５兆4005億円で、前年度比1.1％の増加であった。2021年度補正予算（7738億円）

図 40-2　防衛関係予算（当初）の推移（会計年度）

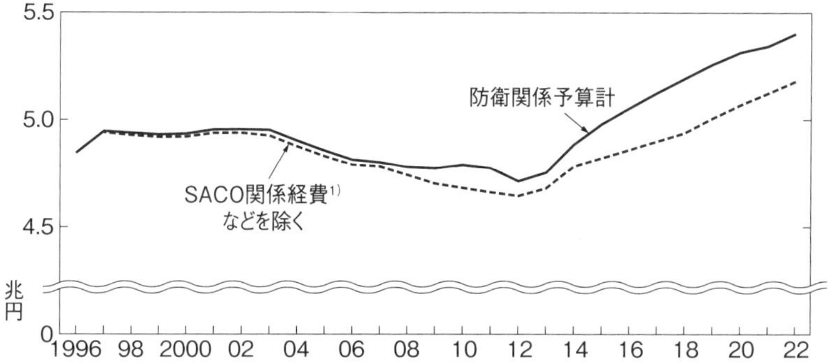

資料は図40-1に同じ。1）中期防衛力整備計画の対象経費。表40-1で（A）を除く防衛関係予算（SACO・米軍再編経費は1997年度より）。

表 40-1　使途別の防衛関係予算（当初）の推移（会計年度）（単位　億円）

	2018	2019	2020	2021	2022
人件・糧食費	21 850	21 831	21 426	21 919	21 740
物件費	30 061	30 744	31 708	31 504	32 265
装備品等購入費等 1)	8 191	8 329	8 544	9 187	8 164
研究開発費	1 034	1 283	1 273	1 133	1 644
施設整備費等	1 752	1 407	1 513	2 029	1 932
維持費等	11 343	12 027	12 610	11 609	12 788
基地対策経費等 2)	4 449	4 470	4 584	4 618	4 718
ＳＡＣＯ関係経費3)（A）	51	256	138	144	137
米軍再編関係経費4)（A）	2 161	1 679	1 799	2 044	2 080
政府専用機導入経費（A）	312	62	0	0	0
その他 5)	768	1 230	1 247	741	802
防衛関係予算計	**51 911**	**52 574**	**53 133**	**53 422**	**54 005**
対GDP比（％）	*0.920*	*0.929*	*0.932*	*0.955*	*0.957*
（A）を除く防衛関係予算	49 388	50 070	50 688	51 235	51 788

防衛省・財務省資料より作成。1）武器車両等購入費、航空機購入費、艦船建造費。2）基地周辺対策経費と在日米軍駐留経費負担など。3）SACOは沖縄における施設・区域に関する特別行動委員会。4）地元負担軽減分のみ。5）電子計算機等借料等。2019、20年度は防災・減災、国土強靭化のための緊急対策に係る経費（A）を含む（各年度508億円）。

と合わせた16か月予算（「防衛力強化加速パッケージ」と位置付けられている）は6兆円を超え、これまで防衛費の上限としてきた国内総生産（GDP）1％枠を上回る。2021年度の補正予算は過去最大で、本来ならば次年度の当初予算に組み込むはずの迎撃ミサイル、哨戒機、輸送機などの取得経費を前倒しで計上した。2022年度当初予算は、新領域の宇宙・サイバー・電磁波等における能力の獲得・強化に加え、戦闘機の取得、スタンド・オフ防衛能力の強化、艦船の建造、哨戒機の取得、研究開発費などを計上している。岸田内閣は、相手領域内のミサイル発射拠点を攻撃する敵基地攻撃能力の検討を始めており（496ページ解説欄参照）、

表 40-2　自衛官現員（年度末現在）（単位　人）

	1990	2000	2010	2019	2020	〃 定員
陸上自衛隊・・・・1)	148 413	148 676	140 278	138 060	141 443	150 695
海上自衛隊・・・・・	42 245	44 227	41 755	42 850	43 419	45 329
航空自衛隊・・・・・	43 359	45 377	42 748	42 828	43 830	46 943
統合幕僚監部等・	160	1 527	3 169	3 704	3 817	4 187
計・・・・・・・・・・・	**234 177**	**239 807**	**227 950**	**227 442**	**232 509**	**247 154**

防衛省「防衛白書」(2021年版)、朝雲新聞社「防衛ハンドブック」より作成。1）常備自衛官で、即応予備自衛官員数を含まず。

表 40-3　中期防衛力整備計画の整備規模（2019～2023年度）

陸上自衛隊		海上自衛隊		航空自衛隊	
機動戦闘車・・	134両	自衛艦建造計	23隻	早期警戒機・・	9機
装甲車・・・・・・	29両	（トン数）・・・	約6.6万	戦闘機(F-35A) 3)	45機
新多用途ヘリコプター	34機	護衛艦・・・	10隻	戦闘機(F-15) 4)	20機
輸送ヘリコプター	3機	潜水艦・・・	5隻	空中給油・輸送機	4機
地対艦誘導弾	3個中隊	哨戒艦・・・・	4隻	輸送機・・・・・	5機
中距離地対空誘導弾	5個中隊	その他・・・	4隻	地対空誘導弾ペトリオット・・ 4)	4個群
陸上配備型イージス・システム・1)	2基	固定翼哨戒機	12機	滞空型無人機	1機
戦車・・・・・・・・	30両	哨戒ヘリコプター	13機		
火砲・・・・・・ 2)	40両	艦載型無人機	3機		
		掃海・輸送ヘリコプター	1機		

防衛省「防衛白書」(2021年版）より作成。2018年12月に閣議決定した「平成31年度以降に係る防衛計画の大綱について」に従い定められた中期防衛力整備計画（中期防）の別表。1）地上配備型迎撃システム「イージス・アショア」。政府は、2020年6月に配備計画の停止をを発表し、代替案として、「イージス・システム搭載艦」を2隻建造すること（海上自衛隊運用）を決定。2）迫撃砲を除く。3）45機のうち18機は、短距離離陸・垂直着陸（STOVL）機能を有する戦闘機を整備する。4）能力向上。

2022年末には「国家安全保障戦略」を改定する予定である。

2022年２月には、ロシアによるウクライナ侵攻が始まった。政府は、日本の安全保障の観点からウクライナ情勢が極めて重要であるとして、武器等の輸出ルールを定めた「防衛装備移転三原則」の運用指針を改定して、ウクライナに防衛装備品を迅速に提供することを決定した。３月には、防弾チョッキ、ヘルメット、防寒服、非常用糧食、発電機などの輸送を始めている。交戦国への支援供与は異例であるが、政府は、殺傷能力を持つ装備品は提供しないことを明確にし、ウクライナにできる限りの支援を行う姿勢を示している。

図 40-3　緊急発進回数の推移（会計年度）

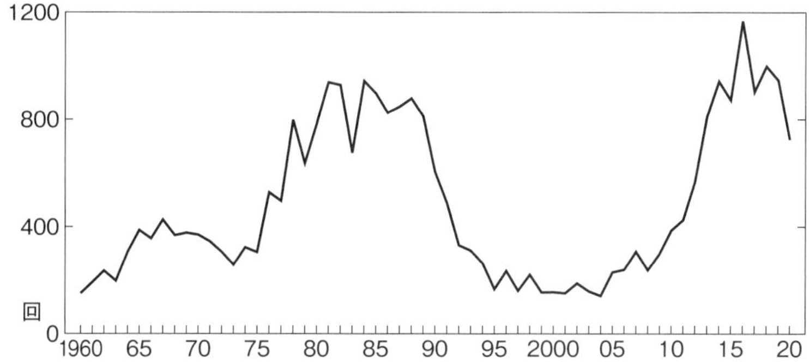

防衛省統合幕僚監部「令和２年度の緊急発進実施状況について」より作成。1958年、対領空侵犯措置（日本の領空を侵犯するおそれのある外国の航空機、戦闘機、爆撃機などに対して、要撃機を発進して退去の警告などを行う行為）が開始された。2020年度の緊急発進の対象は、中国機が458回、ロシア機が258回などとなっている。

表 40-4　在日米軍の施設と兵力

	1975（３月末）	2021（３月末）		1975（12月末）	2021（９月末）
施設(専用施設)			兵力計（人）・1)	50 500	56 010
件数（件）・・・	136	77	陸軍・・・・・・・・	5 000	2 519
土地面積(km^2)	362	263	海軍・・・・・・・・	31 000	20 739
うち沖縄県・	269	185	海兵隊・・・・・・	2) ・・・	19 815
〃 ％・・	*74.3*	*70.3*	空軍・・・・・・・・	14 500	12 917

施設は防衛省ホームページ「在日米軍施設・区域の状況」、兵力はDMDC（The Defense Manpower Data Center）“Military and Civilian Personnel by Service/Agency by State/Country”より作成。兵力数は現役数。1）沿岸警備隊を含む。2）海軍に含まれる。

表 40-5　自衛隊の国内災害派遣（会計年度）（概数）

	2019	2019別掲		2020	2020別掲
		房総半島台風1)	東日本台風2)		7月豪雨
件数(件)・・・	447	1	1	530	1
人員(人)・・・	43 285	96 000	880 000	58 828	350 000
車両(両)・・・	7 597	19 000	49 400	8 132	13 000
航空機(機)・	707	20	1 610	567	270
艦艇(隻)・・・	9	20	100	4	4

防衛省「防衛白書」(2021年版）より作成。延べ数。被災地への救援や重症患者の空輸、民間火災や山火事などの消火などにあたる。年度の派遣実績には別立ての豪雨、地震、台風などへの派遣を含まず。2019年の台風、2020年の豪雨での人員は、現地活動人員に加えて、整備・通信要員などの後方活動人員を含めた人員数。1）台風第15号。2）台風第19号。

表 40-6　自衛隊の主な国際平和協力活動（2022年 2 月現在）

	主な派遣地	派遣期間	延べ人数（人）
PKO：平和維持活動			
国連カンボジア暫定機構(UNTAC)	カンボジア	1992. 9～93. 9	1 216
国連モザンビーク活動(ONUMOZ)	モザンビーク	1993. 5～95. 1	154
国連兵力引き離し監視隊(UNDOF)	ゴラン高原1)	1996. 2～2013. 1	1 501
国連東ティモール暫定行政機構2)	東ティモール	2002. 2～04. 6	2 304
国連スーダンミッション(UNMIS)	スーダン3)	2008.10～11. 9	12
ハイチ国連安定化ミッション・・4)	ハイチ	2010. 2～13. 1	2 196
国連東ティモール統合ミッション(UNMIT)・・・・・・・・・・・・・・・・	東ティモール	2010. 9～12. 9	8
国連南スーダン共和国ミッション(UNMISS)・・・・・・・・・・・・・・・5)	南スーダン	2011.11～17. 5	3 959
国連政治ミッション			
国連ネパール政治ミッション(UNMIN)・・・・・・・・・・・・・・・・	ネパール	2007. 3～11. 1	24
人道的な国際救援活動			
ルワンダ難民救援・・・・・・・・・・・・・	ゴマ6)	1994. 9～94.12	378
東ティモール避難民救援・・・・・・・	インドネシア	1999.11～2000. 2	113
アフガニスタン難民救援・・・・・・・	パキスタン7)	2001.10	138
イラク難民救援・・・・・・・・・・・・・	ヨルダン8)	2003. 3～03. 4	50
イラク被災民救援・・・・・・・・・・・・	ヨルダン8)	2003. 7～03. 8	98
MFO：多国籍部隊・監視団			
シナイ半島国際平和協力業務・・・	エジプト	2019. 4～	6

防衛省、外務省、内閣府資料より作成。国連平和維持活動法などに基づく自衛隊員派遣で、司令部要員を含む。人数は概数。1）イスラエル、シリア。2）UNTAET。2002年 5 月20日以降は国連東ティモール支援団（UNMISET）に継続参加。3）ダルフールを除く。4）MINUSTAH。5）施設部隊派遣は2017年 5 月に終了したが、その後も司令部要員の派遣は継続中。6）旧ザイール（コンゴ民主共和国）の都市。7）パキスタンのイスラマバードへ援助物資の航空輸送を実施。8）ヨルダンのアンマンへ援助物資の航空輸送を実施。

表 40-7　ソマリア沖・アデン湾における海賊対処（2021年12月累計）（単位　隻）

水上部隊 直接護衛		水上部隊 ゾーンディフェンス		P-3C哨戒機	
日本籍船数・・・	25	確認商船数・・	21 347	確認商船数・・	240 925
外国籍船数		実施日数（日）	2 288	飛行回数（回）	2 849
日本運航事業者	697			飛行時間（時間）	20 740
その他・・・・・	3 218			情報提供（回）1)	15 543

防衛省統合幕僚監部資料より作成。2009年７月から海賊対処法に基づいて護衛した船の累計。1）護衛艦、諸外国の艦艇等および民間商船への情報提供。

表 40-8　自衛隊の国際緊急援助活動（概数）（2022年２月現在）

派遣地域	派遣期間	延べ人数（人）	派遣地域	派遣期間	延べ人数（人）
ネパール（地震災害）	2015. 4 ～2015. 5	144	ジブチ（大雨・洪水）	2019.11 ～2019.12	230
ニュージーランド（地震災害）	2016.11	30	オーストラリア（森林火災）	2020. 1 ～2020. 2	80
インドネシア（地震・津波）	2018.10	60	トンガ1)（火山島噴火）	2022. 1 ～2022. 2	…

防衛省資料より作成。国際緊急援助法に基づく。1）飲用水などの援助物資を輸送。

図 40-4　主な国の兵力（2020年）（概数）

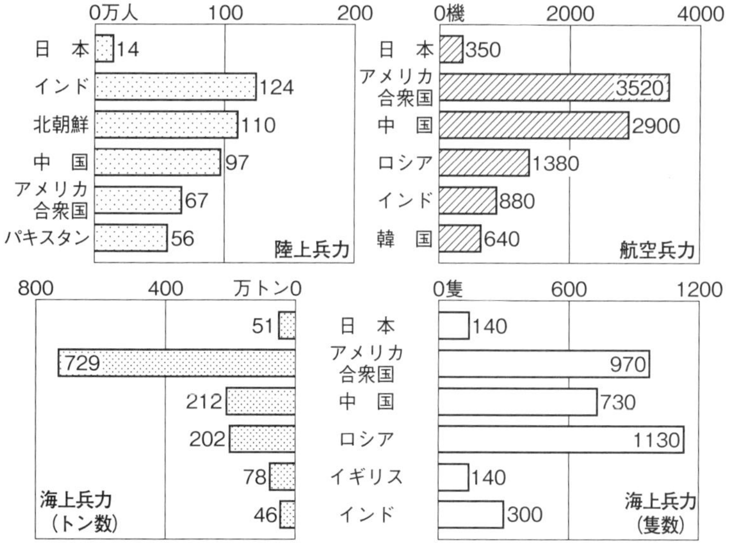

防衛省「防衛白書」（2021年版）より作成。陸上兵力は陸軍の兵員数。海上兵力は艦船トン数および隻数。航空兵力は作戦機数。日本は2020年度末の数値。中国では2015年末から軍の改革が行われ、陸軍の余剰兵員が大幅に削減された。

図 40-5　主な国の軍事支出の対GDP比の推移

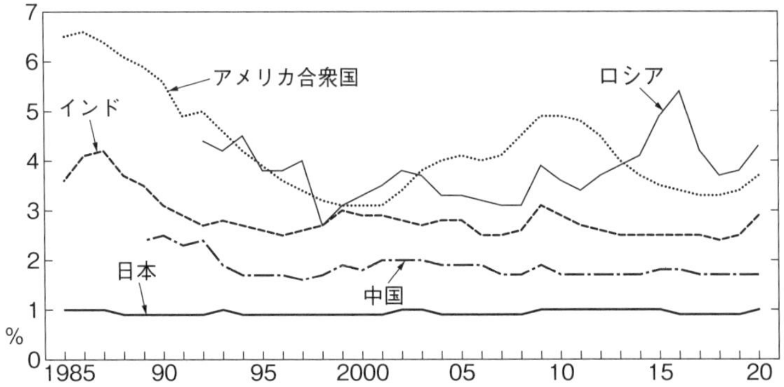

資料は表40-9に同じ。

表 40-9　主な国の軍事支出

	軍事支出（億ドル） 2018	2019	2020	国民1人あたり支出額（ドル）（2020）	GDPに対する割合（%）（2020）
アメリカ合衆国	6 825	7 343	7 782	2 351	*3.74*
中国	2 325	2 403	2 523	175	*1.75*
インド	663	715	729	53	*2.88*
ロシア	616	652	617	423	*4.26*
イギリス	557	569	592	873	*2.25*
サウジアラビア	745	620	575	1 652	*8.45*
ドイツ	464	490	528	630	*1.40*
フランス	514	501	527	808	*2.07*
日本	466	476	491	389	*1.00*
韓国	431	439	457	892	*2.85*
世界計×	1) **18 421**	1) **19 094**	1) **19 598**	…	…

ストックホルム国際平和研究所（SIPRI）Military Expenditure Database（1949-2020）より作成。名目値。軍事支出額等が明らかでない国々は含まれない。1）世界計は、2019年を基準値とする実質値。×その他を含む。

敵基地攻撃能力　「敵基地攻撃能力」とは、攻撃を受ける前に相手領域内のミサイル発射拠点を直接攻撃する能力で、その能力保有の是非を焦点に検討が始まっている。憲法との整合性を問う声がある中、岸田首相は、敵基地攻撃は国際法が禁ずる先制攻撃とは異なると解釈し、専守防衛として自衛権行使の要件を満たすと説明している。また、現状の日本のミサイル防衛（相手国がミサイル発射後に上空で迎撃する）は防衛手段として不十分であり、敵基地攻撃能力の保持は日本の自衛のための抑止力となるとの見解を示している。

表 40-10　平成31年度以降に係る防衛計画大綱の「別表」

共同の部隊	サイバー防衛部隊 海上輸送部隊		1個防衛隊 1個輸送群
陸上自衛隊	編成定数 常備自衛官定員 即応予備自衛官員数		15万9千人 15万1千人 8千人
	基幹部隊	機動運用部隊	3個機動師団 4個機動旅団 1個機甲師団 1個空挺団 1個水陸機動団 1個ヘリコプター団
		地域配備部隊	5個師団 2個旅団
		地対艦誘導弾部隊	5個地対艦ミサイル連隊
		島嶼防衛用高速滑空弾部隊	2個高速滑空弾大隊
		地対空誘導弾部隊	7個高射特科群/連隊
		弾道ミサイル防衛部隊	2個弾道ミサイル防衛隊
海上自衛隊	基幹部隊	水上艦艇部隊 うち護衛艦部隊 護衛艦・掃海艦艇部隊 潜水艦部隊 哨戒機部隊	 4個群（8個隊） 2個群（13個隊） 6個潜水隊 9個航空隊
	主要装備	護衛艦 （イージス・システム搭載） 潜水艦 哨戒艦 作戦用航空機	54隻 （8隻） 22隻 12隻 約190機
航空自衛隊	基幹部隊	航空警戒管制部隊 戦闘機部隊（STOVL機含む） 空中給油・輸送部隊 航空輸送部隊 地対空誘導弾部隊 宇宙領域専門部隊 無人機部隊	28個警戒隊 1個警戒航空団（3個飛行隊） 13個飛行隊 2個飛行隊 3個飛行隊 4個高射群（24個高射隊） 1個隊 1個飛行隊
	主要装備	作戦用航空機 うち戦闘機	約370機 約290機

防衛省資料より作成。戦車および火砲の将来の規模は、それぞれ約300両、約300両/門。

索　引

各項目の主たるページはゴシック体とした。

き

さ

し

す

せ

へ

ほ

ま

み

む

め

も

や

	1	2	3						4	5
	人口（千人）	人口密度（人/km²）	自然動態						合計特殊出生率	乳児死亡率（出生千あたり）
			実数（千人）			人口千人あたり（人）				
			出生	死亡	自然増減	出生率	死亡率	自然増減率		
1950（昭25）	83 200	225.9	2 338	905	1 433	28.1	10.9	17.2	3.65	60.1
1955（〃30）	89 276	241.5	1 731	694	1 037	19.4	7.8	11.6	2.37	39.8
1960（〃35）	93 419	252.7	1 606	707	899	17.2	7.6	9.6	2.00	30.7
1965（〃40）	98 275	265.8	1 824	700	1 123	18.6	7.1	11.4	2.14	18.5
1970（〃45）	103 720	280.3	1 934	713	1 221	18.8	6.9	11.8	2.13	13.1
1975（〃50）	111 940	300.5	1 901	702	1 199	17.1	6.3	10.8	1.91	10.0
1980（〃55）	117 060	314.1	1 577	723	854	13.6	6.2	7.3	1.75	7.5
1983（〃58）	119 536	320.7	1 509	740	769	12.7	6.2	6.5	1.80	6.2
1984（〃59）	120 305	322.7	1 490	740	750	12.5	6.2	6.3	1.81	6.0
1985（〃60）	121 049	324.7	1 432	752	679	11.9	6.3	5.6	1.76	5.5
1986（〃61）	121 660	326.3	1 383	751	632	11.4	6.2	5.2	1.72	5.2
1987（〃62）	122 239	327.9	1 347	751	595	11.1	6.2	4.9	1.69	5.0
1988（〃63）	122 745	329.3	1 314	793	521	10.8	6.5	4.3	1.66	4.8
1989（平1）	123 205	330.5	1 247	789	458	10.2	6.4	3.7	1.57	4.6
1990（〃2）	123 611	331.6	1 222	820	401	10.0	6.7	3.3	1.54	4.6
1991（〃3）	124 101	332.9	1 223	830	393	9.9	6.7	3.2	1.53	4.4
1992（〃4）	124 567	334.2	1 209	857	352	9.8	6.9	2.9	1.50	4.5
1993（〃5）	124 938	335.2	1 188	879	310	9.6	7.1	2.5	1.46	4.3
1994（〃6）	125 265	336.0	1 238	876	362	10.0	7.1	2.9	1.50	4.2
1995（〃7）	125 570	336.8	1 187	922	265	9.6	7.4	2.1	1.42	4.3
1996（〃8）	125 859	337.6	1 207	896	310	9.7	7.2	2.5	1.43	3.8
1997（〃9）	126 157	338.4	1 192	913	278	9.5	7.3	2.2	1.39	3.7
1998（〃10）	126 472	339.3	1 203	936	267	9.6	7.5	2.1	1.38	3.6
1999（〃11）	126 667	339.8	1 178	982	196	9.4	7.8	1.6	1.34	3.4
2000（〃12）	126 926	340.4	1 191	962	229	9.5	7.7	1.8	1.36	3.2
2001（〃13）	127 316	341.5	1 171	970	200	9.3	7.7	1.6	1.33	3.1
2002（〃14）	127 486	341.9	1 154	982	171	9.2	7.8	1.4	1.32	3.0
2003（〃15）	127 694	342.5	1 124	1 015	109	8.9	8.0	0.9	1.29	3.0
2004（〃16）	127 787	342.7	1 111	1 029	82	8.8	8.2	0.7	1.29	2.8
2005（〃17）	127 768	342.7	1 063	1 084	-21	8.4	8.6	-0.2	1.26	2.8
2006（〃18）	127 901	343.0	1 093	1 084	8	8.7	8.6	0.1	1.32	2.6
2007（〃19）	128 033	343.3	1 090	1 108	-19	8.6	8.8	-0.1	1.34	2.6
2008（〃20）	128 084	343.5	1 091	1 142	-51	8.7	9.1	-0.4	1.37	2.6
2009（〃21）	128 032	343.3	1 070	1 142	-72	8.5	9.1	-0.6	1.37	2.4
2010（〃22）	128 057	343.4	1 071	1 197	-126	8.5	9.5	-1.0	1.39	2.3
2011（〃23）	127 834	342.8	1 051	1 253	-202	8.3	9.9	-1.6	1.39	2.3
2012（〃24）	127 593	342.1	1 037	1 256	-219	8.2	10.0	-1.7	1.41	2.2
2013（〃25）	127 414	341.7	1 030	1 268	-239	8.2	10.1	-1.9	1.43	2.1
2014（〃26）	127 237	341.1	1 004	1 273	-269	8.0	10.1	-2.1	1.42	2.1
2015（〃27）	127 095	340.8	1 006	1 291	-285	8.0	10.3	-2.3	1.45	1.9
2016（〃28）	127 042	340.6	977	1 308	-331	7.8	10.5	-2.6	1.44	2.0
2017（〃29）	126 919	340.3	946	1 341	-394	7.6	10.8	-3.2	1.43	1.9
2018（〃30）	126 749	339.8	918	1 362	-444	7.4	11.0	-3.6	1.42	1.9
2019（令1）	126 555	339.3	865	1 381	-516	7.0	11.2	-4.2	1.36	1.9
2020（〃2）	126 146	338.2	841	1 373	-532	6.8	11.1	-4.3	1.33	1.8
2021（〃3）	125 502	336.5								

資料は各章を参照のこと。数値は後に改訂される場合がある。1）および 2）1950～70年までは沖縄県を除く。各年10月1日現在。3）厚生労働省「人口動態統計」より作成。1950～70年までは沖縄県を除く。各年末現在。4）女性が生涯に生む子どもの平均数。

	6		7	8	9		10	11	12
	平均寿命（歳）		完全失業率（年平均）（男女計）（%）	平均月間実労働時間（製造業）（時間）	国内総生産		石油製品消費量（千kL）	原油輸入量（千kL）	総発電量（百万kWh）
	男	女			名目（十億円）	実質（十億円）			
1950（昭25）	58.00	61.50	…	…	3 947	16	1 810	1 541	46 266
1955（〃30）	*63.60	*67.75	*2.5*	198.0	8 598	47 939	9 590	8 553	65 240
1960（〃35）	*65.32	*70.19	*1.7*	207.0	16 681	73 504	25 983	31 116	115 497
1965（〃40）	*67.74	*72.92	*1.2*	191.8	33 765	113 362	76 385	83 280	190 250
1970（〃45）	*69.31	*74.66	*1.1*	187.4	75 299	190 448	180 442	195 825	359 539
1975（〃50）	*71.73	*76.89	*1.9*	167.8	152 362	237 330	208 824	262 806	475 794
1980（〃55）	*73.35	*78.76	*2.0*	178.2	248 376	287 366	215 083	256 833	577 521
1983（〃58）	74.20	79.78	*2.6*	178.0	288 773	318 922	184 497	207 794	618 100
1984（〃59）	74.54	80.18	*2.7*	180.5	308 238	334 111	191 095	214 602	648 572
1985（〃60）	*74.78	*80.48	*2.6*	179.7	330 397	355 096	181 404	198 330	671 952
1986（〃61）	75.23	80.93	*2.8*	178.2	342 266	361 807	183 782	194 515	676 352
1987（〃62）	75.61	81.39	*2.8*	179.1	362 297	383 873	187 445	185 380	719 068
1988（〃63）	75.54	81.30	*2.5*	181.1	387 686	408 446	201 720	193 851	753 728
1989（平1）	75.91	81.77	*2.3*	179.3	415 885	427 115	208 877	209 692	798 756
1990（〃2）	*75.92	*81.90	*2.1*	176.6	451 683	453 604	217 171	228 760	857 272
1991（〃3）	76.11	82.11	*2.1*	173.2	473 608	464 210	220 342	242 697	888 088
1992（〃4）	76.09	82.22	*2.2*	168.1	483 256	467 519	227 709	251 234	895 336
1993（〃5）	76.25	82.51	*2.5*	163.4	482 608	465 277	225 501	255 096	906 705
1994（〃6）	76.57	82.98	*2.9*	163.1	510 916	446 522	237 416	270 848	964 330
1995（〃7）	*76.38	*82.85	*3.2*	163.9	521 614	458 270	242 870	266 921	989 880
1996（〃8）	77.01	83.59	*3.4*	165.8	535 562	472 632	246 812	263 445	1 009 349
1997（〃9）	77.19	83.82	*3.4*	165.5	543 545	477 270	245 265	271 701	1 037 938
1998（〃10）	77.16	84.01	*4.1*	162.7	536 497	471 207	238 905	254 828	1 046 288
1999（〃11）	77.10	83.99	*4.7*	161.9	528 070	469 633	244 838	250 426	1 066 130
2000（〃12）	*77.72	*84.60	*4.7*	164.7	535 418	482 617	244 450	250 578	1 091 500
2001（〃13）	78.07	84.93	*5.0*	162.9	531 654	484 480	239 835	247 089	1 075 890
2002（〃14）	78.32	85.23	*5.4*	163.8	524 479	484 684	237 714	235 649	1 101 260
2003（〃15）	78.36	85.33	*5.3*	165.6	523 969	492 124	243 569	248 496	1 093 956
2004（〃16）	78.64	85.59	*4.7*	167.8	529 401	502 882	236 269	243 395	1 137 341
2005（〃17）	*78.56	*85.52	*4.4*	166.8	532 516	511 954	238 280	245 186	1 157 926
2006（〃18）	79.00	85.81	*4.1*	167.9	535 170	518 980	228 939	243 139	1 161 110
2007（〃19）	79.19	85.99	*3.9*	167.6	539 282	526 681	219 210	238 822	1 195 032
2008（〃20）	79.29	86.05	*4.0*	165.5	527 824	520 233	207 670	243 207	1 146 269
2009（〃21）	79.59	86.44	*5.1*	156.0	494 938	490 615	193 396	211 863	1 112 622
2010（〃22）	*79.55	*86.30	*5.1*	163.3	505 531	510 720	197 249	215 381	1 156 888
2011（〃23）	79.44	85.90	*4.6*	162.2	497 449	510 842	193 107	206 979	1 107 829
2012（〃24）	79.94	86.41	*4.3*	164.6	500 475	517 864	200 534	212 538	1 093 950
2013（〃25）	80.21	86.61	*4.0*	163.7	508 701	528 248	193 196	210 583	1 090 482
2014（〃26）	80.50	86.83	*3.6*	164.5	518 811	529 813	185 224	199 697	1 053 717
2015（〃27）	*80.75	*86.99	*3.4*	164.6	538 032	538 081	182 014	195 873	1 024 179
2016（〃28）	80.98	87.14	*3.1*	164.5	544 365	542 137	178 299	192 724	997 911
2017（〃29）	81.09	87.26	*2.8*	165.1	553 073	551 220	175 599	187 639	1 007 341
2018（〃30）	81.25	87.32	*2.4*	165.1	556 294	554 440	169 779	177 477	1 000 409
2019（令1）	81.41	87.45	*2.4*	162.0	558 491	553 107	165 316	175 489	970 770
2020（〃2）	*81.56	*87.71	*2.8*	155.8	538 155	528 179	151 290	143 880	948 979
2021（〃3）			*2.8*	159.0			154 560	144 663	

6）1970年以前は沖縄県を除く。*完全生命表。8）事業所規模30人以上。9）1950年は国民総生産で実質は1934～36年平均価格。1979年までの実質値は1990暦年価格基準、1980～1993年までは2000暦年連鎖価格、1994年からは2015暦年連鎖価格。10）燃料油のみ。12）会計年度。一定規模（表10-1参照）以上の発電所。1950～70年度は沖縄県を含まず。

	13		14	15	16	17	18	19	20
	米（水稲・陸稲）（玄米）		水稲の10aあたり収穫高（kg）	牛飼育頭数（千頭）	豚飼育頭数（千頭）	採卵鶏飼養羽数（百万羽）	肉用若鶏飼養羽数（百万羽）	立木伐採高（千m^3）	漁獲高（千t）
	作付面積（千ha）	収穫高（千t）							
1950(昭25)	3 011	9 651	327	2 450	608	…	…	65 631	3 373
1955(〃30)	3 222	12 385	396	3 058	825	…	…	71 938	4 907
1960(〃35)	3 308	12 858	401	3 163	1 918	52	…	75 467	6 193
1965(〃40)	3 255	12 409	390	3 175	3 976	114	18	72 222	6 908
1970(〃45)	2 923	12 689	442	3 593	6 335	161	54	65 996	9 315
1975(〃50)	2 764	13 165	481	3 644	7 684	146	88	43 768	10 545
1980(〃55)	2 377	9 751	412	4 248	9 998	…	…	42 932	11 122
1983(〃58)	2 273	10 366	459	4 590	10 273	163	135	40 363	11 967
1984(〃59)	2 315	11 878	517	4 682	10 423	166	143	41 248	12 816
1985(〃60)	2 342	11 662	501	4 698	10 718	167	150	42 067	12 171
1986(〃61)	2 303	11 647	508	4 742	11 061	170	156	40 154	12 739
1987(〃62)	2 146	10 627	498	4 694	11 354	177	155	38 440	12 465
1988(〃63)	2 110	9 935	474	4 667	11 725	179	155	38 554	12 785
1989(平1)	2 097	10 347	496	4 682	11 866	180	153	38 114	11 913
1990(〃2)	2 074	10 499	509	4 760	11 817	177	150	37 613	11 052
1991(〃3)	2 049	9 604	470	4 873	11 335	178	143	36 091	9 978
1992(〃4)	2 106	10 573	504	4 980	10 966	187	137	34 445	9 266
1993(〃5)	2 139	7 834	367	5 024	10 783	189	135	32 638	8 707
1994(〃6)	2 212	11 981	544	4 989	10 621	187	127	31 349	8 103
1995(〃7)	2 118	10 748	509	4 916	10 250	184	120	29 285	7 489
1996(〃8)	1 977	10 344	525	4 828	9 900	181	118	28 725	7 417
1997(〃9)	1 953	10 025	515	4 750	9 823	184	114	27 503	7 411
1998(〃10)	1 801	8 960	499	4 708	9 904	183	112	25 610	6 684
1999(〃11)	1 788	9 175	515	4 658	9 879	180	107	24 744	6 626
2000(〃12)	1 770	9 490	537	4 587	9 806	178	108	24 650	6 384
2001(〃13)	1 706	9 057	532	4 531	9 788	177	106	21 138	6 126
2002(〃14)	1 688	8 889	527	4 564	9 612	177	106	20 116	5 880
2003(〃15)	1 665	7 792	469	4 524	9 725	176	104	20 387	6 083
2004(〃16)	1 701	8 730	514	4 478	9 724	175	105	20 770	5 776
2005(〃17)	1 706	9 074	532	4 402	…	…	103	34 659	5 765
2006(〃18)	1 688	8 556	507	4 391	9 620	177	104	35 784	5 735
2007(〃19)	1 673	8 714	522	4 398	9 759	183	105	39 690	5 720
2008(〃20)	1 627	8 823	543	4 423	9 745	182	103	41 194	5 592
2009(〃21)	1 624	8 474	522	4 423	9 899	178	107	43 484	5 432
2010(〃22)	1 628	8 483	522	4 376	…	…	…	44 152	5 313
2011(〃23)	1 576	8 402	533	4 230	9 768	176	…	45 931	4 766
2012(〃24)	1 581	8 523	540	4 172	9 735	175	…	39 455	4 853
2013(〃25)	1 599	8 607	539	4 065	9 685	172	132	40 209	4 774
2014(〃26)	1 575	8 439	536	3 962	9 537	172	136	41 881	4 765
2015(〃27)	1 506	7 989	531	3 860	…	…	…	43 806	4 631
2016(〃28)	1 479	8 044	544	3 824	9 313	173	134	45 682	4 359
2017(〃29)	1 466	7 824	534	3 822	9 346	176	135	48 051	4 306
2018(〃30)	1 470	7 782	529	3 842	9 189	182	139	47 630	4 421
2019(令1)	1 470	7 764	528	3 835	9 156	182	138	48 390	4 197
2020(〃2)	1 462	7 765	531	3 907	…	…	…		4 234
2021(〃3)	1 404	7 564	539	3 961	9 290	181	140		

13）～18）1950～70年は沖縄県を含まず。15）～18）各年2月1日現在。18）1960年はブロイラーを含む。19）会計年度。推計方法の違いにより、2004年度以前とそれ以降とでは数値が接続しない。20）捕鯨業を除く。

	21		22	23	24		25		
	鉱工業生産指数（2015年＝100）		粗鋼生産高（千t）	銅生産高（千t）	自動車の生産と輸出（千台）		民生用電子機器の生産と貿易		
	指数	対前年上昇率（%）			生産	輸出	生産額（億円）	輸出額（億円）	輸入額（億円）
1950(昭25)	…	…	4 839	85	32	6	18	…	…
1955(〃30)	6.5	*7.6*	9 408	113	69	1	253	3	…
1960(〃35)	13.6	*24.8*	22 138	248	482	39	2 414	573	2
1965(〃40)	23.7	*3.7*	41 161	366	1 876	194	3 447	1 511	16
1970(〃45)	48.9	*13.8*	93 322	705	5 289	1 087	14 658	5 870	49
1975(〃50)	52.7	*-11.0*	102 313	819	6 942	2 678	15 605	8 755	184
1980(〃55)	73.0	*4.7*	111 395	1 014	11 043	5 967	28 140	20 471	382
1983(〃58)	76.1	*3.6*	97 179	1 092	11 112	5 670	37 402	28 295	203
1984(〃59)	83.4	*9.4*	105 586	935	11 465	6 109	45 921	34 954	231
1985(〃60)	86.4	*3.7*	105 279	936	12 271	6 730	47 615	38 055	237
1986(〃61)	86.2	*-0.2*	98 275	943	12 260	6 605	42 722	29 409	324
1987(〃62)	89.2	*3.4*	98 513	980	12 249	6 305	37 974	23 172	610
1988(〃63)	97.8	*9.5*	105 681	955	12 700	6 104	40 474	22 078	978
1989(平1)	103.5	*5.8*	107 908	990	13 026	5 884	39 518	22 868	1 454
1990(〃2)	107.7	*4.1*	110 339	1 008	13 487	5 831	41 540	26 178	1 131
1991(〃3)	109.5	*1.7*	109 649	1 076	13 245	5 753	44 496	26 964	1 357
1992(〃4)	102.8	*-6.1*	98 132	1 161	12 499	5 668	35 686	22 575	1 560
1993(〃5)	98.8	*-4.5*	99 623	1 189	11 228	5 018	30 621	17 517	1 725
1994(〃6)	99.9	*0.9*	98 295	1 119	10 554	4 460	27 758	15 415	2 385
1995(〃7)	103.0	*3.2*	101 640	1 188	10 196	3 791	24 400	13 133	3 333
1996(〃8)	105.4	*2.3*	98 801	1 251	10 347	3 712	22 117	12 830	4 104
1997(〃9)	109.2	*3.6*	104 545	1 279	10 975	4 553	22 416	13 933	4 038
1998(〃10)	101.7	*-7.2*	93 548	1 277	10 042	4 529	21 189	15 155	4 003
1999(〃11)	101.9	*0.2*	94 192	1 342	9 892	4 409	20 132	14 260	4 270
2000(〃12)	107.8	*5.7*	106 444	1 437	10 141	4 455	22 214	15 309	5 301
2001(〃13)	100.5	*-6.8*	102 866	1 426	9 777	4 166	19 126	14 095	6 681
2002(〃14)	99.3	*-1.3*	107 745	1 401	10 257	4 699	20 258	16 295	6 101
2003(〃15)	102.2	*3.3*	110 511	1 430	10 286	4 756	23 138	17 196	6 013
2004(〃16)	107.1	*4.9*	112 718	1 380	10 512	4 958	24 880	17 889	7 341
2005(〃17)	108.6	*1.3*	112 471	1 395	10 800	5 053	25 592	16 886	7 812
2006(〃18)	113.4	*4.5*	116 226	1 532	11 484	5 967	27 813	16 444	7 010
2007(〃19)	116.7	*2.8*	120 203	1 577	11 596	6 550	27 188	16 833	7 296
2008(〃20)	112.7	*-3.4*	118 739	1 540	11 576	6 727	27 622	15 188	6 699
2009(〃21)	88.1	*-21.9*	87 534	1 440	7 934	3 616	22 173	9 346	6 287
2010(〃22)	101.8	*15.6*	109 599	1 549	9 629	4 841	23 957	9 172	10 223
2011(〃23)	98.9	*-2.8*	107 601	1 328	8 399	4 464	15 711	7 543	9 311
2012(〃24)	99.6	*0.6*	107 232	1 516	9 943	4 804	11 336	8 168	5 905
2013(〃25)	99.2	*-0.8*	110 595	1 468	9 630	4 675	8 223	6 492	6 699
2014(〃26)	101.2	*2.0*	110 666	1 554	9 775	4 466	6 930	5 568	7 007
2015(〃27)	100.0	*-1.2*	105 134	1 483	9 278	4 578	6 806	5 216	6 824
2016(〃28)	100.0	*0.0*	104 775	1 553	9 205	4 634	6 597	4 607	5 965
2017(〃29)	103.1	*3.1*	104 661	1 488	9 691	4 706	6 407	4 483	6 866
2018(〃30)	104.2	*1.1*	104 319	1 595	9 730	4 817	5 826	4 190	7 336
2019(令1)	101.1	*-3.0*	99 284	1 495	9 684	4 818	5 013	3 453	7 872
2020(〃2)	90.6	*-10.4*	83 186	1 580	8 068	3 741	3 891	2 930	7 343
2021(〃3)	95.7	*5.6*	96 336	1 517	7 847	3 819	3 880	3 231	7 950

23）電気銅。24）四輪車のみ。輸出台数は2017年12月より一部メーカーを含まず。25）民生用電子機器とは、テレビや録画再生機、ラジオや音楽再生機など、家庭を中心に一般に広く利用される電子機器。218ページ参照。

	26	27	28	29	30	31	32	33	
	工作機械生産（台）	プラスチック生産（千 t）	硫酸生産（千 t）	織物生産（百万m²）	セメント生産（千 t）	紙・板紙生産（千 t）	第3次産業活動指数（2015年=100）	輸出数量指数（2015年=100）	輸入数量指数（2015年=100）
1950（昭25）	4 039	25	2 030	2 059	4 462	871	…	…	…
1955（〃30）	18 147	124	3 290	4 477	10 563	2 204	…	…	…
1960（〃35）	80 143	599	4 452	6 173	22 537	4 513	…	3.9	4.7
1965（〃40）	90 356	1 685	5 655	6 607	32 486	7 299	…	8.7	8.1
1970（〃45）	256 694	5 149	6 925	7 750	57 189	12 973	…	17.5	18.1
1975（〃50）	88 108	5 167	5 997	5 955	65 517	13 601	…	28.2	22.3
1980（〃55）	178 890	7 518	6 777	6 737	87 957	18 088	…	43.7	27.7
1983（〃58）	140 111	7 812	6 662	6 470	80 891	18 442	…	51.4	27.3
1984（〃59）	172 928	8 914	6 458	6 565	78 860	19 345	…	59.5	30.1
1985（〃60）	175 238	9 232	6 580	6 326	72 847	20 469	…	62.1	30.2
1986（〃61）	137 159	9 374	6 562	6 000	71 264	21 062	…	61.7	33.1
1987（〃62）	125 536	10 032	6 541	5 623	71 551	22 537	…	61.8	36.2
1988（〃63）	169 326	11 016	6 767	5 718	77 554	24 624	…	65.1	42.2
1989（平1）	177 972	11 912	6 885	5 757	79 717	26 809	…	67.5	45.6
1990（〃2）	196 131	12 630	6 887	5 587	84 445	28 086	…	71.3	48.2
1991（〃3）	172 034	12 796	7 057	5 315	89 564	29 068	…	73.1	50.0
1992（〃4）	116 649	12 580	7 100	5 054	88 253	28 310	…	74.2	49.8
1993（〃5）	88 930	12 248	6 937	4 334	88 046	27 766	…	73.0	52.0
1994（〃6）	88 109	13 034	6 594	4 117	91 624	28 518	…	74.2	59.0
1995（〃7）	100 293	14 027	6 888	3 804	90 474	29 659	…	77.0	66.3
1996（〃8）	106 813	14 661	6 851	3 664	94 492	30 012	…	78.0	70.0
1997（〃9）	115 149	15 224	6 828	3 721	91 938	31 014	…	87.1	71.2
1998（〃10）	96 805	13 909	6 739	3 232	81 328	29 886	…	86.0	67.4
1999（〃11）	71 710	14 567	6 943	2 945	80 120	30 631	…	87.8	73.9
2000（〃12）	90 916	14 736	7 059	2 645	81 097	31 828	…	96.1	82.0
2001（〃13）	74 572	13 638	6 727	2 458	76 550	30 717	…	87.0	80.4
2002（〃14）	55 807	13 609	6 763	2 164	71 828	30 686	…	93.9	82.0
2003（〃15）	65 673	13 624	6 534	2 031	68 766	30 457	…	98.5	87.8
2004（〃16）	79 500	14 084	6 444	1 974	67 376	30 892	…	109.0	93.9
2005（〃17）	92 385	14 145	6 546	1 837	69 629	30 952	…	109.9	96.6
2006（〃18）	100 171	14 050	6 843	1 737	69 942	31 108	…	118.4	100.4
2007（〃19）	106 282	14 199	7 098	1 699	67 685	31 266	…	124.1	100.2
2008（〃20）	95 310	13 041	7 227	1 554	62 810	30 627	…	122.2	99.6
2009（〃21）	28 281	10 915	6 396	1 067	54 800	26 268	…	89.7	85.3
2010（〃22）	67 607	12 320	7 037	983	51 526	27 363	…	111.4	97.1
2011（〃23）	85 483	11 283	6 416	1 127	51 291	26 609	…	107.2	99.6
2012（〃24）	93 649	10 520	6 711	1 078	54 737	25 957	…	102.0	102.0
2013（〃25）	56 780	10 579	6 429	1 062	57 962	26 241	100.2	100.5	102.3
2014（〃26）	99 407	10 608	6 536	1 085	57 913	26 479	99.6	101.1	102.9
2015（〃27）	102 101	10 838	6 278	1 081	54 827	26 228	100.0	100.0	100.0
2016（〃28）	67 991	10 753	6 461	1 030	53 255	26 275	100.6	100.5	98.8
2017（〃29）	88 644	11 020	6 169	1 022	55 195	26 512	101.5	105.9	102.9
2018（〃30）	84 803	10 673	6 539	1 030	55 307	26 056	102.8	107.7	105.8
2019（令1）	62 240	10 505	6 226	1 064	53 462	25 401	103.1	103.0	104.6
2020（〃2）	45 569	9 639	6 460	858	50 905	22 869	96.0	91.0	97.9
2021（〃3）	67 601	10 453	6 118	876	50 083	23 939	97.1	102.1	102.8

27）繊維用樹脂を除く個々の樹脂の合計値であり、分類項目の変更などにより接続しない年がある。
29）2013年以降の計には麻織物を含まない。33）2021年は確々報。

	34		35	36	37	38	39	40	41
	貿易額（億円）		経常収支（億円）	経常収支対名目GDP比（%）	貿易サービス収支（億円）	資本移転等収支（億円）	金融収支（億円）	外貨準備高（各年末）（百万ドル）	対外純資産（各年末）（10億円）
	輸出	輸入							
1950（昭25）	2 980	3 482	…	…	…	…	…	…	…
1955（〃30）	7 238	8 897	…	…	…	…	…	839	…
1960（〃35）	14 596	16 168	…	…	…	…	…	1 824	…
1965（〃40）	30 426	29 408	…	…	…	…	…	2 107	…
1970（〃45）	69 544	67 972	7 052	*1.0*	…	…	…	4 399	…
1975（〃50）	165 453	171 700	-2 001	*-0.1*	…	…	…	12 815	…
1980（〃55）	293 825	319 953	-25 763	*-1.1*	…	…	…	25 232	…
1983（〃58）	349 093	300 148	49 591	*1.7*	…	…	…	24 496	…
1984（〃59）	403 253	323 211	83 489	*2.7*	…	…	…	26 313	…
1985（〃60）	419 557	310 849	119 698	*3.7*	106 736	…	…	26 510	…
1986（〃61）	352 897	215 507	142 437	*4.2*	129 607	…	…	42 239	28 865
1987（〃62）	333 152	217 369	121 862	*3.4*	102 931	…	…	81 479	30 199
1988（〃63）	339 392	240 063	101 461	*2.7*	79 349	…	…	97 662	36 745
1989（平１）	378 225	289 786	87 113	*2.1*	59 695	…	…	84 895	42 543
1990（〃２）	414 569	338 552	64 736	*1.5*	38 628	…	…	77 053	44 016
1991（〃３）	423 599	319 002	91 757	*2.0*	72 919	…	…	68 980	47 498
1992（〃４）	430 123	295 274	142 349	*3.0*	102 054	…	…	68 685	64 153
1993（〃５）	402 024	268 264	146 690	*3.0*	107 013	…	…	95 589	68 823
1994（〃６）	404 976	281 043	133 425	*2.7*	98 345	…	…	122 845	66 813
1995（〃７）	415 309	315 488	103 862	*2.0*	69 545	…	…	182 820	84 072
1996（〃８）	447 313	379 934	74 943	*1.4*	23 174	-3 537	72 723	217 867	103 359
1997（〃９）	509 380	409 562	115 700	*2.1*	57 680	-4 879	152 467	220 792	124 587
1998（〃10）	506 450	366 536	149 981	*2.8*	95 299	-19 313	136 226	215 949	133 273
1999（〃11）	475 476	352 680	129 734	*2.5*	78 650	-19 088	130 830	288 080	84 735
2000（〃12）	516 542	409 384	140 616	*2.6*	74 298	-9 947	148 757	361 638	133 047
2001（〃13）	489 792	424 155	104 524	*2.0*	32 120	-3 462	105 629	401 959	179 257
2002（〃14）	521 090	422 275	136 837	*2.6*	64 690	-4 217	133 968	469 728	175 308
2003（〃15）	545 484	443 620	161 254	*3.1*	83 553	-4 672	136 860	673 529	172 818
2004（〃16）	611 700	492 166	196 941	*3.7*	101 961	-5 134	160 928	844 543	185 797
2005（〃17）	656 565	569 494	187 277	*3.5*	76 930	-5 490	163 444	846 897	180 699
2006（〃18）	752 462	673 443	203 307	*3.8*	73 460	-5 533	160 494	895 320	215 081
2007（〃19）	839 314	731 359	249 490	*4.6*	98 253	-4 731	263 775	973 365	250 221
2008（〃20）	810 181	789 547	148 786	*2.8*	18 899	-5 583	186 502	1 030 647	225 908
2009（〃21）	541 706	514 994	135 925	*2.7*	21 249	-4 653	156 292	1 049 397	268 246
2010（〃22）	673 996	607 650	193 828	*3.8*	68 571	-4 341	217 099	1 096 185	255 906
2011（〃23）	655 465	681 112	104 013	*2.1*	-31 101	282	126 294	1 295 841	265 741
2012（〃24）	637 476	706 886	47 640	*1.0*	-80 829	-804	41 925	1 268 125	299 302
2013（〃25）	697 742	812 425	44 566	*0.9*	-122 521	-7 436	-4 087	1 266 815	325 732
2014（〃26）	730 930	859 091	39 215	*0.8*	-134 988	-2 089	62 782	1 260 548	351 114
2015（〃27）	756 139	784 055	165 194	*3.1*	-28 169	-2 714	218 764	1 233 214	327 189
2016（〃28）	700 358	660 420	213 910	*3.9*	43 888	-7 433	286 059	1 216 903	336 306
2017（〃29）	782 865	753 792	227 779	*4.1*	42 206	-2 800	188 113	1 264 283	329 302
2018（〃30）	814 788	827 033	195 047	*3.5*	1 052	-2 105	201 361	1 270 975	341 450
2019（令１）	769 317	785 995	192 513	*3.4*	-9 318	-4 131	248 624	1 323 750	357 015
2020（〃２）	683 991	680 108	156 739	*2.9*	-8 773	-2 072	138 073	1 394 680	356 970
2021（〃３）	830 914	847 607	154 877	…	-25 615	-4 197	107 527	1 405 750	…

34）2021年は確々報。35）～39）1984年以前は国際収支統計（IMF国際収支マニュアル第３版、第４版ベース）のドル表示額を換算したもの。85～95年は同第４版ベースを同第５版、96～2013年は第５版ベースを第６版の概念に組み替えたもの。2021年は速報値。40）2000年末より現行の公表基準に基づいており、それ以とは連続性が無い。41）暦年末現在。国際収支統計の改訂で、1994年以前と95年、95年と96年以降が接続しない。

	42		43	44	45	46	47	48	49
	為替相場（円／1米ドル）		財政一般会計歳出決算（億円）	租税負担率（%）	国民負担率（%）	国債発行額（億円）	国債依存度（%）	普通国債残高（億円）	国債流通利回り（%）
	年末	年平均							
1950（昭25）	…	…	6 333	…	…	—	—	—	—
1955（〃30）	…	…	10 182	…	…	—	—	—	—
1960（〃35）	…	…	17 431	*18.9*	*22.4*	—	—	—	—
1965（〃40）	…	…	37 230	*18.0*	*23.0*	1 972	*5.3*	2 000	…
1970（〃45）	357.65	360.00	81 877	*18.9*	*24.3*	3 472	*4.2*	28 112	*7.07*
1975（〃50）	305.15	296.79	208 609	*18.3*	*25.7*	52 805	*25.3*	149 731	*8.53*
1980（〃55）	203.00	226.74	434 050	*21.7*	*30.5*	141 702	*32.6*	705 098	*8.86*
1983（〃58）	232.20	237.51	506 353	*23.3*	*33.1*	134 863	*26.6*	1 096 947	*7.36*
1984（〃59）	251.10	237.52	514 806	*24.0*	*33.7*	127 813	*24.8*	1 216 936	*6.65*
1985（〃60）	200.50	238.54	530 045	*24.0*	*33.9*	123 080	*23.2*	1 344 314	*5.87*
1986（〃61）	159.10	168.52	536 404	*25.2*	*35.3*	112 549	*21.0*	1 451 267	*5.82*
1987（〃62）	123.50	144.64	577 311	*26.7*	*36.8*	94 181	*16.3*	1 518 093	*5.61*
1988（〃63）	125.85	128.15	614 711	*27.2*	*37.1*	71 525	*11.6*	1 567 803	*4.57*
1989（平1）	143.45	137.96	658 589	*27.7*	*37.9*	66 385	*10.1*	1 609 100	*5.75*
1990（〃2）	134.40	144.79	692 687	*27.7*	*38.4*	73 120	*10.6*	1 663 379	*6.41*
1991（〃3）	125.20	134.71	705 472	*26.6*	*37.4*	67 300	*9.5*	1 716 473	*5.51*
1992（〃4）	124.75	126.65	704 974	*25.1*	*36.3*	95 360	*13.5*	1 783 681	*4.77*
1993（〃5）	111.85	111.20	751 025	*24.8*	*36.3*	161 740	*21.5*	1 925 393	*3.32*
1994（〃6）	99.74	102.21	736 136	*23.2*	*34.9*	164 900	*22.4*	2 066 046	*4.57*
1995（〃7）	102.83	94.06	759 385	*23.3*	*35.7*	212 470	*28.0*	2 251 847	*3.19*
1996（〃8）	116.00	108.78	788 479	*22.9*	*35.2*	217 483	*27.6*	2 446 581	*2.76*
1997（〃9）	129.95	120.99	784 703	*23.5*	*36.3*	184 580	*23.5*	2 579 875	*1.91*
1998（〃10）	115.60	130.91	843 918	*23.0*	*36.2*	340 000	*40.3*	2 952 491	*1.97*
1999（〃11）	102.20	113.91	890 374	*22.3*	*35.4*	375 136	*42.1*	3 316 687	*1.64*
2000（〃12）	114.90	107.77	893 210	*22.6*	*35.6*	330 040	*36.9*	3 675 547	*1.64*
2001（〃13）	131.80	121.53	848 111	*22.7*	*36.5*	300 000	*35.4*	3 924 341	*1.36*
2002（〃14）	119.90	125.39	836 743	*21.2*	*35.0*	349 680	*41.8*	4 210 991	*0.90*
2003（〃15）	107.10	115.93	824 160	*20.5*	*34.1*	353 450	*42.9*	4 569 736	*1.36*
2004（〃16）	104.12	108.19	848 968	*21.0*	*34.5*	354 900	*41.8*	4 990 137	*1.43*
2005（〃17）	117.97	110.22	855 196	*22.4*	*36.2*	312 690	*36.6*	5 269 279	*1.47*
2006（〃18）	118.95	116.30	814 455	*22.9*	*37.0*	274 700	*33.7*	5 317 015	*1.67*
2007（〃19）	114.00	117.75	818 426	*23.5*	*37.9*	253 820	*31.0*	5 414 584	*1.50*
2008（〃20）	90.75	103.36	846 974	*23.4*	*39.2*	331 680	*39.2*	5 459 356	*1.16*
2009（〃21）	92.06	93.57	1 009 734	*21.4*	*37.2*	519 550	*51.5*	5 939 717	*1.28*
2010（〃22）	81.45	87.78	953 123	*21.4*	*37.2*	423 030	*44.4*	6 363 117	*1.11*
2011（〃23）	77.72	79.81	1 007 154	*22.2*	*38.9*	427 980	*42.5*	6 698 674	*0.98*
2012（〃24）	86.55	79.79	970 872	*22.8*	*39.8*	474 650	*48.9*	7 050 072	*0.79*
2013（〃25）	105.30	97.60	1 001 889	*23.2*	*40.1*	408 510	*40.8*	7 438 676	*0.73*
2014（〃26）	120.64	105.94	988 135	*25.1*	*42.4*	384 929	*39.0*	7 740 831	*0.33*
2015（〃27）	120.50	121.04	982 303	*25.2*	*42.3*	349 183	*35.5*	8 054 182	*0.27*
2016（〃28）	116.80	108.79	975 418	*25.1*	*42.7*	380 346	*39.0*	8 305 733	*0.04*
2017（〃29）	112.90	112.17	981 156	*25.5*	*43.3*	335 546	*34.2*	8 531 789	*0.04*
2018（〃30）	110.83	110.42	989 747	*26.1*	*44.3*	343 954	*34.8*	8 740 434	*−0.01*
2019（令1）	109.12	109.01	1 013 644	*25.8*	*44.4*	365 819	*36.1*	8 866 945	*−0.02*
2020（〃2）	103.63	106.77	1 475 973	*28.2*	*47.9*	1 085 539	*73.5*	9 466 468	*0.02*
2021（〃3）	114.21	109.75	1 425 992	*28.7*	*48.0*	435 970	*40.9*	9 903 066	…

43）～48）会計年度。43）2021年度は補正予算。44）～45）国民所得に対する割合。国民負担率は租税と社会保障の負担率。2021年度は実績見込み。46）収入金ベース。2021年度は国債発行計画（当初）上の値。47）特別税の創設等によって償還財源が別途確保されている、「つなぎ公債」を除く。48）2021年度は当初予算ベースの見込み。49）1997年以前は東証上場国債10年物最長期利回りの末値、1998年以降は新発10年国債流通利回りの末値。小数点第3位以下は切り捨て。

	50	51		52	53		54	55	56
	マネーストック（M2）平均残高（億円）	国内銀行主要勘定（銀行勘定）（年末）		国内銀行貸出約定平均金利（%）	消費者物価指数（2020年＝100）		新設住宅着工戸数（千戸）	自動車保有台数（年末）（千台）	商船船腹量（千総トン）
		預金（億円）	貸出金（億円）		指数（全国）	対前年上昇率（%）			
1950（昭25）	…	10 485	9 947	…	—	—	359	337	1 711
1955（〃30）	…	37 243	31 958	…	—	—	257	901	3 253
1960（〃35）	…	88 722	81 826	*8.08*	—	—	424	2 176	6 002
1965（〃40）	…	206 531	192 179	*7.61*	—	—	843	6 983	10 302
1970（〃45）	477 718	413 088	394 793	*7.69*	31.2	—	1 485	17 826	23 715
1975（〃50）	1 130 832	929 213	887 672	*8.51*	53.6	*11.9*	1 356	28 139	38 198
1980（〃55）	1 978 716	1 529 783	1 364 746	*8.27*	73.5	*7.5*	1 269	37 874	39 015
1983（〃58）	2 526 400	2 296 496	2 145 018	*6.81*	80.8	*1.9*	1 137	42 939	39 010
1984（〃59）	2 723 601	2 462 383	2 390 408	*6.57*	82.6	*2.1*	1 187	44 530	38 013
1985（〃60）	2 951 827	2 681 505	2 677 943	*6.47*	84.2	*2.0*	1 236	46 163	38 141
1986（〃61）	3 207 324	2 936 055	3 001 653	*5.51*	84.9	*0.8*	1 365	47 978	35 619
1987（〃62）	3 540 364	3 510 500	3 377 842	*4.94*	85.2	*0.3*	1 674	49 907	32 831
1988（〃63）	3 936 668	3 947 843	3 721 757	*4.93*	85.5	*0.4*	1 685	52 455	29 193
1989（平1）	4 326 710	4 598 039	4 124 079	*5.78*	87.5	*2.4*	1 663	55 097	26 367
1990（〃2）	4 831 186	4 954 026	4 433 042	*7.70*	89.9	*2.7*	1 707	57 702	25 186
1991（〃3）	5 006 817	4 779 069	4 626 442	*6.99*	92.5	*2.9*	1 370	59 919	24 741
1992（〃4）	5 036 241	4 530 473	4 739 132	*5.55*	94.5	*2.2*	1 403	61 662	23 736
1993（〃5）	5 089 787	4 560 668	4 799 773	*4.41*	95.8	*1.3*	1 486	63 266	23 595
1994（〃6）	5 194 212	4 623 480	4 802 675	*4.04*	96.5	*0.8*	1 570	65 015	21 888
1995（〃7）	5 351 367	4 787 705	4 863 560	*2.78*	96.5	*0.0*	1 470	66 857	19 030
1996（〃8）	5 525 715	4 775 812	4 882 907	*2.53*	96.7	*0.2*	1 643	68 805	17 845
1997（〃9）	5 694 907	4 816 539	4 930 232	*2.36*	98.4	*1.7*	1 387	70 007	17 582
1998（〃10）	5 923 528	4 833 759	4 888 201	*2.25*	98.6	*0.3*	1 198	70 818	16 853
1999（〃11）	6 162 653	4 900 339	4 688 104	*2.10*	98.6	*0.0*	1 215	71 727	16 198
2000（〃12）	6 292 840	4 861 908	4 639 163	*2.11*	98.3	*-0.4*	1 230	72 653	14 874
2001（〃13）	6 468 026	4 897 859	4 482 233	*1.88*	97.5	*-0.8*	1 174	73 411	13 519
2002（〃14）	6 681 972	5 044 469	4 316 425	*1.83*	96.6	*-0.9*	1 151	73 993	12 955
2003（〃15）	6 782 578	5 141 813	4 138 534	*1.79*	96.3	*-0.3*	1 160	74 218	12 579
2004（〃16）	6 889 343	5 206 184	4 040 009	*1.73*	96.2	*-0.1*	1 189	74 659	12 058
2005（〃17）	7 013 739	5 281 472	4 085 480	*1.62*	96.1	*-0.1*	1 236	75 690	11 836
2006（〃18）	7 084 273	5 308 017	4 155 770	*1.76*	96.2	*0.1*	1 290	75 862	11 535
2007（〃19）	7 195 822	5 471 432	4 176 394	*1.94*	96.2	*0.0*	1 061	75 718	11 440
2008（〃20）	7 346 008	5 587 141	4 368 485	*1.86*	97.6	*1.5*	1 094	75 531	11 677
2009（〃21）	7 544 922	5 709 912	4 285 679	*1.65*	96.4	*-1.3*	788	75 328	12 684
2010（〃22）	7 753 911	5 796 794	4 204 178	*1.55*	95.4	*-1.0*	813	75 365	13 864
2011（〃23）	7 966 101	5 998 260	4 258 582	*1.45*	95.2	*-0.3*	834	75 516	15 366
2012（〃24）	8 165 213	6 151 781	4 338 238	*1.36*	95.1	*-0.1*	883	76 140	16 542
2013（〃25）	8 458 837	6 418 269	4 491 346	*1.25*	95.5	*0.4*	980	76 635	17 428
2014（〃26）	8 745 965	6 619 353	4 611 476	*1.18*	98.0	*2.6*	892	77 205	19 206
2015（〃27）	9 064 060	6 798 664	4 759 372	*1.11*	98.5	*0.5*	909	77 422	20 166
2016（〃28）	9 368 699	7 350 014	4 915 734	*0.99*	98.2	*-0.3*	967	77 769	21 479
2017（〃29）	9 739 925	7 639 463	5 052 386	*0.94*	98.7	*0.5*	965	78 097	23 393
2018（〃30）	10 024 562	7 797 315	5 154 804	*0.90*	99.5	*0.9*	942	78 310	25 094
2019（令1）	10 262 029	8 001 229	5 246 636	*0.86*	100.2	*0.6*	905	78 438	27 108
2020（〃2）	10 926 297	8 765 116	5 544 439	*0.81*	100.0	*-0.2*	815	78 485	26 915
2021（〃3）	11 626 959	9 080 594	5 611 372	*0.79*	99.8	*-0.2*	856	78 477	

50）1998年以前はマネーサプライ統計におけるM2＋CD（外国銀行在日支店等を含まないベース）、1999～2002年はM2＋CDの値。2003年以降はマネーストック統計におけるM2の値。月平残の平均値。51）1986年以降は特別国際金融取引勘定を含む。52）ストック分の総合の末値。小数点第3位以下は切り捨て。53）生鮮食品を除く総合。55）被けん引車を除き、三輪自動車と特殊車を含む。56）1950年は年末現在で、55年以降70年までは3月末現在、75年からは年央の数値。

	1	2			3	4	5	6
	面積（2021年10月1日）（km²）	人口（2020年10月1日）（千人）	15歳未満人口（%）	65歳以上人口（%）	人口密度（2020年10月1日）（人/km²）	世帯数（2020年10月1日）（千世帯）	一般世帯1世帯あたり人員（2020年10月1日）（人）	完全失業率（2021年平均）（%）
北海道	83 424	5 225	10.7	32.1	66.6	2 477	2.04	3.0
青森	9 646	1 238	10.5	33.7	128.3	512	2.34	3.0
岩手	15 275	1 211	11.0	33.6	79.2	492	2.39	2.4
宮城	7 282	2 302	11.7	28.1	316.1	983	2.30	3.0
秋田	11 638	960	9.7	37.5	82.4	385	2.41	2.6
山形	9 323	1 068	11.3	33.8	114.6	398	2.61	2.2
福島	13 784	1 833	11.3	31.7	133.0	743	2.42	2.4
茨城	6 097	2 867	11.7	29.7	470.2	1 184	2.37	2.7
栃木	6 408	1 933	11.8	29.1	301.7	797	2.38	2.6
群馬	6 362	1 939	11.7	30.2	304.8	805	2.35	2.4
埼玉	3 798	7 345	11.9	27.0	1 934.0	3 163	2.28	3.1
千葉	5 157	6 284	11.7	27.6	1 218.5	2 774	2.23	2.9
東京	2 194	14 048	11.2	22.7	6 402.6	7 227	1.92	3.0
神奈川	2 416	9 237	11.8	25.6	3 823.2	4 224	2.15	3.0
新潟	12 584	2 201	11.3	32.8	174.9	865	2.48	2.4
富山	4 248	1 035	11.2	32.6	243.6	404	2.50	1.9
石川	4 186	1 133	12.1	29.8	270.5	470	2.34	1.9
福井	4 191	767	12.5	30.6	183.0	292	2.57	1.4
山梨	4 465	810	11.4	30.8	181.4	339	2.34	2.2
長野	13 562	2 048	12.0	32.0	151.0	832	2.41	2.4
岐阜	10 621	1 979	12.3	30.4	186.3	781	2.49	1.7
静岡	7 777	3 633	12.1	30.1	467.2	1 483	2.40	2.4
愛知	5 173	7 542	13.0	25.3	1 458.0	3 238	2.29	2.5
三重	5 774	1 770	12.1	29.9	306.6	743	2.33	1.9
滋賀	4 017	1 414	13.6	26.3	351.9	571	2.44	2.5
京都	4 612	2 578	11.4	29.3	559.0	1 191	2.12	2.8
大阪	1 905	8 838	11.7	27.6	4 638.4	4 136	2.10	3.5
兵庫	8 401	5 465	12.2	29.3	650.5	2 402	2.23	2.8
奈良	3 691	1 324	11.7	31.7	358.8	545	2.38	2.5
和歌山	4 725	923	11.4	33.4	195.3	394	2.28	2.6
鳥取	3 507	553	12.4	32.3	157.8	220	2.44	2.0
島根	6 708	671	12.2	34.2	100.1	270	2.40	1.7
岡山	7 114	1 888	12.4	30.3	265.4	801	2.30	2.4
広島	8 479	2 800	12.6	29.4	330.2	1 244	2.20	2.4
山口	6 113	1 342	11.5	34.6	219.6	599	2.17	1.9
徳島	4 147	720	10.9	34.2	173.5	308	2.26	2.5
香川	1 877	950	12.1	31.8	506.3	407	2.27	2.4
愛媛	5 676	1 335	11.6	33.2	235.2	601	2.16	2.2
高知	7 104	692	10.9	35.5	97.3	315	2.11	2.2
福岡	4 987	5 135	13.0	27.9	1 029.8	2 323	2.15	3.0
佐賀	2 441	811	13.5	30.6	332.5	313	2.51	1.5
長崎	4 131	1 312	12.5	33.0	317.7	558	2.27	2.4
熊本	7 409	1 738	13.2	31.4	234.6	719	2.34	2.8
大分	6 341	1 124	12.1	33.3	177.2	489	2.22	2.2
宮崎	7 735	1 070	13.1	32.6	138.3	470	2.20	2.5
鹿児島	9 186	1 588	13.1	32.5	172.9	728	2.11	2.8
沖縄	2 282	1 467	16.6	22.6	642.9	615	2.33	3.7
全国	**377 975**	**126 146**	11.9	28.6	338.2	**55 830**	2.21	2.8

資料等については各章を参照。1）北方領土、竹島を含まず。2〜5）2020年国勢調査による。2）年齢別割合は不詳補完したもの。6）モデル推計。

	7				8	9	10	11
	就業者（2015年10月1日現在）				1人あたり県民所得（2018年度）（千円）	県内総生産（2018年度）（億円）	発電電力量（2020年度）（百万kWh）	耕地面積（2021年7月15日）（ha）
	総数（千人）	第1次産業（%）	第2次産業（%）	第3次産業（%）				
北海道	2 435	7.4	17.9	74.7	2 742	196 528	30 567	1 143 000
青森	626	12.4	20.4	67.2	2 507	43 744	5 372	149 600
岩手	636	10.8	25.4	63.8	2 841	47 396	3 593	149 300
宮城	1 078	4.5	23.4	72.1	2 945	95 123	13 607	125 500
秋田	483	9.8	24.4	65.8	2 697	35 206	15 492	146 400
山形	562	9.4	29.1	61.5	2 897	42 759	5 967	115 800
福島	922	6.7	30.6	62.6	2 943	79 054	54 660	137 300
茨城	1 401	5.9	29.8	64.4	3 327	140 355	34 253	162 300
栃木	964	5.7	31.9	62.4	3 479	93 748	11 052	121 700
群馬	966	5.1	31.8	63.1	3 283	89 898	4 635	65 900
埼玉	3 485	1.7	24.9	73.4	3 047	232 541	951	73 500
千葉	2 880	2.9	20.6	76.5	3 116	210 747	82 657	122 700
東京	5 859	0.4	17.5	82.1	5 415	1 070 418	5 822	6 410
神奈川	4 122	0.9	22.4	76.7	3 268	357 171	80 352	18 200
新潟	1 141	5.9	28.9	65.2	2 916	91 222	42 089	168 200
富山	539	3.3	33.6	63.1	3 398	48 247	14 954	58 000
石川	573	3.1	28.5	68.3	3 023	47 687	9 306	40 600
福井	399	3.8	31.3	65.0	3 280	34 595	24 960	39 900
山梨	409	7.3	28.4	64.3	3 160	35 761	2 856	23 300
長野	1 070	9.3	29.2	61.6	3 010	85 976	7 637	105 200
岐阜	1 016	3.2	33.1	63.7	2 919	79 208	8 238	55 200
静岡	1 865	3.9	33.2	62.9	3 432	174 621	7 564	61 500
愛知	3 669	2.2	33.6	64.3	3 728	409 372	67 479	73 300
三重	873	3.7	32.0	64.3	3 121	84 114	22 600	57 600
滋賀	678	2.7	33.8	63.4	3 318	67 679	155	50 900
京都	1 193	2.2	23.6	74.1	2 983	106 655	11 236	29 700
大阪	3 778	0.6	24.3	75.1	3 190	401 956	27 012	12 400
兵庫	2 444	2.1	26.0	71.9	2 968	211 778	47 871	72 800
奈良	591	2.7	23.4	73.9	2 632	37 228	1 200	19 800
和歌山	445	9.0	22.3	68.7	2 913	36 044	2 593	31 600
鳥取	281	9.1	22.0	69.0	2 515	19 080	1 753	34 100
島根	343	8.0	23.0	69.0	2 667	25 318	8 112	36 200
岡山	901	4.8	27.4	67.8	2 769	78 057	6 726	62 700
広島	1 337	3.2	26.8	70.0	3 109	117 137	12 266	52 800
山口	645	4.9	26.1	69.0	3 199	63 746	23 563	44 500
徳島	343	8.5	24.1	67.4	3 092	31 733	20 829	28 100
香川	453	5.4	25.9	68.7	3 013	38 551	4 359	29 300
愛媛	643	7.7	24.2	68.0	2 658	49 883	10 363	46 200
高知	323	11.8	17.2	71.0	2 644	24 190	4 412	26 200
福岡	2 254	2.9	21.2	75.9	2 885	198 080	10 784	79 300
佐賀	410	8.7	24.2	67.1	2 753	31 184	16 508	50 500
長崎	644	7.7	20.1	72.2	2 629	46 766	27 401	45 900
熊本	834	9.8	21.1	69.1	2 667	61 224	9 930	107 500
大分	546	7.0	23.4	69.6	2 714	46 143	20 267	54 500
宮崎	519	11.0	21.1	67.9	2 468	37 402	4 690	64 800
鹿児島	754	9.5	19.4	71.1	2 509	55 487	9 185	112 900
沖縄	590	4.9	15.1	80.0	2 391	45 056	7 537	36 500
全国	**58 919**	4.0	25.0	71.0	3 317	**5 655 865**	**845 412**	**4 349 000**

7）15歳以上。割合は分類不能を除く。四捨五入の関係で内訳の合計が100%にならない場合がある。本データは2015年国勢調査による。2020年国勢調査は編集時点ですべては公表されておらず、就業等基本統計は未公表。10）電気事業者のみ。

	12	13	14			15		
	農業産出額（2020年）（億円）	海面漁業漁獲量（2020年）（千t）	工業統計（2020年6月1日）			卸売業・小売業（2020年6月1日）		
			事業所数	従業者数（千人）	製造品出荷額等（2019年）（億円）	年間商品販売額（2019年）（億円）	うち小売販売額	小売業売場面積（千m^2）
北海道	12 667	895	8 137	175	61 336	157 200	64 782	6 478
青　森	3 262	91	2 361	59	17 504	30 084	13 844	1 659
岩　手	2 741	66	3 155	90	26 435	29 964	13 594	1 613
宮　城	1 902	165	3 971	120	45 590	90 504	27 599	2 857
秋　田	1 898	6	2 853	64	12 998	22 004	10 869	1 389
山　形	2 508	4	4 097	102	28 679	24 039	11 787	1 467
福　島	2 116	72	5 850	163	51 232	44 569	21 411	2 248
茨　城	4 417	302	8 385	279	126 383	63 012	29 904	3 649
栃　木	2 875	—	7 312	210	90 110	49 781	22 650	2 611
群　馬	2 463	—	8 398	218	90 522	61 458	21 908	2 510
埼　玉	1 678	—	19 991	408	139 529	151 654	69 047	6 959
千　葉	3 853	99	7 989	215	125 846	122 183	62 000	6 309
東　京	229	46	25 464	276	74 207	1 383 480	203 261	9 797
神奈川	659	31	12 833	368	178 722	186 244	91 266	6 785
新　潟	2 526	27	9 431	195	50 113	61 075	24 249	2 936
富　山	629	26	4 303	130	39 411	29 332	11 584	1 339
石　川	535	53	5 910	109	30 478	34 710	12 970	1 559
福　井	451	12	4 221	77	22 902	19 208	8 373	1 026
山　梨	974	—	3 547	77	25 053	16 323	8 010	936
長　野	2 697	—	8 724	210	62 194	51 204	23 157	2 529
岐　阜	1 093	—	10 932	214	59 896	44 682	22 051	2 528
静　岡	1 887	184	15 152	425	172 749	94 666	38 636	3 836
愛　知	2 893	53	26 739	872	481 864	326 284	85 059	7 576
三　重	1 043	125	5 962	213	107 685	34 345	18 064	2 277
滋　賀	619	—	4 310	167	80 754	25 011	14 382	1 787
京　都	642	10	10 095	156	57 419	62 529	28 150	2 283
大　阪	311	15	30 231	475	172 701	429 482	98 625	7 112
兵　庫	1 478	41	13 483	375	163 896	135 881	54 297	5 338
奈　良	395	—	3 729	65	21 494	18 417	11 121	1 337
和歌山	1 104	13	3 323	57	26 754	20 466	8 721	1 058
鳥　取	764	91	1 190	34	7 868	12 272	5 961	751
島　根	620	89	1 902	43	12 488	14 548	6 814	819
岡　山	1 414	3	5 304	155	77 397	46 963	19 755	2 225
広　島	1 190	19	7 552	224	98 047	96 698	31 209	3 186
山　口	589	23	2 621	97	65 735	28 227	14 762	1 793
徳　島	955	9	2 047	49	19 209	15 117	7 268	906
香　川	808	12	3 251	73	27 416	29 123	11 661	1 380
愛　媛	1 226	81	3 545	81	43 303	36 544	15 058	1 689
高　知	1 113	65	1 806	27	5 953	14 087	6 978	755
福　岡	1 977	16	8 587	229	99 760	174 902	57 321	5 521
佐　賀	1 219	7	2 312	64	20 839	16 168	8 177	1 039
長　崎	1 491	228	3 098	58	17 385	29 442	14 458	1 214
熊　本	3 407	13	3 187	97	28 706	37 703	18 128	1 946
大　分	1 208	36	2 308	68	43 135	23 448	12 249	1 517
宮　崎	3 348	119	2 358	57	16 523	24 780	10 953	1 295
鹿児島	4 772	54	3 863	73	20 247	37 453	15 563	1 659
沖　縄	910	13	2 419	28	4 990	26 109	13 012	1 198
全国	**89 370**	**3 213**	**338 238**	**8 021**	**3 253 459**	**4 483 372**	**1 400 698**	**130 680**

12）府県データは他府県間で取引された種苗や子豚など中間生産物を含む。本表の全国は、中間生産物を計上していない。13）養殖業は含まない。14）全事業所。15）事業所調査。サービス産業に属する企業の傘下事業所のみの集計。必要な事項が得られた事業所のみの集計。小売販売額は、卸売業による小売を含む。

	16	17	18	19	20	21		22
	国内銀行預金高（2021年12月末）（億円）	国内銀行貸出高（2021年12月末）（億円）	乗用車保有台数（2021年末）（千台）	消費者物価地域差指数（全国＝100）（2020年）	住宅地平均価格（2021年7月1日）（円／m²）	住宅着工（新設）（2021年）		汚水処理人口普及率（2020年度末）（%）
						戸数（戸）	床面積（千m²）	
北海道	190 880	113 621	2 809	100.3	20 800	34 177	2 841	*95.9*
青森	48 109	27 866	731	98.1	15 900	6 562	614	*80.9*
岩手	50 751	26 305	745	99.0	25 400	7 782	632	*83.6*
宮城	116 903	73 451	1 307	99.3	44 100	16 889	1 378	*92.8*
秋田	43 289	21 253	589	97.9	13 200	4 964	443	*88.4*
山形	47 684	24 604	694	100.5	19 800	6 618	573	*93.6*
福島	81 664	38 586	1 227	99.4	23 400	10 725	1 001	*84.6*
茨城	132 361	60 174	2 004	97.7	32 400	19 694	1 851	*86.0*
栃木	92 794	49 621	1 349	98.3	32 300	12 018	1 200	*88.0*
群馬	89 205	44 075	1 388	96.7	31 500	11 688	1 142	*82.6*
埼玉	354 406	166 426	3 244	100.6	114 100	51 300	4 404	*93.1*
千葉	341 086	156 618	2 851	101.0	76 500	46 115	3 780	*89.5*
東京	3 158 023	2 337 010	3 145	105.2	380 900	135 568	8 702	*99.8*
神奈川	485 377	199 292	3 073	103.2	180 600	64 753	4 932	*98.2*
新潟	102 775	51 849	1 394	98.2	25 800	14 569	1 174	*88.8*
富山	63 543	35 016	712	98.7	30 800	8 489	631	*97.4*
石川	60 665	32 440	730	100.2	45 500	7 716	705	*94.7*
福井	40 212	19 688	515	99.4	29 600	5 562	499	*96.7*
山梨	34 353	12 587	564	97.5	23 700	4 767	468	*84.4*
長野	91 183	38 255	1 388	97.7	25 000	13 392	1 269	*98.0*
岐阜	88 476	33 374	1 304	97.4	32 200	11 960	1 158	*93.1*
静岡	167 889	101 782	2 240	98.3	64 200	22 296	2 096	*82.9*
愛知	455 476	235 335	4 224	97.6	105 300	60 450	5 136	*91.8*
三重	91 904	38 927	1 168	98.8	28 200	10 696	956	*87.6*
滋賀	67 276	38 037	817	99.3	46 600	10 136	937	*99.0*
京都	154 196	66 662	1 007	101.6	109 500	16 673	1 276	*98.4*
大阪	768 378	414 212	2 809	99.8	150 900	70 386	4 850	*98.1*
兵庫	269 108	111 748	2 333	99.6	105 900	30 889	2 583	*98.9*
奈良	75 315	27 203	656	97.3	52 600	6 149	603	*89.8*
和歌山	45 574	18 139	548	99.4	35 800	4 790	455	*67.6*
鳥取	26 559	15 155	348	98.2	19 100	3 122	275	*95.0*
島根	29 168	14 049	412	99.5	20 600	3 226	276	*82.0*
岡山	93 439	58 162	1 172	97.5	29 200	12 026	1 022	*87.6*
広島	147 803	108 298	1 474	98.7	57 400	18 348	1 489	*89.4*
山口	73 138	37 133	823	99.4	25 700	8 228	708	*88.1*
徳島	51 820	22 299	461	99.6	29 300	3 222	321	*64.6*
香川	61 518	30 245	597	98.2	32 700	6 090	557	*79.6*
愛媛	80 607	66 430	751	97.9	35 100	8 583	706	*81.1*
高知	30 862	16 732	400	99.2	30 600	2 984	269	*75.8*
福岡	278 682	211 221	2 646	97.4	56 800	41 266	3 250	*93.4*
佐賀	29 910	14 015	515	98.2	20 800	5 376	501	*85.5*
長崎	55 896	29 704	708	99.5	24 600	6 536	528	*82.5*
熊本	73 284	47 541	1 049	98.7	29 000	13 567	1 142	*88.1*
大分	44 523	25 809	700	97.9	25 300	6 532	563	*79.0*
宮崎	38 815	27 555	685	95.9	24 600	7 074	613	*87.8*
鹿児島	55 218	40 489	967	97.2	27 300	10 417	857	*83.0*
沖縄	58 314	43 199	891	98.0	63 700	9 815	789	*86.7*
全国	**9 038 435**	**5 422 212**	**62 165**	100.0	…	**894 185**	**72 155**	*92.1*

16）17）府県別は金融機関店舗の所在地区分による。ゆうちょ銀行を除く。単位未満切り捨てのため、内訳と全国計が一致しない。18）三輪車を含む。

	23		24	25	26			27
	平均寿命（2015年）（年）		病院数（2019年10月1日）（か所）	人口10万あたり病床数（2019年10月1日）（床）	児童・生徒数（2021年5月1日）（千人）			大学等進学率（高等学校）（2021年3月卒業）（%）
	男	女			小学校	中学校	高等学校	
北海道	80.3	86.8	552	1 774.6	231.7	122.7	115.3	*48.2*
青森	78.7	85.9	94	1 372.9	54.5	29.9	30.5	*49.4*
岩手	79.9	86.4	91	1 270.5	55.6	30.3	30.0	*45.4*
宮城	81.0	87.2	138	1 092.8	112.2	58.7	55.3	*51.8*
秋田	79.5	86.4	68	1 517.0	39.0	21.9	21.4	*48.1*
山形	80.5	87.0	68	1 324.2	49.2	27.0	27.2	*46.4*
福島	80.1	86.4	126	1 324.3	85.3	46.1	45.6	*47.7*
茨城	80.3	86.3	173	1 078.8	135.8	72.5	71.8	*52.7*
栃木	80.1	86.2	106	1 082.2	95.3	51.2	49.7	*54.1*
群馬	80.6	86.8	130	1 230.9	94.2	50.8	48.5	*54.1*
埼玉	80.8	86.7	342	853.8	363.2	187.4	164.0	*60.7*
千葉	81.0	86.9	289	947.6	306.1	158.3	141.4	*58.2*
東京	81.1	87.3	638	915.3	622.8	311.0	301.7	*69.0*
神奈川	81.3	87.2	336	804.7	451.1	226.6	195.9	*63.1*
新潟	80.7	87.3	127	1 257.8	103.7	53.7	51.6	*48.9*
富山	80.6	87.4	107	1 516.7	47.8	26.1	26.1	*54.8*
石川	81.0	87.3	94	1 529.9	56.6	30.3	29.8	*57.9*
福井	81.3	87.5	67	1 368.4	39.2	21.2	20.7	*59.5*
山梨	80.9	87.2	60	1 317.4	38.6	21.0	22.7	*58.7*
長野	81.8	87.7	127	1 141.4	101.9	55.2	52.6	*50.8*
岐阜	81.0	86.8	98	1 011.4	101.8	54.5	50.6	*57.3*
静岡	81.0	87.1	175	1 037.1	183.6	98.2	91.6	*53.9*
愛知	81.1	86.9	323	888.8	405.8	209.2	185.9	*59.8*
三重	80.9	87.0	93	1 101.7	90.0	47.6	44.2	*52.6*
滋賀	81.8	87.6	57	999.2	80.3	41.1	36.7	*57.4*
京都	81.4	87.4	165	1 340.8	119.9	65.2	66.5	*69.8*
大阪	80.2	86.7	513	1 197.0	422.4	221.6	207.3	*64.3*
兵庫	80.9	87.1	348	1 178.9	278.5	143.1	128.3	*64.3*
奈良	81.4	87.3	79	1 244.5	66.0	36.0	32.5	*61.8*
和歌山	79.9	86.5	83	1 431.4	43.7	23.7	23.3	*54.0*
鳥取	80.2	87.3	43	1 514.6	28.0	14.3	14.3	*46.3*
島根	80.8	87.6	49	1 524.3	33.2	17.0	17.1	*47.4*
岡山	81.0	87.7	161	1 462.5	98.0	50.8	49.5	*54.2*
広島	81.1	87.3	237	1 381.7	147.7	75.3	68.0	*61.8*
山口	80.5	86.9	145	1 908.5	65.0	33.7	31.0	*44.2*
徳島	80.3	86.7	107	1 931.6	34.2	17.4	17.0	*56.5*
香川	80.9	87.2	88	1 512.1	49.2	25.6	24.7	*55.2*
愛媛	80.2	86.8	135	1 581.0	66.5	33.3	31.5	*53.9*
高知	80.3	87.0	124	2 508.3	31.2	17.0	17.1	*51.2*
福岡	80.7	87.1	459	1 643.3	279.3	139.7	123.5	*54.5*
佐賀	80.7	87.1	101	1 786.6	43.9	23.5	22.4	*45.7*
長崎	80.4	87.0	149	1 957.5	68.8	35.8	34.4	*47.6*
熊本	81.2	87.5	211	1 941.1	96.4	48.9	44.3	*47.2*
大分	81.1	87.3	155	1 747.8	56.5	29.6	29.3	*49.7*
宮崎	80.3	87.1	137	1 749.4	59.6	30.6	28.9	*46.2*
鹿児島	80.0	86.8	241	2 061.3	88.6	45.3	43.0	*45.1*
沖縄	80.3	87.4	91	1 278.0	101.3	49.7	43.2	*40.8*
全国	80.8	87.0	**8 300**	1 212.1	**6 223.4**	**3 229.7**	**3 008.2**	*57.4*

23）全国値は完全生命表では男80.75年、女86.99年。本表のデータは都道府県生命表と同様の方法で算出したもの。24）患者20人以上の収容施設を有するもの。25）病院の病床数で、診療所（病床数19人以下）を含まず。26）中等教育学校、義務教育学校を含まず。通信教育を含まず。27）2021年３月に高等学校を卒業した人が、現役で大学等に進学した割合であり、表34-3と異なる。

	1	2	3	4	5	6	7	8	9
	米（水稲）(2021年)（t）	小麦 (2021年)（t）	大豆 (2021年)（t）	みかん (2020年)（t）	りんご (2020年)（t）	日本なし (2020年)（t）	もも (2020年)（t）	ぶどう (2020年)（t）	だいこん (2020年)（t）
北海道	573 700	728 400	105 400	—	8 270	459	95	6 940	147 200
青　森	256 900	1 720	8 210	—	463 000	1 250	1 530	4 810	115 700
岩　手	268 600	7 850	6 660	—	47 200	550	972	3 480	25 100
宮　城	353 400	4 360	22 200	—	2 680	2 400	230	247	9 900
秋　田	501 200	626	13 900	—	25 200	2 240	1 310	2 100	16 900
山　形	393 800	187	7 300	—	41 500	1 540	8 510	15 500	15 400
福　島	335 800	1 070	1 820	2	21 100	12 900	22 800	2 430	22 000
茨　城	344 800	13 800	3 960	99	1 250	13 500	96	1 760	57 500
栃　木	300 900	8 060	3 480	10	2 410	11 300	134	1 490	14 500
群　馬	73 300	21 000	417	40	6 850	3 770	458	1 080	32 500
埼　玉	152 400	20 000	582	143	112	6 200	53	1 120	23 900
千　葉	277 800	2 750	841	905	16	18 200	17	490	148 100
東　京	486	23	5	66	53	1 560	11	252	8 440
神奈川	14 400	109	55	14 800	91	3 530	32	515	73 600
新　潟	620 000	159	7 770	39	586	6 940	1 170	1 860	45 800
富　山	200 000	98	7 100	15	1 150	2 980	111	203	3 430
石　川	125 400	184	2 240	5	626	1 840	69	958	8 910
福　井	126 200	216	2 750	189	12	766	6	120	5 240
山　梨	25 800	237	242	1	666	594	30 400	35 000	…
長　野	189 900	6 260	2 990	*x*	135 400	13 700	10 300	32 300	17 100
岐　阜	103 200	10 700	3 020	1 400	1 480	1 880	588	262	17 800
静　岡	77 400	2 310	200	119 800	61	1 790	159	417	19 400
愛　知	130 900	29 400	6 170	28 300	12	4 760	1 620	3 610	24 100
三　重	130 200	22 800	4 080	19 000	1	2 530	49	695	…
滋　賀	156 200	20 900	8 630	*x*	6	511	20	449	3 940
京　都	71 600	320	308	410	24	863	88	651	…
大　阪	22 600	2	11	12 800	—	59	467	3 930	…
兵　庫	175 800	4 200	1 730	2 500	117	887	271	1 970	12 900
奈　良	43 200	336	150	488	30	1 310	161	552	3 190
和歌山	30 300	5	25	167 100	23	558	6 620	1 320	8 210
鳥　取	63 600	255	734	—	339	10 500	84	508	…
島　根	87 500	251	806	29	57	902	58	2 180	…
岡　山	150 900	3 880	1 270	937	140	1 860	5 720	13 900	9 730
広　島	115 900	296	273	20 800	1 700	2 270	966	2 930	10 700
山　口	93 100	5 720	931	7 010	774	2 180	190	616	10 600
徳　島	47 900	195	14	13 300	1	4 060	217	601	23 300
香　川	56 600	9 170	48	11 700	*x*	345	883	1 380	7 030
愛　媛	67 300	743	512	112 500	55	861	397	1 040	…
高　知	49 600	6	45	6 460	24	1 460	43	320	…
福　岡	163 700	78 100	7 210	20 100	148	6 050	725	6 370	14 100
佐　賀	118 800	56 700	7 540	44 900	55	3 200	155	506	…
長　崎	50 800	2 250	164	47 600	1	499	216	623	50 200
熊　本	156 300	21 600	2 730	82 500	32	6 980	712	1 550	23 600
大　分	95 500	9 820	1 380	11 400	9	6 830	165	2 180	13 200
宮　崎	77 800	133	251	8 090	*x*	723	28	1 540	68 300
鹿児島	89 100	73	342	10 100	*x*	378	13	669	86 300
沖　縄	2 160	16	*x*	298	—	—	—	1	…
全国	**7 563 000**	**1 097 000**	**246 500**	**765 800**	**763 300**	**170 500**	**98 900**	**163 400**	**1 254 000**

資料は各章を参照のこと。*x*は秘匿。4）みかんは果実数が多くなる年（表年）と少なくなる年（裏年）とが交互に発生する現象がある。4)～8）2020年産は全国を対象とした調査。9）主産県調査で全国は推計値。

	10	11	12	13	14	15	16	17	18
	にんじん（2020年）（t）	ばれいしょ（2020年）（t）	キャベツ（2020年）（t）	きゅうり（2020年）（t）	なす（2020年）（t）	トマト（2020年）（t）	生乳（2021年）（t）	鶏卵（2020年）（t）	素材（木材）（2020年）（千m³）
北海道	183 200	1 733 000	59 100	15 700	…	66 200	4 265 600	102 151	2 850
青　森	39 700	14 600	17 400	6 030	…	18 800	72 089	104 399	894
岩　手	2 370	…	31 600	13 200	3 020	9 640	211 532	78 728	1 355
宮　城	…	6 720	6 580	13 000	2 790	9 480	108 900	77 043	576
秋　田	…	…	7 940	8 440	5 650	8 220	23 106	39 318	1 123
山　形	…	…	…	12 700	6 400	10 200	63 242	7 694	266
福　島	1 660	16 300	5 450	38 500	4 210	23 200	67 361	61 623	853
茨　城	25 300	42 100	105 800	25 500	17 900	41 700	174 864	232 686	423
栃　木	…	…	…	11 400	13 300	31 500	347 879	105 387	540
群　馬	…	…	256 500	55 800	27 700	20 400	208 496	89 829	208
埼　玉	15 600	…	18 400	46 100	9 320	15 000	49 582	42 192	63
千　葉	105 400	28 100	119 500	27 700	6 700	30 000	193 486	156 998	58
東　京	2 840	…	6 830	…	…	…	8 720	1 037	28
神奈川	…	…	66 600	10 500	3 440	11 900	29 038	19 319	11
新　潟	5 250	…	…	7 970	4 320	7 800	39 551	93 286	99
富　山	…	…	2 440	1 180	2 190	1 500	12 121	17 488	79
石　川	436	…	…	1 870	…	3 290	17 907	19 065	138
福　井	557	…	3 310	…	1 200	2 170	5 766	13 509	121
山　梨	…	…	3 180	4 650	5 370	6 410	19 458	7 830	144
長　野	…	16 400	61 800	13 700	3 790	13 300	91 890	8 172	466
岐　阜	5 700	…	3 990	5 470	2 630	23 600	33 263	75 185	364
静　岡	2 970	11 600	18 200	…	…	13 200	88 403	73 347	328
愛　知	19 900	…	262 300	13 500	12 500	43 300	154 055	104 192	208
三　重	980	1 980	10 500	1 840	1 720	9 490	56 779	94 914	274
滋　賀	…	…	10 400	3 250	2 490	3 250	18 648	5 158	59
京　都	…	…	6 720	4 010	7 450	4 600	28 461	26 002	141
大　阪	…	…	10 200	1 650	6 660	…	9 328	816	9
兵　庫	3 150	…	28 000	3 340	3 210	8 970	77 936	99 434	264
奈　良	…	…	…	1 970	4 930	3 580	24 958	5 120	107
和歌山	2 150	…	7 320	2 550	…	3 560	4 679	6 378	166
鳥　取	1 860	…	5 250	…	…	3 800	60 706	10 574	254
島　根	…	…	5 740	2 870	1 680	3 870	76 191	15 020	429
岡　山	1 090	2 240	12 600	2 590	4 890	5 750	114 500	127 841	339
広　島	…	6 840	11 600	3 970	3 380	10 200	50 395	140 323	295
山　口	…	…	7 700	3 560	2 290	3 790	15 045	26 252	228
徳　島	49 700	…	5 820	7 560	6 990	4 820	26 015	12 788	267
香　川	3 020	…	10 100	4 160	1 850	3 040	37 441	85 736	8
愛　媛	…	…	13 000	8 150	3 430	6 680	29 656	27 319	523
高　知	…	…	…	24 500	39 300	7 050	19 179	4 777	497
福　岡	…	…	24 300	9 660	16 700	19 200	73 360	51 121	177
佐　賀	…	2 870	8 730	14 600	3 360	3 150	14 046	6 290	113
長　崎	31 300	84 600	11 700	6 780	1 750	12 300	45 179	25 792	106
熊　本	17 300	11 000	41 200	13 500	34 200	135 300	267 173	44 424	964
大　分	2 730	…	15 900	2 810	1 880	11 200	72 409	19 164	1 014
宮　崎	14 400	11 200	21 500	60 700	2 430	17 300	82 844	60 272	1 879
鹿児島	19 600	85 400	72 200	10 800	2 650	5 050	77 980	190 021	572
沖　縄	2 570	…	…	…	…	3 380	22 844	16 868	2
全国	**585 900**	**2 205 000**	**1 434 000**	**539 200**	**297 000**	**706 000**	**7 592 061**	**2 632 882**	**19 882**

10)～15）主産県調査で全国は推計値。18）用材（薪炭材やしいたけ原木を除く）に供される丸太またはそま角（斧で荒削りしただけの角材）。

19

	産業別製造品出荷額等（2019年）(億円)							
	食料品	飲料・たばこ・飼料	繊維工業	木材・木製品	家具・装備品	パルプ・紙・紙加工品	印刷・同関連業	化学工業
北海道	22 288	2 453	299	1 764	508	3 880	1 136	1 903
青　森	3 809	1 097	206	193	69	1 095	175	*358
岩　手	3 928	474	279	614	75	563	366	*527
宮　城	6 626	1 904	186	860	133	1 896	963	848
秋　田	1 150	220	365	703	114	388	120	604
山　形	3 309	463	489	248	276	238	304	2 680
福　島	3 162	1 343	449	613	586	2 098	447	5 461
茨　城	14 603	5 443	607	1 693	648	2 482	1 308	16 799
栃　木	6 609	9 356	619	1 020	547	2 766	619	*6 977
群　馬	8 551	3 414	523	758	464	921	816	7 754
埼　玉	20 570	2 066	899	701	1 537	5 098	7 131	17 395
千　葉	16 296	3 911	273	722	1 008	1 429	1 091	22 040
東　京	7 400	1 041	680	127	1 311	1 459	7 810	3 857
神奈川	16 737	*4 196	431	227	798	2 244	1 804	19 683
新　潟	8 185	779	776	346	478	2 124	854	6 403
富　山	1 557	672	567	347	400	1 522	352	7 781
石　川	1 923	128	2 009	258	654	257	770	1 745
福　井	610	64	2 366	822	171	882	331	2 468
山　梨	2 181	1 868	376	96	89	232	210	*488
長　野	5 916	1 506	188	331	280	823	721	948
岐　阜	3 817	777	1 484	781	1 149	2 263	935	*2 814
静　岡	13 790	9 813	1 163	2 160	1 084	8 729	1 538	19 083
愛　知	17 437	4 376	3 710	1 473	1 548	4 569	3 182	13 190
三　重	5 069	968	495	853	432	923	349	12 899
滋　賀	4 168	1 387	2 252	345	649	1 841	1 044	10 366
京　都	5 770	8 415	1 182	612	247	1 333	2 120	2 133
大　阪	13 226	2 454	3 037	983	1 834	3 583	4 706	16 635
兵　庫	17 059	4 618	1 272	585	749	3 211	1 387	21 642
奈　良	2 512	243	675	600	319	631	600	1 213
和歌山	1 905	538	720	413	194	393	139	3 817
鳥　取	1 578	247	170	241	29	988	102	52
島　根	730	137	333	467	86	311	92	333
岡　山	5 547	1 657	2 361	865	346	1 200	1 070	11 023
広　島	6 563	473	1 299	1 670	438	1 105	831	4 348
山　口	2 251	508	565	479	53	960	277	19 791
徳　島	1 455	349	247	416	305	1 198	143	6 298
香　川	3 560	*186	424	622	148	1 323	592	1 680
愛　媛	3 043	654	1 919	379	88	5 707	236	3 440
高　知	1 095	134	146	225	47	654	110	108
福　岡	10 861	5 670	565	584	871	941	1 884	5 007
佐　賀	3 572	1 104	258	284	305	806	163	1 601
長　崎	3 124	259	289	75	62	47	114	221
熊　本	3 945	1 281	293	450	115	961	354	1 328
大　分	1 559	1 277	207	315	119	365	132	*5 496
宮　崎	3 280	2 122	895	599	79	*406	157	1 527
鹿児島	6 949	3 986	147	227	69	514	199	256
沖　縄	1 874	708	44	18	58	*59	194	81
全国	**301 148**	**96 736**	**38 740**	**29 169**	**21 570**	**77 420**	**49 981**	**293 105**

19）従業者3人以下の事業所は推計値。xは秘匿。*従業者3人以下の事業所の統計が秘匿で、従業者4人以上の事業所のみの統計。府県別の製造品出荷額等の合計は、519ページ府県別主要統計14を参照。

19（つづき）

	産業別製造品出荷額等（2019年）（億円）							
	石油・石炭製品	プラスチック製品	ゴム製品	なめし革・同製品・毛皮	窯業・土石製品	鉄鋼業	非鉄金属	金属製品
北海道	7 872	947	127	70	2 075	3 967	156	3 287
青森	88	*168	*19	x	427	934	2 749	601
岩手	120	858	*62	85	1 030	954	*279	1 247
宮城	5 521	1 059	*723	14	1 224	1 827	*834	2 103
秋田	59	263	*44	22	349	191	*668	761
山形	*44	625	42	197	1 105	310	544	1 090
福島	176	2 305	2 029	152	2 016	1 177	2 014	2 782
茨城	*673	8 147	783	27	3 440	8 333	6 492	8 598
栃木	247	5 991	1 542	24	1 705	2 468	3 977	5 033
群馬	*89	5 538	492	*7	975	2 712	1 247	4 744
埼玉	388	6 938	1 344	155	2 841	3 801	5 946	8 197
千葉	*28 480	2 917	456	122	3 046	16 288	3 435	7 055
東京	301	1 321	388	705	1 627	1 679	1 491	3 119
神奈川	*23 373	4 878	1 104	89	2 961	6 806	3 464	7 121
新潟	191	1 921	156	26	1 040	2 244	813	5 748
富山	*59	1 828	156	30	1 040	1 871	3 836	4 253
石川	*50	605	57	*4	764	615	375	1 537
福井	50	1 727	x	x	589	257	1 359	1 204
山梨	27	921	233	34	754	89	437	1 096
長野	112	1 929	151	30	1 495	560	1 161	3 581
岐阜	*119	5 339	645	4	3 946	2 454	983	5 032
静岡	290	7 602	1 922	78	1 611	2 202	5 070	5 962
愛知	7 721	16 820	4 339	250	8 539	23 993	5 406	16 953
三重	5 257	5 259	2 248	x	2 786	1 195	4 192	4 150
滋賀	*69	6 767	*1 099	5	3 840	1 125	1 523	4 259
京都	89	1 620	213	95	2 112	770	970	2 212
大阪	13 524	8 294	1 380	267	2 354	14 626	7 744	16 643
兵庫	1 720	4 878	1 384	631	3 198	19 643	2 954	8 902
奈良	x	1 660	668	59	334	371	263	1 678
和歌山	5 454	459	210	*11	455	5 175	234	948
鳥取	22	247	76	x	106	*170	x	451
島根	34	*287	69	*9	383	1 675	172	419
岡山	12 074	2 960	1 161	19	2 489	9 569	840	2 673
広島	*134	5 887	1 007	*35	1 383	11 893	2 842	3 387
山口	9 535	1 262	1 793	—	2 356	6 209	*1 195	1 979
徳島	x	489	*92	2	203	400	x	788
香川	*1 559	1 299	167	86	701	499	4 213	1 829
愛媛	6 121	1 758	*43	x	427	1 179	*7 353	751
高知	*25	122	—	x	621	427	x	205
福岡	*1 000	3 129	2 496	33	3 818	9 783	*1 422	5 777
佐賀	35	599	*563	97	464	393	1 189	1 071
長崎	*16	200	10	x	468	338	*7	719
熊本	123	1 282	*742	x	842	581	399	1 795
大分	*5 500	821	*229	32	1 163	5 875	5 600	758
宮崎	*51	588	*1 130	x	354	217	33	403
鹿児島	63	159	x	x	1 706	46	397	529
沖縄	73	105	x	x	698	*268	x	548
全国	**138 699**	**130 781**	**33 618**	**3 545**	**77 862**	**178 161**	**96 413**	**163 977**

19）従業者3人以下の事業所は推計値。xは秘匿。*従業者3人以下の事業所の統計が秘匿で、従業者4人以上の事業所のみの統計。府県別の製造品出荷額等の合計は、519ページ府県別主要統計14を参照。

19（つづき）

	産業別製造品出荷額等（2019年）（億円）							
	はん用機械器具	生産用機械器具	業務用機械器具	電子部品・デバイス・電子回路	電気機械器具	情報通信機械器具	輸送用機械器具	その他の製造業
北海道	590	1 035	78	*2 065	428	*129	3 845	433
青森	49	432	*1 239	2 516	*651	*52	493	82
岩手	1 186	2 751	1 168	1 962	614	*293	6 533	463
宮城	315	4 213	743	4 408	1 607	*1 462	5 650	469
秋田	197	1 014	855	3 735	287	*89	672	128
山形	656	2 458	575	5 008	1 584	*3 280	1 267	1 887
福島	2 153	1 680	2 762	4 862	2 266	5 213	5 047	437
茨城	6 339	12 477	2 632	4 100	8 337	*563	9 695	2 163
栃木	3 455	6 848	2 893	2 157	9 622	*1 702	13 121	811
群馬	2 785	3 123	3 828	2 068	4 474	914	33 532	791
埼玉	4 252	5 965	4 831	3 394	5 105	3 780	24 297	2 899
千葉	2 314	5 808	1 437	1 789	1 805	*1 481	1 333	1 305
東京	1 896	4 170	3 163	3 314	7 853	4 798	12 142	2 552
神奈川	7 946	11 893	5 557	3 840	7 694	7 062	37 500	1 310
新潟	2 251	4 260	1 432	3 379	3 180	737	2 450	341
富山	806	5 052	357	3 272	545	*77	1 584	1 445
石川	1 191	7 532	1 216	3 719	1 125	*1 868	1 730	339
福井	221	1 030	96	3 411	2 077	88	2 016	1 040
山梨	1 026	7 577	1 083	2 216	1 058	*1 315	1 060	585
長野	4 003	7 073	4 006	7 385	3 727	10 879	4 040	1 349
岐阜	3 406	5 209	575	1 661	3 337	994	11 596	566
静岡	3 272	8 701	2 626	3 242	25 106	2 764	42 907	2 035
愛知	13 580	23 456	7 907	3 075	27 828	2 027	266 844	3 640
三重	3 653	3 269	1 898	14 959	6 990	*1 434	27 351	1 055
滋賀	7 463	5 952	1 813	4 462	7 472	*488	10 864	1 498
京都	1 978	4 350	3 079	3 917	3 721	923	4 379	5 179
大阪	9 102	15 513	2 043	3 936	10 631	2 342	15 699	2 145
兵庫	12 135	12 193	2 829	3 823	15 212	4 553	17 459	1 858
奈良	587	1 491	1 418	*20	516	*x*	1 768	3 734
和歌山	3 657	1 109	*149	172	168	32	198	202
鳥取	101	233	*78	1 481	870	258	290	50
島根	630	645	195	*2 448	383	1 775	839	36
岡山	2 486	3 271	273	2 722	2 079	227	10 063	421
広島	5 285	9 038	859	3 360	2 520	134	32 663	885
山口	1 038	2 403	*x*	673	333	*x*	11 825	133
徳島	679	726	4	*4 384	526	*x*	175	292
香川	1 183	1 746	78	427	1 779	—	3 055	253
愛媛	1 844	2 445	*x*	376	1 046	*x*	4 328	122
高知	138	740	249	*x*	103	—	388	251
福岡	1 880	4 486	355	1 907	3 137	138	33 547	467
佐賀	196	979	42	*2 016	1 852	93	2 508	647
長崎	3 385	354	406	*3 003	454	*x*	3 040	130
熊本	92	4 878	*112	3 420	1 439	*x*	3 970	133
大分	892	589	900	2 693	*379	*1 736	6 422	76
宮崎	208	623	273	*1 742	439	536	634	221
鹿児島	58	656	47	2 923	887	84	161	179
沖縄	19	55	*36	*x*	50	—	27	62
全国	**122 580**	**211 499**	**68 335**	**141 515**	**183 298**	**67 194**	**681 009**	**47 102**

19）従業者3人以下の事業所は推計値。*x*は秘匿。*従業者3人以下の事業所の統計が秘匿で、従業者4人以上の事業所のみの統計。府県別の製造品出荷額等の合計は、519ページ府県別主要統計14を参照。

［編集］
編集長 岡田 康弘
原 正和
白崎 あけみ
吉田 博一
井口 萌奈
福地 早希子
大沼 昇一
編集協力 有働 洋

日本国勢図会（にほんこくせいずえ） 2022／23

2022年（令和4年）6月1日発行

編集・発行 公益財団法人 矢野恒太記念会（やのつねたきねんかい）
理事長 斎藤勝利
編集長 岡田康弘
〒100-0006 東京都千代田区有楽町 1-13-1 第一生命本館
電話 編集室 (03) 5221-7405
総務部 (03) 5221-7403, 7404
URL: https://www.yanotsuneta-kinenkai.jp

ISBN978-4-87549-153-8

定価 2,970円（本体2,700円＋税10%）

乱丁・落丁本はお取りかえいたします。印刷／大日本印刷株式会社

カバーには、環境を配慮してリサイクルしやすいニス仕上げを用いています